한 번에 합격,
자격증은 이기적

이렇게 기막힌 적중률

함께 공부하고 특별한 혜택까지!

이기적 스터디 카페

구독자 13만 명, 전강 무료!

이기적 유튜브

자격증 독학, 어렵지 않다!
수험생 합격 전담마크

이기적 스터디 카페

이기적 스터디 카페

인증만 하면, **고퀄리티 강의가 무료!**

100% 무료 강의

STEP 1
이기적
홈페이지
접속하기

›

STEP 2
무료동영상
게시판에서
과목 선택하기

›

STEP 3
ISBN 코드
입력 & 단어
인증하기

›

STEP 4
이기적이 준비한
명품 강의로
본격 학습하기

영진닷컴 이기적

1년 365일 이기적이 쏜다!

365일 진행되는 이벤트에 참여하고 다양한 혜택을 누리세요.

EVENT ❶

기출문제 복원

• 이기적 독자 수험생 대상
• 응시일로부터 7일 이내 시험만 가능
• 스터디 카페의 링크 클릭하여 제보

이벤트 자세히 보기 ▶

EVENT ❷

합격 후기 작성

• 이기적 스터디 카페의 가이드 준수
• 네이버 카페 또는 개인 SNS에 등록 후 이기적 스터디 카페에 인증

이벤트 자세히 보기 ▶

EVENT ❸

온라인 서점 리뷰

• 온라인 서점 구매자 대상
• 한줄평 또는 텍스트 & 포토리뷰 작성 후 이기적 스터디 카페에 인증

EVENT ❹

정오표 제보

• 이름, 연락처 필수 기재
• 도서명, 페이지, 수정사항 작성
• book2@youngjin.com으로 제보

이벤트 자세히 보기 ▶

• N페이 포인트 5,000~20,000원 지급
• 영진닷컴 쇼핑몰 30,000원 적립
• 30,000원 미만의 영진닷컴 도서 증정

※이벤트별 혜택은 변경될 수 있으므로 자세한 내용은 해당 QR을 참고하세요.

이렇게
기막힌
적중률

정보기기운용기능사
실기 기본서

"이" 한 권으로 합격의 "기적"을 경험하세요!

YoungJin.com Y.
영진닷컴

차례

▶ 표시된 부분은 동영상 강의가 제공됩니다.
이기적 홈페이지(license.youngjin.com)에 접속하여 시청하세요.

▶ 제공하는 동영상과 PDF 자료는 1판 1쇄 기준 2년간 유효합니다.
단, 출제기준안에 따라 동영상 내용은 변경될 수 있습니다.

PART 03 모의고사

03 모의고사

PART 04 기출 유형 문제 해설

04 기출 유형 문제 해설

PART 05 모의고사 해설

05 모의고사 해설

이 책의 구성

STEP 01 전문가가 정리한 핵심 이론으로 학습

핵심 이론
주요 이론의 상세하고 친절한 설명으로 효율적인 학습이 가능합니다.

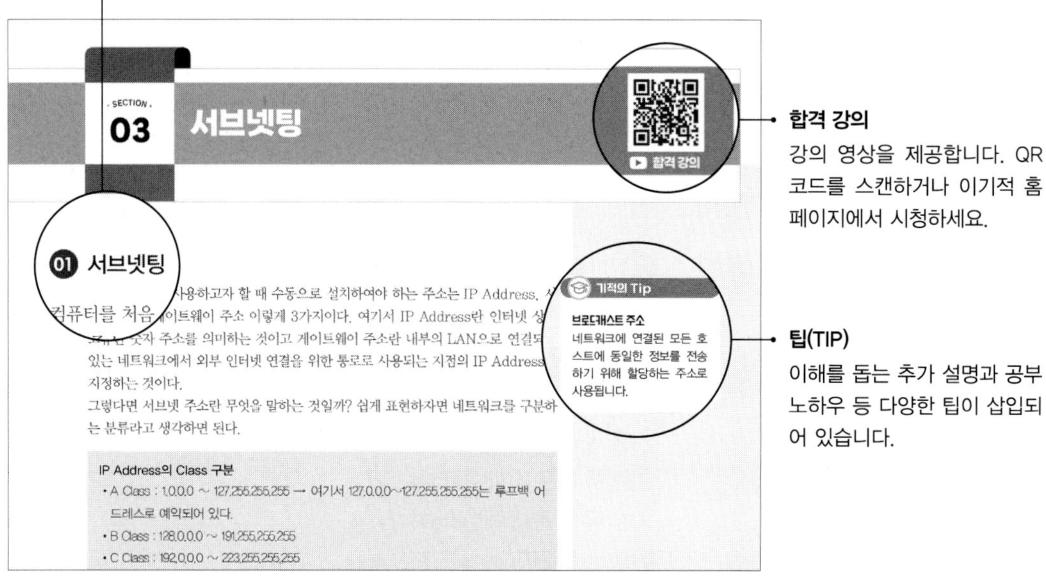

합격 강의
강의 영상을 제공합니다. QR 코드를 스캔하거나 이기적 홈페이지에서 시청하세요.

팁(TIP)
이해를 돕는 추가 설명과 공부 노하우 등 다양한 팁이 삽입되어 있습니다.

STEP 02 출제유형 정리로 이론 복습, 내용 파악

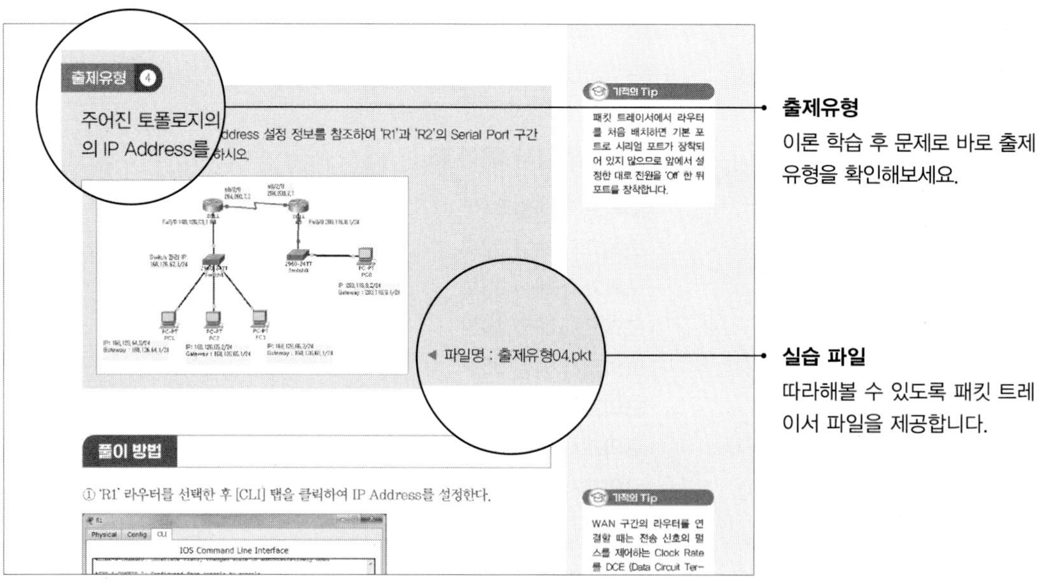

출제유형
이론 학습 후 문제로 바로 출제유형을 확인해보세요.

실습 파일
따라해볼 수 있도록 패킷 트레이서 파일을 제공합니다.

기출 유형 문제, 모의고사로 마무리 학습

기출 유형 문제

기출 유형 문제로 자신의 실력을 체크하고 시험을 준비하세요.

합격 강의

시험에 자주 출제되는 내용과 풀이를 영상으로 공부할 수 있습니다.

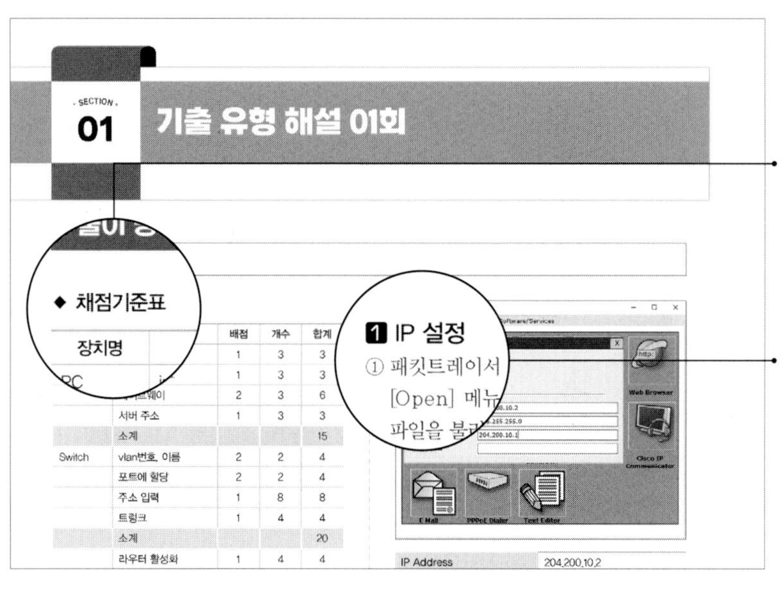

채점기준표

이기적이 직접 설정한 채점기준입니다. 배점이 큰 부분은 더 집중해서 확인하세요.

작업 설명

패킷 트레이서에서 진행되는 작업을 상세히 설명해드립니다.

응시 자격 조건

남녀노소 누구나 응시 가능

실기 원서 접수하기

- q-net.or.kr에서 접수
- 직접 선택한 고사장, 날짜, 시험시간 확인
- 검정 수수료 : 21,800원

시험 응시

- 신분증과 수험표 지참
- 1시간 30분 시행

합격자 발표

q-net.or.kr에서 합격자 발표

1. 정보기기운용기능사 정의

컴퓨터 및 통신기기 등의 운용지식을 활용하여, 정보기기 및 통신기기의 설치 · 시험 · 조작 · 정비 · 검사 등을 수행하는 직무이다.

2. 검정 요강

실기검정방법	작업형	주요항목	네트워크 구축	시험시간	90분

세부항목	세세항목
네트워크 운용	네트워크 구성도나 설계도면을 활용하여 장비를 설치하고, 네트워크를 정상적으로 동작할 수 있도록 환경을 설정할 수 있다.
	네트워크 운영지침 및 절차서를 활용하여 네트워크 상태를 확인하고, 네트워크 성능 기준 상에 정의된 수준으로 네트워크를 운용할 수 있다.
	네트워크 서비스를 분산 처리함으로써 네트워크 시스템의 전체적인 로드 밸런싱을 유지하고, 관리할 수 있다.
	계층적 권한관리 및 비인가자의 접근을 제한하기 위해 장비에 대한 패스워드를 설정하고, 현행 네트워크 시스템의 운용 상태를 분석하고 평가할 수 있다.
네트워크 유지보수	사용자의 요구 성능을 충족하지 못하는 구간에 대해서 원인을 분석하고, 장애가 발생되지 않도록 시스템을 관리할 수 있다.
	네트워크 전체구간의 기능과 성능을 유지하고, 개선하기 위해 정해진 일정과 절차에 따라 테스트를 시행할 수 있다.

3. 합격 기준

100점을 만점으로 60점 이상

※ 정보기기운용기능사 자격검정에 대한 자세한 내용은 한국산업인력공단(q-net.or.kr)을 참고하시기 바랍니다.

시험 출제 경향

정보기기운용기능사 실기는 주어진 도면(토폴로지)에 IP와 명령어를 입력하여 해당 네트워크가 통신이 되도록 할 수 있는 능력을 테스트 하는 시험입니다. 쉽게는 단순히 데이터 전송과 웹 접속(인터넷 접속)만을 요구하는 경우와 각종 보안이나 서브네팅을 요구하는 어려운 시험으로 나눌 수 있습니다. 최근까지 출제된 시험 문제를 분석한 결과를 통해 이기적 정보기기운용기능사 도서를 이용하는 수험생들에게만 특별히 합격할 수 있는 전략을 알려드립니다.

1. 출제 유형A(가장 많이 출제되는 유형) 기출 유형 문제 01,02,03,04,05,07, 모의고사 01,02,03,04,08

PC나 서버에 VLAN 번호가 주어진 다른 네트워크 유형
PC나 서버의 게이트웨이 주소가 다른 경우
PC가 연결된 라우터에만 라우팅하는 경우
입력이 완료되고 데이터 전송(핑)과 웹 접속테스트를 요구하는 경우

• 문제풀이 순서 •

게이트웨이 주소 조건 확인	– 할당 가능한 마지막 주소 – 할당 가능한 첫 번째 주소	**예상 배점**
각 PC 설정	– IP, 서브넷 마스크, 게이트웨이 주소, 서버 주소	각 PC당 5점
스위치 설정	– VLAN 번호와 이름 – VLAN 번호를 포트에 할당 – 주소 입력 – 트렁크	20점
라우팅 설정	– 활성화 – 서브인터페이스 구성 – 시리얼포트 설정 – 라우팅	40~50점
기본 설정	– 암호 및 기타 요구사항	15~30점

• **목표 :** 데이터가 전송되어 핑 테스트가 성공되는 것(60점~85점 예상)

2. 출제 유형B(자주 출제되는 유형) 기출 유형 문제 06

다른 네트워크이면서 PC에 주소가 서버에서 DHCP로 할당되는 경우
각 스위치 설정과 주소 입력하는 경우

• 문제풀이 순서 •

게이트웨이 주소 조건 확인	– 할당 가능한 마지막 주소 – 할당 가능한 첫 번째 주소	**예상 배점**
스위치 설정	– VLAN 번호와 이름 – VLAN 번호를 포트에 할당 – 스위치 주소 입력 – 트렁크	30점
라우팅 설정	– 활성화 – 서브인터페이스 구성 – ip help 서버주소 입력	40점
기본 설정	– 암호 및 기타 요구사항	30점

• **목표 :** 각 PC에 주소가 할당되는 것(70점)

3. 출제 유형C(출제 빈도가 적음) 기출 유형 문제 08, 모의고사 05,06 일부분

다른(같은) 네트워크이면서 PC에 주소가 라우터에서 DHCP로 할당되는 경우
각 스위치 설정과 주소 입력하는 경우

• 문제풀이 순서 •

게이트웨이 주소 조건 확인	– 할당 가능한 마지막 주소 – 할당 가능한 첫 번째 주소	**예상 배점**
스위치 설정	– VLAN 번호와 이름 – VLAN 번호를 포트에 할당 – 주소 입력 – 트렁크	30점
라우팅 설정	– 활성화 – PC의 ip 주소로 할당되면 안 되는 주소 제외 – 라우터에서 ip와 게이트웨이 주소 할당 – 서브인터페이스 구성	50점
기본 설정	– 암호 및 기타 요구사항	20점

• **목표 :** 각 PC에 주소가 할당되는 것(70점)

4. 출제 유형D(출제 빈도가 적음) 기출 유형 문제 09,10, 모의고사 06,07

같은(다른) 네트워크이면서 각종 보안을 설정하는 경우
각 장비에 주소를 입력하거나 입력되어 있는 경우
각 라우터에 라우팅을 요구하는 풀라우팅(Full-Routing)인 경우
각종 보안으로서 ACL, NAT, AAA, PPP와 기타 E-mail,백업 및 DNS 설정을 요구하는 경우

• **목표 :** 핑을 돌리고 각 보안 문제 갯수의 반 정도 입력하는 것

5. 출제 유형E(출제 빈도가 적음) 기출 유형 문제 11,12

가변길이 기반이나 네트워크 기반으로 서브네팅하라는 경우
PC에 서버로부터 DHCP 할당 요구하는 경우
AAA와 LACP 프로토콜 입력을 요구하는 경우

• **목표 :** 서브네팅을 하고 각 PC에 DHCP로 주소 할당(70점)

※ 기출 유형 문제 02, 03 → 06 → 09, 10을 확실히 이해하고 시험을 준비하세요.

실습 파일 사용법

정보기기운용기능사 합격에 필요한 자료를 모두 모았습니다.

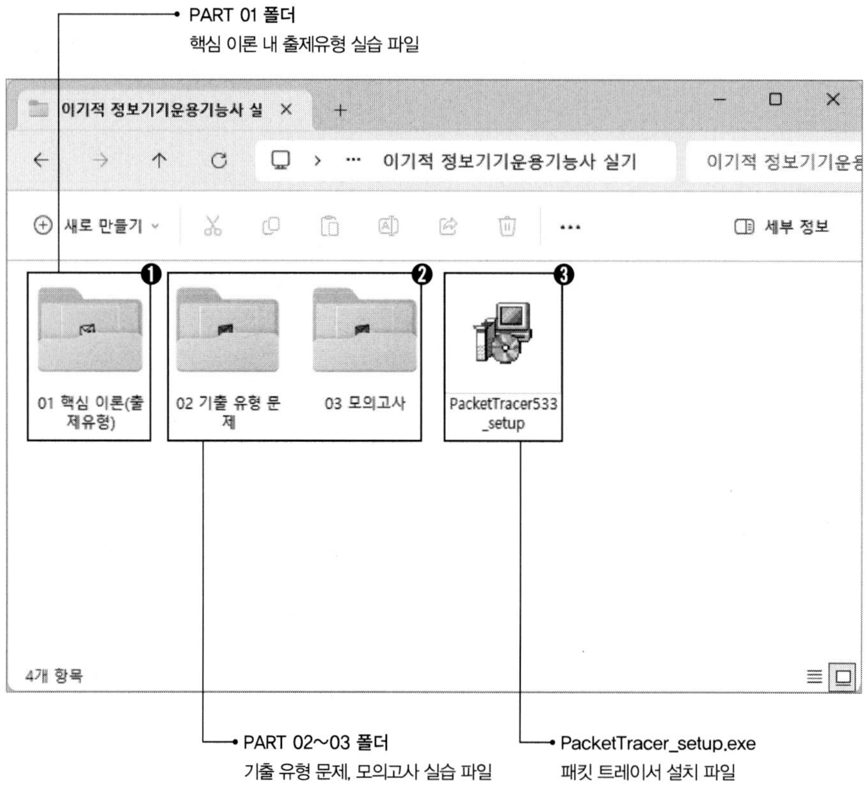

다운로드 방법

① 이기적 영진닷컴(license.youngjin.com)에 접속한다.

② 상단 메인 메뉴에서 [자료실] – [정보기기]를 클릭한다.

③ '이기적 정보기기운용기능사 실기 부록 자료' 게시글을 클릭하여 첨부파일을 다운로드한다.

사용 방법

① 다운로드한 압축 파일에서 마우스 오른쪽 버튼을 클릭하여 압축을 해제한다.

② 압축이 풀린 후 해당 폴더를 더블 클릭하여 모든 파일이 들어 있는지 확인한다.

수험자 유의사항

01 수험에 필요한 소프트웨어 및 수험 자료가 하드웨어에 설치되었는지 확인 후 작업합니다.

02 『필기도구』 이외에 참고자료 및 어떠한 물품도 시험 중 지참할 수 없습니다.

03 정전 및 프로그램 오류로 인한 프로그램 종료 시에도 작업내용이 없어지지 않도록 수시로 컴퓨터에 저장합니다.

04 수험이 끝난 후 [File] 〉 [Save] 메뉴를 사용하여 설정 내용을 저장합니다.

05 컴퓨터에 작업된 모든 내용과 결과물을 감독관의 지시에 따라 지급되는 USB에 저장한 후 제출합니다. (단, 시험 시간은 USB에 작품을 저장하여 제출한 시점까지이며, 제출한 후에는 일체의 재작업 불가)

06 제출하는 최종 산출물 USB에 불필요한 내용 표시를 하지 않습니다.

07 라우터와 스위치는 CLI 모드에서만 설정이 가능합니다.

08 다음과 같은 경우에는 채점 대상에서 제외합니다.
① 제한 시간을 초과한 경우
② 미완성 부분(60% 미만 제작)이 있는 경우
③ 요구사항과 현격히 다른 경우
④ 인터넷 및 폴더 공유 절대 불가(사용 시 부정행위로 간주)
⑤ 수험자 컴퓨터기기 조작 미숙으로 저장을 못하였을 경우

Q&A

Q 정보기기운용기능사 원서 접수는 어디서 해야 하나요?

A 정보기기운용기능사 시험은 인터넷을 통해서 접수할 수 있으며, 한국산업인력공단 인터넷 원서 접수 사이트(q-net.or.kr)에 접속하여 접수하실 수 있습니다.

Q 정보기기운용기능사 응시 자격과 검정 방법은 어떻게 되나요?

A 응시자격은 제한이 없습니다. 또한, 필기시험과 실기시험 모두 100점을 만점으로 하여 60점 이상이면 합격하실 수 있으며 실기의 경우 패킷 트레이서 프로그램을 이용한 작업형으로 시간은 1시간 30분입니다.

Q 시험에 사용되는 프로그램은 무엇인가요?

A 사용되는 프로그램은 시스코 패킷 트레이서(Cisco Packet Tracer)로 라우터, 스위치 등 네트워크와 장비 등을 시뮬레이터로 구동하는 프로그램입니다. 사용되는 버전은 5.3.2 이상입니다.

Q 패킷 트레이서 프로그램을 시험장에 가지고 가서 설치해야 되나요?

A 아닙니다. 모든 시험장에 패킷 트레이서 프로그램은 설치되어 있습니다. 그러므로 프로그램을 가지고 가셔서 설치하실 필요는 없습니다. 사용되는 버전은 5.3.2 이상이므로 시험을 응시하기 전에 응시할 곳의 버전을 확인하는 것이 좋습니다.

Q 패킷 트레이서 프로그램을 이용하여 시험에서는 무엇을 테스트하는 것인가요?

A 패킷 트레이서 프로그램을 이용하여 정보통신 광대역 네트워크를 구성하기 위한 스위칭 및 라우터 설정, Ping 테스트 등 네트워크 구축을 위한 작업 수행을 테스트합니다.

Q 시험지 도면으로 제시된 장비와 케이블을 직접 만들어 연결해야 하나요?

A 시험지 도면으로 제시된 장비와 케이블은 파일로 제공됩니다. 그러므로 직접 만들 필요없이 문제에 제시된 설정들을 해결하신 후에 저장하시면 됩니다.

※ 실기 시험에 대한 내용은 언제든지 변경될 수 있으니 한국산업인력공단 홈페이지(q-net.or.kr)에서 최종 확인하시기 바랍니다.

PART 01

핵심 이론

학습방향

Section별로 나오는 핵심 이론을 정확하게 이해하고, 출제유형 문제를 통해 문제에 맞는 명령어 사용법을 익히세요.

차례

SECTION 01

패킷 트레이서 설치

01 패킷 트레이서 설치

① 영진닷컴 이기적 홈페이지(license.youngjin.com)에 접속한 후 [자료실]-[정보기기]를 클릭하여 '이기적 정보기기 실기 기본서 예제 파일'을 다운로드 받아 압축을 해제한다.

② 압축 해제된 폴더에서 'PacketTracer533_setup.exe' 파일을 더블클릭하여 설치 파일을 실행시킨다.

기적의 Tip

압축 해제된 폴더에는 패킷 트레이서 프로그램과 예제 파일이 들어 있습니다.

③ 'Next〉' 버튼을 클릭한다.

④ 'I accept the agreement'를 선택한 후 'Next〉' 버튼을 클릭한다.

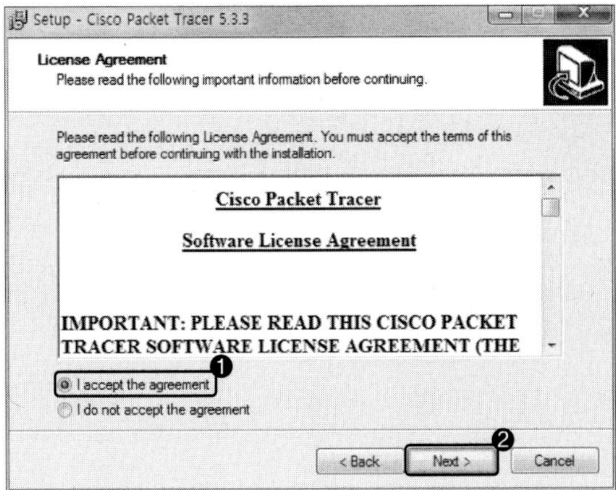

⑤ 'Next〉' 버튼을 클릭한다.

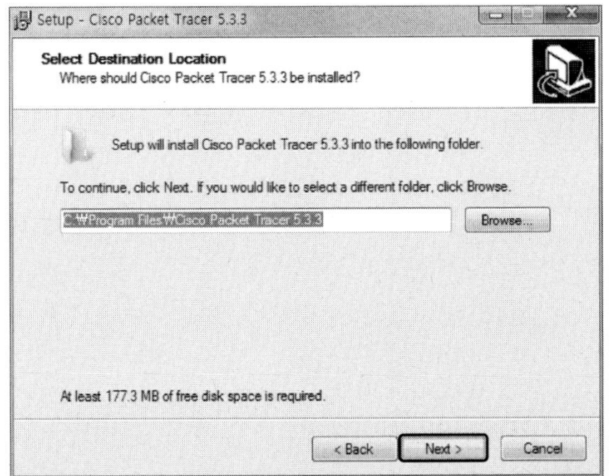

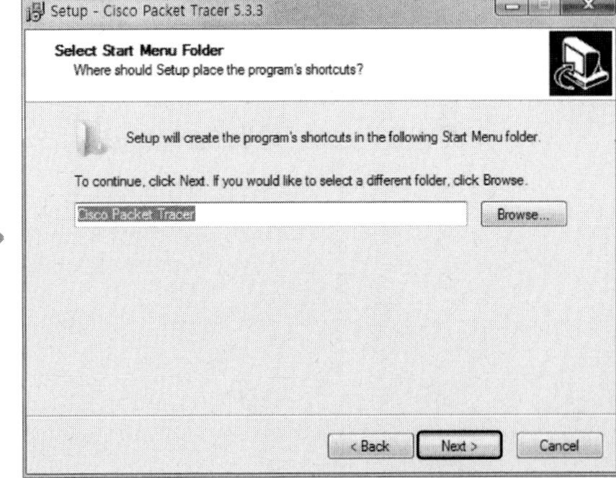

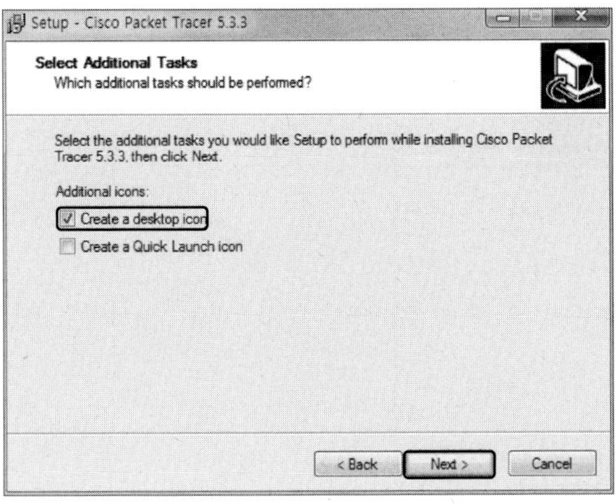

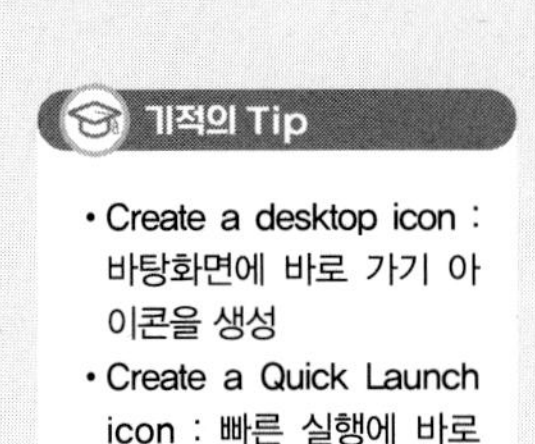
기적의 Tip

- Create a desktop icon : 바탕화면에 바로 가기 아이콘을 생성
- Create a Quick Launch icon : 빠른 실행에 바로 가기 아이콘을 생성

⑥ 'Install' 버튼을 클릭하여 설치를 시작한다.

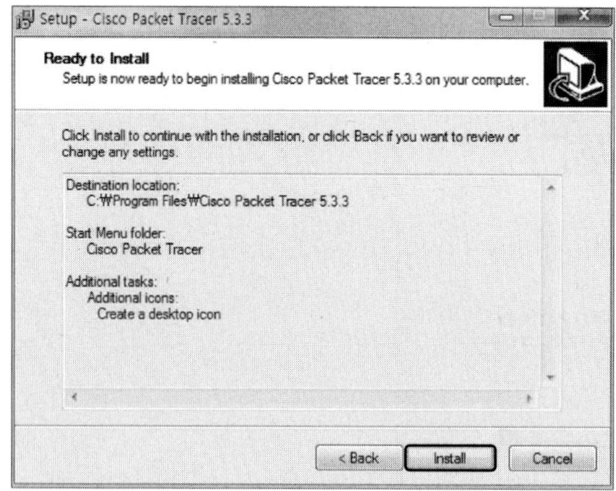

⑦ 설치가 진행된 후 'Finish' 버튼을 클릭하여 패킷 트레이서를 실행시킨다.

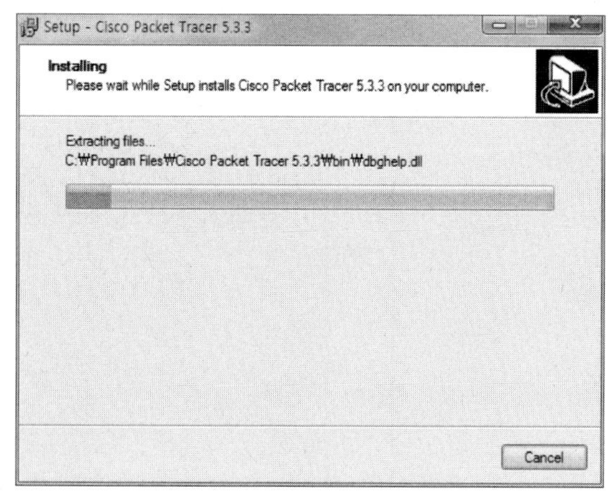

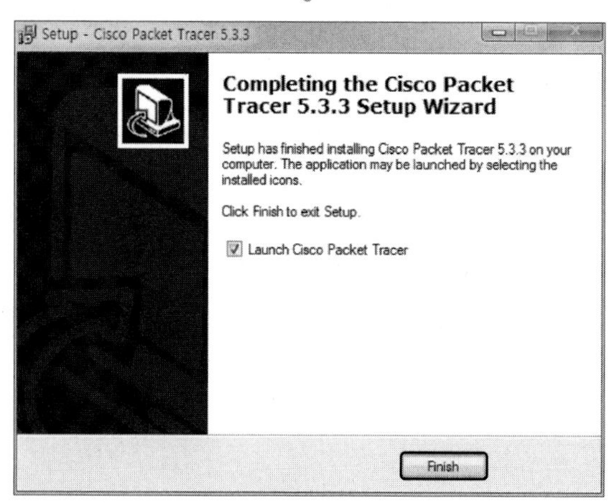

02 패킷 트레이서 예제 파일

① '이기적 정보기기운용기능사 실기 예제 파일.zip'을 마우스 오른쪽 버튼으로 클릭한다.

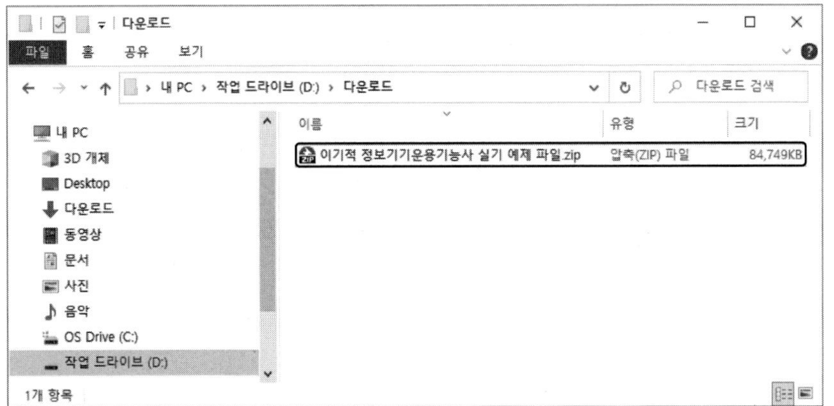

> **기적의 Tip**
> '정보기기 실기 예제 파일.zip'은 기본으로 제공되는 도면과 해당 결과 파일을 압축해 놓은 파일입니다.

② '압축 풀기'를 클릭하여 예제 파일의 압축을 푼다.

PC에 설치된 압축 프로그램에 따라 화면이 다를 수 있습니다.

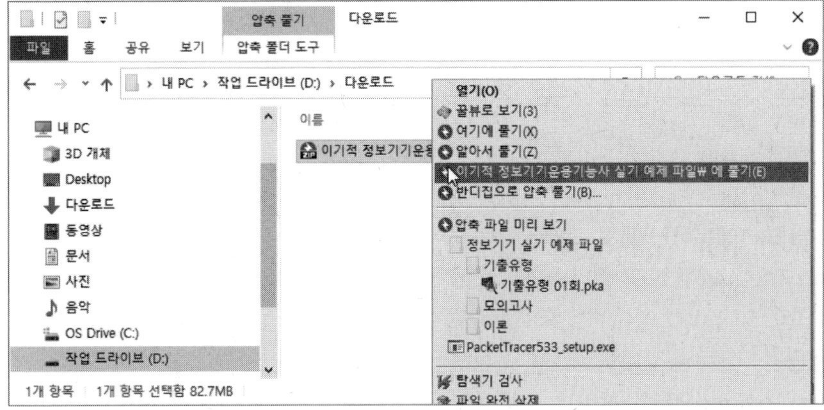

③ 압축이 풀린 [정보기기 실기 예제 파일] 폴더를 더블클릭하면 각각의 예제파일이 들어 있는 폴더들을 확인할 수 있다.

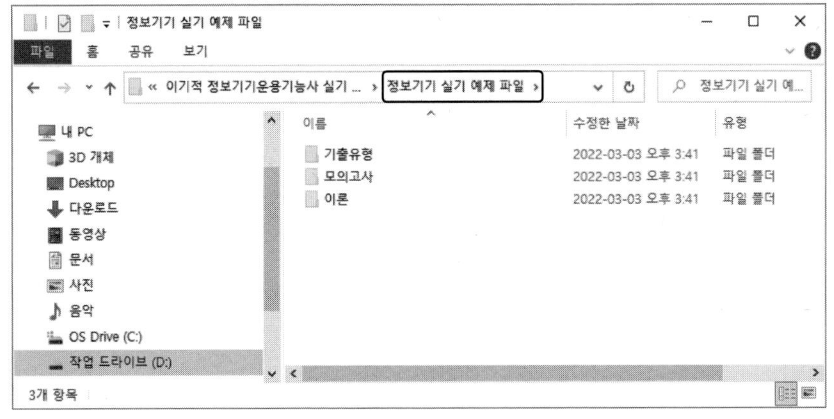

SECTION 02

패킷 트레이서 5.3.3

01 패킷 트레이서 화면 구성

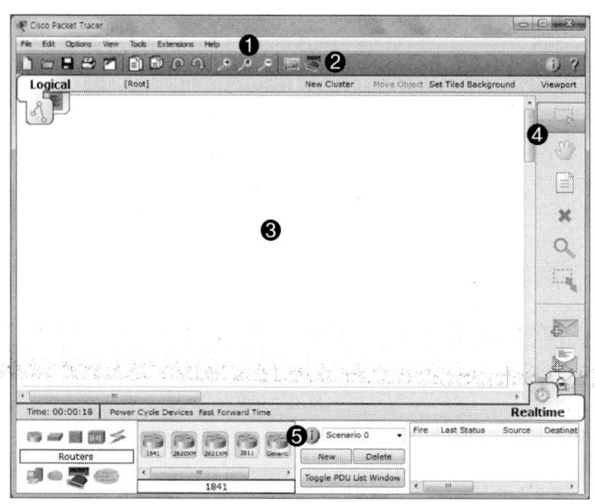

❶ **Menu Bar(메뉴바)** : 패킷 트레이서의 기본 메뉴로 저장, 편집 등의 메뉴로 구성

❷ **Main Toolbar(주 도구 툴바)** : 패킷 트레이서의 메뉴 부분과 확대/축소 등의 메뉴로 구성

❸ **작업공간** : 네트워크 토폴로지를 구성하는 작업공간

❹ **Right Toolbar(오른쪽 툴바)** : 토폴로지 구성에서 일반적으로 사용하는 기능의 모음으로 이동/삭제 등의 명령 구성

❺ **Bottom Toolbar** : 장비의 종류, 세부장치와 연결 커넥트 등을 설정하는 하단 메뉴

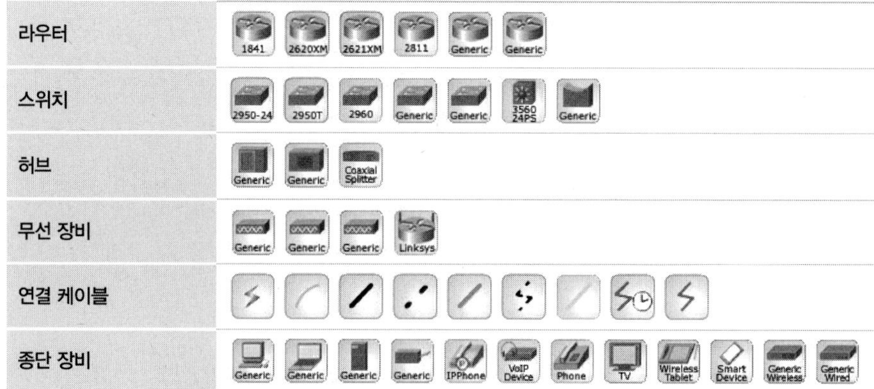

WAN	Generic, Generic, DSL Modem, Cable Modem
사용자 정의	1841, 2621XM, 2811, Generic, 2811
다중 연결 장치	Multiuser

더 알기 Tip

OSI 7계층

국제표준화기구(ISO)에서 만든 것으로, 컴퓨터와 장비들의 통신단계를 7개의 계층으로 간략하게 분류하여 정의해 놓은 네트워크와 통신을 공부할 때 꼭 알아야 하는 모델이다.

계층	이름	역할	프로토콜
7(L7)	응용 계층	어플리케이션 등 응용 프로그램의 인터페이스를 제공	HTTP, FTP, TELNET
6(L6)	표현 계층	데이터의 압축, 암호화, 복호화를 제공	MPEG, SSL
5(L5)	세션 계층	세션의 시작과 종료를 제어하여 동기화 및 오류복구 명령 등을 수행	
4(L4)	전송 계층	오류 검출 및 종단 프로그램 사이의 데이터 전달 및 흐름제어 수행	TCP, UDP
3(L3)	네트워크 계층	데이터 전달 및 경로설정, 라우팅, 흐름제어 등을 수행	IP, ICMP
2(L2)	데이터 링크 계층	인접한 시스템으로의 안전한 전송이 가능한 논리적인 계층	이더넷, PPP, ARP
1(L1)	물리 계층	실질적인 장비의 연결 등을 위한 전기적, 물리적인 계층	허브, 라우터, 리피터

물리 계층(L1)

물리 계층은 장비들 사이의 통신 신호를 전송하는 기계적, 기능적, 물리적인 장비들을 의미하며, 이 계층에 실질적으로 라우터나 스위치 등을 이용하여 네트워크의 구조를 정비하고 UTP 케이블을 이용하여 물리적인 구조를 설계한다.

데이터 링크 계층(L2)

데이터 링크 계층은 라우터에서 구간과 구간 사이에 프레임을 전달하는 역할을 하며, 라우터에 의하여 이더넷과 PPP라는 구간으로 나누어진다.
웹 서버와 라우터 사이의 구간은 이더넷(ethernet), 라우터와 다른 라우터 사이는 PPP 구간이라 하고 데이터 링크 계층의 프로토콜이 쓰인다. 보통 LAN에서 사용하는 프로토콜로 이더넷(ethernet)이 쓰이고 장거리 통신망 WAN(장거리 통신망)에서는 PPP가 사용된다.

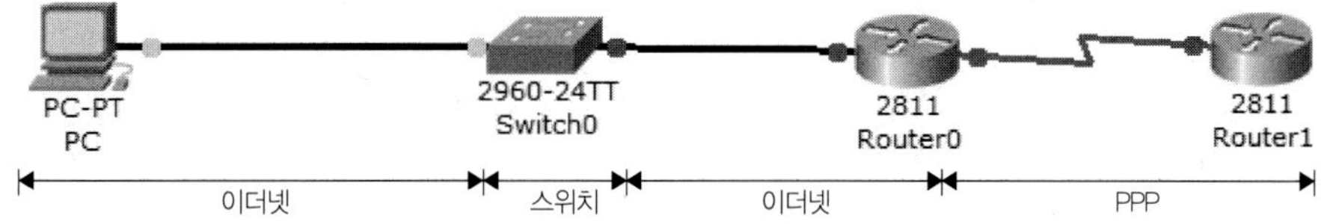

네트워크 계층(L3)

네트워크 계층은 웹 서버와 종단장치 간의 데이터를 전달하는 역할을 수행하는 계층으로 장비와 장비 사이로 데이터를 전달하기 위하여 논리적인 주소인 IP 주소를 사용한다. 현재 사용하고 있는 주소는 거의 대부분 IPv4이며 점차 IPv6로 바뀌고 있다.

전송 계층(L4)

전송 계층은 실질적인 데이터를 전달하는 역할을 수행하는 계층이며 실질적으로 웹 서버와 PC가 접속하면 전송 계층의 TCP가 데이터를 전달하게 된다.

02 패킷 트레이서 기본 네트워크 구성

(1) 기본 토폴로지 구성

① 바탕화면에 설치된 패킷 트레이서 바로 가기 아이콘을 더블클릭하여 패킷 트레이서를 실행시킨다.

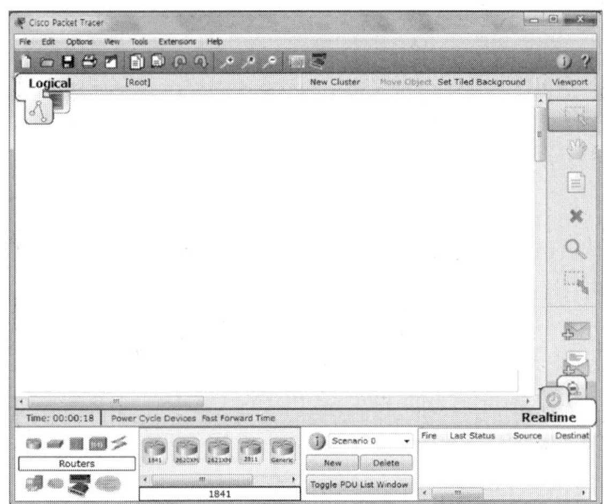

② [Botton Toolbar]에서 [라우터( )]–[2811라우터( )]를 선택한 후 작업 화면을 클릭하여 라우터를 배치한다.

③ [Botton Toolbar]에서 [스위치( )]–[2960스위치( )]를 선택한 후 작업 화면을 클릭하여 스위치를 배치한다.

④ [Botton Toolbar]에서 [종단장치( )]–[Generic( )]을 선택한 후 작업 화면을 클릭하여 배치한다(PC0, PC1).

⑤ [Botton Toolbar]에서 [종단장치( )]–[Generic( )]를 선택한 후 작업 화면을 클릭하여 서버를 배치한다.

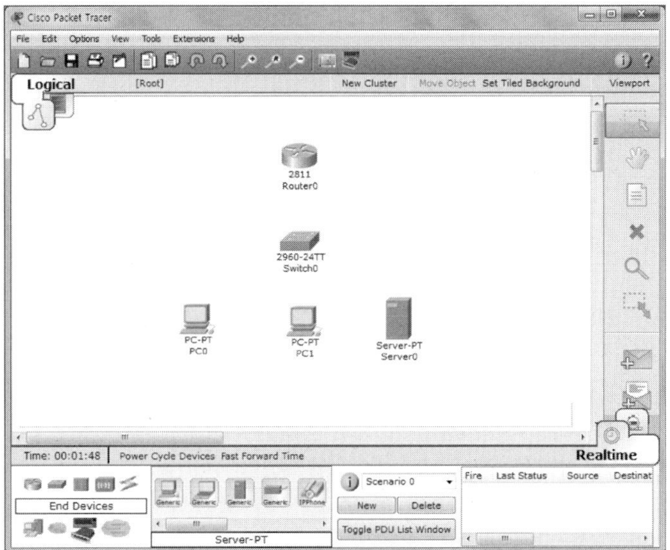

⑥ 스위치와 3개의 PC 장비를 물리적인 케이블로 연결하기 위하여 [Connections(⚡)]-[Copper Straight-Through(/)]를 선택한 후 스위치를 클릭하여 'Fast Ethernet0/1' 포트를 선택한다.

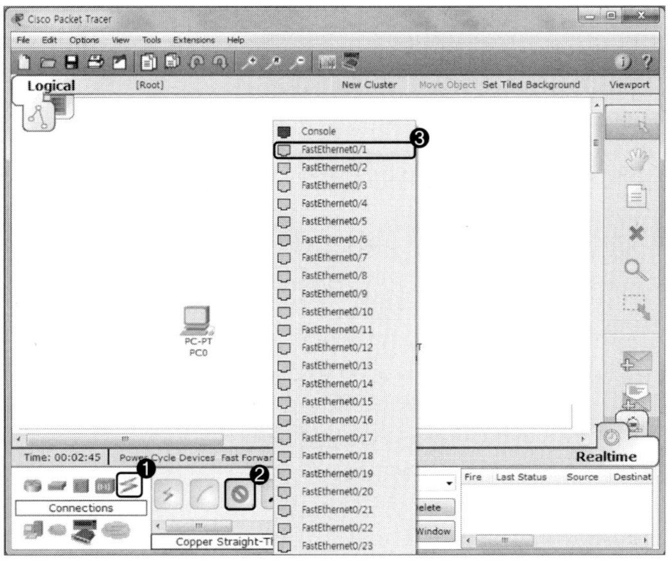

기적의 Tip

장비 이동
오른쪽 툴바에서 선택도구( )를 선택하고 스위치나 PC를 선택하여 드래그 한다.

장비 삭제
오른쪽 툴바에서 삭제도구(✖)를 선택하고 삭제할 장비를 클릭한다.

⑦ 'PC0'을 클릭하여 포트를 선택하는 화면이 나오면 'FastEthernet'을 선택하여 케이블을 연결한다.

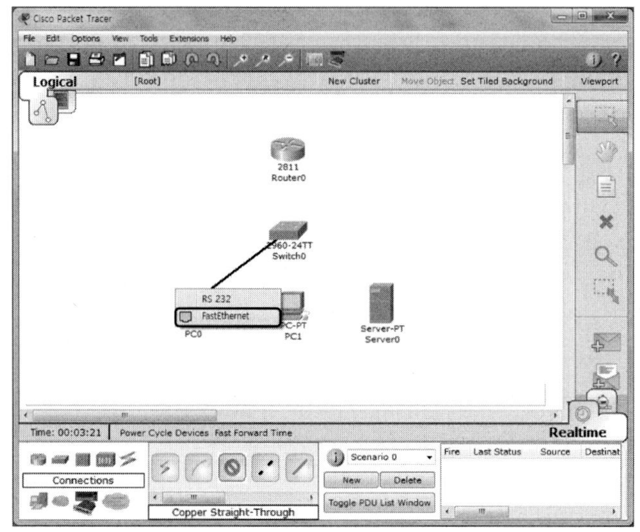

더 알기 Tip

UTP 케이블

LAN 선으로 주로 쓰이는 선으로 RJ-45 Connector라 하기도 하며 연결하는 방식에 따라 Straight, Crossover, Rolled의 3가지 방식으로 나누어진다.

아래의 그림과 같이 케이블을 벗겨보면 주황색, 녹색, 파란색, 갈색 4가지의 색과 백색을 섞은 4가닥을 합쳐 총 8가닥이 있다.

번호	색	번호	색
1	주황색-백색	5	파랑색-백색
2	주황색	6	녹색
3	녹색-백색	7	갈색-백색
4	파랑색	8	갈색

이에 숫자를 붙여서 색으로 케이블을 구분한 뒤 각 용도에 따라서 케이블을 연결하는 방법이 다르다.

- Straight : 12345678 순서와 12345678 순서 그대로 연결하는 방식이다. 일명 Direct Cable이라고도 불린다.

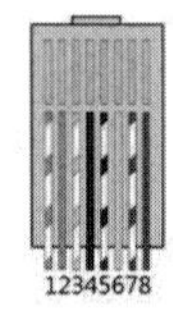

- Crossover : 12345678의 순서와 1, 3번 2, 6번의 위치를 바꿔서 연결하는 방식으로 12345678과 36145278 이다. 이렇게 이해하려면 오히려 어려우니 1, 3과 2, 6을 꼬았다고 생각하면 된다.

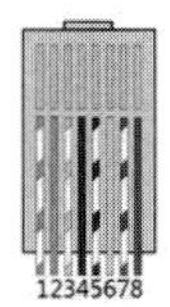

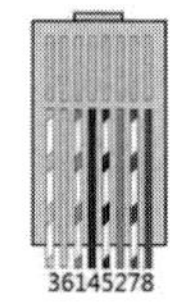

- **Rolled** : 12345678과 완전히 거꾸로인 87654321의 순서로 결합하면 된다.

각각의 케이블은 라우터, 스위치, 허브, PC 4가지의 장비가 동작하는 Layer가 다르기 때문에 각각의 네트워크 형태에 따라 적당한 케이블을 선택한다.
라우터는 L3에서 동작, 스위치는 L2에서 동작, PC는 L3라고 생각하면,

L3 = Router, PC
L2 = Switch, Hub

보통 이렇게 분리하는데 L3란 OSI 7계층의 3계층인 네트워크 계층의 장비, L2란 데이터 링크 계층의 장비를 의미하는 것으로, 보통 1~4계층은 물리적인 하드웨어 장비 5~7계층은 소프트웨어 어플리케이션을 의미한다.
이를 토대로 동기종 간에는 Crossover 케이블, 이기종 간에는 Straight 케이블을 사용하는 것이다.

그렇다면 Router와 Switch의 경우에는? L2와 L3이므로 Straight!
Switch와 Hub라면 모두 L2이므로 Crossover!
Rolled 케이블의 경우에는 Router의 Console 포트와 연결할 때만 쓰인다.

⑧ 'PC1'도 스위치와 물리적으로 연결하기 위하여 [Connections( )]-[Copper Straight-Through( )]를 선택한 후 스위치를 클릭하여 'FastEthernet0/2' 포트를 선택한다.

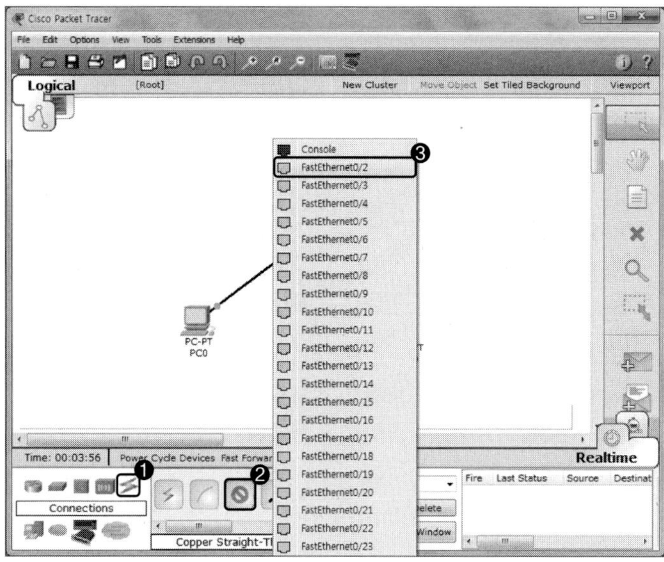

⑨ 'PC1'을 클릭하여 포트를 선택하는 화면이 나오면 'FastEthernet'을 선택하여 케이블을 연결한다.

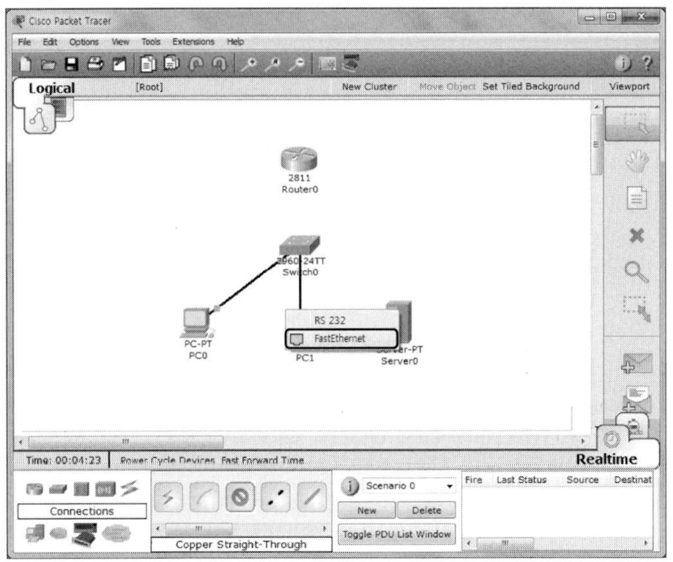

⑩ 'Server0'도 스위치와 물리적으로 연결하기 위하여 [Connections(⚡)]–[Copper Straight–Through(╱)]를 선택한 후 스위치를 클릭하여 'FastEthernet0/3' 포트를 선택한다.

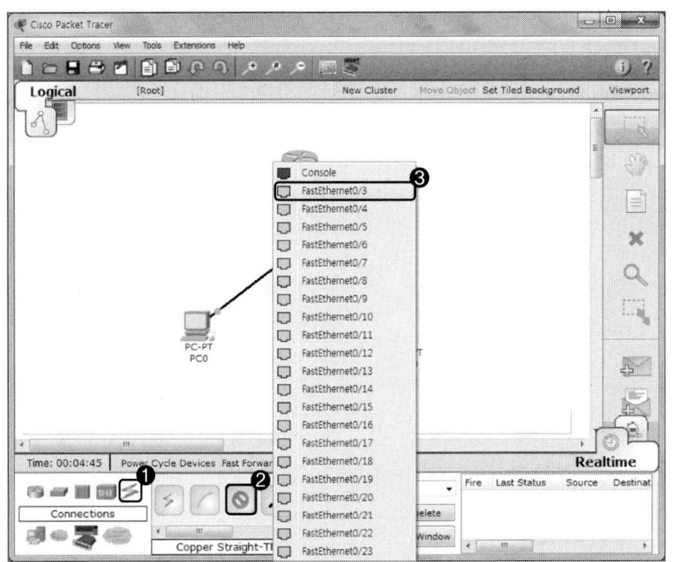

⑪ 'Server0'을 클릭하여 포트를 선택하는 화면이 나오면 'FastEthernet'을 선택하여 케이블을 연결한다.

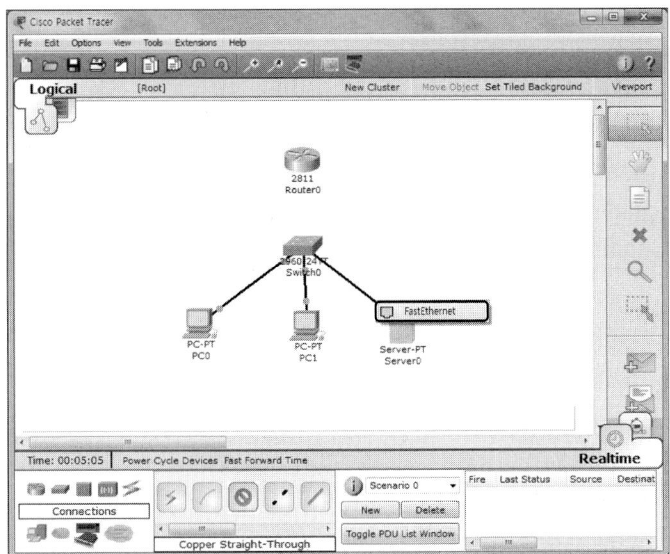

⑫ 라우터와 스위치를 물리적으로 설정하기 위해 [Connections(⚡)]-[Copper Straight-Through(╱)]를 선택하여 라우터를 클릭하여 'FastEthernet0/0' 포트와 연결한다.

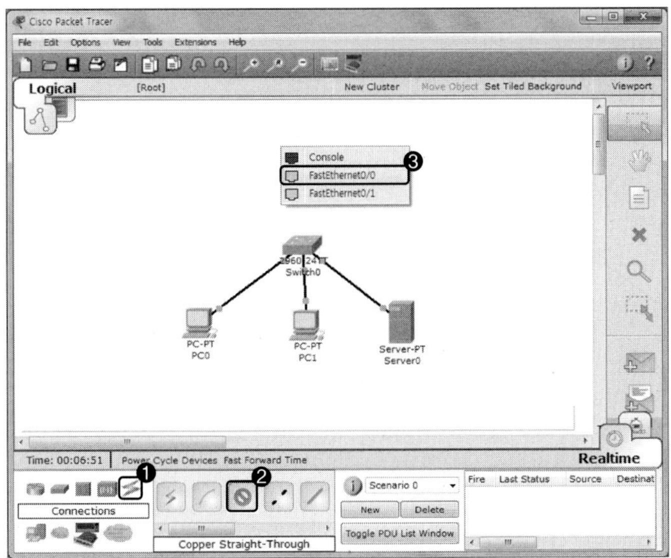

⑬ 'Switch0'에서도 'FastEthernet0/24' 포트를 선택하여 연결을 완료한다.

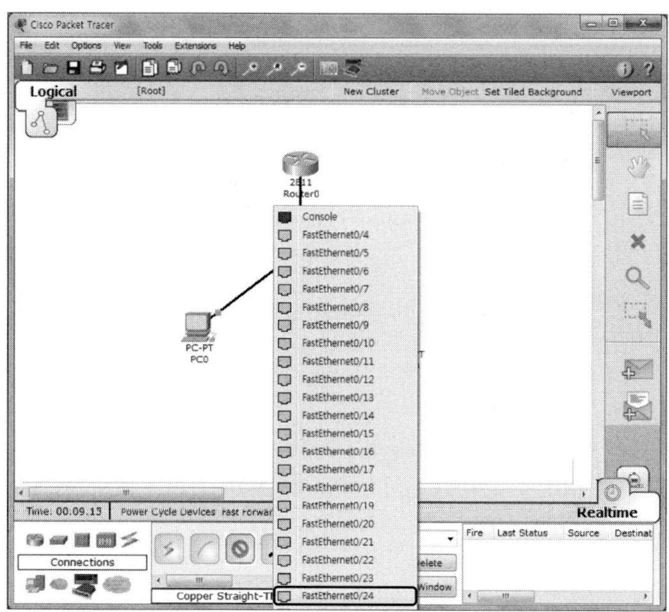

⑭ 라우터 1대, 스위치 1대, PC 2대, Server 1대가 연결되어 있는 기본 토폴로지가 완성된다. 완성된 토폴로지에 각각의 장비에 따른 명령과 IP Address 등을 입력하면 실제 네트워크의 시뮬레이션을 해 볼 수 있다.

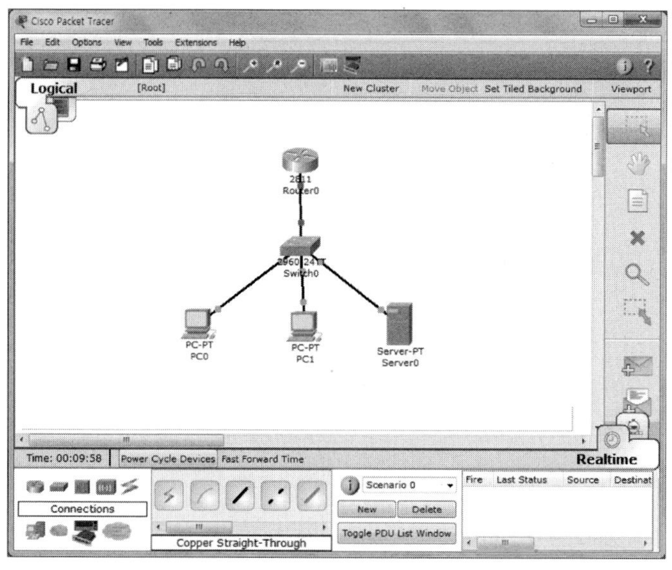

기적의 Tip

회선 연결 상태

- **녹색** : 해당 링크가 물리적으로 정상 연결되고 있으며, 동작 중일 때는 깜박이게 되나 물리적인 연결 상태만 보이며 프로토콜의 상태는 나타나지 않음
- **적색** : 링크가 물리적으로 아무런 신호도 감지되지 않는 비활성 상태를 표시
- **주황색** : 2 Layer의 STP (Spanning-Tree-Protocol) 상태임을 표시

더 알기 Tip

Ethernet · FastEthernet

라우터 Ethernet 인터페이스는 'RJ-45' 커넥터를 이용하여, UTP 케이블로 LAN과 연결한다. 이더넷 포트, 패스트이더넷 포트, 기가비트이더넷 포트 등의 종류가 있다.

• Ethernet 포트

• FastEthernet 포트

• Serial 커넥터 · 케이블

Serial은 WAN에 접속하는 인터페이스이며, 인터페이스와 포트를 함께 사용하여 설정한다. Interface Serial 0/0으로 표기하지만 보통은 줄여서 Interface s0/0 으로 표시한다.

• Console Port(콘솔 포트)

PC를 이용하여 라우터나 장비를 설정할 때 사용하는 포트이며, 콘솔 포트로 접속을 하여 장비를 제어하고 암호 등도 변경할 수 있다.

• AUX 포트

콘솔 포트처럼 장비를 제어하고 설정할 수 있는 포트로 콘솔 포트와 다른 점은 관리자용 암호가 설정되어 있지 않다면 관리자 모드로 들어갈 수 없다는 점이다.

라우터의 일반적인 접속 형태

• 이더넷 포트 : DB-15, RJ-45, Ethernet, Fast Ethernet, 토큰링, FDDI
• 시리얼 포트 : DB-60, V.35/RS232 케이블로 CSU/DSU 접속, HSSI(High Speed Serial Interface)
• 콘솔 포트 : RJ-45, RS232 케이블로 PC뒷면의 'Com1', 'Com2' 포트를 통해 접속
• AUX 포트 : RJ-45 전용 케이블로 PC 또는 모뎀을 접속

⑮ 상단의 [Main Toolbar]에서 [File]–[Save]를 클릭하여 저장한다.

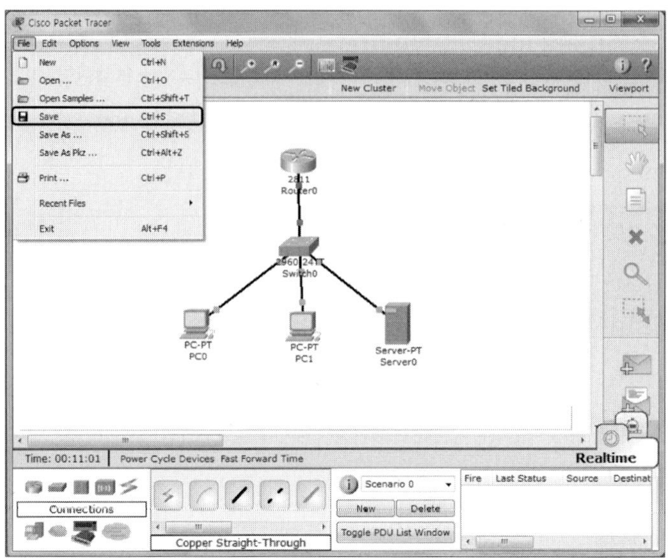

⑯ [저장하기] 대화상자에 저장을 원하는 파일명(기본토폴로지)을 입력한 후 패킷 트레이서의 파일 형식인 '*.pkt'를 확인하고 저장한다.

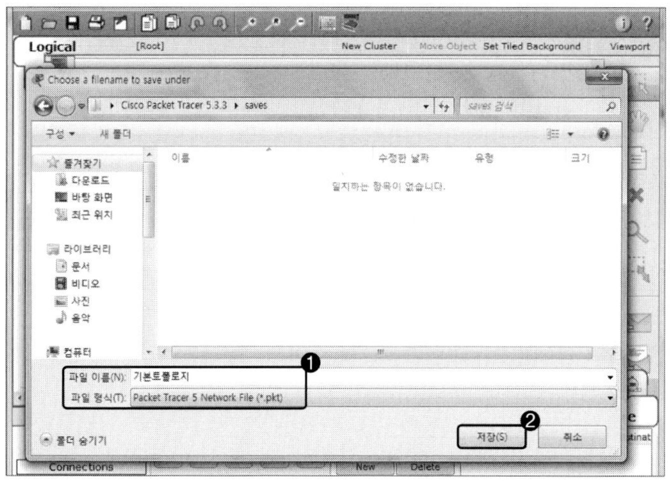

(2) 라우터와 라우터의 연결

라우터와 라우터의 연결 구간은 PPP 구간으로 서로를 연결할 수 있는 모듈이 장치에 장착되어 있어야 한다.

더 알기 Tip

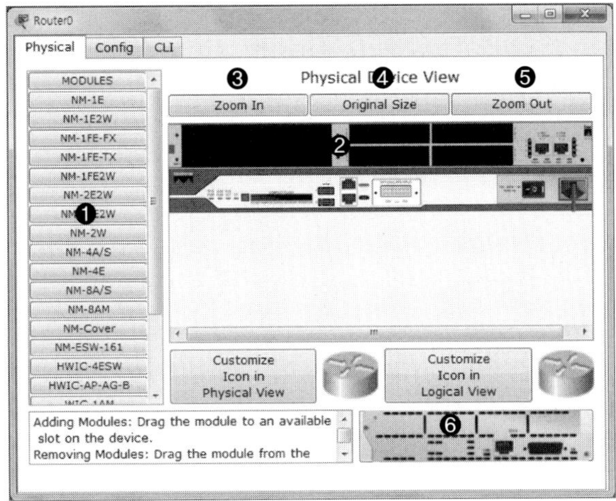

❶ 시리얼 포트 등 물리적인 포트를 선택할 수 있는 메뉴
❷ 라우터 장비의 실제 외부 구조
❸ 라우터 장비 모형 부분을 확대하는 메뉴
❹ 라우터 장비 모형 부분을 원래 사이즈로 변경
❺ 라우터 장비 모형 부분을 축소하는 메뉴
❻ 선택한 포트 미리보기 창

① 앞에 구성한 기본토폴로지에서 라우터를 클릭하면 라우터의 세부 입력창이 나타난다.
② 라우터의 전원 버튼( )을 클릭하여 전원을 끈다.
③ 라우터의 왼쪽 모듈에서 라우터와 라우터를 연결할 수 있는 WAN 연결 포트가 있는 모듈을 장착한다. 여기서는 WIC-2T 를 선택한다.
④ 오른쪽의 포트 미리보기 창에서 마우스로 드래그하여 장착시킨다.

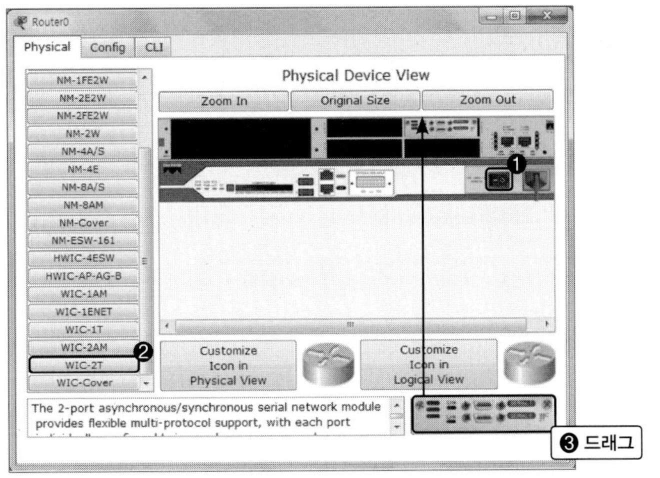

기적의 Tip

오류 메시지

라우터의 전원을 끄지 않고 모듈을 장착할 경우에는 드래그하여 올려놓는 순간 아래와 같은 오류 메시지가 나타납니다.

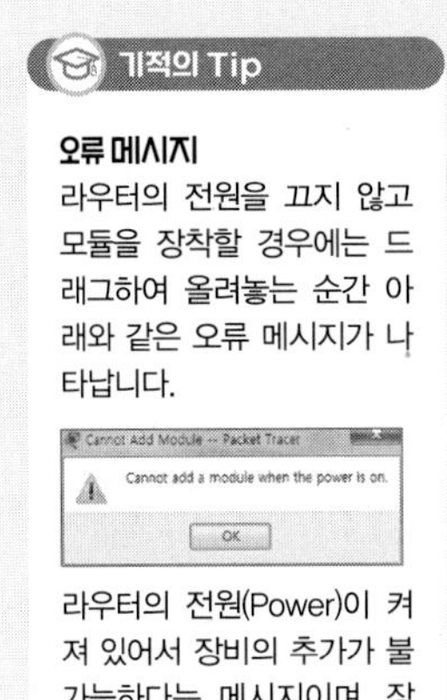

라우터의 전원(Power)이 켜져 있어서 장비의 추가가 불가능하다는 메시지이며, 장비 오른쪽의 전원 버튼을 OFF로 변경하면 됩니다.

⑤ 모듈 장착이 완료되면 다시 전원 버튼(■)을 클릭하여 전원 버튼을 ON으로 바꾼 뒤 라우터 창을 닫는다.

⑥ 기본 토폴로지에서 옆쪽으로 라우터와 스위치, PC를 아래 그림과 같이 배치한다.

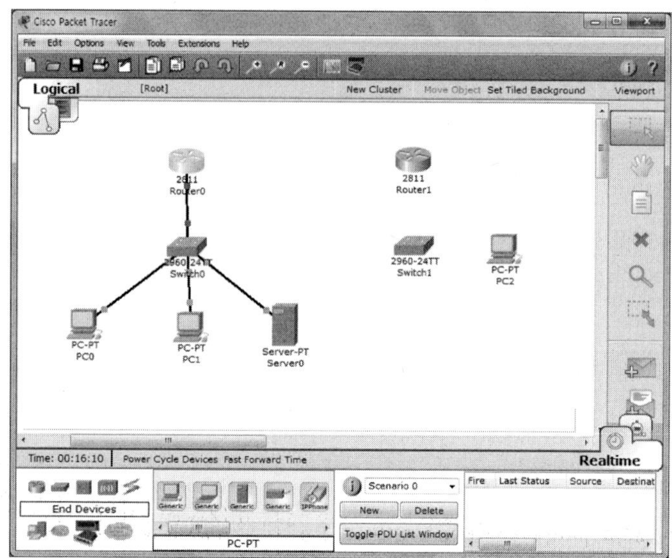

⑦ [Connections(⚡)]-[Copper Straight-Through(⁄)]를 선택한 후 라우터를 클릭하여 'FastEthernet0/0' 포트와 연결한다.

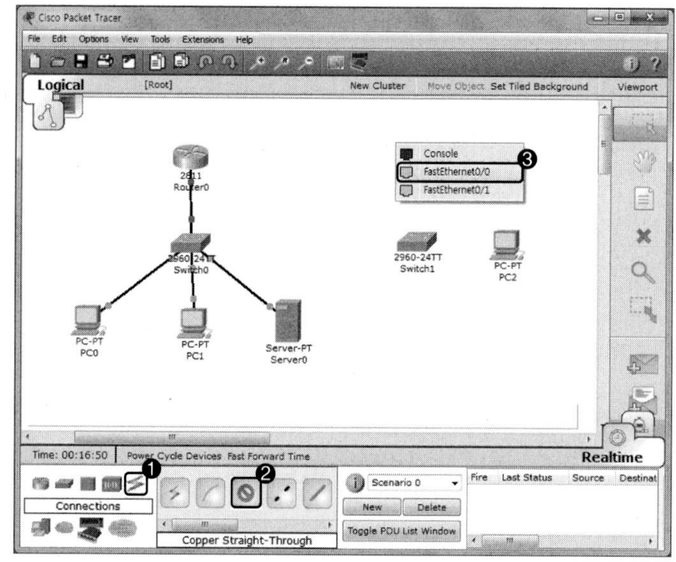

⑧ 'Switch1'에서도 'FastEthernet0/24' 포트를 선택하여 연결을 완료한다.

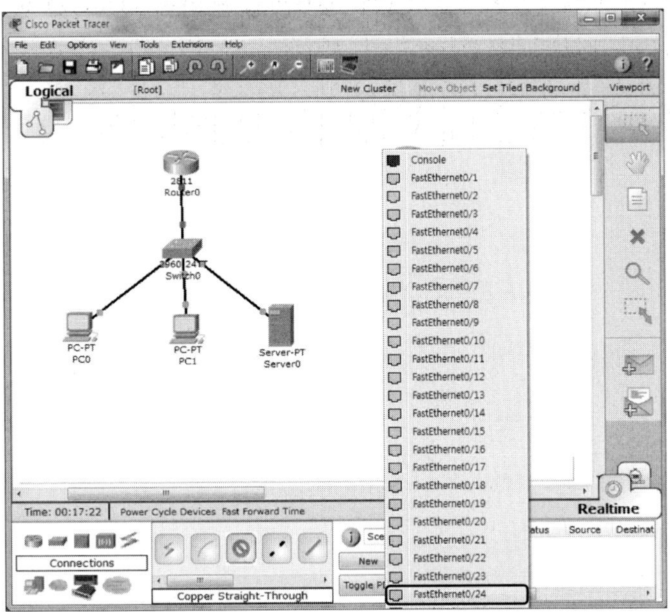

⑨ 스위치와 'PC2'를 물리적인 케이블로 연결하기 위하여 [Connections(⚡)]-[Copper Straight-Through(╱)]를 선택한 뒤 스위치를 클릭하여 'FastEthernet0/1' 포트를 선택한다.

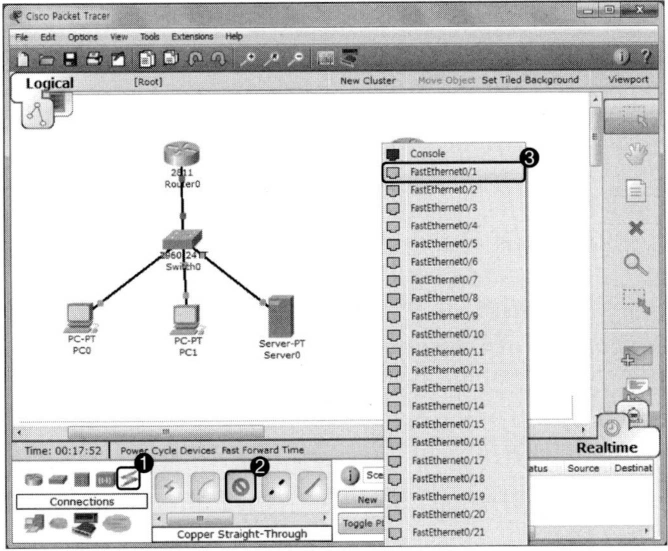

⑩ 'PC2'를 클릭하여 포트를 선택하는 화면이 나오면 'FastEthernet'을 선택하여 케이블을 연결한다.

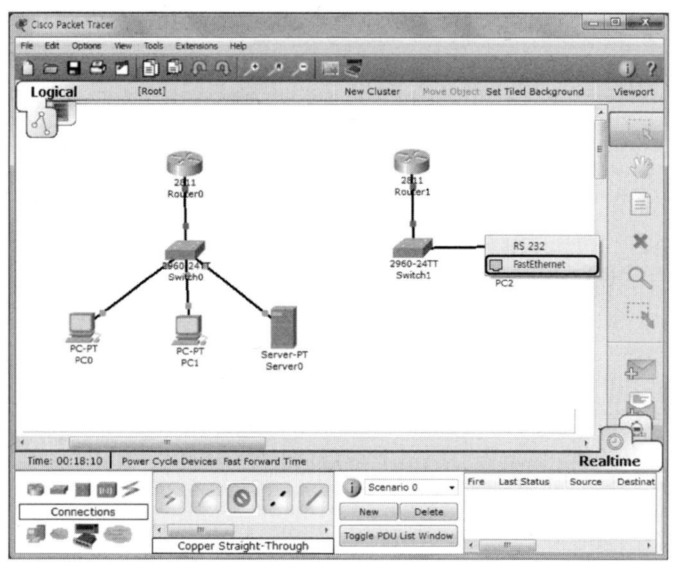

⑪ 'Router1'도 'Router0'을 설정한 것처럼 [WIC-2T] 모듈을 장착한다.

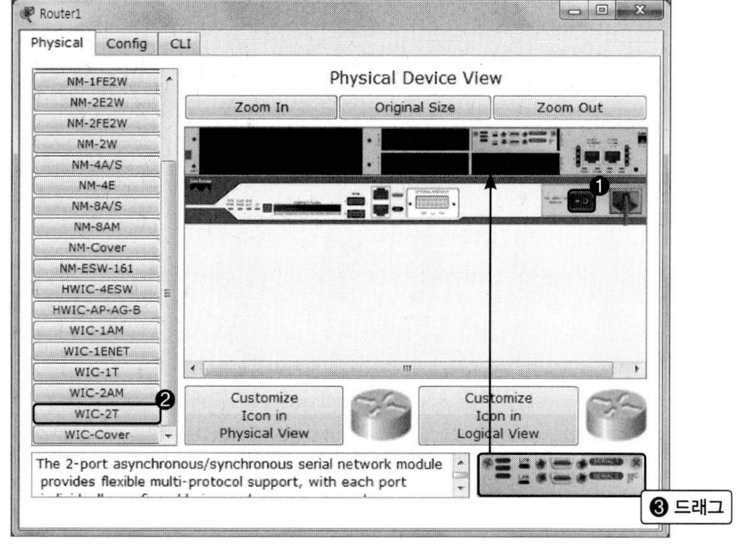

⑫ 'Router0'과 'Router1'을 물리적으로 연결하기 위해 [Connections( )]–[Serial DCE( )]을 선택한다.

기적의 Tip

장착된 포트 제거

장착된 포트를 원래 장비 미리보기 창으로 드래그하면 제거가 됩니다.

⑬ 'Router0'의 'Serial0/2/0'을 선택하여 포트를 연결한다.

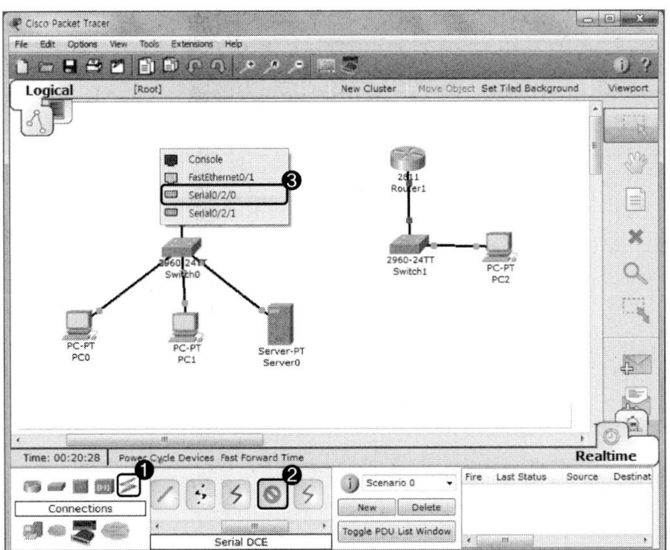

⑭ 반대쪽 'Router1'도 'Serial0/2/0'을 선택하여 포트를 연결하면 라우터와 라우터의 물리적인 연결이 완료된다.

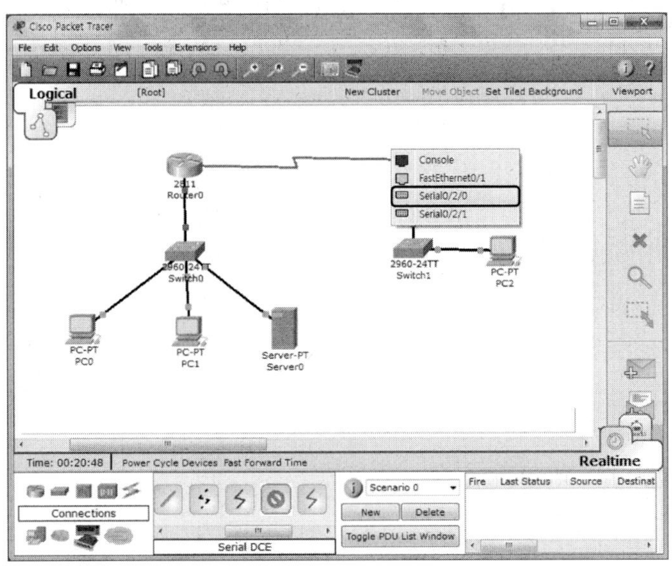

더 알기 Tip

라우터의 Serial 포트 넘버

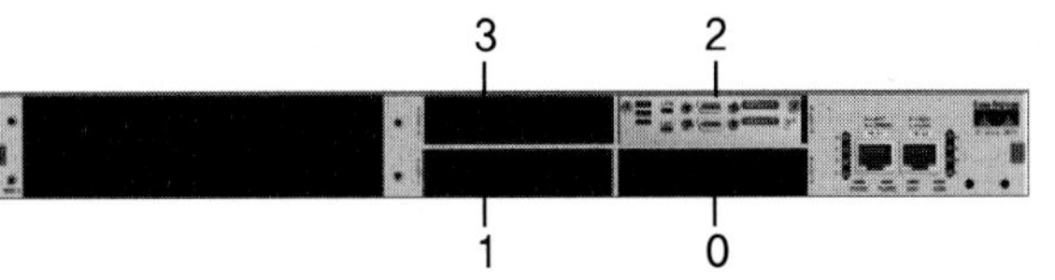

라우터의 포트 넘버는 0번부터 부여가 되며 오른쪽 아래 0번, 왼쪽 아래 1번, 오른쪽 위 2번, 왼쪽 위 3번의 순으로 부여된다.

포트 번호는 슬롯 넘버/모듈 넘버/인터페이스 넘버의 순으로 할당되므로 오른쪽 위의 모듈에 장착했기 때문에 할당된 포트는 'Serial0/2/0'과 'Serial0/2/1' 2개가 된다.

더 알기 Tip

모듈 구분하기(라우터 왼쪽의 모듈의 규칙)

- NM : Network Module
- WIC : Wan Interface Card
- E : Ethernet
- FE : Fastethernet
- T : Serial

예를 들면

WIC-2T 모듈은 Wan Interface Card로 2개의 Serial 포트를 가지고 있는 모듈

NM-1E 모듈은 Network Module로 1개의 Ethernet 포트를 가지고 있는 모듈

⑮ 완성된 토폴로지를 『라우터확장토폴로지.pkt』로 입력하여 저장한다.

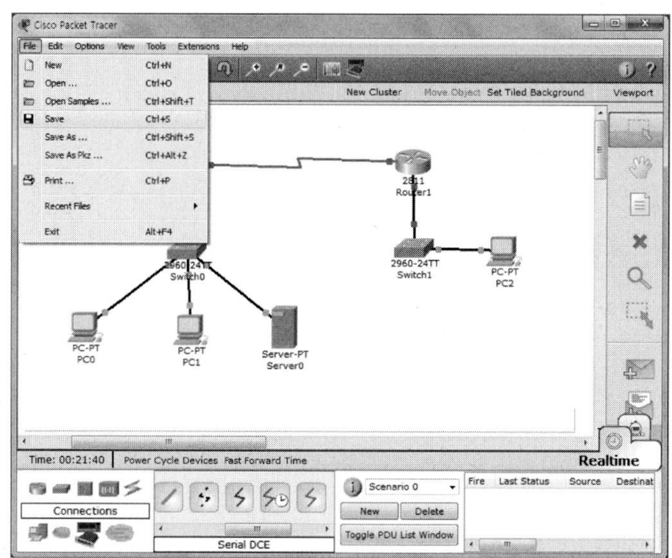

· SECTION ·
03
서브넷팅

01 서브넷팅

컴퓨터를 처음 사용하고자 할 때 수동으로 설치하여야 하는 주소는 IP Address, 서브넷 주소, 게이트웨이 주소 이렇게 3가지이다. 여기서 IP Address란 인터넷 상의 고유한 숫자 주소를 의미하는 것이고 게이트웨이 주소란 내부의 LAN으로 연결되어 있는 네트워크에서 외부 인터넷 연결을 위한 통로로 사용되는 지점의 IP Address를 지정하는 것이다.
그렇다면 서브넷 주소란 무엇을 말하는 것일까? 쉽게 표현하자면 네트워크를 구분하는 분류라고 생각하면 된다.

IP Address의 Class 구분
- A Class : 1.0.0.0 ~ 127.255.255.255 → 여기서 127.0.0.0~127.255.255.255는 루프백 어드레스로 예약되어 있다.
- B Class : 128.0.0.0 ~ 191.255.255.255
- C Class : 192.0.0.0 ~ 223.255.255.255
- D Class : 224.0.0.0 ~ 239.255.255.255 → 멀티캐스트 주소(주로 IPTV 서비스 등에 사용)
- E Class : 240.0.0.0 ~ 255.255.255.254 → 연구용
  255.255.255.255는 브로드캐스트 주소

> **기적의 Tip**
> **브로드캐스트 주소**
> 네트워크에 연결된 모든 호스트에 동일한 정보를 전송하기 위해 할당하는 주소로 사용됩니다.

서브넷팅을 사용하는 이유는 네트워크의 수와 호스트의 수를 여러 개로 나누어 효과적으로 네트워크를 설계하기 위한 목적이다. 예를 들어 아래와 같이 나누면 네트워크와 호스트의 개수를 조절할 수 있다.

> **기적의 Tip**
> **루프백 주소**
> 컴퓨터의 네트워크 입출력 기능을 시험하기 위하여 가상으로 할당한 인터넷 주소(127.0.0.1). 실제로는 외부 네트워크에 연결되어 있지 않는 소프트웨어적 입출력 주소로서 이 주소로 발송된 데이터들은 되돌아서 다시 이 주소로 수신된 것처럼 동작합니다. 웹 서버나 인터넷 소프트웨어의 네트워크 동작 기능을 시험하는 데 사용됩니다.

1111111.1111111.1111111.00000000 → 255.255.255.0(1Network/256Host)
1111111.1111111.1111111.10000000 → 255.255.255.128(2Network/128Host)
1111111.1111111.1111111.11000000 → 255.255.255.192(4Network/64Host)
1111111.1111111.1111111.11100000 → 255.255.255.224(8Network/32Host)
1111111.1111111.1111111.11110000 → 255.255.255.240(16Network/16Host)
1111111.1111111.1111111.11111000 → 255.255.255.248(32Network/8Host)
1111111.1111111.1111111.11111100 → 255.255.255.252(64Network/4Host)
1111111.1111111.1111111.11111110 → 255.255.255.254(128Network/2Host)
1111111.1111111.1111111.11111111 → 255.255.255.255(256Network/1Host)

예를 들어 아래와 같은 서브넷을 가지고 있다고 가정한다면,
11111111.11111111.11111111.11100000

1의 개수는 네트워크의 개수이고, 0의 개수는 호스트의 개수로 1이 3개 2^3=8(네트워크는 8개), 0이 5개 2^5=32(호스트 32개)를 할당할 수 있다.

“211.110.20.0/255.255.255.0 Network를 4개의 Network로 서브넷팅 하시오.” 라는 문제를 가정하면 4개의 네트워크로 나누라고 하였으니 2비트를 네트워크로 설정하면 된다.
11111111.11111111.11111111.11000000 → 255.255.255.192(4Network/64Host)

빠른 표시법으로 211.110.20.0/26이라고 표시하기도 한다. 여기서 26이란 255.255.255.192을 2진수 8bit로 바꾸면 11111111.11111111.11111111.11000000 으로 표기하고 1의 숫자가 26번이라는 뜻이다.
즉, 211.110.20.0/26이라면 211.110.20.0/255.255.255.192 이라는 뜻이다.

00000000 ~ 00111111 → 0 ~ 63
01000000 ~ 01111111 → 64 ~ 127
10000000 ~ 10111111 → 128 ~ 191
11000000 ~ 11111111 → 192 ~ 255

그렇다면 아래와 같이 나누어지며, 서브넷은 11111111.11111111.11111111.11000000 이므로 255.255.255.192 가 된다.

각 네트워크에서 사용할 수 있는 호스트 주소는 아래와 같다.
211.110.20.0 ~ 211.110.20.63
211.110.20.64 ~ 211.110.20.127
211.110.20.128 ~ 211.110.20.191
211.110.20.192 ~ 211.110.20.255

이렇게 하면 총 64개씩 호스트를 사용할 수 있다고 하지만 사실은 −2를 해주어야 한다.
그 이유는 첫 주소는 Network Address, 마지막 주소는 Broadcast Address로 빠져야 하기 때문이다.
Host ID → all 0 → Network Address
Host ID → all 1 → Broadcast Address

즉, 실제 사용 가능한 범위의 호스트 주소는 다음과 같다.
211.110.20.1 ~ 211.110.20.62
211.110.20.65 ~ 211.110.20.126
211.110.20.129 ~ 211.110.20.190
211.110.20.193 ~ 211.110.20.254

02 가변길이 서브넷팅(VLSM)

앞에서 설명한 서브넷팅을 하게 되면 모든 네트워크가 동일한 호스트의 수를 가지게 된다. 하지만, 실제 사용해야 할 호스트가 다르게 나누어져 있을 때 서로 다른 길이의 서브넷 마스크를 사용하여 호스트의 개수를 나누는 것을 VLSM(Variable Length Subnet Mask, 가변길이 서브넷 마스크)이라 한다.

예를 들어, 192.168.1.0/24의 IP를 사용하는 곳에서 각 부서별로 100개, 30개, 10개의 호스트를 할당해야 한다면 먼저 100개 이상의 호스트 수를 지원하는 마스크 길이는 1비트이고 이 경우 호스트 수는 128이 된다.
그래서 192.168.1.0/24로 하여 10000000의 마스크로 서브넷팅 하면 192.168.1.0/25 ~ 192.168.1.127/25 의 범위를 1차적으로 가지게 된다.
이후 다시 30개와 10개의 2개의 네트워크로 나누어야 하므로 네트워크 개수를 늘려 11100000으로 서브넷팅 하면 네트워크 개수는 8개(2^3), 호스트의 개수는 32개(2^5)로 192.168.1.128/27 ~ 192.168.1.159/27로 나누어진다.

이후 다시 10개의 네트워크로 나누어야 하므로 네트워크의 개수를 늘려 11110000으로 서브네팅하면 네트워크 개수는 16개(2^4) 호스트 개수는 16개(2^4)로 192.168.1.160/28 ~ 192.168.1.175/28로 나눌 수 있다.

출제유형 1

아래와 같은 네트워크의 토폴로지에서 Eng 부서 15개, Mkt 부서 7개, Sal 부서 100개의 호스트가 필요하다면 가장 적절한 서브넷팅을 통하여 네트워크 IP 192.168.100.1/24 를 할당하시오.

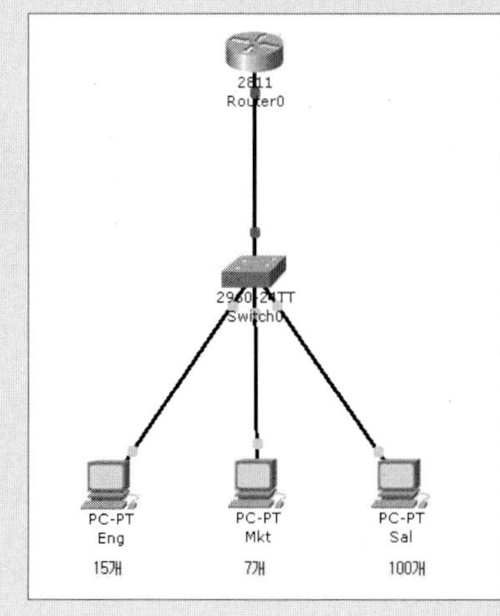

◀ 파일명 : 출제유형01.pkt

풀이 방법

네트워크 IP 192.168.100.1/24

•Sal 부서 100개

192.168.100.0/11111111.11111111.11111111.10000000
네트워크 개수 $2(2^1)$개, 호스트 개수 $128(2^7)$개

IP 범위	192.168.100.0/25 ~ 192.168.100.127/25
가용 IP 범위	192.168.100.1/25 ~ 192.168.100.126/25
Gateway	192.168.100.1/25
PC 주소	192.168.100.2/25
서브넷 마스크	255.255.255.128

•Eng 부서 15개

남은 범위 192.168.100.128/25 부터 192.168.100.255/25까지로 15개의 호스트가 나누어지려면 호스트 수가 17개 이상 나와야 한다. 그러므로 서브넷 마스크는 11100000으로 네트워크 개수는 $8(2^3)$개 호스트 개수는 $32(2^5)$개

IP 범위	192.168.100.128/27 ~ 192.168.100.159/27
가용 IP 범위	192.168.100.129/27 ~ 192.168.100.158/27
Gateway	192.168.100.129/27
PC 주소	192.168.100.130/27
서브넷 마스크	255.255.255.224

•Mkt 부서 7개

남은 범위 192.168.100.160/27부터 192.168.100.255/27까지로 7개의 호스트가 나누어지려면 호스트 수가 9개 이상 나와야 한다. 그러므로 서브넷 마스크는 11110000으로 네트워크 개수는 $16(2^4)$개 호스트 개수도 $16(2^4)$개

IP 범위	192.168.100.160/28 ~ 192.168.100.175/28
가용 IP 범위	192.168.100.161/28 ~ 192.168.100.174/28
Gateway	192.168.100.161/28
PC 주소	192.168.100.162/28
서브넷 마스크	255.255.255.240

03 네트워크 기반의 서브넷

네트워크의 IP Address를 확인하여 소속된 서브넷을 계산할 수 있다.
예를 들면, 192.168.63.200/27의 서브넷을 계산한다면 서브넷의 총 길이가 27이고 해당 IP Address가 소속된 기본 서브넷은 24이므로 27-24=3이 된다.
즉, 서브넷의 수는 2^3=8개가 된다. 결과적으로 총 256개의 호스트를 8개로 분할하여 (256÷8=32) 32개씩 나누어 질 수 있다.
192.168.63.0/27 ~ 192.168.63.31/27
192.168.63.32/27 ~ 192.168.63.63/27
192.168.63.64/27 ~ 192.168.63.95/27
192.168.63.96/27 ~ 192.168.63.127/27
192.168.63.128/27 ~ 192.168.63.159/27
192.168.63.160/27 ~ 192.168.63.191/27
192.168.63.192/27 ~ 192.168.63.223/27
192.168.63.224/27 ~ 192.168.63.255/27
8개로 나누어진 IP Address 중 192.168.63.200/27이 소속된 서브넷은 192.168.63.192/27 ~ 192.168.63.223/27이 소속된 서브넷이고 가용한 IP Address는 192.168.63.193/27 ~ 192.168.63.222/27까지 할당하여 사용할 수 있다.

더 알기 Tip

라우터 명령 설정 모드 전환

라우터에는 여러 가지 명령모드가 있으나 주로 사용되는 모드는 User EXEC Mode, Privileged EXEC Mode, Global Configuration Mode이다.

- User EXEC Mode : 처음 라우터로 접속하면 나타나는 모드로 일반 사용자 모드
- Privileged EXEC Mode : 일반 관리 모드로 설정 내용의 확인, 각종 정보 확인, 설정 저장, 복사 등이 가능한 모드
- Global Configuration Mode : 설정 모드로 각종 설정을 수행하는 모드

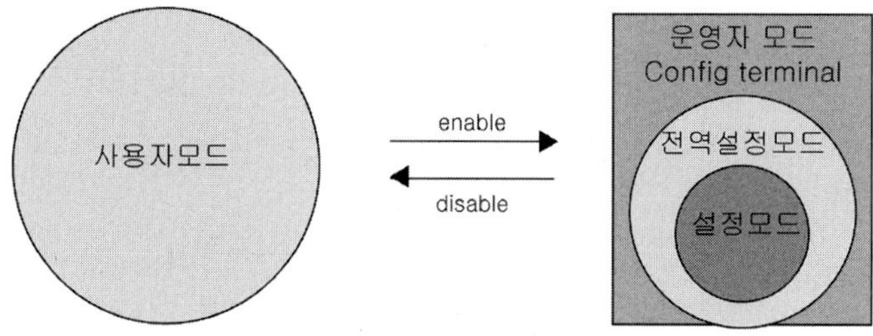

더 알기 Tip

라우터 전환 명령

라우터의 작업 설정 방식은 커맨드 라인 인터페이스(CLI : Command Line Interface) 방식으로 UNIX 명령어처럼 사용하며, User EXEC(사용자 모드)와 Privileged EXEC(관리자 모드)로 구분된다.

① 패킷 트레이서에서 라우터를 선택한 후 [CLI] 탭을 클릭한다.

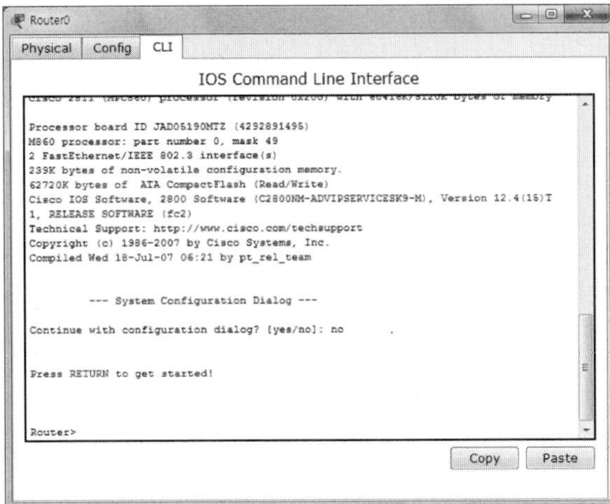

기적의 Tip

라우터에 처음 접속하면 라우터의 설정을 대화식으로 할 것인지를 물어보는 항목이 나타납니다. 이 모드는 불필요한 정보도 많이 물어오며 시간도 많이 지체되므로 직접 설정 명령을 입력하기 위하여 「NO」를 입력하여 라우터의 설정 모드로 들어갑니다.

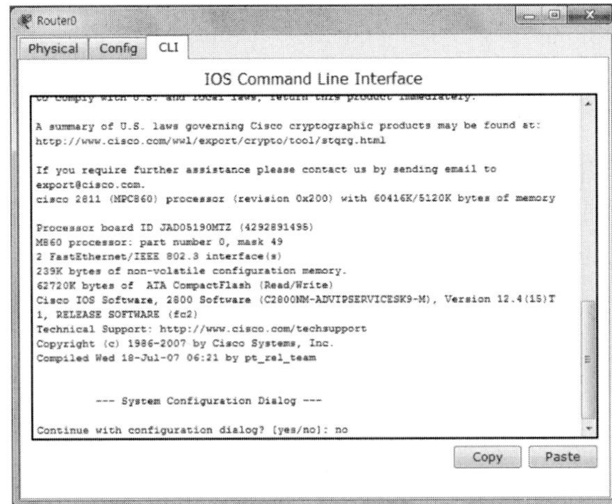

② 사용자 모드에서 운영자 모드로 진입하기 위해 『enable』을 입력한다.

```
Press RETURN to get started!



Router>enable
Router#
```

③ 프롬프트 모드가 'Router#'으로 변경되며 『disable』을 입력하면 운영자 모드에서 다시 사용자 모드로 빠져 나온다.

```
Press RETURN to get started!



Router>enable
Router#disable
Router>
```

④ 다시 'Router〉'에서 『enable』을 입력하면 운영자 모드로 들어가며 『conf t』를 입력하면 전역 설정 모드로 들어간다.

```
Router>enable
Router#disable
Router>en
Router#conf t
Enter configuration commands, one per line.  End with CNTL/Z.
Router(config)#
```

⑤ 프롬프트의 모양이 'Router(config)#'로 바뀐 것을 확인한 후 『exit』를 입력하면 운영자 모드로 다시 빠져 나온다.

```
Router>enable
Router#disable
Router>en
Router#conf t
Enter configuration commands, one per line.  End with CNTL/Z.
Router(config)#exit

%SYS-5-CONFIG_I: Configured from console by console
Router#
```

SECTION 04

라우터, 스위치 공통

합격 강의

01 Hostname 설정

네트워크의 장비를 설치하고 장비의 동작을 설정하고자 할 때 필수적으로 장비에 이름을 부여하여 관리하는 것이 유리하다. 큰 규모의 네트워크일수록 장비의 이름을 설정하지 않으면 관리자가 일괄적으로 장비를 관리하는 것이 어렵기 때문에 네트워크의 장비 이름 설정은 필수 항목으로 들어간다. 기본적인 장비의 이름은 문자와 숫자로 시작하고 중간에 띄어쓰기를 할 수 없으며 총 63자 이내로 부여할 수 있다.

- **라우터 설정**

```
Router>en
Router#conf t
Router(config)#hostname [이름]
```

- **스위치 설정**

```
Switch>en
Switch#conf t
Switch(config)#hostname [이름]
```

출제유형 2

주어진 토폴로지를 참조하여 'Router0'과 'Router1'을 각각 'R1'과 'R2'로 이름을 정의하시오.

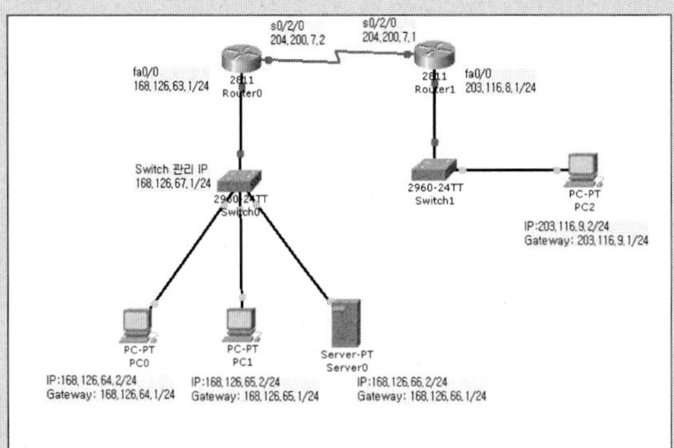

◀ 파일명 : 출제유형02.pkt

풀이 방법

① 패킷 트레이서를 실행한 후 [File]–[Open] 메뉴를 클릭하여 '출제유형02.pkt' 파일을 불러온다.

② 'Router0'을 선택한 후 [CLI] 탭을 클릭하여 명령어를 입력한다.

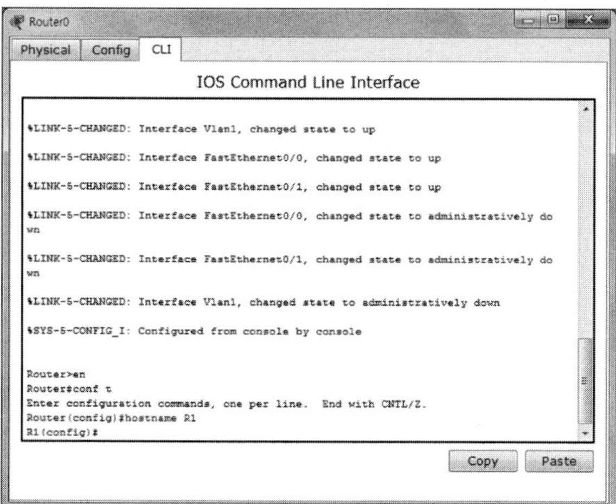


```
Router>en
Router#conf t
Router(config)#hostname R1
```

기적의 Tip

hostname 명령어는 약자 host를 사용합니다.

Router(config)#host R1

③ 라우터 장비의 이름이 변경되는 것을 확인할 수 있다. 동일한 방법으로 'Router1'의 장비도 선택하여 이름을 변경한다.

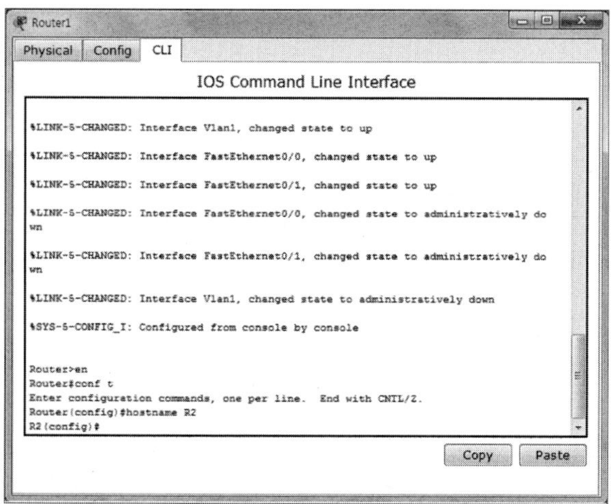


```
Router>en
Router#conf t
Router(config)#hostname R2
```

더 알기 Tip

라우터 장비의 이름과 토폴로지 상의 이름

Hostname의 명령어로 라우터 이름을 변경해도 토폴로지 상의 이름은 바뀌지 않는다. 토폴로지 상의 Display 이름은 장비의 이름과 별도로 토폴로지 상에서 보이는 부분만을 의미한다.

토폴로지 상의 수정

토폴로지의 'Router0'이라는 부분을 마우스로 한번 클릭하면 Display Name을 변경할 수 있는 수정모드 Router0 로 바뀐다. 기존의 이름을 삭제하고 『R1』으로 입력하여 수정한다.

패킷 트레이서 메뉴 상의 수정

토폴로지의 'Router1'을 클릭하여 [Config] 탭의 [Display Name] 이름을 『R2』로 입력하여 수정한다.

02 IP Address 설정

(1) 라우터

라우터는 일반적인 스위치 등의 장치와 연결하는 LAN 구간과 라우터와 라우터를 연결하는 WAN 구간으로 구분할 수 있다. 이런 장치들에 접근하고 패킷의 전송을 위하여 장비에 IP Address를 설정해야 한다.

기본적으로 패킷 트레이서에서 장치를 가져와 놓고 장치와 장치를 자동 케이블로 연결하면 각각의 인터페이스 번호가 자동으로 발생하게 된다. 패킷 트레이서의 토폴로지에서는 마우스 포인터를 연결 커넥터에 잠시 멈추어 놓으면 서로 장비의 인터페이스가 보인다.

기적의 Tip

'interface fastethernet(n/n)'의 명령은 보통 약어로 단축하여 『int f(0/0)』으로 입력할 수 있습니다.

Router(Config)#int fa[N/N]
Router(Config-if)#ip add [168.126.63.1 255.255.255.0]
Router(Config-if)#no shut

LAN 구간의 인터페이스 설정 모드로 들어가기 위해서 라우터에서 『interface fastethernet[N/N]』라고 입력하면 설정 모드로 진입한다. 일반적으로 단축 명령어 『int fa[N/N]』 또는 『int f[N/N]』으로 입력한다.

● LAN 구간 IP Address 설정 명령

```
Router(Config)#interface fastethernet[N/N]
Router(Config-if)#ip address [168.126.63.1 255.255.255.0]
Router(Config-if)#no shutdown ❶
```

❶ 원래 인터페이스는 비활성화 상태이므로 활성화해주는 명령어

기적의 Tip

내부의 LAN을 연결할 때는 fastethernet 포트를 사용하여 연결합니다. 토폴로지 위에 마우스를 가져다 놓으면 설정한 fastethernet 포트를 확인할 수 있습니다.

출제유형 ❸

주어진 토폴로지의 IP Address 설정 정보를 참조하여 'R1'과 'R2'의 IP Address를 설정하시오.

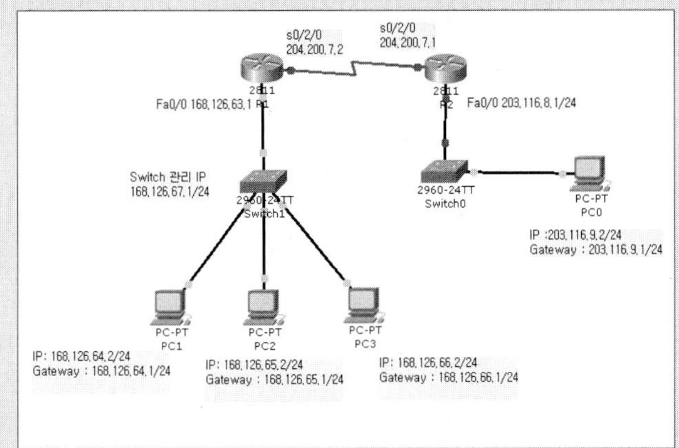

◀ 파일명 : 출제유형03.pkt

기적의 Tip

- interface 명령어는 약자 int를 사용합니다.
- address 명령어는 약자 add를 사용합니다.
- no shutdown 명령어는 약자 no sh를 사용합니다.

풀이 방법

① 패킷 트레이서를 실행 한 후 [File]-[Open] 메뉴를 클릭하여 '출제유형03.pkt' 파일을 불러온다.

② 'R1' 라우터를 선택한 후 [CLI] 탭을 클릭하여 IP Address를 설정한다.

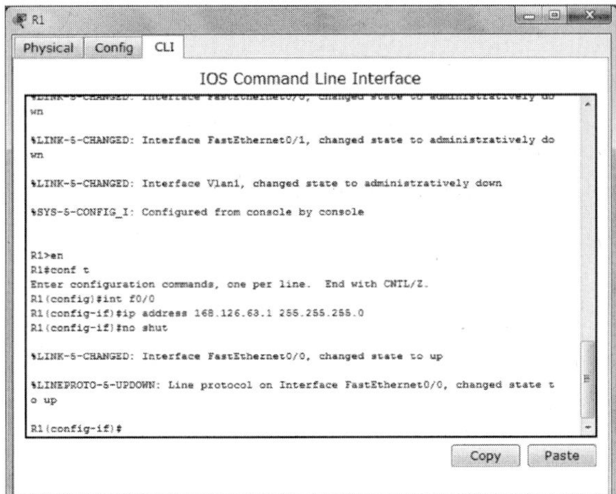

기적의 Tip

shutdown 명령어는 약자 sh를 사용합니다.

```
R1>en
R1#conf t
R1(config)#int f0/0
R1(config-if)#ip address 168.126.63.1 255.255.255.0
R1(config-if)#no shut
```

③ 'R2' 라우터를 선택한 후 [CLI] 탭을 클릭하여 IP Address를 설정한다.

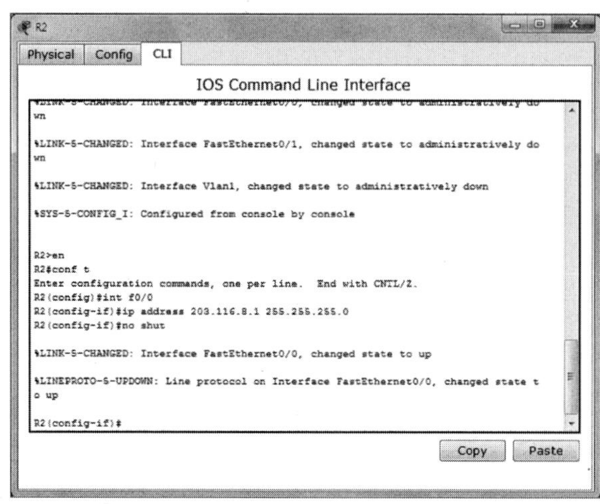


```
R2>en
R2#conf t
R2(config)#int f0/0
R2(config-if)#ip address 203.116.8.1 255.255.255.0
R2(config-if)#no shut
```

내부적인 네트워크인 LAN의 인터페이스가 fastethernet을 이용한다면 라우터와 라우터를 연결하는 WAN 구간의 인터페이스는 Serial Interface를 사용하므로 선언하는 인터페이스가 달라진다.

- **WAN 구간 IP Address 설정 명령**

기적의 Tip

내부 네트워크 망이 fastethernet이라면 외부 네트워크 망은 Serial Interface를 설정합니다.

```
Router(Config)#interface [s0/2/0]
Router(Config-if)#ip address [204.200.7.2 255.255.255.0]
Router(Config-if)#no shutdown
```

출제유형 ④

주어진 토폴로지의 IP Address 설정 정보를 참조하여 'R1'과 'R2'의 Serial Port 구간의 IP Address를 설정하시오.

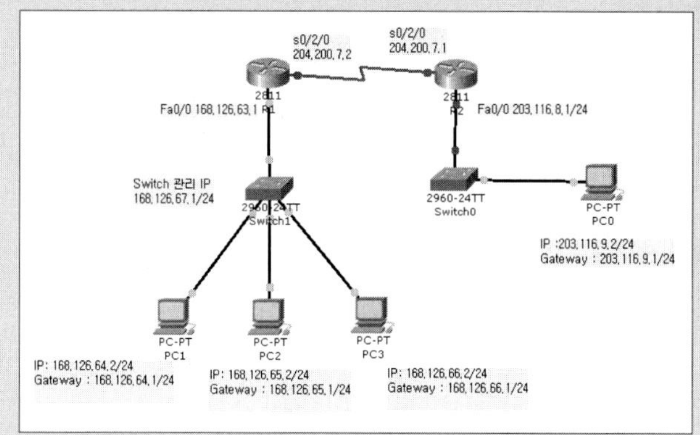

◀ 파일명 : 출제유형04.pkt

> **기적의 Tip**
> 패킷 트레이서에서 라우터를 처음 배치하면 기본 포트로 시리얼 포트가 장착되어 있지 않으므로 앞에서 설정한 대로 전원을 'Off' 한 뒤 포트를 장착합니다.

풀이 방법

① 'R1' 라우터를 선택한 후 [CLI] 탭을 클릭하여 IP Address를 설정한다.

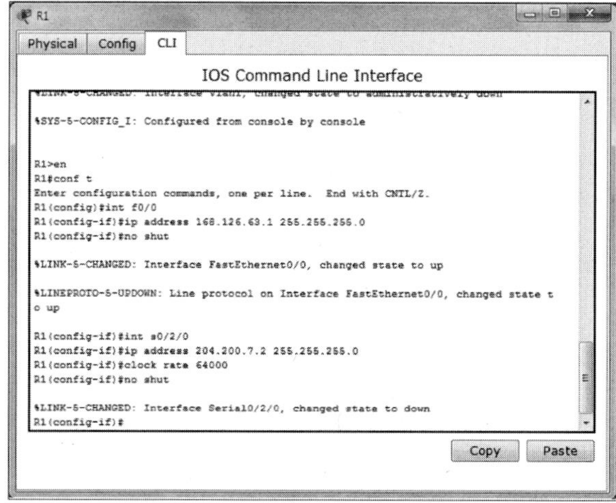

> **기적의 Tip**
> WAN 구간의 라우터를 연결할 때는 전송 신호의 펄스를 제어하는 Clock Rate를 DCE (Data Circuit Terminating Equipment)에 선언하고 그 반대편의 라우터를 DTE(Data Terminal Equipment)로 설정합니다. DCE와 DTE는 뒤의 항목에서 다시 설명하겠습니다.

```
R1>en
R1#conf t
R1(config-if)#int s0/2/0
R1(config-if)#ip address 204.200.7.2 255.255.255.0
R1(config-if)#clock rate 64000
R1(config-if)#no shut
```

> **기적의 Tip**
> • clock 명령어는 약자 cl을 사용합니다.
> • rate 명령어는 약자 ra를 사용합니다.

기적의 Tip

라우터의 인터페이스는 기본적으로 활성화가 되어 있지 않습니다. 그러므로 라우터의 인터페이스 설정이 끝나면 인터페이스를 활성화하는 명령어인 「no shutdown」 명령어를 입력해야 합니다.

② 'R2' 라우터를 선택한 후 [CLI] 탭을 클릭하여 IP Address를 설정한다.

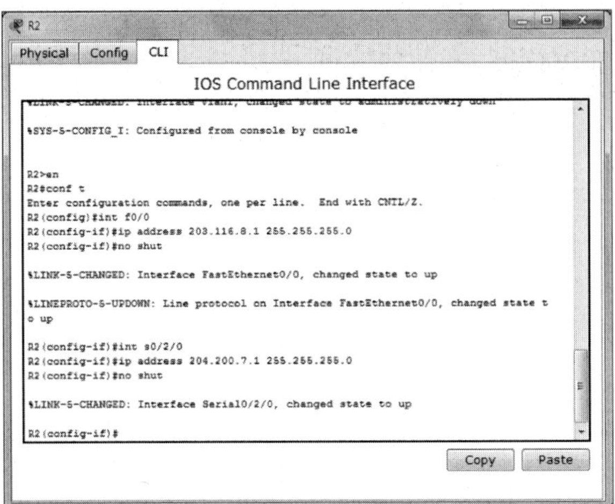


```
R2>en
R2#conf t
R2(config-if)#int s0/2/0
R2(config-if)#ip address 204.200.7.1 255.255.255.0
R2(config-if)#no shut
```

(2) 스위치

스위치는 기본적으로 L2에 소속되어 있는 장비로 MAC 주소를 이용하여 장비가 동작하게 되므로 IP Address를 할당하지 않아도 되는 장비이다. 그래서 IP Address를 할당하지 않아도 기본적인 동작을 하지만 원격으로 관리하기 위해서 관리 IP Address를 할당하게 된다. 스위치의 모든 포트는 기본적으로 가상 인터페이스인 VLAN 1에 소속되어 있으므로 관리 IP Address는 특별한 지시나 목적이 없는 한 VLAN 1에 할당하는 것을 기본으로 한다.

- **스위치 IP Address 설정 명령**

```
Switch>en
Switch#conf t
Switch(config)#int vlan 1
Switch(config-if)#ip address [168.126.67.1 255.255.255.0]
Switch(config-if)#no shutdown
```

출제유형 5

주어진 토폴로지를 참고하여 'Switch1'의 관리 IP를 설정하시오.

◀ 파일명 : 출제유형05.pkt

풀이 방법

① 패킷 트레이서를 실행한 후 [File]-[Open] 메뉴를 클릭하여 '출제유형05.pkt' 파일을 불러온다.

② 'Switch1'을 선택한 후 [CLI] 탭을 클릭하여 명령어를 입력한다.

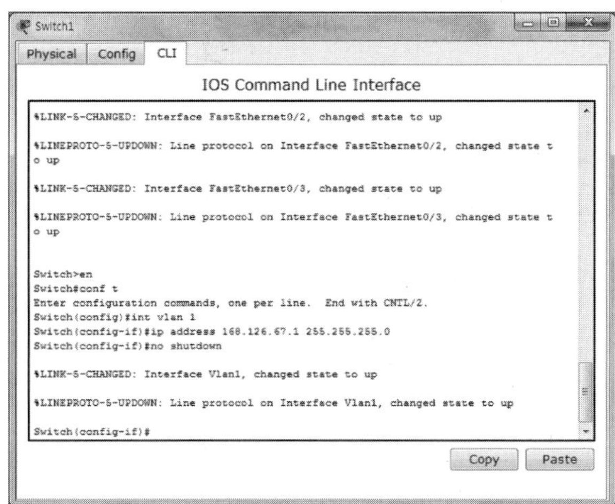


```
Switch>en
Switch#conf t
Switch(config)#int vlan 1
Switch(config-if)#ip address 168.126.67.1 255.255.255.0
Switch(config-if)#no shutdown
```

기적의 Tip

스위치의 모든 인터페이스는 VLAN 1에 소속되어 있지만 문제에서 다른 VLAN에 할당하라는 요구가 있을 때에는 해당되는 VLAN 번호를 같은 방법으로 설정하면 됩니다.

(3) 정적 할당

각 장비 인터페이스에 고정된 IP Address를 부여하는 방법으로 가장 일반적으로 IP Address를 부여하는 방법이다.

[PC IP Address 정적 할당]

① 'PC0'을 선택한 후 [Desktop] 탭의 [IP Configuration]을 클릭하여 [Static]을 선택하고 주어진 IP Address와 서브넷 마스크를 입력한다.

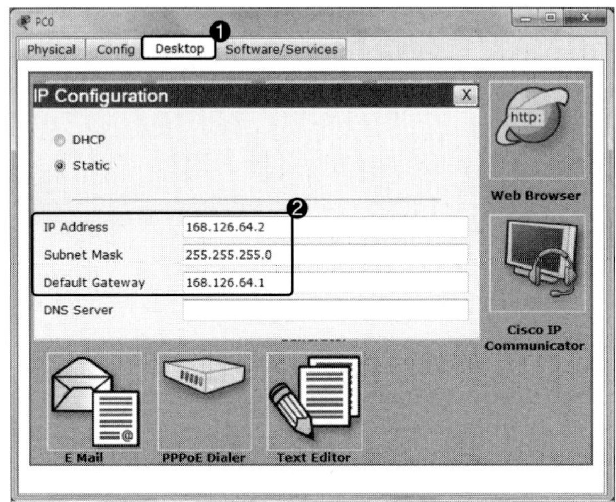

② 같은 방법으로 'PC1'을 선택한 후 [Desktop] 탭의 [IP Configuration]을 클릭하여 [Static]을 선택하고 주어진 IP Address와 서브넷 마스크를 입력한다.

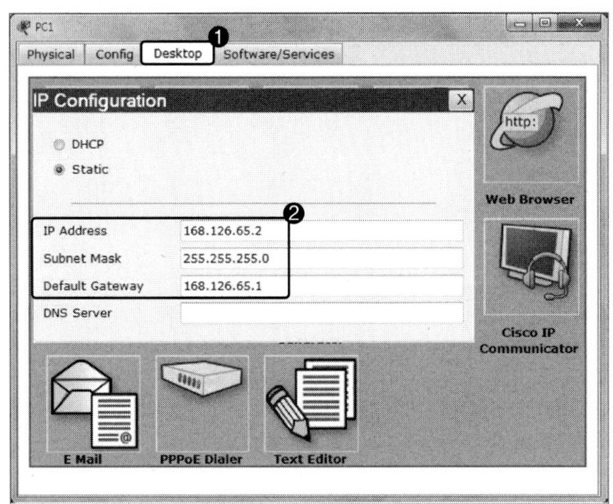

③ 같은 방법으로 'PC2'를 선택한 후 [Desktop] 탭의 [IP Configuration]을 클릭하여 [Static]을 선택하고 주어진 IP Address와 서브넷 마스크를 입력한다.

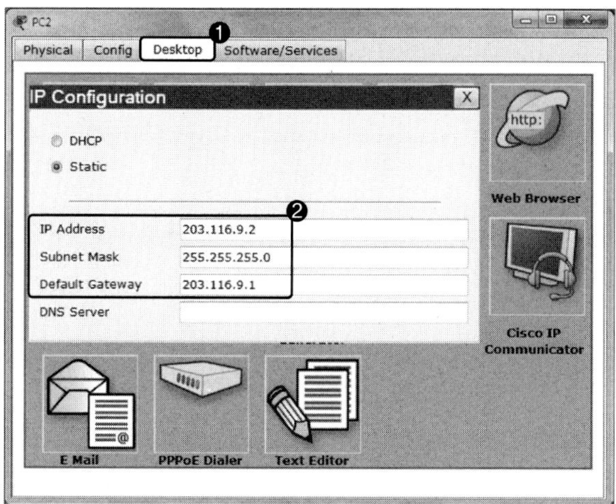

[라우터 IP Address 정적 할당]

라우터 IP Address 정적 할당은 주어진 인터페이스에 설정하고자 하는 IP Address를 입력하면 된다.

> **기적의 Tip**
> 인터페이스의 할당 번호는 해당 인터페이스 위에 마우스를 잠시 멈추면 각각의 장비가 연결된 인터페이스를 보여줍니다. 직접 인터페이스를 설정하지 않았을 경우에는 이런 식으로 인터페이스의 포트를 확인하고 설정해야 합니다.

● **Fastethernet 설정**

```
R1(config)#interface fastethernet0/0
R1(config-if)#no shutdown
R1(config-if)#ip address 168.126.63.1 255.255.255.0
```

> **기적의 Tip**
> fastethernet 명령어 약자는 f를 사용합니다.

● **Serial interface 설정**

```
R1(config)#interface s0/2/0
R1(config-if)#no shutdown
R1(config-if)#ip address 204.200.7.2 255.255.255.0
```

[스위치 IP Address 정적 할당]

스위치 IP Address 정적 할당은 주어진 인터페이스에 설정하고자 하는 IP Address를 입력하면 된다.

> **기적의 Tip**
> 스위치도 라우터와 설정하는 방법은 동일하지만 위에서도 언급한 바와 같이 스위치는 L2에 소속된 장비로 Mac 주소로 동작하며 IP Address를 꼭 설정하지 않아도 되는 장비입니다. 그러나 외부에서 스위치를 관리하고 제어하기 위하여 IP Address를 부여할 수 있는데 이럴 경우 Vlan 1의 포트에 IP Address를 부여하면 됩니다.

```
Switch>en
Switch#conf t
Switch(config)#int vlan 1
Switch(config-if)#ip address 168.126.67.1 255.255.255.0
Switch(config-if)#no shutdown
```

(4) 동적 할당

정적 할당과 다르게 IP Address가 주어진 범위 설정에 따라 가변적으로 바뀌는 것이다. 다만 이러한 동적 할당을 하기 위해서는 IP Address를 자동으로 할당해 주는 역할의 서버가 세팅되고 라우터의 역할을 설정해야 하는 부분이 추가된다. 이 부분은 뒷장의 DHCP 부분에서 더 자세히 언급하겠다.

[PC의 IP Address 동적 할당]

[Desktop] 탭의 [IP Configuration]을 클릭하여 [DHCP] 부분을 선택한다.

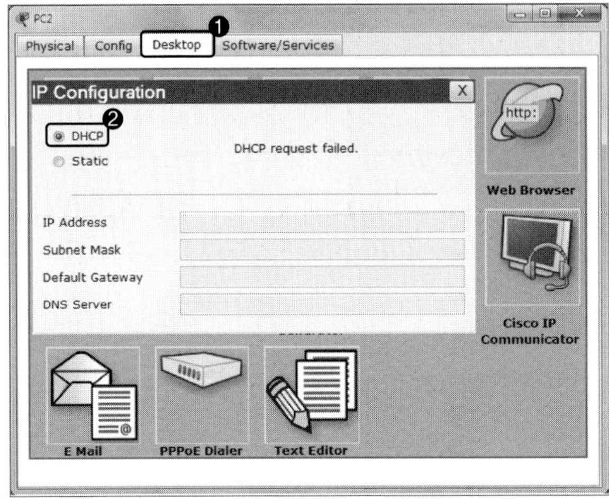

[라우터의 IP Address 동적 할당]

- Fastethernet 설정

```
Router(config)#interface fastethernet0/0
Router(config-if)#no shutdown
Router(config-if)#ip address dhcp ❶
```

❶ 라우터의 해당 인터페이스의 IP Address를 동적 할당으로 설정

[스위치의 IP Address 동적 할당]

- Vlan 1 동적 할당 설정

```
Switch>en
Switch#conf t
Switch(config)#int vlan 1
Switch(config-if)#ip address dhcp ❷
Switch(config-if)#no shutdown
```

❷ 스위치의 해당 인터페이스의 IP Address를 동적 할당으로 설정

03 Banner

배너 메시지는 라우터나 스위치에 접속하는 사용자에게 보여주기 위한 메시지를 생성하는 명령어이다. 일반적으로 라우터의 접근에 대한 주의사항이나 경고 문구를 표시한다.

- **배너 메시지 설정 명령**

```
R1(config)#banner motd [기호]
출력 문구 입력 [기호]
```

출제유형 6

주어진 토폴로지에서 Router 'R1'에 접근 시 "Welcome to Router"라는 문구가 나타나도록 세팅하시오.

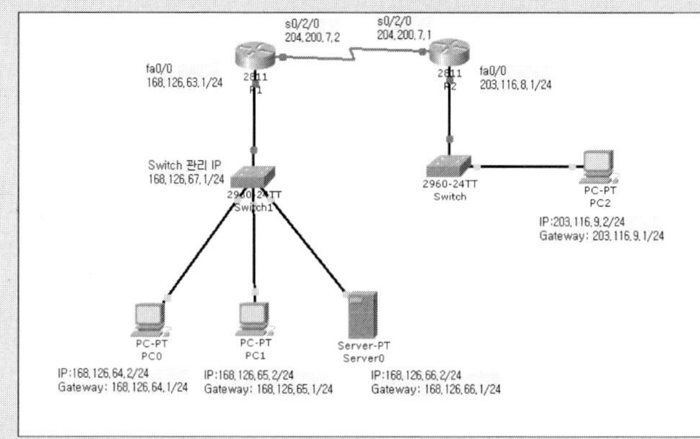

◀ 파일명 : 출제유형06.pkt

풀이 방법

① 패킷 트레이서를 실행한 후 [File]-[Open] 메뉴를 클릭하여 '출제유형06.pkt' 파일을 불러온다.

배너 입력 명령의 마지막의 기호는 배너 출력 문장의 마지막을 의미하는 약속어입니다."R1(config) #banner motd [기호]"에서 기호를 "#"으로 미리 약속했다면 배너의 문장을 입력할 때 "#"을 입력하면 문장이 끝났다는 의미로 해석되어 다시 라우터 프롬프트 모드로 떨어집니다.

기적의 Tip

banner 명령어 입력시 한줄로 입력해도 무방합니다.

R1(config)#banner motd $ Welcome to Router. $

② 'R1' 라우터를 선택한 후 [CLI] 탭에 해당 명령을 입력한다.

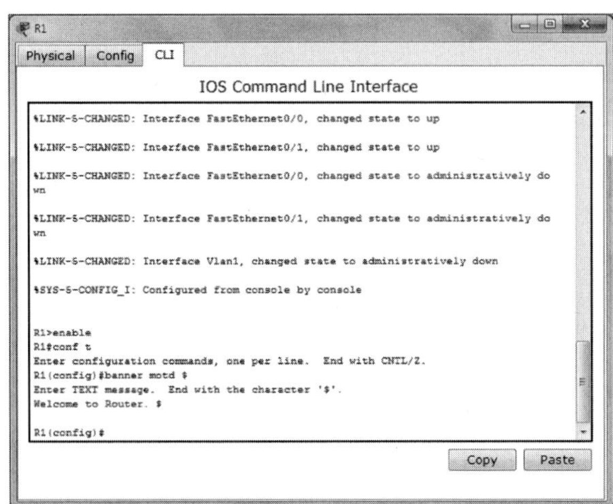

```
R1>enable
R1#conf t
R1(config)#banner motd $
Welcome to Router. $
```

③『exit』 명령을 두 번 입력하여 라우터의 초기 화면으로 빠져나온 뒤 Banner가 정상적으로 보이는지 확인한다.

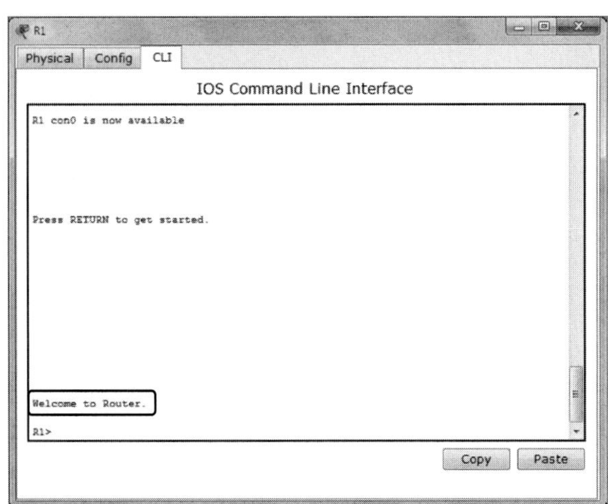

04 History 설정

History 기능은 라우터가 최근의 사용한 명령어를 기억하는 기능으로 기본적으로 10개의 명령어를 순차적으로 기억하고 있고 명령을 입력한 후 키보드의 위쪽 방향키(↑)를 누르면 입력한 순서대로 명령이 호출된다. History의 옵션 명령을 이용하여 기억하는 개수를 조절할 수 있다.

- **History 라우터 명령**

```
Router(config-line)#history size [15] (라인 전역 설정 모드)
Router#Terminal history size [15] (관리자 설정 모드)
```

출제유형 7

주어진 토폴로지에서 Router 'R1'의 History 설정 개수를 15개로 변경하시오.

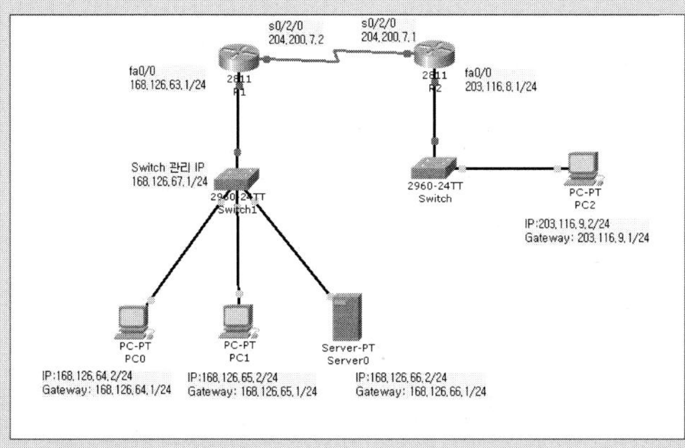

◀ 파일명 : 출제유형07.pkt

풀이 방법

① 패킷 트레이서를 실행한 후 [File]-[Open] 메뉴를 클릭하여 '출제유형07.pkt' 파일을 불러온다.

> **기적의 Tip**
>
> history size 15 (라인 전역 설정 모드)와 Terminal history size 15 (관리자 설정 모드)는 명령어 자체에는 큰 차이가 없습니다. 다만 설정을 하는 라우터의 프롬프트 위치의 차이만 발생합니다.
>
> R1>enable
> R1#conf t
> R1(config)#line con 0
> R1(config-line)#history size 15
>
> 라우터가 기억하는 명령어를 한 번에 보고자 한다면 『show history』 명령을 입력하면 앞에서 입력했던 설정값을 보여줍니다.

② 라우터를 선택한 후 [CLI] 탭을 클릭하여 명령어를 입력한다.

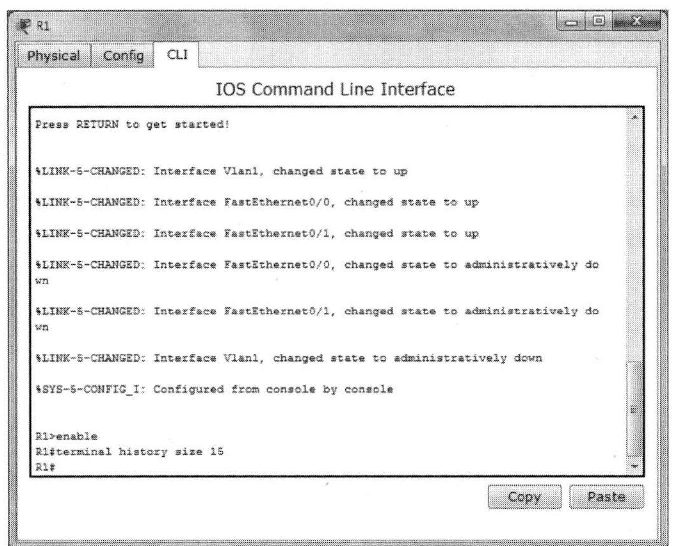


```
R1>enable
R1#terminal history size 15
```

05 DNS 설정

DNS란 도메인 네임을 IP Address와 매칭해 주는 서버를 설정하는 것을 말한다. DNS 설정을 하게 되면 IP Address가 아닌 도메인을 입력하여 해당 Server나 PC로 데이터 등을 전송할 수 있다.

- **DNS 설정 라우터 명령**

```
Router(config)#ip host [DNS] [IP Address]
```

출제유형 8

Server0을 'server'의 DNS 이름으로 데이터 패킷 등을 전송할 수 있도록 설정하시오.

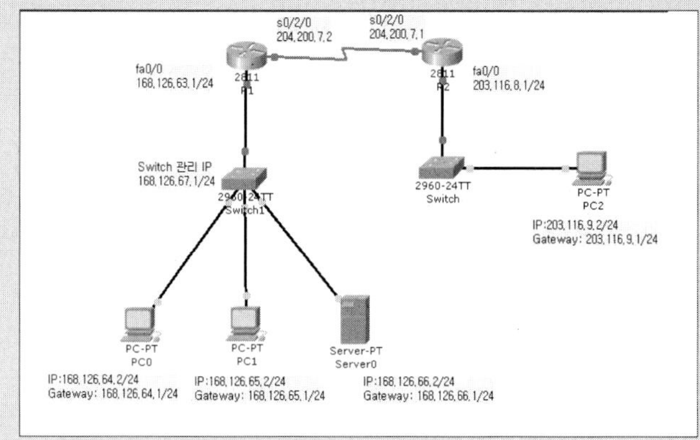

◀ 파일명 : 출제유형08.pkt

풀이 방법

① 패킷 트레이서를 실행한 후 [File]-[Open] 메뉴를 클릭하여 '출제유형08.pkt' 파일을 불러온다.

② 라우터 'R1'을 선택한 후 [CLI] 탭을 클릭하여 명령어를 입력한다.

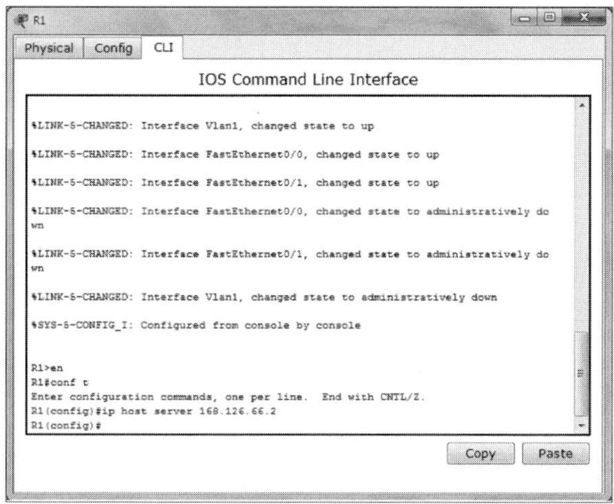


```
R1>en
R1#conf t
R1(config)#ip host server 168.126.66.2
```

기적의 Tip

토폴로지의 IP Address와 인터페이스 설정, 라우터의 라우팅 설정이 올바르게 되었다면 차후 도메인 네임으로 Ping 명령어를 사용할 수 있습니다.
R1#ping 168.126.66.2와 R1#ping server를 라우터의 [CLI] 탭에서 입력했을 때 같은 IP Address로 데이터 패킷을 전송하는 것을 확인할 수 있습니다. 다만 현재는 Inter-vlan 등과 같은 다른 네트워크의 설정 값이 다 입력되지 않은 관계로 Ping이 실패하는 것을 확인할 수 있습니다.

기적의 Tip

DNS 서버와 매칭하는 방법 등은 Server의 세팅 부분과 관계되므로 9장에서 언급하게 될 다른 기능과 함께 확실히 따라 하며 익히는 것이 합격하는 전략입니다.

06 DNS 질의 안 하도록 설정

라우터는 명령어를 입력받을 시 기본적으로 DNS 서버에게 질의하도록 설정되어 있다. 다만 라우터가 알지 못하는 명령어나 오타를 입력받았을 시에 그 명령어에 대한 질의를 DNS 서버에게 하게 되는데 그 시간 동안 명령어 프롬프트가 사라지고 대기해야 하는 불편함이 있으므로 DNS 질의를 안 하도록 설정하는 것이다.

- **DNS 질의를 안 하도록 하는 라우터 명령**

```
Router(config)#no ip domain-lookup
```

출제유형 9

'R1'과 'R2' 라우터에 오타 입력 시 서버에게 질의를 하지 않도록 설정하시오.

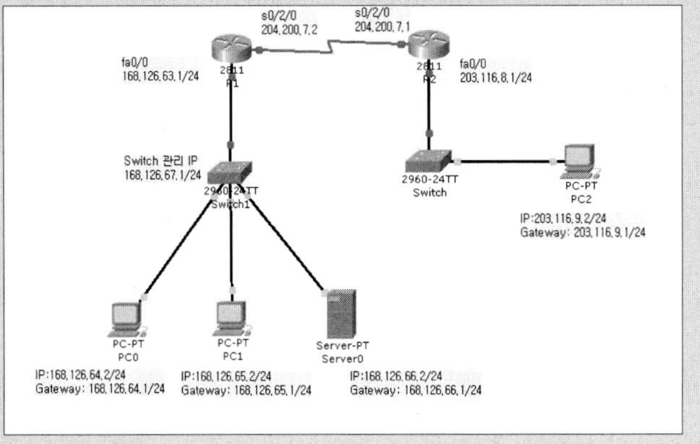

◀ 파일명 : 출제유형09.pkt

풀이 방법

① 패킷 트레이서를 실행한 후 [File]–[Open] 메뉴를 클릭하여 '출제유형09.pkt' 파일을 불러온다.

② 라우터 'R1'을 선택한 후 [CLI] 탭을 클릭하여 명령어를 입력한다.

```
R1>en
R1#conf t
R1(config)#no ip domain-lookup
```

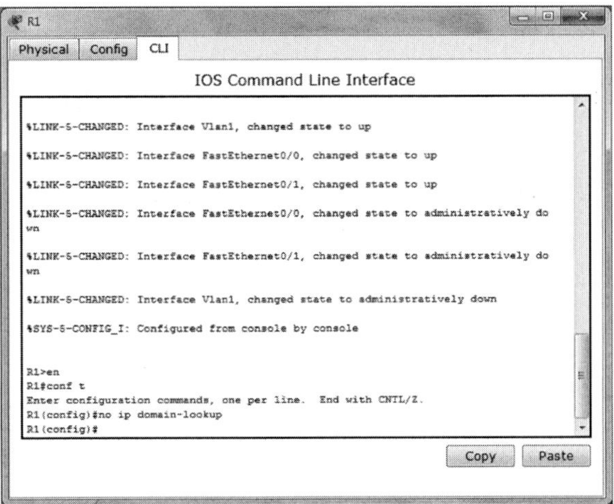

③ 같은 방법으로 라우터 'R2'도 [CLI] 탭을 클릭하여 명령어를 입력한다.

```
R2>en
R2#conf t
R2(config)#no ip domain-lookup
```

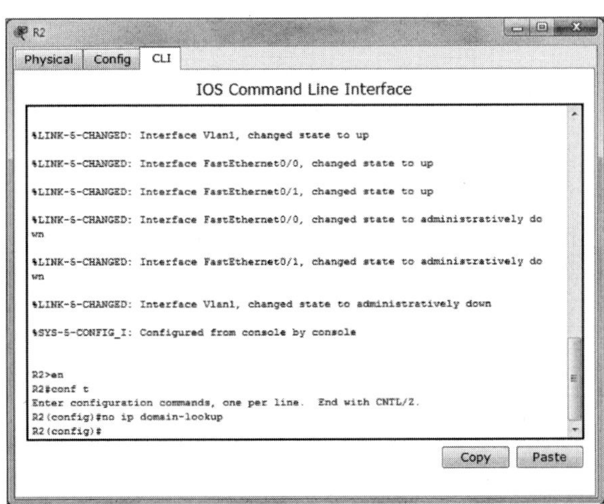

07 Enable Password(Security)

라우터의 Enable은 User Exec Mode(사용자 모드)에서 Privileged EXEC Mode(관리자 모드)로 들어가기 위한 명령어로 일반적으로 인증된 사람만이 접근할 수 있도록 보안 설정을 하게 된다.

- **보안 설정 라우터 명령**

```
Router(config)#enable password [암호]
```

출제유형 ⑩

라우터 'R1'에 Privileged EXEC Mode(관리자 모드)로 들어가기 위하여 "master!@#" 라는 암호를 입력하도록 설정하시오.

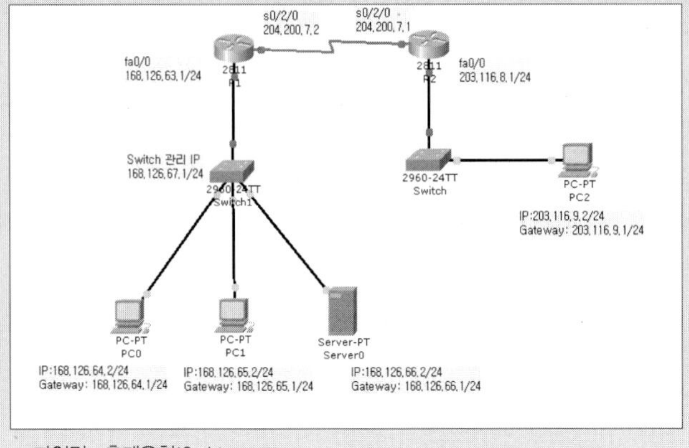

▲ 파일명 : 출제유형10.pkt

풀이 방법

① 패킷 트레이서를 실행한 후 [File]-[Open] 메뉴를 클릭하여 '출제유형10.pkt' 파일을 불러온다.

② 라우터 'R1'을 선택한 후 [CLI] 탭을 클릭하여 명령어를 입력한다.

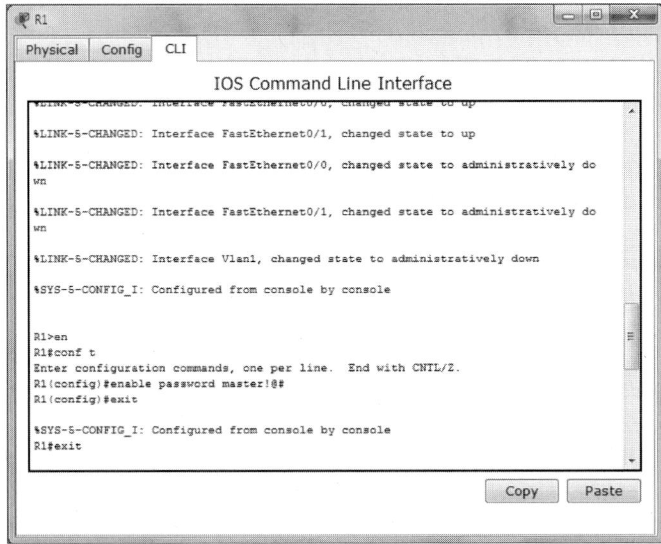

```
%LINK-5-CHANGED: Interface FastEthernet0/1, changed state to up

%LINK-5-CHANGED: Interface FastEthernet0/0, changed state to administratively do
wn

%LINK-5-CHANGED: Interface FastEthernet0/1, changed state to administratively do
wn

%LINK-5-CHANGED: Interface Vlan1, changed state to administratively down

%SYS-5-CONFIG_I: Configured from console by console


R1>en
R1#conf t
Enter configuration commands, one per line.  End with CNTL/Z.
R1(config)#enable password master!@#
R1(config)#exit

%SYS-5-CONFIG_I: Configured from console by console
R1#exit
```

기적의 Tip

인증 암호를 설정한 뒤 라우터의 관리자 모드를 빠져나간 후 명령어를 입력하면 패스워드를 묻는 화면이 나타납니다. 여기에 앞서 설정한 암호를 입력하면 됩니다. 다만 입력을 하는 동안 화면상의 커서는 변화가 없으니 꼼꼼히 틀리지 않게 입력하면 됩니다.

```
R1>en
R1#conf t
R1(config)#enable password master!@#
R1(config)#exit
R1#exit
```

더 알기 Tip

라우터 설정 값 확인

라우터 'R1'을 선택하여 [CLI] 탭을 클릭하고 명령어를 입력한다. Privileged EXEC Mode(관리자 모드)로 들어가기 위하여 "master!@#"라는 암호를 입력하도록 설정하였으므로 암호를 입력하여 관리자 모드로 들어간 후 설정 값을 확인하는 명령어를 입력한다.

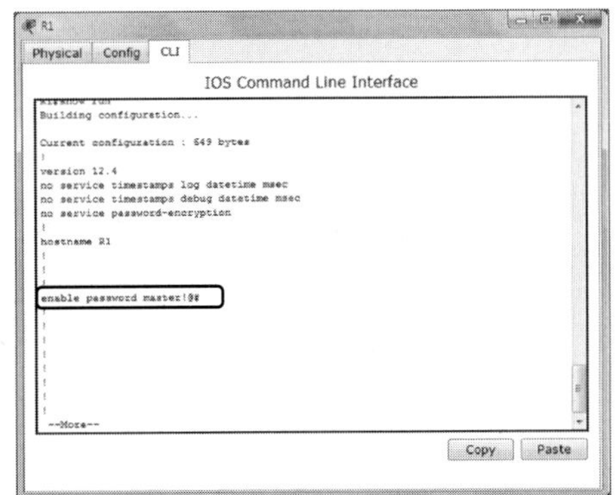


```
R1>en
password:
R1#show run
```

앞에서 설정한 Hostname과 암호 설정 값이 적용된 것을 확인할 수 있다. [Space Bar]를 누르면 하단의 설정이 순차적으로 보이므로 설정 값이 올바르게 세팅되었는지 꼼꼼히 살펴본다.

08 암호 저장 방식(MD5) 설정

앞에서 설정한 암호 방식은 암호화가 적용이 안 되어 있는 설정 방법으로 보통 MD5나 해시 암호 기법이라 불리는 명령을 추가하여 암호화된 인증을 설정한다.

- **암호 저장 방식 라우터 설정**

```
Router(config)#enable secret [암호]
```

출제유형 ⑪

라우터 'R2'에 Privileged EXEC Mode(관리자 모드)로 들어가기 위하여 "master!@#"라는 암호를 MD5 해시 암호로 적용하여 암호화하여 설정하시오.

s0/2/0 204.200.7.2
s0/2/0 204.200.7.1
fa0/0 168.126.63.1/24
2811 R1
2811 R2
fa0/0 203.116.8.1/24
Switch 관리 IP 168.126.67.1/24
2960-24TT Switch1
2960-24TT Switch
PC-PT PC2
IP:203.116.9.2/24 Gateway: 203.116.9.1/24
PC-PT PC0
PC-PT PC1
Server-PT Server0
IP:168.126.64.2/24 Gateway: 168.126.64.1/24
IP:168.126.65.2/24 Gateway: 168.126.65.1/24
IP:168.126.66.2/24 Gateway: 168.126.66.1/24

◀ 파일명 : 출제유형11.pkt

풀이 방법

① 패킷 트레이서를 실행한 후 [File]-[Open] 메뉴를 클릭하여 '출제유형11.pkt' 파일을 불러온다.

② 라우터 'R2'를 선택한 후 [CLI] 탭을 클릭하여 명령어를 입력한다.

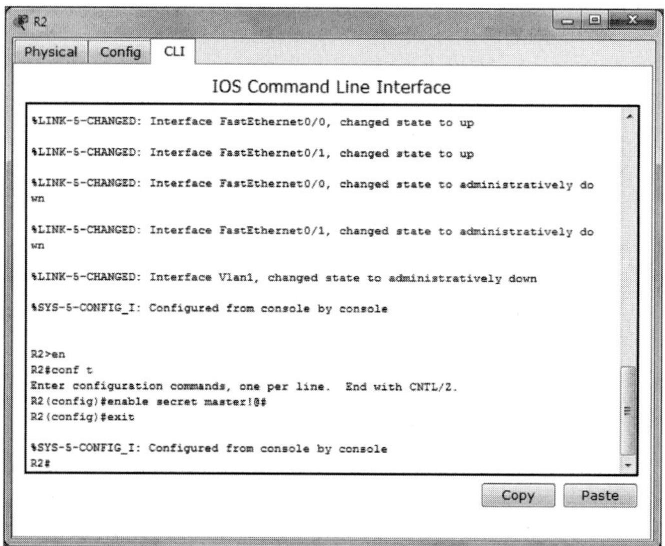

기적의 Tip

MD5 암호화 설정 방법은 일반적인 암호 설정 명령어인 'enable password 암호'와 동일하나 라우터의 설정을 확인하는 「show run」 명령을 입력해 보면 설정된 패스워드가 암호화되어 있는 것을 확인할 수 있습니다.

```
R2>en
R2#conf t
R2(config)#enable secret master!@#
R2(config)#exit
```

③ 라우터의 운영자 모드를 빠져나간 후 『en』을 입력하여 패스워드 설정을 확인한다.

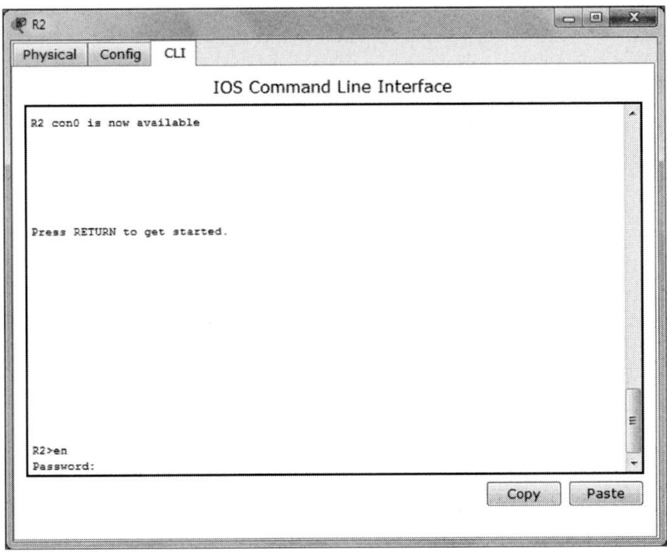


```
R2#exit
R2>en
```

09 Console Password

Console은 라우터의 가장 가까운 거리에 있는 접속 경로를 지정하는 용어로 일반적으로 라우터의 관리자가 설정하기 위하여 접근하는 경로이다. 당연히 인증되지 않은 사용자의 접근을 허용하면 안 되기 때문에 일반적으로 인증 암호를 설정한다.

- **Console Password 라우터 설정**

```
Router(config)#line console 0
Router(config-line)#password [암호]
```

출제유형 ⑫

라우터 'R1'의 Console 라인 접근 암호를 "master!@#"으로 설정하시오.

◀ 파일명 : 출제유형12.pkt

풀이 방법

> **기적의 Tip**
>
> **패스워드의 암호화 기법**
>
> 패스워드를 암호화하는 방법은 명령어에 'secret'을 추가하면 됩니다. 기본적인 암호화 설정 명령어에 'secret' 명령을 추가하게 되면 그 선언을 한 패스워드만 암호화가 진행됩니다.
>
> enable, console, vty 등 전체적인 패스워드에 암호화를 진행할 경우 패스워드를 선언하기 전에 먼저 'service password-encryption'을 선언하면 됩니다. 이 명령어 이후로 세팅되는 모든 패스워드는 추가적인 'secret' 명령 없이도 암호화가 되어 저장됩니다.

① 패킷 트레이서를 실행한 후 [File]-[Open] 메뉴를 클릭하여 '출제유형12.pkt' 파일을 불러온다.

② 라우터 'R1'을 선택한 후 [CLI] 탭을 클릭하여 명령어를 입력한다.

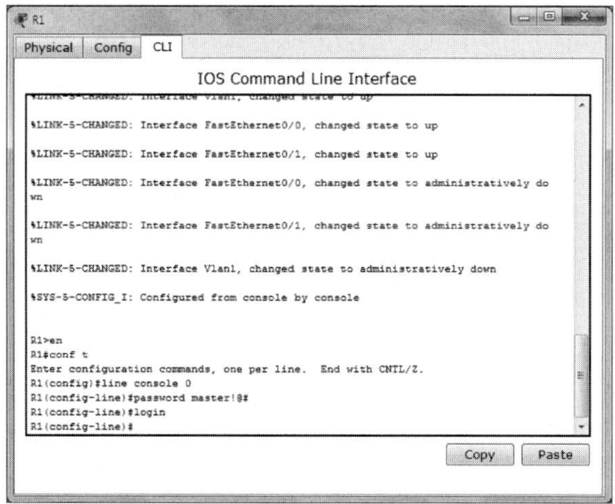


```
R1>en
R1#conf t
R1(config)#line console 0
R1(config-line)#password master!@#
R1(config-line)#login
```

출제유형 ⓭

라우터 'R2'에 Privilege Mode 설정 암호와 console 라인 접근 암호를 'master!@#'으로 설정하되 암호화하여 저장하시오.

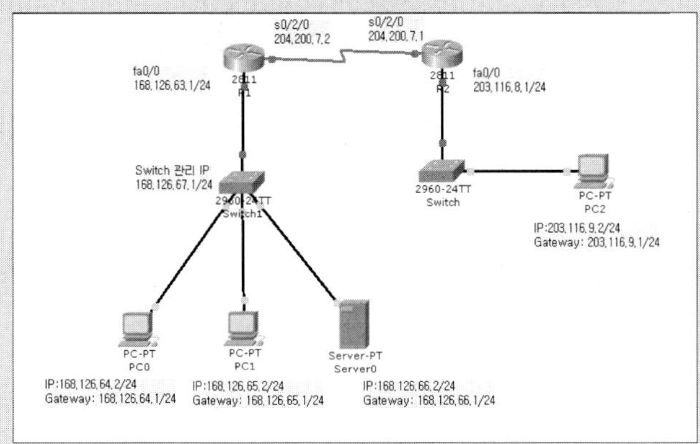

◀ 파일명 : 출제유형13.pkt

풀이 방법

① 패킷 트레이서를 실행한 후 [File]-[Open] 메뉴를 클릭하여 '출제유형13.pkt' 파일을 불러온다.

② 라우터 'R2'를 선택한 후 [CLI] 탭을 클릭하여 명령어를 입력한다.

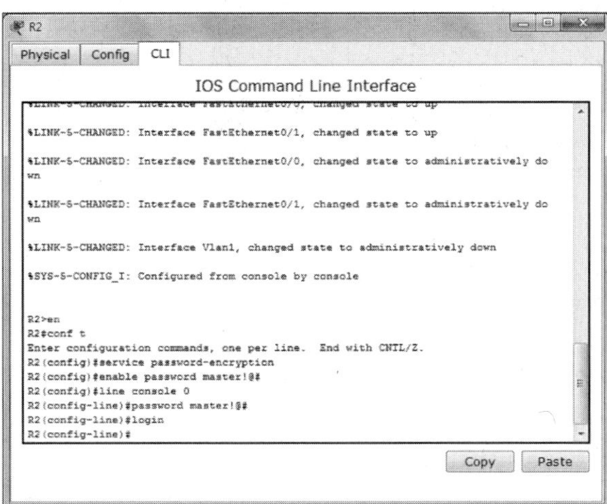


```
R2>en
R2#conf t
R2(config)#service password-encryption
R2(config)#enable password master!@#
R2(config)#line console 0
R2(config-line)#password master!@#
R2(config-line)#login
```

③『exit』 명령을 입력하여 라우터의 설정 모드를 'R2#'으로 변경한 후 『show run』 명령을 입력하여 설정 값이 암호화된 것을 확인한다.

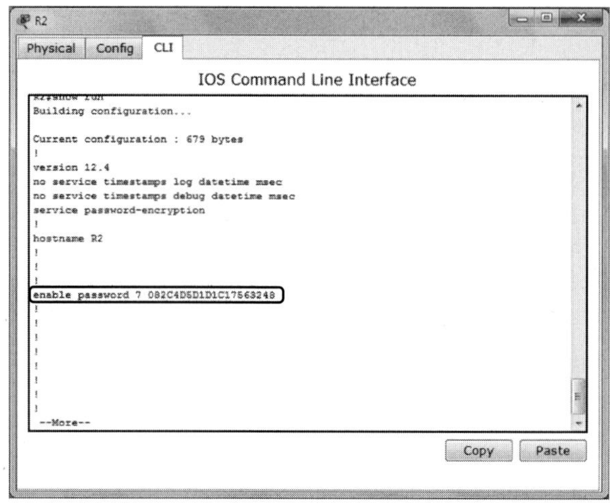


```
R2
Physical  Config  CLI
IOS Command Line Interface
!
ip classless
!
!
!
no cdp run
!
!
!
!
!
line con 0
 password 7 082C4D5D1D1C17563248
 login
line vty 0 4
 login
!
!
!
end

R2#
Copy  Paste
```

⑩ Telnet 및 Password 설정

Console이 장비가 가까운 곳에서 근거리로 라우터에 접속하기 위한 라인이라면 Telnet은 그 외에 떨어져 있는 지역에서 원격으로 접근할 수 있는 접속 경로를 설정하는 명령어이다. 원격 접속도 원활히 가능하여야만 라우터에 접속하여 오류사항이나 수정사항 등을 확인하고 수정할 수 있는 설정이 완료된다.

● **Telnet 및 Password 라우터 설정**

```
Router(config)#line vty 0 [4]
Router(config-line)#password [암호]
```

동시에 접속하는 인원을 제어하기 위하여 'line vty 0 4'를 선언하는데 이는 접속하는 인원이 0, 1, 2, 3, 4까지 하여 총 5명으로 설정하는 명령이다. 총 동시 접속 인원을 3명으로 설정하고자 한다면 'line vty 0 2'로 설정하면 된다.

출제유형 ⑭

라우터 'R1'에 원격으로 접속할 수 있는 인원을 5명으로 제한하고 로그인 패스워드를 'master!@#'으로 설정하시오.

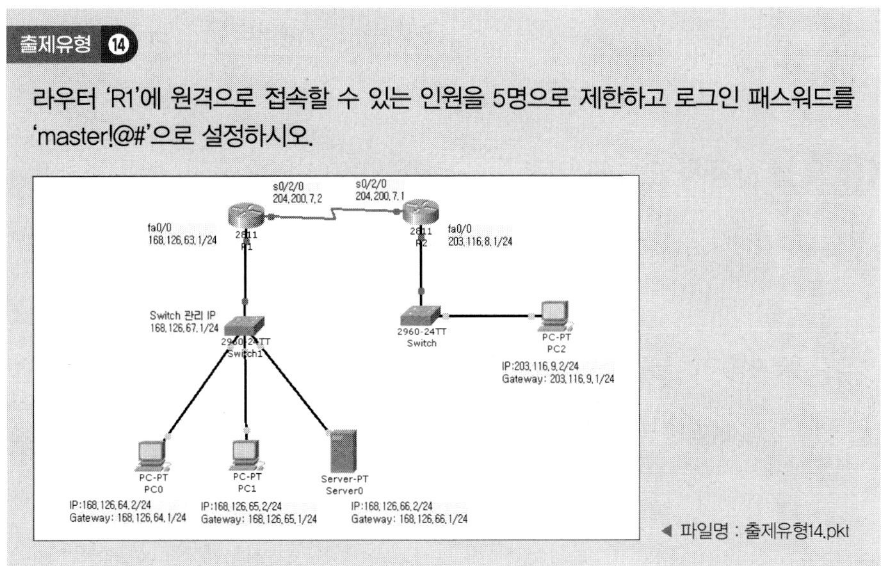

◀ 파일명 : 출제유형14.pkt

풀이 방법

① 패킷 트레이서를 실행한 후 [File]–[Open] 메뉴를 클릭하여 '출제유형14.pkt' 파일을 불러온다.

② 라우터 'R1'을 선택한 후 [CLI] 탭을 클릭하여 명령어를 입력한다.

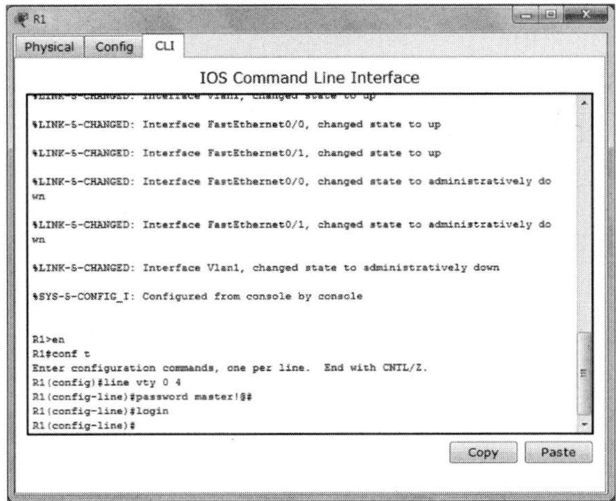

```
R1>en
R1#conf t
R1(config)#line vty 0 4
R1(config-line)#password master!@#
R1(config-line)#login
```

⓫ 로컬 사용자 로그인 인증

라우터로 접속하는 여러 경로에 패스워드를 부여했다면 로컬 사용자 로그인 명령은 로그인 시 아이디와 패스워드를 설정하여 사용자를 인증할 수 있는 명령어이다.

● **로컬 사용자 로그인 인증 라우터 설정**

```
username [ID] password [암호]
적용 가능한 장소에 login local
```

출제유형 ⓯

라우터 'R2'의 Console 모드에 아이디 'cisco'와 패스워드 'master!@#'으로 설정하여 인증 후 로그인하도록 설정하시오.

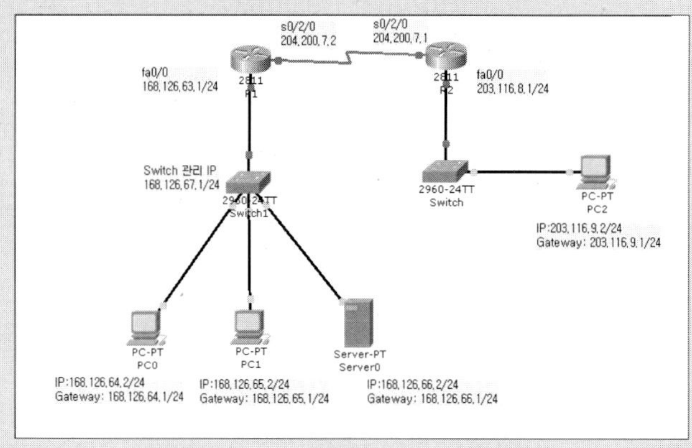

◀ 파일명 : 출제유형15.pkt

풀이 방법

① 패킷 트레이서를 실행한 후 [File]-[Open] 메뉴를 클릭하여 '출제유형15.pkt' 파일을 불러온다.

② 라우터 'R2'를 선택한 후 [CLI] 탭을 클릭하여 명령어를 입력한다.

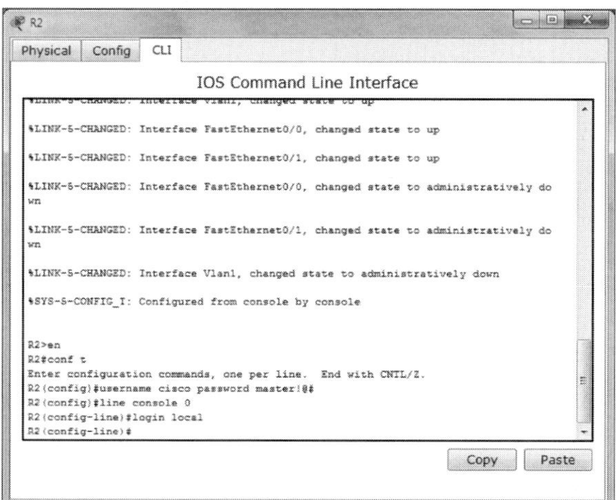

```
R2>en
R2#conf t
R2(config)#username cisco password master!@#
R2(config)#line console 0
R2(config-line)#login local
```

출제유형 ⑯

라우터 'R1'의 Console, vty 접근 시 아이디 'cisco'와 패스워드 'master!@#'으로 설정하여 인증 후 로그인하도록 설정하시오.

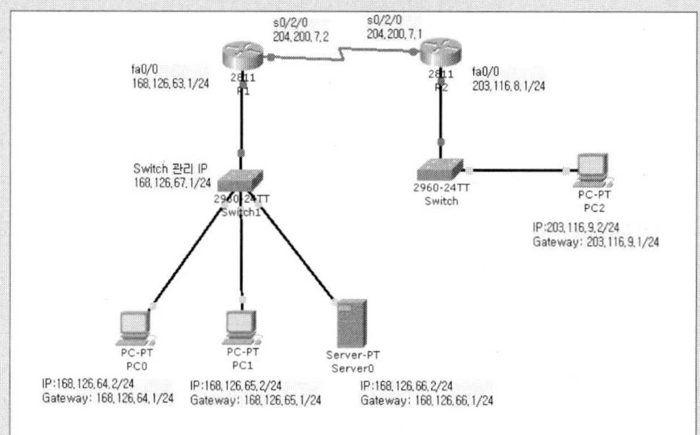

◀ 파일명 : 출제유형16.pkt

풀이 방법

> **기적의 Tip**
>
> **'login local'과 'login' 명령**
>
> 'login'을 설정하는 경우와 'login local'이라고 설정하는 두 가지 경우의 설정 값 적용 명령어가 있습니다. 이 중에 'login local' 명령어는 장비의 접근 시 아이디와 패스워드의 인증을 통하여 접근할 시 설정하는 명령어로 일반적인 장비의 내부 설정 값 세팅 시에는 'login' 명령만 입력하여 설정하면 됩니다.

① 패킷 트레이서를 실행한 후 [File]–[Open] 메뉴를 클릭하여 '출제유형16.pkt' 파일을 불러온다.

② 라우터 'R1'을 선택한 후 [CLI] 탭을 클릭하여 명령어를 입력한다.

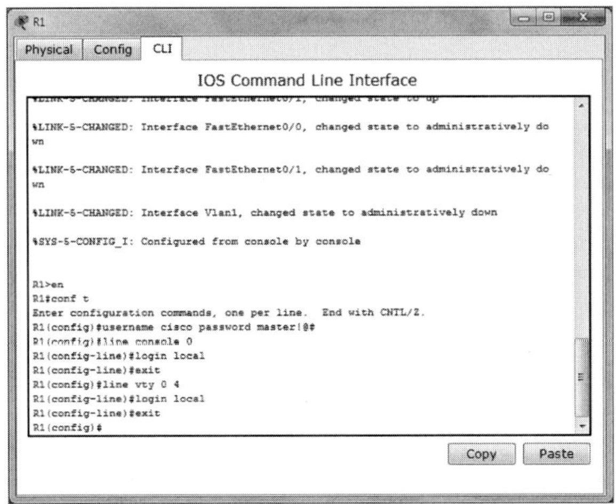

> **기적의 Tip**
>
> 옆의 설정은 Console 라인과 VTY 라인의 로컬 인증을 설정하는 명령어입니다.

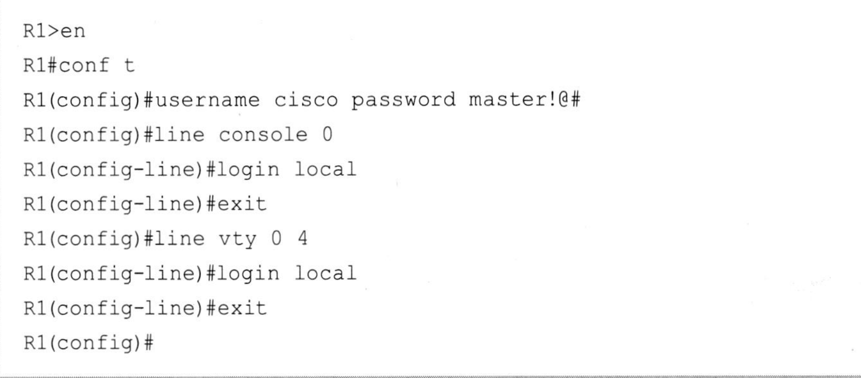

```
R1>en
R1#conf t
R1(config)#username cisco password master!@#
R1(config)#line console 0
R1(config-line)#login local
R1(config-line)#exit
R1(config)#line vty 0 4
R1(config-line)#login local
R1(config-line)#exit
R1(config)#
```

⓬ TFTP 백업

> **기적의 Tip**
>
> **IOS란?**
>
> 라우터나 스위치 같은 CISCO 장비를 위해 네트워크에서 요구되는 다양한 명령을 설정하는 소프트웨어입니다.

TFTP란 용량이 큰 파일을 전송하기 위한 데이터 전송 프로토콜로 라우터의 운영체제인 IOS나 환경 설정 파일 등을 TFTP 서버에 전송하는 명령어이다. 실제로 라우터의 IOS를 미리 백업해 놓으면 필요할 때 다시 서버로부터 호출하여 설정하는 등 안정적으로 라우터를 관리할 수 있다.

- **라우터에서 TFTP 서버로 설정 파일(Running–Config) 전송**

```
Router#copy running-config tftp
```

● TFTP 서버에서 설정 파일(Running-Config)을 라우터로 전송

```
Router#copy tftp running-config
```

● 라우터에서 TFTP 서버로 IOS 파일 전송

```
Router#show flash  (IOS 설정 파일 확인)
Router#copy flash tftp  (IOS 설정 파일을 TFTP로 전송)
```

● TFTP 서버에서 라우터로 IOS 파일 전송

```
Router#copy tftp flash
```

기적의 Tip

'show flash'를 이용하여 IOS 파일 이름을 확인한 뒤 드래그하고 마우스 오른쪽을 눌러 [Copy] 메뉴로 복사하여 사용합니다.

출제유형 ⑰

주어진 토폴로지를 활용하여 'R1'의 IOS를 'IDC_Server' TFTP에 저장하되, 이름이 변경되지 않도록 저장한다. (단, 라우터 접근 시 ID : master, 암호 : adminskills로 서버의 설정은 미리 되어 있다.)

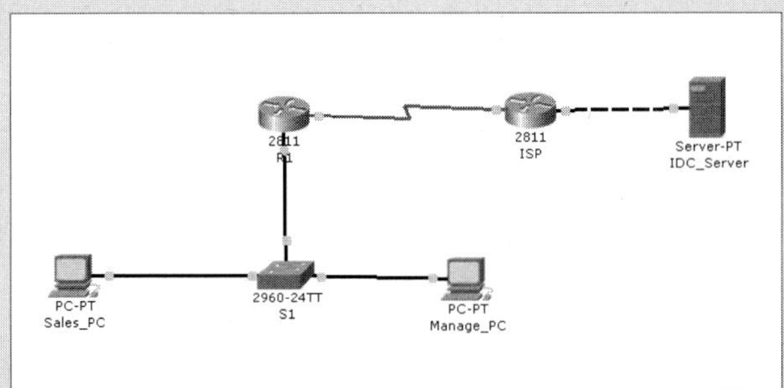

◀ 파일명 : 출제유형17.pkt

풀이 방법

① 패킷 트레이서를 실행한 후 [File]-[Open] 메뉴를 클릭하여 '출제유형17.pkt' 파일을 불러온다.

② 라우터 'R1'을 선택한 후 [CLI] 탭을 클릭하여 주어진 라우터 암호(ID : master, 암호 : adminskills, Enable 접근 암호 : adminskills)를 입력하고 『show flash』를 입력하여 IOS 파일 이름을 확인한다.

```
R1#show flash
```

③ IOS 설정 파일의 이름을 블록설정한 후 마우스 오른쪽 버튼의 [Copy] 메뉴를 클릭한다.

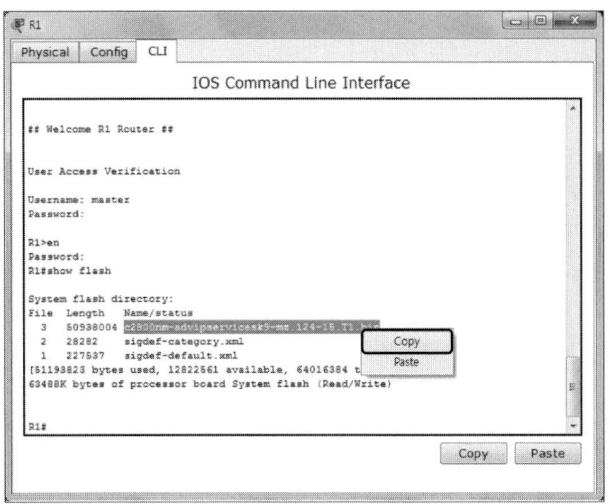

④ IOS 파일을 복사하기 위하여 『copy flash tftp』를 입력한 후 Enter 를 누르고 'Source filename [ ]?' 부분에 복사한 파일을 마우스 오른쪽 버튼의 [Paste] 메뉴를 클릭하여 붙여 넣는다.

Copy, Paste
창 오른쪽 하단에 있는 Copy(Copy), Paste (Paste) 버튼을 사용해도 됩니다.

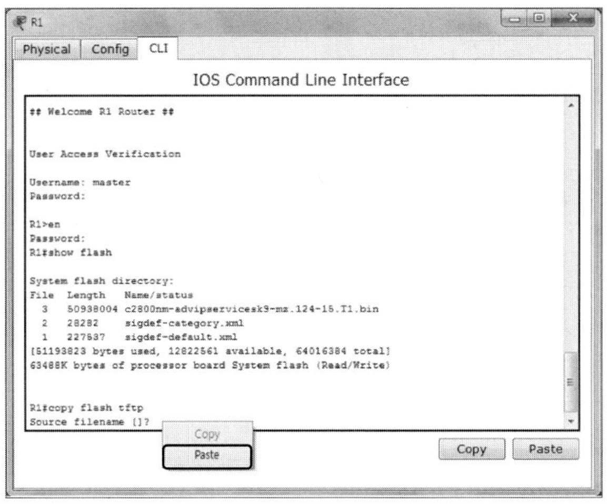


```
R1#copy flash tftp
```

⑤ 그 다음 질의사항인 'Address or name of remote host [ ]?' 부분은 IOS 파일을 보내야 할 서버의 IP Address를 물어보는 것이므로 주어진 토폴로지의 서버의 IP인 『192.168.1.10』을 입력한다.

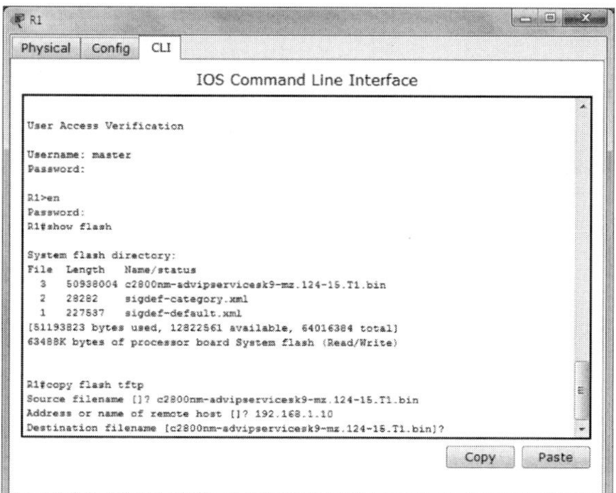

> **기적의 Tip**
>
> 서버의 IP Address 확인은 서버 위에 마우스를 잠시 올려놓으면 IP Address가 확인됩니다.

```
Address or name remote host [] ? 192.168.1.10
```

⑥ 'Destination filename?' 부분은 파일 이름을 변경할 것인가를 물어보는 부분으로 파일이름은 변경하지 않을 것이므로 **Enter**를 누른다. 잠시 뒤에 '!'의 기호가 반복적으로 보이며 파일이 전송되는 화면이 보인다.

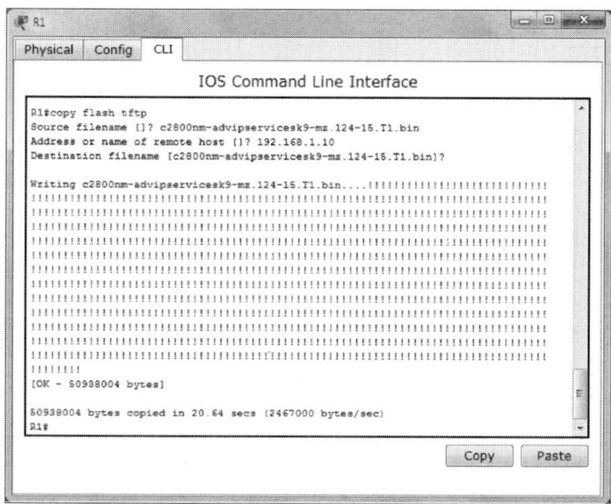

⑦ 'IDC_Server'를 선택한 후 [Config] 탭의 [TFTP] 설정을 클릭하여 라우터의 IOS 파일이 잘 전송되었는지를 확인할 수 있다.

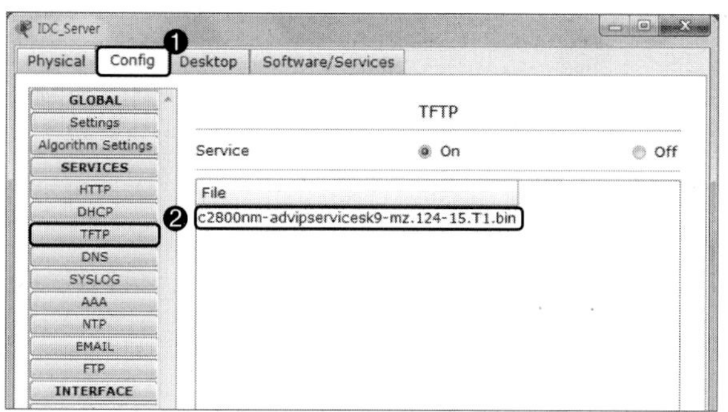

> **기적의 Tip**
>
> TFTP 파일의 백업 명령어와 서버의 파일을 재설정하는 명령은 주어진 토폴로지의 모든 설정 값 및 IP Address의 세팅이 완료된 시점에서 데이터 패킷을 교환할 수 있으므로 Inter-Vlan과 Trunking 등의 기능을 좀 더 공부한 후 직접 실습이 가능한 네트워크를 구성해 보도록 합니다.

. SECTION .

05 Router

합격 강의

01 Inter-VLAN

기적의 Tip

VLAN과 Inter-VLAN, Trunking 등은 서로 연관된 항목이므로 Section 06 스위치에서 더 자세히 다루도록 하겠습니다.

Inter-VLAN이란? 하나의 네트워크 토폴로지에서 소속 PC들의 데이터 전송 편리성을 위하여 VLAN을 설정할 경우 필요에 의하여 상호 간에 데이터 패킷을 전송하기 위한 경로를 라우터에 설정해 주는 것을 말한다.

예를 들어, 아래의 토폴로지에서 보면 'PC0'은 VLAN 10, 'PC1'은 VLAN 20, 'Server0'은 VLAN 30으로 할당되어 있다. 이렇게 되면 외부에서 전송되는 데이터 패킷은 라우터와 스위치를 통하여 전송 목적지로 패킷이 전달되게 된다. 'PC2'가 'PC0'에게 데이터 패킷을 전송하기 위해서는 'Router1'을 지나 'Router0'과 'Switch0'의 VLAN 할당 정보를 확인한 뒤 해당 VLAN 10으로 전달을 하게 된다.

이처럼 전송되는 데이터 패킷의 효율적인 전달을 위하여 스위치에서는 VLAN을 설정하게 된다. 만약 VLAN 설정이 되어 있지 않다면 스위치는 자신에게 전달된 패킷을 모든 PC에게 다 전송하게 된다.

하지만 경우에 따라서는 VLAN 10의 'PC0'이 VLAN 20의 'PC1'에게 데이터를 전달하는 경우가 발생할 수도 있다. 이러한 때를 위하여 라우터에 서로 간의 데이터 패킷을 전달할 수 있는 Inter-VLAN도 설정하게 된다.

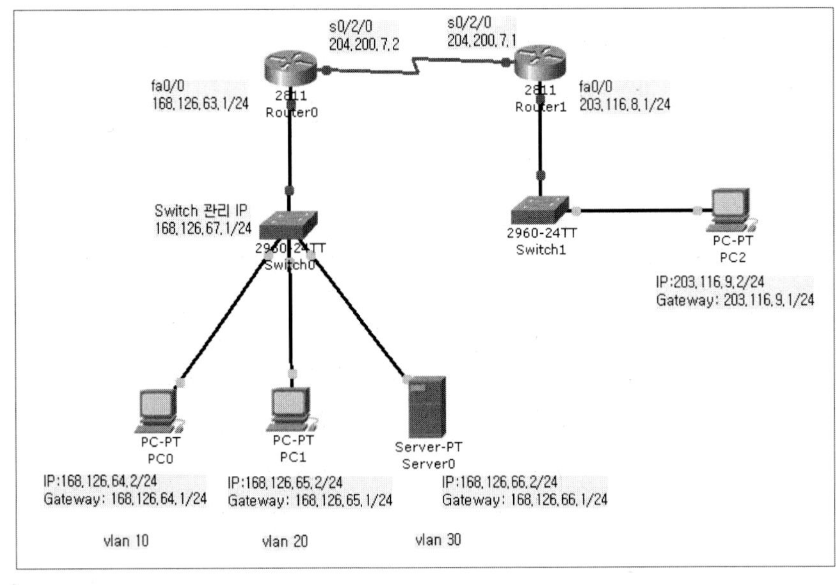

(1) Sub-Interface 설정

서브 인터페이스는 라우터의 물리적인 하나의 인터페이스를 논리적인 여러 개로 나누어 네트워크 인터페이스의 과도한 트래픽 발생으로 인한 네트워크 부하를 방지하고자 생겨난 설정이다.

예를 들면 아래의 토폴로지에서 VLAN 10, VLAN 20, VLAN 30으로의 데이터 전송은 모두 'Router0'의 fa0/0 인터페이스를 통과하여 전달된다. 이 때 동시에 여러 외부망에서부터 각각의 패킷이 전송되어 온다면 같은 인터페이스에서 데이터의 부하와 속도저하, 손실 등의 문제가 발생할 수 있으므로 실제적인 물리적 인터페이스는 하나지만 가상의 논리적 인터페이스를 나누어 각자의 VLA0, VLAN 20, VLAN 30으로 가는 논리적 설정을 해주는 것이다.

```
Router(config)#interface fa0/0.10
```

만들고자 하는 VLAN 이름과 동일하게 만드는 것이 일반적이며 다른 값을 설정해도 된다.

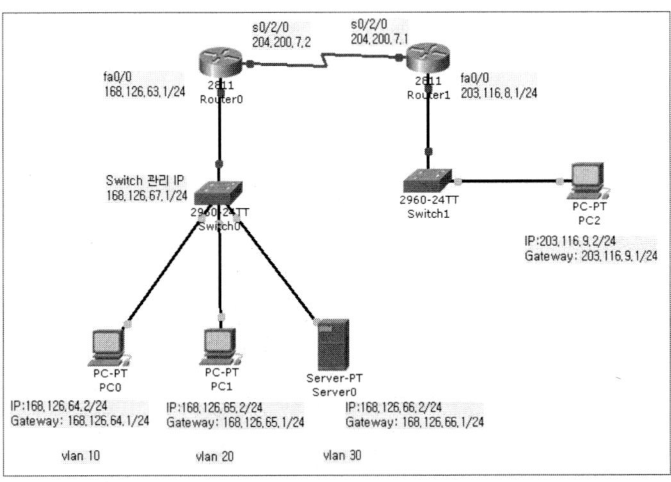

(2) 802.1q 설정

라우터의 Sub-Interface 설정 시 이 서브 인터페이스를 통하여 정보를 주고받을 때 원활한 데이터 패킷 전송을 위하여 캡슐화를 설정하게 된다. 이 때 사용하는 데이터의 캡슐화 설정 명령이다.

출제유형 ⑱

주어진 네트워크 토폴로지를 참고하여 라우터의 Sub-Interface를 해당 VLAN 이름과 동일하게 생성하여 802.1q로 전송하도록 설정하시오.

s0/2/0 204.200.7.2
s0/2/0 204.200.7.1
fa0/0 168.126.63.1/24
2811 Router0
2811 Router1
fa0/0 203.116.8.1/24
Switch 관리 IP 168.126.67.1/24
2960-24TT Switch0
2960-24TT Switch1
PC-PT PC2
IP:203.116.9.2/24 Gateway: 203.116.9.1/24
PC-PT PC0
PC-PT PC1
Server-PT Server0
IP:168.126.64.2/24 Gateway: 168.126.64.1/24
IP:168.126.65.2/24 Gateway: 168.126.65.1/24
IP:168.126.66.2/24 Gateway: 168.126.66.1/24

▲ 파일명 : 출제유형18.pkt

풀이 방법

① 패킷 트레이서를 실행한 후 [File]-[Open] 메뉴를 클릭하여 '출제유형18.pkt' 파일을 불러온다.

② 라우터 'Router0'을 선택한 후 [CLI] 탭을 클릭하여 명령어를 입력한다.

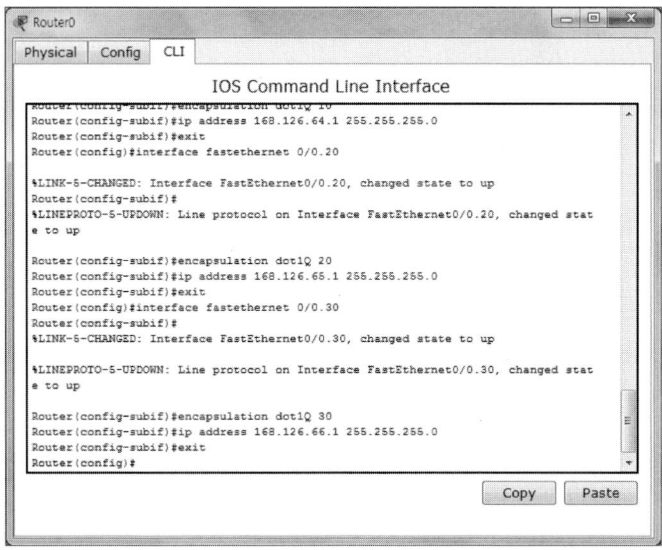


```
Router(config-subif)#ip address 168.126.64.1 255.255.255.0
Router(config-subif)#exit
Router(config)#interface fastethernet 0/0.20

%LINK-5-CHANGED: Interface FastEthernet0/0.20, changed state to up
Router(config-subif)#
%LINEPROTO-5-UPDOWN: Line protocol on Interface FastEthernet0/0.20, changed stat
e to up

Router(config-subif)#encapsulation dot1Q 20
Router(config-subif)#ip address 168.126.65.1 255.255.255.0
Router(config-subif)#exit
Router(config)#interface fastethernet 0/0.30
Router(config-subif)#
%LINK-5-CHANGED: Interface FastEthernet0/0.30, changed state to up

%LINEPROTO-5-UPDOWN: Line protocol on Interface FastEthernet0/0.30, changed stat
e to up

Router(config-subif)#encapsulation dot1Q 30
Router(config-subif)#ip address 168.126.66.1 255.255.255.0
Router(config-subif)#exit
Router(config)#
```

```
Router>en
Router#conf t
Router(config)#interface fastethernet 0/0 ❶
Router(config-if)#no shutdown
Router(config-if)#interface fastethernet 0/0.10 ❷
Router(config-subif)#encapsulation dot1Q 10 ❸
Router(config-subif)#ip address 168.126.64.1 255.255.255.0 ❹
Router(config-subif)#exit
Router(config)#interface fastethernet 0/0.20
Router(config-subif)#encapsulat dot1Q 20
Router(config-subif)#ip address 168.126.65.1 255.255.255.0
Router(config-subif)#exit
Router(config)#interface fastethernet 0/0.30
Router(config-subif)#encapsulation dot1Q 30
Router(config-subif)#ip address 168.126.66.1 255.255.255.0
Router(config-subif)#exit
```

❶ 포트 번호 0/0 인터페이스 모드로 진입
❷ VLAN의 이름과 동일한 서브 인터페이스를 생성
❸ encapsulation dot1Q 10으로 지정
❹ VLAN 10에 소속된 호스트들이 게이트웨이 주소로 사용할 IP 주소를 지정

02 DCE-DTE 구성

데이터 회선 종단장치인 DCE(Data Circuit-terminating Equipment)와 데이터 단말장치인 DTE(Data Terminal Equipment)는 여러 라우터가 연결되는 광대역(WAN) 네트워크 설정 시 클럭 신호를 설정하여 전송하는 DCE와 클럭 신호를 받아서 해석하는 DTE를 설정하게 된다.
예를 들어 전송하는 클럭 신호의 펄스가 아래와 같다면, 데이터를 전송하는 쪽에서 보내준 펄스를 해석할 때 같은 길이의 펄스 신호일지라도 1과 0의 배열은 해석하는 방법에 따라 달라질 수 있다. 그래서 데이터를 전송하는 DCE 회선에서 전송되는 패킷을 오류 없이 전송하기 위하여 보내는 펄스의 Clock Rate를 얼마로 보낸다는 것을 미리 선언해 주는 것이다.

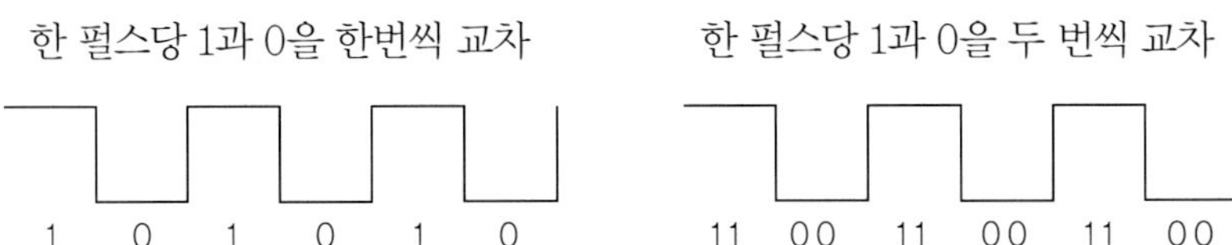

- **DCE에 해당하는 라우터 Clock Rate 설정**

```
Router(config-if)#clock rate [값]
```

출제유형 ⑲

주어진 네트워크 토폴로지를 참고하여 라우터 'R1'을 DCE로 하여 Clock Rate를 64000으로 설정하시오.

s0/2/0 204.200.7.2
s0/2/0 204.200.7.1
fa0/0 168.126.63.1/24
2811 Router0
2811 Router1
fa0/0 203.116.8.1/24
Switch 관리 IP 168.126.67.1/24
2960-24TT Switch0
2960-24TT Switch1
PC-PT PC2
IP:203.116.9.2/24
Gateway: 203.116.9.1/24
PC-PT PC0
PC-PT PC1
Server-PT Server0
IP:168.126.64.2/24
Gateway: 168.126.64.1/24
IP:168.126.65.2/24
Gateway: 168.126.65.1/24
IP:168.126.66.2/24
Gateway: 168.126.66.1/24

◀ 파일명 : 출제유형19.pkt

풀이 방법

① 패킷 트레이서를 실행한 후 [File]-[Open] 메뉴를 클릭하여 '출제유형19.pkt' 파일을 불러온다.

② 라우터 'Router0'을 선택한 후 [CLI] 탭을 클릭하여 명령어를 입력한다.

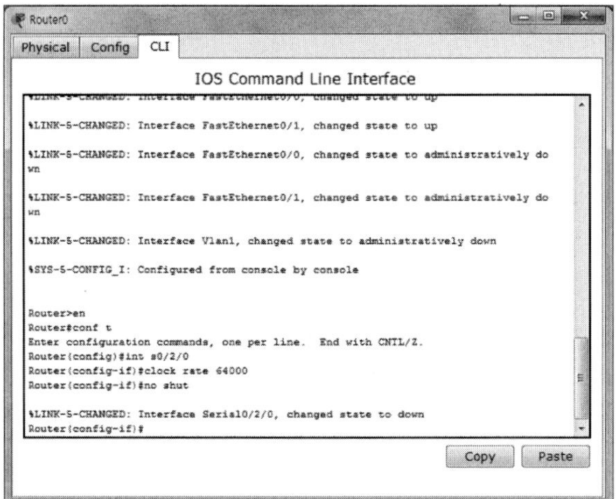

```
Router>en
Router#conf t
Router(config)#int s0/2/0
Router(config-if)#clock rate 64000
Router(config-if)#no shut
```

기적의 Tip

해당 라우터에서 설정할 수 있는 펄스의 속도인 Clock Rate의 설정 값이 궁금할 때 라우터의 Serial Interface에서 「clock rate ?」를 입력하면 설정할 수 있는 값의 범위가 보입니다.

03 전송 Protocol 설정

네트워크들의 전송을 설정하기 위해서는 정보를 전송하는 프로토콜을 설정해야 한다. 다양한 네트워크가 있는 것처럼 다양한 특성의 프로토콜이 있다.

더 알기 Tip

WAN 프로토콜의 종류

① Frame Relay : WAN을 구성하는 패킷 스위칭 방식 프로토콜로 하나의 회선을 가상 회선 방식을 적용하여 여러 사람이 나누어 쓰는 개념이다.
② HDLC : 비트 위주의 프로토콜로 각각의 프레임에 정보 및 오류 검출을 위한 비트를 삽입하여 전송하는 방식이다.
③ PPP : 다양한 밴더들의 장비들을 설정 연결하는 방식으로 Point To Point 방식의 표준 전송 프로토콜로 활용하고 있다.

(1) PPP PAP

PAP(PPP Authentication Protocols or Password Authentication Protocol)은 서로 연결된 이종 간의 장비에서 접속을 원하는 라우터는 자신의 Hostname/Password 정보를 압축하여 상대방 라우터에 보내고, 이를 받은 상대방 라우터는 전송받은 Hostname/Password 자료를 자신이 저장하고 있는 Hostname/Password 자료와 비교하여 접속을 인증하는 방식이다.
다만, Hostname/Password가 암호화되어 전송하는 기능이 있는 것이 아니므로 보안에 취약한 면이 있다.

기적의 Tip

Point-to-Point(PPP)
- WAN 가장 일반적이고 표준화된 Incapsulation 전송 프로토콜로 ISDN 방식에서나 모뎀 접속에서는 거의 대부분의 접속을 PPP를 이용해서 구현
- 설정하기 위하여 Interface를 먼저 지정하고, 명령어 Encapsulation을 사용
- Point-To-Point로 연결하는 1:1 연결 시 용이
- 표준 프로토콜로 이종 간의 장비 연결 시 용이

출제유형 ⑳

주어진 네트워크 토폴로지를 참고하여 'Router0'과 'Router1'의 전송방식을 PPP PAP 방식을 적용하여 설정하고 'Router0'의 아이디는 'manager' 패스워드는 'cisco1'로, 'Router1'의 아이디는 'master' 패스워드는 'cisco1'로 설정하시오.

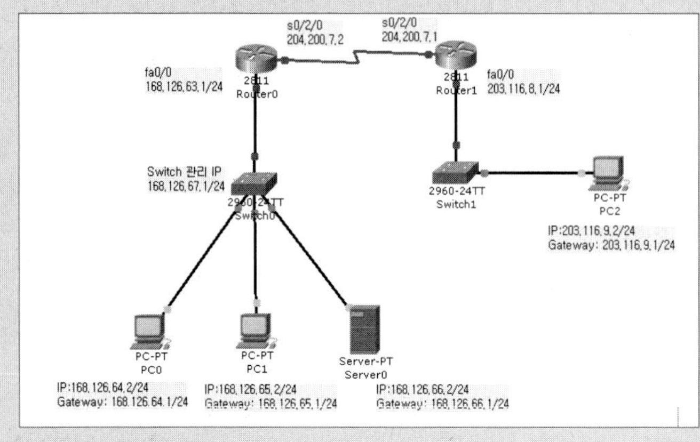

▲ 파일명 : 출제유형20.pkt

풀이 방법

> **기적의 Tip**
> pap와 chap의 설정 시 각각 라우터의 Password는 동일하게 설정합니다.

① 패킷 트레이서를 실행한 후 [File]–[Open] 메뉴를 클릭하여 '출제유형20.pkt' 파일을 불러온다.

② 라우터 'Router0'을 선택한 후 [CLI] 탭을 클릭하여 명령어를 입력한다.

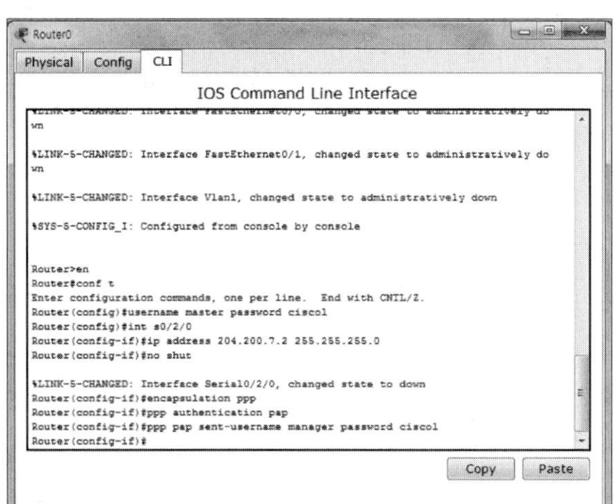

```
Router>en
Router#conf t
Router(config)#username master password cisco1 ❶
Router(config)#int s0/2/0
Router(config-if)#ip address 204.200.7.2 255.255.255.0
Router(config-if)#no shut
Router(config-if)#encapsulation ppp ❷
Router(config-if)#ppp authentication pap ❸
Router(config-if)#ppp pap sent-username manager password cisco1 ❹
```

❶ 라우터 접근 아이디 패스워드 인증 설정
❷ PPP를 이용하여 캡슐화 설정
❸ PPP 인증 방식을 PAP로 설정
❹ 현재의 라우터와 맞물려 있는 라우터의 Username과 Password를 설정

③ 라우터 'Router1'을 선택한 후 [CLI] 탭을 클릭하여 명령어를 입력한다.

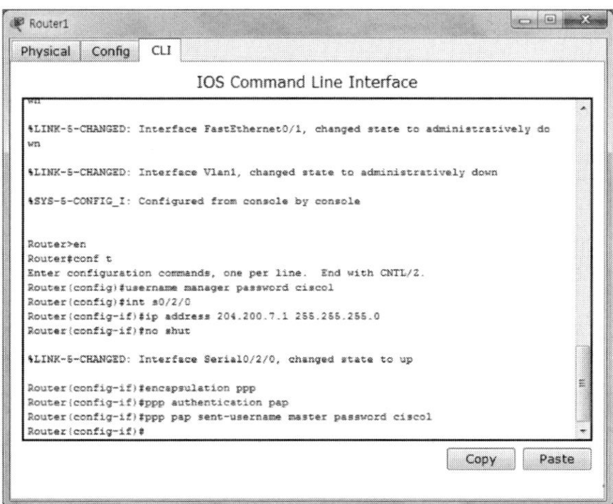

> **기적의 Tip**
>
> '라우터확장토폴로지.pkt' 파일을 불러오면 라우터와 라우터의 포트 연결 색상이 설정되지 않아 붉은 색으로 표시됩니다. PPP PAP 설정이 완료되면 두 개의 라우터의 포트 연결 설정이 녹색으로 바뀌는 것을 확인할 수 있습니다.

> **기적의 Tip**
>
> - username 명령어는 약자 user를 사용합니다.
> - password 명령어는 약자 pass를 사용합니다.
> - sent-username 명령어는 약자 sent를 사용 합니다.

```
Router>en
Router#conf t
Router(config)#username manager password cisco1
Router(config)#int s0/2/0
Router(config-if)#ip address 204.200.7.1 255.255.255.0
Router(config-if)#no shut
Router(config-if)#encapsulation ppp
Router(config-if)#ppp authentication pap
Router(config-if)#ppp pap sent-username master password cisco1
```

(2) PPP CHAP

CHAP(Challenge Handshake Authentication Protocol)는 PAP와는 다르게, 중간에서 해킹할 수 없도록 암호화하여 패킷을 전송하는 방식이며 3-Way Handshake 방식으로 암호화하여 접속을 인증하는 방식이다.

> **기적의 Tip**
>
> **3-Way Handshake 방식**
> 정보를 전송하기 전에 먼저 전송하고자 하는 서버가 상대에게 정보를 수신할 준비가 되어있는지를 물어봅니다. 그에 응답하여 준비되었음을 알려주는 응답을 받고 난 뒤 데이터를 전송하는 방식으로 서로에게 질의와 응답을 하는 패킷이 3번 오고 가므로 3-Way Hand shake 방식이라 합니다.

출제유형 ㉑

주어진 네트워크 토폴로지를 참고하여 'Router0'과 'Router1'의 전송 방식을 PPP CHAP 방식을 적용하여 설정하고, 'Router0'의 아이디는 'manager' 패스워드는 'cisco1'으로 'Router1'의 아이디는 'master' 패스워드는 'cisco1'로 설정하시오.

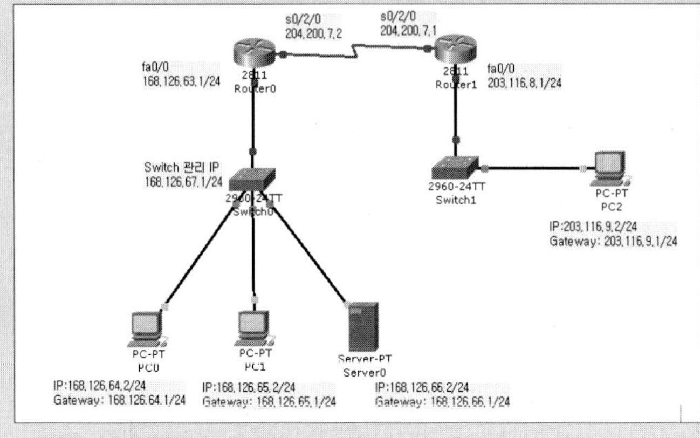

▲ 파일명 : 출제유형21.pkt

풀이 방법

① 패킷 트레이서를 실행한 후 [File]-[Open] 메뉴를 클릭하여 '출제유형21.pkt' 파일을 불러온다.

② 라우터 'Router0'을 선택한 후 [CLI] 탭을 클릭하여 명령어를 입력한다.

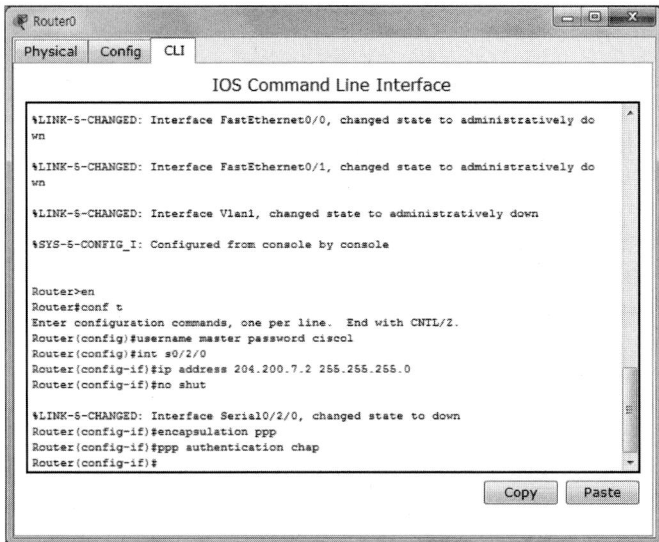

```
Router>en
Router#conf t
Router(config)#username master password cisco1
Router(config)#int s0/2/0
Router(config-if)#ip address 204.200.7.2 255.255.255.0
Router(config-if)#no shut
Router(config-if)#encapsulation ppp
Router(config-if)#ppp authentication chap ❶
```

❶ PPP 인증 방식을 CHAP로 설정

기적의 Tip

- encapsulation 명령어는 약자 en을 사용합니다.
- authentication 명령어는 여기서 au를 사용합니다.

③ 라우터 'Router1'을 선택한 후 [CLI] 클릭하여 명령어를 입력한다.

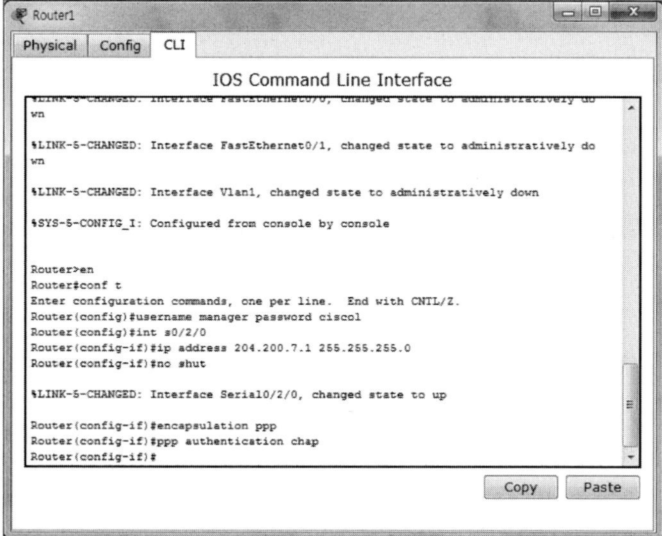


```
Router>en
Router#conf t
Router(config)#username manager password cisco1
Router(config)#int s0/2/0
Router(config-if)#ip address 204.200.7.1 255.255.255.0
Router(config-if)#no shut
Router(config-if)#encapsulation ppp
Router(config-if)#ppp authentication chap
```

④ 'Router0'과 'Router1'의 설정이 완료되어 녹색불이 들어온다.

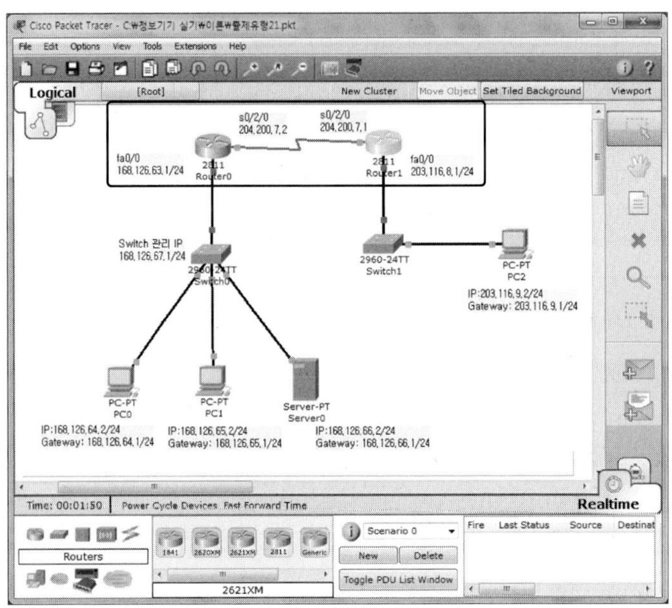

04 Passive-Interface 설정

라우터에서 라우팅 프로토콜을 설정하면 지속해서 전송이 필요치 않은 인터페이스에도 라우팅 테이블 명령이 전달되어 전송 대역폭을 소비하고 라우터의 성능을 떨어뜨리게 된다. Passive-Interface란 이러한 기본적인 라우터의 전송 기능을 지정한 인터페이스로 전송하는 것을 중지시켜 특정 인터페이스로 정보를 전송하지 않게 하는 설정이다.

- **Passive-Interface 라우터 설정**

```
Router(config-router)#passive-interface [Interface-Type][Interface-Number]
```

출제유형 22

주어진 네트워크 토폴로지를 참고하여 라우터 'Router0'에서 'fa0/0' 인터페이스로 라우팅 정보를 보내지 않도록 설정하시오.

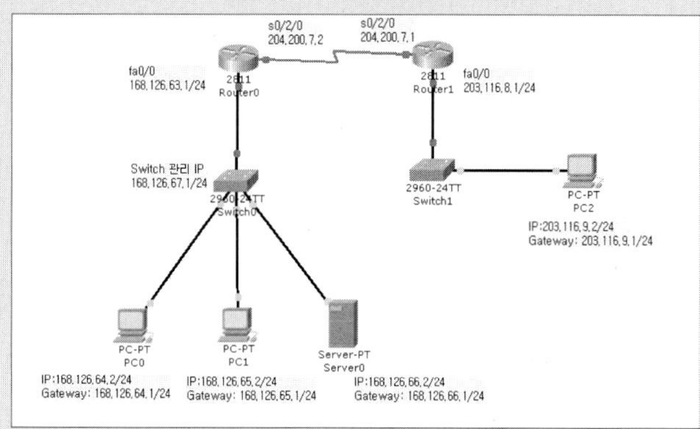

▲ 파일명 : 출제유형22.pkt

풀이 방법

① 패킷 트레이서를 실행한 후 [File]–[Open] 메뉴를 클릭하여 '출제유형22.pkt' 파일을 불러온다.

② 라우터 'Router0'을 선택한 후 [CLI] 탭을 클릭하여 명령어를 입력한다.

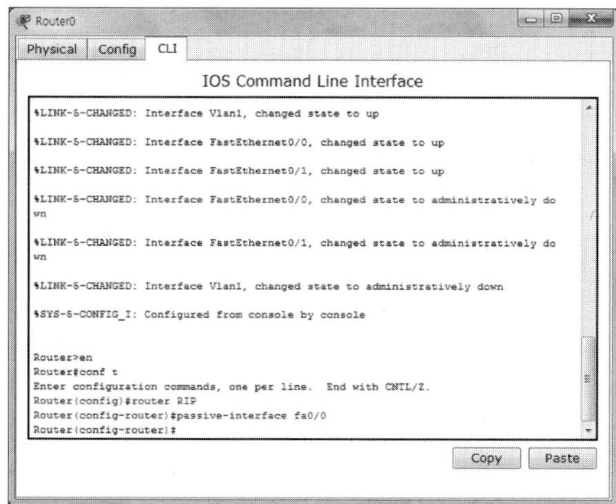


```
Router>en
Router#conf t
Router(config)#router RIP
Router(config-router)#passive-interface fa0/0
```

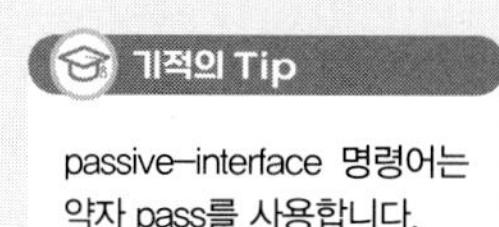

passive-interface 명령어는 약자 pass를 사용합니다.

05 SSH 접속 설정

라우터에 원격으로 접속하기 위하여 주로 Telnet과 SSH를 사용한다. 이 중 SSH는 Telnet과 매우 흡사하나 패킷을 가로채 보안이나 데이터가 노출되는 것을 방지하기 위한 암호화 방식을 채택하여 접근한다.

- **도메인 네임**

SSH 접속을 하기 위해서는 적당한 도메인 네임이 필요하다.

```
Router(config)#ip domain-name [도메인 네임]
```

- **RSA 암호화 기법**

RSA 암호화 기법을 적용하여 암호키를 생성한다. 뒤의 modulus는 암호키의 길이를 지정하는 것으로 768 이상을 설정하면 SSH2를 설정할 수 있다.

```
Router(config)#crypto key generate rsa [modulus 암호키 길이(생략 가능)]
```

- **SSH 접속 시 사용할 아이디와 패스워드를 설정**

> **기적의 Tip**
> privilege [0–15] 부분은 생략 가능합니다.

```
Router(config)#username [ID] privilege [0-15] password [암호]
```

- **원격 접속으로 접속할 수 있는 인원을 설정**

```
Router(config)#line vty 0 [접속 인원]
```

- **설정 값을 원격 접속으로 지정**

```
Router(config-line)#login local
```

- **SSH로만 접속을 허용**

```
Router(con-line)#transport input ssh
```

이 상태로 선언하면 텔넷은 접속이 안되고 SSH를 통해서만 접속이 된다.

출제유형 ㉓

주어진 네트워크 토폴로지를 참고하여 'Router0'에 원격 접속 시 아이디 master 패스워드 cisco0로 암호화로 원격 접속을 설정하시오.

▶ 도메인 네임 : cisco.or.kr
▶ 접속할 수 있는 인원 : 5명

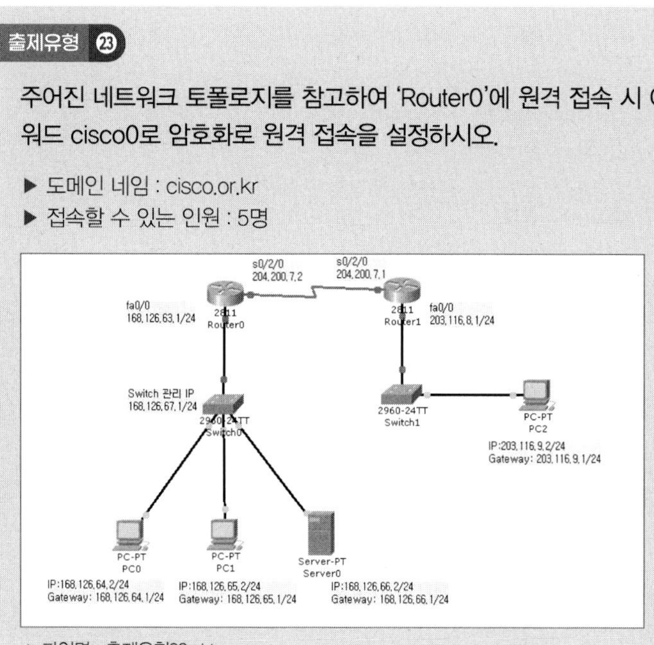

▲ 파일명 : 출제유형23.pkt

풀이 방법

① 패킷 트레이서를 실행한 후 [File]-[Open] 메뉴를 클릭하여 '출제유형23.pkt' 파일을 불러온다.

② 라우터 'Router0'을 선택한 후 [CLI] 탭을 클릭하여 명령어를 입력한다.

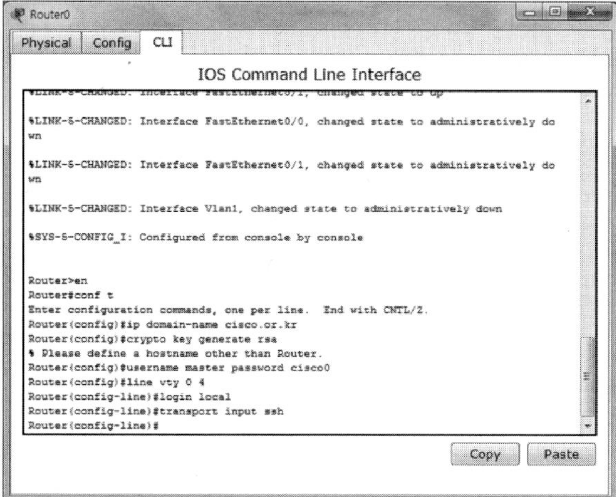

> **기적의 Tip**
>
> 원격 접속 SSH를 설정하기 위해서는 미리 도메인 네임, 접속 시 사용할 아이디와 패스워드, 접속가능 인원 등을 설정해야 합니다. 위와 같이 설정을 마치고 난 뒤 외부의 연결을 시도하여 SSH 설정을 확인할 수 있습니다.

> **기적의 Tip**
>
> - crypto 명령어는 약자 cry를 사용합니다.
> - generate 명령어는 약자 gen을 사용합니다.
> - transport 명령어는 약자 tr을 사용합니다.

```
Router>en
Router#conf t
Router(config)#ip domain-name cisco.or.kr
Router(config)#crypto key generate rsa
Router(config)#username master password cisco0
Router(config)#line vty 0 4
Router(config-line)#login local
Router(config-line)#transport input ssh
```

06 DHCP

DHCP(Dynamic Host Configuration Protocol)는 동적 호스팅 설정을 하는 프로토콜로 서버와 클라이언트의 개념에서 클라이언트가 서버에게 요청이 있을 때마다 미리 선언한 IP Address의 범위를 확인하여 조건에 맞는 IP Address를 할당해 주는 기능이다.

(1) DHCP 서비스 구성

● **DHCP 서버의 POOL 구성**

동적 IP Address를 설정하기 위하여 가장 먼저 주소를 저장할 POOL의 이름을 설정한다.

```
ip dhcp pool [이름]
```

● **DHCP를 통하여 동적으로 할당될 IP Address 대역 설정**

클라이언트의 요청이 있을 시 동적으로 할당되는 IP Address의 범위를 설정한다.

```
network [IP Address] [Subnet Mask]
```

● **디폴트 게이트웨이 설정**

DHCP로 설정된 클라이언트의 디폴트 게이트웨이를 설정한다.

```
default-router [디폴트 게이트웨이 주소]
```

● **동적으로 설정P Address에서 제외할 주소 설정**

서버에서 자동으로 나누어주는 IP Address 중 사용하면 안 되는 IP Address를 제외하는 명령어이다.

```
ip dhcp excluded-address [제외할 IP Address]
```

출제유형 ㉔

주어진 네트워크 토폴로지를 참고하여 'PC0'과 'PC1'이 'Router0'의 DHCP 서버로부터 IP Address를 할당받을 수 있도록 'Router0'을 설정하시오.

▶ 단, 'PC0'와 'PC1'의 IP Address는 각각 주어진 IP Address에서 할당 가능한 IP Address 중 임의의 10개로 할당한다.

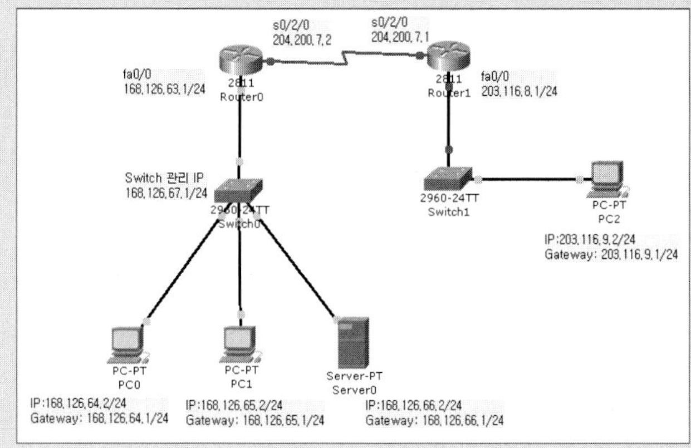

◀ 파일명 : 출제유형24.pkt

풀이 방법

① 패킷 트레이서를 실행한 후 [File]–[Open] 메뉴를 클릭하여 '출제유형24.pkt' 파일을 불러온다.

② 'PC0'과 'PC1'의 IP Address 할당 영역을 구성한다.

PC0	DHCP 범위 : 168.126.64.2 ~ 168.126.64.11
PC1	DHCP 범위 : 168.126.65.2 ~ 168.126.65.11

③ 'PC0'과 'PC1'의 동적으로 설정될 IP Address에서 제외할 주소(Excluded-Address)를 설정한다.

PC0	168.126.64.1 168.126.64.12 ~ 168.126.64.255
PC1	168.126.65.1 168.126.65.12 ~ 168.126.65.255

④ 라우터 'Router0'을 선택한 후 [CLI] 탭을 클릭하여 명령어를 입력한다.

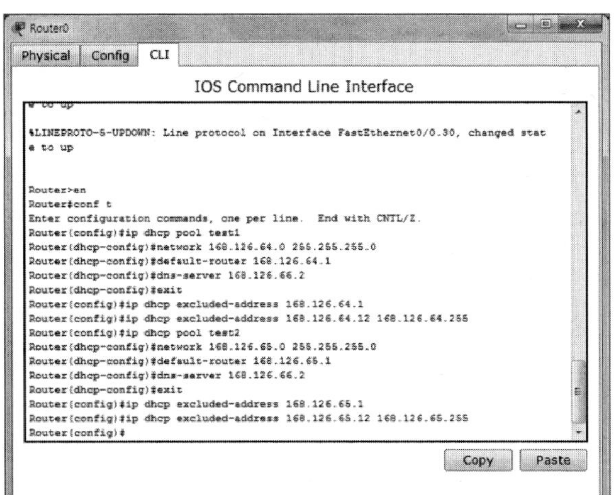

- network 명령어는 약자 ne를 사용합니다.
- default-router 명령어는 약자 de를 사용합니다.
- excluded-address 명령어는 약자 ex를 사용합니다.

```
Router>en
Router#conf t
Router(config)#ip dhcp pool test1 ❶
Router(dhcp-config)#network 168.126.64.0 255.255.255.0 ❷
Router(dhcp-config)#default-router 168.126.64.1 ❸
Router(dhcp-config)#dns-server 168.126.66.2 ❹
Router(dhcp-config)#exit
Router(config)#ip dhcp excluded-address 168.126.64.1 ❺
Router(config)#ip dhcp excluded-address 168.126.64.12 168.126.64.255 ❻
Router(config)#ip dhcp pool test2
Router(dhcp-config)#network 168.126.65.0 255.255.255.0
Router(dhcp-config)#default-router 168.126.65.1
Router(dhcp-config)#dns-server 168.126.66.2
Router(dhcp-config)#exit
Router(config)#ip dhcp excluded-address 168.126.65.1
Router(config)#ip dhcp excluded-address 168.126.65.12
168.126.65.255
```

❶ test1 DHCP 서버 구성
❷ 서버의 네트워크 주소 설정
❸ 기본 라우터의 IP 주소 설정
❹ DNS 서버 주소 설정(DNS 서버로 사용할 서버가 설정되었을 시 사용, 없으면 생략 가능)
❺ 동적 할당에서 제외해야 할 IP 주소를 설정(네트워크의 첫 번째 주소 제외)
❻ 동적 할당에서 제외해야 할 IP 주소를 설정(10개의 주소이므로 168.126.64.2 ~ 168.126.64.11까지 10개를 할당받게 하기 위하여 뒤 주소를 제외)

⑤ 'PC0'을 선택한 후 [Desktop] 탭의 [IP Configuration]에서 [DHCP]를 클릭하면 부여한 IP Address의 범위가 설정된다.

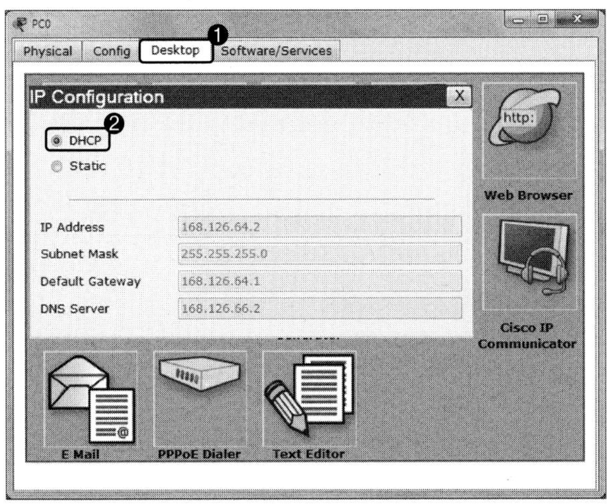

(2) DHCP Relay 구성

DHCP Relay는 서로 다른 라우터를 이용하고 있는 네트워크에서 다른 한쪽 서버의 DHCP 설정을 통하여 동적인 IP Address를 받아와야 할 때 라우터는 기본적으로 브로드캐스트 정보를 차단하는 기능이 있으므로 하나의 DHCP 서버를 이용하여 서브넷까지 사용하기 위해 연동하는 추가 명령어를 설정하여야 한다.

● DHCP Relay

```
ip helper-address [DHCP Server IP Address]
```

출제유형 25

주어진 네트워크 토폴로지를 참고하여 'PC2'가 'Server0'의 DHCP 서버로부터 IP Address를 할당받을 수 있도록 'R2'를 설정하시오.

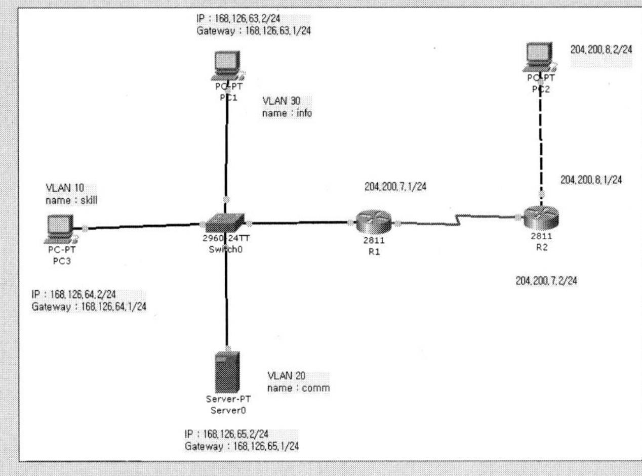

▲ 파일명 : 출제유형25.pkt

풀이 방법

① 패킷 트레이서를 실행한 후 [File]−[Open] 메뉴를 클릭하여 '출제유형25.pkt' 파일을 불러온다.

② 'Server0'을 선택한 후 [Config] 탭의 [DHCP]를 클릭하여 DHCP 서버를 'on'으로 설정하고 주어진 설정에 따라 서버 기능을 활성화 한다.

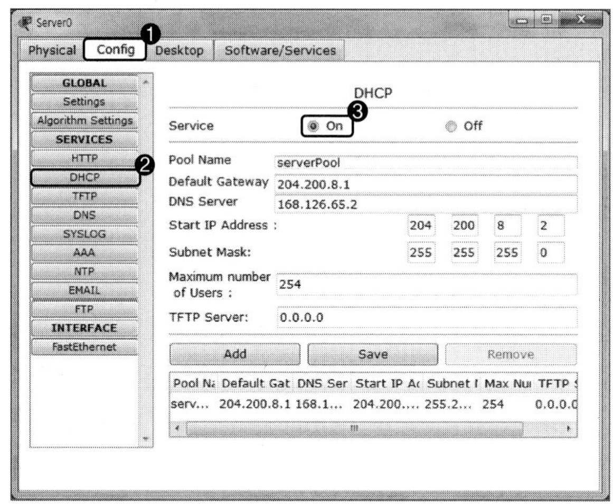

③ 라우터 'R2'를 선택한 후 [CLI] 탭을 클릭하여 명령어를 입력한다.

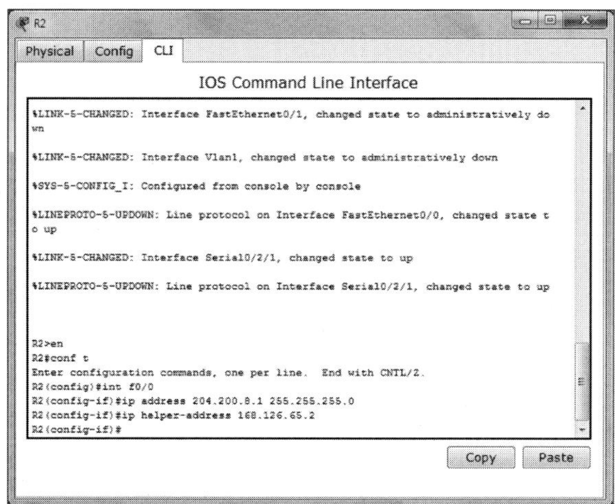

기적의 Tip

helper-address 명령어는 약자 help를 사용합니다.

```
R2>en
R2#conf t
R2(config)#int f0/0
R2(config-if)#ip address 204.200.8.1 255.255.255.0
R2(config-if)#ip helper-address 168.126.65.2
```

④ 'PC2'를 선택한 후 [Desktop] 탭의 [IP Configuration]에서 IP Address 설정을 [DHCP]로 클릭하여 값을 확인한다.

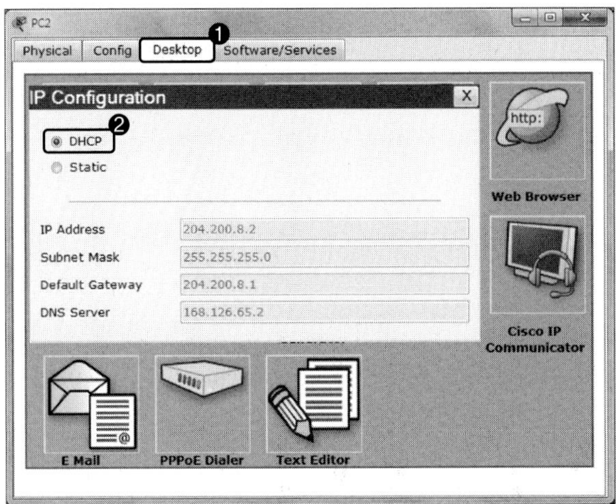

SECTION 06

Switch

01 Root-Bridge 설정

Root-Bridge란 스위치와 스위치 상호 간에 데이터를 전송할 때 서로가 자신이 Root라고 판단하여 서로가 자신의 정보를 지속해서 보내주는 루프(Loop) 상황이 발생하지 않도록 설정하는 것을 의미한다. 이를 위하여 STP(Spanning-Tree Protocol) 설정을 한다. 스위치의 [CLI] 탭에서 명령어를 선언하고 Root Bridge 선출은 각 스위치의 Bridge ID를 통해 결정되며 Bridge Priority와 Mac Address 등을 스위치 간 비교하고 Root Path Cost를 설정하게 된다. 이를 줄여서 BPDU 값이라고 한다. Bridge Priority는 〈0-65535〉 사이에서 4096단위로 선택할 수 있고 Default는 32768로 먼저 스위치 간 Bridge Priority를 비교해서 가장 낮은 스위치가 Root-Bridge가 되고 만약 동일하다면 VLAN의 Mac Address가 가장 낮은 스위치가 Root-Bridge가 된다.

기적의 Tip

spanning-tree 명령어는 약자 span을 사용합니다.

- **STP 설정**

```
Switch(config)#spanning-tree vlan 1 [가장 낮은 값]
```

- **스위치의 Mac Address와 Bridge ID 값 확인**

```
Switch#show spanning-tree
```

예를 들어 아래의 토폴로지처럼 2대의 PC를 연결하기 위하여 4대의 스위치를 임의로 세팅을 하였다고 가정한다. 처음 PC와 스위치의 장비를 연결하면 전체의 연결점의 색상이 주황색으로 들어온다.

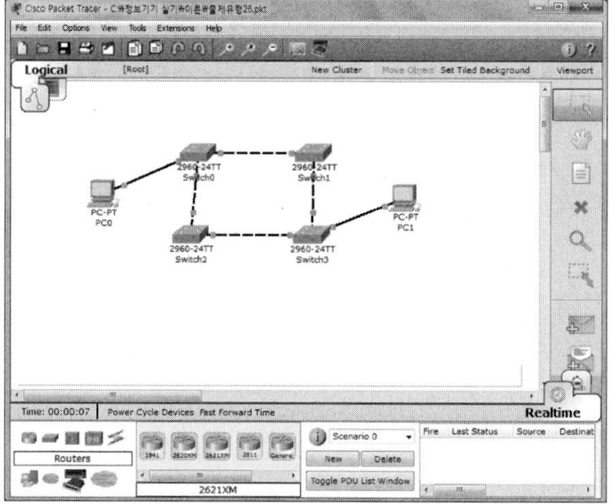

◀ 파일명 : 출제유형26.pkt

일정 시간이 지나면 한 라인을 제외한 모든 경로가 데이터 전송이 가능한 포트로 설정되고 마지막 한 곳만 계속하여 주황색이 남아 있게 된다. 현재는 아무런 설정을 하지 않았으므로 스위치들이 서로의 Mac Address 등을 확인한 후 가장 작은 스위치가 루트 브리지가 된다.

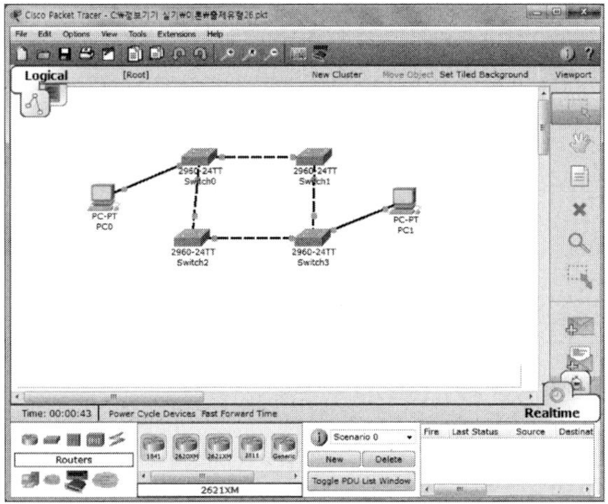

● 'Switch0'의 Spanning-Tree 값 확인

```
Switch>en
switch#show spanning-tree
```

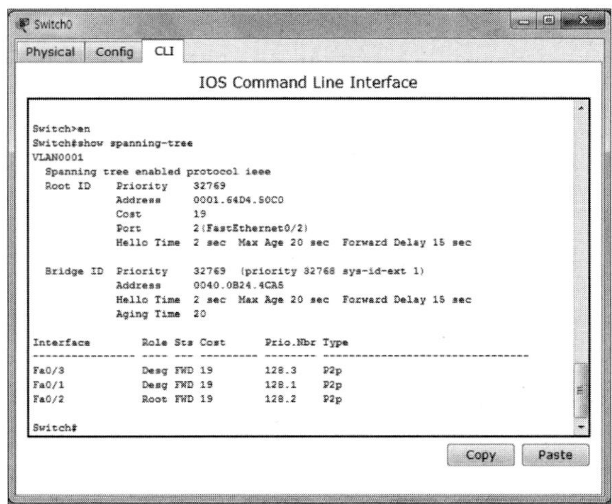

'Switch0'의 Priority 32769, Mac Address : 0040.0B24.4CA5
별도로 Priority를 설정하지 않으면 스위치는 32769의 값을 가지게 된다.

● 'Switch1'의 Spanning-Tree 값 확인

```
Switch>en
switch#show spanning-tree
```

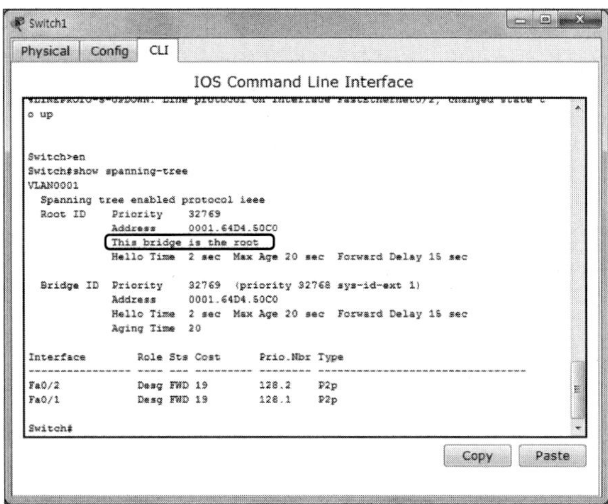

'Switch1'의 Priority 32769, Mac Address : 0001.64D4.50C0
위의 선언 중 'This bridge is the root' 라는 부분을 통해 'Switch1'이 가장 작은 Mac Address를 가지게 되어 Root bridge가 된 것을 확인할 수 있다.

- **'Switch2'의 Spanning-Tree 값 확인**

```
Switch>en
switch#show spanning-tree
```

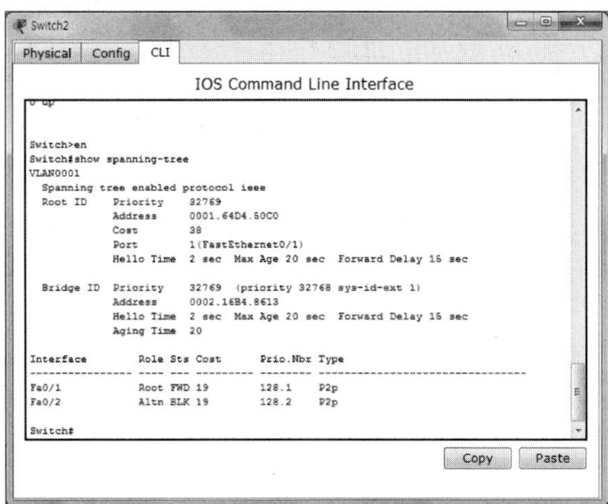

'Switch2'의 Priority 32769, Mac Address : 0002.16B4.8613

- **'Switch3'의 Spanning-Tree 값 확인**

```
Switch>en
switch#show spanning-tree
```

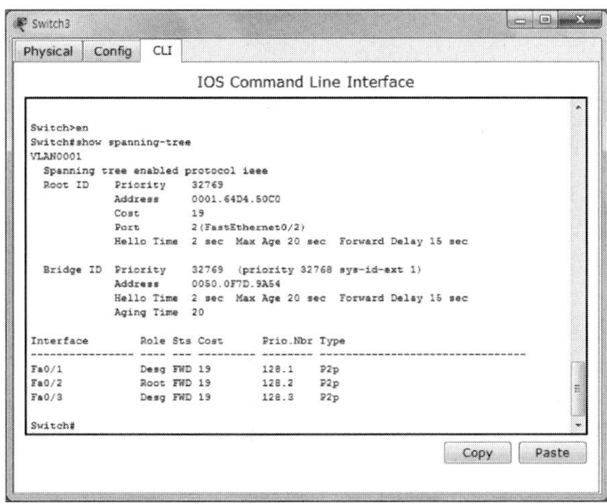

'Switch3'의 Priority 32769, Mac Address : 0050.0F7D.9A54

4개의 스위치의 모든 Mac Address를 확인해 본 결과 가장 값이 자동으로 Root Bridge가 된 것을 확인할 수 있다.

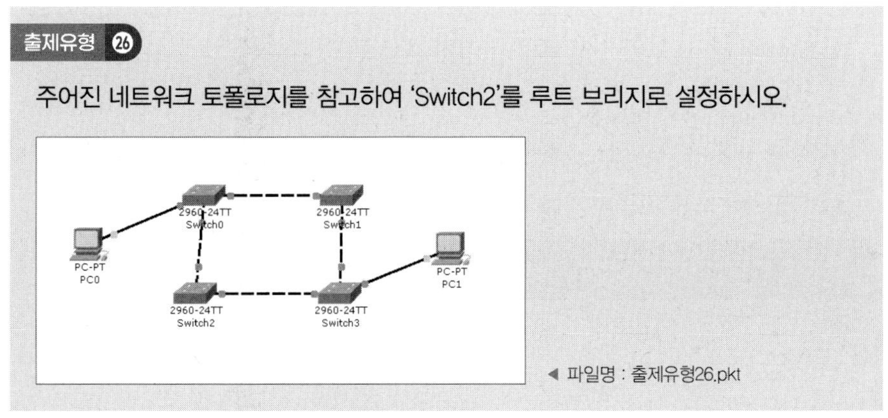

출제유형 26

주어진 네트워크 토폴로지를 참고하여 'Switch2'를 루트 브리지로 설정하시오.

◀ 파일명 : 출제유형26.pkt

풀이 방법

기적의 Tip

priority 값으로 4096을 설정하는 것은 32768보다 낮은 값을 설정하여 Root Bridge가 되도록 설정하기 위한 것입니다.
증가 값의 단위가 4096이므로 이 외에도 8192, 12288, 16384, 20480, 24576, 28672 등으로 32768보다 낮은 값을 설정하면 됩니다.

① 패킷 트레이서를 실행한 후 [File]-[Open] 메뉴를 클릭하여 '출제유형26.pkt' 파일을 불러온다.

② 'Switch2'를 선택한 후 [CLI] 탭을 클릭하여 명령어를 입력한다.

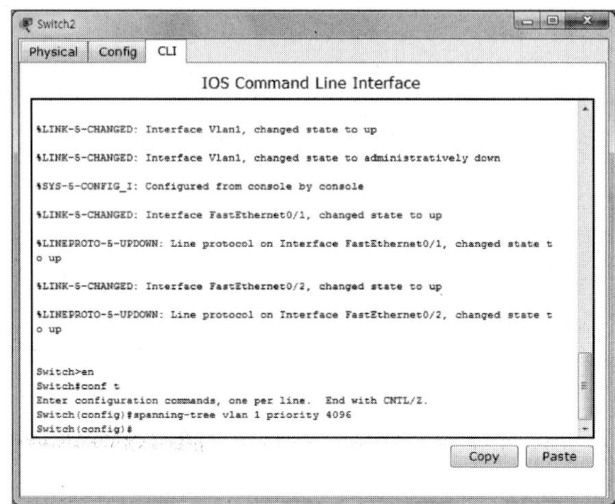

```
Switch>en
Switch#conf t
Switch(config)#spanning-tree vlan 1 priority 4096
```

③ 'Switch2'의 포트가 통신 가능 모드로 바뀌는 것을 확인할 수 있다.

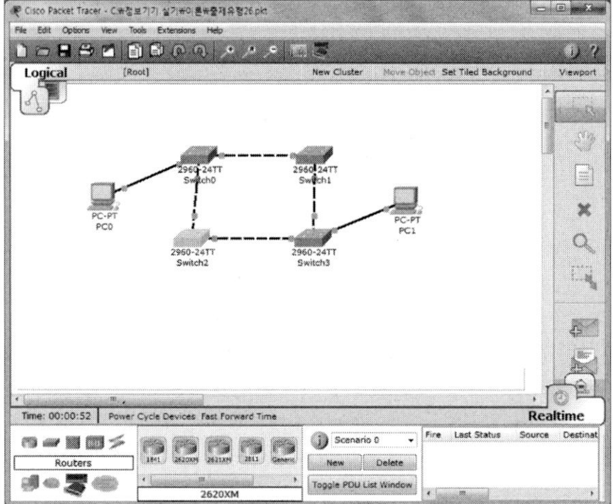

④ 'Switch2'의 Spanning-Tree 값을 확인하기 위해 [CLI] 탭을 클릭하여 명령어를 입력한다. Priority 값이 4097로 바뀌고 'This bridge is the root'라는 설정값을 확인할 수 있다.

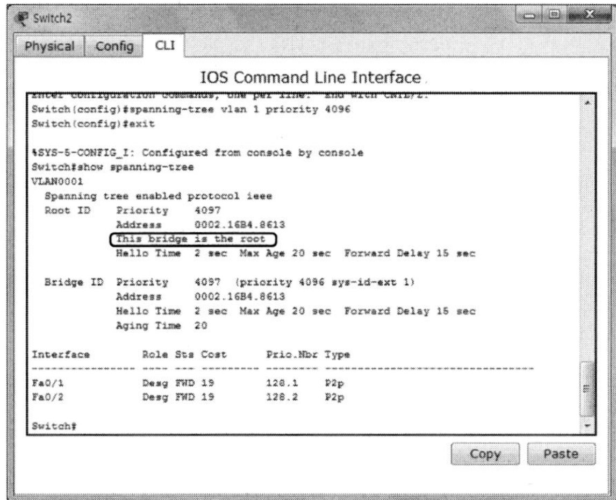
Switch2
Physical Config CLI
IOS Command Line Interface

```
Switch(config)#spanning-tree vlan 1 priority 4096
Switch(config)#exit

%SYS-5-CONFIG_I: Configured from console by console
Switch#show spanning-tree
VLAN0001
  Spanning tree enabled protocol ieee
  Root ID    Priority    4097
             Address     0002.16B4.8613
             This bridge is the root
             Hello Time  2 sec  Max Age 20 sec  Forward Delay 15 sec

  Bridge ID  Priority    4097  (priority 4096 sys-id-ext 1)
             Address     0002.16B4.8613
             Hello Time  2 sec  Max Age 20 sec  Forward Delay 15 sec
             Aging Time  20

Interface        Role Sts Cost      Prio.Nbr Type
---------------- ---- --- --------- -------- --------------------------------
Fa0/1            Desg FWD 19        128.1    P2p
Fa0/2            Desg FWD 19        128.2    P2p

Switch#
```

Copy Paste

```
Switch>en
switch#show spanning-tree
```

02 Portfast 설정

Portfast 설정이란 앞의 Root Bridge STP에서 확인한 바와 같이 스위치에 케이블을 연결할 때 패킷 트레이서의 포트 색이 주황색에서 잠시 뒤 데이터 전송이 가능한 연두색으로 바뀌는 것을 확인할 수 있다. 이에서 스위치는 위의 STP 설정 값 등을 확인하여 Root Bridge를 설정하는 과정을 거치게 된다. 그런데 STP 설정이수의 스위치를 사용하는 통신망에서는 유용하지만 하나의 스위치로 구성된 네트워크망에서는 굳이 설정하지 않아도 상관이 없으므로 케이블을 연결함과 동시에 STP 설정 없이 바로 데이터 전송이 가능하도록 설정하는 것이다.

> **기적의 Tip**
> 다수의 스위치가 연결되어 있는 네트워크에서 Portfast 설정을 하게 되면 STP 설정이 되지 않아 서로간의 패킷을 계속 보내는 Loop 현상이 발생할 수 있습니다.

● **Portfast 설정**

```
Switch>en
Switch#conf t
Switch(config)#interface [fa0/0]
Switch(config-if)#spanning-tree portfast
```

03 Port–Security 설정

Port Security는 하나의 스위치 포트에서 읽어 들일 수 있는 MAC Address 개수를 제한하거나 특정 MAC Address만 접근을 허용하는 설정 방법이다. 설정한 개수를 초과하여 위반할 때 해당 단말기를 다운시키거나 차단할 수 있고 설정되지 않은 MAC Address가 접근해 오면 해당 포트를 다운함으로써 불법적이거나 인위적인 공격으로부터 네트워크를 방어할 수 있다.

기적의 Tip

'switchport port–security violation shutdown'의 설정에서 'shutdown' 외에도 'restrict'과 'protect'의 설정 값이 있습니다. 'protect'는 설정 값을 위반하더라도 현재의 상태를 유지하라는 설정이고 'restrict'는 현 상태를 유지하고 위반에 대한 로그 값을 보여주는 것입니다. 설정을 위반하여 한번 다운된 포트는 해당 포트에서 'shutdown'과 'noshutdown'을 입력해 줘야 다시 활성화가 됩니다.

- **접근 개수 제한 설정**

```
Switch>en
Switch#conf t
Switch(config)#interface fa0/0 [포트]
Switch(config-if)#switchport mode access
Switch(config-if)#switchport port-security
Switch(config-if)#switchport port-security maximum 2 [개수]
Switch(config-if)#switchport port-security violation shutdown
```

해당 스위치의 fa0/0 포트에서 최대 접근 가능한 Mac Address의 개수를 2개로 제한하고 2개를 초과하여 접근 시 해당 포트를 다운시키게 된다.

기적의 Tip

- port–security 명령어는 약자 port를 사용합니다.
- violation 명령어는 약자 vio를 사용합니다.

- **접근 Mac Address 지정 설정**

```
Switch>en
Switch#conf t
Switch(config)#interface fa0/0 [포트]
Switch(config-if)#switchport mode access
Switch(config-if)#switchport port-security
Switch(config-if)#switchport port-security mac-address
0001.96DB.8C3B[MAC Address]
Switch(config-if)#switchport port-security violation shutdown
```

해당 인터페이스로 접근 시 설정한 MAC Address가 아닌 경우 해당 포트를 다운시키게 된다.

더 알기 Tip

접근하는 PC의 Mac Address 값 확인은 패킷 트레이서의 해당 장비 위에 마우스를 잠시 멈추어 나타나는 설정 안내 화면을 확인하거나 혹은 [Desktop] 탭의 [Command Prompt]에서 「ipconfig /all」이라고 입력하여 Physical Address의 값을 확인하면 된다.

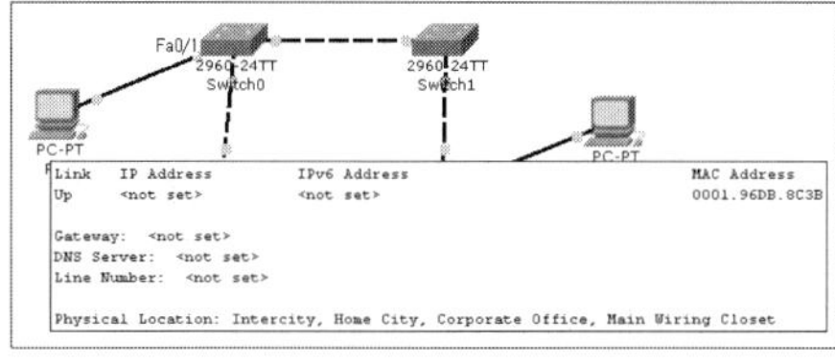

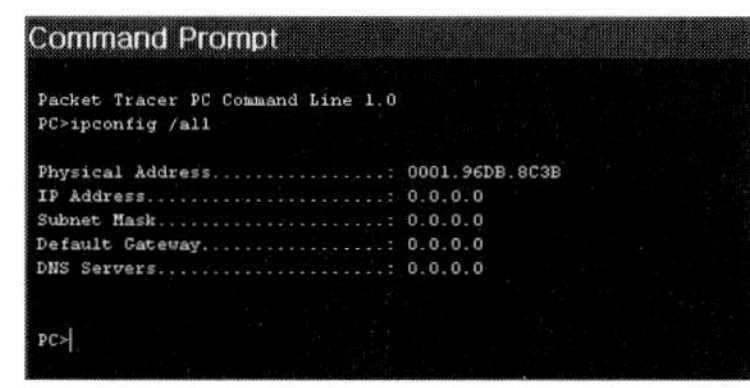

04 VLAN 설정

VLAN(Virtual LAN, 가상 LAN)이란 물리적인 라인이 아닌 논리적으로 분할된 스위치를 지칭한다. VLAN은 스위치에 접속된 장비들의 향상과 보안성 증대를 위하여 사용하는 것으로 스위치에 연결된 장비들이 불필요한 정보를 수신하거나 송신하는 것을 막기 위해 설정한다.

예를 들어 아래와 같은 토폴로지에서 'PC0'이 'PC1'에게 데이터를 전달하기 위해서는 'PC1'의 MAC Address를 알아내야 하는데 이 때 스위치를 통하여 'PC1', 'PC2'에게까지 브로드캐스트 프레임을 전송해야 한다. 이러면 'PC2'는 필요 없는 정보를 받게 되므로 CPU와 리소스가 낭비되는 결과가 발생할 수 있다.

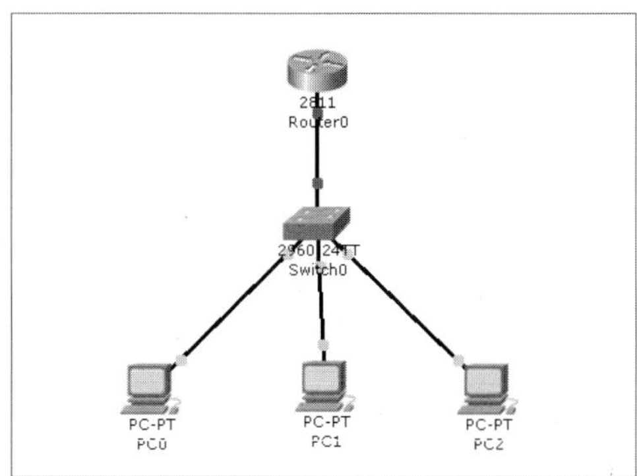

이럴 때 'PC0'과 'PC1'은 Vlan 10에 소속시키고 'PC2'는 Vlan 20에 소속시키면 'PC0'이 전달하는 데이터는 같은 Vlan 10의 'PC1'에게만 전달하여 같은 Vlan에서 발생한 브로드캐스트 프레임이 다른 Vlan으로 전송하는 것을 막아주게 되어 불필요한 리소스가 낭비되는 것을 방지하게 되는 것이다. 이러한 VLAN 설정은 스위치에 적용한다.

● 생성하고자 하는 VLAN의 이름을 설정
❷ 생성된 VLAN의 이름 부여

● **VLAN 설정**

스위치에서 해당하는 VLAN 번호를 생성하고 그에 따른 이름을 부여한다.

```
Switch(config)#vlan [번호] ❶
Switch(config-vlan)#name [이름] ❷
Switch(config-vlan)#exit
```

❸ 스위치의 모드를 액세스로 동작 설정
❹ 해당 VLAN의 번호를 설정

● **VLAN에 소속된 인터페이스 번호를 할당하고 동작 명령을 설정**

```
Switch(config)#interface fa[N]/[N]
Switch(config-if)#switchport mode access ❸
Switch(config-if)#switchport access [번호] ❹
Switch(config-if)#exit
```

기적의 Tip

- switchport 명령어는 약자 sw를 사용합니다.
- mode 명령어는 약자 mo를 사용합니다.
- access 명령어는 약자 acc를 사용합니다.
- vlan 명령어는 약자 vl을 사용합니다.
- name 명령어는 약자 na를 사용합니다.

출제유형 27

주어진 네트워크 토폴로지를 참고하여 VLAN을 설정하시오.

▶ VLAN 10 이름 : VLAN-10
▶ VLAN 20 이름 : VLAN-20

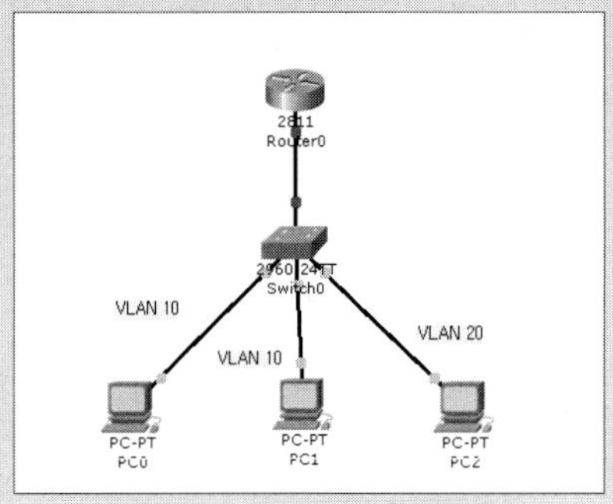

◀ 파일명 : 출제유형27.pkt

풀이 방법

① 패킷 트레이서를 실행한 후 [File]–[Open] 메뉴를 클릭하여 '출제유형27.pkt' 파일을 불러온다.

② 스위치를 선택한 후 [CLI] 탭을 클릭하여 명령어를 입력한다.

❺ VLAN 10을 생성
❻ VLAN 10의 이름을 VLAN-10으로 부여

```
Switch>en
Switch#conf t
Switch(config)#vlan 10 ❺
Switch(config-vlan)#name VLAN-10 ❻
Sch(config-vlan)#exit
```

```
Switch(config)#vlan 20
Switch(config-vlan)#name VLAN-20
Switch(config-vlan)#exit
Switch(config)#int fa0/2 ❶
Switch(config-if)#switchport mode access ❷
Switch(config-if)#switchport access vlan 10 ❸
Switch(config-if)#exit
Switch(config)#int fa0/3
Switch(config-if)#switchport mode access
Switch(config-if)#switchport access vlan 10
Switconfig-if)#exit
Switch(config)#int fa0/4
Switch(config-if)#switchport mode access
Switch(config-if)#switchport access vlan 20
Switch(config-if)#exit
```

❶ 인터페이스 fa0/1 설정 모드로 진입
❷ 포트의 모드를 액세스 모드로 지정
❸ 해당 포트의 VLAN 번호를 지정

(1) VLAN 구성

VLAN 구성을 하기 위해서 스위치의 VLAN Database를 먼저 생성해야 한다.
예를 들어 아래의 기본적인 토폴로지를 이용하여 VLAN의 Database를 설정해 본다면 스위치의 VLAN 값이 10, 20, 30으로 3개의 VLAN Database를 생성하게 된다.

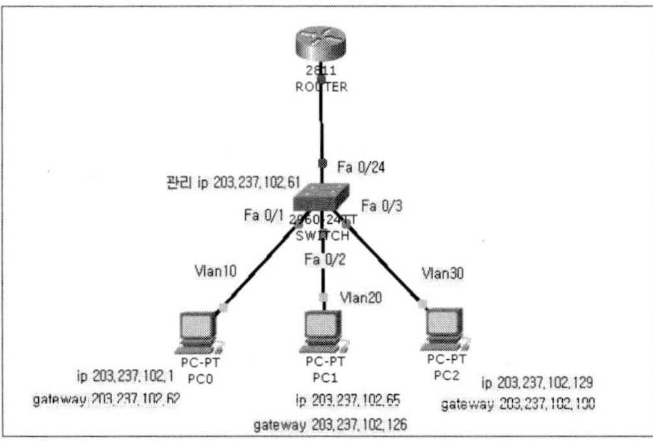

▲ 파일명 : 출제유형27.pkt

```
Switch(config)#vlan 10
Switch(config-vlan)#name VLAN-10
Switch(config-vlan)#exit
Switch(config)#vlan 20
Switch(config-vlan)#name VLAN-20
Switch(config-vlan)#exit
Switch(config)#vlan 30
Switch(config-vlan)#name VLAN-30
Switch(config-vlan)#exit
```

VLAN의 Database 설정이 완료되었으면『show vlan』명령을 입력하여 설정 값을 확인할 수 있다.

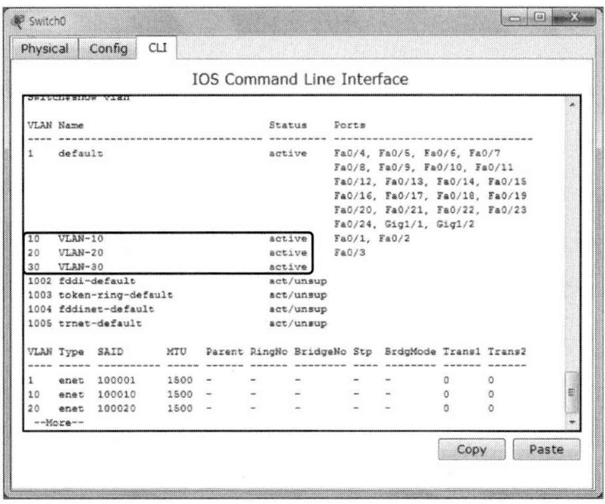

VLAN Port의 동작을 VLAN이 소속된 해당 인터페이스에서 Access Mode로 동작하도록 설정해준다.

Fastethernet 0/1 → vlan 10
Fastethernet 0/2 → vlan 20
Fastethernet 0/3 → vlan 30

```
Switch(Config)#interface fastethernet 0/1
Switch(Config-if)#switchport mode access
Switch(Config-if)#switchport access vlan 10
Switch(Config-if)#exit
Switch(Config)#interface fastethernet 0/2
Switch(Config-if)#switchport mode access
Switch(Config-if)#switchport access vlan 20
Switch(Config-if)#exit
Switch(Config)#interface fastethernet 0/3
Switch(Config-if)#switchport mode access
Switch(Config-if)#switchport access vlan 30
Switch(Config-if)#exit
```

(2) Inter-VLAN 구성

VLAN의 설정은 스위치에서 전송되는 데이터 패킷이 해당 VLAN에만 전송이 되므로 불필요한 패킷을 보내기 위하여 여러 자원을 낭비하지 않아도 되는 중요한 기능이다. 그러나 반대로 필요에 의하여 서로 다른 VLAN 사이의 통신이 필요한 경우도 있게 된다.

이를 위해 서로 다른 VLAN 사이의 라우팅(Inter-VLAN Routing)이 가능하도록 설정하는 것을 Inter-VLAN 이라 한다.

흔히 라우터를 이용하여 스위치와 접속시키고 라우터와 스위치의 인터페이스를 논리적으로 분할하여 각각의 VLAN 이름으로 변경하여 서로 다른 VLAN과 통신을 연결하게 된다. 이 Inter-VLAN 설정은 라우터에 설정해야 하는 명령으로 VLAN이 가상의 포트라고는 해도 실제 네트워크처럼 상호 간에 라우팅 정보를 정의해야 한다.

보통의 Inter-VLAN을 설정하기 위하여 해당 인터페이스에 서브 인터페이스를 생성시키게 된다.

예를 들어, 아래와 같은 기본 토폴로지의 네트워크에서 보면 라우터가 스위치와 연결된 인터페이스는 fa0/0 포트이다.

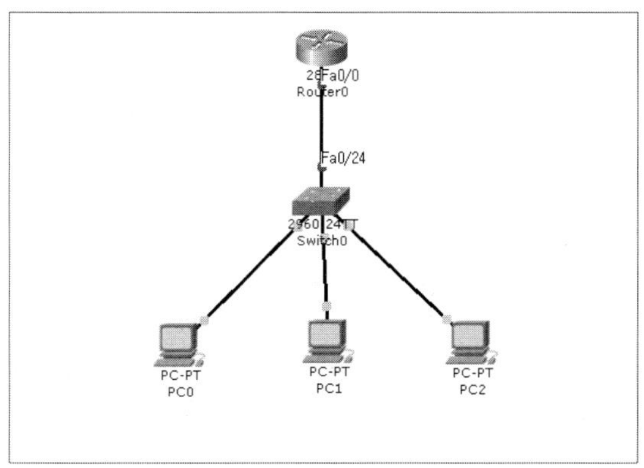

그리고 이 포트를 이용하여 VLAN 10으로 할당한 'PC0'과 VLAN 20으로 할당한 'PC1'과 VLAN 30으로 할당한 'PC2'의 모든 데이터 패킷이 통과하게 된다. 이런 경우 물리적으로는 같은 하나의 fa0/0 포트일지라도 다시 각각의 VLAN으로 갈 수 있는 세부적인 인터페이스를 나누어 주는 것을 서브 인터페이스라 한다. 또한, 그 서브 인터페이스에 부여된 각각의 VLAN의 IP Address를 설정하여야 하며 데이터 패킷이 전송되므로 해당 패킷의 압축과 암호화 기법을 정의하게 된다.

실제로 VLAN 이름과 같은 이름의 서브 인터페이스를 생성하고 암호화 압축 기법으로 dot1Q를 설정하여 Inter-VLAN을 설정하면 라우터의 [CLI] 탭에서 다음과 같이 설정할 수 있다.

❶ VLAN의 이름과 동일한 서브 인터페이스를 생성
❷ 해당 포트에 VLAN-10의 이름으로 설명주석 추가(옵션으로 사용하지 않아도 됨)
❸ encapsulation dot1Q 10으로 지정(dot1Q 방식으로 캡슐화하여 전송)

```
ROUTER(config)#interface fastethernet 0/0
ROUTER(config-if)#no shutdown
ROUTER(config-if)#interface fastethernet 0/0.10 ❶
ROUTER(config-subif)#description VLAN-10 ❷
ROUTER(config-subif)#encapsulation dot1Q 10 ❸
ROUTER(config-subif)#ip address 203.237.102.62 255.255.255.192
ROUTER(config-subif)#exit
ROUTER(config)#interface fastethernet 0/0.20
ROUTER(config-subif)#description VLAN-20
ROUTER(config-subif)#encapsulation dot1Q 20
ROUTER(config-subif)#ip address 203.237.102.126 255.255.255.192
ROUTER(config-subif)#exit
ROUTER(config)#interface fasternet 0/0.30
ROUTER(config-subif)#description VLAN-30
ROUTER(config-subif)#encapsulation dot1Q 30
ROUTER(config-subif)#ip address 203.237.102.190 255.255.255.192
ROUTER(config-subif)#exit
```

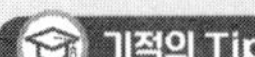 기적의 Tip

Inter-VLAN을 설정할 때 IP Address는 해당 IP의 게이트웨이 값으로 설정

(3) Trunking 설정

Inter-VLAN을 이용하여 하나의 물리적인 인터페이스를 여러 개의 VLAN의 논리적인 인터페이스로 나누었다. 이를 다시 서로 간에 통신할 수 있는 하나의 인터페이스로 소속시키는 것을 트렁킹(Trunking)이라 하고, 이처럼 논리적으로 분할된 해당 포트를 트렁크(Trunk) 포트라고 한다.

앞에서 언급한 토폴로지를 보면 'PC0', 'PC1', 'PC2'의 모든 포트는 스위치와 연결되어 있고 이 스위치는 Fa0/24번의 인터페이스를 통하여 라우터와 연결된 것을 확인할 수 있다. 이러한 토폴로지인 경우 스위치에서 라우터와 연결된 Fa0/24 인터페이스 포트를 트렁크 포트로 설정하여 트렁킹(Trunking)을 하게 된다.

❹ 해당 포트의 사용 권한을 부여 swichport trunk allow vlan 10, 20, 30(VLAN 포트 10, 20, 30에게 트렁크 포트 사용 권한을 부여하는 명령으로 10, 20이라 입력하면 30은 트렁크 포트 사용 불가)
❺ 해당 포트를 트렁크 포트로 설정

```
Switch(config)#interface fastethernet 0/24 ❹
Switch(config-if)#switchport mode trunk ❺
```

05 VTP

VTP(VLAN Trunking Protocol)는 다수의 스위치가 연결된 복잡한 네트워크 토폴로지에서 스위치마다 각자 VLAN 설정을 해야 한다면 굉장히 복잡스럽고 어려운 일이 된다. VTP의 기능은 이러한 복잡한 일을 간단히 해결할 수 있도록 지원하는 트렁킹(Trunking) 기능으로 각각 스위치의 VLAN을 생성, 삭제할 수 있는 명령으로 각각의 VLAN에서 패킷이 전달될 수 있도록 설정해 주는 것이다.

• VTP 설정 모드

Server Mode (서버 모드)	스위치에 기본적으로 설정된 모드로 VLAN의 생성, 수정, 삭제가 가능한 모드
Transparent Mode (트랜스패런트 모드)	독립적으로 동작하는 모드로 서버 모드로부터 VLAN 정보가 도착하면 자신의 주변의 스위치로 전달만 하는 모드
Client Mode (클라이언트 모드)	서버 모드에서 받은 VLAN의 정보로만 동작하며 스스로 VLAN을 생성, 수정, 삭제하지 못하는 모드

출제유형 28

주어진 네트워크 토폴로지를 참고하여 'Switch0'을 VTP 서버 모드로 설정하고 나머지 스위치는 클라이언트 모드로 설정하시오.
(단, 스위치 간의 VTP 패스워드는 'vtppass', 도메인은 'vtptest')

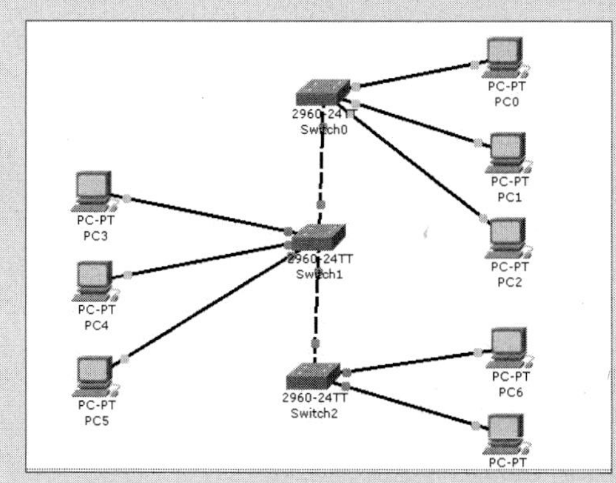

◀ 파일명 : 출제유형28.pkt

풀이 방법

① 패킷 트레이서를 실행한 후 [File]-[Open] 메뉴를 클릭하여 '출제유형28.pkt' 파일을 불러온다.

② 스위치 'Switch0'을 선택한 후 [CLI] 탭을 클릭하여 VTP 서버 모드를 설정한다.

> **기적의 Tip**
>
> VTP 명령어 설정 시 사용하는 Version과 같이 공통으로 적용할 Domain 등을 설정해야 합니다. 또한, 추가적인 명령이 없을 시 스위치는 Server Mode가 기본 모드이므로 'Switch0'은 추가적인 모드 세팅을 하지 않아도 됩니다.

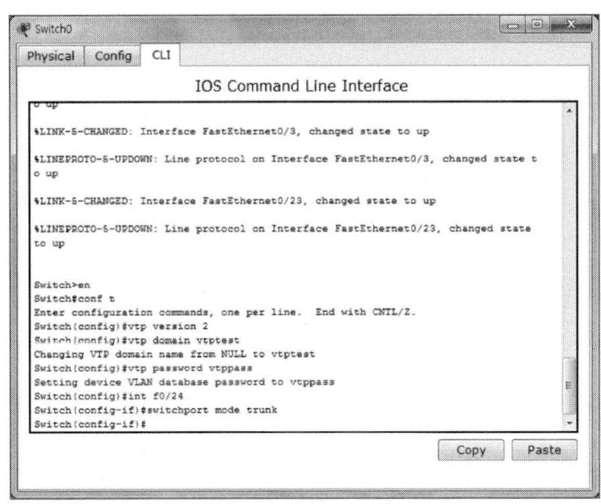


```
Switch>en
Switch#conf t
Switch(config)#vtp version 2 ❶
Switch(config)#vtp domain vtptest ❷
Switch(config)#vtp password vtppass ❸
Switch(config)#int f0/24
Switch(config-if)#switchport mode trunk
```

❶ VTP 버전 정보 설정
❷ VTP 설정 도메인 설정(같은 VTP 서비스를 사용할 때는 이름이 동일해야 함)
❸ VTP 패스워드 설정

③ 스위치 'Switch1'을 선택한 후 [CLI] 탭을 클릭하여 VTP 클라이언트 모드를 설정한다.

> **기적의 Tip**
>
> 스위치의 경우에는 옆의 설정을 아래처럼 설정할 수 있으나 스위치는 VTP 모드의 동작이 기본 모드가 Server이므로 ①의 설정을 생략한 것입니다.
>
> Switch(config)#vtp version2
> Switch(config)#vtp mode server ①

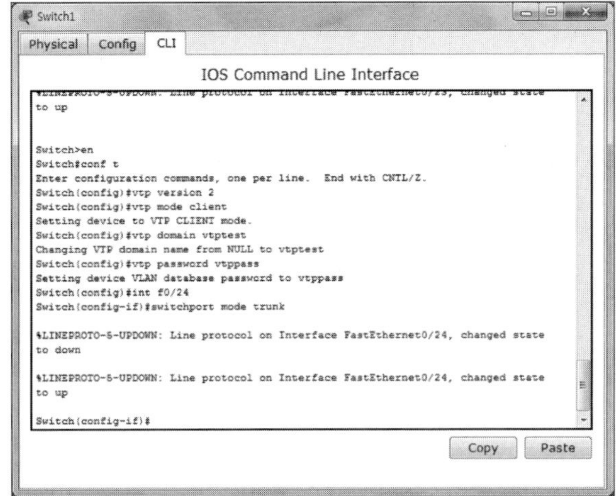

```
Switch>en
Switch#conf t
Switch(config)#vtp version 2
Switch(config)#vtp mode client ❶
Switch(config)#vtp domain vtptest
Switch(config)#vtp password vtppass
Switch(config)#int f0/24
Switch(config-if)#switchport mode trunk
```

❶ VTP 동작을 Client 모드로 설정

④ 스위치 'Switch2'를 선택한 후 [CLI] 탭을 클릭하여 VTP 클라이언트 모드를 설정한다.

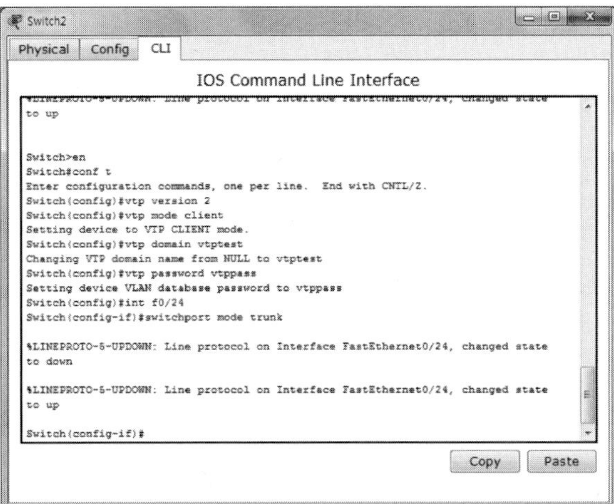


```
Switch>en
Switch#conf t
Switch(config)#vtp version 2
Switch(config)#vtp mode client
Switch(config)#vtp domain vtptest
Switch(config)#vtp password vtppass
Switch(config)#int f0/24
Switch(config-if)#switchport mode trunk
```

기적의 Tip

Switch VLAN 확인 명령

Switch#프롬프트에서 설정하면 됩니다.

- show vlan : 스위치의 VLAN 설정 값 확인
- show interface trunk : 스위치의 Trunk Interface를 확인
- show vtp status : 스위치의 VTP 설정 값 확인

06 Default-Gateway 설정

스위치 OSI 계층의 2계층에 해당하는 장비로 Mac Address로 동작을 하기 때문에 추가적인 IP Address 등을 설정하지 않아도 동작을 하게 된다. 그렇지만 스위치를 통제하고 원격 접속 등을 이용하여 관리하기 위하여 IP Address를 부여해야 한다. 스위치는 라우터와 달리 기본 포트가 없으므로 모든 포트가 기본적으로 소속되어 있는 VLAN 1에 설정하여 Default-Gateway를 부여하게 된다.

- **스위치 관리 IP 부여**

```
Switch(config)#interface vlan 1
Switchnfig-if)#ip address 203.237.102.62 255.255.255.192
Switch(config-if)#exit
Switch(config)#ip default-gateway 203.237.102.62 ❶
```

❶ 기본 게이트웨이 IP 주소 설정

. SECTION .

07 Routing 설정

라우팅(Routing) 설정이란 서로 간에 서브넷이 다른 라우터들이 서로의 정보를 알아내어 항상 최적의 경로를 설정하기 위한 기록 테이블을 말한다. 이를 위해서 각각의 라우터들은 라우팅 테이블이라는 공간을 설정하여 라우터들끼리 서로 자신을 광고하는 정보를 확인하여 항상 최적화된 패킷 전달법을 설정하게 된다.
이러한 경로를 설정하는 방법으로는 정적 경로 설정과 동적 경로 설정이라는 두 가지 측면에서 설명할 수 있고 라우팅 프로토콜의 종류는 디스턴스 벡터 라우팅 프로토콜과 링크 상태 라우팅 프로토콜이라는 두 가지로 분류할 수 있다.
디스턴스 벡터 라우팅의 대표적인 프로토콜로는 RIP, EIGRP, BGP 등이 있고 링크 상태 라우팅 프로토콜의 대표 프로토콜은 OSPF를 들 수 있다.

> **기적의 Tip**
> 라우팅 설정이란 서로 서브넷이 다른 장비들을 연결하는 것으로 장비 간에 올바르고 빠른 패킷을 전송하기 위하여 라우팅 테이블을 필요로 하게 됩니다.

- **디스턴스 벡터 라우팅 프로토콜**

라우팅 정보를 전송할 때 목적지 네트워크와 해당 목적지 네트워크의 메트릭 값을 알려준다. 여기서 메트릭 값이란 최적의 경로를 선택하는 기준을 말하며 프로토콜에 따라서 사용하는 메트릭은 다르다. 즉 이러한 프로토콜은 목적지까지 가는 Distance(거리)와 Vector(방향)를 광고하여 라우팅 테이블을 구성하여 전송되는 패킷을 지시한 방향으로만 전송하며 자신의 메트릭 정보만을 확인하여 패킷을 전송하게 된다.

- **링크 상태 라우팅 프로토콜**

디스턴스 벡터 라우팅 프로토콜과 다르게 라우터들이 자신의 주소와 자신과 인접해 있는 다른 장비들의 상태와 주소까지 광고하여 전체적인 네트워크의 구성을 전체적으로 확인하고 최적의 경로를 찾을 수 있도록 정보를 전송하게 된다.

- **라우터의 설정된 라우팅 테이블 확인**

```
Router#show ip route
```

01 RIP(Routing Information Protocol)

RIP은 동적인 프로토콜의 하나로 가장 오래전부터 사용하고 있는 프로토콜이다. 디스턴스 벡터 프로토콜로 경로를 설정하는 기준은 홉(Hop)의 개수로 설정하게 된다. 최대한 설정할 수 있는 홉 카운트는 15홉으로 그 이상은 도달할 수 없으므로 대규모의 네트워크에서는 사용하기 어렵고 소규모의 건물이나 한 공간 안에서 사용하기 적합한 프로토콜이다.

> **기적의 Tip**
> **홉(HOP)**
> 네트워크 구성도에서 다음 장비로 이어지는 네트워크의 한 구간을 의미합니다.

RIP은 v1과 v2로 나누어진다. v1은 Classfull 방식의 라우팅 프로토콜 방식으로 서로 다른 서브넷을 가지고 있는 동일한 네트워크 주소는 인지하지 못하는 단점이 있다. 그러한 단점을 해결하기 위하여 RIP v2는 Classless 방식으로 사용하고 네트워크의 IP Address와 서브넷을 같이 설정하여 라우팅 테이블을 설정하게 된다.

(1) RIP v1

- **RIP v1 기본 설정**

```
Router(config)#router rip
Router(config-router)#network [라우터의 연결 IP Address]
Router(config-router)#network [라우터의 연결 IP Address]
```

[라우터의 연결 IP Address]는 직접 라우터와 연결된 인터페이스의 IP Address를 차근차근 입력한다.

- **인터페이스의 IP Address를 확인**

```
Router#show ip interface brief
```

예를 들어, 라우터의 Interface 설정 정보가 아래와 같다면

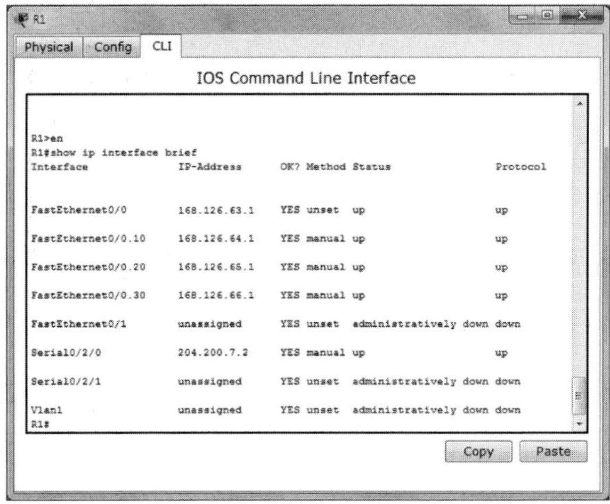

라우터의 RIP v1의 설정은 다음과 같이 입력할 수 있다.

```
Router(config)#router rip
Router(config-router)#network 168.126.63.1
Router(config-router)#network 204.200.7.2
```

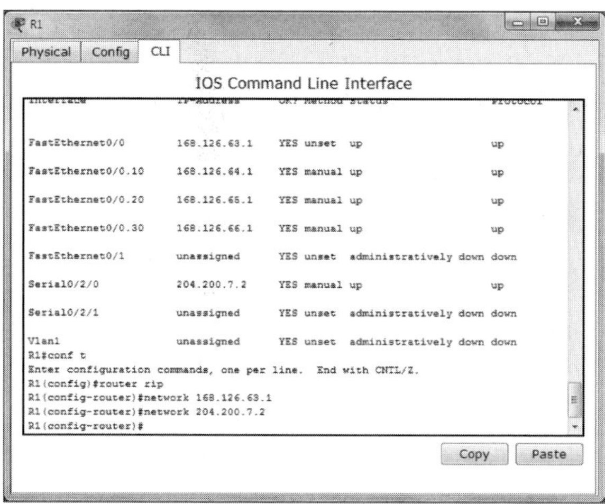

설정된 RIP 정보를 확인하기 위하여 『Show run』 명령을 입력한다.

```
Router#show run
```

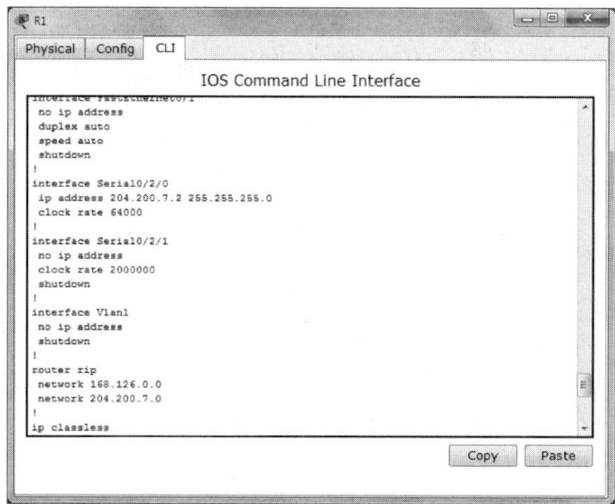

(2) RIP v2

RIP v2를 설정하는 방법은 기본적으로 RIP v1을 설정하는 것과 동일하나 『Router(config-router)#version 2』라는 선언만 추가하면 된다. RIP v1과 다른 Classless 설정을 적용하므로 같은 네트워크일지라도 서로 다른 서브넷을 사용할 경우 서로 다른 네트워크로 인지하고 라우팅 테이블에 등록하여 광고하게 된다.

- **RIP v2 기본 설정**

```
Router(config)#router rip
Router(config-router)#version 2
Router(config-router)#network [라우터의 연결 IP Address]
Router(config-router)#network [라우터의 연결 IP Address]
```

RIP 설정 시 문제점이나 설정을 확인하고자 할 때는 『debug ip rip』 명령을 이용하여 확인해 볼 수 있다.

```
Router#debug ip rip
```

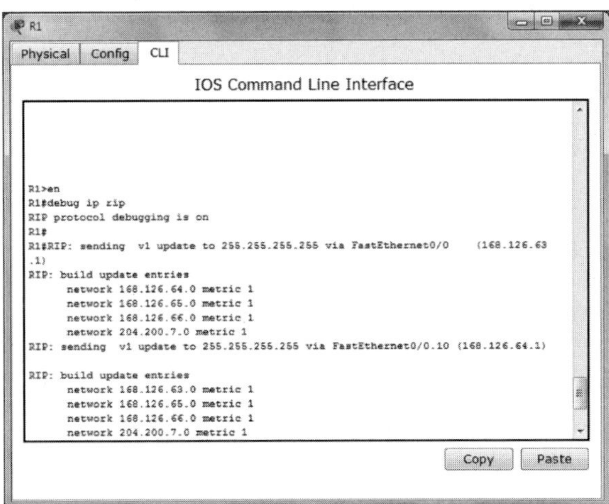

또한 설정된 라우팅 프로토콜을 확인하고자 할 때는 『show ip protocols』 명령을 이용하여 확인해 볼 수 있다.

```
Router#show ip protocols
```

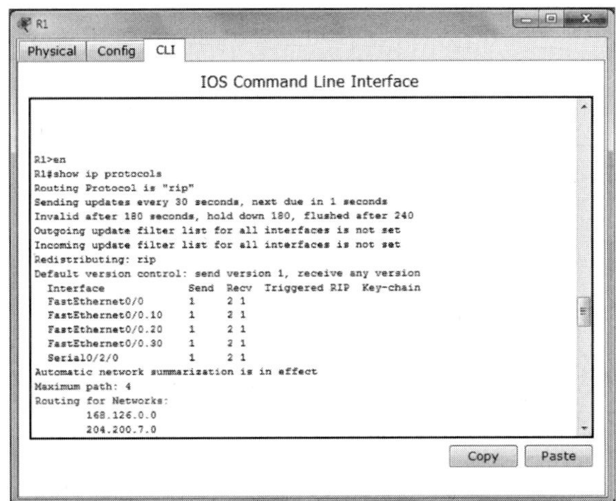

출제유형 ㉙

주어진 네트워크 토폴로지를 참고하여 'Router0'과 'ISP'를 RIP v2를 사용하여 라우팅하시오.

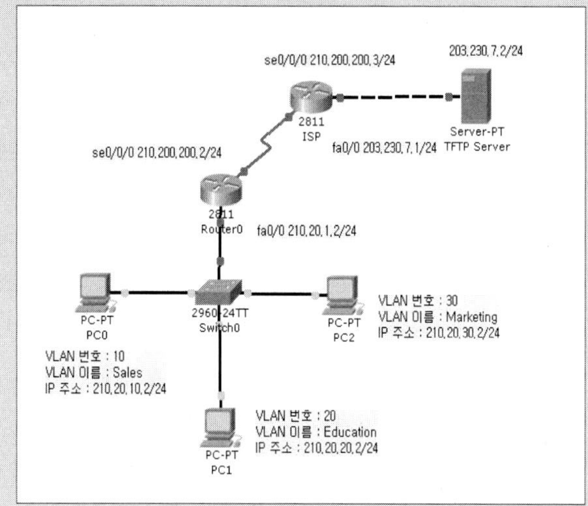

◀ 파일명 : 출제유형29.pkt

풀이 방법

① 패킷 트레이서를 실행한 후 [File]-[Open] 메뉴를 클릭하여 '출제유형29.pkt' 파일을 불러온다.

② 라우터 'Router0'을 선택한 [CLI] 탭을 클릭하여 기본 인터페이스를 설정한다.

```
Router>en
Router#conf t
Router(config)#int fa0/0
Router(config-if)#ip address 210.20.1.2 255.255.255.0
Router(config-if)#no shut
Router(fig-if)#exit
Router(config)#int s0/0/0
Router(config-if)#ip address 210.200.200.2 255.255.255.0
Router(config-if)#clock rate 56000
Router(config-if)#no shut
```

기적의 Tip

'Router0'을 DCE로 설정하여 Clock Rate를 설정합니다.

③ 라우터 'ISP'를 선택한 후 [CLI] 탭을 클릭하여 기본 인터페이스를 설정한다.

```
Router>en
Router#conf t
Router(config)#int fa0/0
Router(config-if)#no shut
Router(config-if)#ip address 203.230.7.1 255.255.255.0
Router(config-if)#exit
Router(config)#int s0/0/0
Router(config-if)#ip address 210.200.200.3 255.255.255.0
Router(config-if)#no shut
```

④ 라우터 'Router0'을 선택한 후 [CLI] 탭을 클릭하여 라우팅 프로토콜을 설정한다.

```
Router(config)#router rip
Router(config-router)#version 2
Router(config-router)#network 210.200.200.2
Router(config-router)#network 210.20.1.2
Router(config-router)#no auto-summary
```

기적의 Tip

- router rip의 약자는 rou rip을 사용합니다.
- version 2의 약자는 v 2를 사용합니다.
- network의 약자는 ne를 사용합니다.

⑤ 라우터 'ISP'를 선택한 후 [CLI] 탭을 클릭하여 라우팅 프로토콜을 설정한다.

```
Router(config)#router rip
Router(config-router)#version 2
Router(config-router)#netk 210.200.200.3
Router(config-router)#network 203.230.7.1
Router(config-router)#no auto-summary ❶
```

기적의 Tip

❶은 문제에서 '자동 요약 기능을 해제하시오.'라는 말이 있는 경우 입력합니다. 약자는 no au를 사용합니다.

⑥ 'Router0'과 'ISP'의 라우팅 테이블이 연결되었는지 『show ip route』를 입력하여 확인한다.

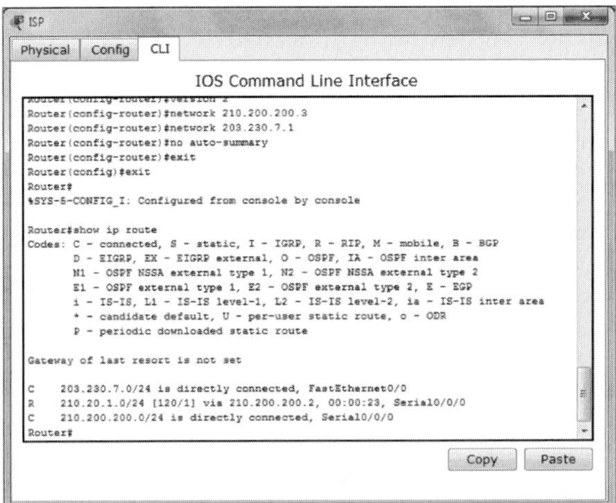

```
Router(config-router)#network 210.200.200.3
Router(config-router)#network 203.230.7.1
Router(config-router)#no auto-summary
Router(config-router)#exit
Router(config)#exit
Router#
%SYS-5-CONFIG_I: Configured from console by console

Router#show ip route
Codes: C - connected, S - static, I - IGRP, R - RIP, M - mobile, B - BGP
       D - EIGRP, EX - EIGRP external, O - OSPF, IA - OSPF inter area
       N1 - OSPF NSSA external type 1, N2 - OSPF NSSA external type 2
       E1 - OSPF external type 1, E2 - OSPF external type 2, E - EGP
       i - IS-IS, L1 - IS-IS level-1, L2 - IS-IS level-2, ia - IS-IS inter area
       * - candidate default, U - per-user static route, o - ODR
       P - periodic downloaded static route

Gateway of last resort is not set

C    203.230.7.0/24 is directly connected, FastEthernet0/0
R    210.20.1.0/24 [120/1] via 210.200.200.2, 00:00:23, Serial0/0/0
C    210.200.200.0/24 is directly connected, Serial0/0/0
Router#
```

```
Router#show ip route
```

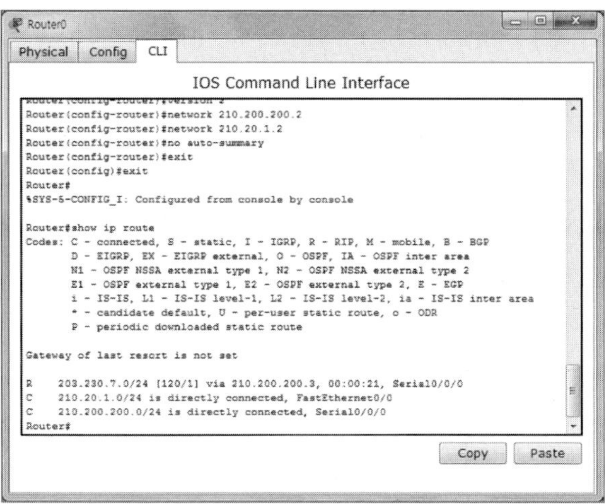


```
Router#show ip route
```

02 OSPF(Open Shortest Path First)

OSPF는 동적 라우팅 프로토콜로 대표적인 링크 상태 라우팅 프로토콜이다. 주로 규모가 큰 네트워크에서 많이 사용하며 기존의 RIP을 사용할 때의 단점을 해결하기 위해서 만들어졌다. 'RFC 2328'에서 규정하고 있는 Version 2를 현재 사용하고 있으며 에어리어(Area)라는 개념을 사용하여 빠른 업데이트와 라우팅 테이블을 효과적으로 관리하고 있다.

또한, VLSM을 지원하여 IP Address를 효과적으로 사용하며 라우트 서머리제이션(Route Summarization)을 지원해 여러 개의 라우팅 경로를 하나로 묶어주는 기능이 매우 뛰어나다. RIP과 달리 홉 길이의 제한이 없으므로 대규모의 네트워크에서 주로 설정하고 각각의 에어리어(Area)의 설정을 기반으로 하기 때문에 한 에어리어의 변동 사항이 다른 에어리어에는 영향을 주지 않게 설정할 수도 있어 안정적인 네트워크를 구성할 수 있다.

- **OSPF 기본 설정**

```
R1#conf t
R1(config)#router ospf [Process ID]
R1(config-router)#router-id [IP Address]
R1(config-router)#network [IP Address] [와일드카드 마스크] area [넘버]
```

R1(config)#router ospf [Process ID] : Process ID란 1~65535 사이의 임의의 수를 선택하여 사용하며 동일한 라우터에 여러 개의 OSPF 프로세스를 설정하여 동작시킬 때 상호 간에 구분하기 위하여 설정한다.

R1(config-router)#router-id [IP Address] : Router ID 입력은 생략할 수 있는 설정으로 OSPF에서 변동되지 않는 IP Address를 라우터의 ID로 설정하며 대부분 라우터의 루프백 주소를 라우터의 ID로 직접 지정한다.

R1(config-router)#network [IP Address] [와일드카드 마스크] area [넘버] : 라우터에 직접 연결된 인터페이스의 IP Address, 와일드카드 마스크와 Area 번호를 설정한다.

• 와일드카드 마스크

서브넷 마스크와 유사하나 호스트와 네트워크 부분의 일부분 등을 지정하여 조금 더 다양하게 IP Address를 제어할 수 있는 개념이다.

예를 들어 어떤 IP Address의 서브넷이 11111111.11111111.11111111.11111111의 구조로 되어 있다면 서브넷 마스크는 255.255.255.255로 표현할 수 있다. 이를 와일드 마스크로 표현한다면 0.0.0.0으로 표현할 수 있다.

좀 더 자세히 확인해 본다면 IP Address가 168.126.63.0이고 서브넷이 255.255.255.0일 경우 이를 와일드카드 마스크로 변경하면 168.126.63.0 0.0.0.255라고 설정할 수 있다. 여기에서의 0은 정확히 일치해야 하는 비트를 의미하는 것이며 와일드카드 마스크가 0.0.0.255라는 것은 앞의 24비트 부분은 정확히 일치하는 IP Address를 의미하는 것으로 168.126.63.0~168.126.63.255 사이의 IP Address들의 접근을 허용하거나 거부하는 등 제어가 가능해진다.

와일드카드 마스크	2진수	설정
0.0.0.0	00000000.00000000.00000000.00000000	모든 IP Address가 완전히 일치
0.0.0.255	00000000.00000000.00000000.11111111	앞의 24비트만 일치
0.0.255.255	00000000.00000000.11111111.11111111	앞의 16비트만 일치
0.255.255.255	00000000.11111111.11111111.11111111	앞의 8비트만 일치
255.255.255.255	11111111.11111111.11111111.11111111	모든 비트를 자동으로 매치

• 와일드카드 마스크를 이용하여 특정 호스트만 제어

앞에서 설명한 와일드카드 마스크를 이용하면 특정한 한 IP Address의 호스트만도 제어하는 것이 가능하다.

예를 들어, 168.126.63.2 0.0.0.0이라 하거나 HOST 168.126.63.2라 설정했을 경우는 와일드 마스크 서브넷이 전체가 0으로 설정되어 있으므로 168.126.63.2라 하는 하나의 HOST만 지정하는 명령이 수행되는 것이다.

반대로 어떠한 특정 호스트가 아닌 모든 IP Address를 다 허용하거나 제어하고자 할 때는 0.0.0.0 255.255.255.255로 설정하여 모든 IP Address에게 다 허용한다고 선언하면 된다.

출제유형 30

주어진 네트워크 토폴로지를 참고하여 'R1'와 'R2'에 OSPF를 사용하여 라우팅을 설정하되, 모든 구간은 Area 1에 속해 있으며, Process-ID는 10번을 사용하여 라우터의 인접 인터페이스를 선언하여 설정하시오.

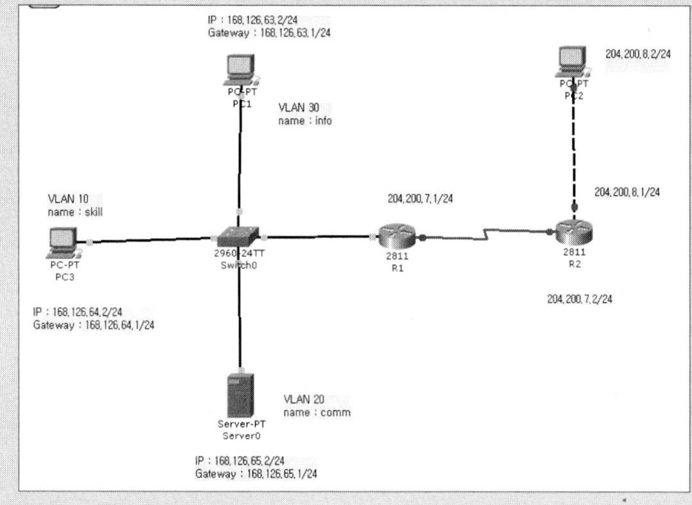

▲ 파일명 : 출제유형30.pkt

풀이 방법

① 패킷 트레이서를 실행한 후 [File]-[Open] 메뉴를 클릭하여 '출제유형30.pkt' 파일을 불러온다.

② 라우터 'R1'을 선택한 후 [CLI] 탭을 클릭하여 명령어를 입력하고 연결 인터페이스의 IP Address를 확인한다.

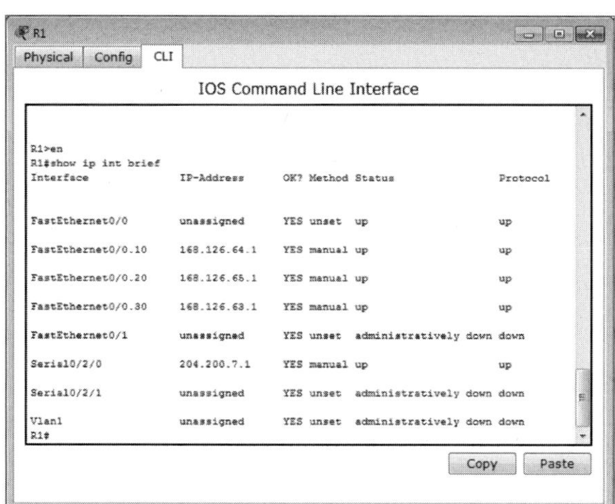

```
R1#show ip int brief
```

③ 인접한 인터페이스의 주소를 확인한 뒤 제시한 설정에 맞추어 OSPF 라우팅을 구성한다.

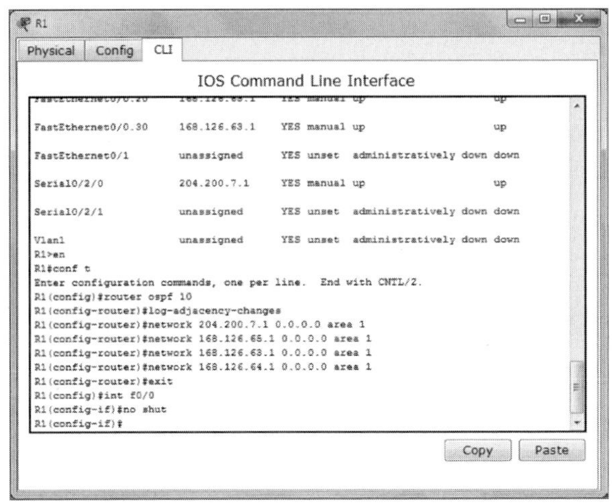


```
R1(config)#router ospf 10
R1(config-router)#log-adjacency-changes
R1(config-router)#network 204.200.7.1 0.0.0.0 area 1
R1(config-router)#network 168.126.65.1 0.0.0.0 area 1
R1(config-router)#network 168.126.63.1 0.0.0.0 area 1
R1(config-router)#network 168.126.64.1 0.0.0.0 area 1
R1(config-router)#exit
R1(config)#int f0/0
R1(config-if)#no shut
```

④ 『show run』 명령을 입력하여 설정 값 세팅을 확인한다.

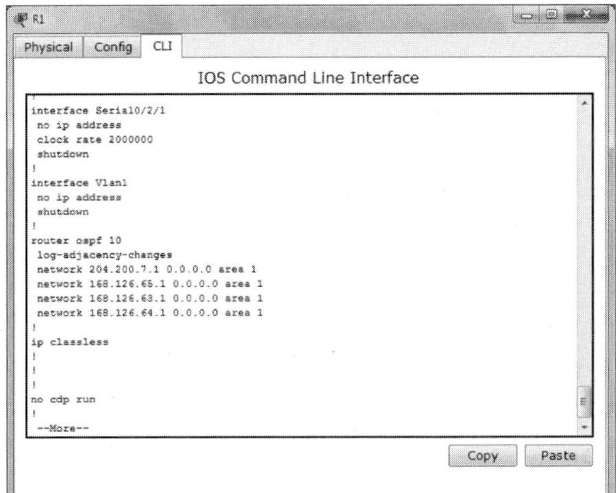

기적의 Tip

『R1(config-router)#log-adjacency-changes』 부분은 라우팅 테이블의 변경 사항이 생기면 변동사항을 알려달라는 설정으로 기본적으로 설정되는 값입니다. 즉, 생략하여도 가능한 명령 부분입니다.

기적의 Tip

router ospf 10의 약자는 rou o 10을 사용합니다.

기적의 Tip

해당 인터페이스가 아닌 경우 ne 네트워크 와일드카드 a 0 입력합니다.

⑤ 라우터 'R2'를 선택한 후 [CLI] 탭을 클릭하고 명령어를 입력하여 연결 인터페이스의 IP Address를 확인한다.

```
R2#show ip int brief
```

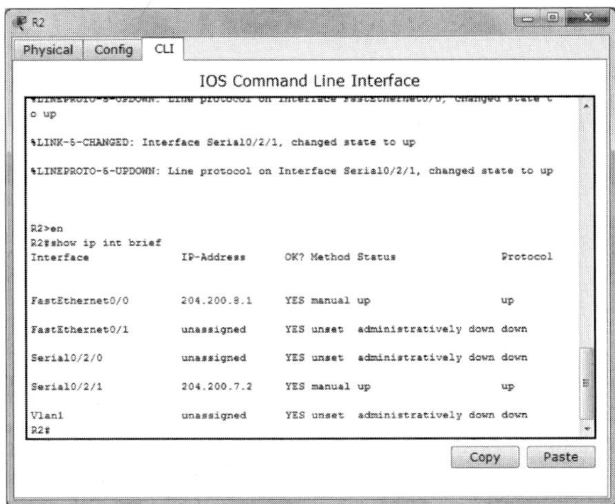

⑥ 인접한 인터페이스의 주소를 확인한 후 제시한 설정에 맞추어 OSPF 라우팅을 구성한다.

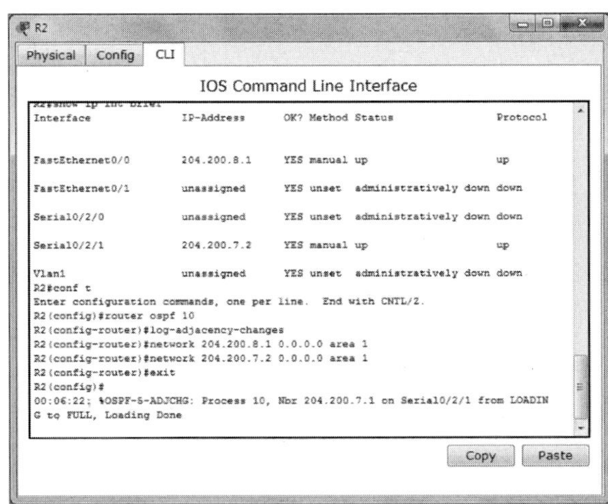

```
R2(config)#router ospf 10
R2(config-router)#log-adjacency-changes
R2(config-router)#network 204.200.8.1 0.0.0.0 area 1
R2(config-router)#network 204.200.7.2 0.0.0.0 area 1
R2(config-router)#exit
```

⑦『show run』 명령을 입력하여 설정 값 세팅을 확인한다.

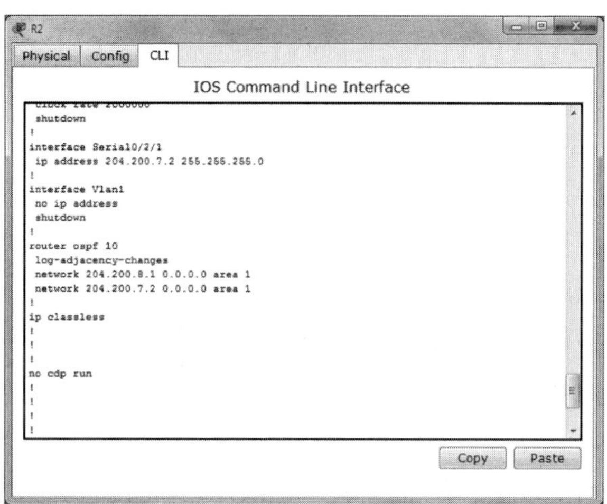

03 EIGRP(Enhanced Interior Gateway Routing Protocol)

> **기적의 Tip**
> EIGRP는 시스코에서 개발한 라우팅 프로토콜로서 표준 라우팅 프로토콜이 아닙니다. 따라서 EIGRP 라우팅 프로토콜은 시스코의 장비에서만 사용할 수 있습니다.

EIGRP는 시스코에서 개발한 디스턴스 벡터 라우팅 프로토콜로 시스코 전용 Routing Protocol이다. 다른 라우팅 프로토콜이 지원하지 않는 언이퀄 코스트(Unequal Cost) 부하 분산을 지원하여 복수의 경로도 동시에 사용할 수 있으므로 Bandwidth를 적게 사용하고 빠르게 정보를 수렴하여 처리할 수 있는 프로토콜이다.

- **EIGRP 설정**

```
Rouser-A(config)#router eigrp [AS번호]
Rouser-A(config-router)#network 182.16.0.1
Rouser-A(config-router)#network 182.30.0.1
```

각각의 연결된 라우터마다 EIGRP를 사용할 것이라고 설정한 후에 인근의 네트워크 IP Address를 선언한다.
라우터에서 선언하는 [AS번호]는 1~65535 사이의 번호를 임의로 사용하며 EIGRP에서 동작하는 모든 라우터에서 동일한 번호를 사용해야 한다. EIGRP AS번호를 서로 다르게 지정하면 서로 라우팅 정보를 교환하지 않게 된다.

04 정적 라우팅(Static Routing)

네트워크 관리자가 수동으로 직접 목적지를 지정해 주는 경로 라우팅 방법으로 외부 네트워크와 연결되는 경로가 하나뿐인 네트워크에서 많이 사용되며 주로 소규모 네트워크에서 사용한다.

● 정적 라우팅 설정

```
Router#(config) ip route [Destination _ Network] [Subnet _ Mask]
[Next _ Hop _ Address] [Distance]
```

[Destination_Network] : 목적지 네트워크를 지정(네트워크 주소임에 주의) → 가고 싶은 곳의 주소

[Subnet_Mask] : 목적지 네트워크의 서브넷 마스크 지정 → 서브넷 마스크의 주소

[Next_Hop_Address] : 목적지 네트워크로 가기 위한 넥스트 홉 어드레스 지정 → 경과하는 곳의 주소(넥스트 홉의 경우 1홉을 건너뛴 홉, 즉 자신의 건너편 라우터라고 생각하면 됨)

[Distance] : 라우팅 정보의 거릿값으로 커질수록 멀리 떨어져 있어 가치가 떨어지게 되며, 생략 가능(디폴트 값은 1)

예를 들어 아래와 같은 주소를 가지고 있는 토폴로지에서 정적 라우팅으로 라우팅 테이블을 구성하는 경우로 IP Route의 설정 값을 살펴본다면

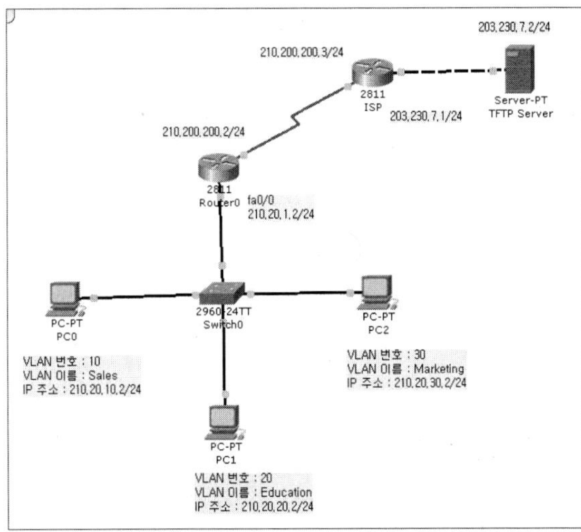

• 라우터 'Router0'

```
Router>enable
Router#configure terminal
Router(config)#ip route 203.230.7.0 255.255.255.0 210.200.200.3
```

• 라우터 'ISP'

```
Router>enable
Router#configure terminal
Router(config)#ip route 210.20.0.0 255.255.25 210.200.200.2
```

위와 같이 직접 라우팅의 경로를 입력하여 줄 수 있다.

라우터에서 『show ip route』 명령어를 입력하면 정적 라우팅이 잘 설정된 것을 확인할 수 있다.

• 'Router0'

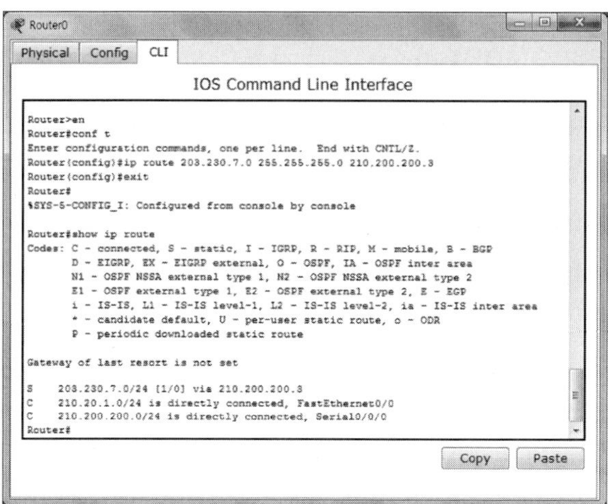

• 라우터 'ISP'

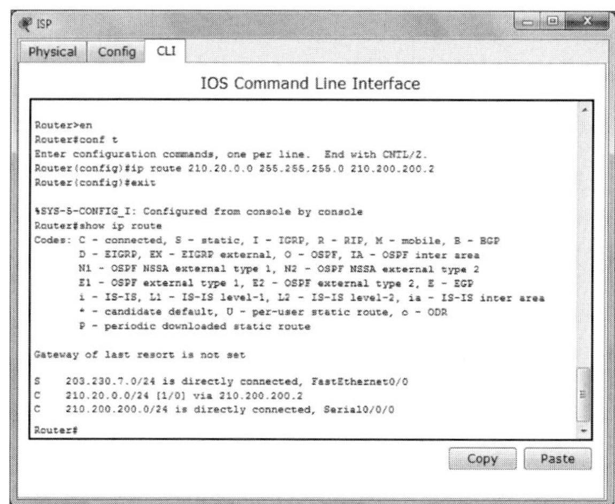

기적의 Tip

각각 라우터의 기본적인 인터페이스 설정은 앞의 RIP v2의 설정을 참고하여 세팅하고 또한 VLAN 설정과 Inter-VLAN 트렁크 포트 등을 설정하여 서로 간에 통신이 되는 토폴로지로 구성해 봅니다.

05 Default Routing

디폴트 라우팅은 라우팅 테이블 안에 없는 원격 네트워크를 수신지로 패킷을 인접한 라우터로 전송하는 프로세스로 경로를 찾아내지 못한 모든 네트워크는 디폴트 라우터로 빠져나가도록 정의해 놓은 것이다.

. SECTION .
08 보안

01 Access-List

액세스 리스트(ACL; Access Control List)는 말 그대로 라우터에 접근하는 패킷을 제어하는 명령어이다. 특정 패킷을 허용하는 것과 차단하는 것을 설정할 수 있으며 접근하는 패킷의 출발지 IP Address만을 확인하는 것을 표준(Standard) ACL이라 하며 출발지와 목적지의 IP Address와 전송 포트, 프로토콜의 번호 등을 확인하는 것을 확장(Extended) ACL이라 한다. ACL을 구성할 때는 트래픽이 많이 발생하는 것을 위에 배치하고 범위가 적은 것을 먼저 구성하는 것을 원칙으로 한다.

> **기적의 Tip**
> **설정된 ACL list 삭제**
> 「no access-list 10」 명령을 입력하면 설정된 list가 삭제됩니다.

(1) Standard ACL

접근하는 패킷의 헤더에서 Source IP만을 검사하며 범위가 좁은 것을 먼저 선언하여 설정하고 선언 시 주어지는 Access List Number는 1-99 안에서 사용할 수 있다.

> **기적의 Tip**
> 모든 IP를 거부하는 설정은 접근할 수 있는 IP를 설정한 후 가장 마지막에 설정합니다. 즉, "접근할 수 있는 IP는 Permit에서 선언된 IP Address이고 그 외는 모두 거부한다."라는 설정이 되는 것입니다. 하지만 모든 IP를 거부하는 명령은 생략도 가능하며 라우터는 허용되는 IP Address를 제외한 다른 IP Address의 접근은 기본적으로 거부하도록 설정합니다.

- **Standard Access List의 형식**

```
Router#access-list [Number] [Permit(허용)|Deny(차단)] [출발지 IP Wildcard]
```

실제 라우터의 접근할 수 있는 IP를 168.126.0.0 네트워크의 모든 호스트가 접근할 수 있도록 설정한다면 아래와 같이 설정할 수 있다.

```
Router#access-list 10 permit 168.126.0.0 0.0.0.255
```

반대로 168.126.0.0 네트워크의 모든 호스트의 접근을 차단하고자 한다면 아래와 같이 Deny 설정으로 거부할 수 있다.

```
Router#access-list 10 deny 168.126.0.0 0.0.0.255
```

라우터의 접근하는 모든 IP를 허용하고자 한다면 아래와 같이 설정할 수 있다.

```
Router#access-list 99 permit any
```

반대로 접근하는 모든 IP를 거부하고자 한다면 아래와 같이 설정하면 된다.

```
Router#access-list 1 deny 255.255.255.255
```

출제유형 ㉛

주어진 네트워크 토폴로지를 참고하여 'R2'에 ACL을 설정하되, ACL의 번호는 1번을 사용하여 'PC3'만 'R2'에 VTY로 접속할 수 있도록 하시오.

▶ Username : master
▶ Password : passon

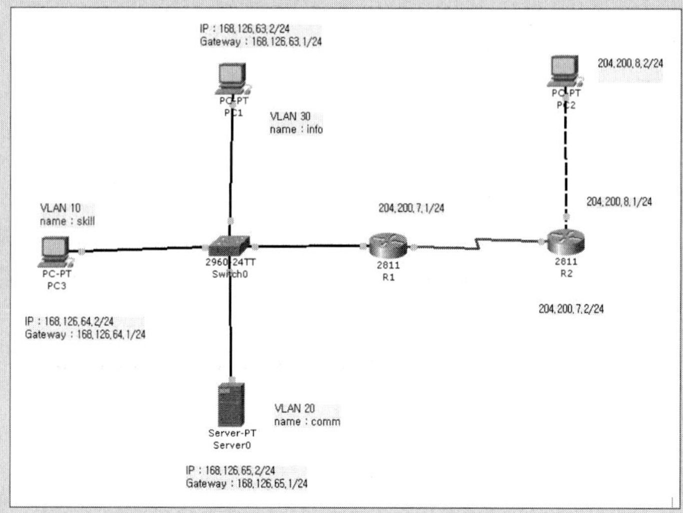

▲ 파일명 : 출제유형31.pkt

풀이 방법

① 패킷 트레이서를 실행한 후 [File]-[Open] 메뉴를 클릭하여 '출제유형31.pkt' 파일을 불러온다.

② 라우터 'R2'를 선택한 후 [CLI] 탭을 클릭하여 기본적인 VTY 인증 설정과 ACL을 구성한다.

```
R2>en
R2#conf t
R2(config)#username master password passon
R2(config)#line vty 0 4 ❶
R2(config-line)#access-class 1 in ❷
R2(config-line)#login local ❸
R2(config-line)#exit
R2(config)#access-list 1 permit host 168.126.64.2 ❹
```

기적의 Tip

- access-class는 약자 acc를 사용합니다.
- access-list도 약자 acc를 사용합니다.
- permit는 약자 per을 사용합니다.
- exit은 빼고 입력하여도 무방합니다.

❶ VTY 라인 모드 설정 모드 진입
❷ Class 1에 선언된 Host만 접근 허용
❸ VTY 라인에 인증을 설정
❹ ACL 설정 1번에 호스트 168.126.64.2만 허용하도록 설정

③ 'PC3'을 선택한 후 [Desktop] 탭의 [Command Prompt]에서 'R2'로 Telnet 접속을 시도한다. 'R2'에서 VTY 접속 시 Username(master)과 Password(passon)를 입력하여 R2>의 프롬프트로 접속되는 것을 확인한다.

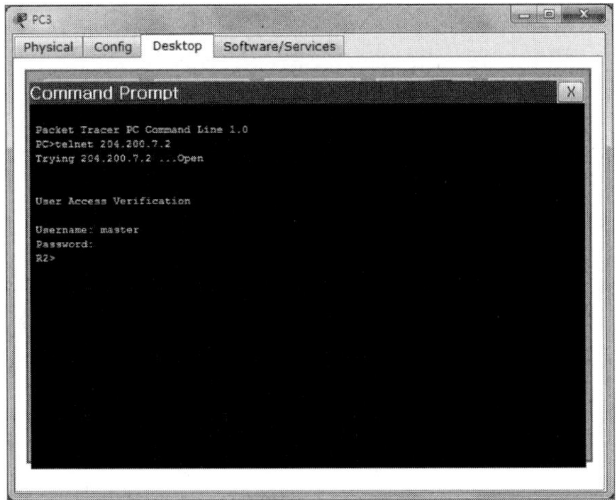


```
PC>telnet 204.200.7.2
```

④ 같은 방법으로 'Server0'을 선택한 후 [Desktop] 탭의 [Command Prompt]에서 'R2'로 접속을 시도한다. 'R2'로부터 접근을 거부당하는 것을 확인해 볼 수 있다.

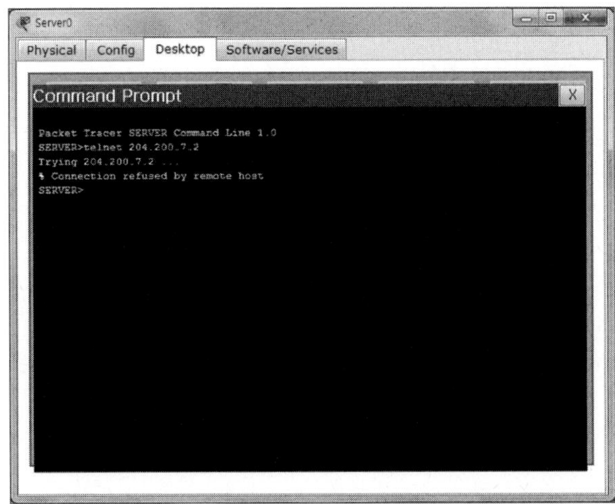

(2) Extended ACL(Extended Access List)

확장 ACL은 접근하는 패킷의 IP Address만이 아닌 출발지 주소, 목적지 주소, 프로토콜까지 확인하여 제어하는 기능이 있다. 사용 가능한 Access-List-Number는 100~199까지이며 Protocol Keyword로는 ip, icmp, udp, tcp 등을 사용한다. 확장 ACL은 기본 ACL보다 토폴로지의 특정 장비의 접근과 차단을 설정할 수 있다.

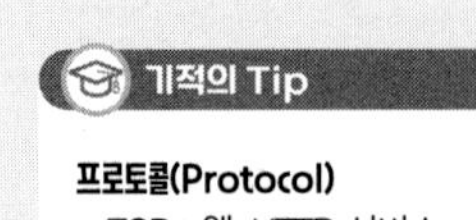

프로토콜(Protocol)
- TCP : 웹, HTTP 서비스
- ICMP : 패킷 전송, Ping
- IP : 인터넷 프로토콜
- UDP : 데이터 프로토콜

● Extended Access List의 형식

```
Router#access-list [number] [permit(허용)|deny(차단)] [protocol] [출발지 IP Wildmask] [목적지IP wildcard] [protocol options]
```

실제 라우터에 원격 접속은 가능하지만, Ping은 보낼 수 없도록 특정 IP를 제어한다면 아래와 같이 설정할 수 있다.

```
Router#access-list 100 deny icmp 168.126.0.0 0.0.0.255 192.168.0.0 0.0.255.255 echo
```

이 경우 168.126.0.0에서 192.168.0.0으로 가는 Ping을 거부하라는 설정이 되는 것이다. 선언한 ICMP는 Internet Control Message Protocol로 Ping 명령에 사용되는 프로토콜이다.

02 AAA(Authentication, Authorization, Accounting)

(1) Radius–원격 사용자 로그인 인증

AAA 서비스는 장비에 접근하기 위한 사용자의 인증을 위한 설정으로 미리 장비에 접근할 수 있는 권한을 AAA 서버라는 곳에 지정하고 라우터나 스위치로하는 사용자의 인증을 AAA 서버를 통하여 설정하는 서비스이다.

> **기적의 Tip**
>
> **AAA(Authentication, Authorization, Accounting) 서버**
> 사용자의 컴퓨터 자원 접근 처리와 서비스 제공에서의 인증, 인가 기능을 제공하는 서버로 네트워크 접근과 게이트웨이 서버와의 상호 작용을 통하여 사용자 정보가 있는 데이터베이스와 디렉토리에 상호 작용하여 본인 인증을 활성화하는 서버입니다.

> **기적의 Tip**
>
> • new–model은 약자 new를 사용합니다.
> • authentication은 약자 authe를 사용합니다.
> • login은 약자 lo를 사용합니다.
> • default는 약자 de를 사용합니다.
> • group은 약자 gr을 사용합니다.
> • radius local은 약자 ra를 사용합니다.

● AAA 서버를 활용하여 인증을 진행하는 라우터 설정

```
❶ ROUTER(config)#username [아이디] secret [비밀번호]
❷ ROUTER(config)#aaa new-model
❸ ROUTER(config)#aaa authentication login default group radius
   local
❹ ROUTER(config)#radius-server host [서버 IP]
❺ ROUTER(config)#radius-server key [서버키 값]
❻ ROUTER(config)#aaa authorization login default local
❼ ROUTER(config)#line console 0
❽ ROUTER(config-line)#login authentication default
❾ ROUTER(config)#line vty 0 4
❿ ROUTER(config-line)#login authentication default
```

❶ 서버가 아닌 라우터 로컬 계정을 통해 인증 받기 위해 먼저 계정을 생성한다.
❷ AAA 기능을 활성화하여 선언한다.
❸ 인증 그룹과 인증 방식을 지정한다.
– aaa authentication : AAA 인증 설정
– login : 로그인 시 인증 설정
– default : 인증 시 사용할 소스를 지정하는 부분(별도의 그룹명으로 지정할 수도

있으며, default로 설정하면 기본적으로 설정해 놓은 모든 계정을 사용하겠다는 의미를 가짐 예 앞에서 설정한 username: manager, password: P@ssworD)

- local : 인증 방식을 지정(인증 과정에 사용할 프로토콜을 지정, radius, tacacs+ 등의 프로토콜을 사용하는 방식이 있으며, local로 설정하면 라우터 내부에 있는 계정 정보를 바탕으로 인증하겠다는 의미를 가짐)

❹ AAA 서버 Radius 기능을 설정한 서버의 IP Address를 설정한다.
❺ AAA 서버의 키 값을 입력한다.
❻ 권한 지정을 하는 설정으로 인증과 동일한 의미가 있으며, 만약 인증에 관한 내용만 필요할 경우는 굳이 설정할 필요가 없다.
❼ console line 인증 지정
❽ login authentication local : AAA 기능을 통해 인증하겠다는 의미
❾ vty line 인증 지정
❿ login authentication local : AAA 기능을 통해 인증하겠다는 의미

(2) AAA 서버 설정

위와 같은 설정은 라우터나 스위치의 장비에서 설정한다면 AAA Server를 설정해야 정상적으로 AAA Server가 동작하게 된다.

예를 들어 AAA 서버의 설정 값이 아래와 같다고 가정하여 서버를 설정해 보자.

AAA 서버 설정 목록	설정 값
Client Name	AAAtest
Client IP	163.180.119.2
Secret	AAApass
Username	master
Password	passon

각각의 값을 입력한 뒤 옆의 + 단추를 클릭하여 값을 추가한다.

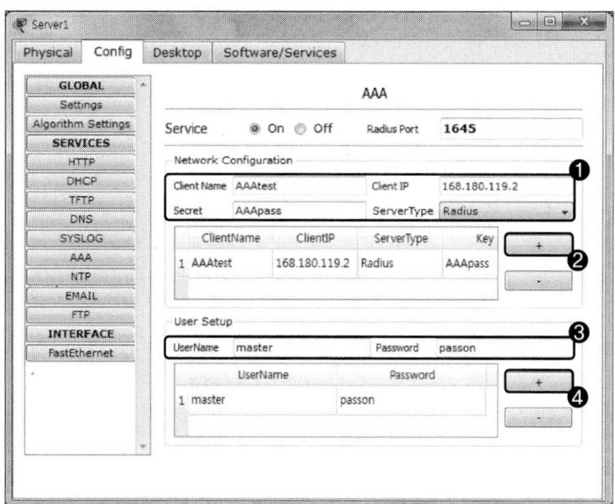

입력을 한 뒤 Service의 기능이 ON으로 설정된 것을 확인하면 AAA 서버가 활성화 된다.

03 NAT(Network Address Translation)

NAT은 인터넷 네트워크에서 사용하는 공인 IP Address를 내부사설 IP Address로 변경하거나 숨김으로써 보안상의 기능을 생성시키고 내부에서의 통신으로 사용할 때에 공인 IP Address를 사용할 필요가 없는 부분을 이용하여 IP Address를 효율적으로 관리할 수 있는 사설 IP Address로 변경해 주는 기능으로 공인 IP를 내부 사설 IP로 전환해 주는 기법이다. 다만 외부망을 이용할 때는 공인 IP로 변환하고 다시 내부망에서는 내부 사설 IP로 변환해야 하므로 전체적인 네트워크 지연 현상이 발생하고 네트워크망의 오류 발생 시 위치 등을 확인하는 데 어려움이 있다는 단점도 있다.

> **기적의 Tip**
>
> **NAT의 활용**
> - 효과적인 공인 IP Address 할당
> - 네트워크의 보안 수립
> - IANA에서 발부하는 공인 IP Address의 절약

(1) 정적 NAT(Static NAT)

정적 NAT은 변환하는 공인 IP Address와 내부 사설 IP Address가 미리 지정되어 있는 경우를 의미한다. 주로 외부에서 내부의 사설 IP Address를 부여하여 사용하고 있는 장비 등에 접속하고자 할 때 적용하게 된다.

- **정적 NAT 설정 명령**

```
Router(config)#ip nat inside source static [사설 IP] [공인 IP]
Router(config)#int [사설 IP 진입 인터페이스 포트]
Router(config-if)#ip nat inside
Router(config-if)#exit
Router(config)#int [공인 IP 진입 인터페이스 포트]
Router(config-if)#ip nat outside
```

출제유형 32

주어진 네트워크 토폴로지를 참고하여 내부망을 사용하는 'PC0' 장비의 내부 IP Address는 10.1.1.2이며, 이 내부 IP Address를 사용하는 장비를 공인 IP Address 198.53.12.221로 'Router0'에 정적 NAT을 할당하시오.

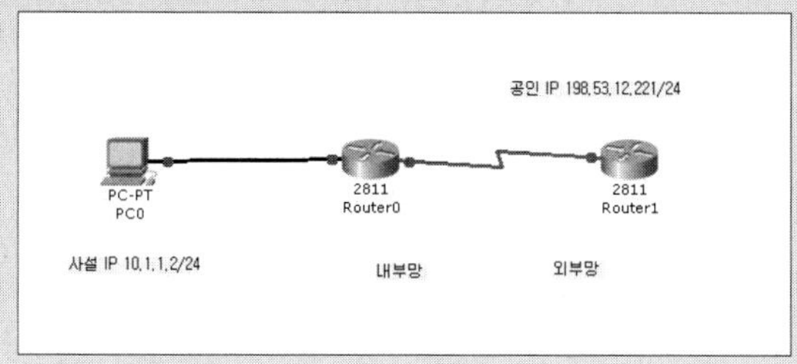

◀ 파일명 : 출제유형32.pkt

풀이 방법

① 패킷 트레이서를 실행한 후 [File]-[Open] 메뉴를 클릭하여 '출제유형32.pkt' 파일을 불러온다.

② 라우터 'Router0'을 선택한 후 [CLI] 탭을 클릭하여 내부망 IP와 공인 IP 설정으로 명령어를 입력한다.

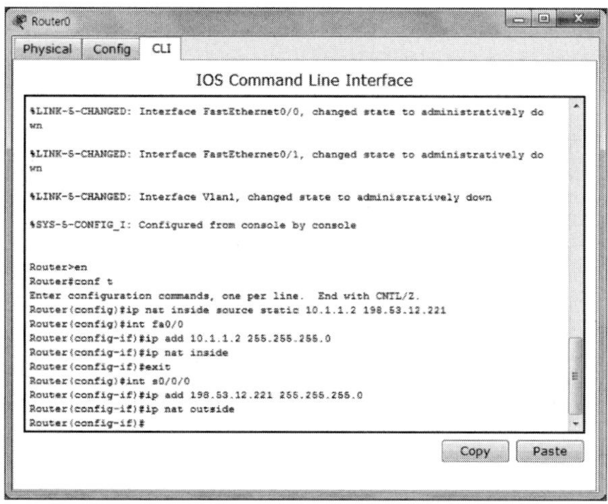

기적의 Tip

설정된 NAT를 확인하려면 「show ip nat translations」 명령어를 입력하면 됩니다.

기적의 Tip

- source는 약자 so를 사용합니다.
- static은 약자 st를 사용합니다.
- inside는 약자 in을 사용합니다.
- outside은 약자 out를 사용합니다.
- exit 명령어는 생략해도 됩니다.

```
Router>en
Router#conf t
Router(config)#ip nat inside source static 10.1.1.2 198.53.12.221
Router(config)#int fa0/0
Router(config-if)#ip add 10.1.1.2 255.255.255.0
Router(config-if)#ip nat inside
Router(config-if)#exit
Router(config)#int s0/0/0
Router(config-if)#ip add 198.53.12.221 255.255.255.0
Router(config-if)#ip nat outside
```

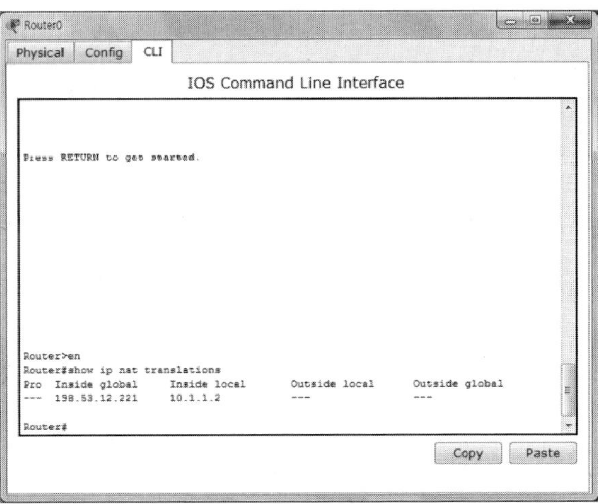

(2) 동적 NAT(Dynamic NAT)

동적 NAT은 사설 IP와 공인 IP가 사전에 서로 변환을 정해 놓지 않고 통신이 시작되는 그때그때의 상황에 따라 주어진 범위의 IP로 정해지는 것을 말한다.

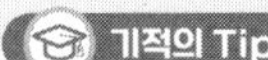
기적의 Tip

netmask [서브넷 마스크]의 설정을 prefix-length [서브넷의 길이]로 부여할 수도 있습니다.
예를 들어, 공인 IP의 범위가 220.50.63.1/255.255.255.0~220.50.63.254/255.255.255.0으로 Dynamic이라는 이름의 동적 NAT pool을 구성한다면, Router(config)#ip nat pool dynamic 220.50.63.1 220.50.63.254 netmask 255.255.255.0
Router(config)#ip nat pool dynamic 220.50.63.1 220.50.63.254 prefix-length 24

- **동적 NAT설정 명령**

```
Router(config)#ip nat pool [ACL 이름] [시작 공인 IP] [마지막 공인 IP] netmask [서브넷 마스크]
Router(config)#ip nat inside source list [ACL 번호] pool [ACL 이름]
Router(config)#access-list [ACL 번호] permit [접근 가능한 IP 와일드마스크]
Router(config)#int fa0/0
Router(config-if)#ip nat inside
Router(config-if)#exit
Router(config)#int s0/0/0
Router(config)#ip nat outside
Router(config-if)#exit
```

동적 NAT는 먼저 공인 IP로 사용할 네트워크를 POOL로 구성한다. 할당받을 수 있는 공인 IP의 시작 IP Address와 마지막 IP Address를 선언한 후 마지막 netmask 명령 뒤에 서브넷 마스크를 입력한다.

출제유형 ㉝

주어진 네트워크 토폴로지를 참고하여 내부망을 사용하는 'PC0' 장비가 외부망으로 전환될 시 공인 IP 220.50.63.1/24~220.50.63.254/24의 범위에서 IP가 할당되도록 동적 NAT를 구성하시오.

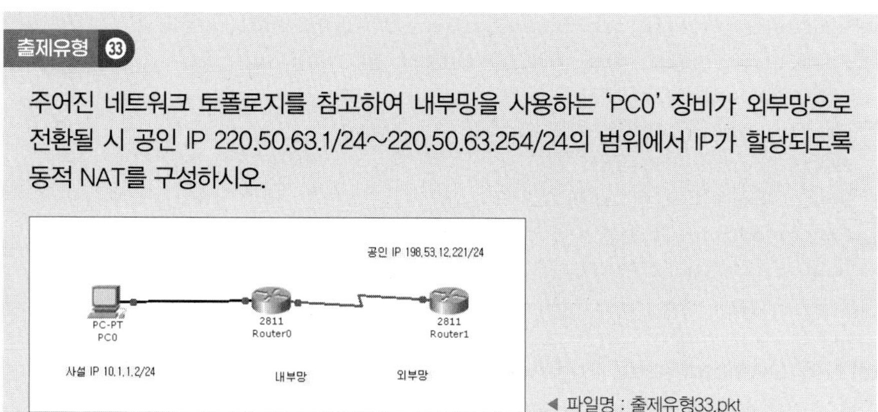

◀ 파일명 : 출제유형33.pkt

풀이 방법

① 패킷 트레이서를 실행한 후 [File]-[Open] 메뉴를 클릭하여 '출제유형33.pkt' 파일을 불러온다.

② 라우터 'Router0'을 선택한 후 [CLI] 탭을 클릭하여 동적 NAT로 공인 IP 설정 명령어를 입력한다.

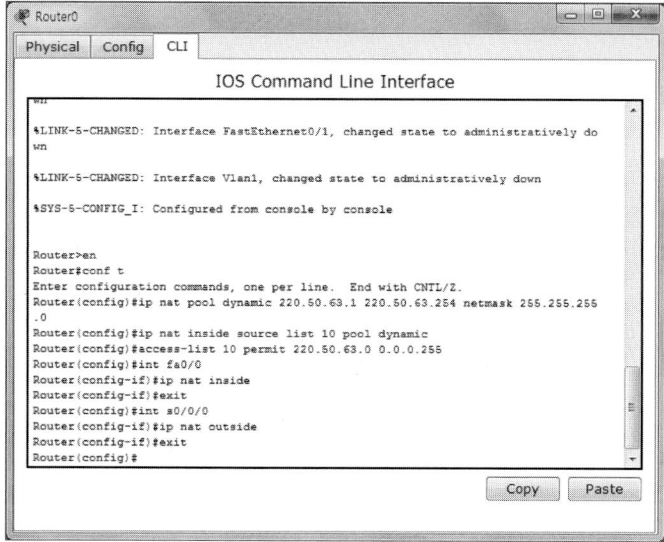

기적의 Tip

- inside는 약자 in을 사용합니다.
- source는 약자 so를 사용합니다.
- list는 약자 li를 사용합니다.
- overload는 약자 over을 사용합니다.

```
Router>en
Router#conf t
Router(config)#ip nat pool dynamic 220.50.63.1 220.50.63.254
netmask 255.255.255.0
Router(config)#ip nat inside source list 10 pool dynamic
Router(config)#access-list 10 permit 10.1.1.2
Router(config)#int fa0/0
Router(config-if)#ip nat inside
Router(config-if)#exit
Router(config)#int s0/0/0
Router(config-if)#ip nat outside
Router(config-if)#exit
```

(3) NAT Overload (=PAT[Port Address Translation])

LAN 구간에 있는 여러 호스트가 사용할 수 있는 공인 IP가 만약 1개라면 여러 호스트는 인터넷을 사용하고 있는 호스트가 공인 IP를 사용하고 있는 중에는 연결을 끊기만을 기다려야 하는 상황이 발생한다. 이런 경우 다른 호스트도 인터넷을 사용할 수 있도록 설정할 수 있는 기술이 NAT Overload이며 포트 번호를 이용하기 때문에 PAT(Port Address Translation)라고 부르기도 한다. 즉 PAT는 하나의 공인 IP Address와 포트 번호를 사용하여 여러 개의 사설 IP를 지원하는 기능이다.

- **NAT Overload 설정 명령**

```
Router(config)#ip nat inside source list [ACL번호] pool [ACL이름]
overload
```

앞의 동적 설정 명령과 동일한 설정으로 뒤에 'overload'라는 옵션을 추가하는 형식으로 설정이 가능하다.

· SECTION ·
09 서버와 PC 설정

01 IP Address 설정

각각의 장비가 주어진 네트워크에 맞추어 동작하기 위해서는 각각의 장비에 IP Address와 SubnetMask를 부여해야 한다. PC와 서버의 설정은 각각 역할에 따라 다르게 주어지며 설정하고자 하는 네트워크의 조건에 따라 맞추어 설정하면 된다.

(1) 정적 할당

각각의 장비에 부여된 IP Address를 인터페이스에 설정하여 고정된 IP Address를 부여하는 것이다. IP Address를 부여하는 일반적인 방법이다.

출제유형 34

주어진 네트워크 토폴로지를 참고하여 'PC0', 'PC1', 'Server0'에 IP Address를 정적 할당하여 설정하시오.

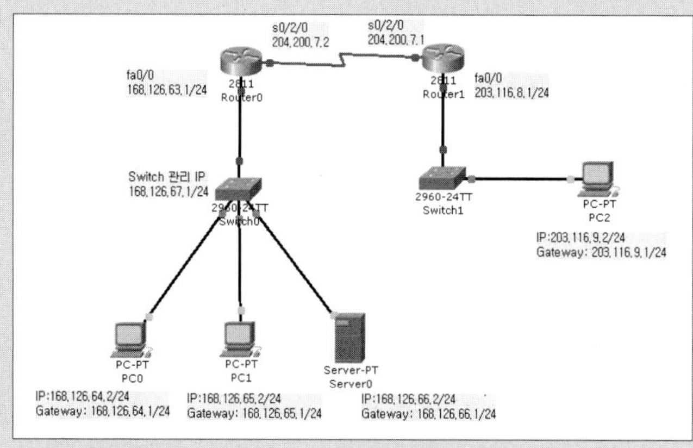

▲ 파일명 : 출제유형34.pkt

풀이 방법

① 패킷 트레이서를 실행한 후 [File]–[Open] 메뉴를 클릭하여 '출제유형34.pkt' 파일을 불러온다.

② 'PC0'을 선택한 후 [Desktop] 탭의 [IP Configuration]을 클릭하여 [Static] 부분을 선택하고 주어진 IP address와 서브넷 마스크를 입력한다.

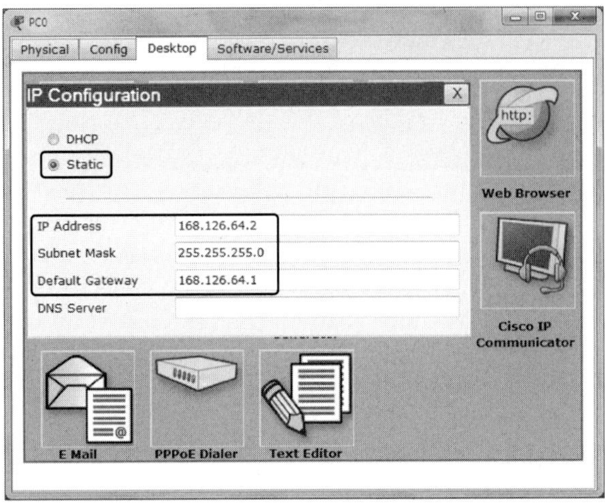

③ 같은 방법으로 'PC1'의 값도 설정한다.

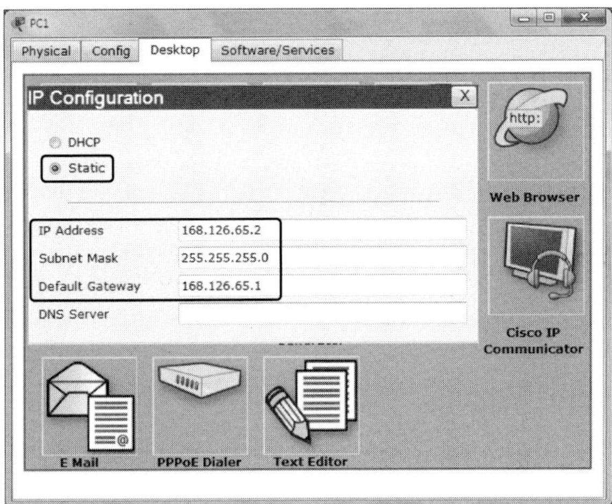

④ 'Server0'의 IP Address도 같은 방법으로 설정한다.

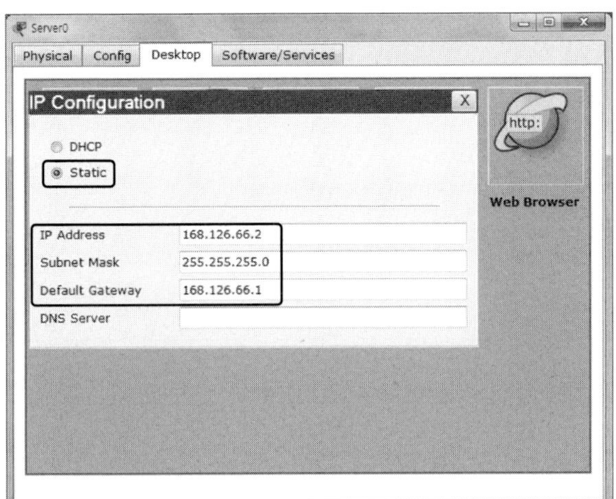

(2) 동적 할당

PC의 IP Address를 동적으로 할당하는 것은 특정 IP Address의 범위를 지정하여 서버와 라우터의 명령을 통해 지정한 IP Address의 범위 안에서 주소를 부여하는 것을 의미한다. 따라서 DHCP(동적 할당) 기능을 활용하여 IP Address를 부여하기 위해서는 PC, 라우터, 서버를 설정하여야 한다.

출제유형 35

주어진 네트워크 토폴로지를 참고하여 'PC0', 'PC1'에 IP Address를 동적 할당하여 설정하시오.

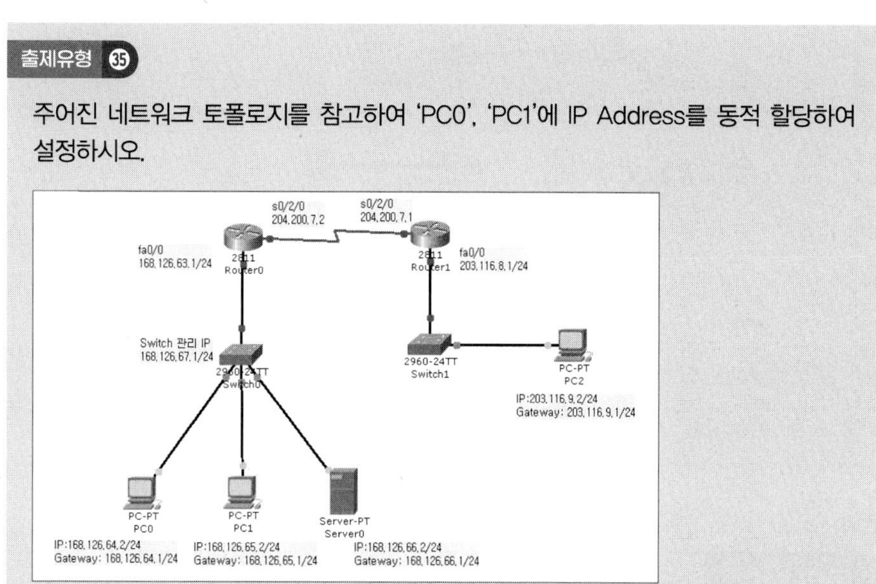

▲ 파일명 : 출제유형35.pkt

풀이 방법

① 패킷 트레이서를 실행한 후 [File]–[Open] 메뉴를 클릭하여 '출제유형35.pkt' 파일을 불러온다.

② 'PC0'을 선택한 후 [Desktop] 탭의 [IP Configuration]을 클릭하여 [DHCP] 부분을 선택한다.

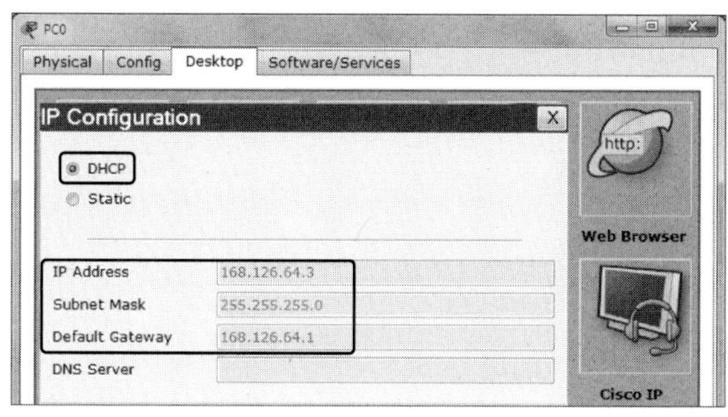

③ 같은 방법으로 'PC1'의 값도 설정한다.

> **기적의 Tip**
>
> 토폴로지에서 바로 DHCP를 설정하면 'DHCP request failed.'라는 문구와 함께 IP Address가 설정되지 않습니다. 즉, PC에 IP를 할당해줄 DHCP 서버나 Router의 설정이 되어 있지 않기 때문에 이런 문구가 출력됩니다. 하여 앞의 DHCP 설정의 라우터 부분이나 서버 부분을 참고하여 주석에 주어진 IP를 할당받을 수 있도록 구성해보도록 합니다. 또한, 이 구성이 끝난 뒤 스위치의 VLAN 설정과 Inter-VLAN, Trunking까지 원활히 설정하여야 DHCP의 IP Address를 받아 오는 부분을 성공할 수 있습니다.

출제유형 36

주어진 네트워크 토폴로지를 참고하여 'PC0'과 'PC1'이 'Router0'의 DHCP 서버로부터 IP Address를 할당받을 수 있도록 'Router0'의 값을 설정하시오. 'PC0'과 'PC1'의 IP Address는 각각 주어진 IP Address에서 할당 가능한 IP Address 중 임의의 10개로 할당하도록 한다.

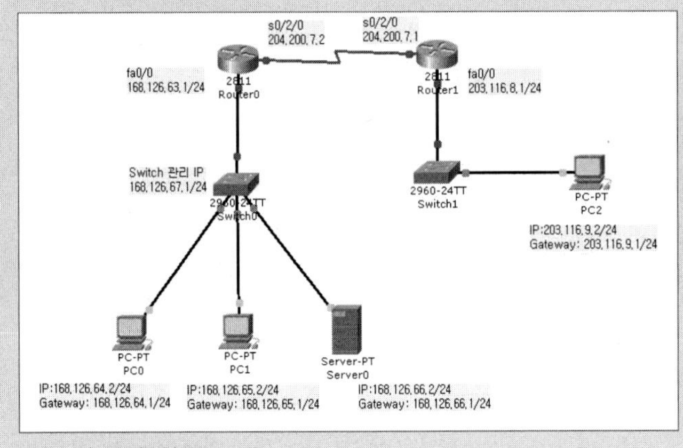

▲ 파일명 : 출제유형36.pkt

풀이 방법

① 패킷 트레이서를 실행한 후 [File]-[Open] 메뉴를 클릭하여 '출제유형36.pkt' 파일을 불러온다.

② 'PC0'과 'PC1'의 IP Address 할당 영역을 구성한다.

PC0	DHCP 범위 : 168.126.64.2 ~ 168.126.64.11
PC1	DHCP 범위 : 168.126.65.2 ~ 168.126.65.11

③ 'PC0'과 'PC1'의 동적으로 설정될 IP Address에서 제외할 주소를 설정한다.

PC0	168.126.64.1 168.126.64.12 ~ 168.126.64.255
PC1	168.126.65.1 168.126.65.12 ~ 168.126.65.255

④ 라우터 'Router0'을 선택한 후 [CLI] 탭을 클릭하여 명령어를 입력한다.

```
Router>en
Router#conf t
Router(config)#ip dhcp pool test1
Router(dhcp-config)#network 168.126.64.0 255.255.255.0
Router(dhcp-config)#default-router 168.126.64.1
Router(dhcp-config)#dns-server 168.126.66.2
Router(dhcp-config)#exit
Router(config)#ip dhcp excluded-address 168.126.64.1
Router(config)#ip dhcp excluded-address 168.126.64.12 168.126.64.255
Router(config)#ip dhcp pool test2
Router(dhcp-config)#network 168.126.65.0 255.255.255.0
Router(dhcp-config)#default-router 168.126.65.1
Router(dhcp-config)#dns-server 168.126.66.2
Router(dhcp-config)#exit
Router(config)#ip dhcp excluded-address 168.126.65.1
Router(config)#ip dhcp excluded-address 168.126.65.12 168.126.65.255
```

기적의 Tip

- network는 약자 ne를 사용합니다.
- default-router는 약자 de를 사용합니다.
- dns-serve는 약자 dns를 사용합니다.
- exit 명령어는 생략해도 됩니다.
- excluded-address는 약자 ex를 사용합니다.

• 서버 DHCP 설정

서버를 DHCP 서버 기능으로 설정하기 위해서는 'Server0'을 선택한 후 [Config] 탭의 [DHCP]를 선택하여 DHCP 기능을 'ON'으로 설정하고, 설정된 'Pool Name'과 'Default Gateway' 등의 정보를 입력하고 [Save] 버튼을 눌러 저장한다.

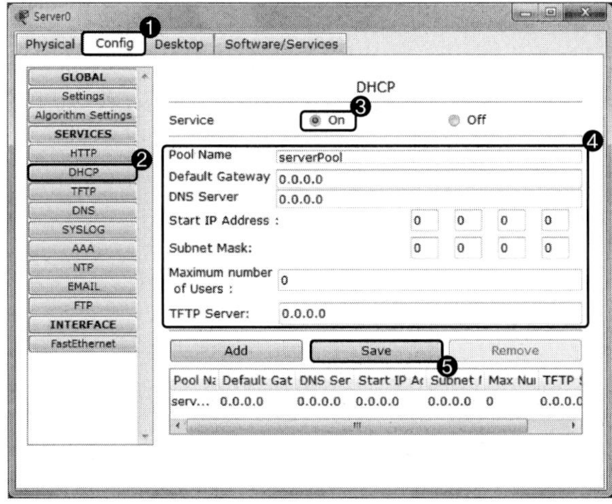

02 DNS(Domain Name Server) 설정

DNS는 컴퓨터끼리 연결하는 IP Address의 값을 사람이 인식할 수 있는 문자 주소로 바꾸어 연결해 주는 기능을 말한다. 어떠한 IP Address는 도메인 네임이 'http://cisco.or.kr'이라는 곳으로 연결을 하여 실제 PC를 사용하는 사용자가 웹 브라우저에서 'http://cisco.or.kr'이라는 도메인을 입력하면 그 도메인의 IP Address를 확인하여 연결해 주는 기능이다.

출제유형 37

주어진 네트워크 토폴로지를 참고하여 'Server0'의 DNS 서버 기능을 활성화시키고 'http://cisco.or.kr'의 주소로 설정하시오.

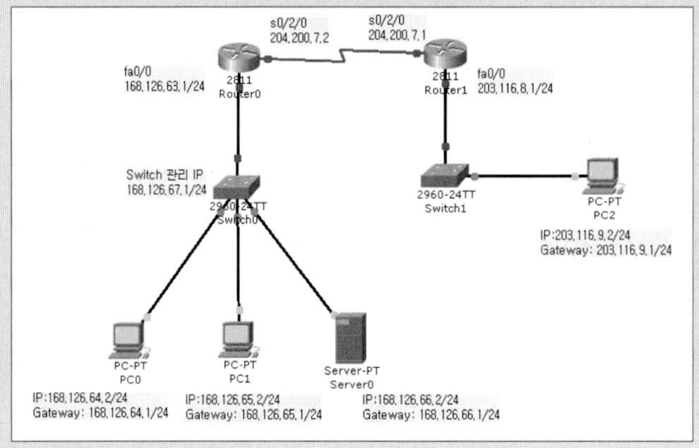

▲ 파일명 : 출제유형37.pkt

풀이 방법

① 패킷 트레이서를 실행한 후 [File]-[Open] 메뉴를 클릭하여 '출제유형37.pkt' 파일을 불러온다.

② 서버 'Server0'을 선택한 후 [Config] 탭의 [DNS]를 클릭하여 'DNS Service'의 설정을 'ON'으로 변경한다.

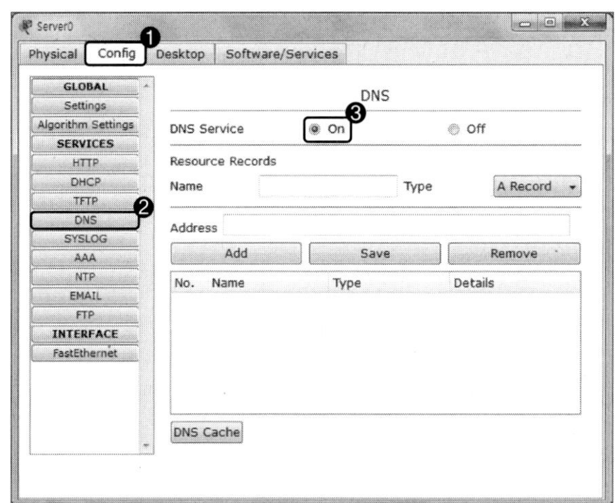

③ 'Name' 값과 'Address'의 값을 입력한 뒤 아래의 [Add] 버튼을 눌러 설정 값을 추가한다.

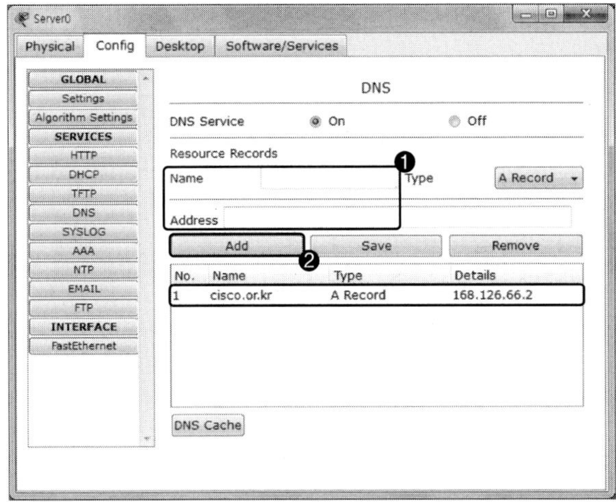

❶ Name : cisco.or.kr
Address : 168.126.66.2

03 E-mail 설정

네트워크의 설정을 올바르게 입력하면 PC들 간에는 E-mail을 주고받을 수 있다. E-mail 기능을 활성화하기 위해서 E-mail을 주고받을 수 있도록 서버에 도메인 네임을 이용하여 메일 계정을 생성한 후 각각의 PC에서 적용할 메일 주소를 설정한다.

출제유형 38

주어진 네트워크 토폴로지를 참고하여 서버에서 E-mail 기능을 활성화한 후 'PC0'은 'user1@cisco.or.kr', 'PC1'은 'user2@cisco.or.kr'의 메일을 설정하시오. (단, 각각의 메일 패스워드는 'password'로 설정)

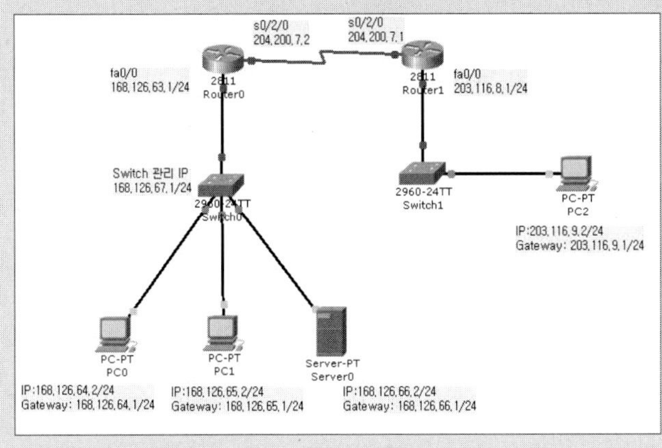

▲ 파일명 : 출제유형38.pkt

풀이 방법

① 패킷 트레이서를 실행한 후 [File]-[Open] 메뉴를 클릭하여 '출제유형38.pkt' 파일을 불러온다.

② 서버 'Server0'을 선택한 후 [Config] 탭의 [EMAIL]을 클릭하여 'Domain Name' 항목에 『cisco.or.kr』로 입력한다.

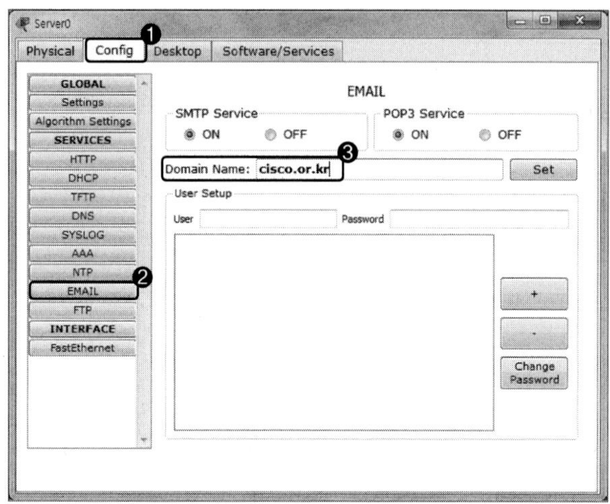

③ 'User Setup' 항목에 『user1』, 『password』를 입력한 후 [+] 버튼을 클릭하여 추가하고, 다시 『user2』, 『password』를 입력하여 추가한다.

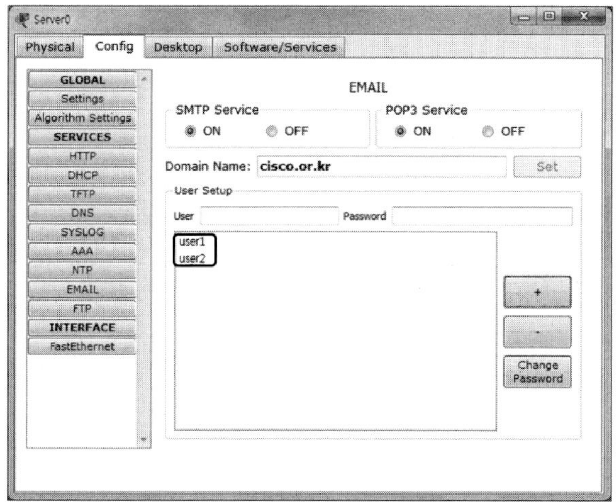

④ 'Server0'의 Email 설정이 완료되었으면 'PC0'을 선택한 후 [Desktop] 탭의 [E Mail]을 클릭하여 'PC0'의 설정된 메일 주소와 값을 입력하고 [Save] 버튼을 클릭한다.

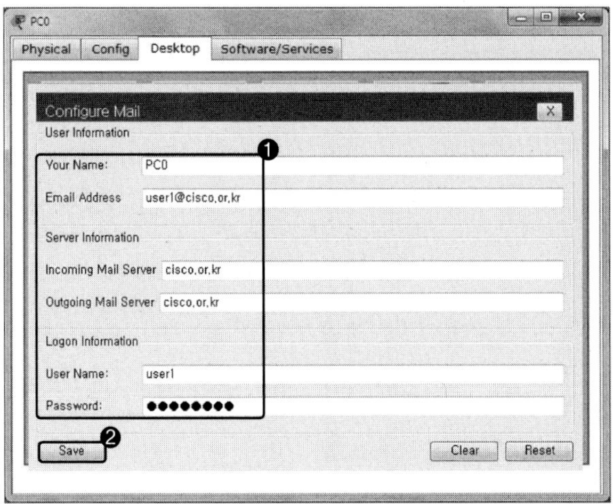

⑤ 메일을 보내고 확인할 수 있는 'MAIL BROWSER' 창이 열리면 [Compose] 버튼을 클릭한다.

⑥ 받는 메일 주소를 입력하고 제목과 내용을 입력하여 [Send] 버튼을 클릭하여 메일을 전송할 수 있다.

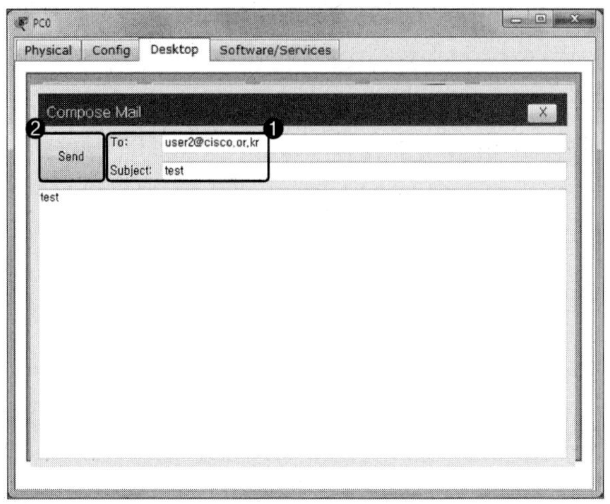

⑦ 같은 방법으로 'PC1'을 선택한 후 [Desktop] 탭의 [E Mail]을 클릭하여 'PC0'의 설정된 메일 주소와 값을 입력하고 [Save] 버튼을 클릭하여 설정 값을 저장한다.

04 HTTP 설정과 Web Browser 활용

서버는 기본적으로 Web Browser를 이용하여 Web 파일을 볼 수 있도록 'Http' 서버로 동작을 하고 있다. 서버를 클릭하여 [Config] 탭의 [HTTP]를 클릭하면 기본적으로 'HTTP'와 'HTTPS'의 기능이 'ON'으로 설정되어 있다.

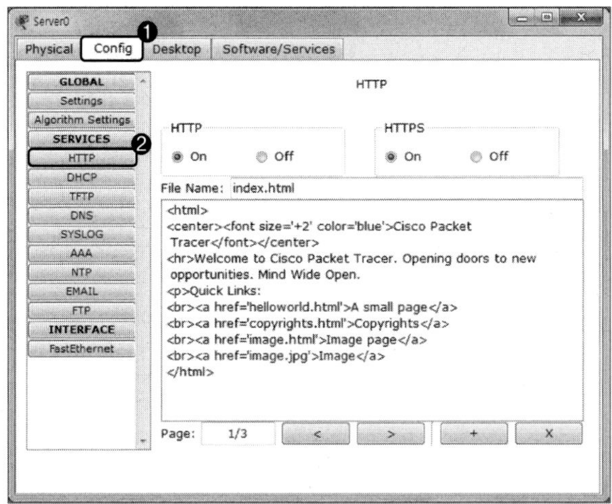

'File Name' 항목의 설정은 기본값으로 『index.html』로 입력되어 있으며 PC 등의 웹 브라우저 기능으로 『http://cisco.or.kr』의 도메인을 입력하거나 혹은 부여된 IP Address를 입력하면 입력된 'Index.html'의 입력 내용이 보인다.

05 TFTP 설정

TFTP는 UDP 프로토콜을 사용하여 라우터나 스위치의 IOS 설정 파일을 서버로 전송하여 백업할 때 사용하는 통신 프로토콜이다. 라우터나 스위치의 설정에 문제가 생겼을 때 전송해 놓은 IOS 파일을 다시 복원하여 장비를 정상화시킬 수 있도록 외부 서버로 전송하고 또한 그 서버에 다시 불러올 수 있다.
라우터나 스위치의 IOS 파일을 전송하는 명령은 앞장에서 설명하였으며 전송된 파일 확인은 서버를 선택한 후 [Config] 탭의 [TFTP]를 클릭하여 'File' 부분에 올바르게 전송되었는지를 확인할 수 있다.

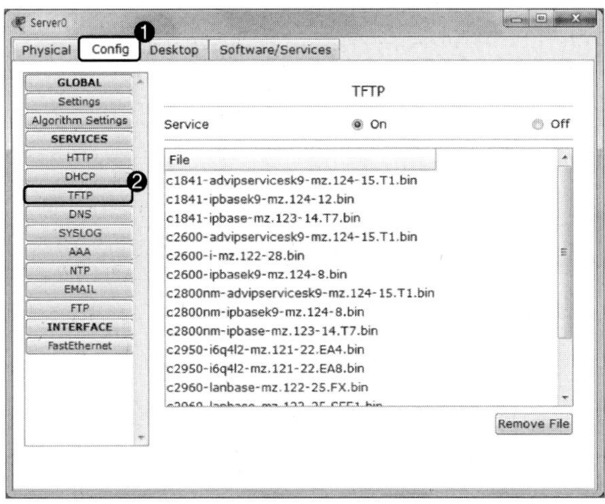

06 FTP(File Transfer protocol) 설정

TFTP가 라우터의 IOS 파일 등을 간단하게 백업할 수 있는 명령이라면 FTP는 더 안전하게 대용량의 파일을 서버로 업로드할 수 있는 설정이다. 서버로 접속하여 파일을 업로드하기 위해서는 먼저 서버에 접근할 수 있는 ID와 PASSWORD를 설정하여야 하며 서버의 설정이 완료된 후 각각의 PC를 통하여 서버에 원하는 파일을 전송하여 백업할 수 있게 된다.

서버를 선택한 후 [Config] 탭의 [FTP]를 클릭하여 'UserName'과 'Password'에 접근 할 수 있는 계정을 ID 『cisco』와 Password 『cisco』로 입력한 후 하단의 5가지의 권한 속성을 다 체크하고 [+] 버튼을 눌러 입력 값을 추가한다.

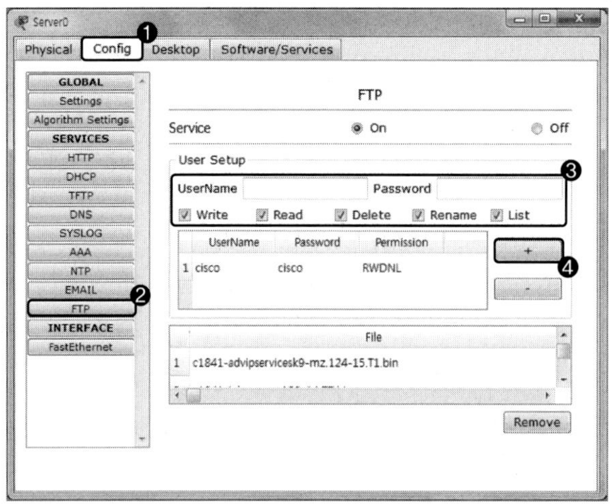

● 스위치와 라우터의 FTP 설정

```
Router(config)#ip ftp username cisco
Router(config)#ip ftp password cisco
```

07 AAA Radius 설정

앞에서 AAA Radius 설정에 대한 라우터의 설정 명령을 공부하였다. AAA Radius 기능을 활성화하기 위하여 서버에서도 설정해야 한다.
서버를 선택한 후 [Config] 탭의 [AAA]를 클릭하여 AAA 기능의 'Service' 항목을 'ON'으로 활성화한다. 그리고 라우터에서 설정한 AAA 설정의 값을 확인한 뒤 입력한다.

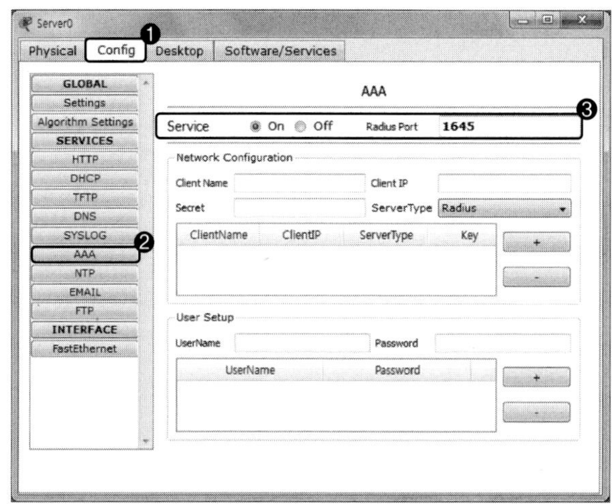

PART 02

기출 유형 문제

작업파일

[정보기기 실기 예제 파일₩기출 유형 문제] 폴더에서 작업하세요.

차례

SECTION 01

기출 유형 문제 01회

국가기술자격 실기시험문제

자격종목	정보기기운용기능사	과제명	네트워크 구성

비번호 :

※ 시험시간 : [○ 표준시간 : 1시간 30분, ○ 연장시간 : 없음]

1. 요구사항

가. 주어진 자료(기출 유형 01회.pka)를 참고하여 네트워크 구성 작업을 완성하시오.

나. 네트워크를 구성 후 최종 산출물(비번호.pka)을 USB에 저장하여 제출하시오.

2. 작업내용

가. IP 주소 설정

1) 토폴로지를 참조하여 IP 주소를 설정하고 라우터의 인터페이스를 활성화하시오.
   (R1과 ISP 라우터 사이의 Clock Rate 값은 64000 사용)
2) PC와 서버에 설정될 Default Gateway는 VLAN 별로 할당 가능한 첫 번째 주소를 설정하시오.

네트워크(구간)	호스트(장치명)	IP 주소
204.200.7.0/24 (R1~ISP 구간)	R1 [Se0/0/0]	204.200.7.1
	ISP [Se0/0/0]	204.200.7.2
204.200.10.0/24 (VLAN 10: skill)	R1 [fa0/0.10]	해당 서브넷에서 호스트에 할당 가능한 임의의 IP 주소
	PC0	204.200.10.2
204.200.20.0/24 (VLAN 20: comm)	R1 [fa0/0.20]	해당 서브넷에서 호스트에 할당 가능한 임의의 IP 주소
	PC1	204.200.20.2
204.200.30.0/24 (VLAN 30: office)	R1 [fa0/0.30]	해당 서브넷에서 호스트에 할당 가능한 임의의 IP 주소
	PC2	204.200.30.2
100.30.0.0/24	Server0	100.30.0.2

나. 라우터 설정

- R1 설정
  - Console 접속 암호를 “admin##”로 설정하시오.
  - Telnet 접속이 가능하도록 라우터를 설정하고 Telnet 접속 암호를 “admin##”으로 설정하시오.
- ISP 설정
  - Privilege Mode 접속하기 위해 “admin##”암호를 입력하도록 하시오.

다. VLAN

- 토폴로지를 참조하여 Switch에 VLAN을 구성하고 각 포트에 VLAN을 할당하시오.
  - 아래 표를 참고하여 Switch에 VLAN을 구성하시오.
- VLAN 할당

VLAN 이름(ID)	Port
skill(VLAN 10)	Fa0/1
comm(VLAN 20)	Fa0/2
office(VLAN 30)	Fa0/3

라. Inter-VLAN 설정

- R1의 Fa0/0 포트에 서브인터페이스(Sub-Interface)를 구성하되 아래 형식에 맞게 구성하시오. (ex. VLAN이 100번일 경우 Fa0/0.100으로 설정)
- Inter-VLAN이 가능하도록 Switch에 트렁크를 설정하시오.

마. 라우팅 설정

- RIPv2를 사용하여 풀라우팅(Full-Routing)을 하시오.
- 자동 요약 기능을 해제하시오.

3. 네트워크 구성도

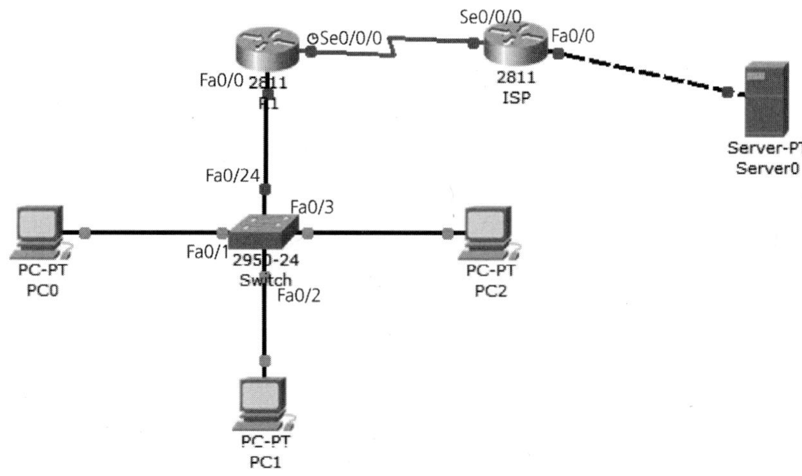

SECTION 02

기출 유형 문제 02회

국가기술자격 실기시험문제

자격종목	정보기기운용기능사	과제명	네트워크 구성

비번호 :

※ 시험시간 : [○ 표준시간 : 1시간 30분, ○ 연장시간 : 없음]

1. 요구사항

가. 주어진 자료(기출 유형 02회.pka)를 참고하여 네트워크 구성 작업을 완성하시오.

나. 네트워크를 구성 후 최종 산출물(비번호.pka)을 USB에 저장하여 제출하시오.

다. "ISP" 라우터와 "IDC_Server" 서버는 이미 구성되어 있으니 설정하지 마시오.

※ 주어지지 않은 설정 값에 대해서는 유효한 값 내에서 임의로 사용하시오.

2. 작업내용

가. 시스템 설정

- 콘솔 접속 메시지
  - R1에서 콘솔로 접속 시 "## Welcom R1 Router ##" 메시지가 보이도록 하시오.
- 콘솔 로그인
  - R1에서 콘솔을 통하여 연결 할 경우 "master" 사용자로, 암호는 "admin##"으로 로그인 하도록 구성하시오.
- 암호 설정
  - R1에서 "Privileged mode"에 접속하기 위해 "admin##" 암호를 입력하도록 하시오.

나. IP 주소 및 장치 설정

- IP 주소 할당
  - 아래 표를 참고하여 각 장비의 네트워크장치(Interface)에 IP 주소를 할당하고 필요할 경우 각 네트워크 장비의 해당 장치를 활성화 하시오.

네트워크(구간)	호스트(장치명)	IP 주소
100.100.100.0/24 (R1~ISP 구간)	R 1 [Se0/0/0]	100.100.100.2
182.16.0.0/16 (VLAN 10: Sales)	R1 [Fa0/0.10]	해당 서브넷에서 호스트에 할당 가능한 임의의 IP 주소
	Sales_PC	182.16.0.1
182.30.0.0/16 (VLAN 20: Manage)	R1 [Fa0/0.20]	해당 서브넷에서 호스트에 할당 가능한 임의의 IP 주소
	Manage_PC	182.30.0.1
	S1	182.30.0.2
192.168.1.0/24	IDC_Server	192.168.1.10 (이미 구성되어 있음)

• 게이트웨이 설정

– Sales_PC, Manage_PC, S1의 게이트웨이(Gateway) 또는 Default Gateway를 해당 서브넷에서 호스트의 할당 가능한 마지막 IP 주소로 설정하시오.

• 네임서버 설정

– Sales_PC, Manage_PC의 네임서버(DNS Server) 주소를 IDC_Server의 IP 주소로 설정하시오.

다. VLAN

• VLAN 할당

– 아래 표를 참고하여 S1에 VLAN을 구성하시오.

VLAN 이름(ID)	Port
Sales(VLAN 10)	Fa0/1
Manage(VLAN 20)	Fa0/2

• Inter-Vlan 구성

– R1의 Fa0/0 포트에 서브인터페이스(Sub-Interface)를 구성하시오. 서브 인터페이스 이름은 각 VLAN의 ID 값을 사용하고 위 "나. IP 주소 및 장치 설정 → IP 주소 할당" 항의 표를 참고하여 IP 주소를 설정하시오. (ex. "VLAN 100"의 서브인터페이스 이름은 "Fa0/0.100"으로 구성)

– VLAN 통신을 위하여 각 서브인터페이스에 IEEE 802.1q 프로토콜을 적용하시오.

– R1의 Fa0/0 포트와 S1의 Fa0/24 포트에서 모든 VLAN Data가 전송되도록 하시오.

라. 라우팅

• 정적 라우팅

– R1 라우터에서 ISP 라우터를 통해 외부로 데이터가 전달될 수 있도록 기본 라우팅(Default Routing)을 구성하시오.

– 라우팅 경로는 R1에서 CDP를 사용하여 ISP 라우터의 "Se0/0/0"에 할당된 IP 주소를 확인 후 구성하시오. 단, 정적 라우팅 구성 시 인터페이스 이름은 사용하지 마시오.

마. 서비스 접속

• 웹 서비스 접속

– Sales_PC와 Manage_PC에서 웹브라우저를 열고 "http://www.skills.com"에 접속하여 아래와 같이 접속되는지 확인하시오. ("http://www.skills.com" 사이트는 IDC_Server에 미리 구성되어 있음)

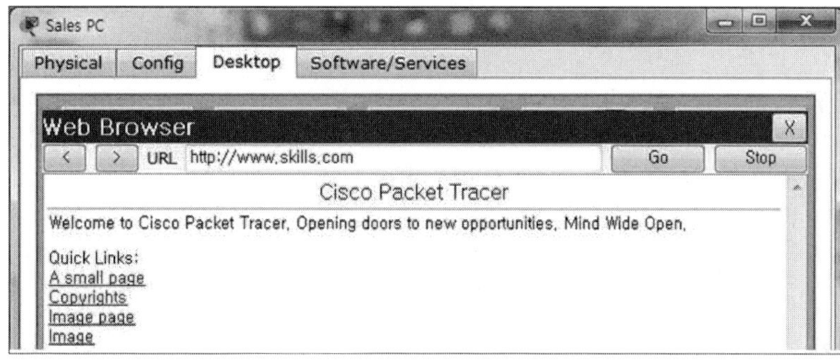

3. 네트워크 구성도

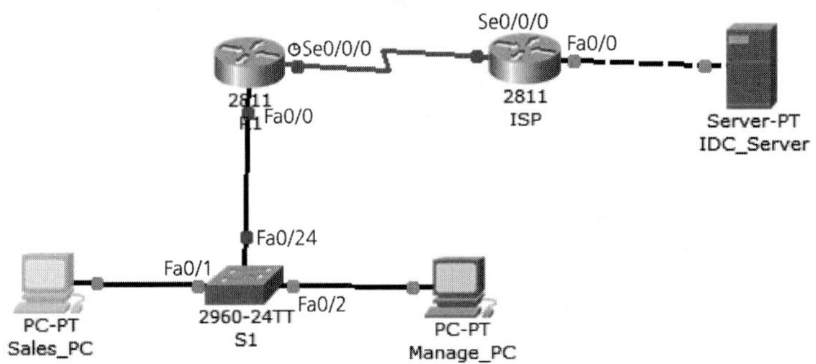

Se0/0/0
Se0/0/0
Fa0/0
2811
R1
Fa0/0
2811
ISP
Server-PT
IDC_Server
Fa0/24
Fa0/1
Fa0/2
PC-PT
Sales_PC
2960-24TT
S1
PC-PT
Manage_PC

. SECTION .
03 기출 유형 문제 03회

국가기술자격 실기시험문제

자격종목	정보기기운용기능사	과제명	네트워크 구성

비번호 :

※ 시험시간 : [○ 표준시간 : 1시간 30분, ○ 연장시간 : 없음]

1. 요구사항

가. 주어진 자료(기출 유형 03회.pka)를 참고하여 네트워크 구성 작업을 완성하시오.

나. 네트워크를 구성 후 최종 산출물(비번호.pka)을 USB에 저장하여 제출하시오.

다. "ISP" 라우터와 "Server" 서버는 이미 구성되어 있으니 설정하지 마시오.

※ 주어지지 않은 설정 값에 대해서는 유효한 값 내에서 임의로 사용하시오.

2. 작업 내용

가. 시스템 설정

• 콘솔 접속 메시지
  – R1에서 콘솔 또는 텔넷(Telnet) 접속 시 "^$~ R1 ~$^" 메시지가 보이게 설정하시오.

• 원격 로그인
  – PC에서 라우터 R1으로 텔넷을 통하여 연결할 경우 "user01" 사용자로 로그인 하도록 구성하시오. (암호 "router##")

• 암호 설정
  – R1에서 콘솔로 접속하기 위해 "router##" 암호를 입력하도록 설정하시오.
  – R1에서 "Privileged mode"에 접속하기 위해 "router##" 암호를 입력하도록 하시오.
  – R1에서 모든 암호는 인코딩(암호화)되어 저장되도록 설정하시오.

나. IP 주소 및 장치 설정

• IP 주소 할당
  – 아래 표를 참고하여 각 장비의 네트워크장치(Interface)에 IP 주소를 할당하고 필요할 경우 각 네트워크 장비의 해당 장치를 활성화 하시오.

네트워크(구간)	호스트(장치명)	IP 주소
172.30.0.8/30 (R1~ISP 구간)	R1 [Se0/0/0]	172.30.0.9
	ISP [Se0/0/0]	해당 네트워크에서 사용하지 않은 나머지 주소를 사용하시오.
100.0.0.0/10 (VLAN 10: Sales)	R1 [Fa0/0.10]	해당 서브넷에서 호스트에 할당 가능한 마지막 IP 주소
	PC0	100.0.0.1
	Switch	100.0.0.2
100.128.0.0/10 (VLAN 20: Manage)	R1 [Fa0/0.20]	해당 서브넷에서 호스트에 할당 가능한 마지막 IP 주소
	PC1	100.129.0.1
192.168.1.0/24	Server	192.168.1.10 (이미 구성되어 있음)

• 게이트웨이 설정

– PC0, PC1, Switch의 게이트웨이(Gateway) 또는 Default Gateway를 해당 서브넷에서 호스트의 할당 가능한 마지막 IP 주소로 설정하시오.

• 네임서버 설정

– PC0, PC1의 네임서버(DNS Server) 주소를 Server의 IP 주소로 설정하시오.

다. VLAN

• VLAN 할당

– 아래 표를 참고하여 S1에 VLAN을 구성하시오.

VLAN 이름(ID)	Port
Sales(VLAN 10)	Fa0/1
Manage(VLAN 20)	Fa0/2

• Inter-Vlan 구성

– R1의 Fa0/0 포트에 서브인터페이스(Sub-Interface)를 구성하시오. 서브 인터페이스 이름은 각 VLAN의 ID 값을 사용하고 위 "나. IP 주소 및 장치 설정 → IP 주소 할당" 항의 표를 참고하여 IP 주소를 설정하시오. (ex. "VLAN 100"의 서브인터페이스 이름은 "Fa0/0.100"으로 구성)

– VLAN 통신을 위하여 각 서브인터페이스에 IEEE 802.1q 프로토콜을 적용하시오.

– R1의 Fa0/0 포트와 Switch의 Fa0/24 포트에서 VLAN 10, VLAN 20의 Data만 전송되고, 다른 VLAN은 전송될 수 없도록 하시오.

라. 라우팅

• 정적 라우팅

– R1-ISP 구간의 네트워크는 172.30.0.8/30입니다. Sales_PC 네트워크와 Manage_PC 네트워크가 Server와 통신이 가능하도록 R1 라우터에 정적 라우팅을 구성하시오. (ISP 라우터에는 라우팅 정보가 설정되어 있음)

– 정적 라우팅 구성시 인터페이스 이름은 사용하지 마시오.

– 기본 라우팅을 설정하지 마시오.

마. 서비스 접속

- 웹 서비스 접속
  - PC0과 PC1에서 웹브라우저를 열고 "http://www.skills.com"에 접속하여 아래와 같이 접속 되는지 확인하시오. ("http://www.skills.com" 사이트는 IDC_Server에 미리 구성되어 있음)

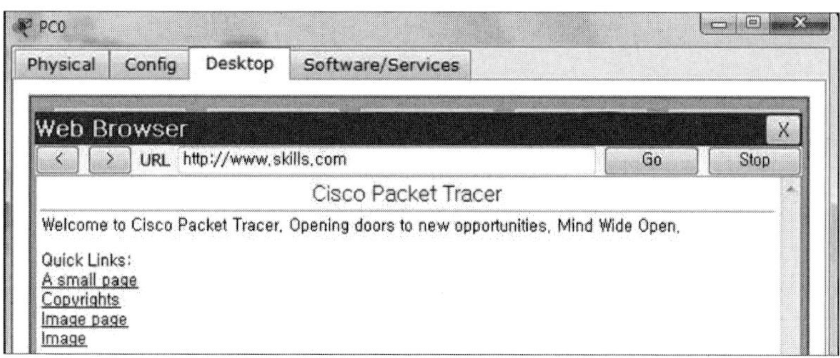

3. 네트워크 구성도

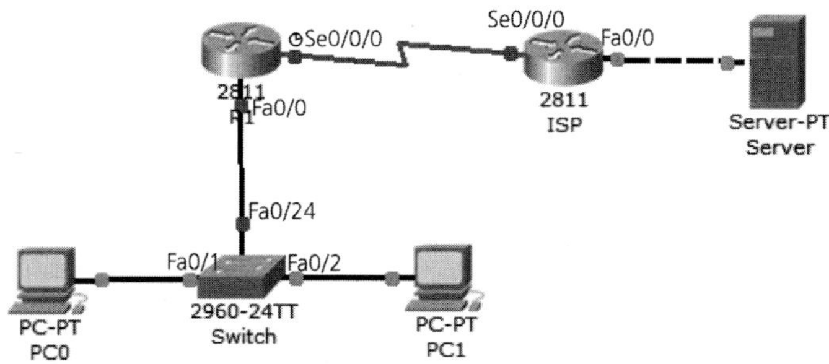

· SECTION ·

04 기출 유형 문제 04회

국가기술자격 실기시험문제

자격종목	정보기기운용기능사	과제명	네트워크 구성

비번호 :

※ 시험시간 : [○ 표준시간 : 1시간 30분, ○ 연장시간 : 없음]

1. 요구사항

가. 주어진 자료(기출 유형 04회.pka)를 참고하여 네트워크 구성 작업을 완성하시오.

나. 네트워크를 구성 후 최종 산출물(비번호.pka)을 USB에 저장하여 제출하시오.

2. 작업내용

가. IP 주소 설정

네트워크(구간)	호스트(장치명)	IP 주소
150.203.163.0/24 (VLAN 50 : admin)	R1 [Fa0/0.50]	해당 서브넷에서 호스트에 할당 가능한 첫 번째 IP 주소
	PC0	150.203.163.2
	S1	150.203.163.3
160.203.163.0/24 (VLAN 60 : sales)	R1 [Fa0/0.60]	해당 서브넷에서 호스트에 할당 가능한 첫 번째 IP 주소
	PC1	160.203.163.2
170.203.163.0/24 (VLAN 70 : marketing)	R1 [Fa0/0.70]	해당 서브넷에서 호스트에 할당 가능한 첫 번째 IP 주소
	PC2	170.203.163.2
	S2	170.203.163.3
180.203.163.0/24 (VLAN 80 : business)	R1 [Fa0/0.80]	해당 서브넷에서 호스트에 할당 가능한 첫 번째 IP 주소
	PC3	180.203.163.2

• PC에 설정될 Default Gateway 주소는 각각 VLAN별로 할당 가능한 첫 번째 주소로 설정하시오.

나. R1 설정

• 라우터에 Console로 접속할 경우 ID와 Password를 사용하여 인증 받을 수 있도록 설정하시오.
(ID : master, Password : pass!!)

• 명령어를 잘못 입력할 경우 DNS 질의 하지 않도록 설정하시오.

다. 토플로지를 참조하여 S1과 S2에 VLAN을 구성하고 각 포트에 VLAN을 할당하시오.

장치 이름	VLAN(ID)	Port
S1	admin(VLAN 50)	Fa0/1
	sales(VLAN 60)	Fa0/2
S2	marketing(VLAN 70)	Fa0/1
	business(VLAN 80)	Fa0/2

라. Inter-VLAN 설정

- R1의 Fa0/0 포트에 서브인터페이스(Sub-Interface)를 구성하되 아래 형식에 맞게 구성하시오.
  (ex. VLAN 10번일 경우 Fa0/0.10으로 설정)
- Inter-VLAN이 가능하도록 S1과 S2의 적절한 인터페이스에 트렁크를 설정하시오.

마. Port-Security 설정

S1의 Fa0/3 포트에 PC가 연결될 예정입니다. 이 포트에는 1대의 PC만 데이터를 주고받을 수 있도록 Port-Security를 구성하되, 1대 이상의 PC가 연결될 경우 스위치 포트가 자동으로 Shutdown되도록 설정하시오.

바. 모든 구간의 PC간 통신이 되는지 Ping 테스트를 하여 확인하시오.

3. 네트워크 구성도

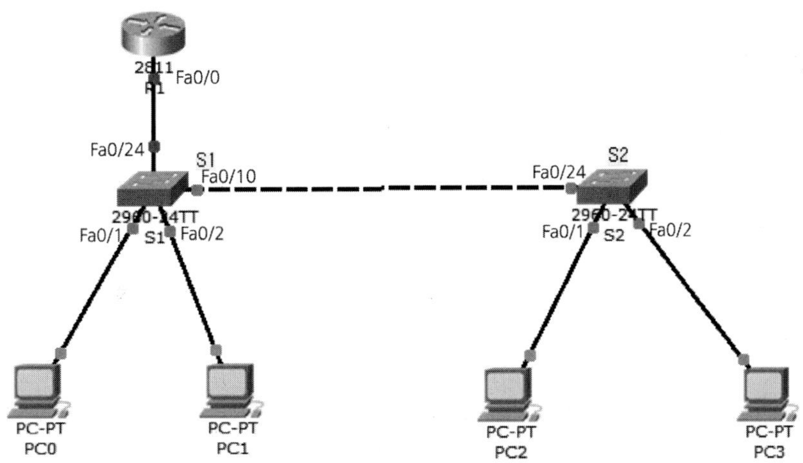

SECTION 05

기출 유형 문제 05회

국가기술자격 실기시험문제

자격종목	정보기기운용기능사	과제명	네트워크 구성

비번호 :

※ 시험시간 : [○ 표준시간 : 1시간 30분, ○ 연장시간 : 없음]

1. 요구사항

가. 주어진 자료 (기출 유형 05회).pka를 활용하여 네트워크 구성 작업을 완성하시오.

나. 네트워크 구성 후 최종 산출물(비번호.pka)을 USB에 저장하여 제출합니다.

※ 주어지지 않은 설정값에 대해서는 유효한 값 내에서 임의로 사용하시오.

2. 작업내용

가. 시스템 설정

• IP 주소 및 장치 설정

– 토폴로지에 명시된 네트워크 주소를 토대로 다음을 참고하여 IP를 설정하고 각 네트워크 장치를 활성화하시오. (DCE에 Clock rate : 64000으로 설정)

네트워크(구간)	호스트(장치명)	IP 주소
R1 192.168.0.0/24	R1 [Fa0/0]	해당 서브넷에서 호스트에 할당 가능한 마지막 IP 주소
	SW0 [vlan 1]	192.168.0.253
	PC0	192.168.0.1
	PC1	192.168.0.2
10.0.0.4/30 (라우터들의 시리얼 구간)	R1 [Se0/0/0]	10.0.0.6
	R2 [Se0/0/0]	해당 서브넷에서 사용하지 않은 나머지 주소
172.30.0.0/24 (VLAN 10 : admin)	R2 [Fa0/0.10]	해당 서브넷에서 호스트에 할당 가능한 마지막 IP 주소
	PC2	172.30.0.1
172.31.0.0/24 (VLAN 20 : sales)	R2 [Fa0/0.20]	해당 서브넷에서 호스트에 할당 가능한 마지막 IP 주소
	PC3	172.31.0.1

• 게이트웨이 설정

– 토폴로지의 모든 PC 및 SW0의 게이트웨이 또는 Default Gateway를 해당 서브넷에서 호스트에 할당 가능한 마지막 주소로 할당하시오.

나. VLAN 할당

• 아래 표를 참고하여 SW1, SW2에 VLAN을 구성하시오.

VLAN 이름(ID)	스위치 [Port]
admin(VLAN 10)	SW1 (Fa0/1)
sales(VLAN 20)	SW2 (Fa0/3)

다. Inter-Vlan 구성

• R2의 Fa0/0에 서브 인터페이스를 구성하시오. 서브 인터페이스의 이름은 각 VLAN의 ID 값을 사용하고 위 "가. 시스템 설정 → IP 주소 및 장치 설정" 항의 표를 참고하여 IP 주소를 설정하시오.
(ex. 'VLAN 100'의 서브인터페이스 이름은 'Fa0/0.100'으로 구성)

• VLAN 통신을 위하여 각 서브인터페이스에 IEEE 802.1q 프로토콜을 적용하시오.
  – R2 Fa0/0, SW1 Fa0/23, Fa0/24, SW2 Fa0/24 포트들을 모든 VLAN Data가 전송되도록 하시오.

라. 암호 설정

• R1 라우터에 콘솔 접속 시 유저네임 master, 암호 admin##으로 설정하시오.
• R1 및 R2 라우터에 Privilege Mode 접속 시 암호를 admin##으로 설정하시오.

마. 라우팅

• RIPv2
  – 두개의 라우터에서 모든 PC간에 통신이 원활히 되도록 RIPv2 설정하시오.
  – 각 라우터의 LAN 구간으로 라우팅 업데이트 정보가 전송되지 않도록 설정하시오.
  – 라우팅 설정 시 서브넷 정보가 요약되지 않도록 설정하시오.

3. 네트워크 구성도

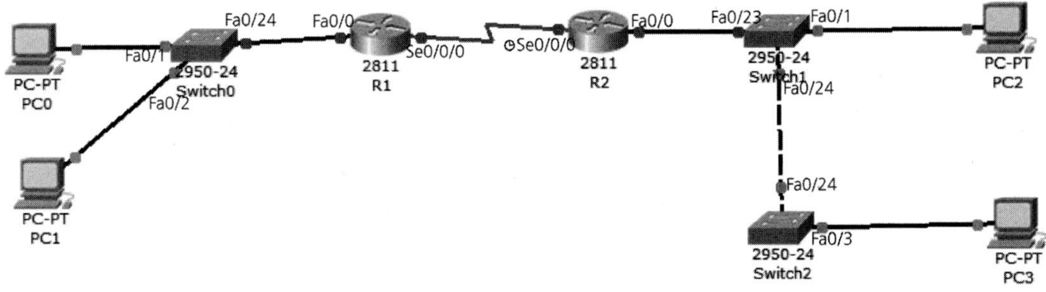

. SECTION .

06 기출 유형 문제 06회

국가기술자격 실기시험문제

자격종목	정보기기운용기능사	과제명	네트워크 구성

비번호 :

※ 시험시간 : [ㅇ 표준시간 : 1시간 30분, ㅇ 연장시간 : 없음]

1. 요구사항

가. 주어진 자료(기출 유형 06회.pka)를 활용하여 네트워크 구성 작업을 완성하시오.

나. 네트워크 구성 후 최종 산출물(비번호.pka)을 USB에 저장하여 제출합니다.

※ 주어지지 않은 설정 값에 대해서는 유효한 값 내에서 임의로 사용하시오.

2. 작업내용

가. 시스템 설정

- 암호 설정
  - Router에서 "Privilege Mode"에 접속하기 위해 "pass!!" 암호를 입력하도록 하시오.
- 원격 로그인
  - 관리용 네트워크에서 텔넷을 통하여 Router에 연결하도록 하시오. (텔넷 접속 암호 "pass!!")
  - 관리용 네트워크 이외 모든 텔넷 접속이 거부되도록 하시오.
  - 접속 후 3분 30초간 입력이 없을 경우 세션이 종료되도록 하시오.
- Switch Port 관리
  - S1의 관리용 네트워크(Manage_net)에 속하는 포트는 연결하면 바로 사용 가능하도록 하시오. (Mac-Address를 사용하지 않음)
- Router에서 Ping 테스트 시, IP 주소 이외에 s1, s2, server의 호스트 이름(알파벳 소문자)으로 Ping 테스트가 가능하도록 합니다.

나. IP 주소 및 장치 설정

• 토폴로지에 명시된 네트워크 주소를 토대로 다음을 참고하여 IP를 설정하고 각 네트워크 장치를 활성화 하시오.

네트워크의 구분 이름(VLAN ID)	호스트	IP 주소
120.0.0.0/14 Server_net(VLAN 10) 서버네트워크	R1[Fa0/0.10]	해당 서브넷에서 할당 가능 한 마지막 IP 주소
	Server	120.0.0.1(이미 할당되어 있음)
120.32.0.0/14 Manage_net(VLAN 20) 관리용네트워크	R1[Fa0/0.20]	해당 서브넷에서 할당 가능 한 마지막 IP 주소
	PC0	DHCP 할당(할당 못할 경우 해당 서브넷의 임의 값으로 설정)
	S1	120.32.0.1
120.64.0.0/14 Student_net(VLAN 10) 학생용네트워크	R1[Fa1/0.10]	해당 서브넷에서 할당 가능 한 마지막 IP 주소
	PC1	DHCP 할당(할당 못할 경우 해당 서브넷의 임의 값으로 설정)
	S2	120.64.0.1
120.192.0.0/14 Teacher_net(VLAN 20) 교사용네트워크	R1[Fa1/0.20]	해당 서브 넷에서 할당 가능 한 마지막 IP 주소
	PC2	DHCP 할당(할당 못할 경우 해당 서브넷의 임의 값으로 설정)

• 게이트웨이 설정

– S1, S2 장비의 게이트웨이는 해당 서브넷에서 호스트에 할당 가능한 마지막 IP 주소를 사용하시오.

• DHCP 서비스 전달(Relay)

– Server에 이미 관리용, 학생용, 교사용, 네트워크에 대하여 DHCP 서비스가 구성되어 있습니다. Router를 통하여 각 PC의 IP 주소와 네트워크 정보를 동적으로 받아올 수 있도록 하시오.

다. VLAN

• VLAN 할당

– 아래 표를 참고하여 Switch에 VLAN을 구성하시오.

장치 이름	VLAN(ID)	Port
S1	Server_net(VLAN 10)	Fa0/1 – 0/10
	Manage_net(VLAN 20)	Fa0/11
S2	Student_net(VLAN 10)	Fa0/1 – 0/10
	Teacher_net(VLAN 20)	Fa0/11 – 0/20

• Inter-Vlan 구성

– Router의 Fa0/0 포트에 서브 인터페이스(Sub-Interface)를 구성하시오. 서브 인터페이스 이름은 각 VLAN의 ID값을 사용하고 위 "나. IP 주소 및 장치 설정" 항의 표를 참고하여 IP 주소를 설정하시오.

– VLAN의 통신을 위하여 각 서브 인터페이스에 IEEE 802.1q으로 구성하시오.

• Trunk Port 구성

– Router와 Switch에 구성된 VLAN의 데이터를 전송할 수 있도록 구성하시오.

라. 서비스 접속

• 웹서비스 접속

– 각 PC에서 웹브라우저를 열고 "http://skills.com"에 접속하여 아래와 같이 접속되는지 확인하시오. ("http://skills.com" 사이트는 서버에 이미 설정되어 있음)

– 웹브라우저 접속 이미지

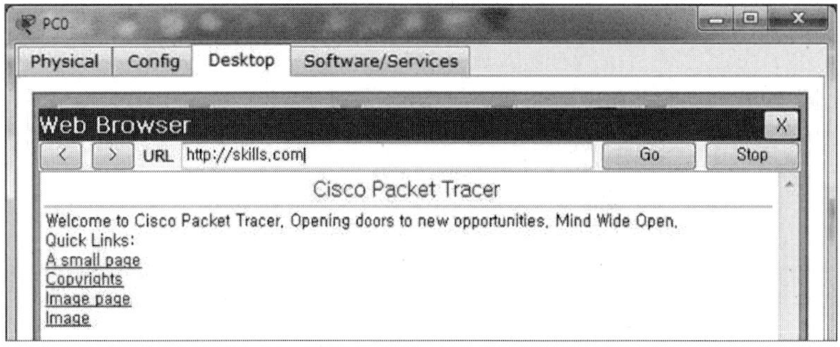

3. 네트워크 구성도

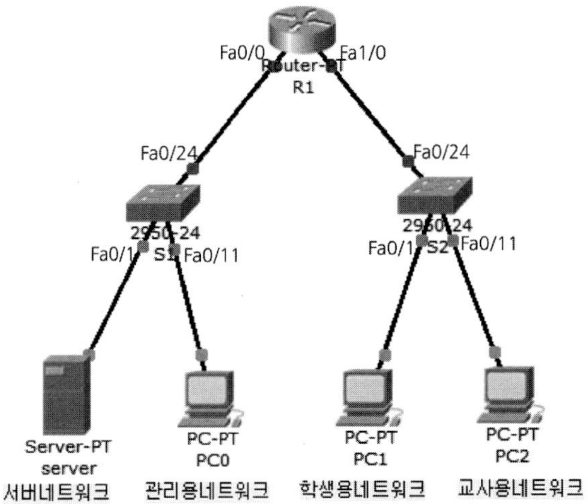

• SECTION •
07 기출 유형 문제 07회

국가기술자격 실기시험문제

자격종목	정보기기운용기능사	과제명	네트워크 구성

비번호 :

※ 시험시간 : [○ 표준시간 : 1시간 30분, ○ 연장시간 : 없음]

1. 요구사항

가. 주어진 자료(기출 유형 07회.pka)를 참고하여 네트워크 구성 작업을 완성하시오.

나. 네트워크를 구성 후 최종 산출물(비번호.pka)을 USB에 저장하여 제출하시오.

다. "ISP" 라우터와 "IDC_Server" 서버는 이미 구성되어 있으니 설정하지 마시오.

※ 주어지지 않은 설정 값에 대해서는 유효한 값 내에서 임의로 사용하시오.

2. 작업 내용

가. 시스템 설정

• Default Gateway는 할당 가능한 마지막 주소를 사용하시오.

• 콘솔 접속 메시지

– R1에서 콘솔 접속 시 "^$~ This is R1 ~$^" 메시지가 보이게 설정하시오.

• 콘솔 로그인

– 라우터 R1콘솔을 통하여 연결할 경우 ID는 "master" 암호는 "router##"으로 로그인 되도록 설정하시오.

• 암호 설정

– R1에서 "Privileged mode"에 접속하기 위해 "router##" 암호를 입력하도록 하시오.

나. IP 주소 및 장치 설정

• IP 주소 할당

– 아래 표를 참고하여 각 장비의 네트워크장치(Interface)에 IP 주소를 할당하고 필요할 경우 각 네트워크 장비의 해당 장치를 활성화하시오.

네트워크(구간)	호스트	IP 주소
100.100.0.4/30 (R1-ISP 구간)	R1[Se0/0/0]	100.100.0.6
	ISP[Se0/0/0]	해당 구간에서 사용하지 않은 나머지 주소를 사용하시오.
100.16.0.0/16 (VLAN 20 : Sales)	R1[Fa0/0.20]	해당 서브넷에서 호스트에 할당 가능한 마지막 ip 주소
	Sales PC	DHCP 할당(만약 DHCP로 할당 못할 경우 임의의 주소를 입력하시오.)
100.30.0.0/16 (VLAN 60 : Manage)	R1[Fa0/0.60]	해당 서브넷에서 호스트에 할당 가능한 마지막 ip 주소
	Manage PC	DHCP 할당(만약 DHCP로 할당 못할 경우 임의의 주소를 입력하시오.)
	S1	DHCP 할당(만약 DHCP로 할당 못할 경우 100.30.0.2로 설정하시오.)
192.168.1.0/24	IDC_server	192.168.1.10(IP 주소와 DHCP 서비스가 이미 구성되어 있음)

• DHCP 서비스 Relay

– IDC_Server에 이미 Sales PC 네트워크와 Manage PC 네트워크를 위한 DHCP 서비스가 구성되어 있으며 라우터 R1을 통하여 Sales PC, Manage PC, S1의 IP 주소와 네트워크 정보를 DHCP로 받아올 수 있도록 하시오.

다. VLAN

• VLAN 할당

– 아래 표와 같이 스위치 S1에 VLAN을 구성하시오.

VLAN 이름(ID)	Port
Sales(VLAN 20)	Fa0/1
Manage(VLAN 60)	Fa0/2

• Inter-Vlan 구성

– R1의 Fa0/0 포트에 서브 인터페이스(Sub-Interface)를 구성하시오. 서브 인터페이스 이름은 각 VLAN의 ID 값을 사용하고 위 "나. IP 주소 및 장치설정 → IP 주소 할당" 항의 표를 참고하여 IP 주소를 설정하시오. (ex. "VLAN 100"의 서브인터페이스 이름은 "Fa0/0.100"으로 구성)

– VLAN 통신을 위하여 각 서브인터페이스에 IEEE 802.1q 프로토콜을 적용하시오.

– R1의 Fa0/0 포트와 Switch의 Fa0/24 포트에서 VLAN 20, VLAN 60의 Data만 전송되고, 다른 VLAN은 전송될 수 없도록 하시오.

라. 라우팅

• 정적 라우팅

– R1-ISP 구간의 네트워크는 100.100.0.4/30입니다. Sales_PC 네트워크와 Manage_PC 네트워크가 Server와 통신이 가능하도록 R1 라우터에 정적 라우팅을 구성하시오. (ISP 라우터에는 라우팅 정보가 설정되어 있음)

– 정적 라우팅 구성 시 인터페이스 이름은 사용하지 마시오.

– 기본 라우팅을 설정하지 마시오.

마. 서비스 접속

• 웹 서비스 접속

 – Sales_PC와 Manage_PC에서 웹브라우저를 열고 "http://www.skills.com"에 접속하여 아래와 같이 접속되는지 확인하시오. ("http://www.skills.com" 사이트는 IDC_Server에 미리 구성되어 있음)

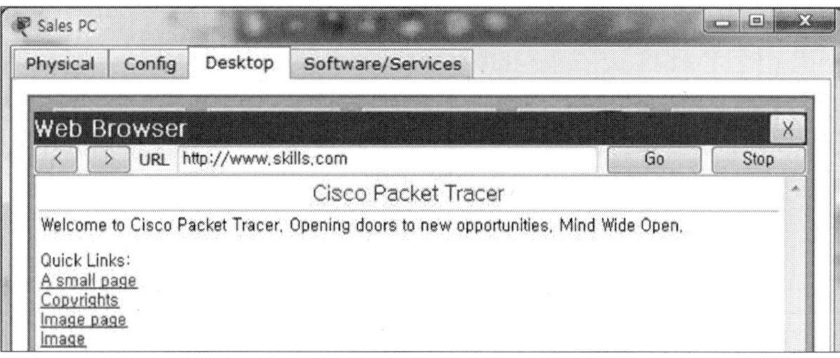

3. 네트워크 구성도

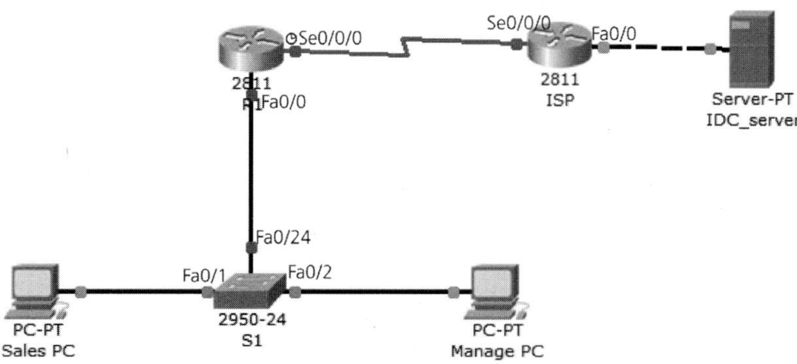

• SECTION •
08 기출 유형 문제 08회

국가기술자격 실기시험문제

자격종목	정보기기운용기능사	과제명	네트워크 구성

비번호 :

※ 시험시간 : [○ 표준시간 : 1시간 30분, ○ 연장시간 : 없음]

1. 요구사항

가. 주어진 자료(기출 유형 08회.pka)를 참고하여 네트워크 구성 작업을 완성하시오.

나. 네트워크를 구성 후 최종 산출물(비번호.pka)을 USB에 저장하여 제출하시오.

다. "Server"는 이미 구성되어 있으니 설정하지 마시오.

※ 주어지지 않은 설정 값에 대해서는 유효한 값 내에서 임의로 사용하시오.

2. 작업내용

가. 시스템 설정

- Default Gateway는 할당 가능한 마지막 주소를 사용하시오.
- 라우터 R1에서 "Privileged mode"에 접속하기 위해 "admin##" 암호를 입력하도록 하시오.
- 라우터 R1은 관리용 네트워크에서만 텔넷 접속이 가능하도록 설정하시오. (암호는 admin## 사용)

나. 서브네팅 및 IP 주소 할당

- IP 주소 할당
  - 아래 표를 참고하여 각 PC에 IP 주소를 할당하고 필요할 경우 각 네트워크 장비의 해당 장치를 활성화하시오.

네트워크의 구분 이름(VLAN ID)	호스트	IP 주소
120.0.0.0/14 Server_net(VLAN 10) 서버네트워크	Router[Fa0/0.10]	해당 서브넷에서 할당 가능 한 마지막 IP 주소
	Server	120.0.0.1(이미 설정되어 있음)
120.32.0.0/14 Manage_net(VLAN 20) 관리용네트워크	Router[Fa0/0.20]	해당 서브넷에서 할당 가능 한 마지막 IP 주소
	PC0	DHCP 할당(할당 못 할 경우 해당 서브넷의 임의 값으로 설정)
	S1	120.32.0.1
120.64.0.0/14 Student_net(VLAN 30) 학생용네트워크	Router[Fa1/0.30]	해당 서브넷에서 할당 가능 한 마지막 IP 주소
	PC1	DHCP 할당(할당 못 할 경우 해당 서브넷의 임의 값으로 설정)
	S2	120.64.0.1
120.192.0.0/14 Teacher_net(VLAN 40) 교사용네트워크	Router[Fa1/0.40]	해당 서브넷에서 할당 가능 한 마지막 IP 주소
	PC2	DHCP 할당(할당 못 할 경우 해당 서브넷의 임의 값으로 설정)

• DHCP

– 각 PC가 라우터로부터 ip 주소를 동적으로 받아올 수 있도록 설정하시오.

– DHCP 영역 이름은 해당 VLAN 이름을 사용하시오. (ex. Server_net, Manage_net, Student_net, Teacher_net)

다. VLAN

• VLAN 할당

– 아래 표와 같이 스위치 S1에 VLAN을 구성하시오.

장치 이름	VLAN(ID)	Port
S1	Server_net(VLAN 10)	Fa0/1 – Fa0/10
	Manage_net(VLAN 20)	Fa0/11 – Fa0/20
S2	Student_net (VLAN 30)	Fa0/1 – Fa0/10
	Teacher_net(VLAN 40)	Fa0/11

• Inter-Vlan 구성

– R1의 Fa0/0 포트와 Fa1/0 포트에 서브 인터페이스(Sub-Interface)를 구성하시오. 서브 인터페이스 이름은 각 VLAN의 ID 값을 사용하고 위 "나. 서브넷팅 및 IP 주소 할당 → IP 주소 할당" 항의 표를 참고하여 IP 주소를 설정하시오. (ex. "VLAN 100"의 서브인터페이스 이름은 "Fa0/0.100"으로 구성)

– VLAN 통신을 위하여 각 서브인터페이스에 IEEE 802.1q 프로토콜을 적용하시오.

– R1의 Fa0/0 포트와 각 Switch의 Fa0/24 포트에서 모든 Data가 전송되도록 설정하시오.

라. 서비스 접속

• 웹 서비스 접속

– 모든 PC가 웹브라우저 "http://www.skills.com"에 접속되는지 확인하시오.
("http://www.skills.com" 사이트는 Server0에 미리 구성되어 있음)

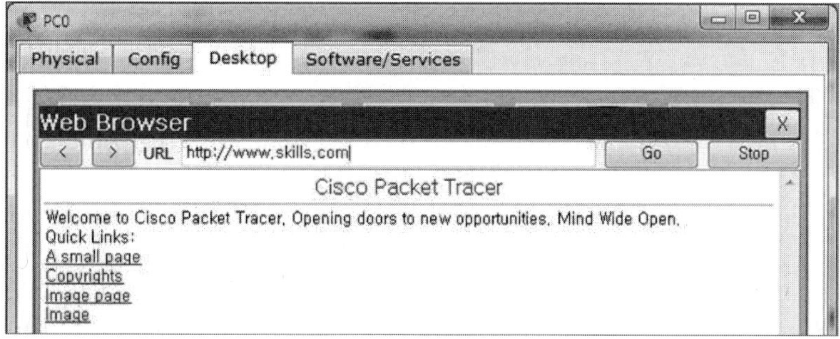

3. 네트워크 구성도

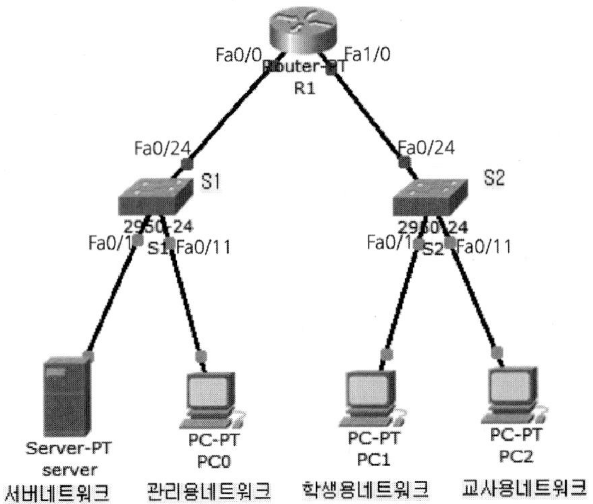

Fa0/0
Router-PT
R1
Fa1/0
Fa0/24
S1
2950-24
Fa0/1
S1
Fa0/11
Fa0/24
S2
2950-24
Fa0/1
S2
Fa0/11
Server-PT
server
서버네트워크
PC-PT
PC0
관리용네트워크
PC-PT
PC1
학생용네트워크
PC-PT
PC2
교사용네트워크

기출 유형 문제 09회

국가기술자격 실기시험문제

자격종목	정보기기운용기능사	과제명	네트워크 구성

비번호 :

※ 시험시간 : [○ 표준시간 : 1시간 30분, ○ 연장시간 : 없음]

1. 요구사항

가. 주어진 자료(기출 유형 09회.pka)를 참고하여 네트워크 구성 작업을 완성하시오.
나. 네트워크를 구성 후 최종 산출물(비번호.pka)을 USB에 저장하여 제출하시오.

2. 작업내용

가. IP 주소 설정 확인 및 라우팅 설정

• 장비의 설정 내용을 확인하고 위 표를 참조하여 각 장비 설정을 완성하시오.
• 장비 이름은 도면처럼 변경하시오.

장비	ip
R1–ISP 구간 네트워크	172.30.0.10
R1(Se0/0/0)	해당 서브넷에서 할당 가능한 마지막 번째
ISP(Se0/0/0)	해당 서브넷에서 사용하지 않은 나머지 주소
R1(Fa0/1)	10.10.10.1/24
ISP(Fa0/0)	20.20.20.1/24

• R1과 ISP 라우터에 OSPF(모두 Area 0에 속해야 하며 Process-ID는 유효한 값 내에서 수험자 임의로 사용)를 사용하여 Full-routing을 설정하시오.

나. R1 설정

• 라우터의 이름을 R1으로 변경하시오.
• 라우터 R1에 콘솔 및 텔넷 접속시 Server0에 Radius 인증을 받아 접속하여야 하며 이때 사용되는 ID는 "master", 패스워드는 "admin##"이 되도록 Server0을 설정하시오. key 값으로 "router"를 사용한다.
• R1 WAN 구간의 Encapsulation 방식을 PPP PAP 방식으로 변경하되 아래 조건을 만족시키시오.
  – 사용자 이름 : 라우터 이름
  – 암호 : admin##

다. ISP 설정

- 라우터의 이름을 ISP로 변경하시오.
- ISP에 SSH를 설정하시오.
  - 사용자 이름 : idssh
  - 암호 : passh
  - 도메인 이름 : skill.com
  - key : 512
- ISP WAN 구간의 Encapsulation 방식을 PPP PAP 방식으로 변경하되 아래 조건을 만족시키시오.
  - 사용자 이름 : 라우터 이름
  - 암호 : admin##

라. PC 및 Server 설정

- PC1만 웹서버에 접속하지 못하도록 하시오.
- 서버에 "http://www.skill.com"으로 DNS를 설정하시오.

3. 네트워크 구성도

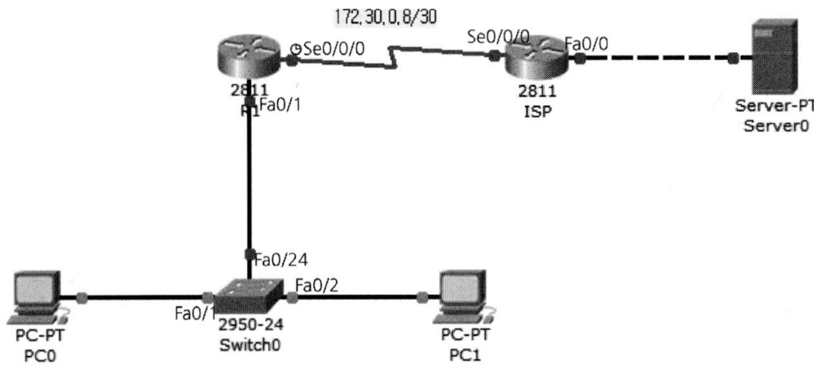

• SECTION •
10 기출 유형 문제 10회

국가기술자격 실기시험문제

자격종목	정보기기운용기능사	과제명	네트워크 구성

비번호 :

※ 시험시간 : [○ 표준시간 : 1시간 30분, ○ 연장시간 : 없음]

1. 요구사항

가. 주어진 자료(기출 유형 10회.pka)를 참고하여 네트워크 구성 작업을 완성하시오.

나. 네트워크를 구성 후 최종 산출물(비번호.pka)을 USB에 저장하여 제출하시오.

2. 작업내용

가. IP 주소 설정 확인 및 라우팅 설정

장비	ip
PC0	212.10.2.2/24
PC1	212.10.2.3/24
Server	213.10.10.2/24
R1(s0/0/0)	203.230.7.1/24
ISP(s0/0/0)	203.230.7.2/24
R1(f0/0)	212.10.2.1/24
ISP(f0/0)	213.10.10.1/24

• R1과 ISP 라우터에 Eigrp(Process-ID는 유효한 값 내에서 수험자 임의로 사용)를 사용하여 Full-routing을 설정하시오.

나. R1 설정

• 라우터의 이름을 R1으로 변경하시오.

• R1에 연결된 PC0 및 PC1번이 외부 네트워크와 통신을 할 경우, R1의 S0/0/0에 할당된 주소를 이용하도록 PAT를 설정하시오. 이를 위한 ACL번호로 20번을 사용하여야 함.

• R1에 연결된 S0/0/0의 Encapsulation 방식을 ppp pap로 변경하고 사용자 이름은 라우터 이름, 암호는 skills를 사용하여 ISP의 s0/0/0와 인증을 수행하시오. (ISP와 인증이 이루어져야 맞는 것으로 인정함)

• 잘못 입력된 명령에 대해 라우터가 브로드캐스트 할 수 없도록 설정하시오.

다. ISP 설정

- 라우터의 이름을 ISP로 변경하시오.
- Server0만 ISP라우터에 Telnet 접속이 가능하도록 설정하되 반드시 Standard Access-List가 사용되어야 하며 번호는 1번을 사용하시오. (Telnet 접속 시 암호는 skills를 사용하여야 함)
- ISP에 연결된 s0/0/0의 Encapsulation 방식을 ppp pap로 변경하고 사용자 이름은 라우터 이름, 암호는 skills를 사용하여 R1 s0/0/0와 인증을 수행하시오. (R1과 인증이 이루어져야 맞는 것으로 인정함)

라. PC 및 Server 설정

- ISP의 Running-config 내용을 Server0의 TFTP서버에 "ISP-config"이름으로 저장하시오.
- PC0 및 Server0를 설정하여 PC0에서 "www.korea.com"으로 홈페이지 접속이 가능하도록 하시오.

마. 아래의 조건을 만족시키는 E-mail 설정을 실시하시오.

- 도메인 이름 : korea.com
- PC 0 메일 계정 : admin@korea.com, 암호 : skills123
- PC 1 메일 계정 : manager@korea.com, 암호 : skills321
- 위의 조건 이외의 조건은 유용한 값 내에서 사용자가 임의로 사용하시오.
- E-mail 설정이 끝나면 서로 E-mail을 주고받을 수 있어야 합니다.

3. 네트워크 구성도

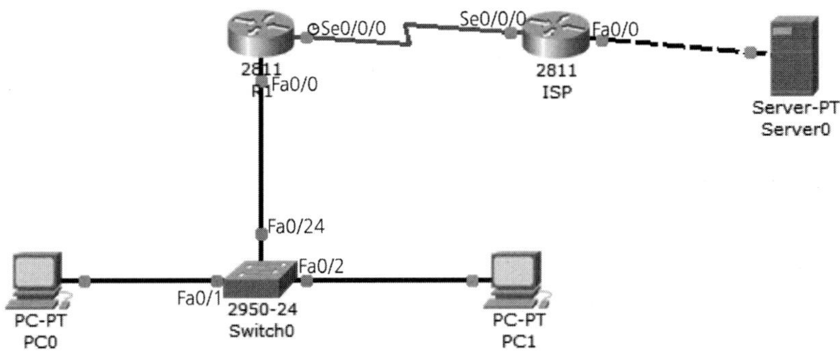

SECTION 11

기출 유형 문제 11회

국가기술자격 실기시험문제

자격종목	정보기기운용기능사	과제명	네트워크 구성

비번호 :

※ 시험시간 : [○ 표준시간 : 1시간 30분, ○ 연장시간 : 없음]

1. 요구사항

가. 주어진 자료(기출 유형 11회.pka)를 참고하여 네트워크 구성 작업을 완성하시오.

나. 네트워크를 구성 후 최종 산출물(비번호.pka)을 USB에 저장하여 제출하시오.

2. 작업내용

가. R1 설정

- 라우터의 이름을 R1으로 변경하시오.
- IP와 주소 설정 : R1 라우터에 이미 설정된 주소와 서브넷마스크를 참조하여 2개의 서브넷으로 나누어 사용하며 원래 입력된 값은 삭제합니다.
  - 첫 번째 서브넷은 PC2에 할당합니다.
  - PC2의 IP는 첫 번째 서브넷의 할당 가능한 첫 번째 주소를 사용하고, 게이트웨이 주소는 할당 가능한 마지막 주소를 사용하시오.
  - 두 번째 서브넷은 Server에 할당합니다.
  - Server의 IP는 두 번째 서브넷의 할당 가능한 첫 번째 주소를 사용하고, 게이트웨이 주소는 할당 가능한 마지막 주소를 사용하시오.
  - R1 [Se0/0/0] 172.16.0.1/30

나. R2 설정

- 라우터의 이름을 R2로 변경하시오.
- IP와 주소 설정 : R2 라우터에 이미 설정된 주소와 서브넷마스크를 참조하여 4개의 서브넷으로 나누어 사용하며 원래 입력된 값은 삭제 하시오.
  - 첫 번째 서브넷은 PC0에 할당합니다.
  - PC0의 IP는 첫 번째 서브넷의 할당 가능한 첫 번째 주소를 사용하고, 게이트웨이 주소는 할당 가능한 마지막 주소를 사용하시오.
  - 두 번째 서브넷은 PC1에 할당합니다.
  - PC1의 ip는 두 번째 서브넷의 할당 가능한 첫 번째 주소를 사용하고, 게이트웨이 주소는 할당 가능한 마지막 주소를 사용하시오.
  - R2 [Se0/0/0] 172.16.0.2/30

다. R1, R2에 콘솔 접속시 radius 계정으로 연결하시오.

- 시스템 설정 : 라우터 콘솔 접속 시 radius 계정으로 연결하시오.
- Username : master
- Password : admin##
- Secret : skills
- 포트 : 1645

라. PC2만 라우터 R1에 원격접속될 수 있도록 설정하시오. (Telnet 접속시 암호는 "admin##"으로 설정하시오.)

마. DHCP 전달(Relay)

- 서버에 이미 DHCP 서비스가 설정되어 있고 각 PC가 Router를 통하여 주소를 동적으로 할당 받도록 설정하시오. (서버는 이미 IP주소 및 DHCP가 설정되어 있음)

바. VLAN

- VLAN 할당
  - 아래 표를 참고하여 S1에 VLAN을 구성하시오.

VLAN 이름(ID)	Port
Switch0(sales : VLAN 20)	Fa0/1
Switch1(manage : VLAN 10)	Fa0/1
Switch2(office : VLAN 10)	Fa0/1-Fa0/10
Switch2(comm : VLAN 20)	Fa0/11-Fa0/20

- Inter-Vlan 구성
  - R1과 R2의 Fa0/0 포트에 서브인터페이스(Sub-Interface)를 구성하시오. 서브 인터페이스 이름은 각 VLAN의 ID 값을 사용하고 위 "바. VLAN → VLAN 할당" 항의 표를 참고하여 IP 주소를 설정하시오. (ex. "VLAN 100"의 서브인터페이스 이름은 "Fa0/0.100"으로 구성)
  - VLAN 통신을 위하여 각 서브인터페이스에 IEEE 802.1q 프로토콜을 적용하시오.
  - R1, R2의 Fa0/0 포트와 Switch0, Switch1에서 모든 VLAN Data가 전송되도록 하시오.
  - Switch2 트렁크 할 때, VLAN 10, 20만 Data가 전송되도록 설정하시오.
  - Switch0과 Switch1에 LACP를 구성하시오.

사. 라우팅

- 라우터 R1과 R2에 RIPv2를 사용하여 풀라우팅(Full-Routing)을 하시오.

3. 네트워크 구성

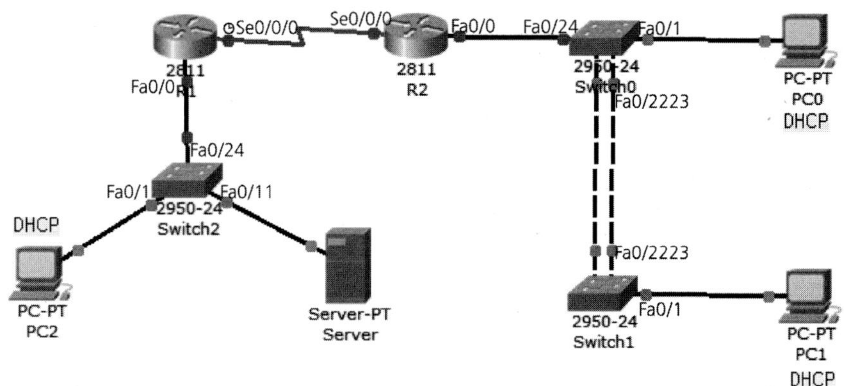

Se0/0/0
Se0/0/0
Fa0/0
Fa0/24
Fa0/1
2811
R1
Fa0/0
2811
R2
2950-24
Switch0
Fa0/2223
PC-PT
PC0
DHCP
Fa0/24
Fa0/1
Fa0/11
2950-24
Switch2
DHCP
Fa0/2223
PC-PT
PC2
Server-PT
Server
2950-24
Switch1
Fa0/1
PC-PT
PC1
DHCP

SECTION 12

기출 유형 문제 12회

국가기술자격 실기시험문제

자격종목	정보기기운용기능사	과제명	네트워크 구성

비번호 :

※ 시험시간 : [○ 표준시간 : 1시간 30분, ○ 연장시간 : 없음]

1. 요구사항

가. 주어진 자료(기출 유형 12회.pka)를 참고하여 네트워크 구성 작업을 완성하시오.
나. 네트워크를 구성 후 최종 산출물(비번호.pka)을 USB에 저장하여 제출하시오.
다. "ISP" 라우터와 "IDC_Server" 서버는 이미 구성되어 있으니 설정하지 마시오.
※ 주어지지 않은 설정 값에 대해서는 유효한 값 내에서 임의로 사용하시오.

2. 작업내용

가. IP 주소

• 네트워크 주소 200.180.30.0/24을 PC0에 30명, PC1에 12명, PC2에 5명 순으로 서브네팅하시오.

네트워크(구간)	호스트(장치명)	IP 주소
100.10.0.0/18 (R1~ISP 구간)	R1 [Se0/0/0]	100.10.0.1
	ISP [Se0/0/0]	100.10.63.254
PC0(30)	R1[Fa0/0.10]	해당 서브넷에서 호스트에 할당 가능한 마지막 IP 주소
	PC0	해당 서브넷에서 호스트에 할당 가능한 첫 번째 주소
PC1(12)	R1[Fa0/0.20]	해당 서브넷에서 호스트에 할당 가능한 마지막 IP 주소
	PC1	해당 서브넷에서 호스트에 할당 가능한 첫 번째 주소
PC2(5)	R1[Fa0/0.30]	해당 서브넷에서 호스트에 할당 가능한 마지막 IP 주소
	PC2	해당 서브넷에서 호스트에 할당 가능한 첫 번째 주소
192.168.1.0/24	Server0	192.168.1.10 (이미 구성되어 있음)

나. PC의 IP 주소와 게이트웨이

• 모든 네트워크에서 ip 주소는 할당 가능한 첫 번째 주소를 할당하고, 게이트웨이 주소는 할당 가능한 마지막 번째 주소를 할당하시오.

다. VLAN

• VLAN 할당

– 아래 표를 참고하여 S1에 VLAN을 구성하시오.

VLAN 이름(ID)	Port
skill : VLAN 10	Fa0/1
comm : VLAN 20	Fa0/2
office : VLAN 30	Fa0/3

• Inter-Vlan 구성

– R1의 Fa0/0 포트에 서브인터페이스(Sub-Interface)를 구성하시오. 서브 인터페이스 이름은 각 VLAN의 ID 값을 사용하고 위 "가. IP 주소" 항의 표를 참고하여 IP 주소를 설정하시오.
(ex. "VLAN 100"의 서브인터페이스 이름은 "Fa0/0.100"으로 구성)

– VLAN 통신을 위하여 각 서브인터페이스에 IEEE 802.1q 프로토콜을 적용하시오.

– R1의 Fa0/0 포트와 Switch Fa0/24 포트에서 모든 VLAN Data가 전송되도록 하시오.

라. 라우팅

• R1 라우터와 ISP 라우터는 Ripv2를 이용하여 라우팅 정보를 교환합니다. R1에 Ripv2 프로토콜로 라우팅 정보가 전달되게 설정하시오.

• 자동 요약 기능을 해제하시오.

• 이 외 정적 라우팅 또는 기본라우팅(Default routing)을 설정하지 마시오.

3. 네트워크 구성

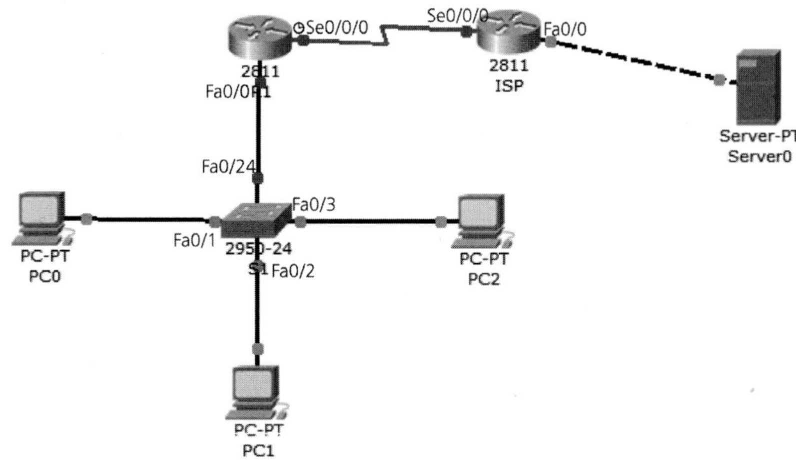

포기하지 마세요.

PART 03

모의고사

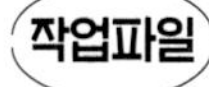
작업파일

[정보기기 실기 예제 파일₩모의고사] 폴더에서 작업하세요.

차례

. SECTION .

01 모의고사 01회

국가기술자격 실기시험문제

자격종목	정보기기운용기능사	과제명	네트워크 구성

비번호 :

※ 시험시간 : [○ 표준시간 : 1시간 30분, ○ 연장시간 : 없음]

1. 요구사항

가. 주어진 자료(모의01.pka)를 참고하여 네트워크 구성 작업을 완성하시오.

나. 네트워크를 구성 후 최종 산출물(비번호.pka)을 USB에 저장하여 제출하시오.

다. "ISP" 라우터와 "IDC_Server" 서버는 이미 구성되어 있으니 설정하지 마시오.

※ 주어지지 않은 설정 값에 대해서는 유효한 값 내에서 임의로 사용하시오.

2. 작업내용

가. 시스템 설정

• 콘솔 접속 메시지

– R1에서 콘솔로 접속 시 "^$~ Welcom R1 Router ~$^" 메시지가 보이도록 하시오.

• 원격 로그인

– R1에서 텔넷을 통하여 연결 할 경우 "user01" 사용자로, 암호는 "skills"로 로그인 하도록 구성하시오.

• 암호 설정

– R1에서 "Privileged mode"에 접속하기 위해 "skills" 암호를 입력하도록 하시오.

나. IP 주소 및 장치 설정

• IP 주소 할당

– 아래 표를 참고하여 각 장비의 네트워크 장치(Interface)에 IP 주소를 할당하고 필요할 경우 각 네트워크 장비의 해당 장치를 활성화 하시오.

네트워크(구간)	호스트(장치명)	IP 주소
100.100.100.0/24 (R1~ISP 구간)	R1 [Se0/0/0]	100.100.100.2
172.10.0.0/19 (VLAN 100 : sales)	R1 [Fa0/0.100]	해당 서브넷에서 호스트에 할당 가능한 임의의 IP 주소
	Sales_PC	172.10.0.10
172.30.0.0/19 (VLAN 200 : office)	R1 [Fa0/0.200]	해당 서브넷에서 호스트에 할당 가능한 임의의 IP 주소
	Manage_PC	172.30.0.10
	S1	172.30.0.2
100.30.0.0/24	IDC_Server	100.30.0.10 (이미 구성되어 있음)

• 게이트웨이 설정
 - Sales_PC, Manage_PC, S1의 게이트웨이(Gateway) 또는 Default Gateway를 해당 서브넷에서 호스트의 할당 가능한 마지막 IP 주소로 설정하시오.

• 네임서버 설정
 - Sales_PC, Manage_PC의 네임서버(DNS Server) 주소를 IDC_Server의 IP 주소로 설정

다. VLAN

• VLAN 할당
 - 아래 표를 참고하여 S1에 VLAN을 구성하시오.

VLAN 이름(ID)	Port
sales(VLAN 100)	Fa0/1
office(VLAN 200)	Fa0/2

• Inter-Vlan 구성
 - R1의 Fa0/0 포트에 서브 인터페이스(Sub-Interface)를 구성하시오. 서브 인터페이스 이름은 각 VLAN의 ID 값을 사용하고 위 "나. IP 주소 및 장치 설정 → IP 주소 할당" 항의 표를 참고하여 IP 주소를 설정하시오. (ex. "VLAN 50"의 서브인터페이스 이름은 "Fa0/0.50"으로 구성)
 - VLAN 통신을 위하여 각 서브인터페이스에 IEEE 802.1q 프로토콜을 적용하시오.
 - R1의 Fa0/0 포트와 S1의 Fa0/24 포트에서 모든 VLAN Data가 전송되도록 하시오.

라. 라우팅

• 정적 라우팅
 - R1 라우터에서 ISP 라우터를 통해 외부로 데이터가 전달될 수 있도록 기본 라우팅(Default Routing)을 구성하시오.
 - 라우팅 경로는 R1에서 CDP를 사용하여 ISP 라우터의 "Se0/0/0"에 할당된 IP 주소를 확인한 후 구성하시오. 단, 정적 라우팅 구성 시 인터페이스 이름은 사용하지 마시오.

마. 서비스 접속

• 웹 서비스 접속
 - Sales_PC와 Manage_PC에서 웹브라우저를 열고 "http://www.skills.com"에 접속하여 아래와 같이 접속되는지 확인하시오. ("http://www.skills.com" 사이트는 IDC_Server에 미리 구성되어 있음)

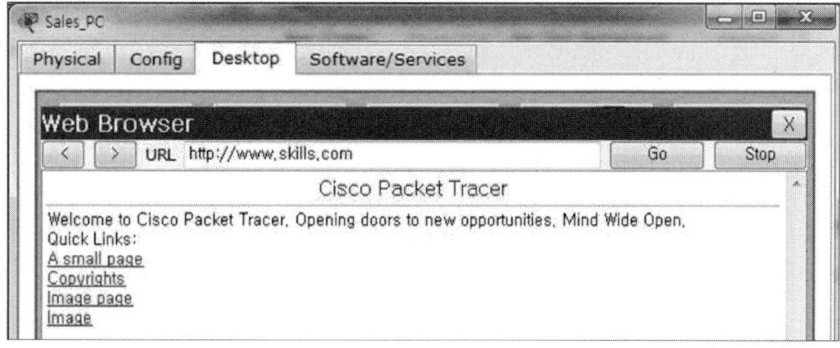

3. 네트워크 구성도

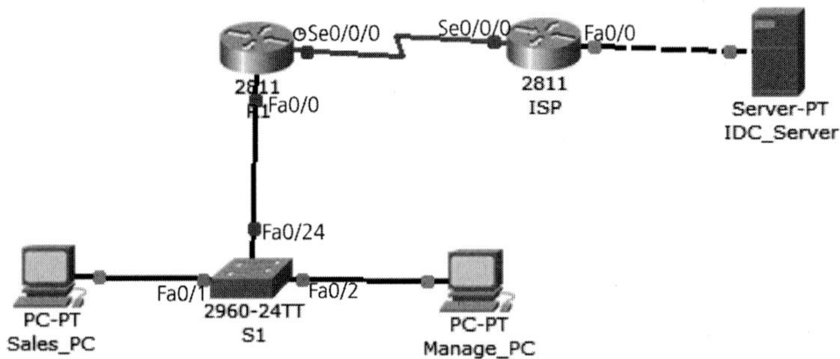
Se0/0/0
Se0/0/0
Fa0/0
2811
R1
Fa0/0
2811
ISP
Server-PT
IDC_Server
Fa0/24
Fa0/1
Fa0/2
2960-24TT
S1
PC-PT
Sales_PC
PC-PT
Manage_PC

SECTION 02

모의고사 02회

국가기술자격 실기시험문제

자격종목	정보기기운용기능사	과제명	네트워크 구성

비번호 :

※ 시험시간 : [○ 표준시간 : 1시간 30분, ○ 연장시간 : 없음]

1. 요구사항

가. 주어진 자료(모의02.pka)를 참고하여 네트워크 구성 작업을 완성하시오.

나. 네트워크를 구성 후 최종 산출물(비번호.pka)을 USB에 저장하여 제출하시오.

다. "ISP" 라우터와 "Server" 서버는 이미 구성되어 있으니 설정하지 마시오.

※ 주어지지 않은 설정 값에 대해서는 유효한 값 내에서 임의로 사용하시오.

2. 작업내용

가. 시스템 설정

- 콘솔 접속 메시지
  - R1에서 콘솔 또는 텔넷(Telnet) 접속 시 "^$~ R1 ~$^" 메시지가 보이게 설정하시오.
- 원격 로그인
  - PC에서 라우터 R1으로 텔넷을 통하여 연결할 경우 "user01" 사용자로 로그인 하도록 구성하시오. (암호 "router##")
- 암호 설정
  - R1에서 "Privileged mode"에 접속하기 위해 "router##" 암호를 입력하도록 하시오.
  - R1에서 모든 암호는 인코딩(암호화)되어 저장 되도록 설정하시오.

나. IP 주소 및 장치 설정

- IP 주소 할당
  - 아래 표를 참고하여 각 장비의 네트워크 장치(Interface)에 IP 주소를 할당하고 필요할 경우 각 네트워크 장비의 해당 장치를 활성화하시오.

네트워크(구간)	호스트(장치명)	IP 주소
150.30.0.0/19 (R1~ISP 구간)	R1 [Se0/0/0]	해당 네트워크에서 할당 가능한 첫 번째 주소
	ISP [Se0/0/0]	해당 네트워크에서 할당 가능한 마지막 주소
150.0.0.0/17 (VLAN 20 : Sales)	R1 [Fa0/0.20]	해당 서브넷에서 호스트에 할당 가능한 마지막 IP 주소
	PC0	150.0.0.20
	Switch	150.0.0.2
150.128.0.0/17 (VLAN 60 : Manage)	R1 [Fa0/0.60]	해당 서브넷에서 호스트에 할당 가능한 마지막 IP 주소
	PC1	150.128.0.20
192.168.1.0/24	Server	192.168.1.10 (이미 구성되어 있음)

• 게이트웨이 설정
 – PC0, PC1, Switch의 게이트웨이(Gateway) 또는 Default Gateway를 해당 서브넷에서 호스트의 할당 가능한 마지막 IP 주소로 설정하시오.
• 네임서버 설정
 – PC0, PC1의 네임서버(DNS Server) 주소를 IDC_Server의 IP 주소로 설정하시오.

다. VLAN

• VLAN 할당
 – 아래 표를 참고하여 S1에 VLAN을 구성하시오.

VLAN 이름(ID)	Port
Sales(VLAN 20)	Fa0/1
Manage(VLAN 60)	Fa0/2

• Inter-Vlan 구성
 – R1의 Fa0/0 포트에 서브인터페이스(Sub-Interface)를 구성하시오. 서브 인터페이스 이름은 각 VLAN의 ID 값을 사용하고 위 "나. IP 주소 및 장치 설정 → IP 주소 할당" 항의 표를 참고하여 IP 주소를 설정하시오. (ex. "VLAN 100"의 서브인터페이스 이름은 "Fa0/0.100"으로 구성)
 – VLAN 통신을 위하여 각 서브인터페이스에 IEEE 802.1q 프로토콜을 적용하시오.
 – R1의 Fa0/0 포트와 Switch의 Fa0/24 포트에서 VLAN 20, VLAN 60의 Data만 전송되고, 다른 VLAN은 전송될 수 없도록 하시오.

라. 라우팅

• 정적 라우팅
 – R1-ISP 구간의 네트워크는 150.30.0.0/19입니다. Sales_PC 네트워크와 Manage_PC 네트워크가 Server와 통신이 가능하도록 R1 라우터에 정적 라우팅을 구성하시오. (ISP 라우터에는 라우팅 정보가 설정되어 있음)
 – 정적 라우팅 구성 시 인터페이스 이름은 사용하지 마시오.
 – 기본 라우팅을 설정하지 마시오.

마. 서비스 접속

• 웹 서비스 접속

– PC0과 PC1에서 웹브라우저를 열고 "http://www.skills.com"에 접속하여 아래와 같이 접속 되는지 확인하시오.
("http://www.skills.com" 사이트는 IDC_Server에 미리 구성되어 있음)

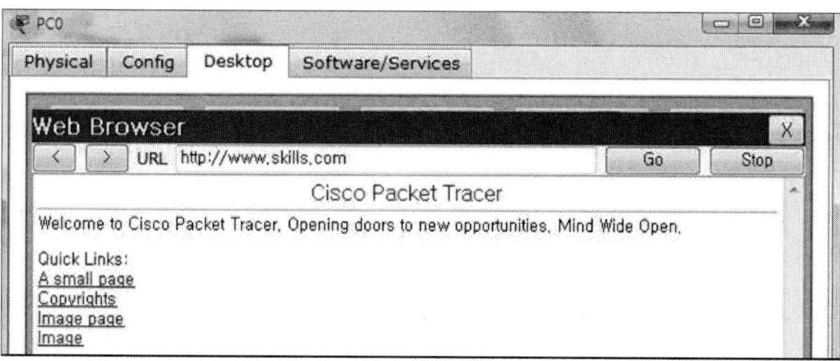

3. 네트워크 구성도

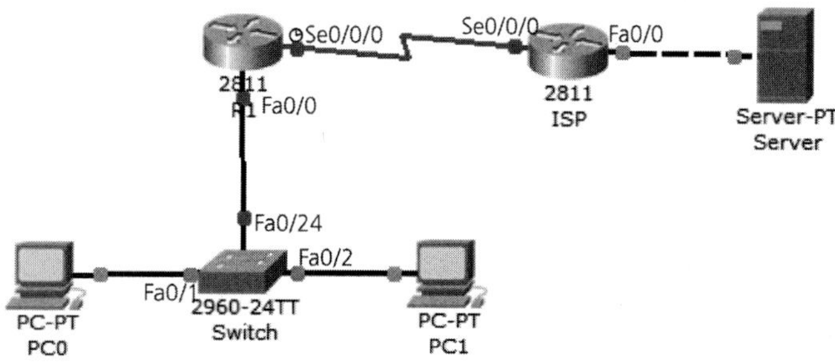

. SECTION .
03
모의고사 03회

국가기술자격 실기시험문제

자격종목	정보기기운용기능사	과제명	네트워크 구성

비번호 :

※ 시험시간 : [○ 표준시간 : 1시간 30분, ○ 연장시간 : 없음]

1. 요구사항

가. 주어진 자료(모의03.pka)를 참고하여 네트워크 구성 작업을 완성하시오.

나. 네트워크를 구성 후 최종 산출물(비번호.pka)을 USB에 저장하여 제출하시오.

2. 작업내용

가. IP 주소 설정

네트워크(구간)	호스트(장치명)	IP 주소
150.20.0.0/15 (VLAN 50 : admin)	R1 [Fa0/0.50]	해당 서브넷에서 호스트에 할당 가능한 마지막 IP 주소
	PC0	150.20.0.2
	S1	150.20.0.3
160.20.0.0/15 (VLAN 60 : sales)	R1 [Fa0/0.60]	해당 서브넷에서 호스트에 할당 가능한 마지막 IP 주소
	PC1	160.20.0.2
170.20.0.0/15 (VLAN 70 : marketing)	R1 [Fa0/0.70]	해당 서브넷에서 호스트에 할당 가능한 마지막 IP 주소
	PC2	170.20.0.2
	S2	170.20.0.3
180.20.0.0/15 (VLAN 80 : business)	R1 [Fa0/0.80]	해당 서브넷에서 호스트에 할당 가능한 마지막 IP 주소
	PC3	180.20.0.2

- PC에 설정될 Default Gateway 주소는 각각 VLAN별로 할당 가능한 마지막 주소로 설정하시오.

나. R1 설정

- 라우터에 Console로 접속할 경우 ID "master"와 Password "pass!!"를 사용하여 인증 받을 수 있도록 설정하시오.
- 명령어를 잘못 입력할 경우 DNS 질의 하지 않도록 설정하시오.

다. 토플로지를 참조하여 S1과 S2에 VLAN을 구성하고 각 포트에 VLAN을 할당하시오.

장치 이름	VLAN(ID)	Port
S1	admin(VLAN 50)	Fa0/1
	sales(VLAN 60)	Fa0/2
S2	marketing(VLAN 70)	Fa0/1
	business(VLAN 80)	Fa0/2

라. Inter-VLAN 설정

- R1의 Fa0/0 포트에 서브인터페이스(Sub-Interface)를 구성하되 아래 형식에 맞게 구성하시오. (ex. VLAN 10번일 경우 Fa0/0.10으로 설정)
- Inter-VLAN이 가능하도록 S1과 S2의 적절한 인터페이스에 트렁크를 설정하시오.

마. S1의 Fa0/3 포트에 PC가 연결될 예정입니다. 이 포트에는 1대의 PC만 데이터를 주고받을 수 있도록 Port-Security를 구성하되, 1대 이상의 PC가 연결될 경우 스위치 포트가 자동으로 Shutdown되도록 설정하시오.

바. 모든 구간의 PC간 통신이 되는지 Ping 테스트를 하여 확인하시오.

3. 네트워크 구성도

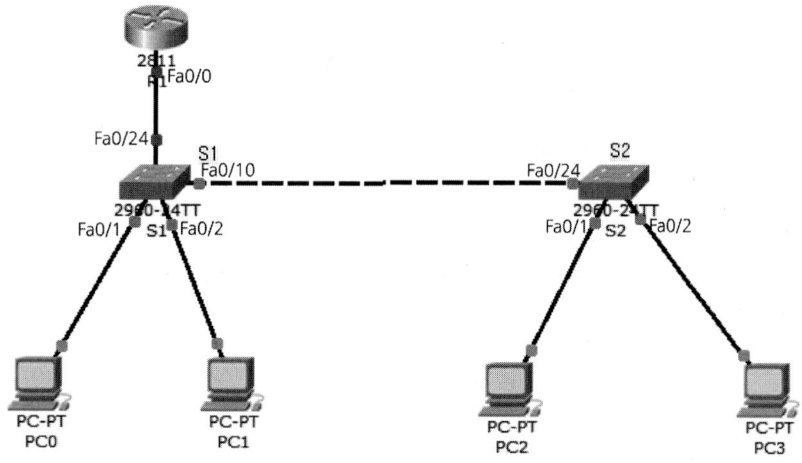

SECTION 04

모의고사 04회

국가기술자격 실기시험문제

자격종목	정보기기운용기능사	과제명	네트워크 구성

비번호 :

※ 시험시간 : [○ 표준시간 : 1시간 30분, ○ 연장시간 : 없음]

1. 요구사항

가. 주어진 자료 (모의04).pka를 활용하여 네트워크 구성 작업을 완성하시오.

나. 네트워크 구성 후 최종 산출물(비번호.pka)을 USB에 저장하여 제출합니다.

※ 주어지지 않은 설정 값에 대해서는 유효한 값 내에서 임의로 사용하시오.

2. 작업내용

가. 시스템 설정

• IP 주소 및 장치 설정

– 토폴로지에 명시된 네트워크 주소를 토대로 다음을 참고하여 IP를 설정하고 각 네트워크 장치를 활성화하시오. (DCE에 Clock rate : 64000으로 설정)

네트워크(구간)	호스트(장치명)	IP 주소
R1 100.30.0.0/24	R1 [Fa0/0]	해당 서브넷에서 호스트에 할당 가능한 마지막 IP 주소
	SW0 [vlan 1]	해당 서브넷에서 호스트에 할당 가능한 첫 번째 주소
	PC0	100.30.0.2
	PC1	100.30.0.3
10.0.0.0/30 (라우터들의 시리얼 구간)	R1 [Se0/0/0]	10.0.0.2
	R2 [Se0/0/0]	해당 서브넷에서 사용하지 않은 나머지 주소
170.30.0.0/19 (VLAN 30 : admin)	R2 [Fa0/0.30]	해당 서브넷에서 호스트에 할당 가능한 마지막 IP 주소
	PC2	170.30.0.1
170.60.0.0/19 (VLAN 60 : sales)	R2 [Fa0/0.60]	해당 서브넷에서 호스트에 할당 가능한 마지막 IP 주소
	PC3	170.60.0.1

• 게이트웨이 설정

– 토폴로지의 모든 PC 및 SW0의 게이트웨이 또는 Default Gateway를 해당 서브넷에서 호스트에 할당 가능한 마지막 주소로 할당하시오.

나. VLAN 할당

• 아래 표를 참고하여 SW1, SW2에 VLAN을 구성하시오.

ID(VLAN)	스위치 [Port]
admin(VLAN 30)	SW1 (Fa0/1)
sales(VLAN 60)	SW2 (Fa0/1)

다. Inter-Vlan 구성

• R2의 Fa0/0에 서브 인터페이스를 구성하시오. 서브 인터 페이스의 이름은 각 VLAN의 ID 값을 사용하고 위 "가. 시스템 설정 → IP 주소 및 장치 설정" 항의 표를 참고하여 IP 주소를 설정하시오.
(ex. "VLAN 100"의 서브인터페이스 이름은 "Fa0/0.100"으로 구성)

• VLAN 통신을 위하여 각 서브인터페이스에 IEEE 802.1q 프로토콜을 적용하시오.
  – R2 Fa0/0, SW1 Fa0/23, Fa0/24, SW2 Fa0/24 포트들을 모든 VLAN Data가 전송되도록 하시오.

라. 암호 설정

• R1 및 R2 라우터에 콘솔 접속시 유저네임은 "master", 암호는 "admin##"으로 설정하시오.
• R1 및 R2 라우터에 Privilege Mode 접속시 암호를 "admin##"으로 설정하시오.

마. 라우팅

• RIPv2
  – 두개의 라우터에서 모든 PC간에 통신이 원활히 되도록 RIPv2를 설정하시오.
  – 각 라우터의 LAN 구간으로 라우팅 업데이트 정보가 전송되지 않도록 설정하시오.
  – 라우팅 설정시 서브넷 정보가 요약되지 않도록 설정하시오.

3. 네트워크 구성도

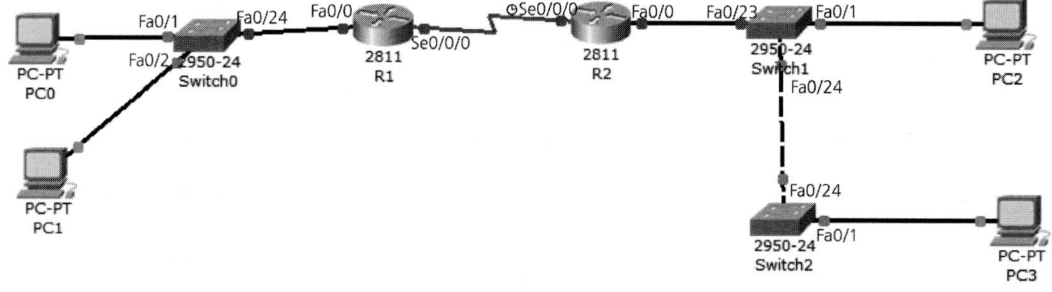

SECTION 05

모의고사 05회

국가기술자격 실기시험문제

자격종목	정보기기운용기능사	과제명	네트워크 구성

비번호 :

※ 시험시간 : [○ 표준시간 : 1시간 30분, ○ 연장시간 : 없음]

1. 요구사항

가. 주어진 자료(모의05.pka)를 참고하여 네트워크 구성 작업을 완성하시오.

나. 네트워크를 구성 후 최종 산출물(비번호.pka)을 USB에 저장하여 제출하시오.

다. "Server"는 이미 구성되어 있으니 설정하지 마시오.

※ 주어지지 않은 설정 값에 대해서는 유효한 값 내에서 임의로 사용하시오.

2. 작업내용

가. 시스템 설정

- Default Gateway는 할당 가능한 마지막 주소를 사용하시오.
- R1에서 "Privileged mode"에 접속하기 위해 "admin##" 암호를 입력하도록 하시오.
- R1은 관리용 네트워크에서만 텔넷 접속이 가능하도록 설정하시오. (암호는 admin## 사용)

나. 서브네팅 및 IP 주소 할당

- IP 주소 할당
  - 아래 표를 참고하여 각 PC에 IP 주소를 할당하고 필요할 경우 각 네트워크 장비의 해당 장치를 활성화하시오.

네트워크의 구분 이름(VLAN ID)	호스트	IP 주소
110.0.0.0/21 Server_net(VLAN 10) 서버네트워크	Router[Fa0/0.10]	해당 서브넷에서 할당 가능한 마지막 IP 주소
	Server	110.0.0.1(이미 설정되어 있음)
110.32.0.0/21 Manage_net(VLAN 20) 관리용네트워크	Router[Fa0/0.20]	해당 서브넷에서 할당 가능한 마지막 IP 주소
	PC0	DHCP 할당(할당 못할 경우 해당 서브넷의 임의 값으로 설정)
	S1	110.32.0.1
110.64.0.0/21 Student_net(VLAN 10) 학생용네트워크	Router[Fa1/0.10]	해당 서브넷에서 할당 가능한 마지막 IP 주소
	PC1	DHCP 할당(할당 못 할 경우 해당 서브넷의 임의 값으로 설정)
	S2	110.64.0.1
110.192.0.0/21 Teacher_net(VLAN 20) 교사용네트워크	Router[Fa1/0.20]	해당 서브넷에서 할당 가능한 마지막 IP 주소
	PC2	DHCP 할당(할당 못할 경우 해당 서브넷의 임의 값으로 설정)

• DHCP
  - 각 PC가 라우터로부터 ip 주소를 동적으로 받아올 수 있도록 설정하시오.
  - DHCP 영역 이름은 해당 VLAN 이름을 사용하시오.
    (ex. Server_net, Manage_net, Student_net, Teacher_net)

다. VLAN

• VLAN 할당
  - 아래 표와 같이 스위치 S1에 VLAN을 구성하시오.

장치 이름	VLAN(ID)	Port
S1	Server_net(VLAN 10)	Fa0/1 – Fa0/10
	Manage_net(VLAN 20)	Fa0/11– Fa0/20
S2	Student_net(VLAN 10)	Fa0/1 – Fa0/10
	Teacher_net(VLAN 20)	Fa0/11– Fa0/20

• Inter-Vlan 구성
  - R1의 Fa0/0 포트와 Fa1/0 포트에 서브 인터페이스(Sub-Interface)를 구성하시오. 서브 인터페이스 이름은 각 VLAN의 ID 값을 사용하고 위 "나. 서브넷팅 및 IP 주소 할당 → IP 주소 할당" 항의 표를 참고하여 IP 주소를 설정하시오.
    (ex. "VLAN 100"의 서브인터페이스 이름은 "Fa0/0.100"으로 구성)
  - VLAN 통신을 위하여 각 서브인터페이스에 IEEE 802.1q 프로토콜을 적용
  - R1의 Fa0/0 포트와 각 Switch의 Fa0/24 포트에서 모든 Data가 전송되도록 설정하시오.

라. 서비스 접속

• 웹 서비스 접속
  - 모든 PC가 웹브라우저 "http://www.skills.com"에 접속되는지 확인하시오.
    ("http://www.skills.com" 사이트는 Server0에 미리 구성되어 있음)

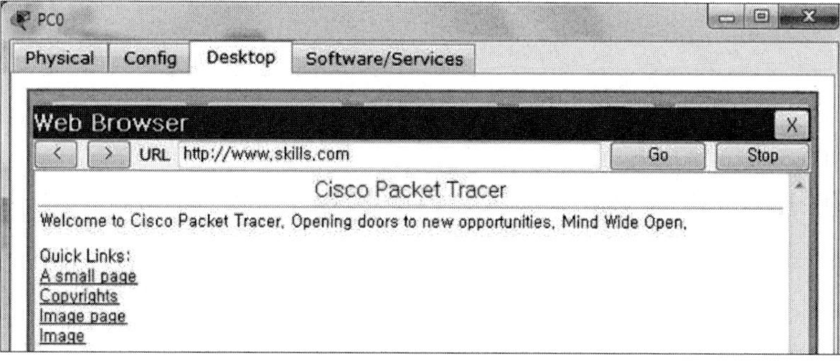

3. 네트워크 구성도

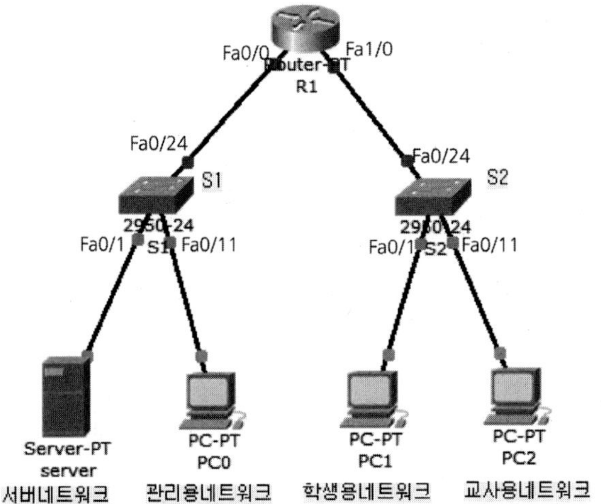

Fa0/0
Router-PT
R1
Fa1/0
Fa0/24
S1
2950-24
Fa0/1
S1
Fa0/11
Fa0/24
S2
2950-24
Fa0/1
S2
Fa0/11
Server-PT
server
서버네트워크
PC-PT
PC0
관리용네트워크
PC-PT
PC1
학생용네트워크
PC-PT
PC2
교사용네트워크

· SECTION ·
06
모의고사 06회

국가기술자격 실기시험문제

자격종목	정보기기운용기능사	과제명	네트워크 구성

비번호 :

※ 시험시간 : [○ 표준시간 : 1시간 30분, ○ 연장시간 : 없음]

1. 요구사항

가. 주어진 자료 (모의06.pka)를 활용하여 네트워크 구성 작업을 완성하시오.

나. 네트워크 구성 후 최종 산출물(비번호.pka)을 USB에 저장하여 제출합니다.

※ 주어지지 않은 설정 값에 대해서는 유효한 값 내에서 임의로 사용하시오.

2. 작업내용

가. 시스템 설정

• IP 주소 및 장치 설정

– 토폴로지에 명시된 네트워크 주소를 토대로 다음을 참고하여 IP를 설정하고 각 네트워크 장치를 활성화하시오. (DCE에 Clock rate : 64000으로 설정)

네트워크(구간)	호스트(장치명)	IP 주소
R1 192.168.0.0/24	R1 [Fa0/0]	192.168.0.1
	SW0 [vlan 1]	DHCP할당
	PC0	DHCP할당
	PC1	DHCP할당
10.0.0.0/30 (라우터들의 시리얼 구간)	R1 [Se0/0/0]	10.0.0.1
	R2 [Se0/0/0]	10.0.0.2
172.30.0.0/24 (VLAN 10)	R2 [Fa0/0.10]	해당 서브넷에서 호스트에 할당 가능한 마지막 IP 주소
	PC2	172.30.0.1
172.31.0.0/24 (VLAN 20)	R2 [Fa0/0.20]	해당 서브넷에서 호스트에 할당 가능한 마지막 IP 주소
	PC3	172.31.0.1

• 게이트웨이 설정

– 토폴로지의 PC2, PC3의 게이트웨이 또는 Default Gateway를 해당 서브넷에서 호스트에 할당 가능한 마지막 주소로 할당하시오.

나. VLAN 할당

• 아래 표를 참고하여 SW1, SW2에 VLAN을 구성하시오.

VLAN 이름(ID)	Port
VLAN 10	SW1 (Fa0/1)
VLAN 20	SW2 (Fa0/1)

다. Inter-Vlan 구성

• R2의 Fa0/0에 서브 인터페이스를 구성하시오. 서브 인터페이스의 이름은 각 VLAN의 ID 값을 사용하고 위 "가. 시스템 설정 → IP 주소 및 장치 설정" 항의 표를 참고하여 IP 주소를 설정하시오.
(ex. "VLAN 100"의 서브인터페이스 이름은 "Fa0/0.100"으로 구성)

• VLAN 통신을 위하여 각 서브인터페이스에 IEEE 802.1q 프로토콜을 적용하시오.
  – R2 Fa0/0, SW1 Fa0/23, Fa0/24, SW2 Fa0/24 포트들을 모든 VLAN Data가 전송되도록 하시오.

라. 라우팅

• RIPv2
  – 두개의 라우터에서 모든 PC간에 통신이 원활히 되도록 RIPv2 설정하시오.
  – 각 라우터의 LAN 구간으로 라우팅 업데이트 정보가 전송되지 않도록 설정하시오.
  – 라우팅 설정시 서브넷 정보가 요약되지 않도록 설정하시오.

마. PC0, PC1과 SW0이 R1으로부터 DHCP로 할당 받도록 설정하시오.

바. PC0만 외부로 데이터를 보낼 수 없도록 설정하시오.

사. 라우터 R1과 라우터 R2 사이에 PPP-Chap를 설정하되 사용자 이름과 암호는 임의로 사용하시오.

아. PC2와 PC3가 외부와 통신할 경우 라우터 R2 Se0/0/0 주소를 사용하도록 설정하시오.

자. SW1에 Fa0/1 포트에는 현재 연결된 PC2만 데이터를 주고받을 수 있으며 만약 다른 PC가 연결될 경우 포트가 다운되도록 설정하시오(Mac Address를 사용하시오).

차. PC2가(또는 vlan 10이) SW2에 Root-Bridge가 되도록 설정하시오.

3. 네트워크 구성도

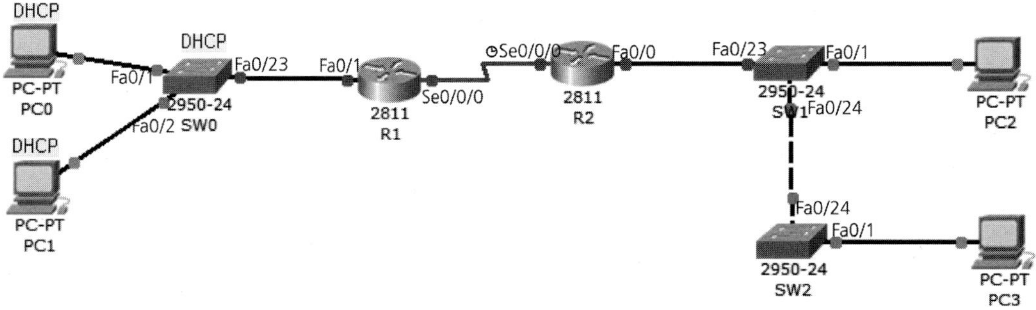

. SECTION .
07
모의고사 07회

국가기술자격 실기시험문제

자격종목	정보기기운용기능사	과제명	네트워크 구성

비번호 :

※ 시험시간 : [○ 표준시간 : 1시간 30분, ○ 연장시간 : 없음]

1. 요구사항

가. 주어진 자료(모의07.pka)를 참고하여 네트워크 구성 작업을 완성하시오.
나. 네트워크를 구성 후 최종 산출물(비번호.pka)을 USB에 저장하여 제출하시오.

2. 작업내용

가. IP 주소 설정 확인 및 라우팅 설정

• 아래의 표에서 각 장비의 조건에 맞는 주소를 구하시오.

호스트	네트워크	조건	IP 주소
PC0	163.180.0.0/17	할당 가능한 마지막 주소	
PC1	163.180.0.0/17	할당 가능한 마지막에서 2번째 주소	
R1(Fa0/0)	163.180.0.0/17	할당 가능한 첫 번째 주소	
R1(Se0/0/0)	203.230.7.76/30	할당 가능한 첫 번째 주소	
ISP(Fa0/0)	150.183.0.0/18	할당 가능한 마지막 주소	
ISP(Se0/0/0)	203.230.7.76/30	할당 가능한 마지막 주소	
Server	150.183.0.0/18	할당 가능한 첫 번째 주소	

• R1과 ISP 라우터에 Eigrp(Process-ID는 유효한 값 내에서 수험자 임의로 사용)를 사용하여 Full-routing을 설정하시오.
• 라우터의 이름을 도면과 같이 변경하시오.

나. R1 설정

• R1 라우터와 ISP 라우터 사이에 PPP-CHAP를 구성하되 사용자 이름과 암호는 임의로 사용하시오.
• PC0와 PC1이 외부와 통신할 경우 R1 라우터 s0/0/0 주소를 사용하도록 하되 번호는 임의로 사용하시오.

다. ISP 설정

• ISP 라우터에 아래와 SSH를 구성하되 사용자 이름과 암호는 임의로 사용하시오.
  – domain name : korea.com
  – key : 512 비트
• ISP의 IOS를 Server0의 tftp에 저장하되, IOS 이름은 바꾸지 마시오.

라. PC 및 Server 설정

- PC0 및 Server0를 설정하여 PC0에서 "www.korea.com" 으로 홈페이지 접속이 가능하도록 하시오.

마. 아래의 조건을 만족시키는 E-mail 설정을 실시하시오.

- 도메인 이름 : korea.com
- PC 0 메일 계정 : admin@korea.com, 암호 : skills123
- PC 1 메일 계정 : manager@korea.com, 암호 : skills321
- 위의 조건 이외의 조건은 유용한 값 내에서 사용자가 임의로 사용하시오.
- E-mail 설정이 끝나면 서로 E-mail을 주고받을 수 있어야 합니다.

3. 네트워크 구성도

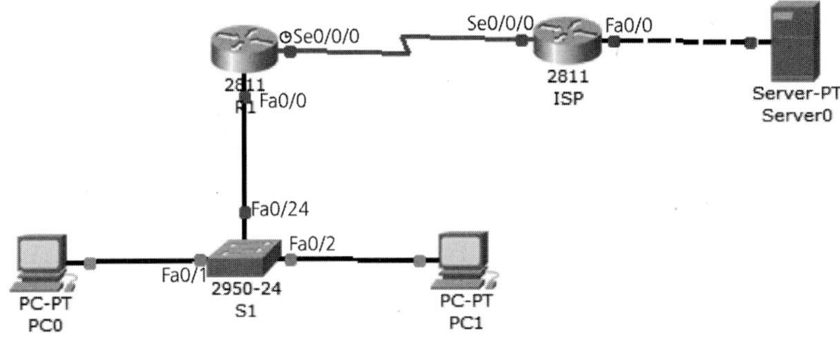

SECTION 08

모의고사 08회

국가기술자격 실기시험문제

자격종목	정보기기운용기능사	과제명	네트워크 구성

비번호 :

※ 시험시간 : [○ 표준시간 : 1시간 30분, ○ 연장시간 : 없음]

1. 요구사항

가. 주어진 자료(모의08.pka)를 참고하여 네트워크 구성 작업을 완성하시오.

나. 네트워크를 구성 후 최종 산출물(비번호.pka)을 USB에 저장하여 제출하시오.

다. "ISP" 라우터와 "IDC_Server" 서버는 이미 구성되어 있으니 설정하지 마시오.

※ 주어지지 않은 설정 값에 대해서는 유효한 값 내에서 임의로 사용하시오.

2. 작업내용

가. 시스템 설정

• 콘솔 및 텔넷 접속 메시지

– R1에 콘솔 또는 텔넷(Telnet) 접속 시 "Welcome To R1 Router!" 메시지가 보이게 설정하시오.

• 원격 로그인

– R1에서 텔넷을 통하여 연결 할 경우 "master" 사용자로, 암호는 "skills"로 로그인 하도록 구성하시오.

• 암호 설정

– R1에서 "Privileged mode"에 접속하기 위해 "skills" 암호를 입력하도록 하시오.

나. IP 주소 및 장치 설정

• IP 주소 할당

– 아래 표를 참고하여 각 장비의 네트워크 장치(Interface)에 IP 주소를 할당하고 필요할 경우 각 네트워크 장비의 해당 장치를 활성화 하시오.

네트워크(구간)	호스트(장치명)	IP 주소
172.20.0.0/19 (R1~ISP 구간)	R1 [Se0/0/0]	해당 네트워크 구간에서 할당 가능한 마지막 번째 주소
	ISP [Se0/0/0]	해당 네트워크 구간에서 할당 가능한 첫 번째 주소
100.0.0.0/11 (VLAN 100: Sales)	R1 [Fa0/0.100]	해당 서브넷에서 호스트에 할당 가능한 마지막 IP 주소
	Sales_PC	100.0.0.10
	Switch	100.0.0.2
100.128.0.0/11 (VLAN 200: Manage)	R1 [Fa0/0.200]	해당 서브넷에서 호스트에 할당 가능한 마지막 IP 주소
	Manage_PC	100.129.0.10
20.0.0.0/12	IDC_Server	20.0.0.10 (이미 구성되어 있음)

• 게이트웨이 설정

– Sales_PC, Manage_PC, S1의 게이트웨이(Gateway) 또는 Default Gateway를 해당 서브넷에서 호스트의 할당 가능한 마지막 IP 주소로 설정하시오.

• 네임서버 설정

– Sales_PC, Manage_PC의 네임서버(DNS Server) 주소를 IDC_Server의 IP 주소로 설정

다. VLAN

• VLAN 할당

– 아래 표를 참고하여 S1에 VLAN을 구성하시오.

VLAN 이름(ID)	Port
Sales(VLAN 100)	Fa0/1
Manage(VLAN 200)	Fa0/2

• Inter-Vlan 구성

– R1의 Fa0/0 포트에 서브인터페이스(Sub-Interface)를 구성하시오. 서브 인터페이스 이름은 각 VLAN의 ID 값을 사용하고 위 "나. IP 주소 및 장치 설정 → IP 주소 할당" 항의 표를 참고하여 IP 주소를 설정하시오. (ex. "VLAN 10"의 서브인터페이스 이름은 "Fa0/0.10"으로 구성)

– VLAN 통신을 위하여 각 서브인터페이스에 IEEE 802.1q 프로토콜을 적용하시오.

– R1의 Fa0/0 포트와 S1의 Fa0/24 포트에서 모든 VLAN Data가 전송되도록 하시오.

라. 라우팅

• 정적 라우팅

– R1 라우터에서 ISP 라우터를 통해 외부로 데이터가 전달될 수 있도록 정적 라우팅(Static Routing)을 구성하시오.

– 단, 기본 라우팅은 사용하지 마시오.

마. 서비스 접속

• 웹 서비스 접속

– Sales_PC와 Manage_PC에서 웹브라우저를 열고 "http://skill.com"에 접속하여 아래와 같이 접속되는지 확인하시오. ("http://skill.com" 사이트는 IDC_Server에 미리 구성되어 있음)

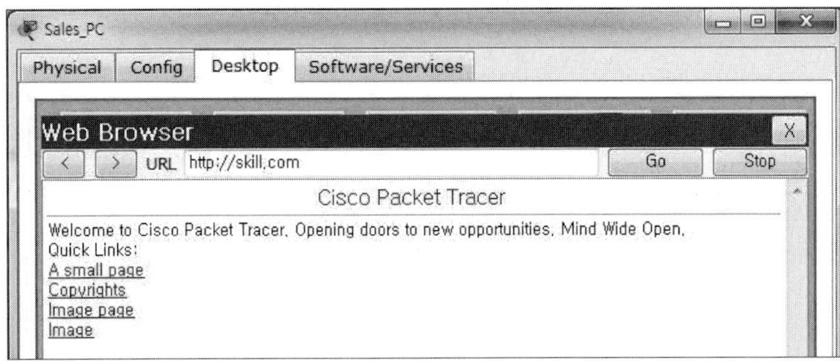

3. 네트워크 구성도

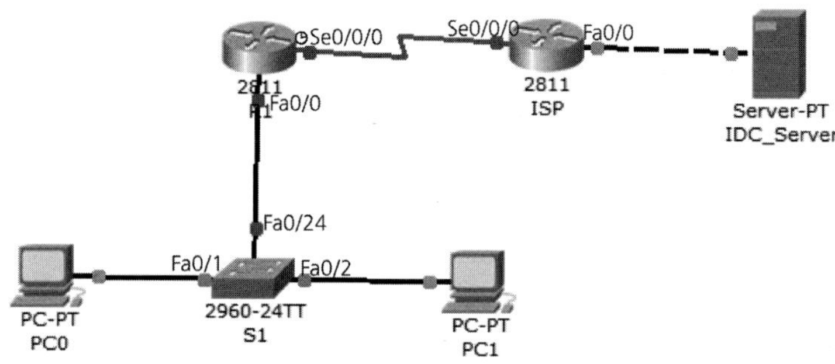

Se0/0/0
Se0/0/0
Fa0/0
2811
R1
Fa0/0
2811
ISP
Server-PT
IDC_Server
Fa0/24
Fa0/1
Fa0/2
PC-PT
PC0
2960-24TT
S1
PC-PT
PC1

합격입니다.

PART 04

기출 유형 해설

차례

SECTION 01

기출 유형 해설 01회

풀이 방법

◆ **채점기준표**

장치명	항목	배점	개수	합계
PC	ip	1	3	3
	서브넷마스크	1	3	3
	게이트웨이	2	3	6
	서버 주소	1	3	3
	소계			15
Switch	vlan번호, 이름	2	2	4
	포트에 할당	2	2	4
	주소 입력	1	8	8
	트렁크	1	4	4
	소계			20
	라우터 활성화	1	4	4
	인터브이랜	6	3	18
	시리얼 포트	3	2	6
	라우팅	12	2	24
	소계			52
기본설정	콘솔 접속	5	1	5
	텔넷 접속	5	1	5
	관리자	3	1	3
	소계			13
	합계			100

1 IP 설정

① 패킷트레이서 프로그램을 실행한 후 [File]-[Open] 메뉴를 클릭하여 '기출유형 01회.pka' 파일을 불러온다.

② 'PC0'을 선택한 후 [Desktop] 탭의 [IP Configuration]을 클릭하여 주어진 IP 주소를 입력한다.

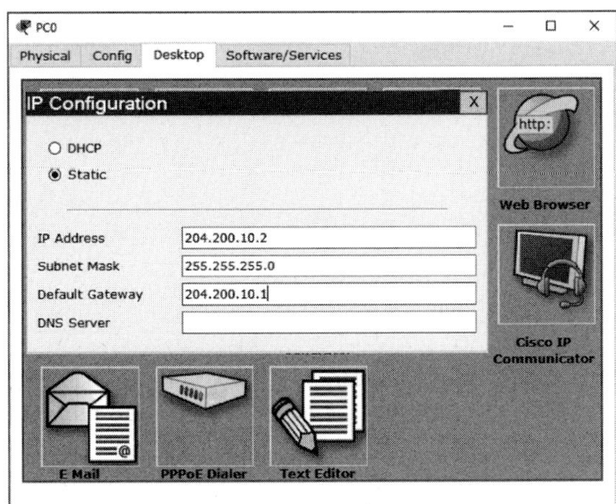

IP Address	204.200.10.2
Subnet Mask	255.255.255.0
Default Gateway	204.200.10.1

③ 'PC1'을 선택한 후 [Desktop] 탭의 [IP Configuration]을 클릭하여 주어진 IP 주소를 입력한다.

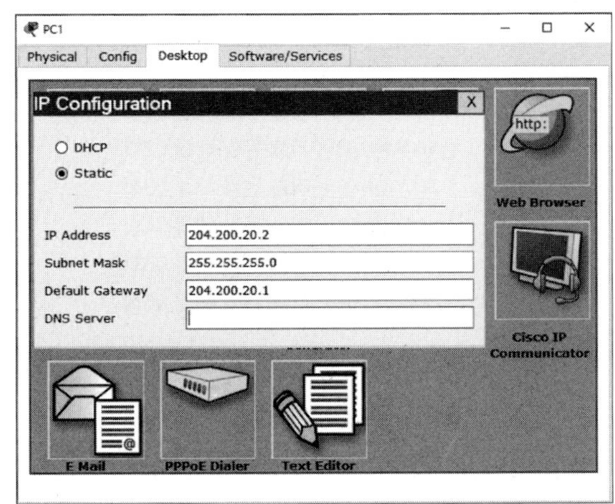

IP Address	204.200.20.2
Subnet Mask	255.255.255.0
Default Gateway	204.200.20.1

④ 'PC2'을 선택한 후 [Desktop] 탭의 [IP Configuration]을 클릭하여 주어진 IP 주소를 입력한다.

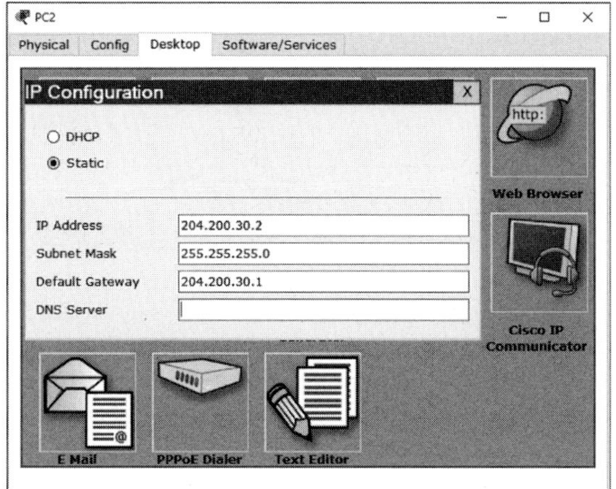

IP Address	204.200.30.2
Subnet Mask	255.255.255.0
Default Gateway	204.200.30.1

기적의 Tip

ip 주소에서 게이트웨이 주소의 할당 가능한 첫 번째는 네트워크의 마지막 숫자에 1을 더하면 됩니다. 할당 가능한 마지막 주소는 네트워크와 와일드카드 마스크의 각 자리를 더한 후 마지막 자리 숫자에서 1을 빼면 됩니다.

2 스위치 VLAN 설정

① 스위치를 선택한 후 [CLI] 탭을 클릭하여 스위치 [IOS Command] 모드를 실행한다.

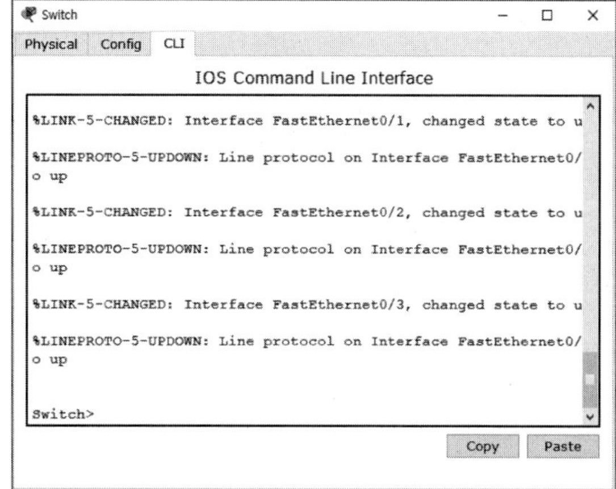

② 스위치의 IOS 명령을 입력하여 설정한다.

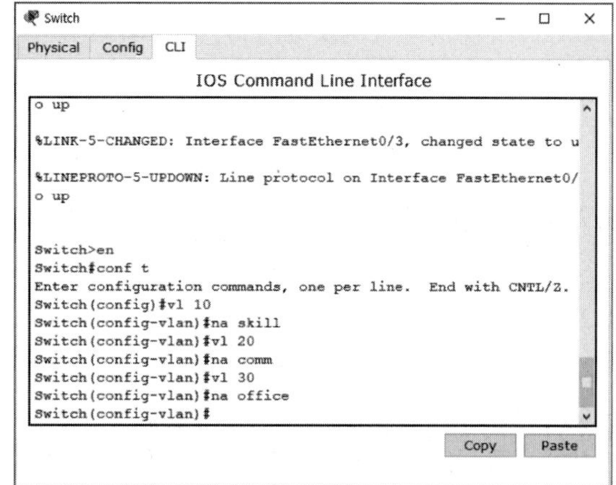

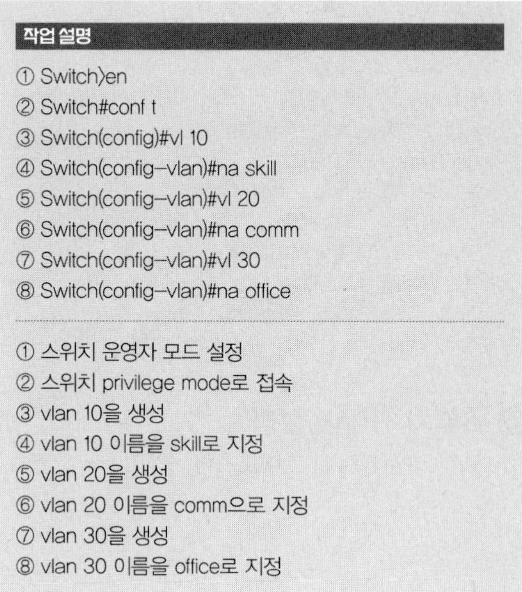

작업 설명

① Switch>en
② Switch#conf t
③ Switch(config)#vl 10
④ Switch(config-vlan)#na skill
⑤ Switch(config-vlan)#vl 20
⑥ Switch(config-vlan)#na comm
⑦ Switch(config-vlan)#vl 30
⑧ Switch(config-vlan)#na office

① 스위치 운영자 모드 설정
② 스위치 privilege mode로 접속
③ vlan 10을 생성
④ vlan 10 이름을 skill로 지정
⑤ vlan 20을 생성
⑥ vlan 20 이름을 comm으로 지정
⑦ vlan 30을 생성
⑧ vlan 30 이름을 office로 지정

③ 설정한 VLAN에 Port를 할당한다.

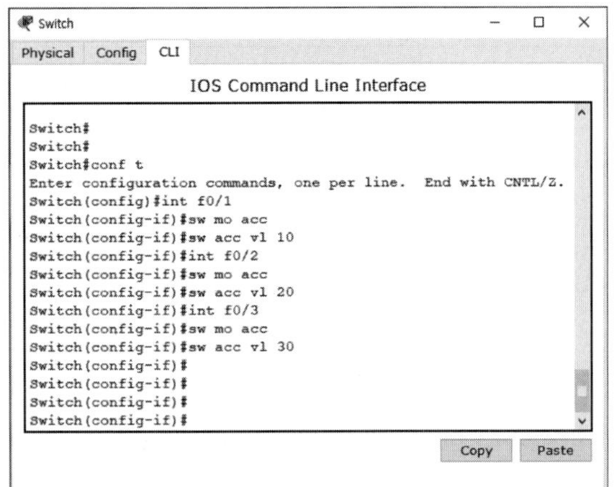

- Fastethernet 0/1 → vlan 10
- Fastethernet 0/2 → vlan 20
- Fastethernet 0/3 → vlan 30

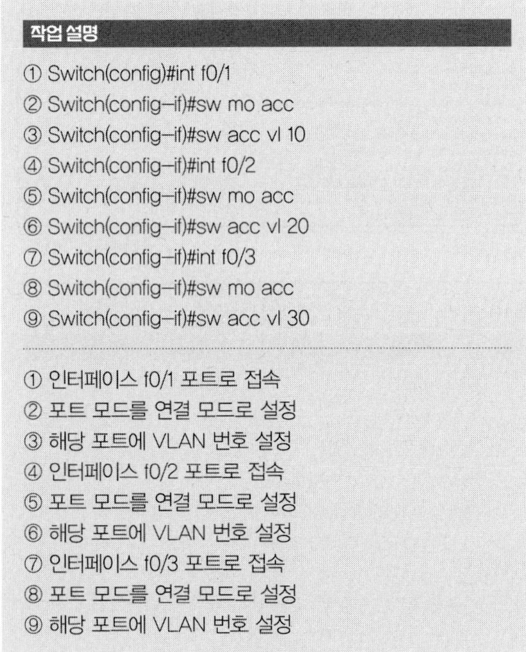

작업 설명

① Switch(config)#int f0/1
② Switch(config–if)#sw mo acc
③ Switch(config–if)#sw acc vl 10
④ Switch(config–if)#int f0/2
⑤ Switch(config–if)#sw mo acc
⑥ Switch(config–if)#sw acc vl 20
⑦ Switch(config–if)#int f0/3
⑧ Switch(config–if)#sw mo acc
⑨ Switch(config–if)#sw acc vl 30

① 인터페이스 f0/1 포트로 접속
② 포트 모드를 연결 모드로 설정
③ 해당 포트에 VLAN 번호 설정
④ 인터페이스 f0/2 포트로 접속
⑤ 포트 모드를 연결 모드로 설정
⑥ 해당 포트에 VLAN 번호 설정
⑦ 인터페이스 f0/3 포트로 접속
⑧ 포트 모드를 연결 모드로 설정
⑨ 해당 포트에 VLAN 번호 설정

3 스위치 Trunk 설정

① 스위치 Fa0/24에 트렁크를 설정한다.

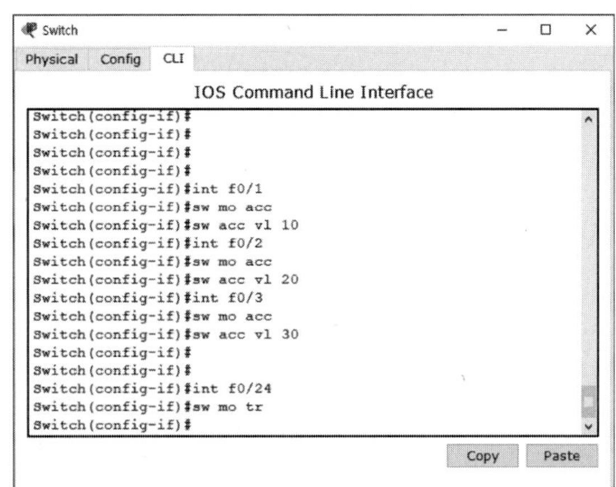

작업 설명

① Switch(config–if)#int f0/24
② Switch(config–if)#sw mo tr

① 인터페이스 f0/24 포트로 접속
② f0/24 포트에 트렁크 설정

기적의 Tip

스위치나 라우터에서 입력할 경우, 명령어를 세트 단위로 입력하면 입력 모드(mode)가 다른 경우라 하더라도 오류가 나지 않습니다. 즉, 연속해서

Switch>en
Switch#conf t
Switch(config)#vl 10
Switch(config–vlan)#na Sales
Switch(config–vlan)#vl 20
Switch(config–vlan)#na Manage
Switch(config–vlan)#int range f0/1
Switch(config–if–range)#sw mo acc
Switch(config–if–range)#sw acc vl 10
Switch(config–if–range)#int ra f0/2
Switch(config–if–range)#sw mo acc
Switch(config–if–range)#sw acc vl 20 입력하는 경우와

Switch>en
Switch#conf t
Switch(config)#vl 10
Switch(config–vlan)#na Sales
Switch(config–vlan)#vl 20
Switch(config–vlan)#na Manage
Switch(config–vlan)#exit
Switch(config)#int range f0/1
Switch(config–if–range)#sw mo acc
Switch(config–if–range)#sw acc vl 10
Switch(config–if–range)#int ra f0/2
Switch(config–if–range)#sw mo acc
Switch(config–if–range)#sw acc vl 20
중간에 모드(mode) 변경을 위하여 'exit'을 입력하는 경우, 결과는 같습니다. 따라서 exit을 생략해도 됩니다.

4 라우터 R1 기본 설정

① 라우터 'R1'을 선택한 후 [CLI] 탭을 클릭하여 라우터 IOS Command 모드를 실행한다.

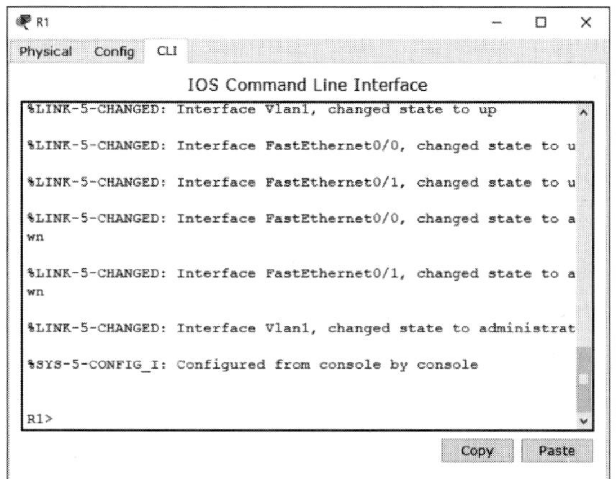

② 라우터 IOS 명령을 입력하여 설정한다.

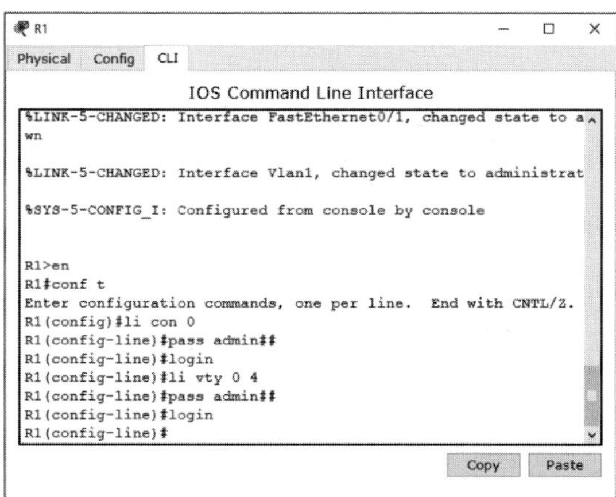

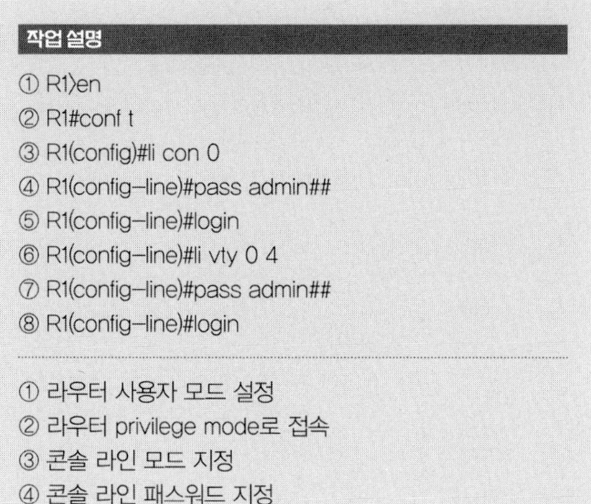

작업 설명

① R1>en
② R1#conf t
③ R1(config)#li con 0
④ R1(config-line)#pass admin##
⑤ R1(config-line)#login
⑥ R1(config-line)#li vty 0 4
⑦ R1(config-line)#pass admin##
⑧ R1(config-line)#login

① 라우터 사용자 모드 설정
② 라우터 privilege mode로 접속
③ 콘솔 라인 모드 지정
④ 콘솔 라인 패스워드 지정
⑤ 콘솔 라인 인증
⑥ 원격 라인 지정과 동시접속 인원을 5명으로 설정
⑦ 원격 라인 패스워드 지정
⑧ 원격 라인 인증

5 라우터 Inter-VLAN 설정

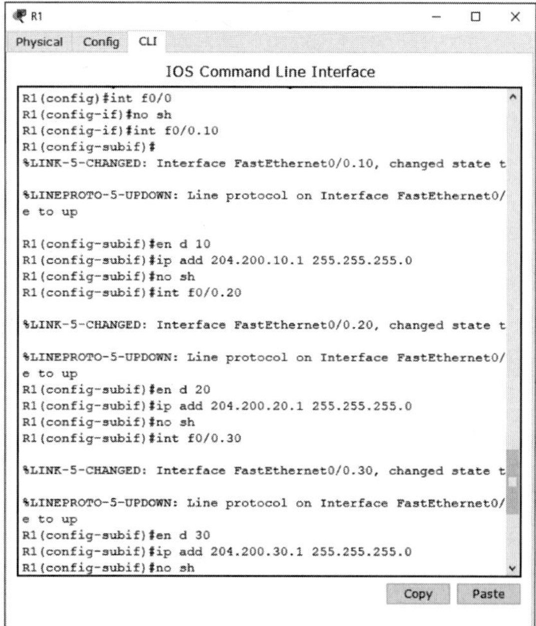

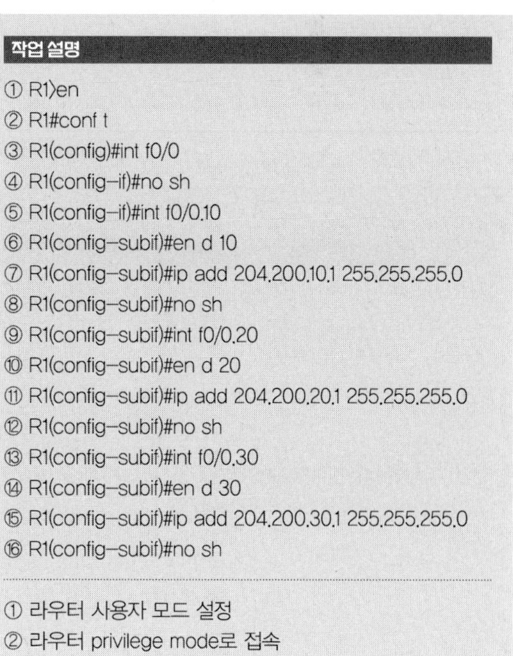

작업 설명

① R1>en
② R1#conf t
③ R1(config)#int f0/0
④ R1(config-if)#no sh
⑤ R1(config-if)#int f0/0.10
⑥ R1(config-subif)#en d 10
⑦ R1(config-subif)#ip add 204.200.10.1 255.255.255.0
⑧ R1(config-subif)#no sh
⑨ R1(config-subif)#int f0/0.20
⑩ R1(config-subif)#en d 20
⑪ R1(config-subif)#ip add 204.200.20.1 255.255.255.0
⑫ R1(config-subif)#no sh
⑬ R1(config-subif)#int f0/0.30
⑭ R1(config-subif)#en d 30
⑮ R1(config-subif)#ip add 204.200.30.1 255.255.255.0
⑯ R1(config-subif)#no sh

① 라우터 사용자 모드 설정
② 라우터 privilege mode로 접속

③ 인터페이스 f0/0 포트로 접속
④ 인터페이스 f0/0 포트 활성화
⑤ vlan 10 서브인터페이스 생성
⑥ encapsulation dot1Q 10으로 설정
⑦ vlan 10에 속하는 장비들의 게이트웨이 주소와 서브넷마스크 지정
⑧ f0/0.10 포트 활성화
⑨ vlan 20 서브인터페이스 생성
⑩ encapsulation dot1Q 20으로 설정
⑪ vlan 20에 속하는 장비들의 게이트웨이 주소와 서브넷 마스크 지정
⑫ f0/0.20 포트 활성화
⑬ vlan 30 서브인터페이스 생성
⑭ encapsulation dot1Q 30으로 설정
⑮ vlan 30에 속하는 장비들의 게이트웨이 주소와 서브넷 마스크 지정
⑯ f0/0.30 포트 활성화

6 라우터 시리얼 포트 설정

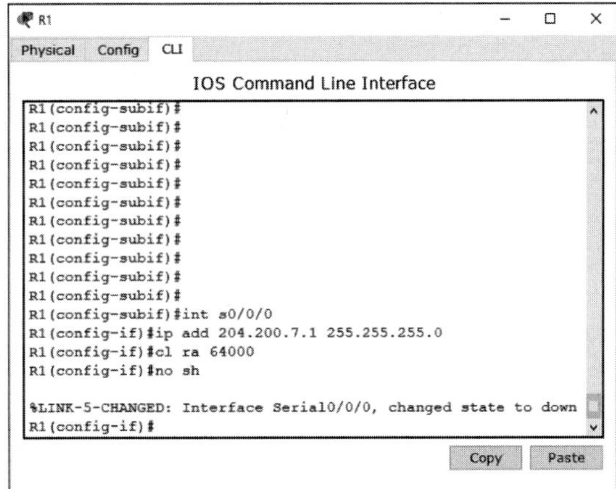

작업 설명

① R1(config-subif)#int s0/0/0
② R1(config-if)#ip add 204.200.7.1 255.255.255.0
③ R1(config-if)#cl ra 64000
④ R1(config-if)#no sh

① 시리얼포트 s0/0/0으로 접속
② ip 주소와 서브넷 마스크 입력
③ clock rate 속도를 64000으로 설정
④ 활성화

7 라우터 R1 rip 라우팅 설정

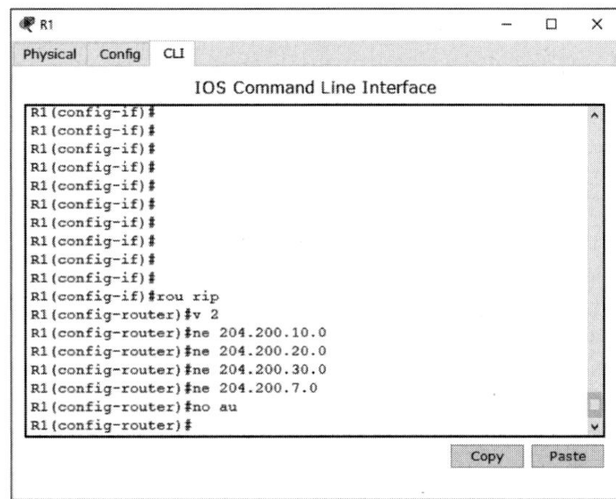

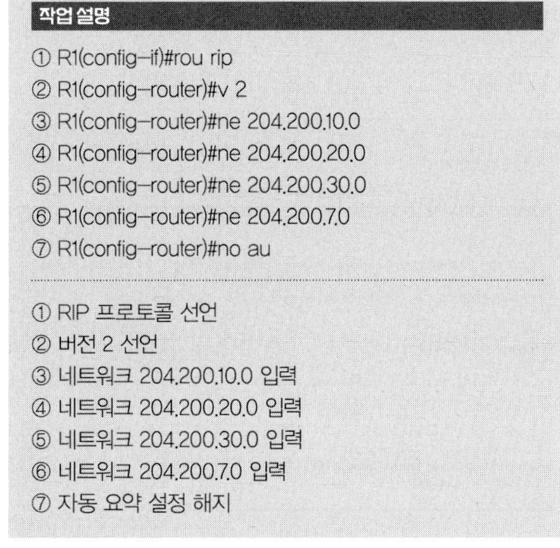

작업 설명

① R1(config-if)#rou rip
② R1(config-router)#v 2
③ R1(config-router)#ne 204.200.10.0
④ R1(config-router)#ne 204.200.20.0
⑤ R1(config-router)#ne 204.200.30.0
⑥ R1(config-router)#ne 204.200.7.0
⑦ R1(config-router)#no au

① RIP 프로토콜 선언
② 버전 2 선언
③ 네트워크 204.200.10.0 입력
④ 네트워크 204.200.20.0 입력
⑤ 네트워크 204.200.30.0 입력
⑥ 네트워크 204.200.7.0 입력
⑦ 자동 요약 설정 해지

8 서버 설정

① 'Server0'을 선택한 후 [Desktop] 탭의 [IP Configuration]을 클릭하여 주어진 IP 주소를 입력한다.

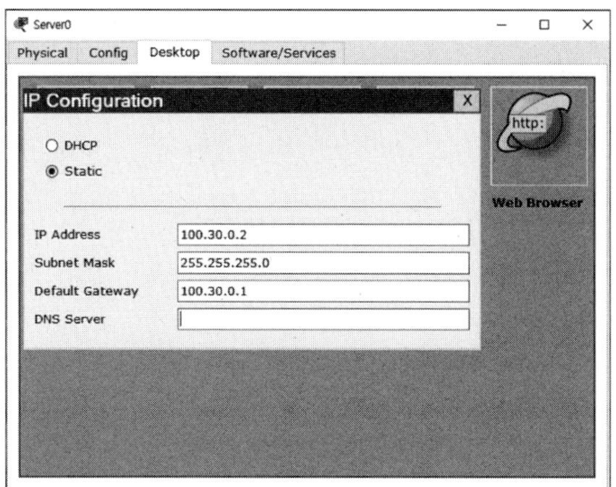

IP Address	100.30.0.2
Subnet Mask	255.255.255.0
Default Gateway	100.30.0.1

9 라우터 ISP 기본 설정

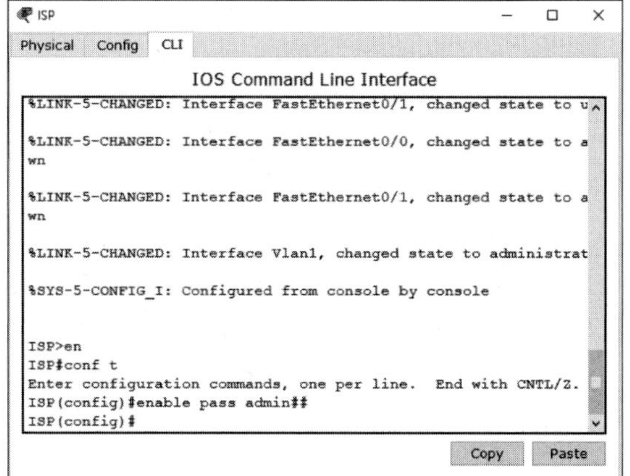

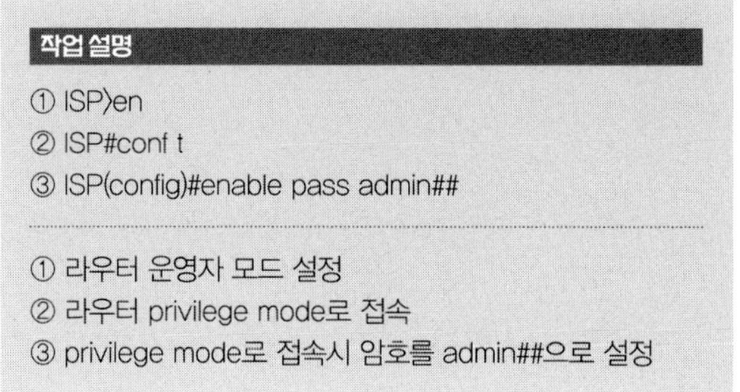

작업 설명

① ISP>en
② ISP#conf t
③ ISP(config)#enable pass admin##

① 라우터 운영자 모드 설정
② 라우터 privilege mode로 접속
③ privilege mode로 접속시 암호를 admin##으로 설정

10 라우터 ISP 포트 설정

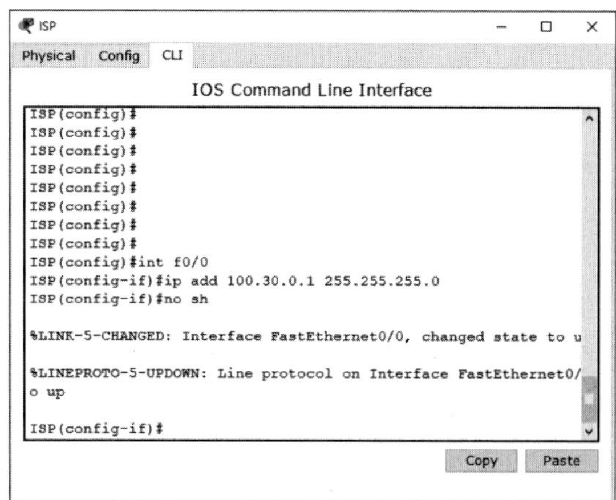

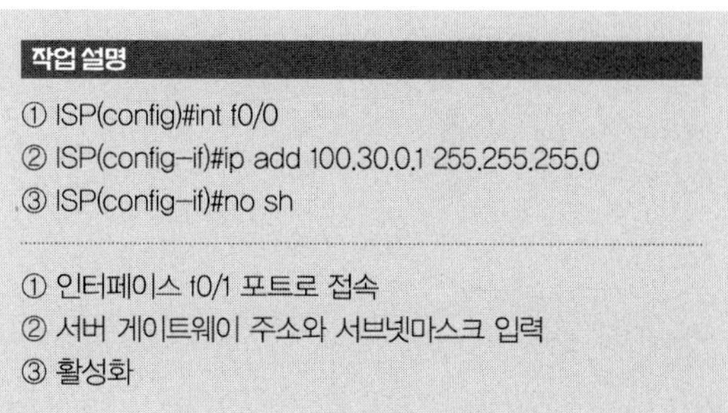

작업 설명

① ISP(config)#int f0/0
② ISP(config-if)#ip add 100.30.0.1 255.255.255.0
③ ISP(config-if)#no sh

① 인터페이스 f0/1 포트로 접속
② 서버 게이트웨이 주소와 서브넷마스크 입력
③ 활성화

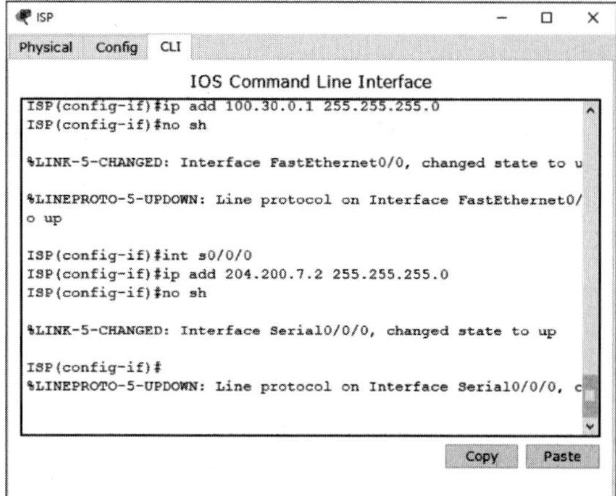

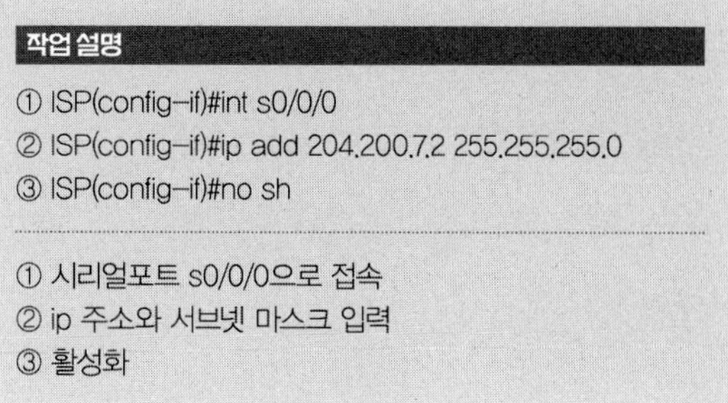

작업 설명

① ISP(config-if)#int s0/0/0
② ISP(config-if)#ip add 204.200.7.2 255.255.255.0
③ ISP(config-if)#no sh

① 시리얼포트 s0/0/0으로 접속
② ip 주소와 서브넷 마스크 입력
③ 활성화

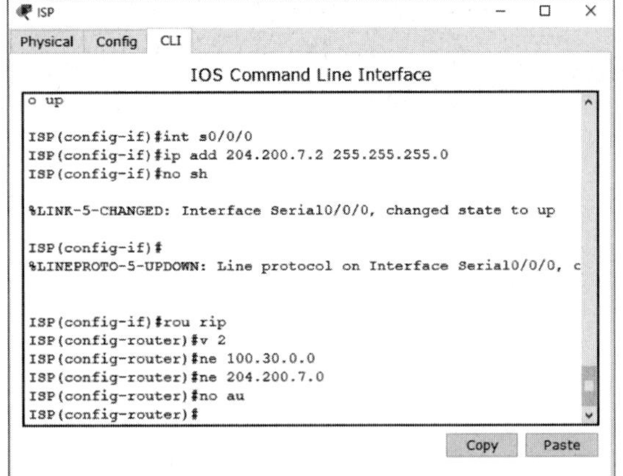

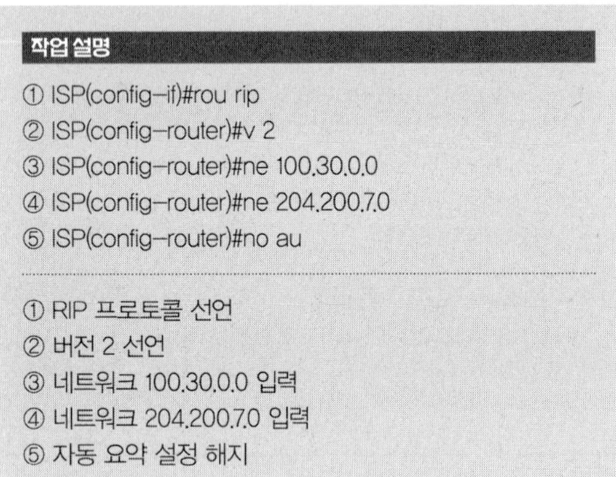

작업 설명

① ISP(config-if)#rou rip
② ISP(config-router)#v 2
③ ISP(config-router)#ne 100.30.0.0
④ ISP(config-router)#ne 204.200.7.0
⑤ ISP(config-router)#no au

① RIP 프로토콜 선언
② 버전 2 선언
③ 네트워크 100.30.0.0 입력
④ 네트워크 204.200.7.0 입력
⑤ 자동 요약 설정 해지

11 테스트

(1) 핑스트(연결 확인 테스트)

① 각 PC를 클릭하고 [Desktop]-[Command Prompt]를 누른다.

② "PC>"에 "ping 100.30.0.2"를 입력하여 아래와 같은 결과가 나오는지 확인한다.

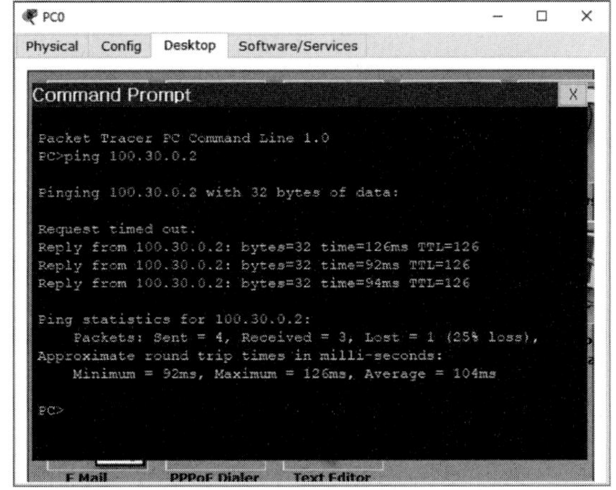

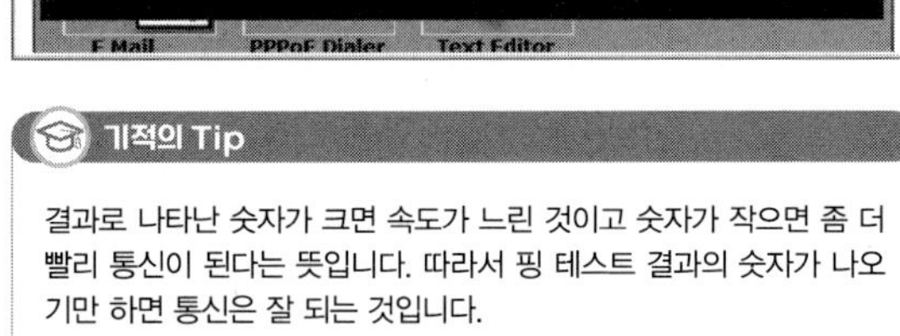

기적의 Tip

결과로 나타난 숫자가 크면 속도가 느린 것이고 숫자가 작으면 좀 더 빨리 통신이 된다는 뜻입니다. 따라서 핑 테스트 결과의 숫자가 나오기만 하면 통신은 잘 되는 것입니다.

SECTION 02

기출 유형 해설 02회

풀이 방법

◆ 채점기준표

장치명	항목	배점	개수	합계
PC	ip	1	2	2
	서브넷마스크	1	2	2
	게이트웨이	1	2	2
	서버 주소	2	2	4
	소계			10
Switch	vlan번호, 이름	2	2	4
	포트에 할당	2	2	4
	주소 입력	1	10	10
	트렁크	1	2	2
	소계			20
라우터	활성화	4	1	4
	인터브이랜	8	2	16
	시리얼포트	5	1	5
	라우팅	15	1	15
	소계			40
기본설정	콘솔 메시지	10	1	10
	콘솔 로그인	15	1	15
	관리자 로그인	5	1	5
	소계			30
	합계			100

1 IP 설정

① 패킷트레이서 프로그램을 실행한 후 [File]-[Open] 메뉴를 클릭하여 '기출유형 02회.pka' 파일을 불러온다.

② 'Sales_PC'를 선택한 후 [Desktop] 탭의 [IP Configuration]을 클릭하여 주어진 IP 주소를 입력한다.

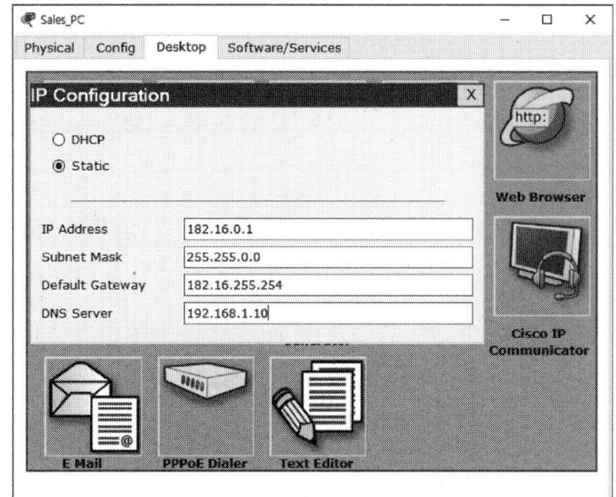

IP Address	182.16.0.1
Subnet Mask	255.255.0.0
Default Gateway	182.16.255.254
DNS Server	192.168.1.10

③ 'Manage_PC'을 선택한 후 [Desktop] 탭의 [IP Configuration] 클릭하여 주어진 IP 주소를 입력한다.

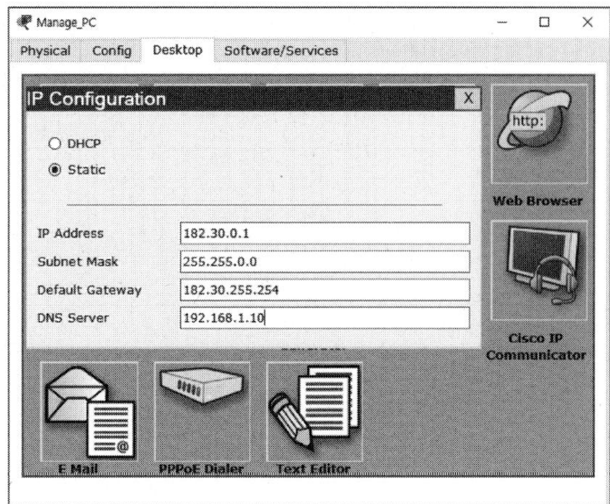

IP Address	182.30.0.1
Subnet Mask	255.255.0.0
Default Gateway	182.30.255.254
DNS Server	192.168.1.10

2 스위치 S1 VLAN 설정

① 도면에서 스위치 S1을 클릭하고 창이 뜨면 [CLI] 탭을 클릭하여 IOS Command 모드를 실행한다.

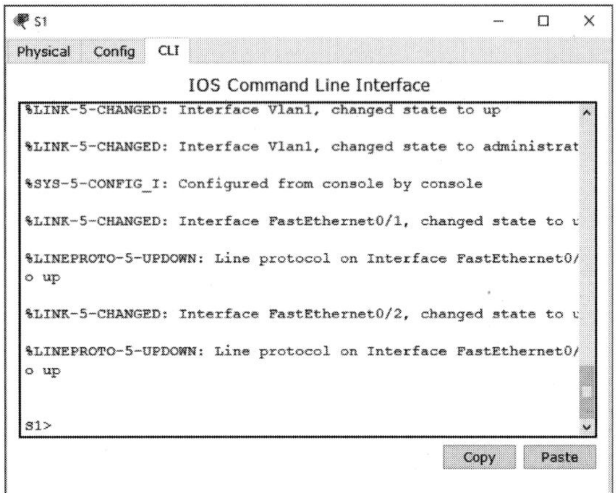

② 스위치에 IOS 명령을 입력하여 설정한다.

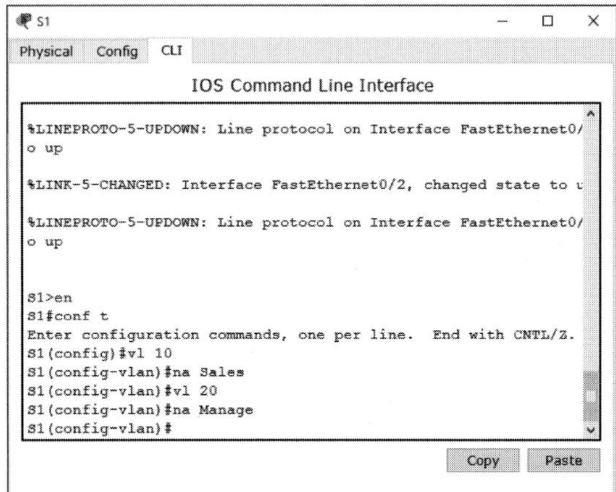

작업 설명

① S1>en
② S1#conf t
③ S1(config)#vl 10
④ S1(config–vlan)#na Sales
⑤ S1(config–vlan)#vl 20
⑥ S1(config–vlan)#na Manage

① 스위치 사용자 모드 접속
② 스위치 privilege mode로 접속
③ vlan 10을 생성
④ vlan 10 이름을 Sales로 지정
⑤ vlan 20을 생성
⑥ vlan 20 이름을 Manage로 지정

③ 설정한 VLAN에 Port를 할당한다.

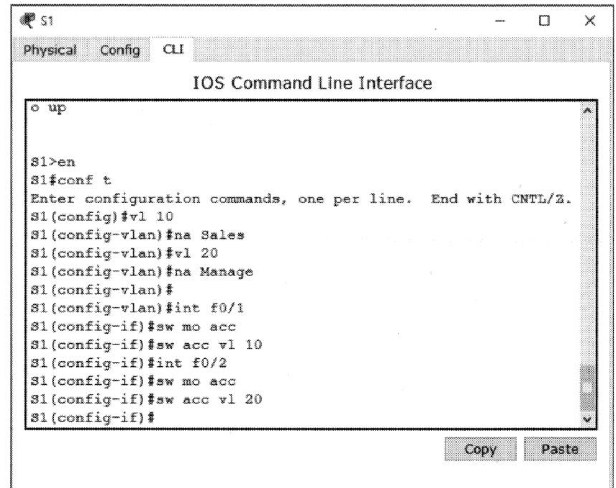

- Fastethernet 0/1 → vlan 10
- Fastethernet 0/2 → vlan 20

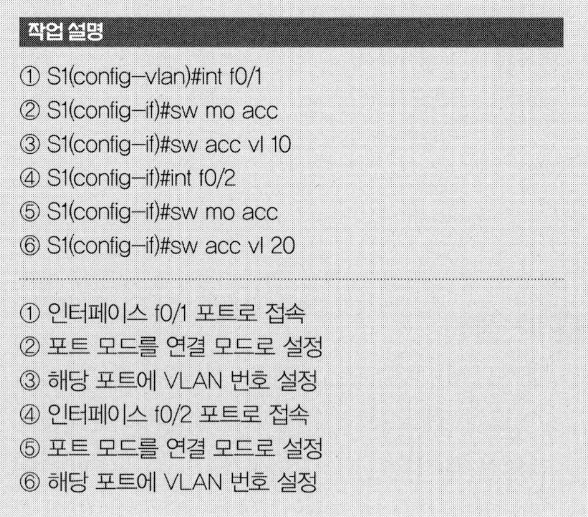

작업 설명

① S1(config–vlan)#int f0/1
② S1(config–if)#sw mo acc
③ S1(config–if)#sw acc vl 10
④ S1(config–if)#int f0/2
⑤ S1(config–if)#sw mo acc
⑥ S1(config–if)#sw acc vl 20

① 인터페이스 f0/1 포트로 접속
② 포트 모드를 연결 모드로 설정
③ 해당 포트에 VLAN 번호 설정
④ 인터페이스 f0/2 포트로 접속
⑤ 포트 모드를 연결 모드로 설정
⑥ 해당 포트에 VLAN 번호 설정

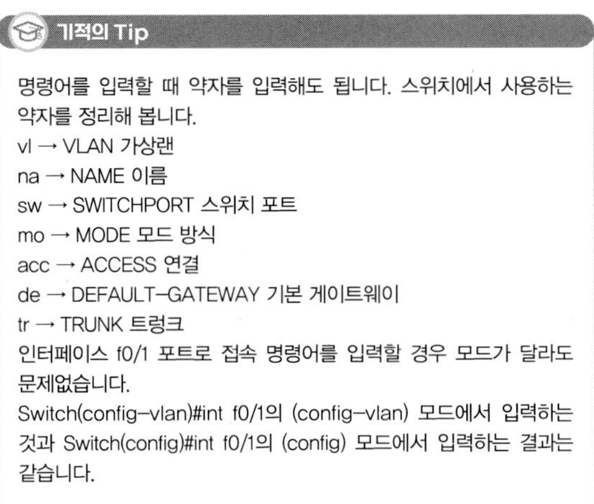
기적의 Tip

명령어를 입력할 때 약자를 입력해도 됩니다. 스위치에서 사용하는 약자를 정리해 봅니다.
vl → VLAN 가상랜
na → NAME 이름
sw → SWITCHPORT 스위치 포트
mo → MODE 모드 방식
acc → ACCESS 연결
de → DEFAULT-GATEWAY 기본 게이트웨이
tr → TRUNK 트렁크
인터페이스 f0/1 포트로 접속 명령어를 입력할 경우 모드가 달라도 문제없습니다.
Switch(config-vlan)#int f0/1의 (config-vlan) 모드에서 입력하는 것과 Switch(config)#int f0/1의 (config) 모드에서 입력하는 결과는 같습니다.

3 스위치 주소 입력

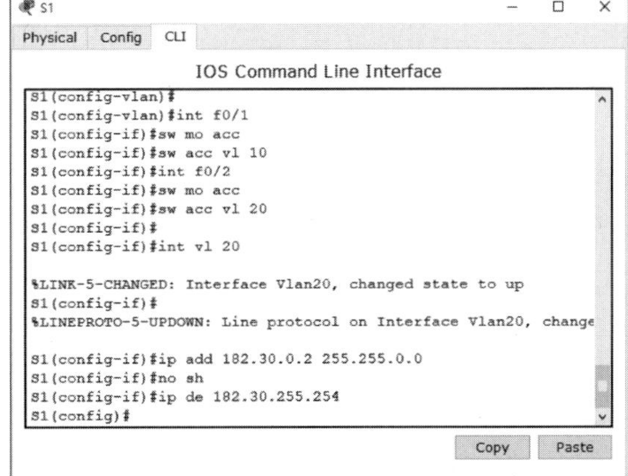

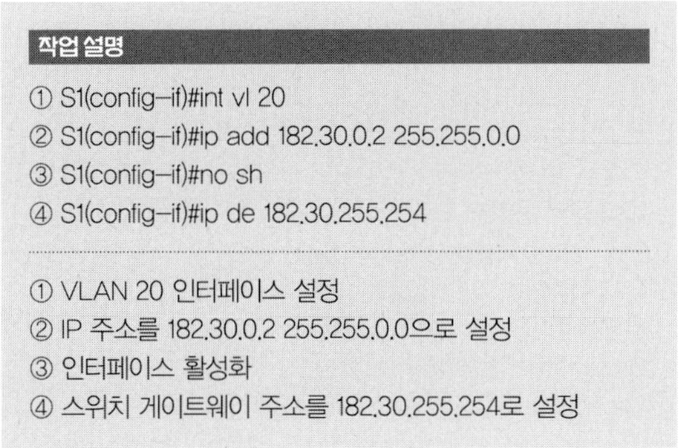
작업 설명

① S1(config-if)#int vl 20
② S1(config-if)#ip add 182.30.0.2 255.255.0.0
③ S1(config-if)#no sh
④ S1(config-if)#ip de 182.30.255.254

① VLAN 20 인터페이스 설정
② IP 주소를 182.30.0.2 255.255.0.0으로 설정
③ 인터페이스 활성화
④ 스위치 게이트웨이 주소를 182.30.255.254로 설정

4 스위치 Trunk 설정

① 스위치 Fa0/24에 트렁크를 설정한다.

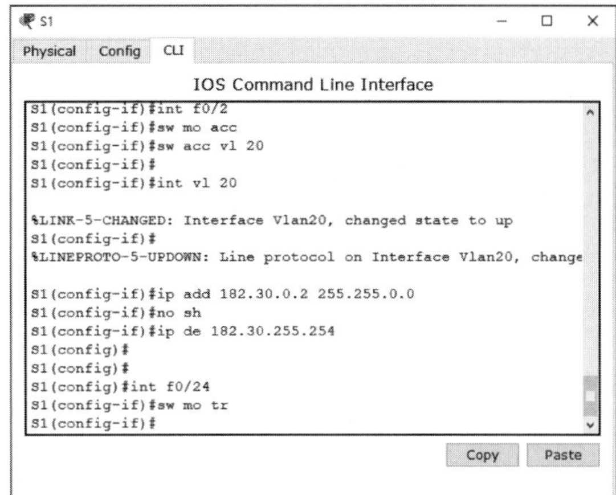

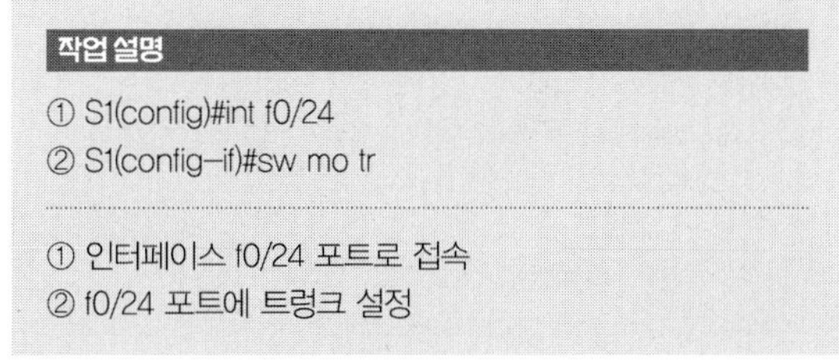
작업 설명

① S1(config)#int f0/24
② S1(config-if)#sw mo tr

① 인터페이스 f0/24 포트로 접속
② f0/24 포트에 트렁크 설정

5 라우터 R1 기본설정

① 도면에서 라우터 R1을 클릭하고 창이 뜨면 [CLI] 탭을 클릭하여 [IOS Command] 모드를 실행한다.

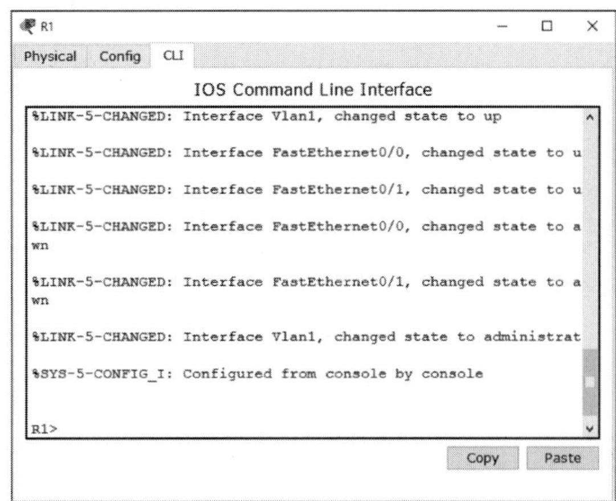

② 라우터에 IOS 명령을 입력하여 설정한다.

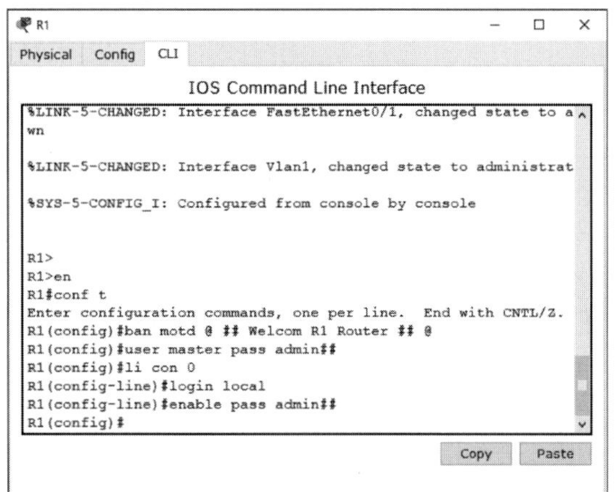

작업 설명

① R1>en
② R1#conf t
③ R1(config)#ban motd @ ## Welcom R1 Router ## @
④ R1(config)#user master pass admin##
⑤ R1(config)#li con 0
⑥ R1(config-line)#login local
⑦ R1(config-line)#enable pass admin##

① 운영자 모드 설정
② privilege mode로 접속
③ 콘솔 접속시 메시지 "## Welcom R1 Router ##"가 보이게 설정
④ 콘솔 접속시 사용자 이름과 암호를 설정
⑤ 콘솔 라인모드 지정
⑥ 콘솔 로컬 인증
⑦ privilege mode 접속시 암호 설정

기적의 Tip

콘솔 접속 메시지를 설정할 경우, 메시지 앞과 뒤에 '@'는 메시지 안에 사용하지 않은 다른 특수 기호를 입력해도 됩니다. 예를 들면 "% 메시지 %" 또는 "$ 메시지 $" 등

6 라우터 동작 설정

① 포트활성화 및 서브인터페이스 구성(Inter-VLAN)

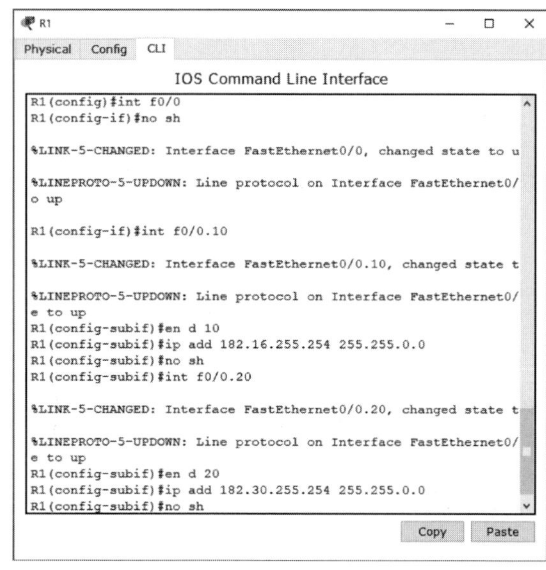

작업 설명

① R1>en
② R1#conf t
③ R1(config)#int f0/0
④ R1(config-if)#no sh
⑤ R1(config-if)#int f0/0.10
⑥ R1(config-subif)#en d 10
⑦ R1(config-subif)#ip add 182.16.255.254 255.255.0.0
⑧ R1(config-subif)#no sh
⑨ R1(config-subif)#int f0/0.20
⑩ R1(config-subif)#en d 20
⑪ R1(config-subif)#ip add 182.30.255.254 255.255.0.0
⑫ R1(config-subif)#no sh

① 라우터 운영자 모드 설정
② 라우터 privilege mode로 접속
③ 인터페이스 f0/0 포트로 이동
④ 인터페이스 f0/0 포트 활성화
⑤ vlan 10 서브인터페이스 생성
⑥ encapsulation dot1Q 10으로 설정
⑦ vlan 10에 속하는 장비들의 게이트웨이 주소와 서브넷 마스크 지정
⑧ f0/0.10 포트 활성화
⑨ vlan 20 서브인터페이스 생성
⑩ encapsulation dot1Q 20으로 설정
⑪ vlan 20에 속하는 장비들의 게이트웨이 주소와 서브넷 마스크 지정
⑫ f0/0.20 포트 활성화

7 라우터 시리얼 포트 설정

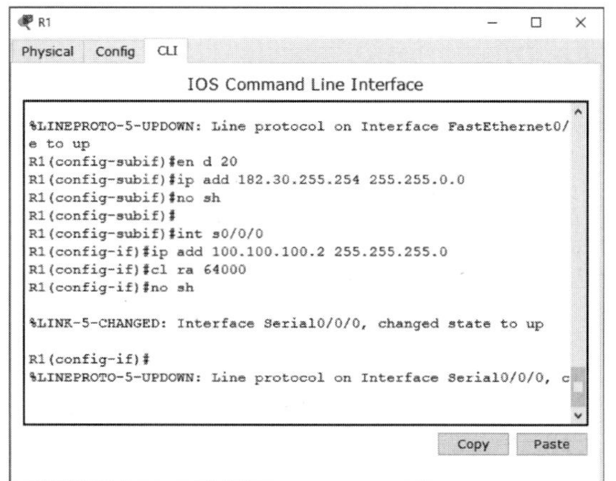

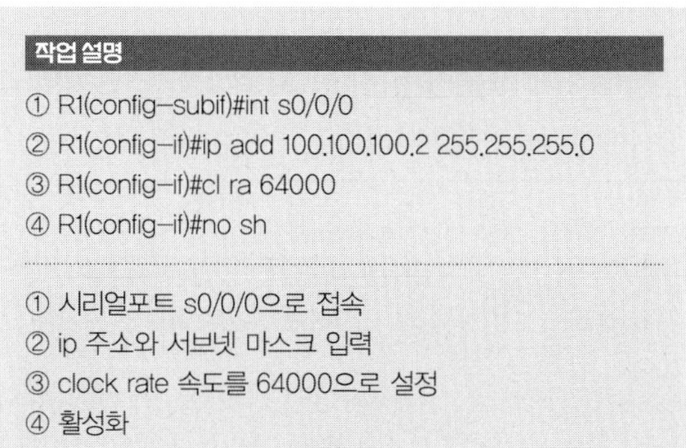

작업 설명

① R1(config-subif)#int s0/0/0
② R1(config-if)#ip add 100.100.100.2 255.255.255.0
③ R1(config-if)#cl ra 64000
④ R1(config-if)#no sh

① 시리얼포트 s0/0/0으로 접속
② ip 주소와 서브넷 마스크 입력
③ clock rate 속도를 64000으로 설정
④ 활성화

8 라우터 R1에서 CDP 실행

① cdp 명령을 입력하고 ISP 시리얼포트 주소를 확인한다.

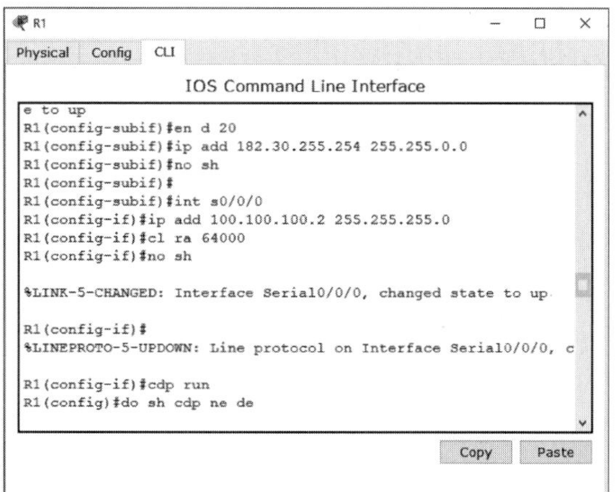

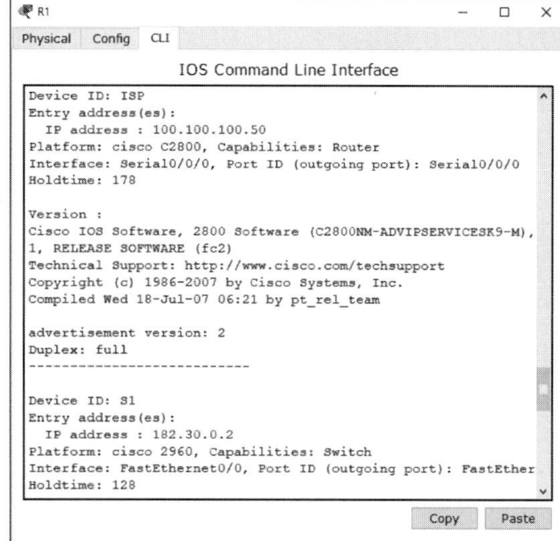

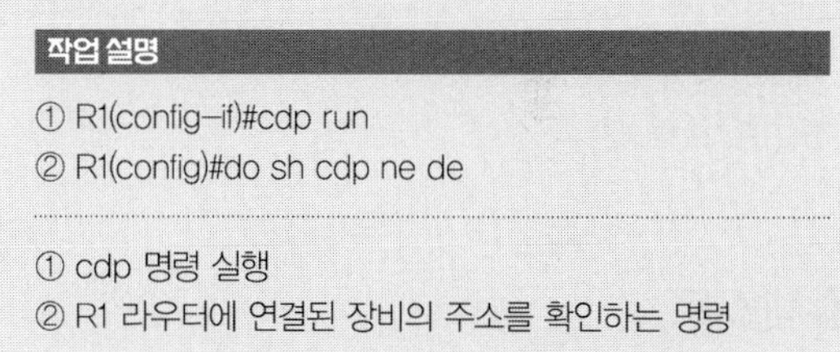

작업 설명

① R1(config-if)#cdp run
② R1(config)#do sh cdp ne de

① cdp 명령 실행
② R1 라우터에 연결된 장비의 주소를 확인하는 명령

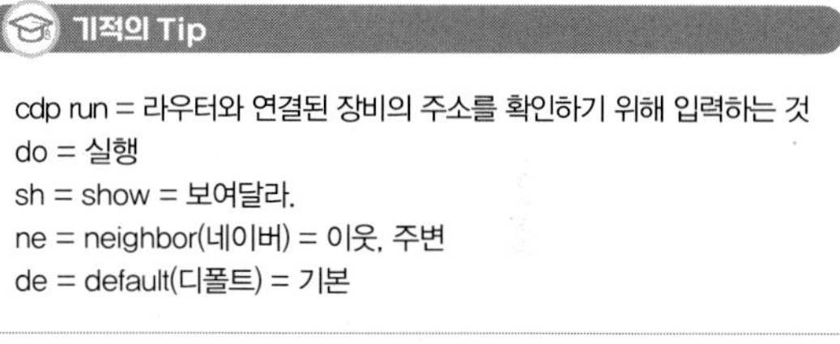

기적의 Tip

cdp run = 라우터와 연결된 장비의 주소를 확인하기 위해 입력하는 것
do = 실행
sh = show = 보여달라.
ne = neighbor(네이버) = 이웃, 주변
de = default(디폴트) = 기본

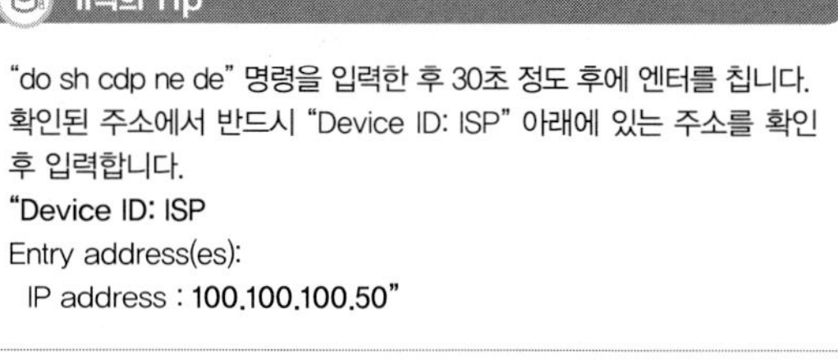

기적의 Tip

"do sh cdp ne de" 명령을 입력한 후 30초 정도 후에 엔터를 칩니다. 확인된 주소에서 반드시 "Device ID: ISP" 아래에 있는 주소를 확인 후 입력합니다.
"Device ID: ISP
Entry address(es):
IP address : 100.100.100.50"

9 라우터 R1 기본 라우팅 설정

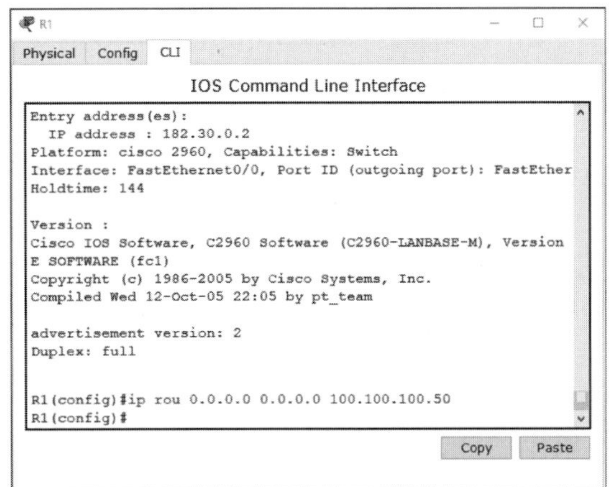

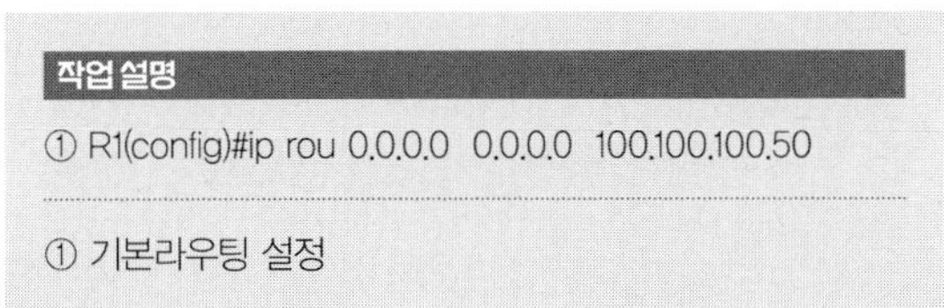

작업 설명

① R1(config)#ip rou 0.0.0.0 0.0.0.0 100.100.100.50

① 기본라우팅 설정

10 테스트

(1) 핑 테스트(연결 확인 테스트)

① 작업창의 도면에서 Sales_PC를 클릭하고 [Desktop]–[Command Prompt]를 누른다.

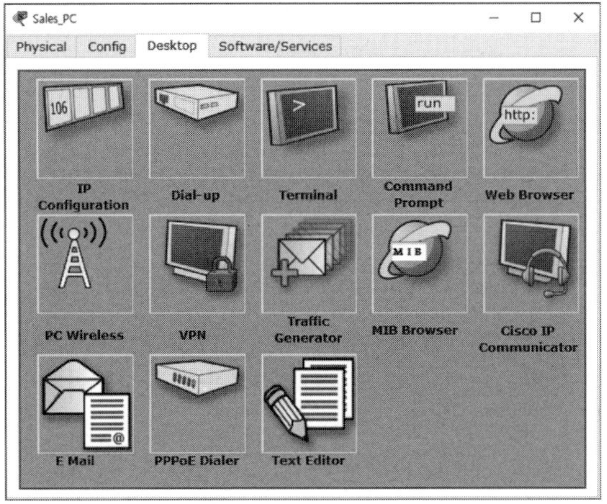

② "PC>"에 "ping 192.168.1.10"을 입력하여 아래와 같은 결과가 나오는지 확인한다.

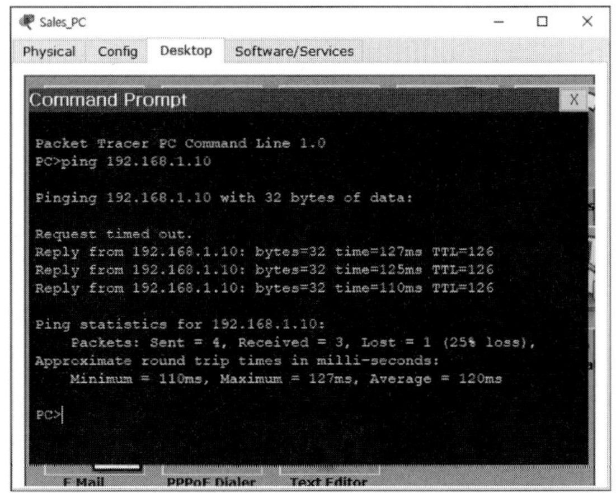

③ 작업창의 도면에서 Manage_PC를 클릭하고 [Desktop]–[Command Prompt]를 누른다.

④ "PC〉"에 "ping 192.168.1.10"을 입력하여 아래 와 같은 결과가 나오는지 확인한다.

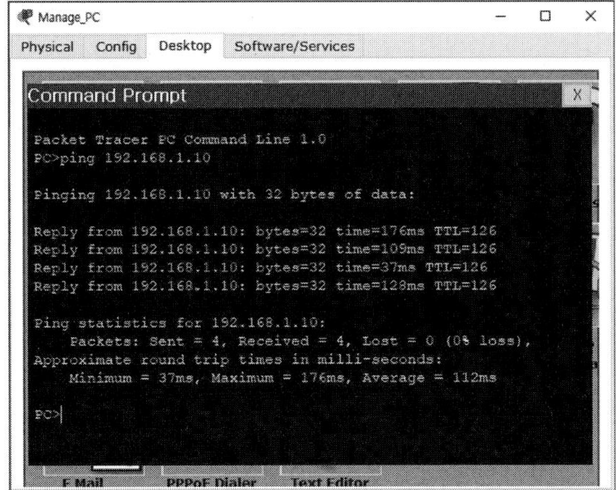

(2) 웹 접속 테스트(인터넷 연결 테스트)

① 작업창의 도면에서 Sales_PC를 클릭하고 [Desktop]-[Web Browser]를 누른다.

② URL 창에 "www.skills.com" 입력한 후 아래 와 같은 결과가 나오는지 확인한다.

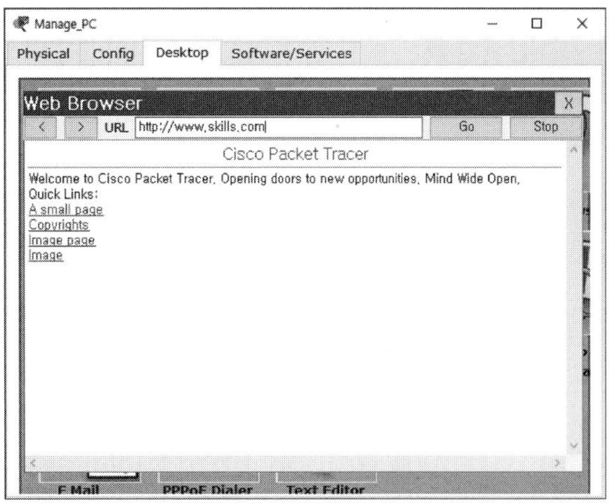

③ Manage_PC도 같은 방법으로 진행한다.

SECTION 03

기출 유형 해설 03회

풀이 방법

◆ 채점기준표

장치명	항목	배점	개수	합계
PC	ip	1	2	2
	서브넷마스크	1	2	2
	게이트웨이	1	2	2
	서버 주소	2	2	4
	소계			10
Switch	vlan번호, 이름	2	2	4
	포트에 할당	2	2	4
	주소 입력	1	8	8
	트렁크	1	4	4
	소계			20
라우터	활성화	4	1	4
	인터브이랜	8	2	16
	시리얼포트	5	1	5
	라우팅	15	1	15
	소계			40
기본설정	콘솔, 텔넷 메시지	7	1	7
	원격 로그인	7	1	7
	콘솔 로그인	10	1	10
	관리자 로그인	3	1	3
	모든 암호 암호화	3	1	3
	소계			30
	합계			100

1 IP 설정

① 패킷트레이서 프로그램을 실행한 후 [File]-[Open] 메뉴를 클릭하여 '기출유형 03회.pka' 파일을 불러온다.

② 'PC0'을 선택한 후 [Desktop] 탭의 [IP Configuration]을 클릭하여 주어진 IP 주소를 입력한다.

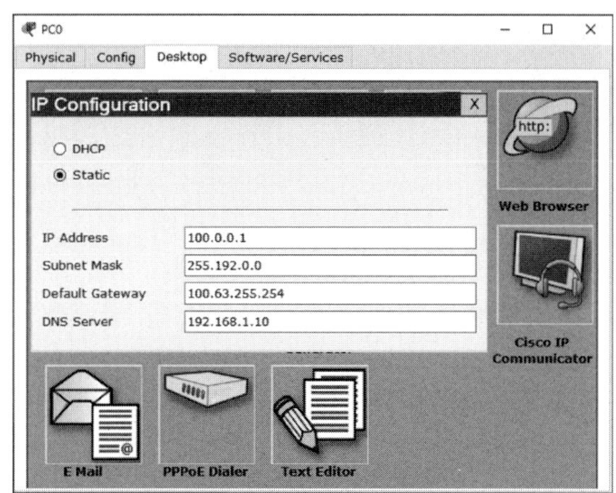

IP Address	100.0.0.1
Subnet Mask	255.192.0.0
Default Gateway	100.63.255.254
DNS Server	192.168.1.10

③ 'PC1'을 선택한 후 [Desktop] 탭의 [IP Configuration]을 클릭하여 주어진 IP 주소를 입력한다.

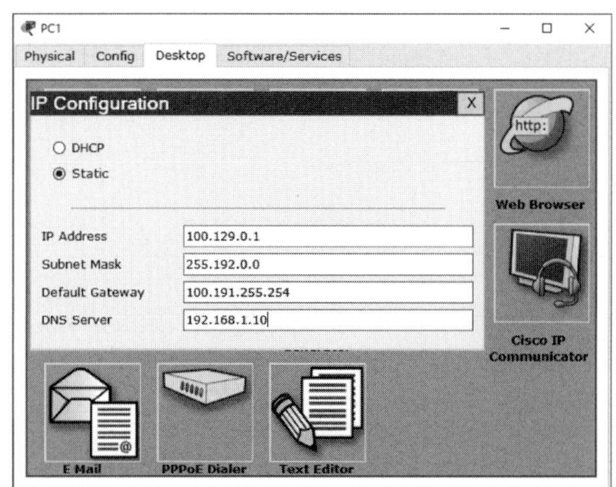

IP Address	100.129.0.1
Subnet Mask	255.192.0.0
Default Gateway	100.191.255.254
DNS Server	192.168.1.10

❷ 스위치 Switch VLAN 설정

① 도면에서 스위치 Switch를 클릭하고 창이 뜨면 [CLI] 탭을 클릭하여 IOS Command 모드를 실행한다.

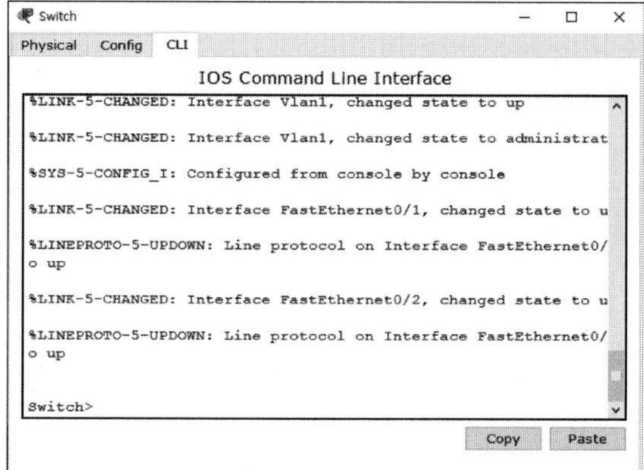

② 스위치에 IOS 명령을 입력하여 설정한다.

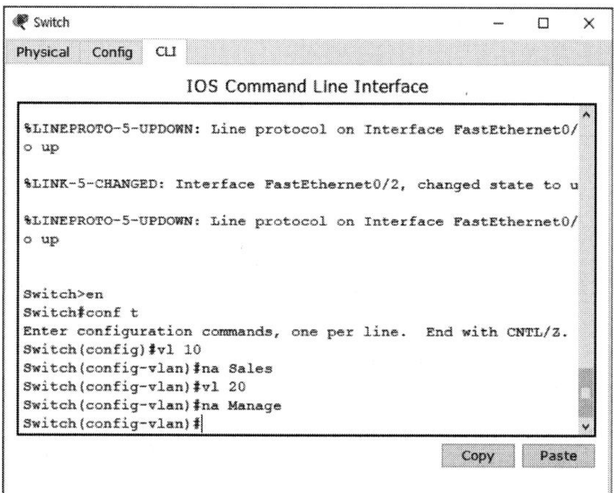

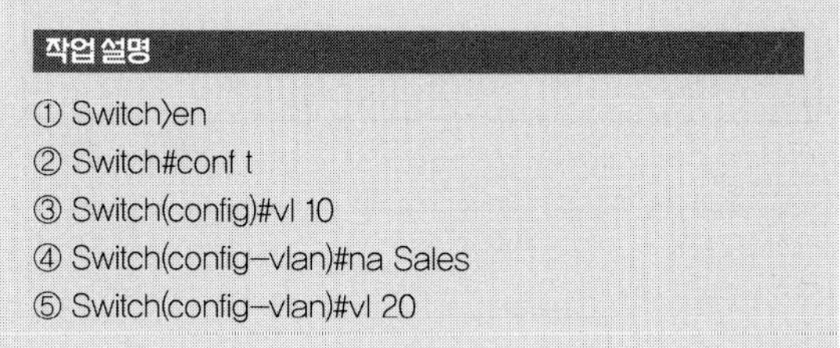

작업 설명

① Switch>en
② Switch#conf t
③ Switch(config)#vl 10
④ Switch(config–vlan)#na Sales
⑤ Switch(config–vlan)#vl 20
⑥ Switch(config–vlan)#na Manage

① 스위치 운영자 모드 설정
② 스위치 privilege mode로 접속
③ vlan 10을 생성
④ vlan 10 이름을 Sales로 지정
⑤ vlan 20을 생성
⑥ vlan 20 이름을 Manage로 지정

③ 설정한 VLAN에 Port를 할당한다.

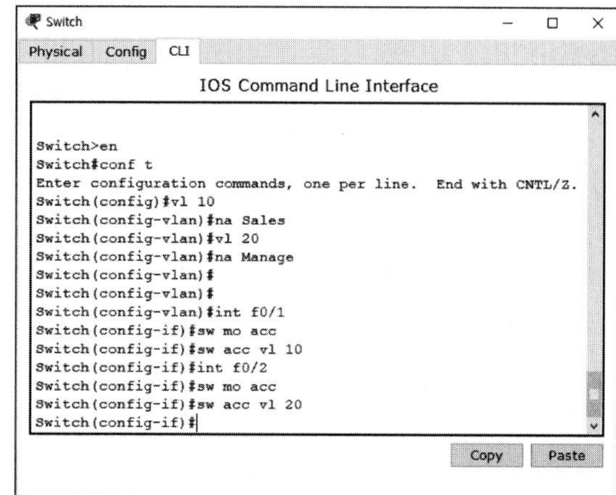

- Fastethernet 0/1 → vlan 10
- Fastethernet 0/2 → vlan 20

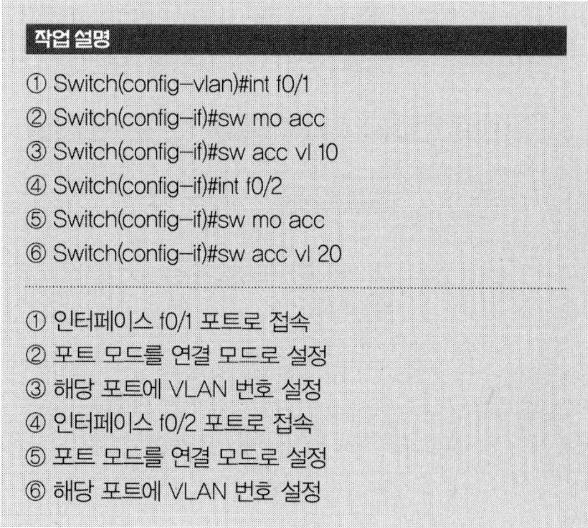

작업 설명

① Switch(config–vlan)#int f0/1
② Switch(config–if)#sw mo acc
③ Switch(config–if)#sw acc vl 10
④ Switch(config–if)#int f0/2
⑤ Switch(config–if)#sw mo acc
⑥ Switch(config–if)#sw acc vl 20

① 인터페이스 f0/1 포트로 접속
② 포트 모드를 연결 모드로 설정
③ 해당 포트에 VLAN 번호 설정
④ 인터페이스 f0/2 포트로 접속
⑤ 포트 모드를 연결 모드로 설정
⑥ 해당 포트에 VLAN 번호 설정

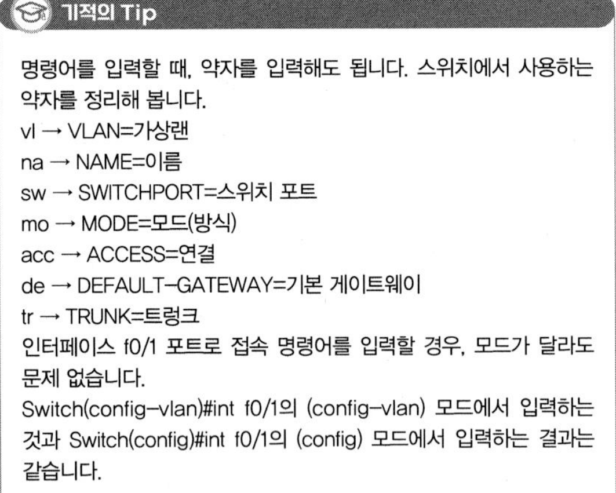

기적의 Tip

명령어를 입력할 때, 약자를 입력해도 됩니다. 스위치에서 사용하는 약자를 정리해 봅니다.

vl → VLAN=가상랜
na → NAME=이름
sw → SWITCHPORT=스위치 포트
mo → MODE=모드(방식)
acc → ACCESS=연결
de → DEFAULT-GATEWAY=기본 게이트웨이
tr → TRUNK=트렁크

인터페이스 f0/1 포트로 접속 명령어를 입력할 경우, 모드가 달라도 문제 없습니다.

Switch(config-vlan)#int f0/1의 (config-vlan) 모드에서 입력하는 것과 Switch(config)#int f0/1의 (config) 모드에서 입력하는 결과는 같습니다.

❸ 스위치 주소 입력

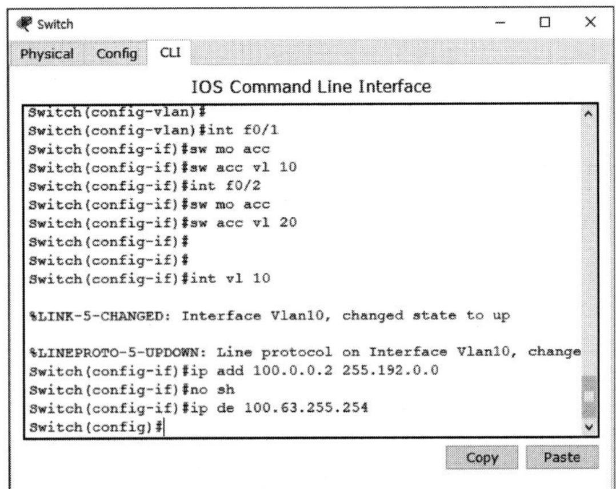

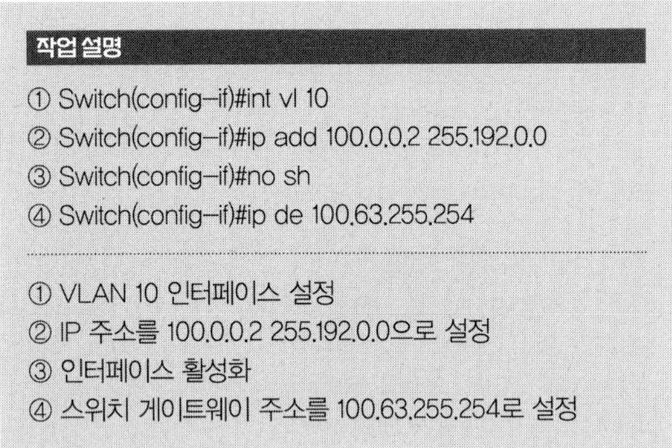

작업 설명

① Switch(config-if)#int vl 10
② Switch(config-if)#ip add 100.0.0.2 255.192.0.0
③ Switch(config-if)#no sh
④ Switch(config-if)#ip de 100.63.255.254

① VLAN 10 인터페이스 설정
② IP 주소를 100.0.0.2 255.192.0.0으로 설정
③ 인터페이스 활성화
④ 스위치 게이트웨이 주소를 100.63.255.254로 설정

❹ 스위치 Trunk 설정

① 스위치 Fa0/24에 트렁크 설정한다.

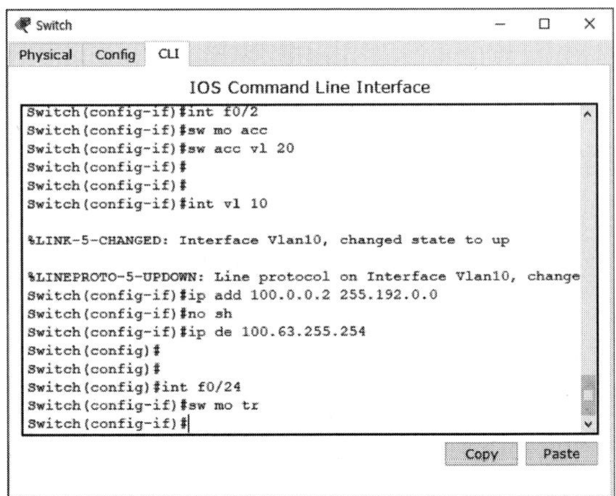

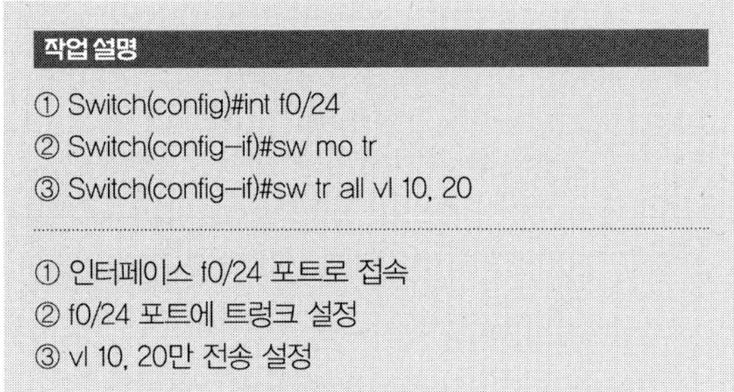

작업 설명

① Switch(config)#int f0/24
② Switch(config-if)#sw mo tr
③ Switch(config-if)#sw tr all vl 10, 20

① 인터페이스 f0/24 포트로 접속
② f0/24 포트에 트렁크 설정
③ vl 10, 20만 전송 설정

❺ 라우터 R1 기본설정

① 도면에서 라우터 R1을 클릭하고 창이 뜨면 [CLI] 탭을 클릭하여 IOS Command 모드를 실행한다.

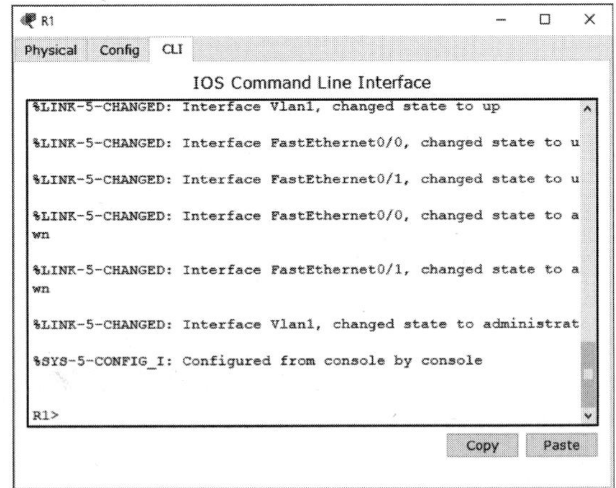

② 라우터에 IOS 명령을 입력하여 설정한다.

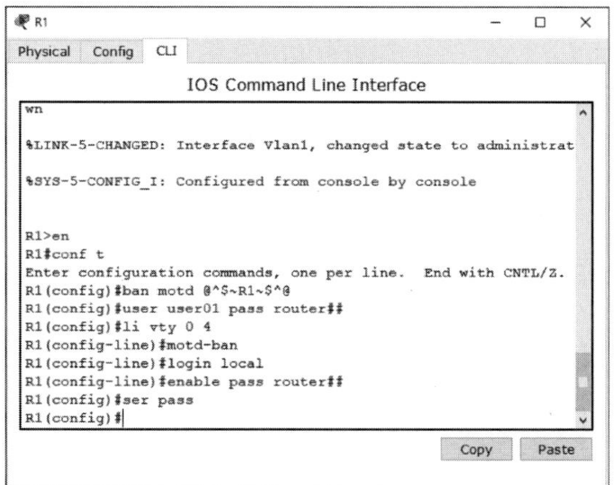
```
wn

%LINK-5-CHANGED: Interface Vlan1, changed state to administrat

%SYS-5-CONFIG_I: Configured from console by console


R1>en
R1#conf t
Enter configuration commands, one per line.  End with CNTL/Z.
R1(config)#ban motd @^$~R1~$^@
R1(config)#user user01 pass router##
R1(config)#li vty 0 4
R1(config-line)#motd-ban
R1(config-line)#login local
R1(config-line)#enable pass router##
R1(config)#ser pass
R1(config)#
```

작업설명

① R1>en
② R1#conf t
③ R1(config)#ban motd @ ^$~ R1 ~$^ @
④ R1(config)#user user01 pass router##
⑤ R1(config)#li vty 0 4
⑥ R1(config–line)#motd–ban
⑦ R1(config–line)#login local
⑧ R1(config–line)#enable pass router##
⑨ R1(config)#ser pass

① 운영자 모드 설정
② privilege mode로 접속
③ 콘솔 접속시 메시지 "^$~ R1 ~$^"가 보이게 설정
④ 콘솔 접속시 사용자 이름과 암호를 설정
⑤ 텔넷 라인모드 지정
⑥ 텔넷에 메시지 보이게 설정
⑦ 텔넷 로컬 인증
⑧ privilege mode 접속시 암호 설정
⑨ 모든 암호를 암호화 설정

기적의 Tip

ser pass → service password–encription 설정한 모든 암호를 암호화 하는 명령어입니다.

6 라우터 동작 설정

① 포트활성화 및 서브인터페이스 구성(Inter–VLAN)

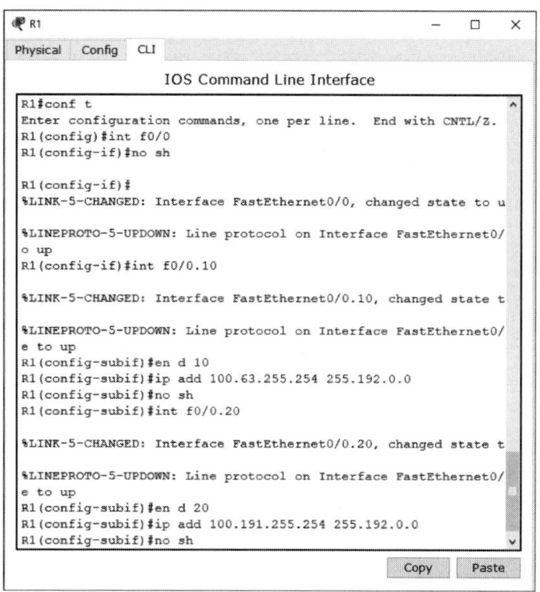
```
R1#conf t
Enter configuration commands, one per line.  End with CNTL/Z.
R1(config)#int f0/0
R1(config-if)#no sh

R1(config-if)#
%LINK-5-CHANGED: Interface FastEthernet0/0, changed state to u

%LINEPROTO-5-UPDOWN: Line protocol on Interface FastEthernet0/
o up
R1(config-if)#int f0/0.10

%LINK-5-CHANGED: Interface FastEthernet0/0.10, changed state t

%LINEPROTO-5-UPDOWN: Line protocol on Interface FastEthernet0/
e to up
R1(config-subif)#en d 10
R1(config-subif)#ip add 100.63.255.254 255.192.0.0
R1(config-subif)#no sh
R1(config-subif)#int f0/0.20

%LINK-5-CHANGED: Interface FastEthernet0/0.20, changed state t

%LINEPROTO-5-UPDOWN: Line protocol on Interface FastEthernet0/
e to up
R1(config-subif)#en d 20
R1(config-subif)#ip add 100.191.255.254 255.192.0.0
R1(config-subif)#no sh
```

작업설명

① R1>en
② R1#conf t
③ R1(config)#int f0/0
④ R1(config–if)#no sh
⑤ R1(config–if)#int f0/0.10
⑥ R1(config–subif)#en d 10
⑦ R1(config–subif)#ip add 100.63.255.254 255.192.0.0
⑧ R1(config–subif)#no sh
⑨ R1(config–subif)#int f0/0.20
⑩ R1(config–subif)#en d 20
⑪ R1(config–subif)#ip add 100.191.255.254 255.192.0.0
⑫ R1(config–subif)#no sh

① 라우터 운영자 모드 설정
② 라우터 privilege mode로 접속
③ 인터페이스 f0/0 포트로 이동
④ 인터페이스 f0/0 포트 활성화
⑤ vlan 10 서브인터페이스 생성
⑥ encapsulation dot1Q 10으로 설정
⑦ vlan 10에 속하는 장비들의 게이트웨이 주소와 서브넷 마스크 지정
⑧ f0/0.10 포트 활성화
⑨ vlan 20 서브인터페이스 생성
⑩ encapsulation dot1Q 20으로 설정
⑪ vlan 20에 속하는 장비들의 게이트웨이 주소와 서브넷 마스크 지정
⑫ f0/0.20 포트 활성화

7 라우터 시리얼 포트 설정

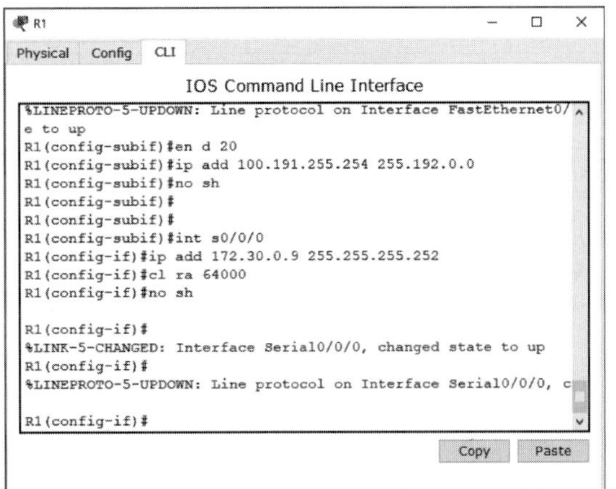

작업 설명

① R1(config-subif)#int s0/0/0
② R1(config-if)#ip add 172.30.0.9 255.255.255.252
③ R1(config-if)#cl ra 64000
④ R1(config-if)#no sh

① 시리얼포트 s0/0/0으로 접속
② ip 주소와 서브넷 마스크 입력
③ clock rate 속도를 64000으로 설정
④ 활성화

기적의 Tip

시리얼포트 주소 입력시 서브넷마스크는 네트워크의 /30을 적용합니다.

8 라우터 R1 라우팅 설정

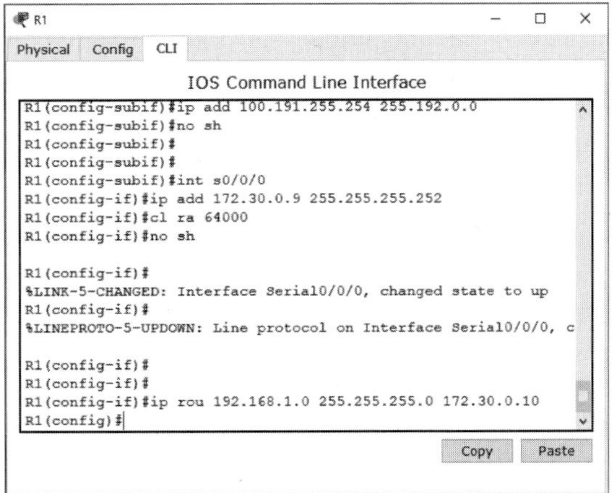

작업 설명

① R1(config-if)#ip rou 192.168.1.0 255.255.255.0 172.30.0.10

① 정적 라우팅 설정

기적의 Tip

라우터 사이 네트워크가 172.30.0.8/30인 경우
172.30.0.8/30 ← 네트워크
172.30.0.9/30 ← 할당 가능한 첫 번째 주소
172.30.0.10/30 ← 할당 가능한 마지막 주소
따라서 172.30.0.9/30에서 사용할 수 있는 주소는 172.30.0.9와 172.30.0.10 2개입니다. 문제에서 172.30.0.9를 R1 시리얼주소로 설정했기 때문에 ISP 시리얼주소는 172.30.0.10이 됩니다.

9 테스트

(1) 핑 테스트 (연결 확인 테스트)

① 작업창의 도면에서 PC0을 클릭하고 [Desktop]–[Command Prompt]를 누른다.

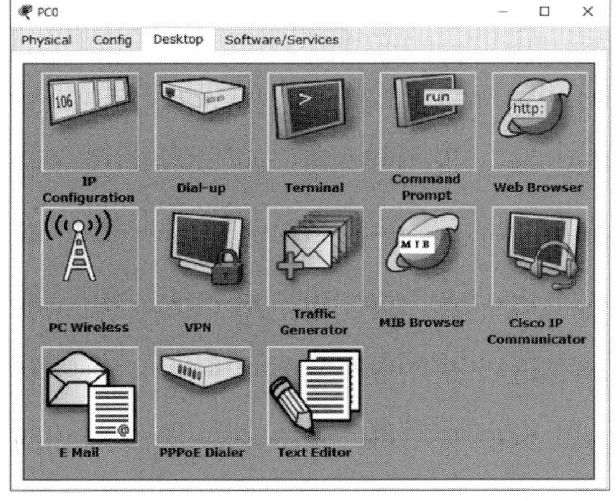

② "PC>"에 "ping 192.168.1.10"을 입력하여 아래와 같은 결과가 나오는지 확인한다.

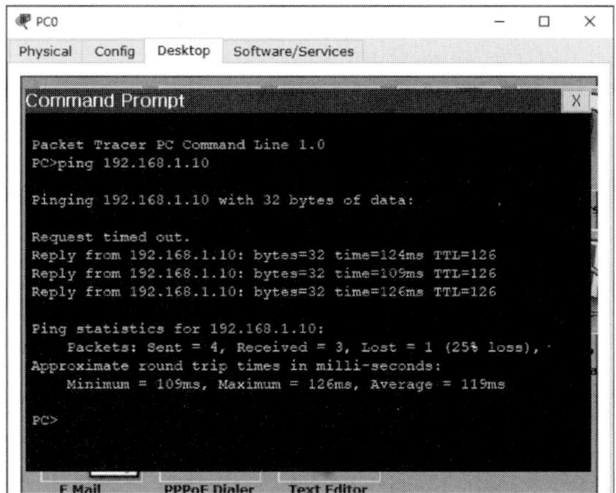

③ 작업창의 도면에서 PC1을 클릭하고 [Desktop]–[Command Prompt]를 누른다.

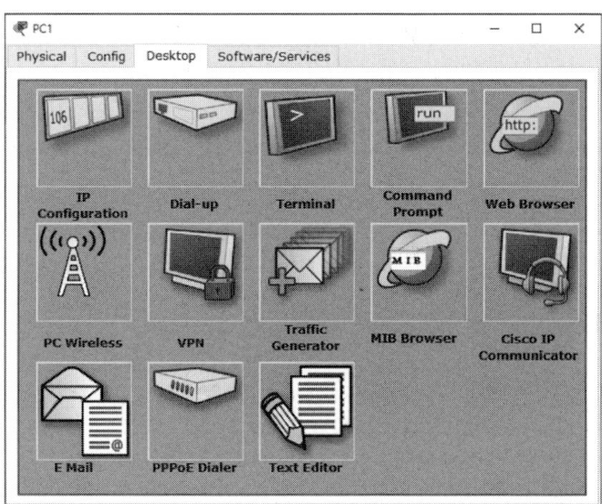

④ "PC>"에 "ping 192.168.1.10"을 입력하여 아래와 같은 결과가 나오는지 확인한다.

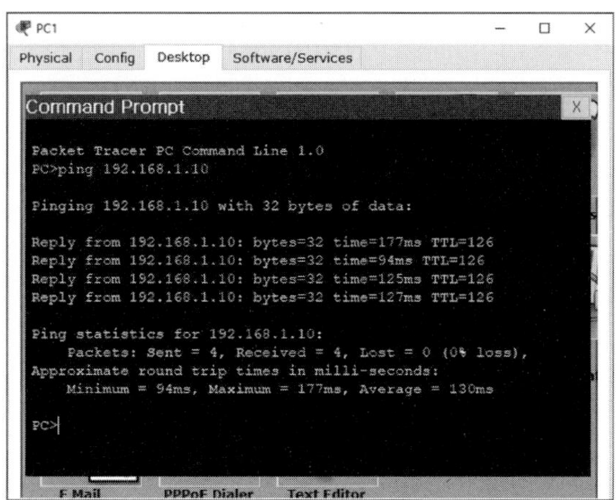

(2) 웹 접속 테스트(인터넷 연결 테스트)

① 작업창의 도면에서 PC0을 클릭하고 [Desktop]–[Web Browser]를 누른다.

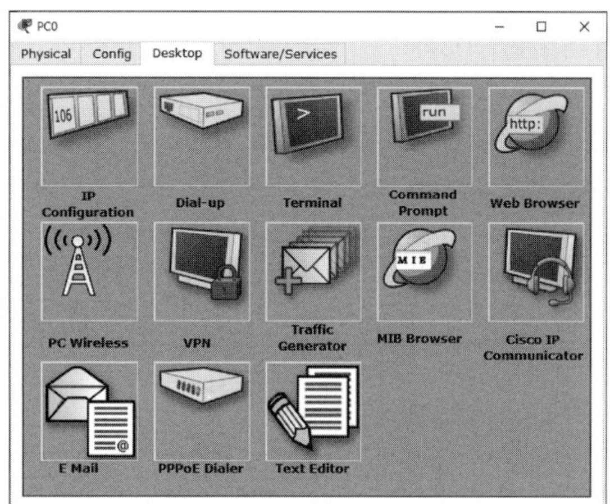

② URL 창에 "www.skills.com" 입력한 후 아래와 같은 결과가 나오는지 확인한다.

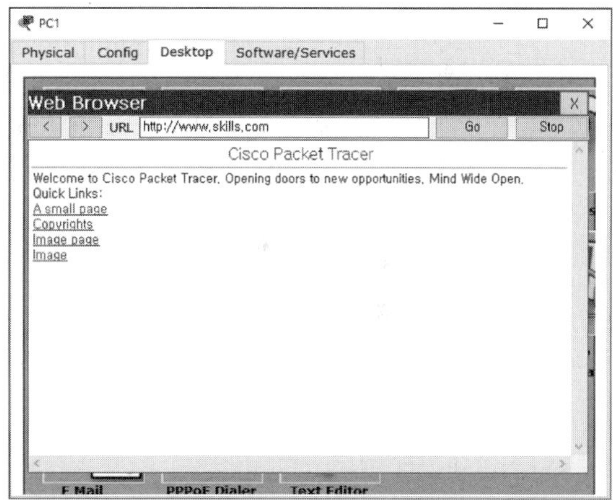

③ PC1도 같은 방법으로 테스트 한다.

SECTION 04

기출 유형 해설 04회

풀이 방법

◆ **채점기준표**

장치명	항목	배점	개수	합계
PC	ip	1	4	4
	서브넷마스크	1	4	4
	게이트웨이	2	4	8
	소계			16
Switch	vlan번호, 이름	2	2	4
	포트에 할당	2	2	4
	주소 입력	6	2	12
	트렁크	2	3	6
	Port-Security	10	1	10
	소계			36
라우터	활성화	4	1	4
	인터브이랜	8	4	32
	소계			36
기본설정	콘솔 로그인	9	1	9
	DNS 질의	3	1	3
	소계			12
	합계			100

1 IP 설정

① 패킷트레이서 프로그램을 실행한 후 [File]-[Open] 메뉴를 클릭하여 '기출유형 04회.pka' 파일을 불러온다.

② 'PC0'을 선택한 후 [Desktop] 탭의 [IP Configuration]을 클릭하여 주어진 IP 주소를 입력한다.

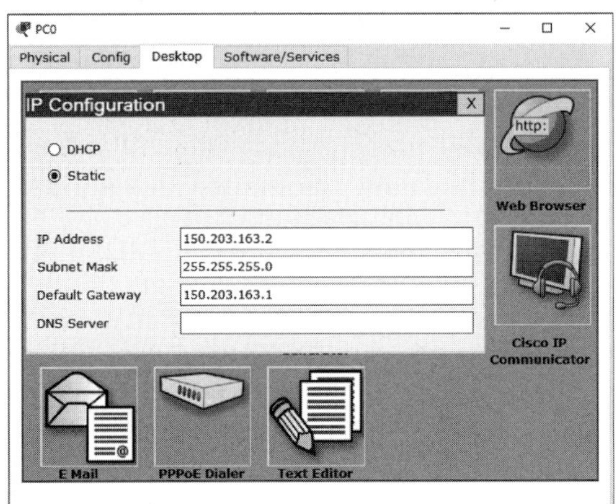

IP Address	150.203.163.2
Subnet Mask	255.255.255.0
Default Gateway	150.203.163.1

③ 'PC1'을 선택한 후 [Desktop] 탭의 [IP Configuration]을 클릭하여 주어진 IP 주소를 입력한다.

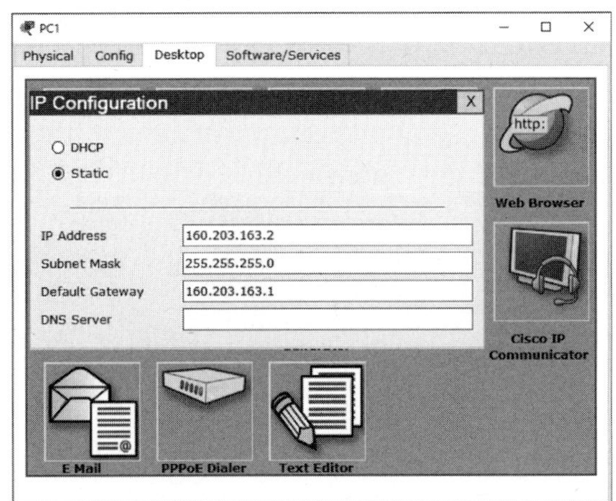

IP Address	160.203.163.2
Subnet Mask	255.255.255.0
Default Gateway	160.203.163.1

④ 'PC2'을 선택한 후 [Desktop] 탭의 [IP Configuration]을 클릭하여 주어진 IP 주소를 입력한다.

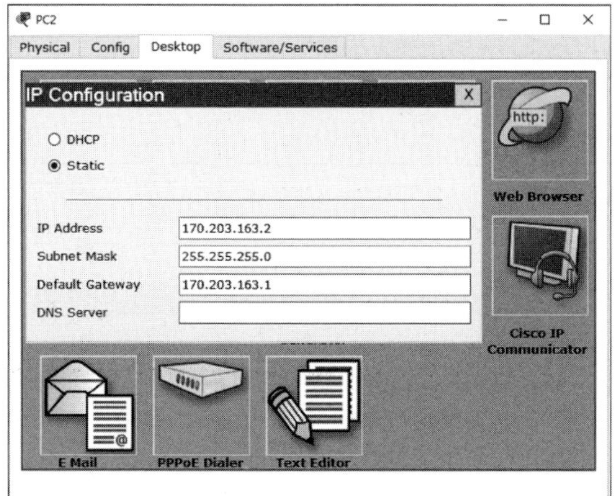

IP Address	170.203.163.2
Subnet Mask	255.255.255.0
Default Gateway	170.203.163.1

⑤ 'PC3'을 선택한 후 [Desktop] 탭의 [IP Configuration]을 클릭하여 주어진 IP 주소를 입력한다.

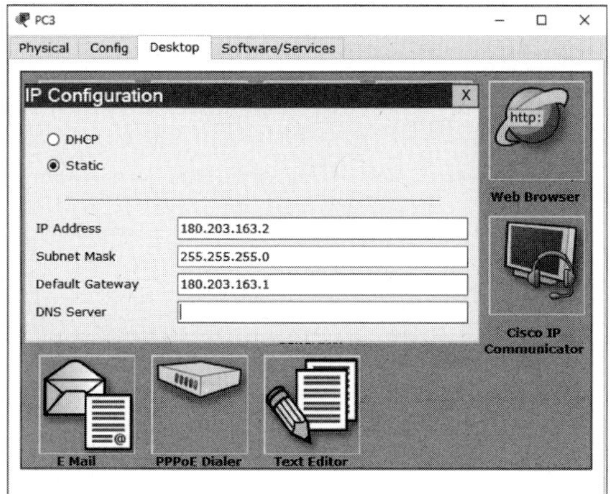

IP Address	180.203.163.2
Subnet Mask	255.255.255.0
Default Gateway	180.203.163.1

기적의 Tip

할당 가능한 첫 번째 주소는 네트워크 마지막 숫자에 1을 더하여 구합니다.

❷ 스위치 S1 설정

① 도면에서 스위치 S1을 클릭하고 창이 뜨면 [CLI] 탭을 클릭하여 IOS Command 모드를 실행한다.

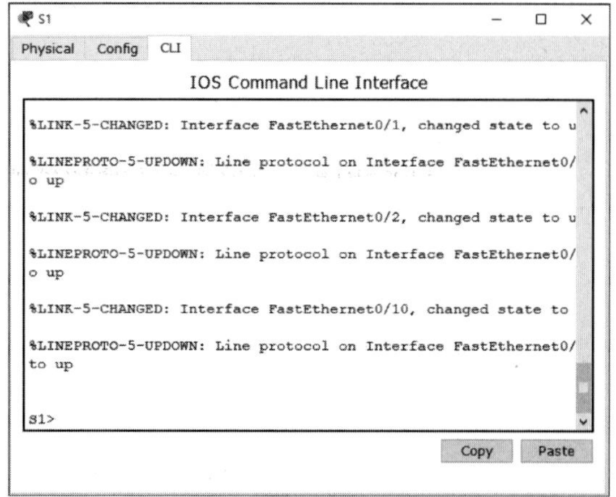

② 스위치에 IOS 명령을 입력하여 설정한다.

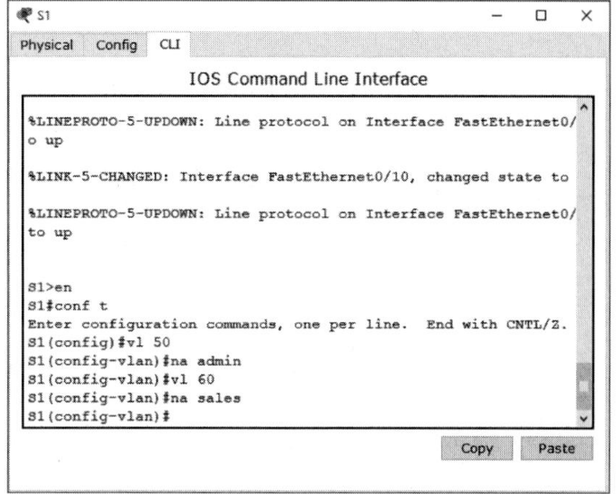

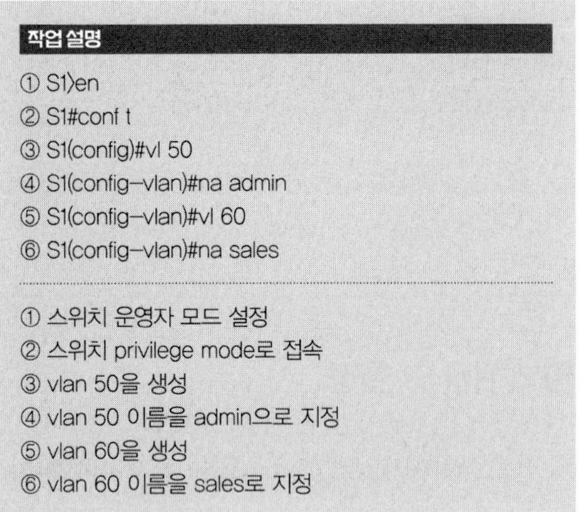

작업 설명

① S1>en
② S1#conf t
③ S1(config)#vl 50
④ S1(config-vlan)#na admin
⑤ S1(config-vlan)#vl 60
⑥ S1(config-vlan)#na sales

① 스위치 운영자 모드 설정
② 스위치 privilege mode로 접속
③ vlan 50을 생성
④ vlan 50 이름을 admin으로 지정
⑤ vlan 60을 생성
⑥ vlan 60 이름을 sales로 지정

③ 설정한 VLAN에 Port를 할당한다.

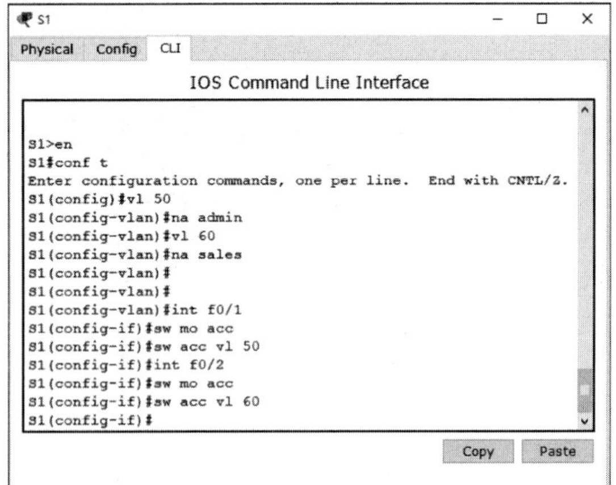

- Fastethernet 0/1 → vlan 50
- Fastethernet 0/2 → vlan 60

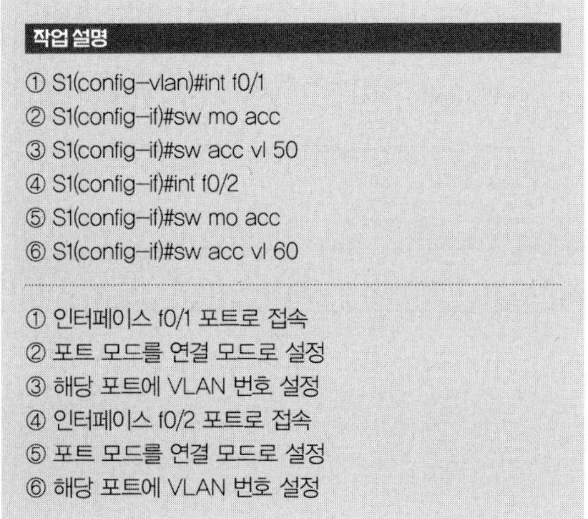

작업 설명

① S1(config-vlan)#int f0/1
② S1(config-if)#sw mo acc
③ S1(config-if)#sw acc vl 50
④ S1(config-if)#int f0/2
⑤ S1(config-if)#sw mo acc
⑥ S1(config-if)#sw acc vl 60

① 인터페이스 f0/1 포트로 접속
② 포트 모드를 연결 모드로 설정
③ 해당 포트에 VLAN 번호 설정
④ 인터페이스 f0/2 포트로 접속
⑤ 포트 모드를 연결 모드로 설정
⑥ 해당 포트에 VLAN 번호 설정

④ 스위치 S1에 주소를 입력한다.

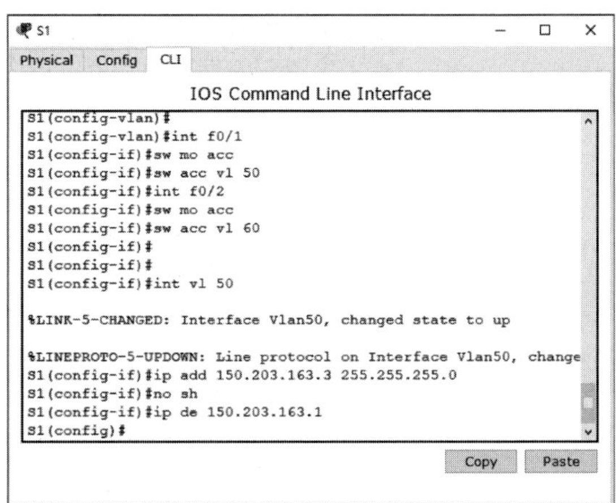

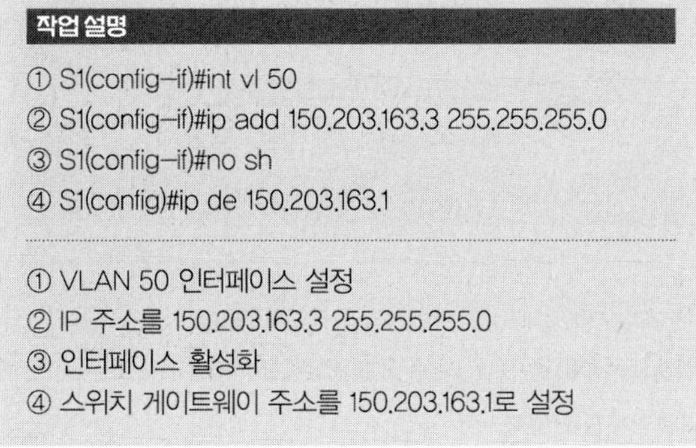

작업 설명

① S1(config-if)#int vl 50
② S1(config-if)#ip add 150.203.163.3 255.255.255.0
③ S1(config-if)#no sh
④ S1(config)#ip de 150.203.163.1

① VLAN 50 인터페이스 설정
② IP 주소를 150.203.163.3 255.255.255.0
③ 인터페이스 활성화
④ 스위치 게이트웨이 주소를 150.203.163.1로 설정

⑤ 스위치 S1에 Trunk 설정

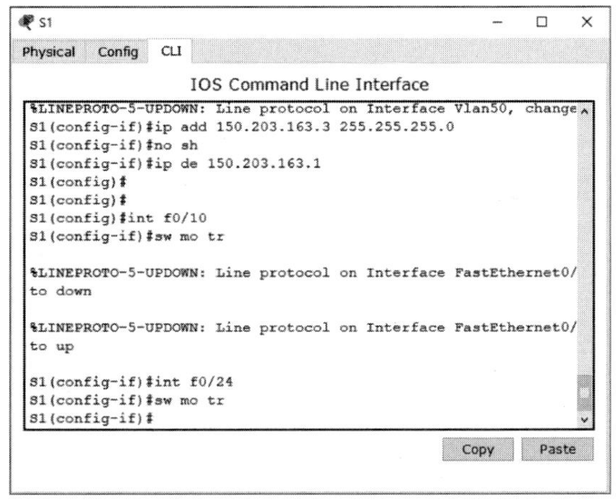

작업 설명

① S1(config)#int f0/10
② S1(config-if)#sw mo tr
③ S1(config-if)#int f0/24
④ S1(config-if)#sw mo tr

① 인터페이스 f0/10 포트로 접속
② f0/10 포트에 트렁크 설정
③ 인터페이스 f0/24 포트로 접속
④ f0/24 포트에 트렁크 설정

⑥ 스위치 S1에 Port-security(보안) 설정

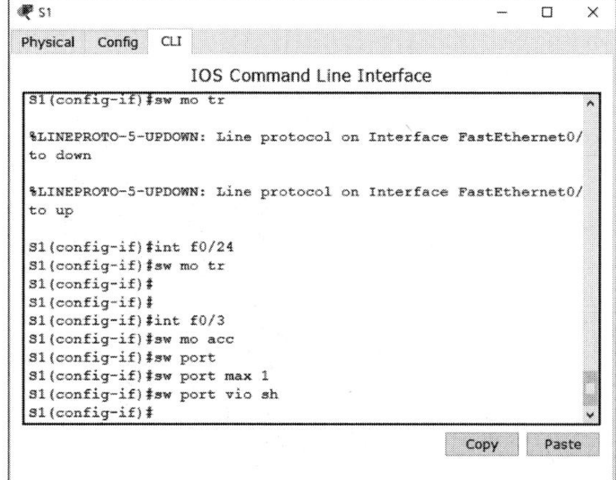

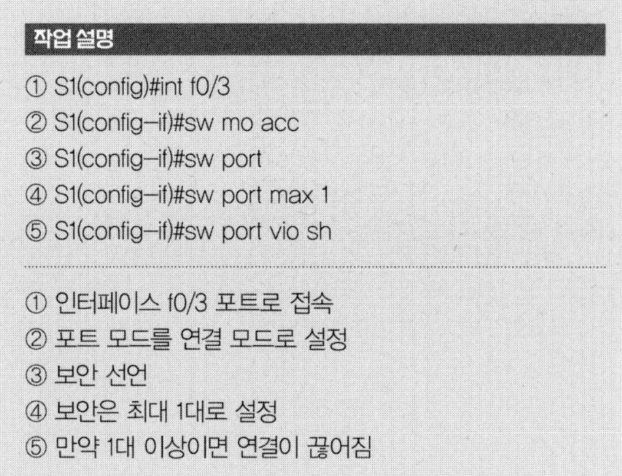

작업 설명

① S1(config)#int f0/3
② S1(config-if)#sw mo acc
③ S1(config-if)#sw port
④ S1(config-if)#sw port max 1
⑤ S1(config-if)#sw port vio sh

① 인터페이스 f0/3 포트로 접속
② 포트 모드를 연결 모드로 설정
③ 보안 선언
④ 보안은 최대 1대로 설정
⑤ 만약 1대 이상이면 연결이 끊어짐

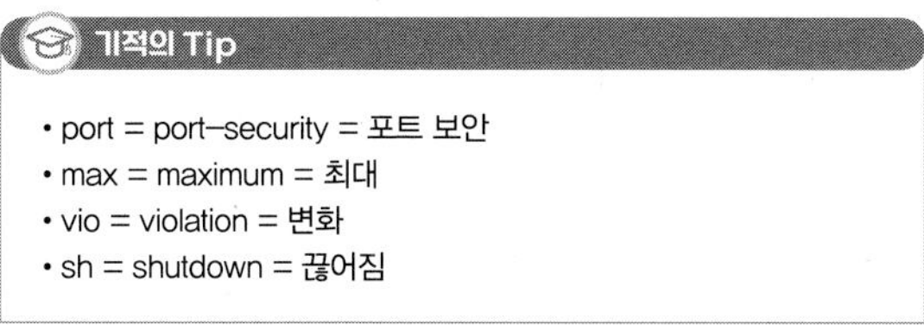

기적의 Tip

- port = port-security = 포트 보안
- max = maximum = 최대
- vio = violation = 변화
- sh = shutdown = 끊어짐

3 스위치 S2 설정

① 도면에서 스위치 S2을 클릭하고 창이 뜨면 [CLI] 탭을 클릭하여 IOS Command 모드를 실행한다.

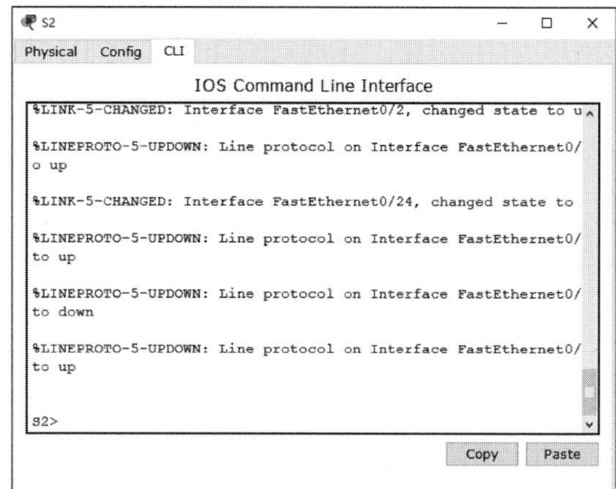

② 스위치에 IOS 명령을 입력하여 설정한다.

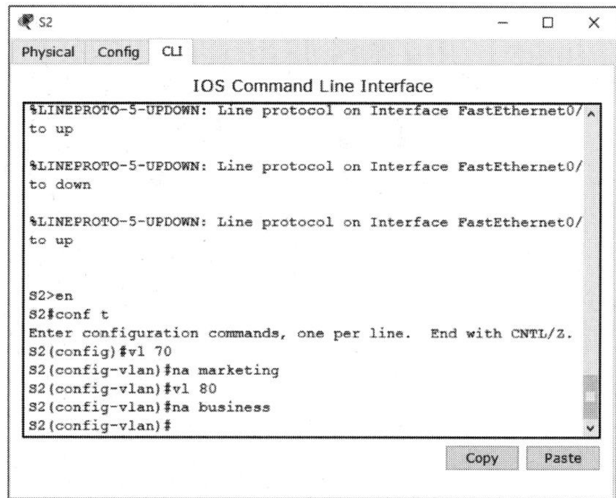

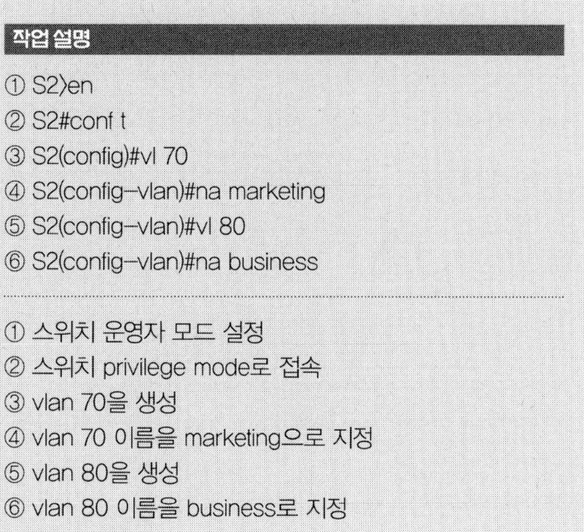

작업 설명

① S2>en
② S2#conf t
③ S2(config)#vl 70
④ S2(config-vlan)#na marketing
⑤ S2(config-vlan)#vl 80
⑥ S2(config-vlan)#na business

① 스위치 운영자 모드 설정
② 스위치 privilege mode로 접속
③ vlan 70을 생성
④ vlan 70 이름을 marketing으로 지정
⑤ vlan 80을 생성
⑥ vlan 80 이름을 business로 지정

③ 설정한 VLAN에 Port를 할당한다.

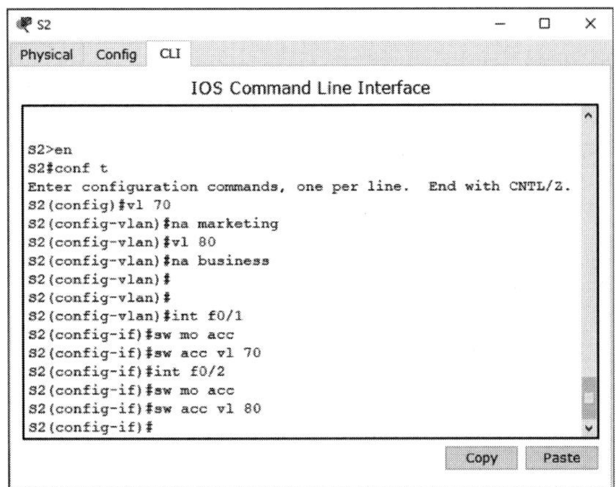

```
S2
Physical  Config  CLI
IOS Command Line Interface

S2>en
S2#conf t
Enter configuration commands, one per line.  End with CNTL/Z.
S2(config)#vl 70
S2(config-vlan)#na marketing
S2(config-vlan)#vl 80
S2(config-vlan)#na business
S2(config-vlan)#
S2(config-vlan)#
S2(config-vlan)#int f0/1
S2(config-if)#sw mo acc
S2(config-if)#sw acc vl 70
S2(config-if)#int f0/2
S2(config-if)#sw mo acc
S2(config-if)#sw acc vl 80
S2(config-if)#
Copy  Paste
```

- Fastethernet 0/1 → vlan 70
- Fastethernet 0/2 → vlan 80

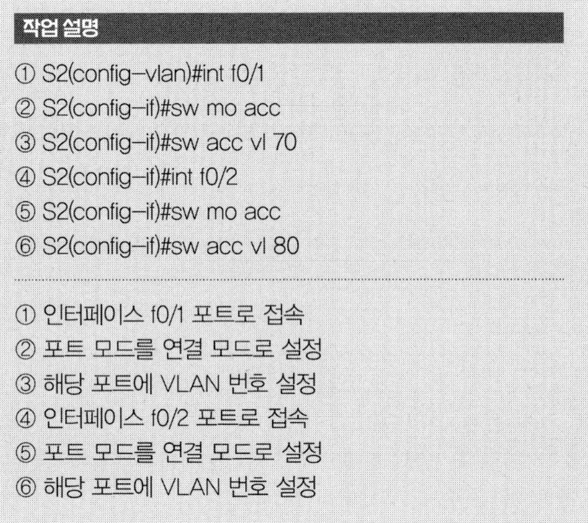

작업 설명

① S2(config-vlan)#int f0/1
② S2(config-if)#sw mo acc
③ S2(config-if)#sw acc vl 70
④ S2(config-if)#int f0/2
⑤ S2(config-if)#sw mo acc
⑥ S2(config-if)#sw acc vl 80

① 인터페이스 f0/1 포트로 접속
② 포트 모드를 연결 모드로 설정
③ 해당 포트에 VLAN 번호 설정
④ 인터페이스 f0/2 포트로 접속
⑤ 포트 모드를 연결 모드로 설정
⑥ 해당 포트에 VLAN 번호 설정

④ 스위치 S2 주소 입력

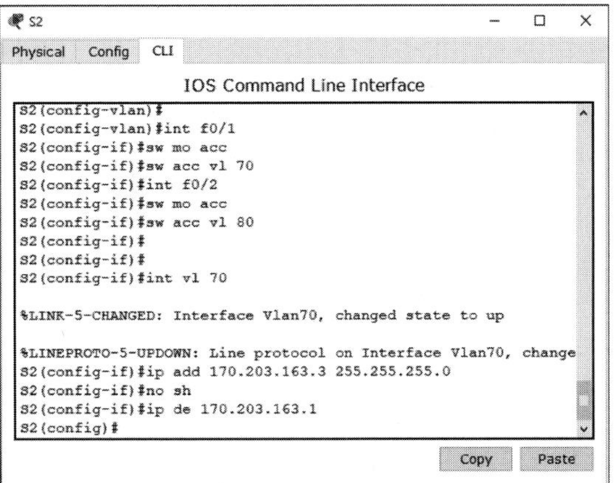

```
S2
Physical  Config  CLI
IOS Command Line Interface
S2(config-vlan)#
S2(config-vlan)#int f0/1
S2(config-if)#sw mo acc
S2(config-if)#sw acc vl 70
S2(config-if)#int f0/2
S2(config-if)#sw mo acc
S2(config-if)#sw acc vl 80
S2(config-if)#
S2(config-if)#
S2(config-if)#int vl 70

%LINK-5-CHANGED: Interface Vlan70, changed state to up

%LINEPROTO-5-UPDOWN: Line protocol on Interface Vlan70, change
S2(config-if)#ip add 170.203.163.3 255.255.255.0
S2(config-if)#no sh
S2(config-if)#ip de 170.203.163.1
S2(config)#
Copy  Paste
```

작업 설명

① S2(config-if)#int vl 70
② S2(config-if)#ip add 170.203.163.3 255.255.255.0
③ S2(config-if)#no sh
④ S2(config-if)#ip de 170.203.163.1

① VLAN 50 인터페이스 설정
② IP 주소를 170.203.163.3 255.255.255.0
③ 인터페이스 활성화
④ 스위치 게이트웨이 주소를 170.203.163.1로 설정

⑤ 스위치 S2에 Trunk 설정

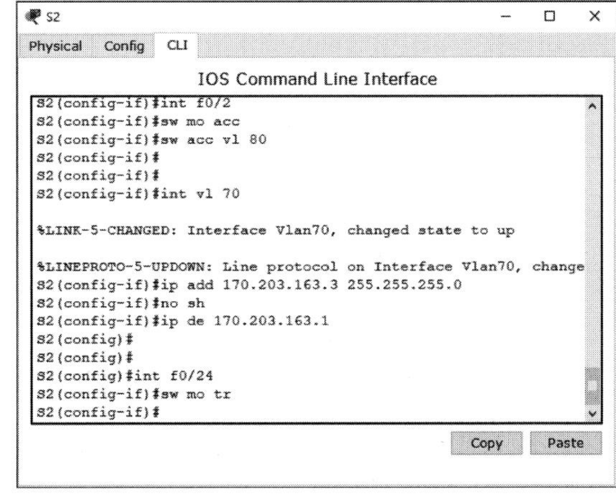

```
S2
Physical  Config  CLI
IOS Command Line Interface
S2(config-if)#int f0/2
S2(config-if)#sw mo acc
S2(config-if)#sw acc vl 80
S2(config-if)#
S2(config-if)#
S2(config-if)#int vl 70

%LINK-5-CHANGED: Interface Vlan70, changed state to up

%LINEPROTO-5-UPDOWN: Line protocol on Interface Vlan70, change
S2(config-if)#ip add 170.203.163.3 255.255.255.0
S2(config-if)#no sh
S2(config-if)#ip de 170.203.163.1
S2(config)#
S2(config)#
S2(config)#int f0/24
S2(config-if)#sw mo tr
S2(config-if)#
Copy  Paste
```

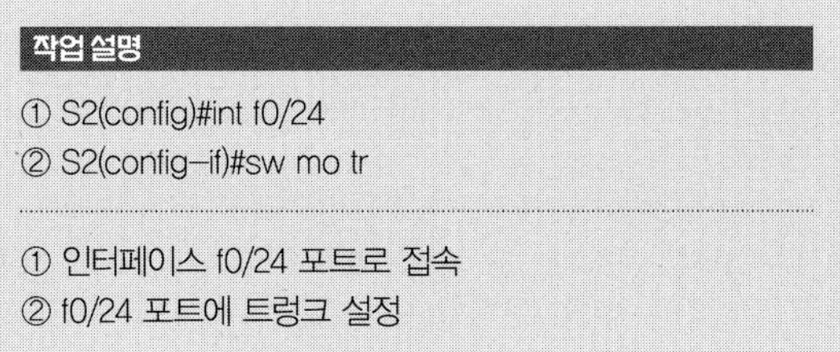

작업 설명

① S2(config)#int f0/24
② S2(config-if)#sw mo tr

① 인터페이스 f0/24 포트로 접속
② f0/24 포트에 트렁크 설정

❹ 라우터 R1 기본설정

① 도면에서 라우터 R1을 클릭하고 창이 뜨면 [CLI] 탭을 클릭하여 IOS Command 모드를 실행한다.

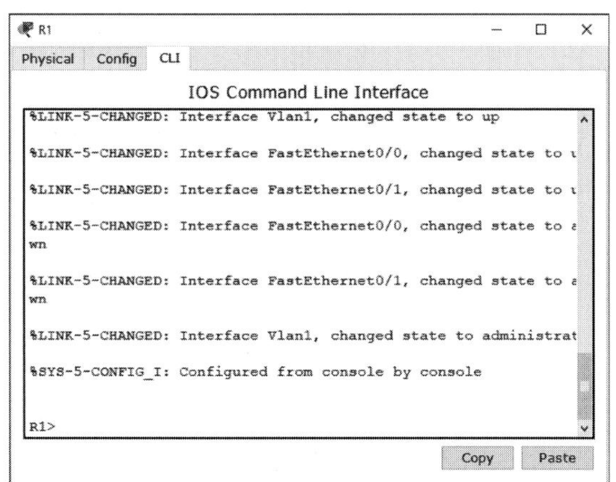

② 라우터에 기본 설정을 입력한다.

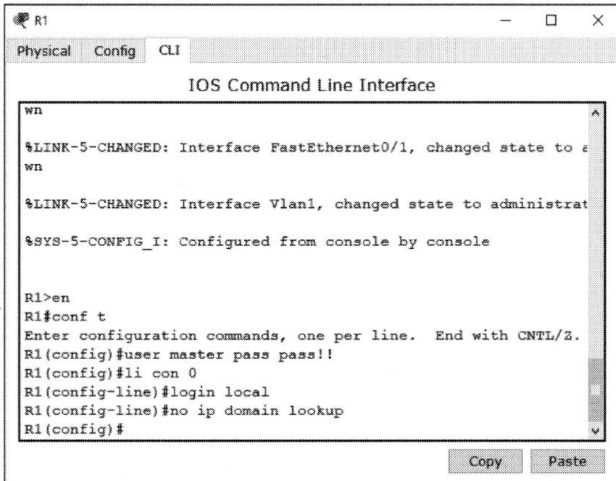

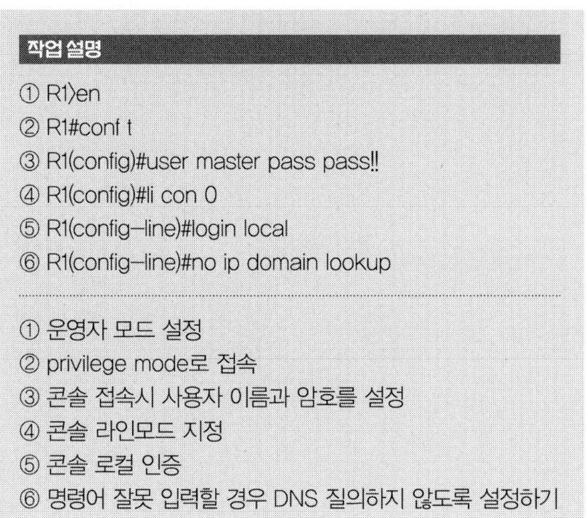

작업 설명

① R1>en
② R1#conf t
③ R1(config)#user master pass pass!!
④ R1(config)#li con 0
⑤ R1(config-line)#login local
⑥ R1(config-line)#no ip domain lookup

① 운영자 모드 설정
② privilege mode로 접속
③ 콘솔 접속시 사용자 이름과 암호를 설정
④ 콘솔 라인모드 지정
⑤ 콘솔 로컬 인증
⑥ 명령어 잘못 입력할 경우 DNS 질의하지 않도록 설정하기

❺ 라우터 R1 서브인터페이스 설정

① 포트활성화 및 서브인터페이스 구성(Inter-VLAN)

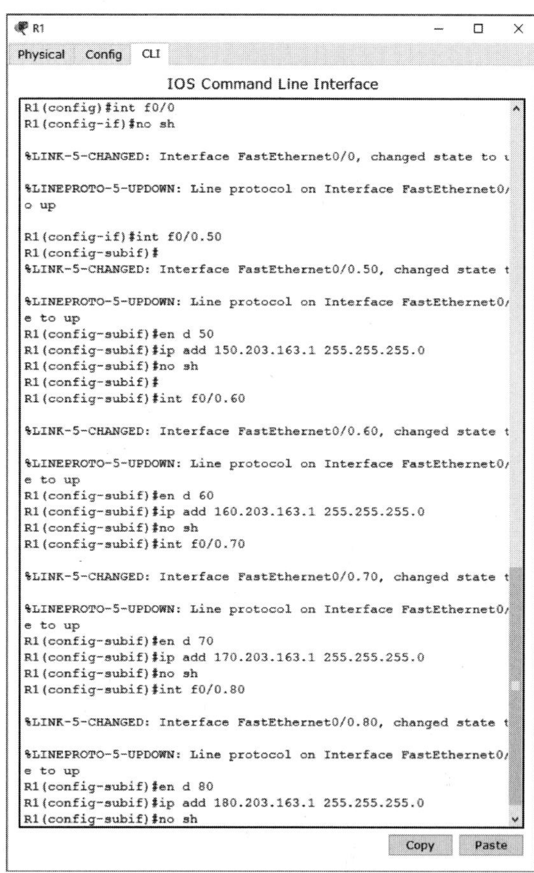

작업 설명

① R1>en
② R1#conf t
③ R1(config)#int f0/0
④ R1(config-if)#no sh
⑤ R1(config-if)#int f0/0.50
⑥ R1(config-subif)#en d 50
⑦ R1(config-subif)#ip add 150.203.163.1 255.255.255.0
⑧ R1(config-subif)#no sh
⑨ R1(config-subif)#int f0/0.60
⑩ R1(config-subif)#en d 60
⑪ R1(config-subif)#ip add 160.203.163.1 255.255.255.0
⑫ R1(config-subif)#no sh
⑬ R1(config-subif)#int f0/0.70
⑭ R1(config-subif)#en d 70
⑮ R1(config-subif)#ip add 170.203.163.1 255.255.255.0
⑯ R1(config-subif)#no sh
⑰ R1(config-subif)#int f0/0.80

⑱ R1(config-subif)#en d 80
⑲ R1(config-subif)#ip add 180.203.163.1 255.255.255.0
⑳ R1(config-subif)#no sh

① 라우터 운영자 모드 설정
② 라우터 privilege mode로 접속
③ 인터페이스 f0/0 포트로 이동
④ 인터페이스 f0/0 포트 활성화
⑤ vlan 50 서브인터페이스 생성
⑥ encapsulation dot1Q 50으로 설정
⑦ vlan 50에 속하는 장비들의 게이트웨이 주소와 서브넷 마스크 지정
⑧ f0/0.50 포트 활성화
⑨ vlan 60 서브인터페이스 생성
⑩ encapsulation dot1Q 60으로 설정
⑪ vlan 60에 속하는 장비들의 게이트웨이 주소와 서브넷 마스크 지정
⑫ f0/0.60 포트 활성화
⑬ vlan 70 서브인터페이스 생성
⑭ encapsulation dot1Q 70으로 설정
⑮ vlan 70에 속하는 장비들의 게이트웨이 주소와 서브넷 마스크 지정
⑯ f0/0.70 포트 활성화
⑰ vlan 80 서브인터페이스 생성
⑱ encapsulation dot1Q 80으로 설정
⑲ vlan 80에 속하는 장비들의 게이트웨이 주소와 서브넷 마스크 지정
⑳ f0/0.80 포트 활성화

6 테스트

(1) PC0에서 PC1로 핑테스트

① 작업창의 도면에서 PC0을 클릭하고 [Desktop]–[Command Prompt]를 누른다.

② "PC>"에 "ping 160.203.163.2"를 입력하여 아래와 같은 결과가 나오는지 확인한다.

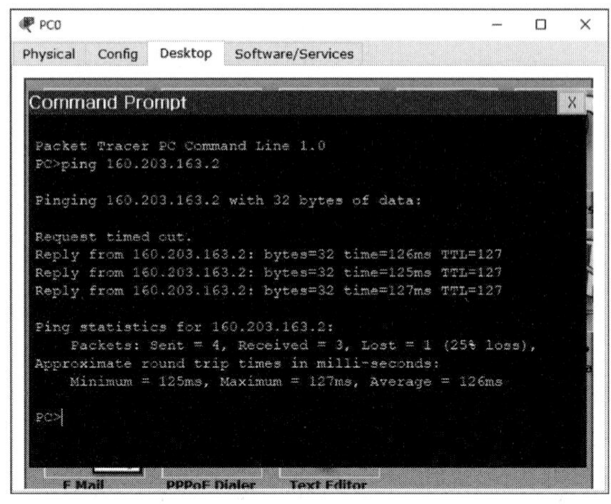

(2) PC2에서 PC3로 핑테스트

① 작업창의 도면에서 PC2를 클릭하고 [Desktop]–[Command Prompt]를 누른다.

② "PC>"에 "ping 180.203.163.2"를 입력하여 아래와 같은 결과가 나오는지 확인한다.

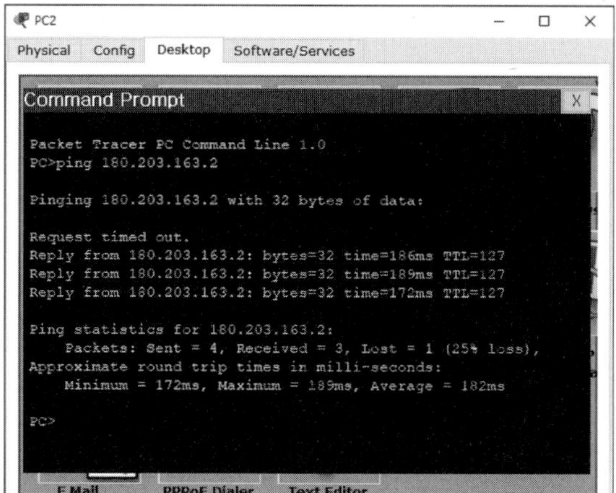

(3) PC1에서 PC2로 핑테스트

① 작업창의 도면에서 PC1을 클릭하고 [Desktop]-[Command Prompt]를 누른다.

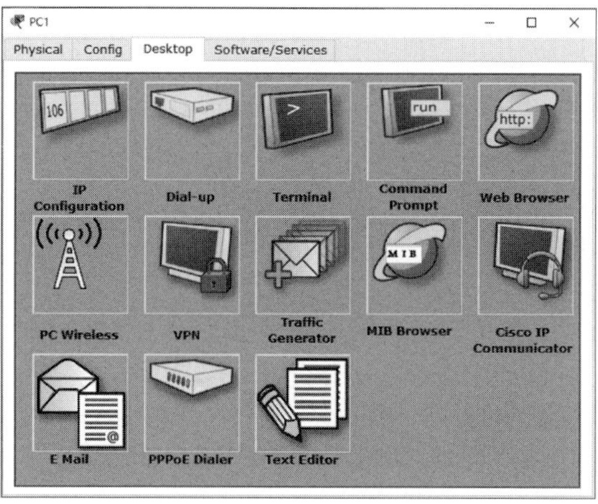

② "PC>"에 "ping 170.203.163.2"를 입력하여 아래와 같은 결과가 나오는지 확인한다.

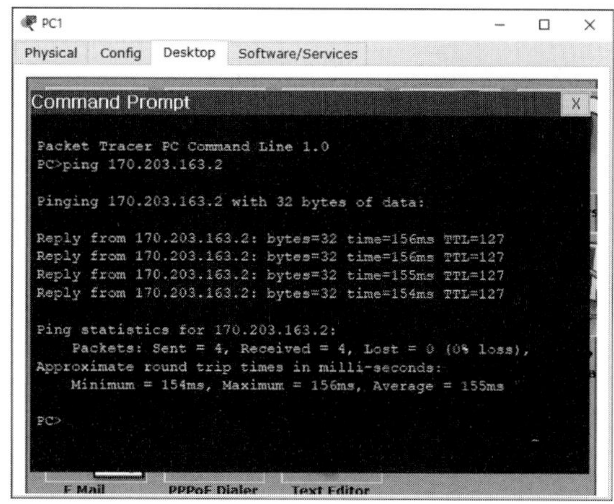

SECTION 05

기출 유형 해설 05회

풀이 방법

◆ 채점기준표

장치명	항목	배점	개수	합계
PC	ip	1	4	4
	서브넷마스크	1	4	4
	게이트웨이	2	4	8
	소계			16
Switch	vlan번호, 이름	2	2	4
	포트에 할당	2	2	4
	주소 입력	1	10	10
	트렁크	2	3	6
	소계			24
라우터	활성화	2	1	2
	활성화+주소	4	1	4
	인터브이랜	8	2	16
	시리얼포트	4	2	8
	라우팅	8	2	16
	소계			46
기본설정	콘솔 로그인	10	1	10
	관리자 암호	4	1	4
	소계			14
	합계			100

1 IP 설정

① 패킷트레이서 프로그램을 실행한 후 [File]-[Open] 메뉴를 클릭하여 '기출유형 05회.pka' 파일을 불러온다.

② 'PC0'을 선택한 후 [Desktop] 탭의 [IP Configuration]을 클릭하여 주어진 IP 주소를 입력한다.

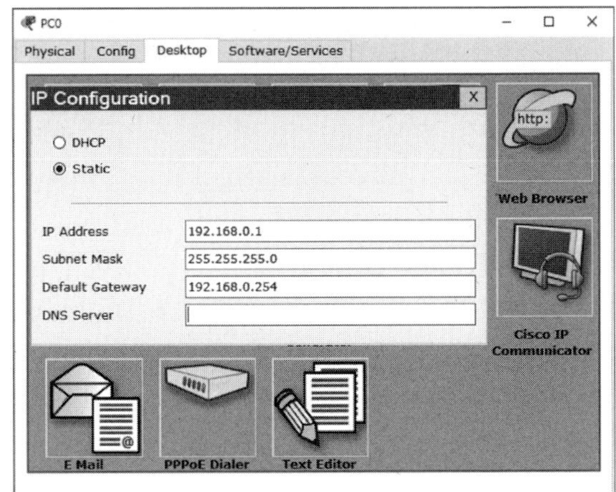

IP Address	192.168.0.1
Subnet Mask	255.255.255.0
Default Gateway	192.168.0.254

③ 'PC1'을 선택한 후 [Desktop] 탭의 [IP Configuration]을 클릭하여 주어진 IP 주소를 입력한다.

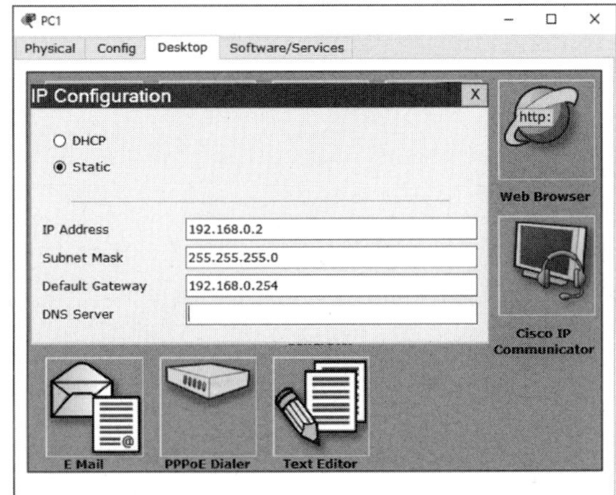

IP Address	192.168.0.2
Subnet Mask	255.255.255.0
Default Gateway	192.168.0.254

④ 'PC2'를 선택한 후 [Desktop] 탭의 [IP Configuration]을 클릭하여 주어진 IP 주소를 입력한다.

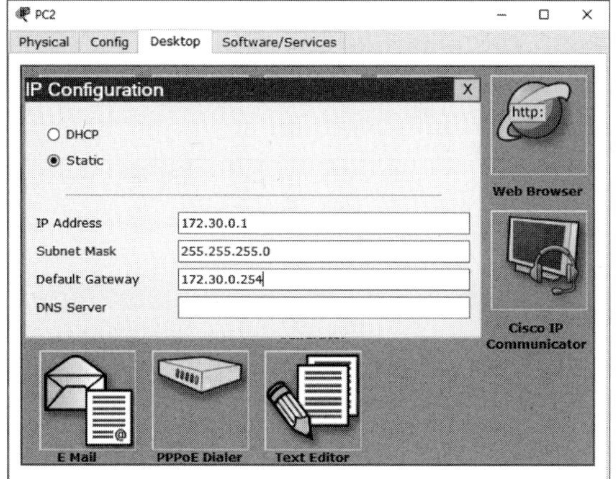

IP Address	172.30.0.1
Subnet Mask	255.255.255.0
Default Gateway	172.30.0.254

⑤ 'PC3'을 선택한 후 [Desktop] 탭의 [IP Configuration]을 클릭하여 주어진 IP 주소를 입력한다.

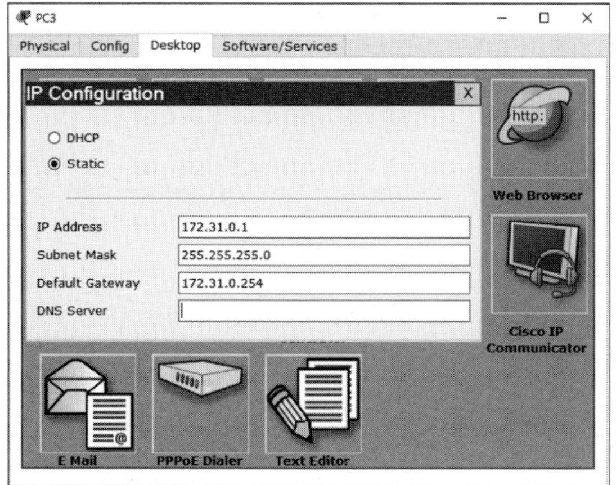

IP Address	172.31.0.1
Subnet Mask	255.255.255.0
Default Gateway	172.31.0.254

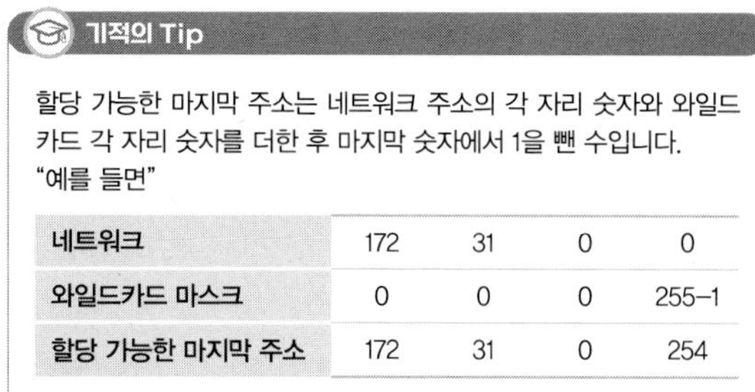

기적의 Tip

할당 가능한 마지막 주소는 네트워크 주소의 각 자리 숫자와 와일드카드 각 자리 숫자를 더한 후 마지막 숫자에서 1을 뺀 수입니다.
"예를 들면"

네트워크	172	31	0	0
와일드카드 마스크	0	0	0	255−1
할당 가능한 마지막 주소	172	31	0	254

❷ 스위치 Switch0 주소 입력

① 도면에서 스위치 Switch0을 클릭하고 창이 뜨면 [CLI] 탭을 클릭하여 IOS Command 모드를 실행한다.

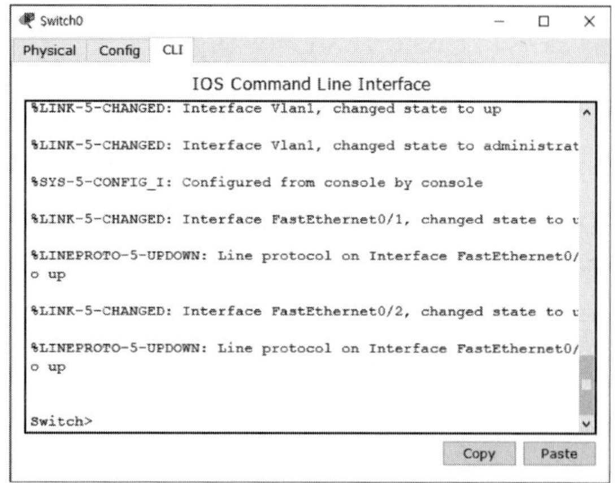

② 스위치에 IOS 명령을 입력하여 주소를 입력한다.

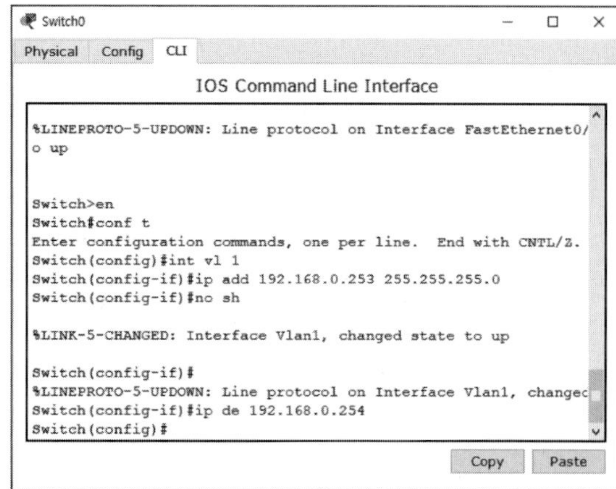

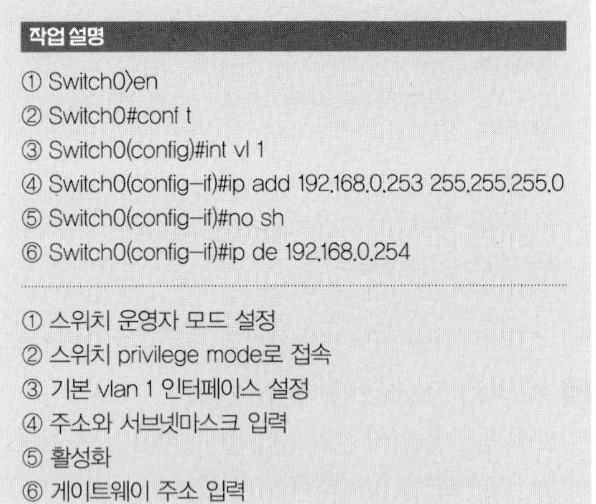

작업설명

① Switch0>en
② Switch0#conf t
③ Switch0(config)#int vl 1
④ Switch0(config-if)#ip add 192.168.0.253 255.255.255.0
⑤ Switch0(config-if)#no sh
⑥ Switch0(config-if)#ip de 192.168.0.254

① 스위치 운영자 모드 설정
② 스위치 privilege mode로 접속
③ 기본 vlan 1 인터페이스 설정
④ 주소와 서브넷마스크 입력
⑤ 활성화
⑥ 게이트웨이 주소 입력

3 스위치 Switch1 VLAN 설정

① 도면에서 스위치 Switch1을 클릭하고 창이 뜨면 [CLI] 탭을 클릭하여 IOS Command 모드를 실행한다.

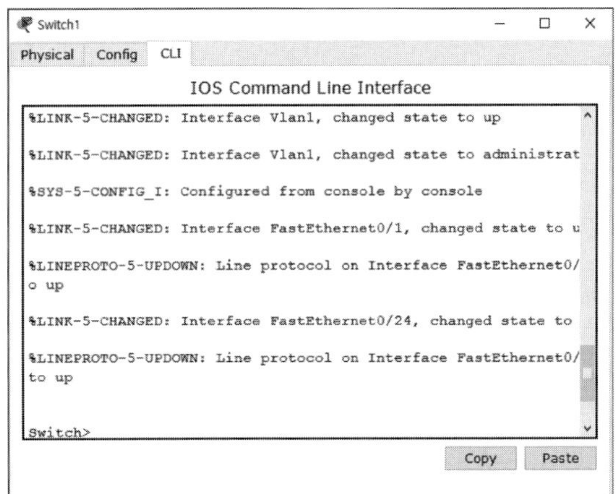

② Switch1에 IOS 명령을 입력하여 설정한다.

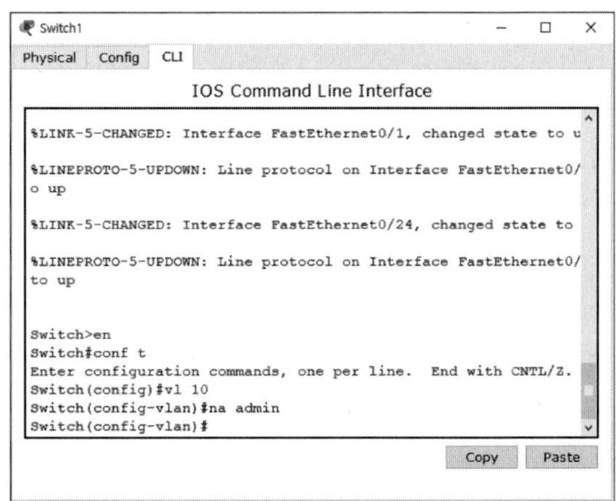

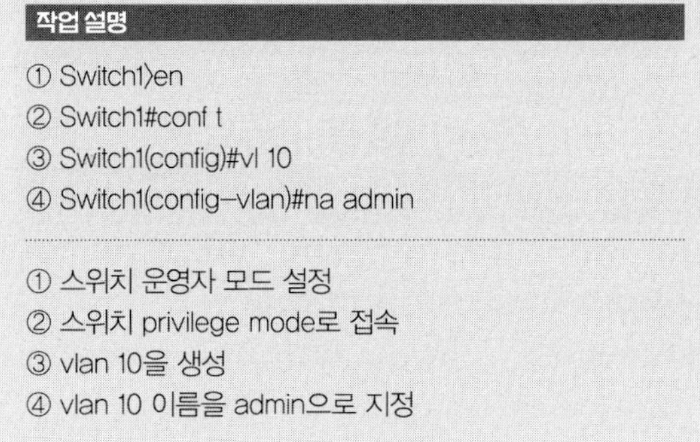

작업설명

① Switch1>en
② Switch1#conf t
③ Switch1(config)#vl 10
④ Switch1(config-vlan)#na admin

① 스위치 운영자 모드 설정
② 스위치 privilege mode로 접속
③ vlan 10을 생성
④ vlan 10 이름을 admin으로 지정

③ 설정한 VLAN에 Port 할당한다.

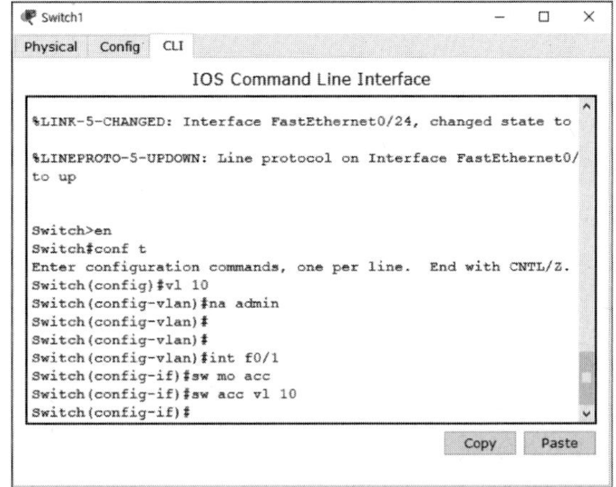

• Fastethernet 0/1 → vlan 10

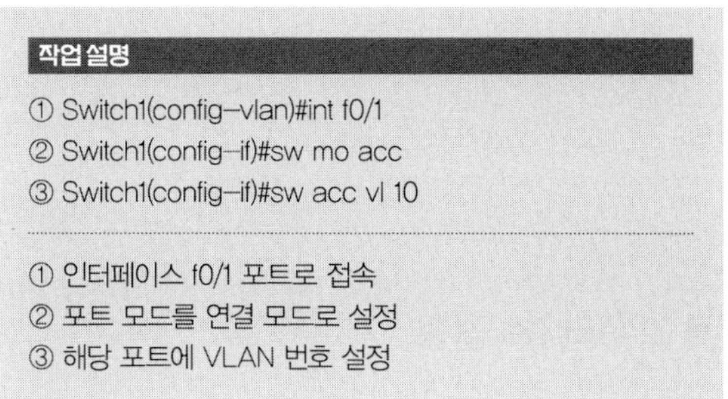

작업 설명

① Switch1(config–vlan)#int f0/1
② Switch1(config–if)#sw mo acc
③ Switch1(config–if)#sw acc vl 10

① 인터페이스 f0/1 포트로 접속
② 포트 모드를 연결 모드로 설정
③ 해당 포트에 VLAN 번호 설정

④ 스위치 Switch1의 Fa0/23과 Fa0/24에 트렁크 설정한다.

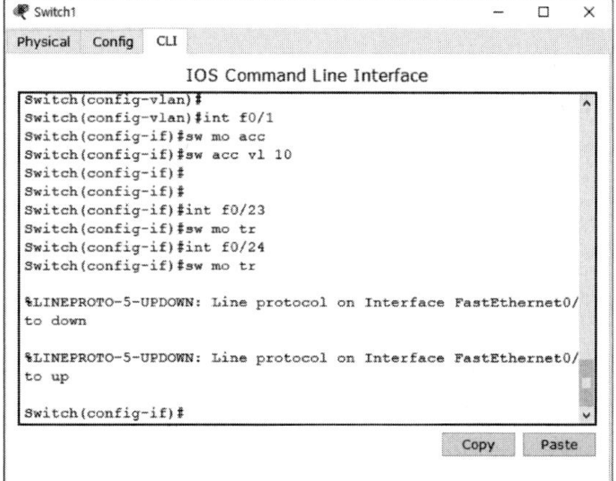

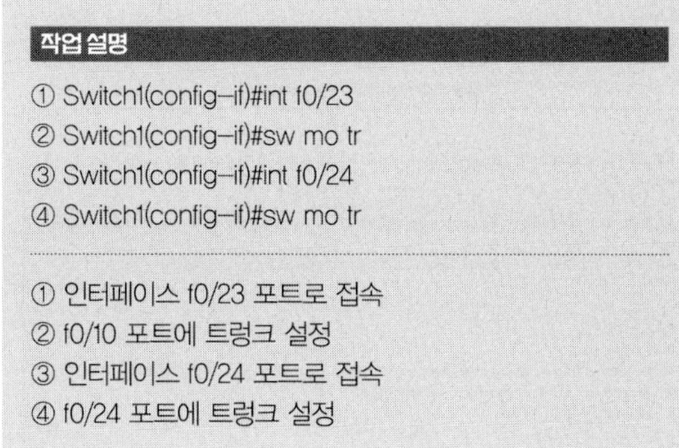

작업 설명

① Switch1(config–if)#int f0/23
② Switch1(config–if)#sw mo tr
③ Switch1(config–if)#int f0/24
④ Switch1(config–if)#sw mo tr

① 인터페이스 f0/23 포트로 접속
② f0/10 포트에 트렁크 설정
③ 인터페이스 f0/24 포트로 접속
④ f0/24 포트에 트렁크 설정

4 스위치 Switch2 설정

① 도면에서 스위치 Switch2를 클릭하고 창이 뜨면 [CLI] 탭을 클릭하여 IOS Command 모드를 실행한다.

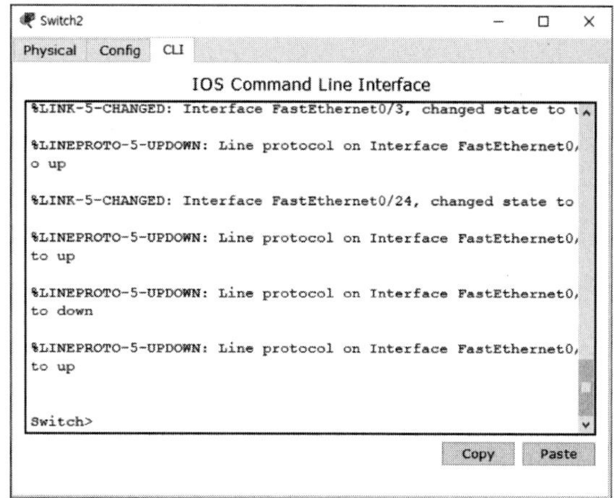

② 스위치 Switch2에 IOS 명령을 입력하여 설정한다.

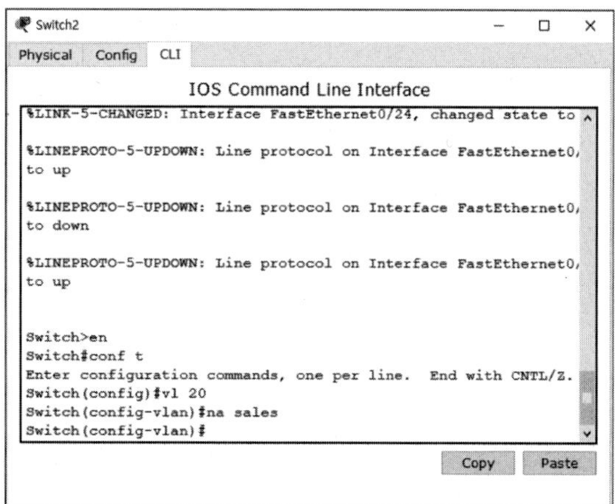

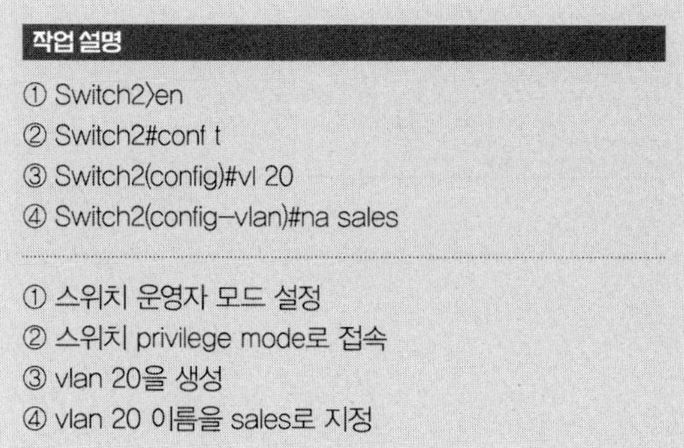

작업 설명

① Switch2)en
② Switch2#conf t
③ Switch2(config)#vl 20
④ Switch2(config–vlan)#na sales

① 스위치 운영자 모드 설정
② 스위치 privilege mode로 접속
③ vlan 20을 생성
④ vlan 20 이름을 sales로 지정

③ 설정한 VLAN에 Port를 할당한다.

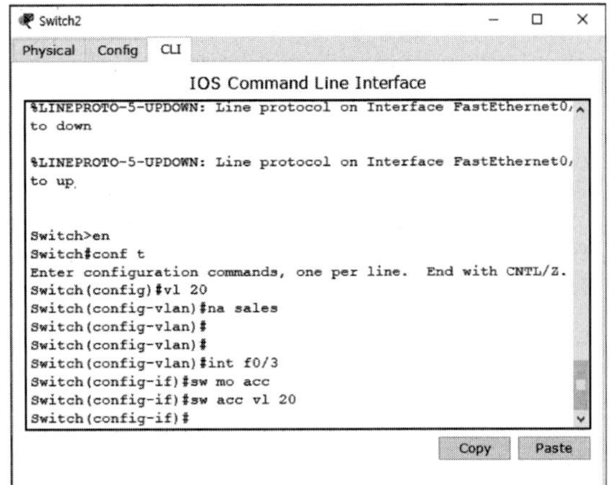

• Fastethernet 0/3 → vlan 20

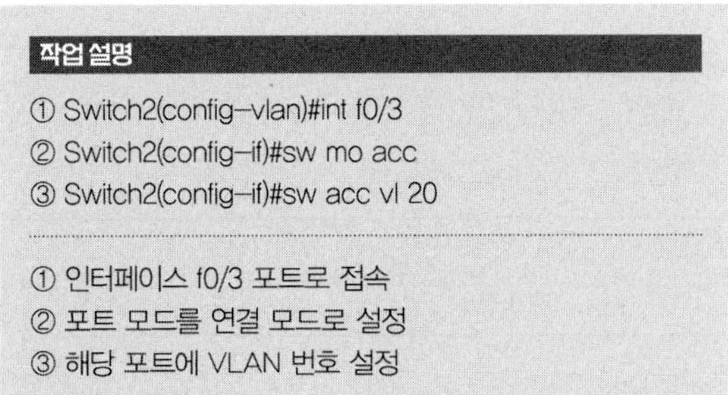
작업 설명

① Switch2(config-vlan)#int f0/3
② Switch2(config-if)#sw mo acc
③ Switch2(config-if)#sw acc vl 20

① 인터페이스 f0/3 포트로 접속
② 포트 모드를 연결 모드로 설정
③ 해당 포트에 VLAN 번호 설정

④ 스위치 Switch2의 Fa0/24에 트렁크 설정한다.

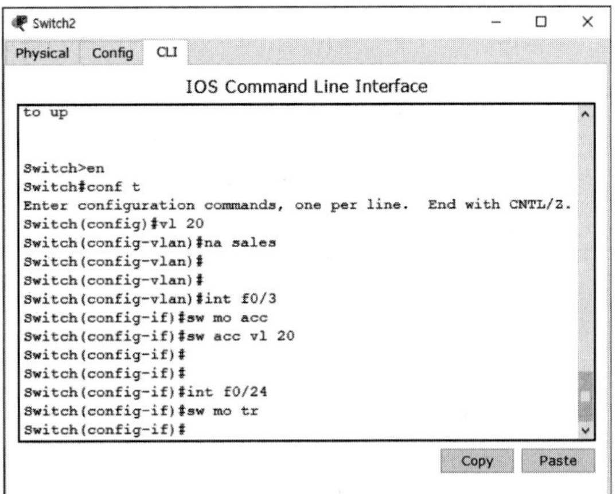

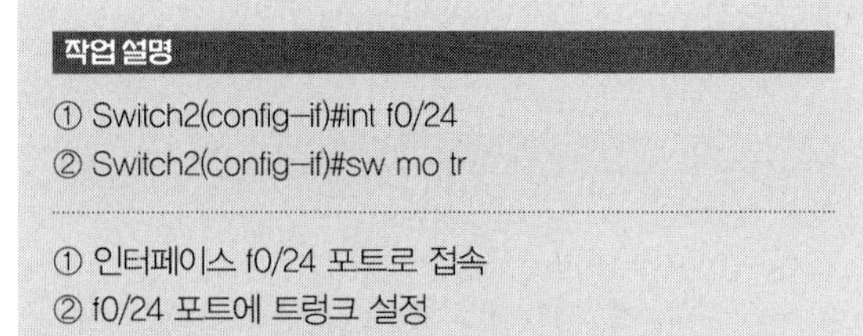
작업 설명

① Switch2(config-if)#int f0/24
② Switch2(config-if)#sw mo tr

① 인터페이스 f0/24 포트로 접속
② f0/24 포트에 트렁크 설정

5 라우터 R1 설정

① 도면에서 라우터 R1을 클릭하고 창이 뜨면 [CLI] 탭을 클릭하여 IOS Command 모드를 실행한다.

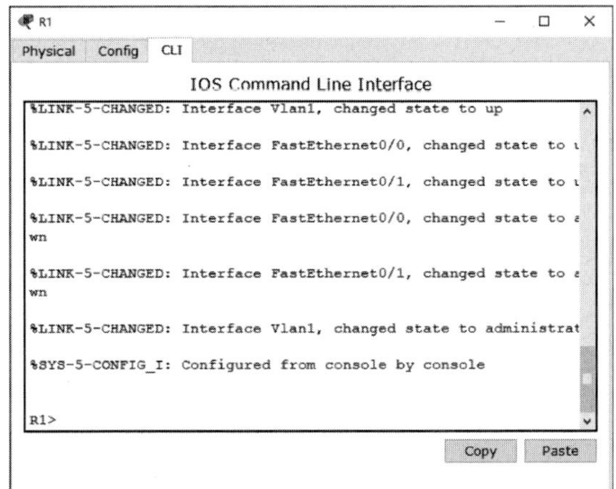

② 라우터에 기본 설정을 입력한다.

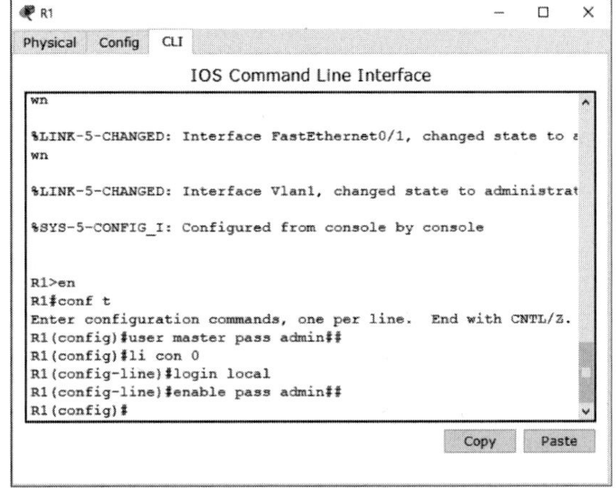

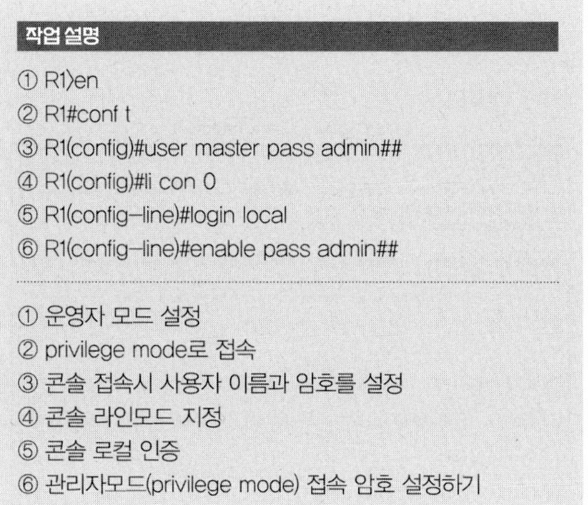

작업설명

① R1>en
② R1#conf t
③ R1(config)#user master pass admin##
④ R1(config)#li con 0
⑤ R1(config-line)#login local
⑥ R1(config-line)#enable pass admin##

① 운영자 모드 설정
② privilege mode로 접속
③ 콘솔 접속시 사용자 이름과 암호를 설정
④ 콘솔 라인모드 지정
⑤ 콘솔 로컬 인증
⑥ 관리자모드(privilege mode) 접속 암호 설정하기

③ 라우터 R1에 동작 설정 입력

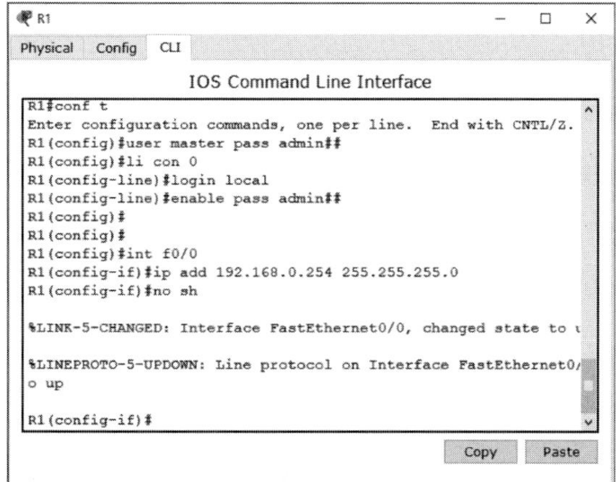

작업설명

① R1(config)#int f0/0
② R1(config-if)#ip add 192.168.0.254 255.255.255.0
③ R1(config-if)#no sh

① f0/0 포트로 접속
② pc 게이트웨이 주소와 서브넷마스크 입력
③ f0/0 포트 활성화

④ 시리얼포트 설정

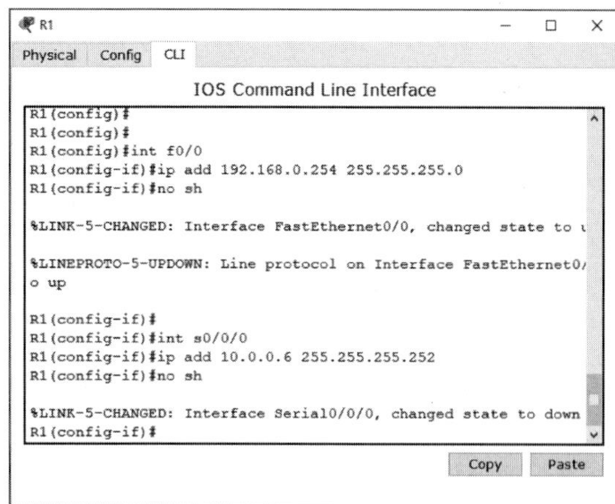

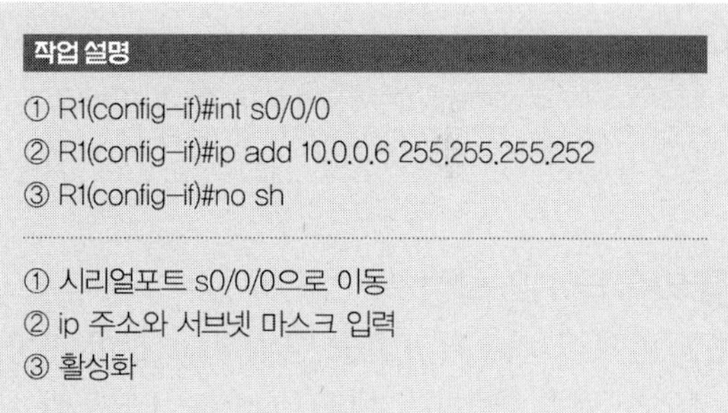

작업설명

① R1(config-if)#int s0/0/0
② R1(config-if)#ip add 10.0.0.6 255.255.255.252
③ R1(config-if)#no sh

① 시리얼포트 s0/0/0으로 이동
② ip 주소와 서브넷 마스크 입력
③ 활성화

⑤ 라우팅 입력

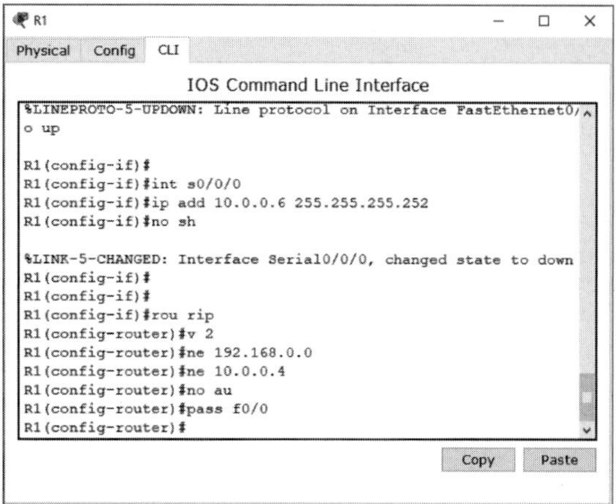

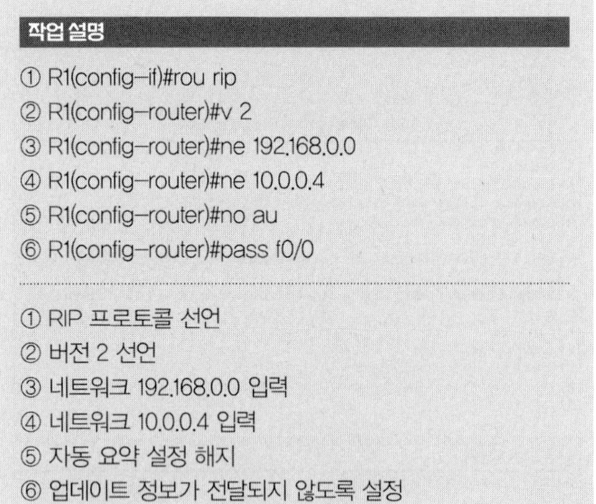

작업 설명

① R1(config-if)#rou rip
② R1(config-router)#v 2
③ R1(config-router)#ne 192.168.0.0
④ R1(config-router)#ne 10.0.0.4
⑤ R1(config-router)#no au
⑥ R1(config-router)#pass f0/0

① RIP 프로토콜 선언
② 버전 2 선언
③ 네트워크 192.168.0.0 입력
④ 네트워크 10.0.0.4 입력
⑤ 자동 요약 설정 해지
⑥ 업데이트 정보가 전달되지 않도록 설정

기적의 Tip

pass=passive-interface=라우터에서 업데이트 정보가 자동으로 되지 않도록 설정하는 것입니다. 이것은 속도에 영향을 줍니다.

6 라우터 R2 설정

① 도면에서 라우터 R2를 클릭하고 창이 뜨면 [CLI] 탭을 클릭하여 IOS Command 모드를 실행한다.

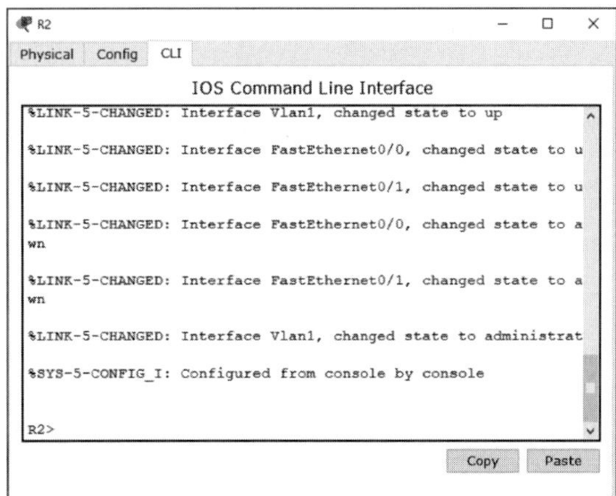

② 포트활성화 및 서브인터페이스 구성(inter-VLAN)

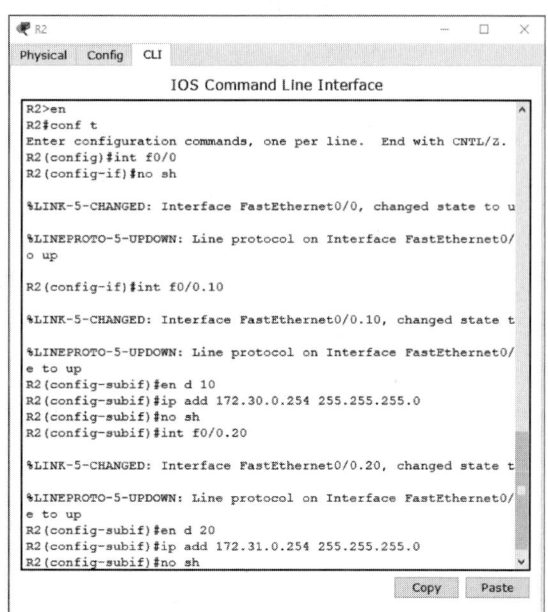

작업 설명

① R2>en
② R2#conf t
③ R2(config)#int f0/0
④ R2(config-if)#no sh
⑤ R2(config-if)#int f0/0.10
⑥ R2(config-subif)#en d 10
⑦ R2(config-subif)#ip add 172.30.0.254 255.255.255.0
⑧ R2(config-subif)#no sh
⑨ R2(config-subif)#int f0/0.20
⑩ R2(config-subif)#en d 20
⑪ R2(config-subif)#ip add 172.31.0.254 255.255.255.0
⑫ R2(config-subif)#no sh

① 라우터 운영자 모드 설정
② 라우터 privilege mode로 접속
③ 인터페이스 f0/0 포트로 이동
④ 인터페이스 f0/0 포트 활성화
⑤ vlan 10 서브인터페이스 생성
⑥ encapsulation dot1Q 10으로 설정
⑦ vlan 10에 속하는 장비들의 게이트웨이 주소와 서브넷 마스크 지정
⑧ f0/0.10 포트 활성화
⑨ vlan 20 서브인터페이스 생성
⑩ encapsulation dot1Q 20으로 설정
⑪ vlan 20에 속하는 장비들의 게이트웨이 주소와 서브넷 마스크 지정
⑫ f0/0.20 포트 활성화

③ 시리얼포트 설정

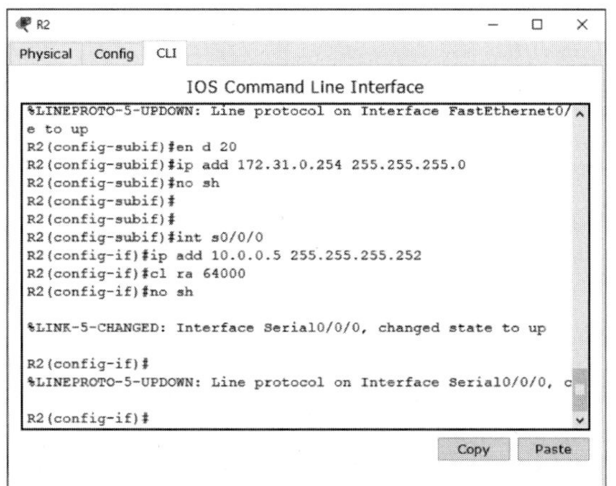

작업 설명

① R2(config-subif)#int s0/0/0
② R2(config-if)#ip add 10.0.0.5 255.255.255.252
③ R2(config-if)#cl ra 64000
④ R2(config-if)#no sh

① 시리얼포트 s0/0/0으로 이동
② ip 주소와 서브넷 마스크 입력
③ clock rate 속도를 64000으로 설정
④ 활성화

④ 라우팅 설정

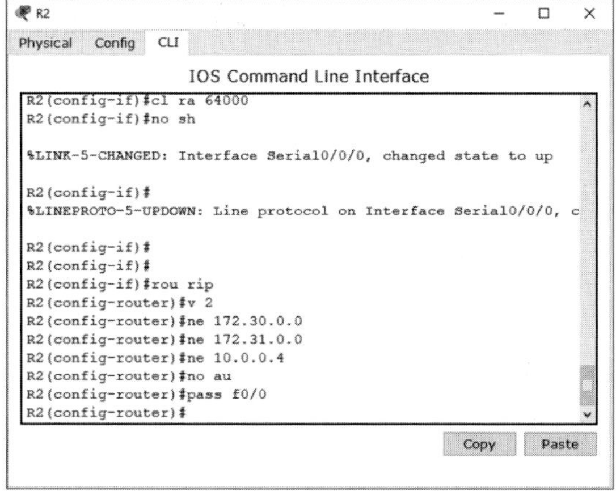

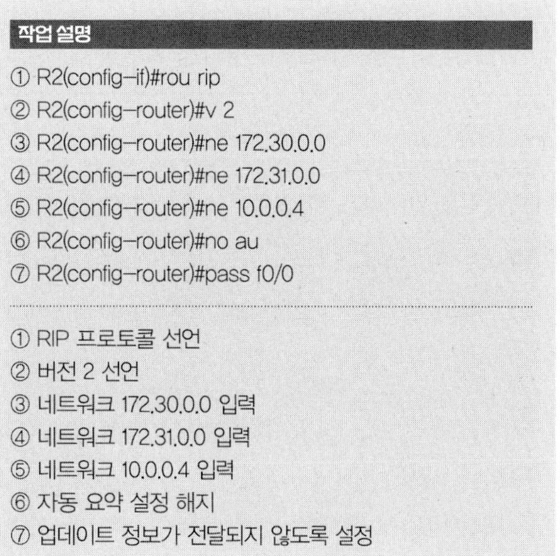

작업 설명

① R2(config-if)#rou rip
② R2(config-router)#v 2
③ R2(config-router)#ne 172.30.0.0
④ R2(config-router)#ne 172.31.0.0
⑤ R2(config-router)#ne 10.0.0.4
⑥ R2(config-router)#no au
⑦ R2(config-router)#pass f0/0

① RIP 프로토콜 선언
② 버전 2 선언
③ 네트워크 172.30.0.0 입력
④ 네트워크 172.31.0.0 입력
⑤ 네트워크 10.0.0.4 입력
⑥ 자동 요약 설정 해지
⑦ 업데이트 정보가 전달되지 않도록 설정

7 테스트

(1) PC0에서 PC2, PC3로 핑 테스트

① PC0을 클릭하고 [Desktop]-[Command Prompt]를 클릭하고 아래와 같이 입력한다.

② 아래와 같이 "PC>Ping 172.30.0.1", "PC>ping 172.31.0.1"을 입력하고 결과를 확인한다.

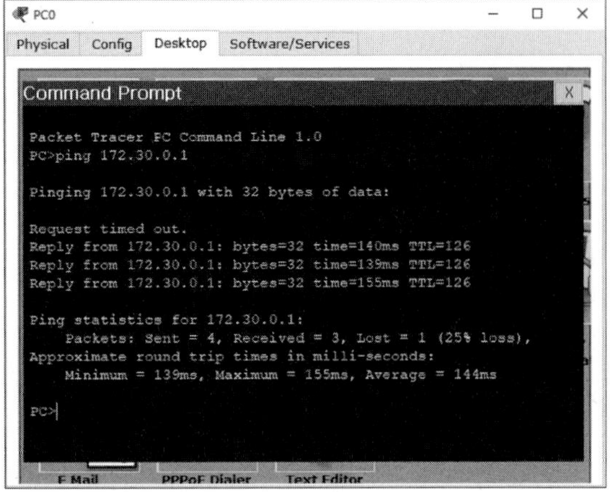

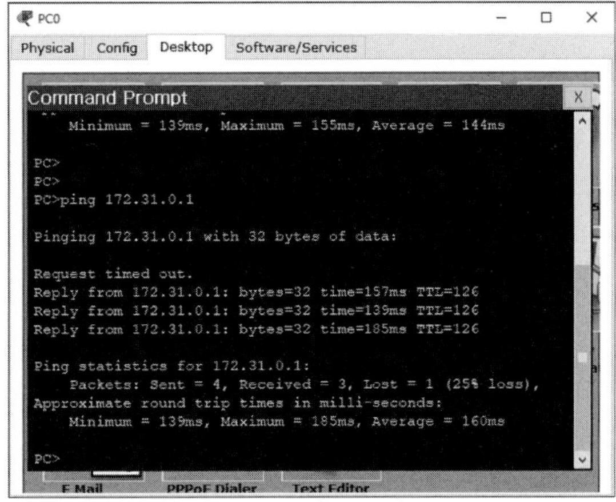

(2) PC1에서 PC2, PC3로 핑 테스트

① PC1을 클릭하고 [Desktop]-[Command Prompt]를 클릭하고 아래와 같이 입력한다.

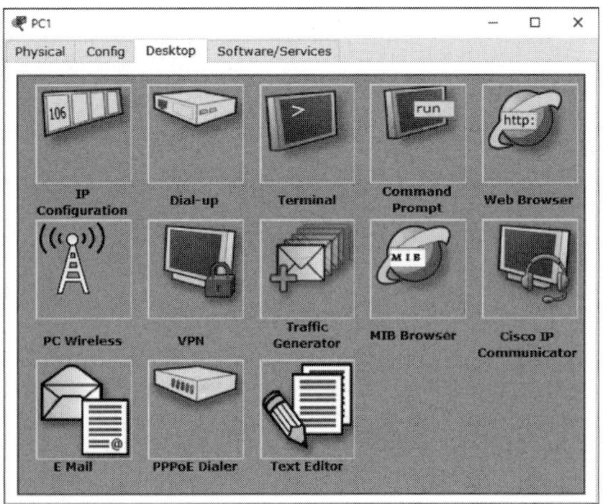

② 아래와 같이 "PC>ping 172.30.0.1", "PC>ping 172.31.0.1"을 입력하고 결과를 확인한다.

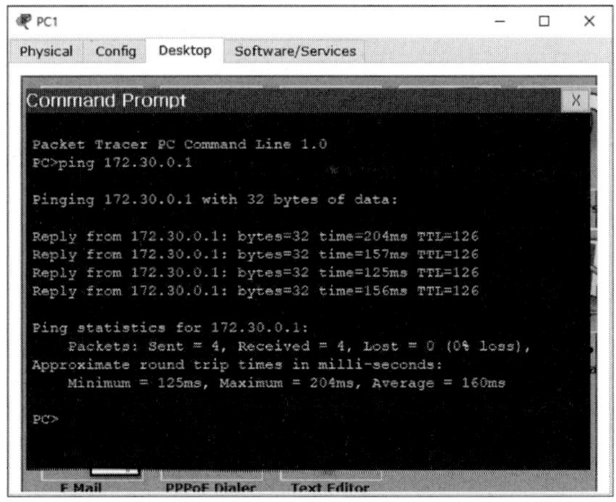

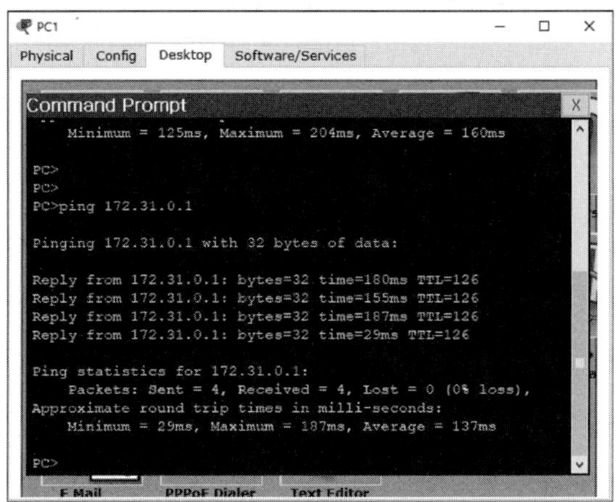

SECTION 06

기출 유형 해설 06회

풀이 방법

◆ 채점기준표

장치명	항목	배점	개수	합계
Switch	vlan번호, 이름	2	4	8
	포트에 할당	2	4	8
	주소 입력	10	2	20
	트렁크	2	2	4
	소계			40
라우터	활성화	2	2	4
	인터브이랜	4	4	16
	ip help	5	3	15
	소계			45
기본설정	관리자 암호	2	1	2
	원격 사용자, 암호	5	1	5
	호스트 네임 테스트	5	1	5
	스위치 즉시 연결	3	1	3
	소계			15
	합계			100

1 스위치 S1 설정

① 패킷트레이서 프로그램을 실행한 후 [File]-[Open] 메뉴를 클릭하여 '기출유형 06회.pka' 파일을 불러온다.

② 도면에서 스위치 S1을 클릭하고 창이 뜨면 [CLI] 탭을 클릭하여 IOS Command 모드를 실행한다.

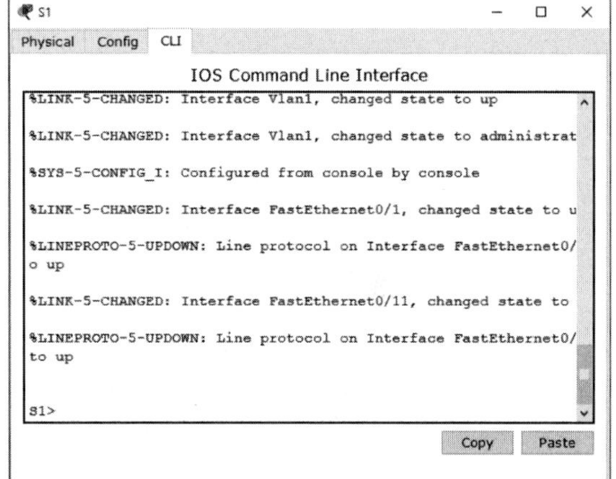

③ 스위치 S1의 기본설정을 입력한다.

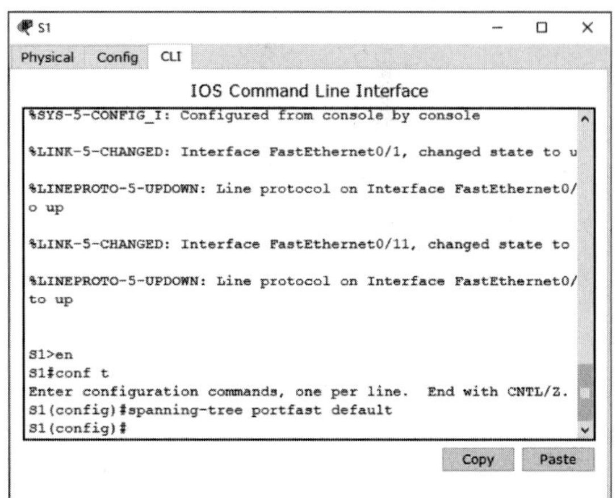

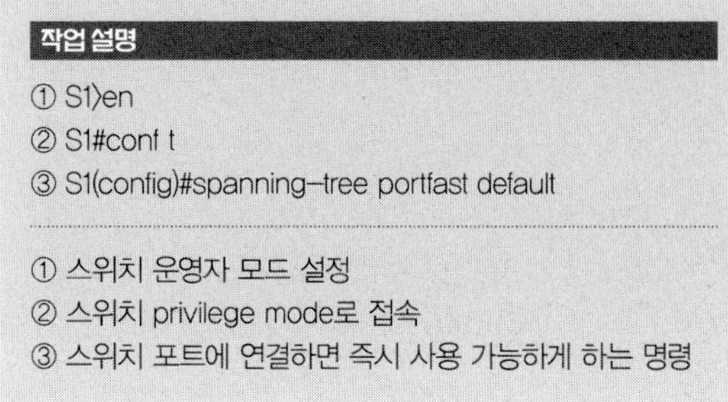

작업 설명

① S1>en
② S1#conf t
③ S1(config)#spanning-tree portfast default

① 스위치 운영자 모드 설정
② 스위치 privilege mode로 접속
③ 스위치 포트에 연결하면 즉시 사용 가능하게 하는 명령

기적의 Tip

spanning-tree portfast default 명령어는 약자 span port de를 입력해도 됩니다.
S1(config)#span port de

④ 스위치 S1에 IOS 명령을 입력하여 설정한다.

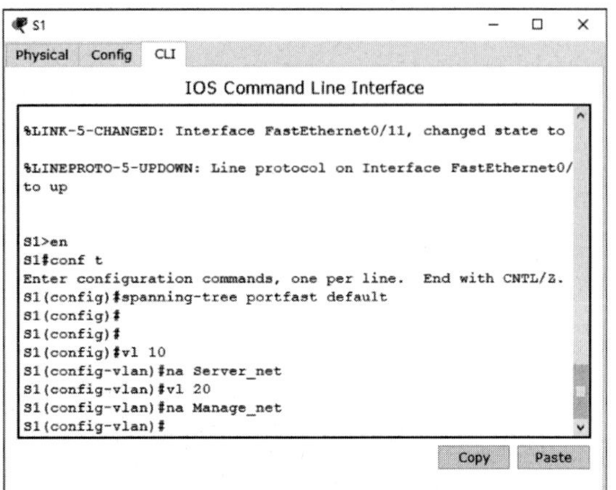

작업 설명

① S1>en
② S1#conf t
③ S1(config)#vl 10
④ S1(config-vlan)#na Server_net
⑤ S1(config-vlan)#vl 20
⑥ S1(config-vlan)#na Manage_net

① 스위치 운영자 모드 설정
② 스위치 privilege mode로 접속
③ vlan 10을 생성
④ vlan 10 이름을 Server_net으로 지정
⑤ vlan 20을 생성
⑥ vlan 20 이름을 Manage_net으로 지정

⑤ 설정한 VLAN에 Port를 할당한다.

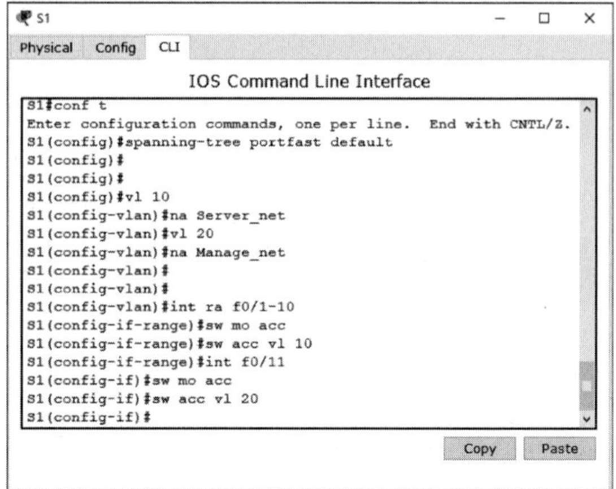

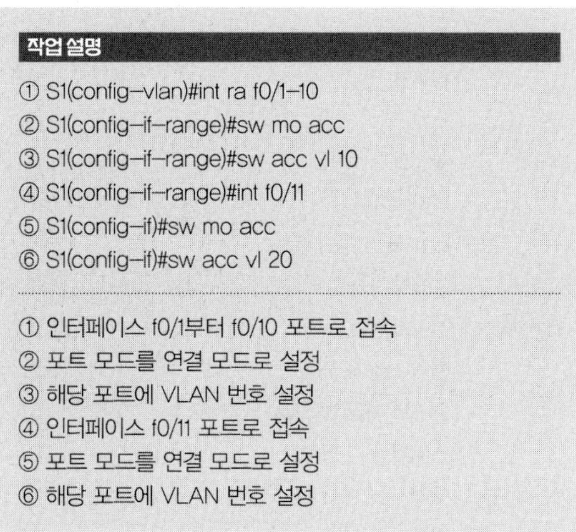

작업 설명

① S1(config-vlan)#int ra f0/1-10
② S1(config-if-range)#sw mo acc
③ S1(config-if-range)#sw acc vl 10
④ S1(config-if-range)#int f0/11
⑤ S1(config-if)#sw mo acc
⑥ S1(config-if)#sw acc vl 20

① 인터페이스 f0/1부터 f0/10 포트로 접속
② 포트 모드를 연결 모드로 설정
③ 해당 포트에 VLAN 번호 설정
④ 인터페이스 f0/11 포트로 접속
⑤ 포트 모드를 연결 모드로 설정
⑥ 해당 포트에 VLAN 번호 설정

기적의 Tip

스위치 포트가 여러개인 경우, range 명령어를 사용하며 약자는 ra를 사용합니다.

⑥ 스위치 주소 입력

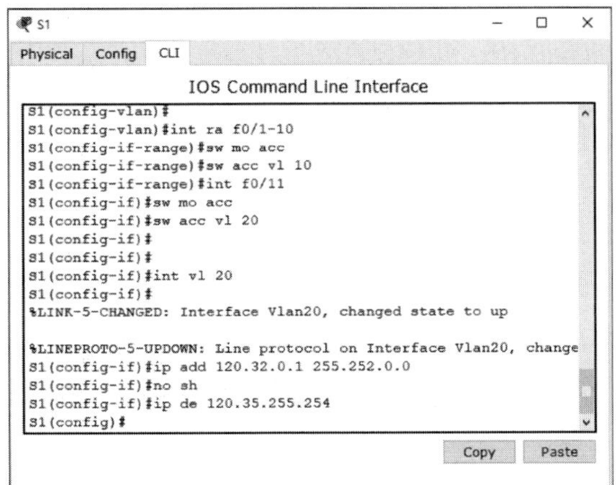

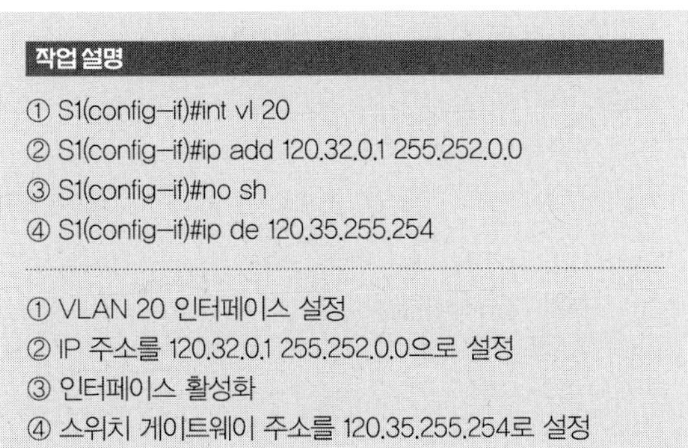

작업 설명

① S1(config–if)#int vl 20
② S1(config–if)#ip add 120.32.0.1 255.252.0.0
③ S1(config–if)#no sh
④ S1(config–if)#ip de 120.35.255.254

① VLAN 20 인터페이스 설정
② IP 주소를 120.32.0.1 255.252.0.0으로 설정
③ 인터페이스 활성화
④ 스위치 게이트웨이 주소를 120.35.255.254로 설정

⑦ 스위치 Trunk 설정

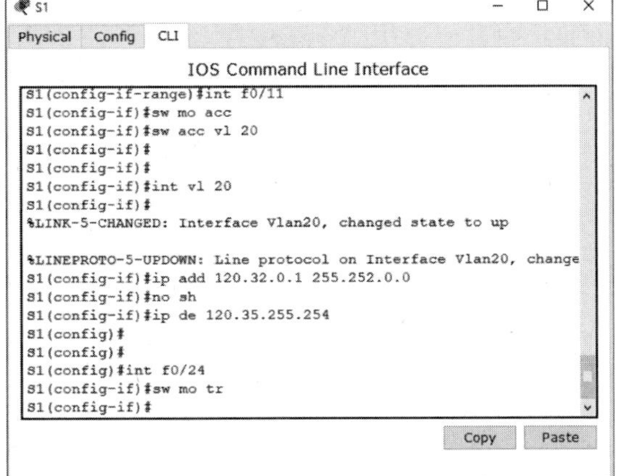

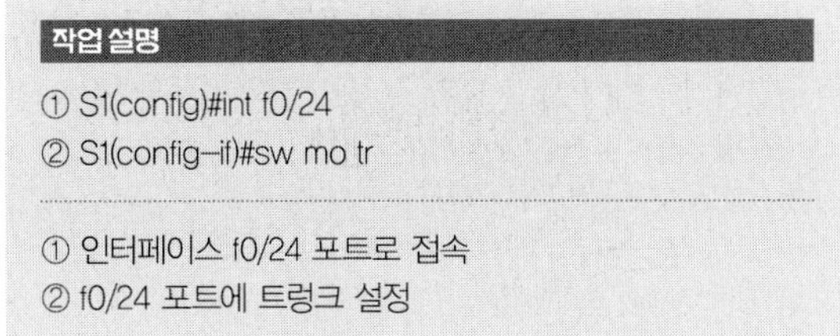

작업 설명

① S1(config)#int f0/24
② S1(config–if)#sw mo tr

① 인터페이스 f0/24 포트로 접속
② f0/24 포트에 트렁크 설정

❷ 스위치 S2 설정

① 도면에서 스위치 S2을 클릭하고 창이 뜨면 [CLI] 탭을 클릭하여 IOS Command 모드를 실행한다.

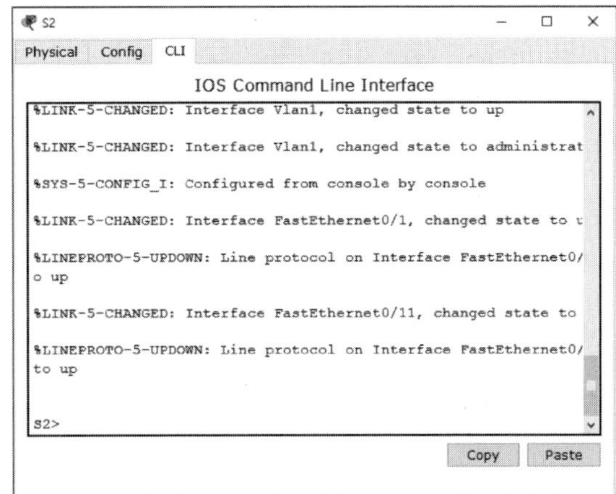

② 스위치 S2에 IOS 명령을 입력하여 설정한다.

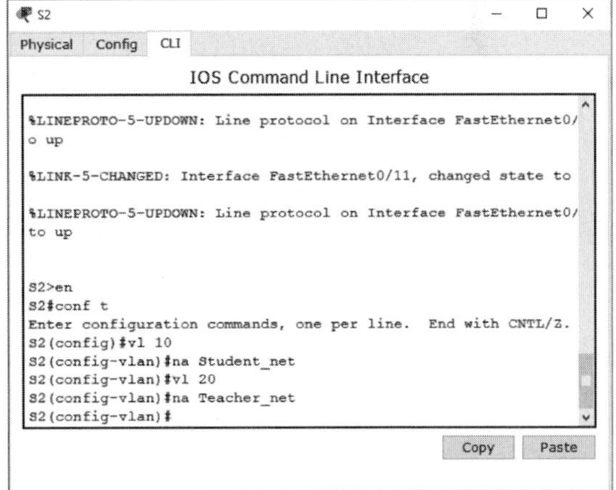

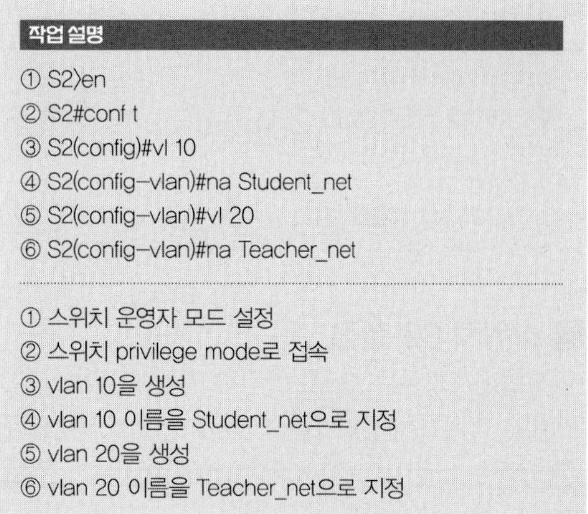
작업 설명

① S2>en
② S2#conf t
③ S2(config)#vl 10
④ S2(config-vlan)#na Student_net
⑤ S2(config-vlan)#vl 20
⑥ S2(config-vlan)#na Teacher_net

① 스위치 운영자 모드 설정
② 스위치 privilege mode로 접속
③ vlan 10을 생성
④ vlan 10 이름을 Student_net으로 지정
⑤ vlan 20을 생성
⑥ vlan 20 이름을 Teacher_net으로 지정

③ 설정한 VLAN에 Port를 할당한다.

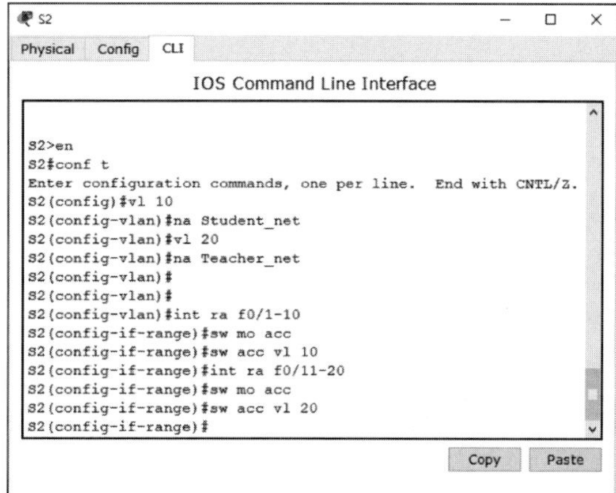

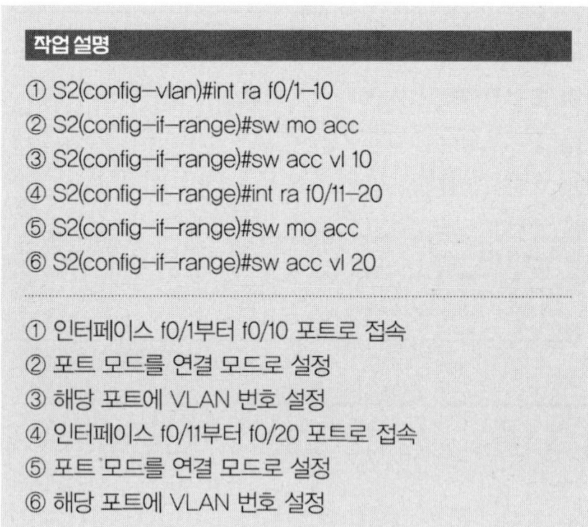
작업 설명

① S2(config-vlan)#int ra f0/1-10
② S2(config-if-range)#sw mo acc
③ S2(config-if-range)#sw acc vl 10
④ S2(config-if-range)#int ra f0/11-20
⑤ S2(config-if-range)#sw mo acc
⑥ S2(config-if-range)#sw acc vl 20

① 인터페이스 f0/1부터 f0/10 포트로 접속
② 포트 모드를 연결 모드로 설정
③ 해당 포트에 VLAN 번호 설정
④ 인터페이스 f0/11부터 f0/20 포트로 접속
⑤ 포트 모드를 연결 모드로 설정
⑥ 해당 포트에 VLAN 번호 설정

④ 스위치 주소 입력

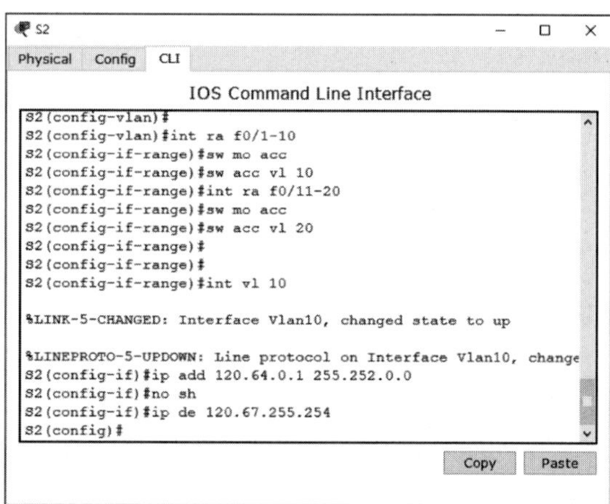

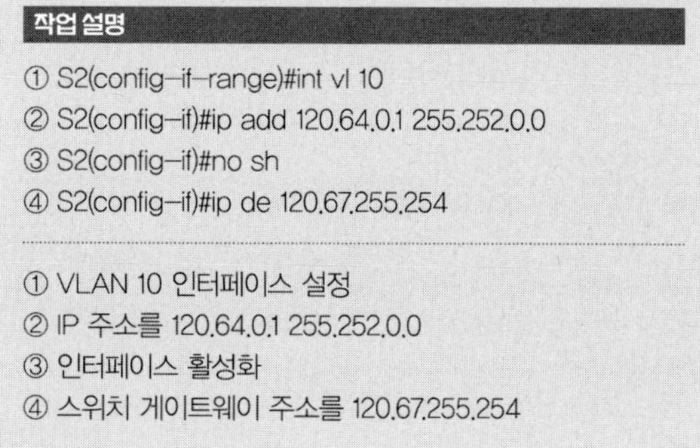
작업 설명

① S2(config-if-range)#int vl 10
② S2(config-if)#ip add 120.64.0.1 255.252.0.0
③ S2(config-if)#no sh
④ S2(config-if)#ip de 120.67.255.254

① VLAN 10 인터페이스 설정
② IP 주소를 120.64.0.1 255.252.0.0
③ 인터페이스 활성화
④ 스위치 게이트웨이 주소를 120.67.255.254

⑤ 스위치 Trunk 설정

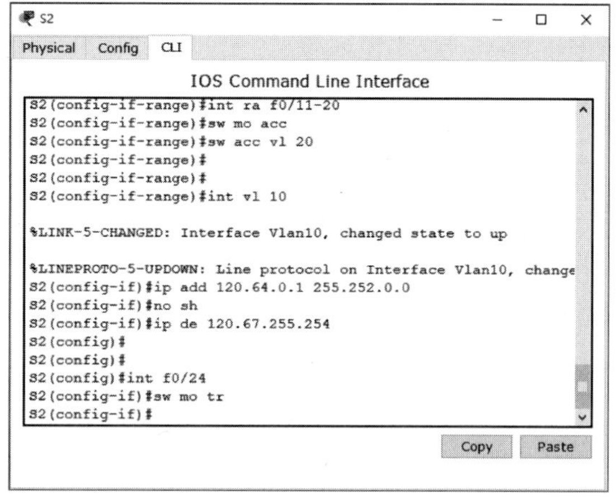

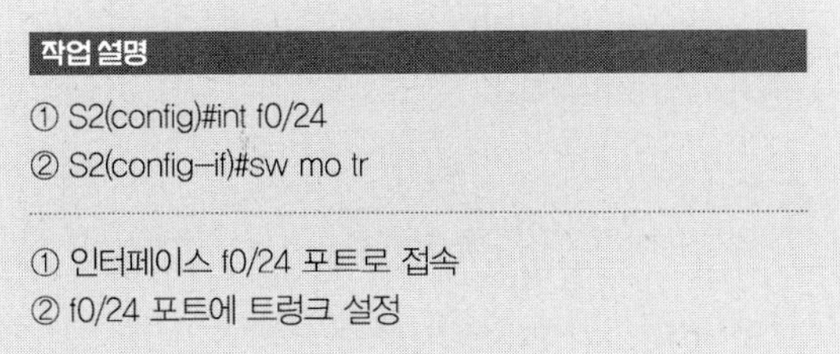

작업 설명

① S2(config)#int f0/24
② S2(config-if)#sw mo tr

① 인터페이스 f0/24 포트로 접속
② f0/24 포트에 트렁크 설정

❸ 라우터 R1 설정

① 도면에서 라우터 R1을 클릭하고 뜨면 [CLI] 탭을 클릭하여 IOS Command 모드를 실행한다.

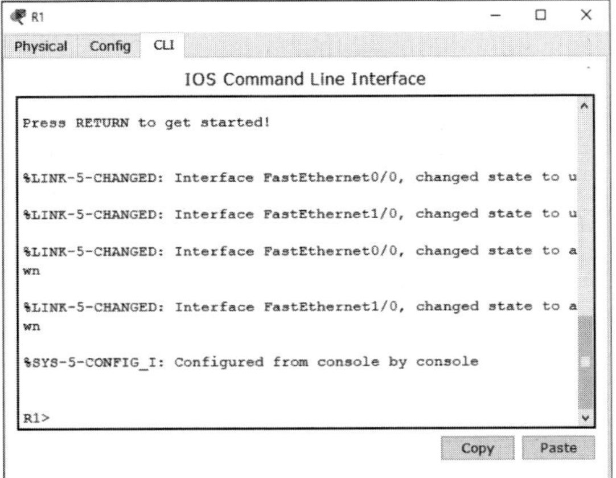

② 라우터 R1 기본설정

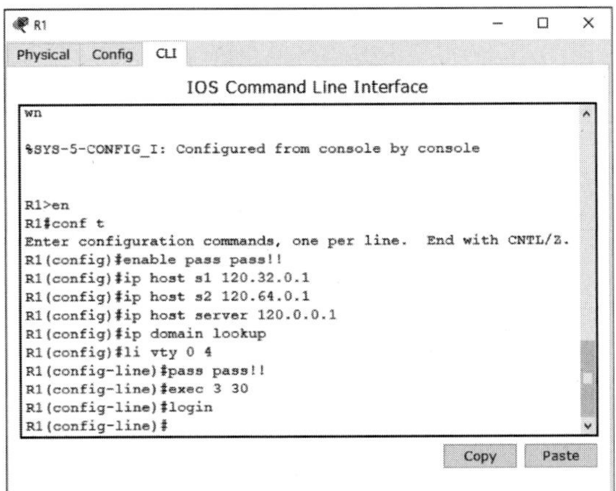

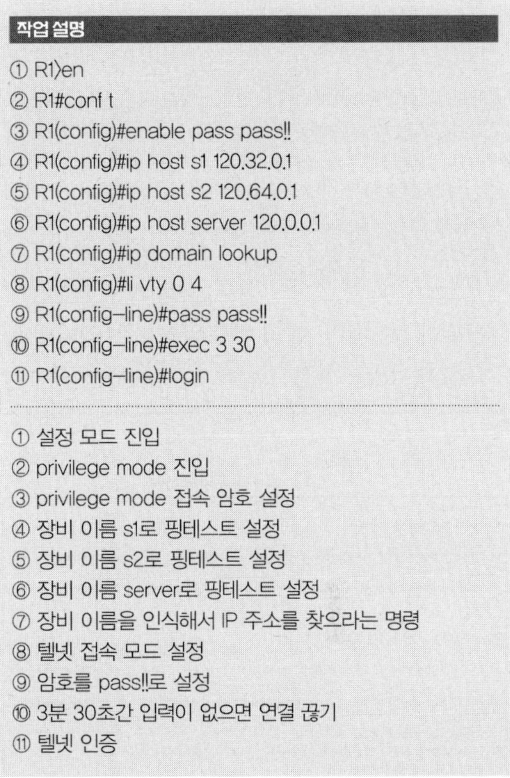

작업 설명

① R1>en
② R1#conf t
③ R1(config)#enable pass pass!!
④ R1(config)#ip host s1 120.32.0.1
⑤ R1(config)#ip host s2 120.64.0.1
⑥ R1(config)#ip host server 120.0.0.1
⑦ R1(config)#ip domain lookup
⑧ R1(config)#li vty 0 4
⑨ R1(config-line)#pass pass!!
⑩ R1(config-line)#exec 3 30
⑪ R1(config-line)#login

① 설정 모드 진입
② privilege mode 진입
③ privilege mode 접속 암호 설정
④ 장비 이름 s1로 핑테스트 설정
⑤ 장비 이름 s2로 핑테스트 설정
⑥ 장비 이름 server로 핑테스트 설정
⑦ 장비 이름을 인식해서 IP 주소를 찾으라는 명령
⑧ 텔넷 접속 모드 설정
⑨ 암호를 pass!!로 설정
⑩ 3분 30초간 입력이 없으면 연결 끊기
⑪ 텔넷 인증

③ 텔넷(원격) ACL 설정

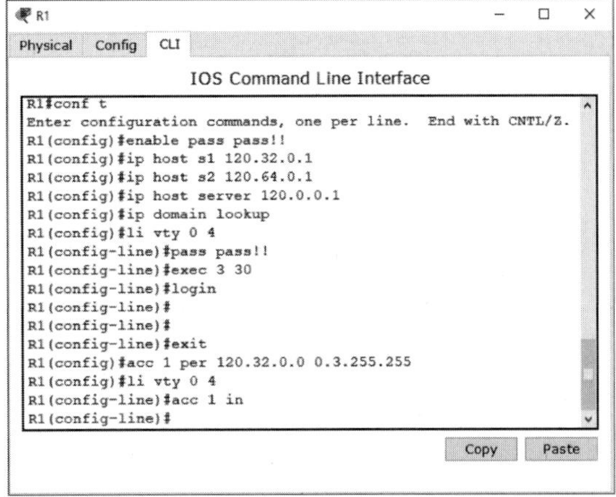

작업 설명

① R1(config)#acc 1 per 120.32.0.0 0.3.255.255
② R1(config)#li vty 0 4
③ R1(config-line)#acc 1 in

① 관리용네트워크 범위의 주소만 텔넷 접속 허용
② 텔넷 접속 모드 설정
③ 텔넷 ACL 설정 인증

④ 라우터 R1 서버, 관리 네트워크 서브인터페이스 구성 및 dhcp 설정

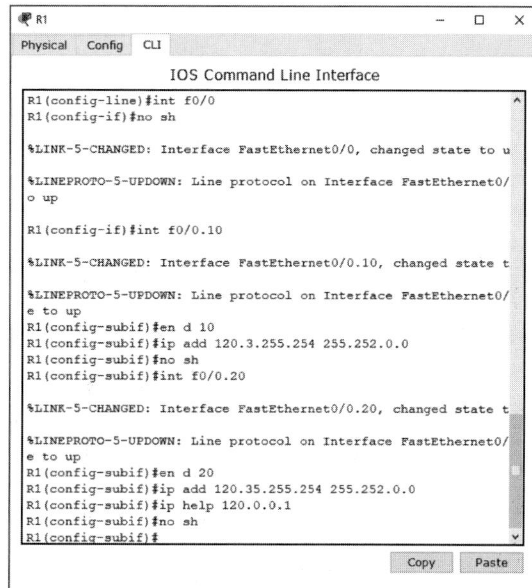

```
R1(config-line)#int f0/0
R1(config-if)#no sh

%LINK-5-CHANGED: Interface FastEthernet0/0, changed state to u

%LINEPROTO-5-UPDOWN: Line protocol on Interface FastEthernet0/
o up

R1(config-if)#int f0/0.10

%LINK-5-CHANGED: Interface FastEthernet0/0.10, changed state t

%LINEPROTO-5-UPDOWN: Line protocol on Interface FastEthernet0/
e to up
R1(config-subif)#en d 10
R1(config-subif)#ip add 120.3.255.254 255.252.0.0
R1(config-subif)#no sh
R1(config-subif)#int f0/0.20

%LINK-5-CHANGED: Interface FastEthernet0/0.20, changed state t

%LINEPROTO-5-UPDOWN: Line protocol on Interface FastEthernet0/
e to up
R1(config-subif)#en d 20
R1(config-subif)#ip add 120.35.255.254 255.252.0.0
R1(config-subif)#ip help 120.0.0.1
R1(config-subif)#no sh
R1(config-subif)#
```

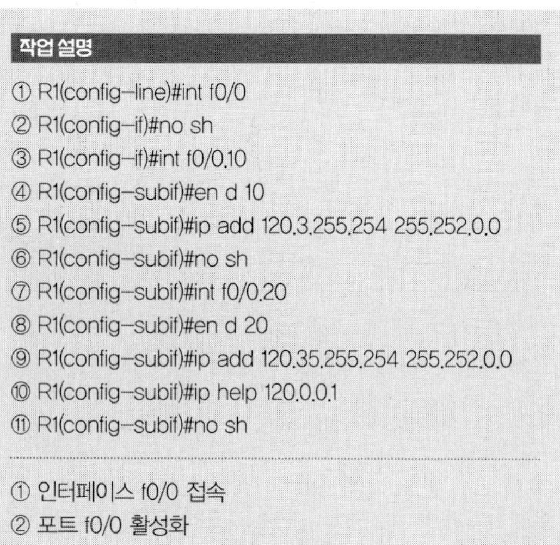

작업 설명

① R1(config-line)#int f0/0
② R1(config-if)#no sh
③ R1(config-if)#int f0/0.10
④ R1(config-subif)#en d 10
⑤ R1(config-subif)#ip add 120.3.255.254 255.252.0.0
⑥ R1(config-subif)#no sh
⑦ R1(config-subif)#int f0/0.20
⑧ R1(config-subif)#en d 20
⑨ R1(config-subif)#ip add 120.35.255.254 255.252.0.0
⑩ R1(config-subif)#ip help 120.0.0.1
⑪ R1(config-subif)#no sh

① 인터페이스 f0/0 접속
② 포트 f0/0 활성화
③ 서브인터페이스 f0/0.10 설정
④ dot1Q 프로토콜 적용
⑤ 게이트웨이 주소와 서브넷 마스크 지정
⑥ 활성화
⑦ 서브인터페이스 f0/0.20 설정
⑧ dot1Q 프로토콜 적용
⑨ 게이트웨이 주소와 서브넷 마스크 지정
⑩ 서버에서 주소할당 지정
⑪ 활성화

⑤ 라우터 R1 학생, 교사 네트워크 서브인터페이스 구성 및 dhcp 설정

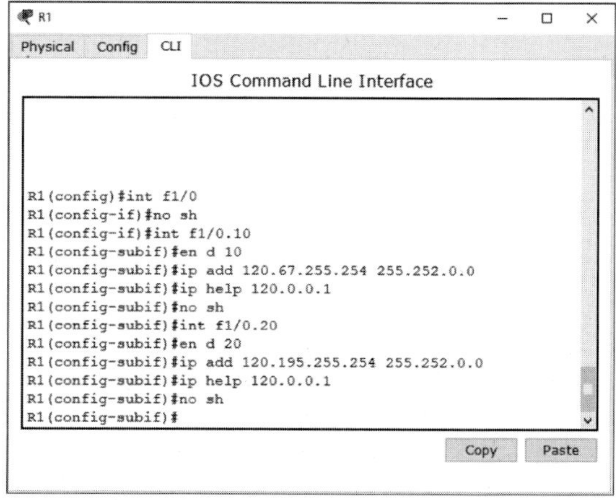

```
R1(config)#int f1/0
R1(config-if)#no sh
R1(config-if)#int f1/0.10
R1(config-subif)#en d 10
R1(config-subif)#ip add 120.67.255.254 255.252.0.0
R1(config-subif)#ip help 120.0.0.1
R1(config-subif)#no sh
R1(config-subif)#int f1/0.20
R1(config-subif)#en d 20
R1(config-subif)#ip add 120.195.255.254 255.252.0.0
R1(config-subif)#ip help 120.0.0.1
R1(config-subif)#no sh
R1(config-subif)#
```

작업 설명

① R1(config)#int f1/0
② R1(config-if)#no sh
③ R1(config-if)#int f1/0.10
④ R1(config-subif)#en d 10
⑤ R1(config-subif)#ip add 120.67.255.254 255.252.0.0
⑥ R1(config-subif)#ip help 120.0.0.1
⑦ R1(config-subif)#no sh
⑧ R1(config-subif)#int f1/0.20
⑨ R1(config-subif)#en d 20
⑩ R1(config-subif)#ip add 120.195.255.254 255.252.0.0
⑪ R1(config-subif)#ip help 120.0.0.1
⑫ R1(config-subif)#no sh

① 인터페이스 f1/0 접속
② 포트 f1/0 활성화
③ 서브인터페이스 f1/0.10 설정
④ dot1Q 프로토콜 적용
⑤ 게이트웨이 주소와 서브넷 마스크 지정
⑥ 서버에서 주소할당 지정

⑦ 활성화
⑧ 서브인터페이스 f1/0.20 설정
⑨ dot1Q 프로토콜 적용
⑩ 게이트웨이 주소와 서브넷 마스크 지정
⑪ 서버에서 주소할당 지정
⑫ 활성화

4 테스트

(1) PC 할당된 주소 확인

① PC0을 클릭하고 [Desktop]-[IP Configuration]를 클릭한 후 [DHCP]를 체크하고 잠시 기다린 후 할당된 주소를 확인해 본다. 만약 주소가 들어오지 않으면 기다린 후에 [Static]을 체크한 후 [DHCP]를 체크한다.

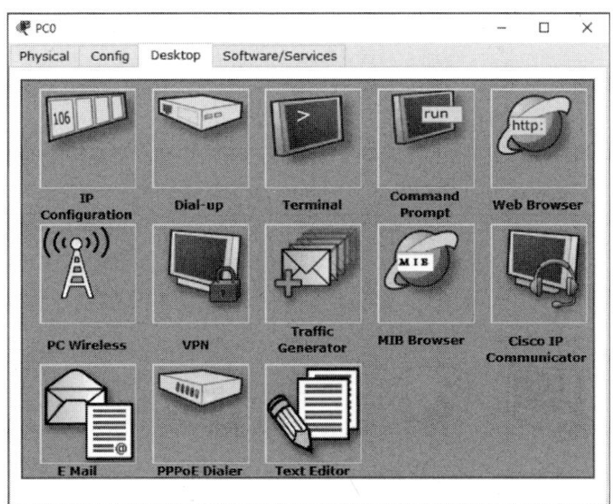

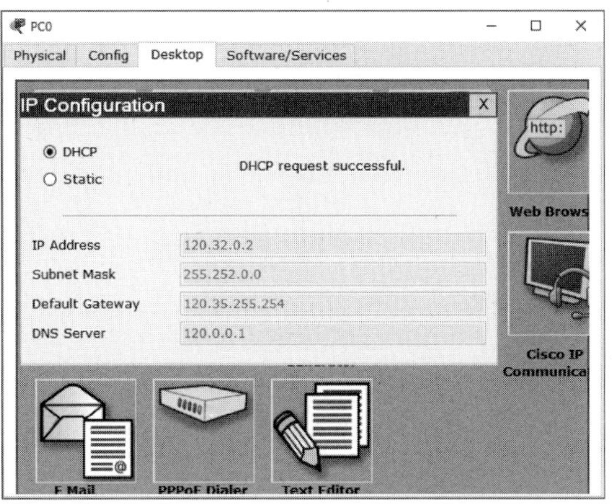

② PC1을 클릭하고 [Desktop]-[IP Configuration]를 클릭한 후 [DHCP]를 체크하고 잠시 기다린 후 할당된 주소를 확인해 본다. 만약 주소가 들어오지 않으면 잠시 기다린 후에 [Static]을 체크한 후 다시 [DHCP]를 체크한다.

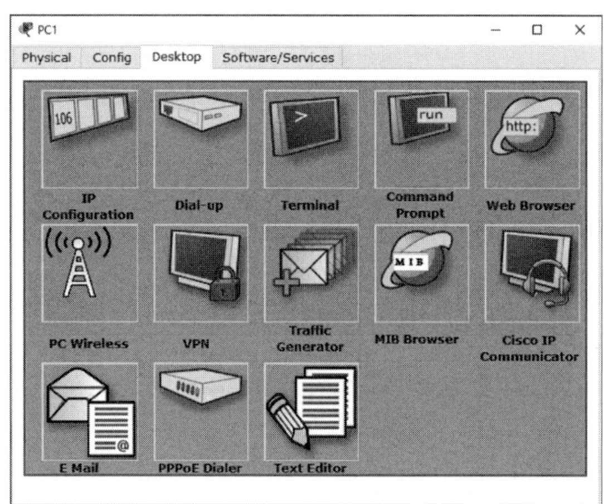

③ PC2을 클릭하고 [Desktop]–[IP Configuration]를 클릭한 후 [DHCP]를 체크하고 잠시 기다린 후 할당된 주소를 확인해 본다. 만약 주소가 들어오지 않으면 잠시 기다린 후에 [Static]을 체크한 후 다시 [DHCP]를 체크한다.

(2) 웹 접속 테스트(인터넷 연결 테스트)

① 각 PC를 클릭하고 [Desktop]–[Web Browser]를 클릭한 후 [URL] 박스에 'skills.com'를 입력한 후 'GO'를 클릭하여 아래와 같은 내용이 나오는지 확인한다.

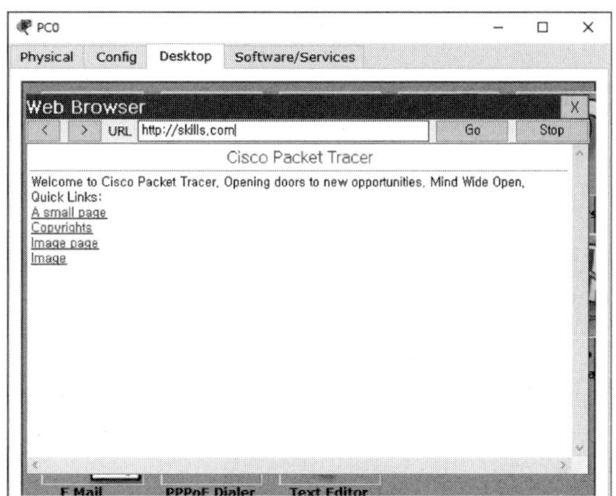

. SECTION .

07

기출 유형 해설 07회

풀이 방법

◆ 채점기준표

장치명	항목	배점	개수	합계
Switch	vlan번호, 이름	3	2	6
	포트에 할당	4	2	8
	주소 dhcp	1	10	10
	트렁크	6	1	6
	소계			30
라우터	활성화	2	1	2
	인터브이랜	8	2	16
	ip help	6	2	12
	시리얼 포트	5	1	5
	라우팅	15	1	15
	소계			50
기본설정	메시지 보이게	5	1	5
	콘솔 사용자, 암호	10	1	10
	관리자 암호	5	1	5
	소계			20
	합계			100

1 스위치 S1 설정

① 패킷트레이서 프로그램을 실행한 후 [File]-[Open] 메뉴를 클릭하여 '기출유형 07회.pka' 파일을 불러온다.

② 도면에서 스위치 S1을 클릭하고 창이 뜨면 [CLI] 탭을 클릭하여 IOS Command 모드를 실행한다.

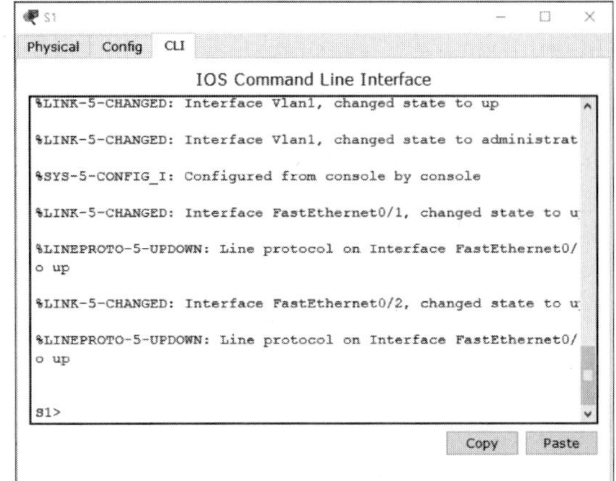

③ 스위치 S1에 IOS 명령을 입력하여 설정한다.

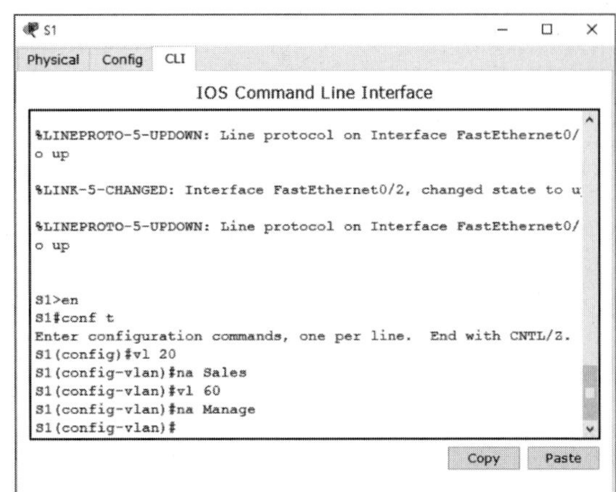

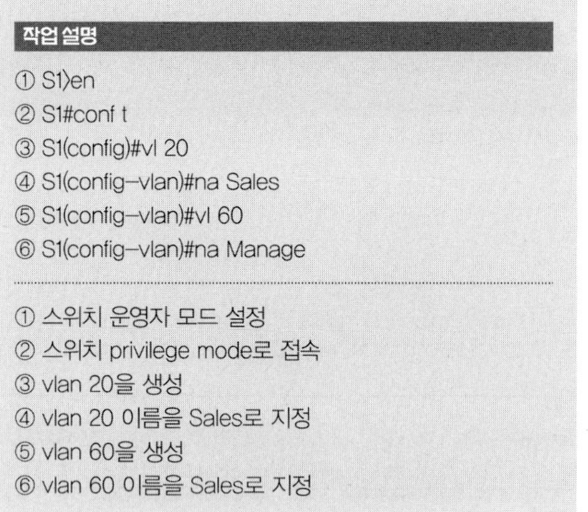

작업 설명

① S1〉en
② S1#conf t
③ S1(config)#vl 20
④ S1(config-vlan)#na Sales
⑤ S1(config-vlan)#vl 60
⑥ S1(config-vlan)#na Manage

① 스위치 운영자 모드 설정
② 스위치 privilege mode로 접속
③ vlan 20을 생성
④ vlan 20 이름을 Sales로 지정
⑤ vlan 60을 생성
⑥ vlan 60 이름을 Sales로 지정

④ 설정한 VLAN에 Port를 할당한다.

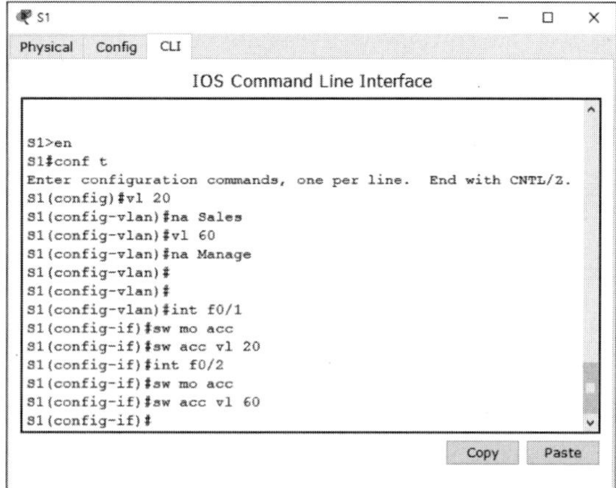


```
S1>en
S1#conf t
Enter configuration commands, one per line.  End with CNTL/Z.
S1(config)#vl 20
S1(config-vlan)#na Sales
S1(config-vlan)#vl 60
S1(config-vlan)#na Manage
S1(config-vlan)#
S1(config-vlan)#
S1(config-vlan)#int f0/1
S1(config-if)#sw mo acc
S1(config-if)#sw acc vl 20
S1(config-if)#int f0/2
S1(config-if)#sw mo acc
S1(config-if)#sw acc vl 60
S1(config-if)#
```

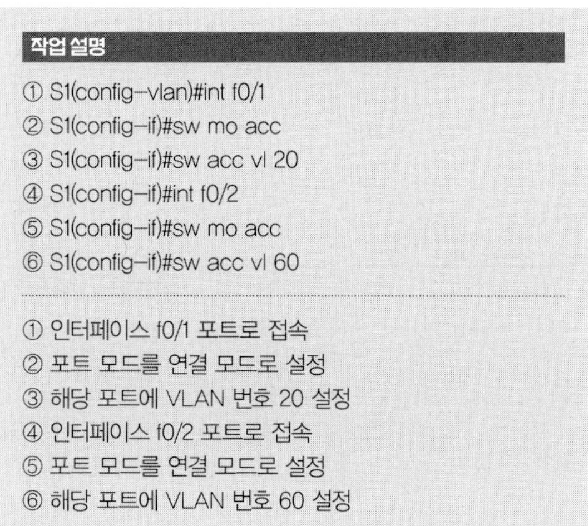

작업 설명

① S1(config-vlan)#int f0/1
② S1(config-if)#sw mo acc
③ S1(config-if)#sw acc vl 20
④ S1(config-if)#int f0/2
⑤ S1(config-if)#sw mo acc
⑥ S1(config-if)#sw acc vl 60

① 인터페이스 f0/1 포트로 접속
② 포트 모드를 연결 모드로 설정
③ 해당 포트에 VLAN 번호 20 설정
④ 인터페이스 f0/2 포트로 접속
⑤ 포트 모드를 연결 모드로 설정
⑥ 해당 포트에 VLAN 번호 60 설정

⑤ 스위치에 dhcp로 주소를 할당한다.

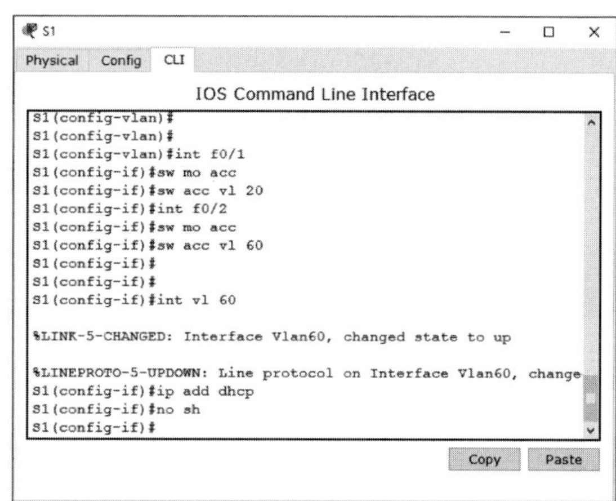


```
S1(config-vlan)#
S1(config-vlan)#
S1(config-vlan)#int f0/1
S1(config-if)#sw mo acc
S1(config-if)#sw acc vl 20
S1(config-if)#int f0/2
S1(config-if)#sw mo acc
S1(config-if)#sw acc vl 60
S1(config-if)#
S1(config-if)#
S1(config-if)#int vl 60

%LINK-5-CHANGED: Interface Vlan60, changed state to up

%LINEPROTO-5-UPDOWN: Line protocol on Interface Vlan60, change
S1(config-if)#ip add dhcp
S1(config-if)#no sh
S1(config-if)#
```

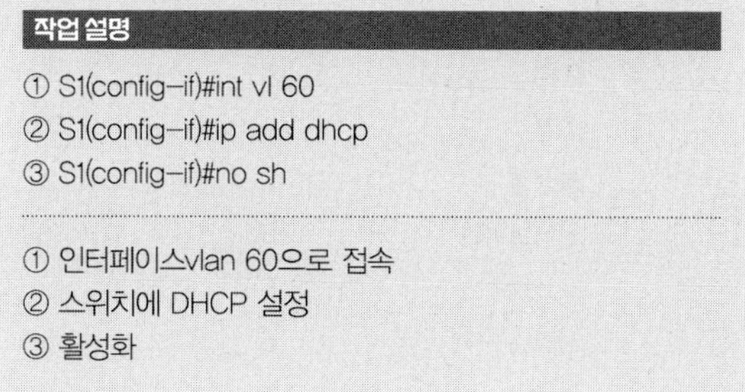

작업 설명

① S1(config-if)#int vl 60
② S1(config-if)#ip add dhcp
③ S1(config-if)#no sh

① 인터페이스vlan 60으로 접속
② 스위치에 DHCP 설정
③ 활성화

⑥ 스위치 S1에 Trunk 설정

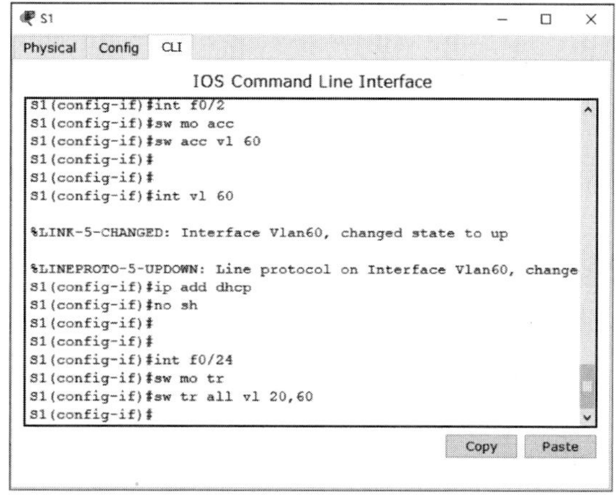


```
S1(config-if)#int f0/2
S1(config-if)#sw mo acc
S1(config-if)#sw acc vl 60
S1(config-if)#
S1(config-if)#
S1(config-if)#int vl 60

%LINK-5-CHANGED: Interface Vlan60, changed state to up

%LINEPROTO-5-UPDOWN: Line protocol on Interface Vlan60, change
S1(config-if)#ip add dhcp
S1(config-if)#no sh
S1(config-if)#
S1(config-if)#
S1(config-if)#int f0/24
S1(config-if)#sw mo tr
S1(config-if)#sw tr all vl 20,60
S1(config-if)#
```

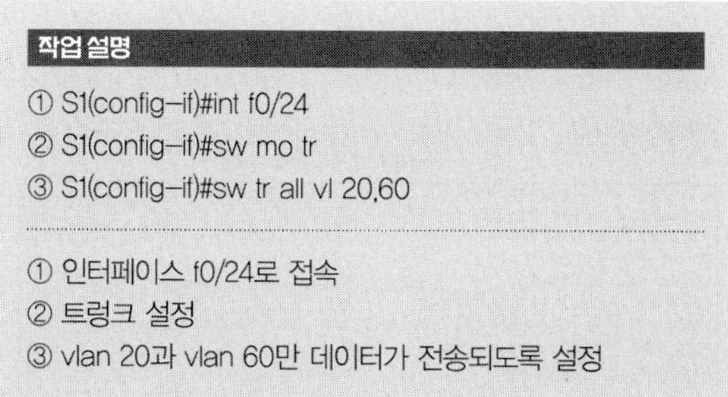

작업 설명

① S1(config-if)#int f0/24
② S1(config-if)#sw mo tr
③ S1(config-if)#sw tr all vl 20,60

① 인터페이스 f0/24로 접속
② 트렁크 설정
③ vlan 20과 vlan 60만 데이터가 전송되도록 설정

기적의 Tip

vlan10, vlan20 data만 전송되도록 하기위해 allowed 명령을 사용해야 하며, 약자는 all을 사용합니다.

2 라우터 R1 설정

① 도면에서 라우터 R1을 클릭하고 창이 뜨면 [CLI] 탭을 클릭하여 IOS Command 모드를 실행한다.

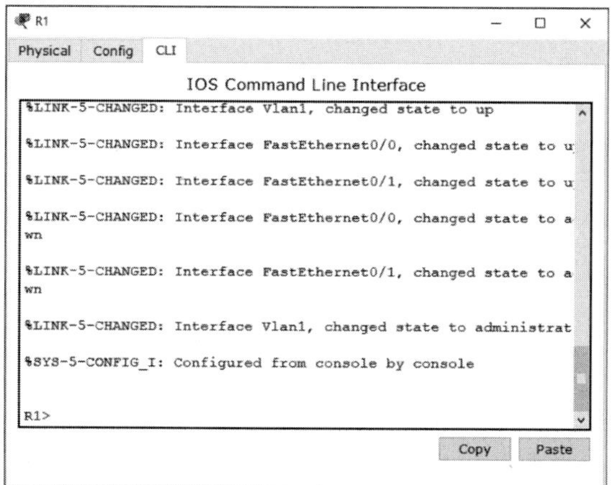

② 활성화 명령과 기본 설정을 입력한다.

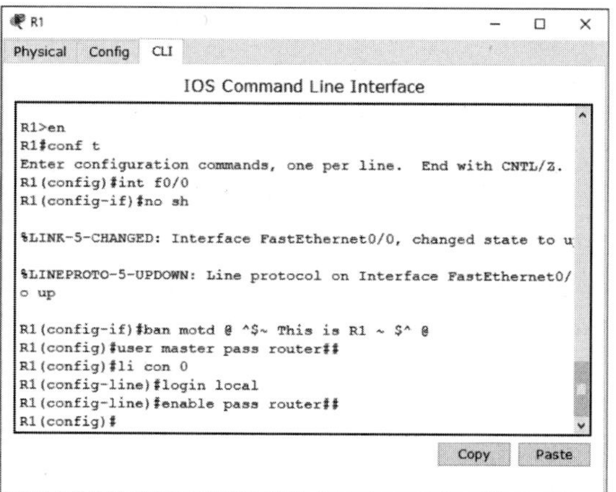

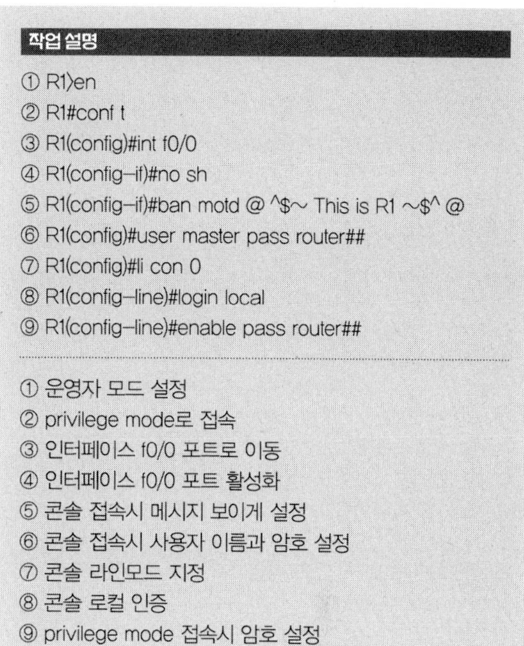

작업 설명

① R1>en
② R1#conf t
③ R1(config)#int f0/0
④ R1(config-if)#no sh
⑤ R1(config-if)#ban motd @ ^$~ This is R1 ~$^ @
⑥ R1(config)#user master pass router##
⑦ R1(config)#li con 0
⑧ R1(config-line)#login local
⑨ R1(config-line)#enable pass router##

① 운영자 모드 설정
② privilege mode로 접속
③ 인터페이스 f0/0 포트로 이동
④ 인터페이스 f0/0 포트 활성화
⑤ 콘솔 접속시 메시지 보이게 설정
⑥ 콘솔 접속시 사용자 이름과 암호 설정
⑦ 콘솔 라인모드 지정
⑧ 콘솔 로컬 인증
⑨ privilege mode 접속시 암호 설정

③ 서브인터페이스 구성 및 dhcp 설정

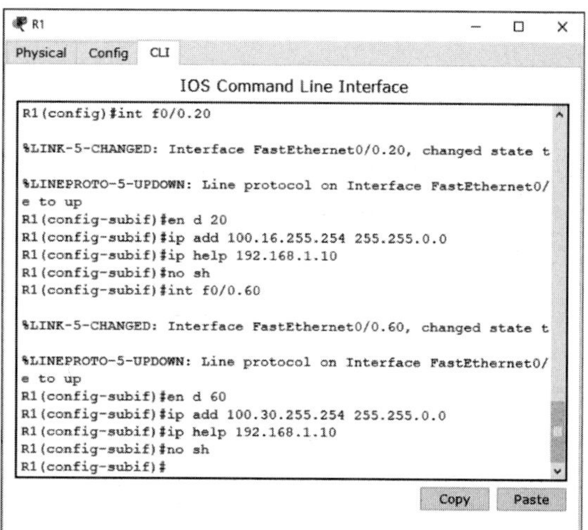

작업 설명

① R1(config-if)#int f0/0.20
② R1(config-subif)#en d 20
③ R1(config-subif)#ip add 100.16.255.254 255.255.0.0
④ R1(config-subif)#ip help 192.168.1.10
⑤ R1(config-subif)#no sh
⑥ R1(config-subif)#int f0/0.60
⑦ R1(config-subif)#en d 60
⑧ R1(config-subif)#ip add 100.30.255.254 255.255.0.0
⑨ R1(config-subif)#ip help 192.168.1.10
⑩ R1(config-subif)#no sh

① 서브인터페이스 f0/0.20 설정
② dot1Q 프로토콜 적용
③ 게이트웨이 주소와 서브넷 마스크 지정
④ 서버에서 주소할당 지정
⑤ 활성화
⑥ 서브인터페이스 f0/0.60 설정
⑦ dot1Q 프로토콜 적용
⑧ 게이트웨이 주소와 서브넷 마스크 지정
⑨ 서버에서 주소할당 지정
⑩ 활성화

④ 시리얼포트 설정

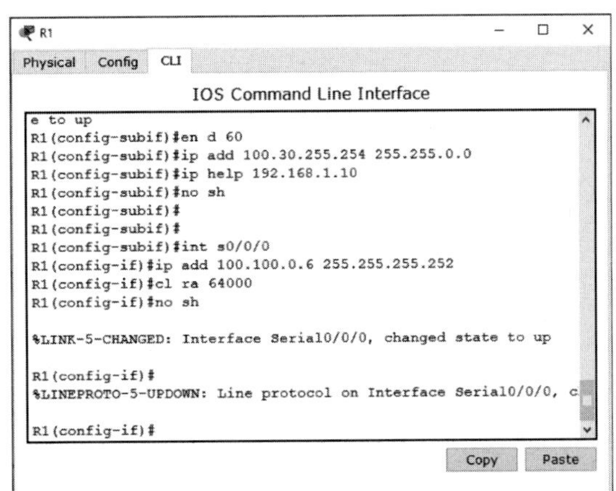

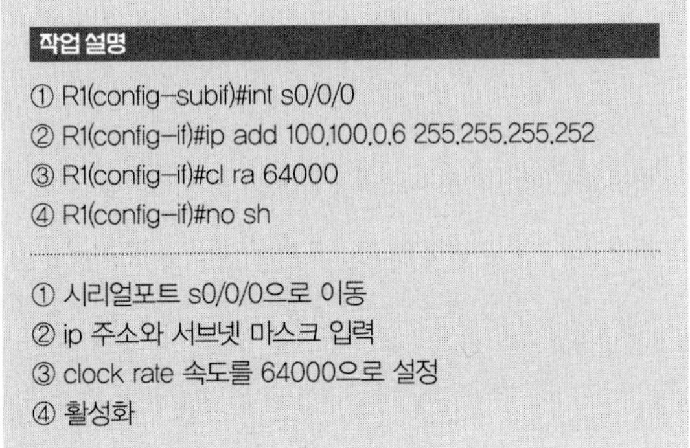

작업 설명

① R1(config-subif)#int s0/0/0
② R1(config-if)#ip add 100.100.0.6 255.255.255.252
③ R1(config-if)#cl ra 64000
④ R1(config-if)#no sh

① 시리얼포트 s0/0/0으로 이동
② ip 주소와 서브넷 마스크 입력
③ clock rate 속도를 64000으로 설정
④ 활성화

⑤ 정적 라우팅 설정

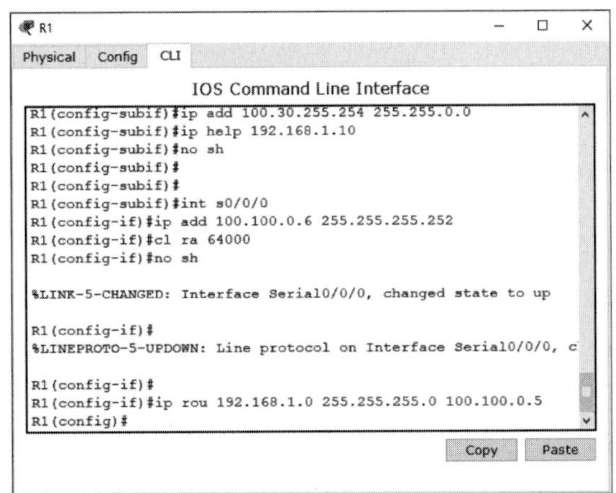

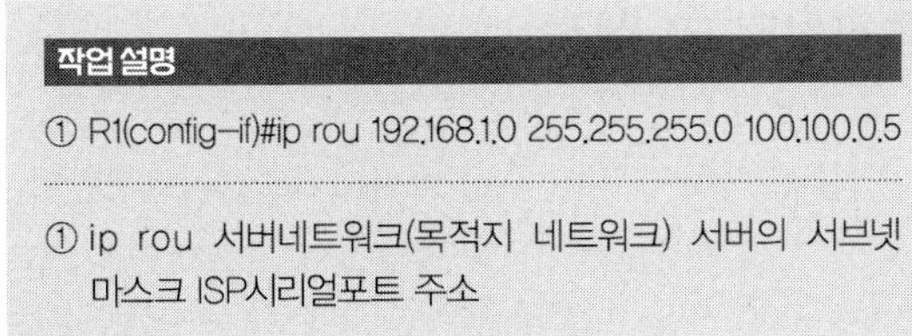

작업 설명

① R1(config-if)#ip rou 192.168.1.0 255.255.255.0 100.100.0.5

① ip rou 서버네트워크(목적지 네트워크) 서버의 서브넷 마스크 ISP시리얼포트 주소

3 테스트

(1) PC 할당된 주소 확인

① Sales PC를 클릭하고 [Desktop]-[IP Configuration]를 클릭한 후 [DHCP]를 체크하고 잠시 기다린 후 할당된 주소를 확인해 본다. 만약 주소가 들어오지 않으면 잠시 기다린 후에 [Static]을 체크한 후 다시 [DHCP]를 체크한다.

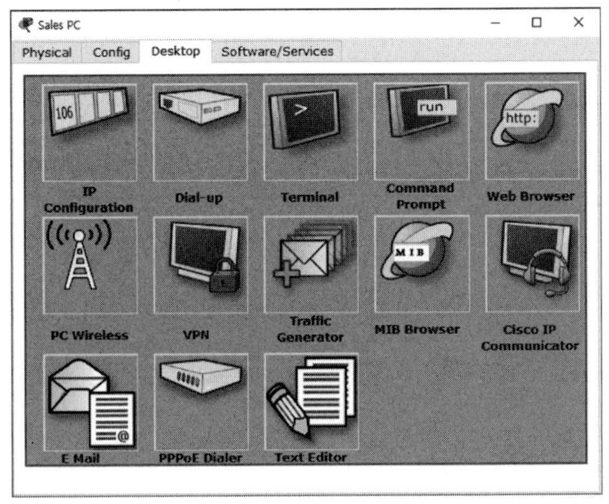

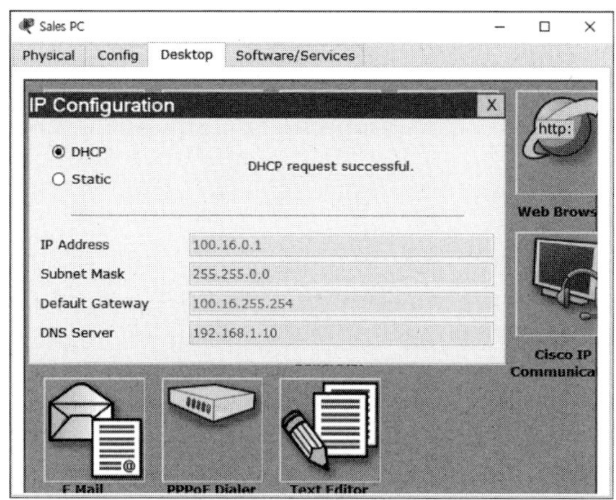

② Manage PC를 클릭하고 [Desktop]-[IP Configuration]를 클릭한 후 [DHCP]를 체크하고 잠시 기다린 후 할당된 주소를 확인해 본다. 만약 주소가 들어오지 않으면 잠시 기다린 후 [Static]을 체크한 후 다시 [DHCP]를 체크한다.

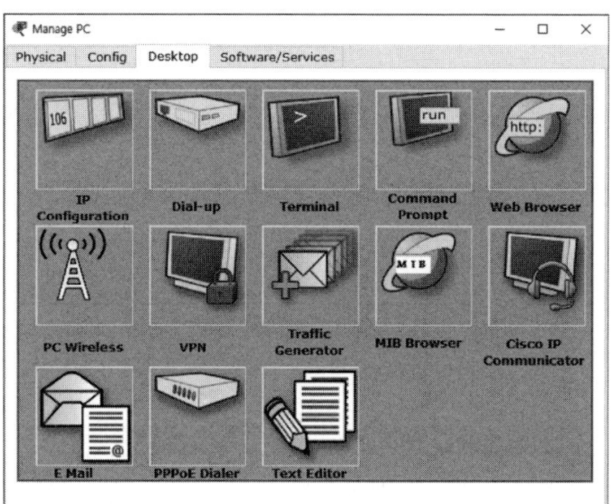

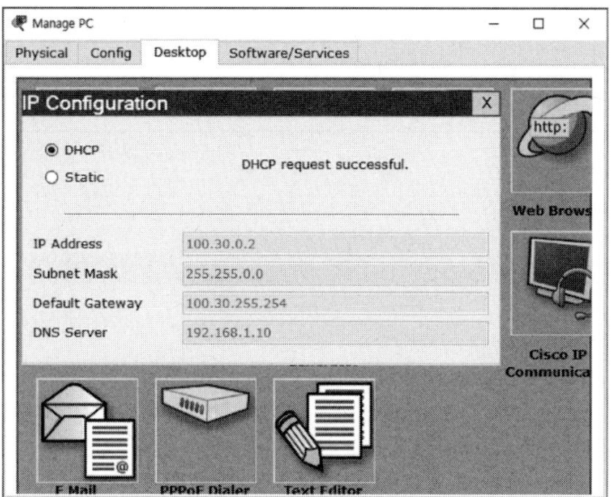

(2) 웹 접속 테스트(인터넷 연결 테스트)

① 작업창의 도면에서 각 PC를 클릭하고 [Desktop]-[Web Browser]를 누른다.

② URL 창에 "www.skills.com"을 입력한 후 아래와 같은 결과가 나오는지 확인한다.

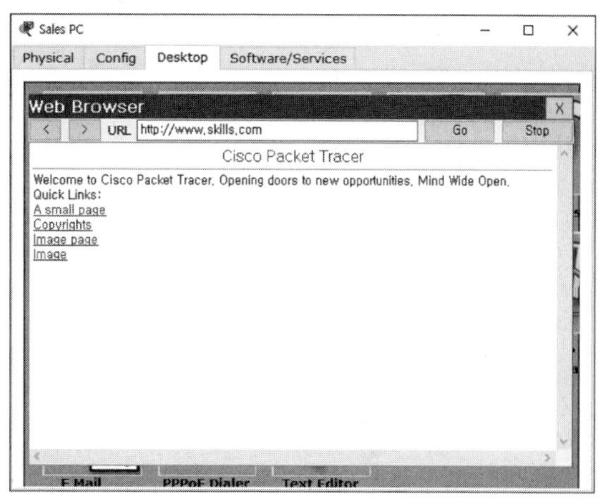

기출 유형 해설 08회

풀이 방법

◆ **채점기준표**

장치명	항목	배점	개수	합계
Switch	vlan번호, 이름	2	4	8
	포트에 할당	2	4	8
	주소 입력	10	2	20
	트렁크	2	2	4
	소계			40
라우터	활성화	2	2	4
	인터브이랜	4	4	16
	ip dhcp pool	5	3	15
	소계			35
기본설정	관리자 암호	5	1	5
	원격 ACL 및 암호	20	1	20
	소계			25
	합계			100

❶ 스위치 S1 설정

① 패킷트레이서 프로그램을 실행한 후 [File]-[Open] 메뉴를 클릭하여 '기출 유형 08회.pka' 파일을 불러온다.

② 도면에서 스위치 S1을 클릭하고 창이 뜨면 [CLI] 탭을 클릭하여 IOS Command 모드를 실행한다.

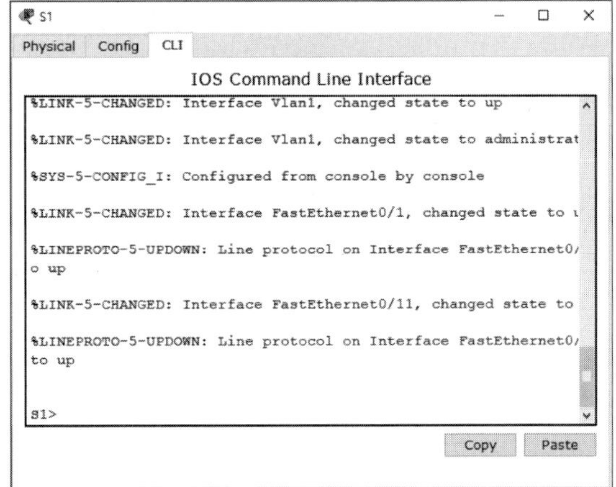

③ 스위치 S1에 IOS 명령을 입력하여 설정한다.

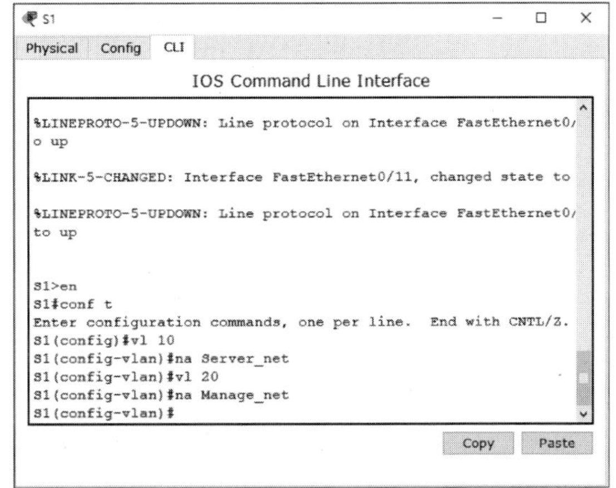

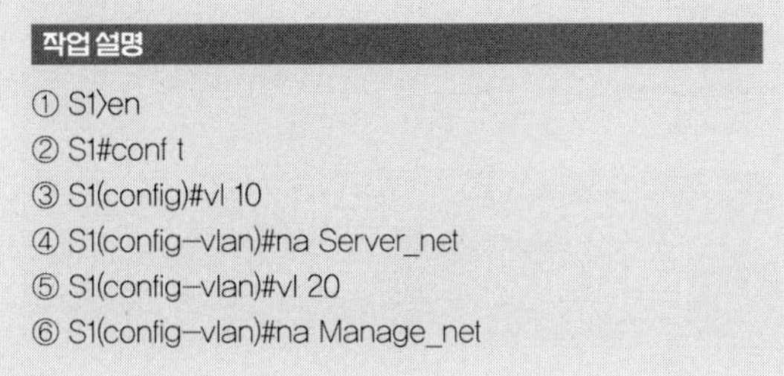

작업 설명

① S1>en
② S1#conf t
③ S1(config)#vl 10
④ S1(config-vlan)#na Server_net
⑤ S1(config-vlan)#vl 20
⑥ S1(config-vlan)#na Manage_net

① 스위치 운영자 모드 설정
② 스위치 privilege mode로 접속
③ vlan 10을 생성
④ vlan 10 이름을 Server_net으로 지정
⑤ vlan 20을 생성
⑥ vlan 20 이름을 Manage_net으로 지정

④ 설정한 VLAN에 Port를 할당한다.

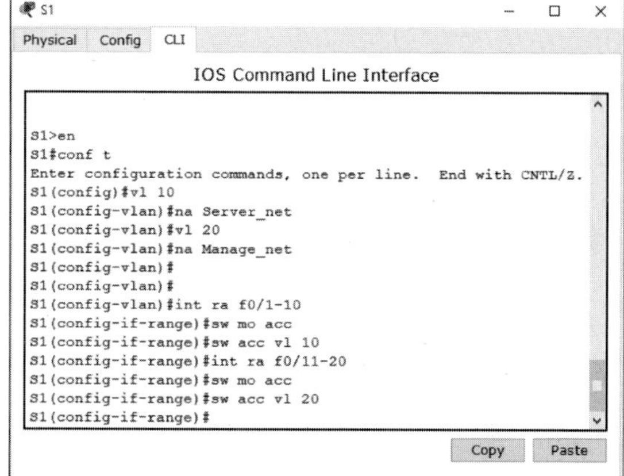

```
S1>en
S1#conf t
Enter configuration commands, one per line.  End with CNTL/Z.
S1(config)#vl 10
S1(config-vlan)#na Server_net
S1(config-vlan)#vl 20
S1(config-vlan)#na Manage_net
S1(config-vlan)#
S1(config-vlan)#
S1(config-vlan)#int ra f0/1-10
S1(config-if-range)#sw mo acc
S1(config-if-range)#sw acc vl 10
S1(config-if-range)#int ra f0/11-20
S1(config-if-range)#sw mo acc
S1(config-if-range)#sw acc vl 20
S1(config-if-range)#
```

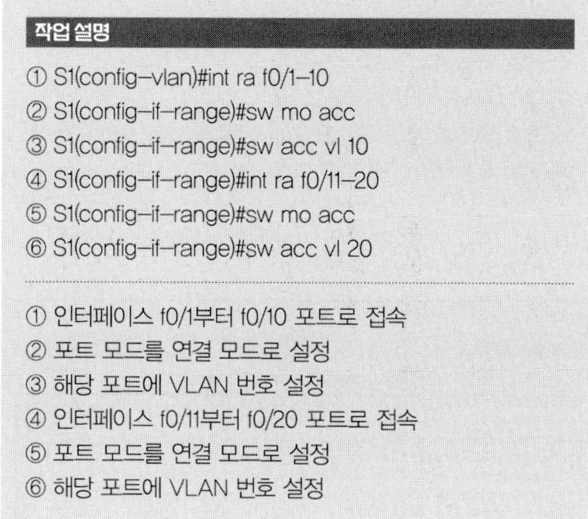

작업 설명

① S1(config-vlan)#int ra f0/1-10
② S1(config-if-range)#sw mo acc
③ S1(config-if-range)#sw acc vl 10
④ S1(config-if-range)#int ra f0/11-20
⑤ S1(config-if-range)#sw mo acc
⑥ S1(config-if-range)#sw acc vl 20

① 인터페이스 f0/1부터 f0/10 포트로 접속
② 포트 모드를 연결 모드로 설정
③ 해당 포트에 VLAN 번호 설정
④ 인터페이스 f0/11부터 f0/20 포트로 접속
⑤ 포트 모드를 연결 모드로 설정
⑥ 해당 포트에 VLAN 번호 설정

⑤ 스위치 주소 입력

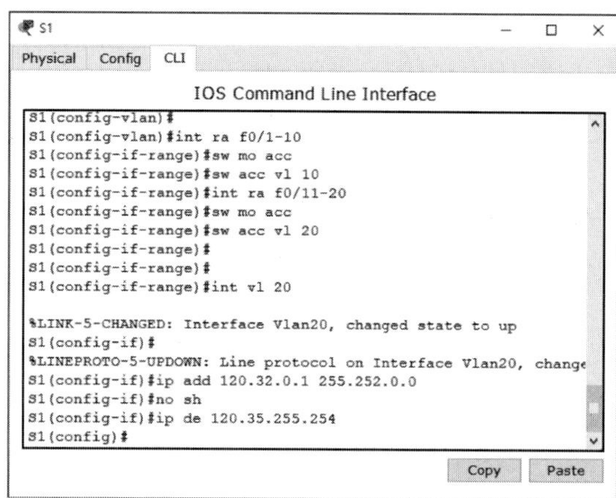

```
S1(config-vlan)#
S1(config-vlan)#int ra f0/1-10
S1(config-if-range)#sw mo acc
S1(config-if-range)#sw acc vl 10
S1(config-if-range)#int ra f0/11-20
S1(config-if-range)#sw mo acc
S1(config-if-range)#sw acc vl 20
S1(config-if-range)#
S1(config-if-range)#
S1(config-if-range)#int vl 20

%LINK-5-CHANGED: Interface Vlan20, changed state to up
S1(config-if)#
%LINEPROTO-5-UPDOWN: Line protocol on Interface Vlan20, change
S1(config-if)#ip add 120.32.0.1 255.252.0.0
S1(config-if)#no sh
S1(config-if)#ip de 120.35.255.254
S1(config)#
```

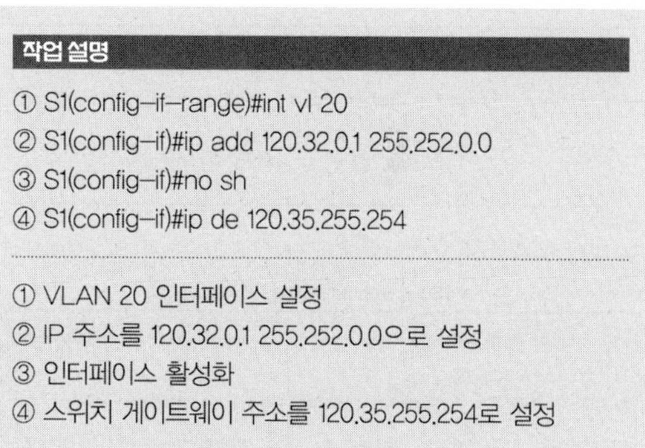

작업 설명

① S1(config-if-range)#int vl 20
② S1(config-if)#ip add 120.32.0.1 255.252.0.0
③ S1(config-if)#no sh
④ S1(config-if)#ip de 120.35.255.254

① VLAN 20 인터페이스 설정
② IP 주소를 120.32.0.1 255.252.0.0으로 설정
③ 인터페이스 활성화
④ 스위치 게이트웨이 주소를 120.35.255.254로 설정

⑥ 스위치 Trunk 설정

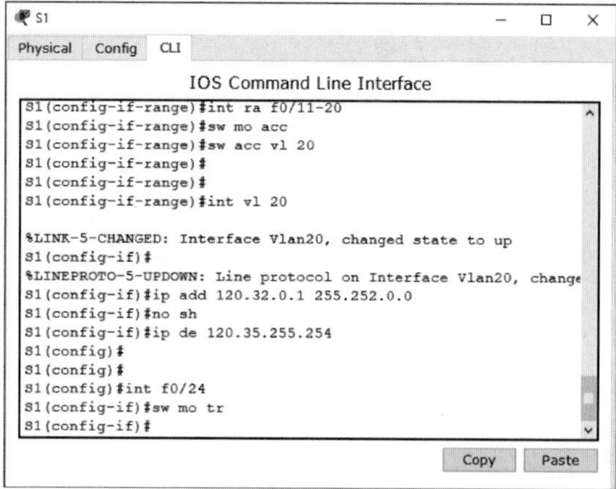

```
S1(config-if-range)#int ra f0/11-20
S1(config-if-range)#sw mo acc
S1(config-if-range)#sw acc vl 20
S1(config-if-range)#
S1(config-if-range)#
S1(config-if-range)#int vl 20

%LINK-5-CHANGED: Interface Vlan20, changed state to up
S1(config-if)#
%LINEPROTO-5-UPDOWN: Line protocol on Interface Vlan20, change
S1(config-if)#ip add 120.32.0.1 255.252.0.0
S1(config-if)#no sh
S1(config-if)#ip de 120.35.255.254
S1(config)#
S1(config)#
S1(config)#int f0/24
S1(config-if)#sw mo tr
S1(config-if)#
```

작업 설명

① S1(config)#int f0/24
② S1(config-if)#sw mo tr

① 인터페이스 f0/24 포트로 접속
② f0/24 포트에 트렁크 설정

❷ 스위치 S2 설정

① 도면에서 스위치 S2을 클릭하고 창이 뜨면 [CLI] 탭을 클릭하여 IOS Command 모드를 실행한다.

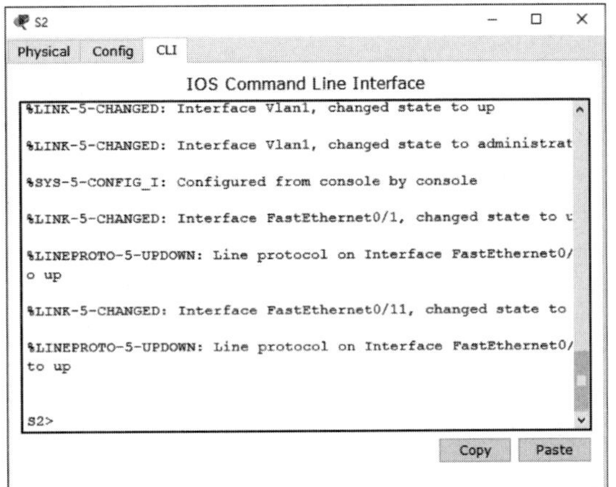

② 스위치 S2에 IOS 명령을 입력하여 설정한다.

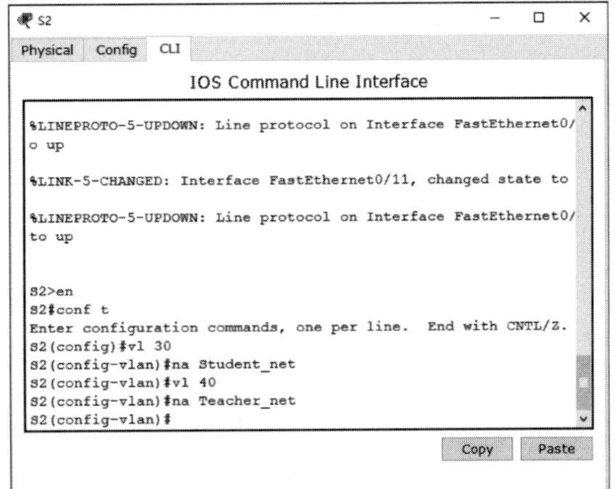

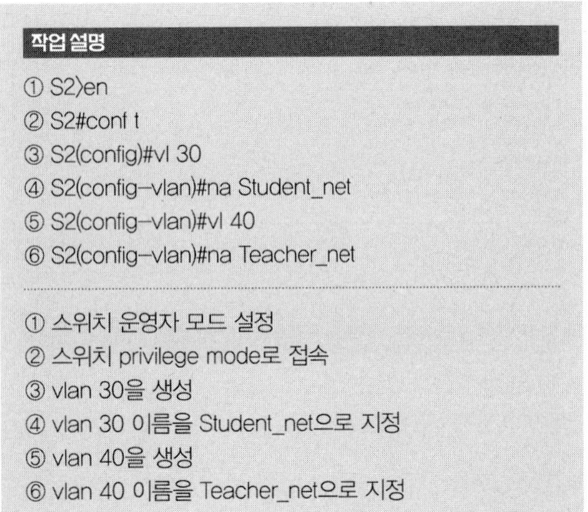

작업 설명

① S2>en
② S2#conf t
③ S2(config)#vl 30
④ S2(config-vlan)#na Student_net
⑤ S2(config-vlan)#vl 40
⑥ S2(config-vlan)#na Teacher_net

① 스위치 운영자 모드 설정
② 스위치 privilege mode로 접속
③ vlan 30을 생성
④ vlan 30 이름을 Student_net으로 지정
⑤ vlan 40을 생성
⑥ vlan 40 이름을 Teacher_net으로 지정

③ 설정한 VLAN에 Port를 할당한다.

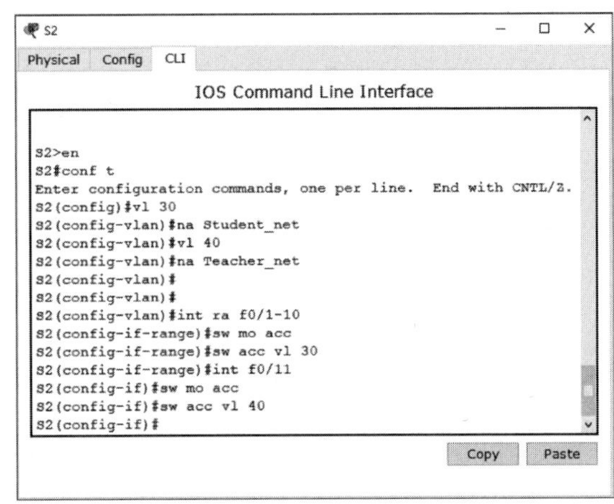

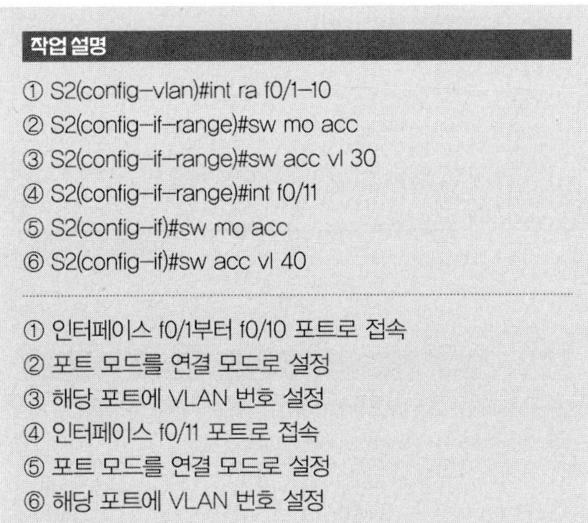

작업 설명

① S2(config-vlan)#int ra f0/1-10
② S2(config-if-range)#sw mo acc
③ S2(config-if-range)#sw acc vl 30
④ S2(config-if-range)#int f0/11
⑤ S2(config-if)#sw mo acc
⑥ S2(config-if)#sw acc vl 40

① 인터페이스 f0/1부터 f0/10 포트로 접속
② 포트 모드를 연결 모드로 설정
③ 해당 포트에 VLAN 번호 설정
④ 인터페이스 f0/11 포트로 접속
⑤ 포트 모드를 연결 모드로 설정
⑥ 해당 포트에 VLAN 번호 설정

④ 스위치 S2 주소 입력

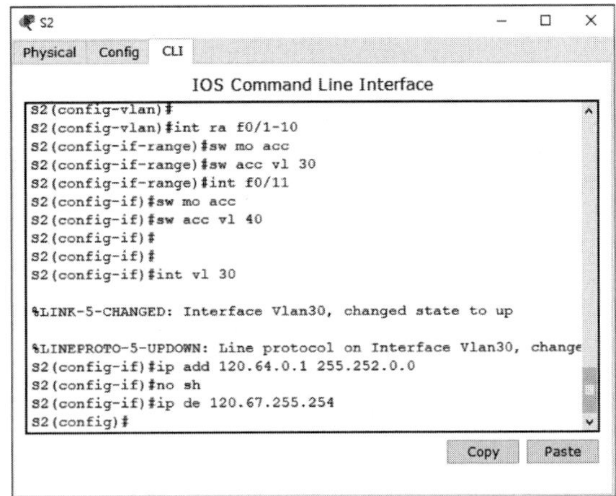

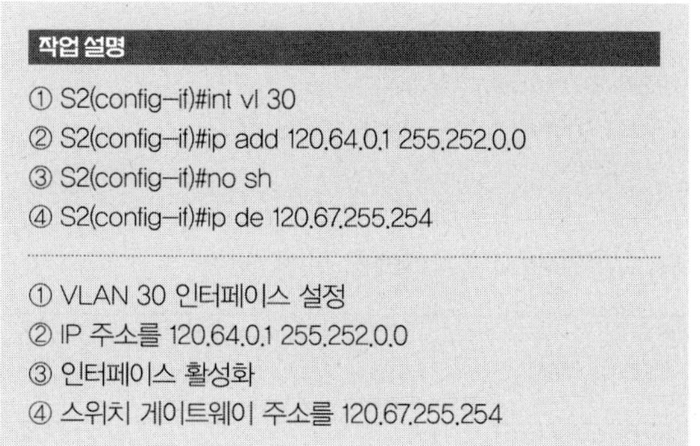

작업 설명

① S2(config–if)#int vl 30
② S2(config–if)#ip add 120.64.0.1 255.252.0.0
③ S2(config–if)#no sh
④ S2(config–if)#ip de 120.67.255.254

① VLAN 30 인터페이스 설정
② IP 주소를 120.64.0.1 255.252.0.0
③ 인터페이스 활성화
④ 스위치 게이트웨이 주소를 120.67.255.254

⑤ 스위치 S2에 Trunk 설정

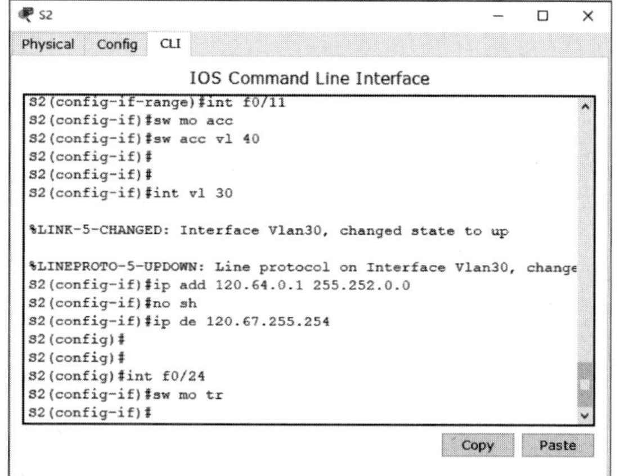

S2 — Physical | Config | CLI

IOS Command Line Interface

```
S2(config-if-range)#int f0/11
S2(config-if)#sw mo acc
S2(config-if)#sw acc vl 40
S2(config-if)#
S2(config-if)#
S2(config-if)#int vl 30

%LINK-5-CHANGED: Interface Vlan30, changed state to up

%LINEPROTO-5-UPDOWN: Line protocol on Interface Vlan30, change
S2(config-if)#ip add 120.64.0.1 255.252.0.0
S2(config-if)#no sh
S2(config-if)#ip de 120.67.255.254
S2(config)#
S2(config)#
S2(config)#int f0/24
S2(config-if)#sw mo tr
S2(config-if)#
```

Copy | Paste

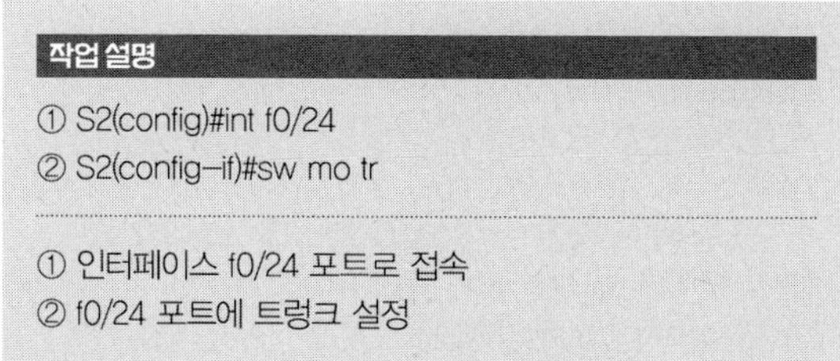

작업 설명

① S2(config)#int f0/24
② S2(config–if)#sw mo tr

① 인터페이스 f0/24 포트로 접속
② f0/24 포트에 트렁크 설정

3 라우터 R1 기본설정

① 도면에서 라우터 R1을 클릭하고 창이 뜨면 [CLI] 탭을 클릭하여 IOS Command 모드를 실행한다.

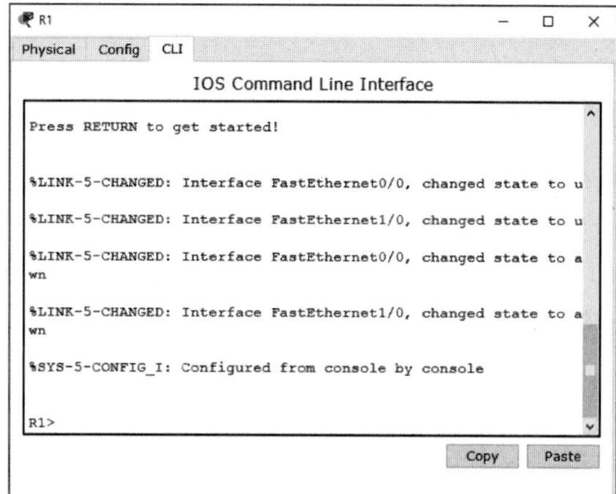

R1 — Physical | Config | CLI

IOS Command Line Interface

```
Press RETURN to get started!

%LINK-5-CHANGED: Interface FastEthernet0/0, changed state to u

%LINK-5-CHANGED: Interface FastEthernet1/0, changed state to u

%LINK-5-CHANGED: Interface FastEthernet0/0, changed state to a
wn

%LINK-5-CHANGED: Interface FastEthernet1/0, changed state to a
wn

%SYS-5-CONFIG_I: Configured from console by console

R1>
```

Copy | Paste

② 기본설정

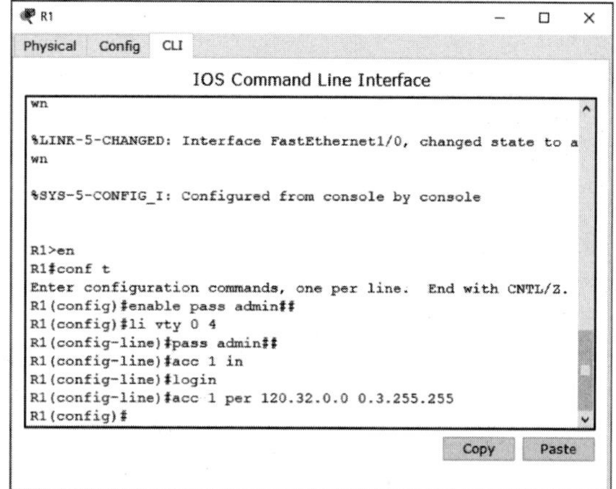

R1 — Physical | Config | CLI

IOS Command Line Interface

```
wn

%LINK-5-CHANGED: Interface FastEthernet1/0, changed state to a
wn

%SYS-5-CONFIG_I: Configured from console by console


R1>en
R1#conf t
Enter configuration commands, one per line.  End with CNTL/Z.
R1(config)#enable pass admin##
R1(config)#li vty 0 4
R1(config-line)#pass admin##
R1(config-line)#acc 1 in
R1(config-line)#login
R1(config-line)#acc 1 per 120.32.0.0 0.3.255.255
R1(config)#
```

Copy | Paste

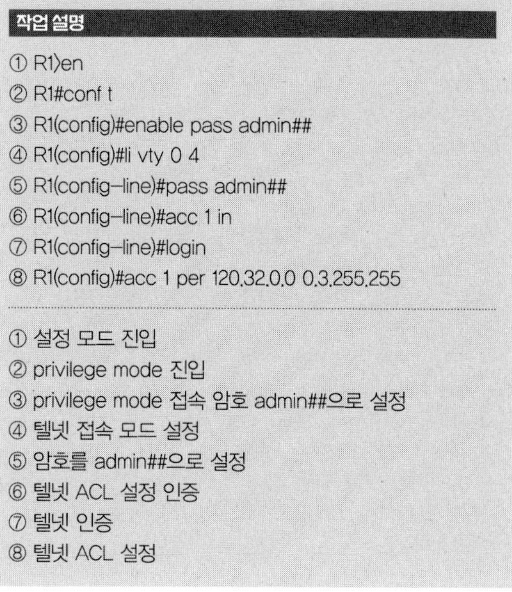

작업 설명

① R1>en
② R1#conf t
③ R1(config)#enable pass admin##
④ R1(config)#li vty 0 4
⑤ R1(config–line)#pass admin##
⑥ R1(config–line)#acc 1 in
⑦ R1(config–line)#login
⑧ R1(config)#acc 1 per 120.32.0.0 0.3.255.255

① 설정 모드 진입
② privilege mode 진입
③ privilege mode 접속 암호 admin##으로 설정
④ 텔넷 접속 모드 설정
⑤ 암호를 admin##으로 설정
⑥ 텔넷 ACL 설정 인증
⑦ 텔넷 인증
⑧ 텔넷 ACL 설정

기적의 Tip

- ACL은 Access Controle List의 약자로 명령어 시작은 "acc 번호"로 시작합니다.
- per=permit=허용하다.
- 본 문제는 dhcp 문제이므로 주소 설정에서 네트워크 와일드카드 마스크를 입력합니다.

4 라우터 R1 서브인터페이스 설정

① Fa0/0에 서브인터페이스 설정

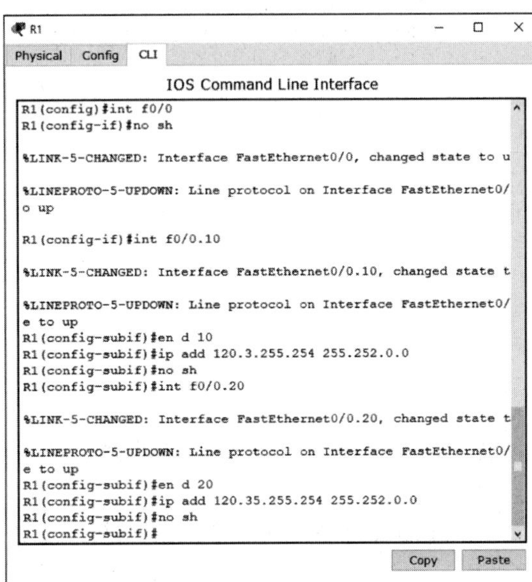

작업 설명

① R1(config)#int f0/0
② R1(config-if)#no sh
③ R1(config-if)#int f0/0.10
④ R1(config-subif)#en d 10
⑤ R1(config-subif)#ip add 120.3.255.254 255.252.0.0
⑥ R1(config-subif)#no sh
⑦ R1(config-subif)#int f0/0.20
⑧ R1(config-subif)#en d 20
⑨ R1(config-subif)#ip add 120.35.255.254 255.252.0.0
⑩ R1(config-subif)#no sh

① 인터페이스 f0/0 접속
② 포트 f0/0 활성화
③ 서브인터페이스 f0/0.10 설정
④ dot1Q 프로토콜 적용
⑤ 게이트웨이 주소와 서브넷 마스크 지정
⑥ 활성화
⑦ 서브인터페이스 f0/0.20 설정
⑧ dot1Q 프로토콜 적용
⑨ 게이트웨이 주소와 서브넷 마스크 지정
⑩ 활성화

② Fa1/0에 서브인터페이스 설정

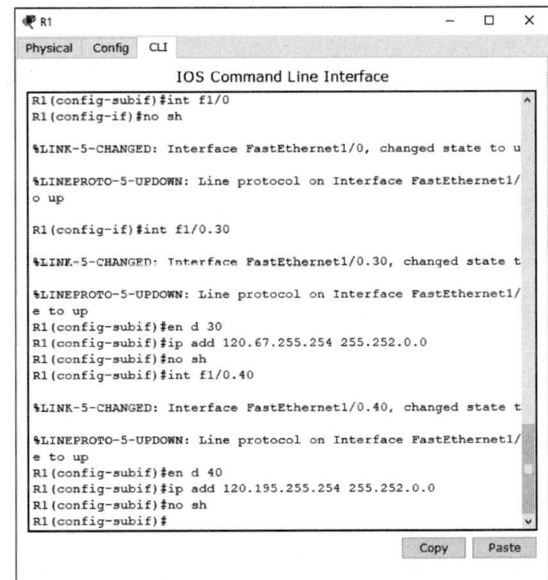

작업 설명

① R1(config-subif)#int f1/0
② R1(config-if)#no sh
③ R1(config-if)#int f1/0.30
④ R1(config-subif)#en d 30
⑤ R1(config-subif)#ip add 120.67.255.254 255.252.0.0
⑥ R1(config-subif)#no sh
⑦ R1(config-subif)#int f1/0.40
⑧ R1(config-subif)#en d 40
⑨ R1(config-subif)#ip add 120.195.255.254 255.252.0.0
⑩ R1(config-subif)#no sh

① 인터페이스 f1/0 접속
② 포트 f1/0 활성화
③ 서브인터페이스 f1/0.30 설정
④ dot1Q 프로토콜 적용
⑤ 게이트웨이 주소와 서브넷 마스크 지정
⑥ 활성화
⑦ 서브인터페이스 f1/0.40 설정
⑧ dot1Q 프로토콜 적용
⑨ 게이트웨이 주소와 서브넷 마스크 지정
⑩ 활성화

5 라우터 R1에 dhcp 설정

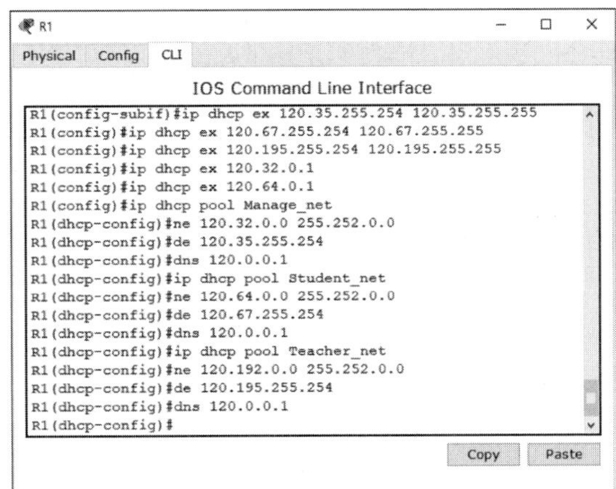

작업 설명

① R1(config-subif)#ip dhcp ex 120.35.255.254 120.35.255.255
② R1(config)#ip dhcp ex 120.67.255.254 120.67.255.255
③ R1(config)#ip dhcp ex 120.195.255.254 120.195.255.255
④ R1(config)#ip dhcp ex 120.32.0.1
⑤ R1(config)#ip dhcp ex 120.64.0.1
⑥ R1(config)#ip dhcp pool Manage_net
⑦ R1(dhcp-config)#ne 120.32.0.0 255.252.0.0
⑧ R1(dhcp-config)#de 120.35.255.254
⑨ R1(dhcp-config)#dns 120.0.0.1
⑩ R1(dhcp-config)#ip dhcp pool Student_net
⑪ R1(dhcp-config)#ne 120.64.0.0 255.252.0.0
⑫ R1(dhcp-config)#de 120.67.255.254
⑬ R1(dhcp-config)#dns 120.0.0.1
⑭ R1(dhcp-config)#ip dhcp pool Teacher_net
⑮ R1(dhcp-config)#ne 120.192.0.0 255.252.0.0
⑯ R1(dhcp-config)#de 120.195.255.254
⑰ R1(dhcp-config)#dns 120.0.0.1

① PC0 ip 주소로 할당되면 안 되는 주소 제외(게이트웨이 주소와 마지막 주소)
② PC1 ip 주소로 할당되면 안 되는 주소 제외(게이트웨이 주소와 마지막 주소)
③ PC2 ip 주소로 할당되면 안 되는 주소 제외(게이트웨이 주소와 마지막 주소)
④ 스위치 S1 주소 제외
⑤ 스위치 S2 주소 제외
⑥ 라우터에 PC0 주소 할당을 위한 DHCP 설정
⑦ 할당 될 네트워크 주소를 120.32.0.0 255.252.0.0으로 설정
⑧ 할당 될 게이트웨이 주소를 120.35.255.254로 설정
⑨ 할당 될 서버 주소를 120.0.0.1로 설정
⑩ 라우터에 PC1 주소 할당을 위한 DHCP 설정
⑪ 할당 될 네트워크 주소를 120.64.0.0 255.252.0.0으로 설정
⑫ 할당 될 게이트웨이 주소를 120.67.255.254로 설정
⑬ 할당 될 서버 주소를 120.0.0.1로 설정
⑭ 라우터에 PC2 주소 할당을 위한 DHCP 설정
⑮ 할당 될 네트워크 주소를 120.192.0.0 255.252.0.0으로 설정
⑯ 할당 될 게이트웨이 주소를 120.195.255.254로 설정
⑰ 할당 될 서버 주소를 120.0.0.1로 설정

6 테스트

(1) PC 할당된 주소 확인

① PC0을 클릭하고 [Desktop]-[IP Configuration]를 클릭한 후 [DHCP]를 체크하고 잠시 기다린 후 할당된 주소를 확인해 본다. 만약 주소가 들어오지 않으면 잠시 기다린 후에 [Static]을 체크한 후 다시 [DHCP]를 체크한다.

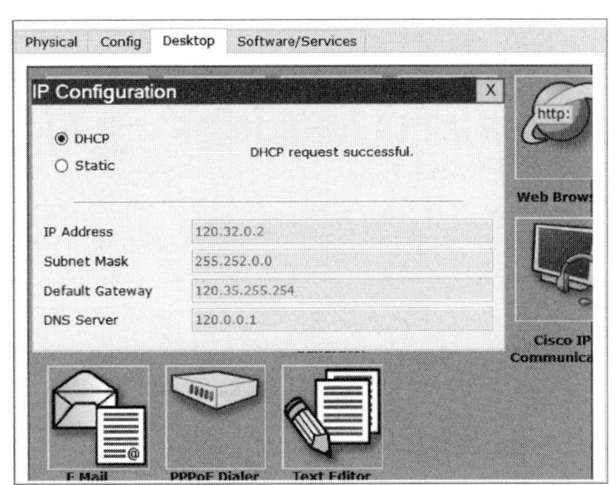

② PC1을 클릭하고 [Desktop]-[IP Configuration]를 클릭한 후 [DHCP]를 체크하고 잠시 기다린 후 할당된 주소를 확인해 본다. 만약 주소가 들어오지 않으면 잠시 기다린 후에 [Static]을 체크한 후 다시 [DHCP]를 체크한다.

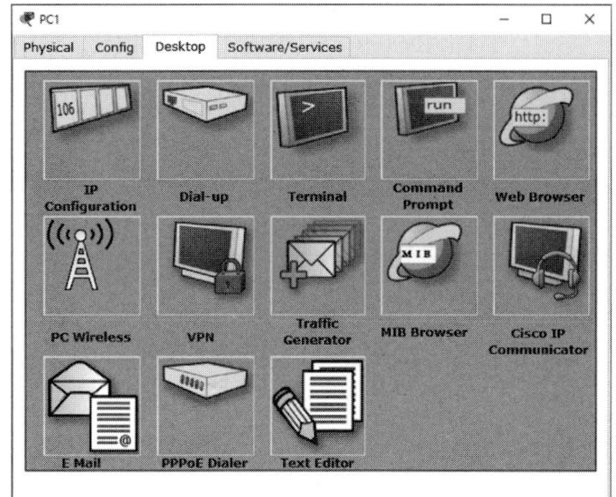

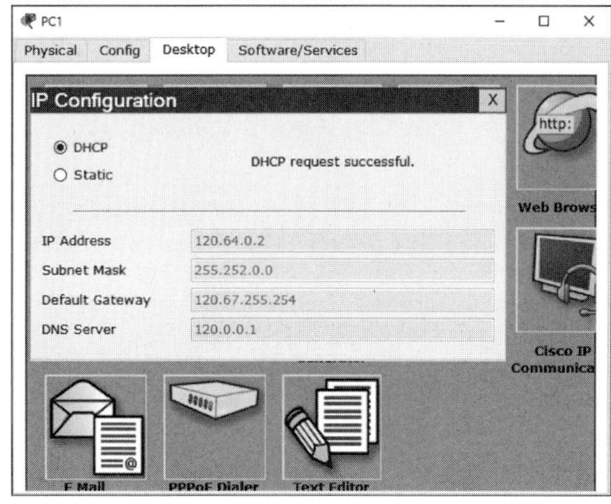

③ PC2를 클릭하고 [Desktop]-[IP Configuration]를 클릭한 후 [DHCP]를 체크하고 잠시 기다린 후 할당된 주소를 확인해 본다. 만약 주소가 들어오지 않으면 잠시 기다린 후에 [Static]을 체크한 후 다시 [DHCP]를 체크한다.

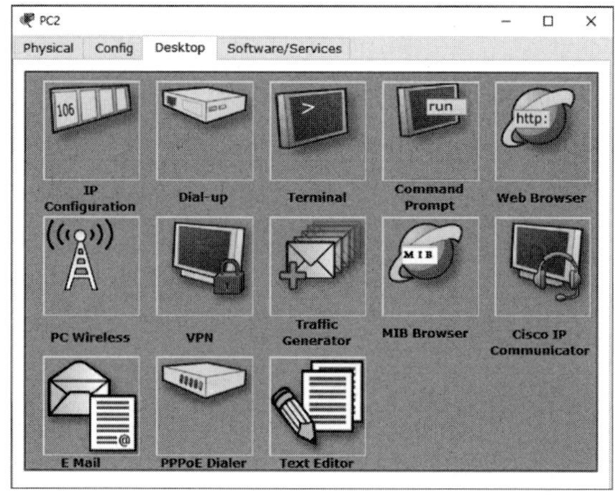

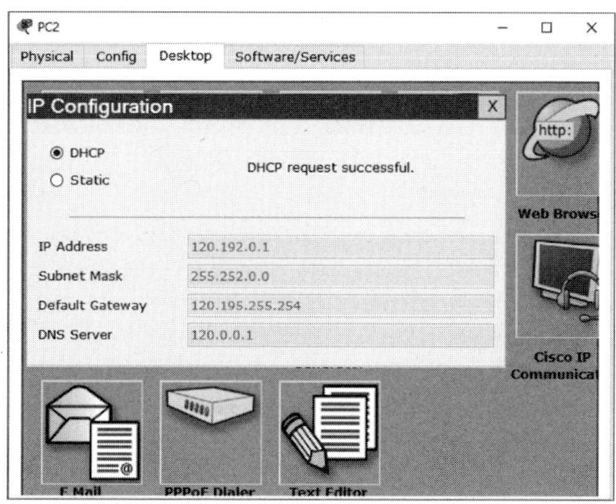

(2) 웹 접속 테스트(인터넷 연결 테스트)

① 각 PC를 클릭하고 [Desktop]-[Web Browser]를 클릭한 후 [URL] 박스에 'www.skills.com'를 입력하고 'GO'를 클릭하여 아래와 같은 내용이 나오는지 확인한다.

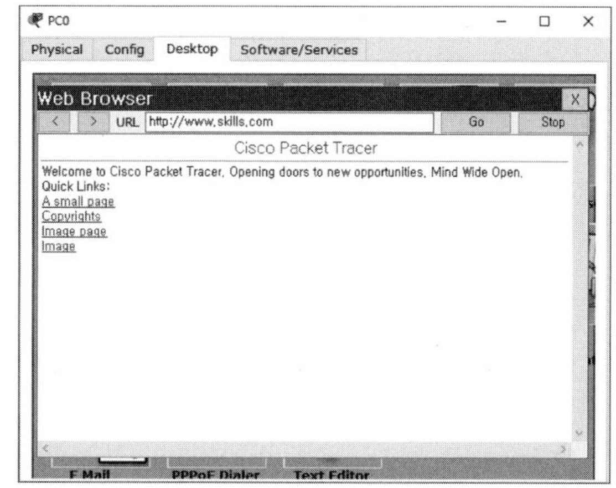

SECTION 09

기출 유형 해설 09회

풀이 방법

◆ 채점기준표

장치명	항목	배점	개수	합계
주소계산	pc주소	3	2	6
	시리얼주소	3	2	6
	소계			12
라우터	활성화+주소 입력	4	2	8
	시리얼포트 설정	5	2	10
	라우팅	5	2	10
	소계			28
보안 외	AAA설정	20	1	20
	PPP-PAP	7.5	2	15
	SSH	15	1	15
	웹접속 설정	5	1	5
	DNS 설정	5	1	5
	소계			60
	합계			100

◆ 본 문제의 취지

1. PC를 클릭하고 주소가 입력되어 있는지 확인한다.
2. PC의 서버주소는 문제를 읽어 본 후 입력을 결정한다.
   - 입력을 해야 하는 경우-웹 접속을 요구하는 경우.
   - 입력을 하지 않는 경우-웹 접속을 요구하지 않는 경우 또는 웹 접속 언급이 없는 경우.
3. R1(Fa0/1) 10.10.10.1/24 → PC의 게이트웨이 주소
   - PC0과 PC1의 게이트웨이 주소에 입력하고 서버 주소는 문제를 읽어 보고 판단 한다.
4. ISP(Fa0/0) 20.20.20.1/24 → 서버 게이트웨이 주소
   - 서버의 게이트웨이 주소에 입력한다.
   - ISP f0/0에 입력한다. (ip 주소와 서브넷마스크는 이미 입력되어 있음)
5. R1(Se0/0/0) 172.30.0.8/30에서 할당 가능한 마지막 번 째
   - 172.30.0.10 주소를 시리얼 포트 주소로 입력한다.
6. ISP(Se0/0/0) 172.30.0.8/30에서 할당 가능한 마지막에서 두 번째
   - 172.30.0.9 주소를 시리얼 포트 주소로 입력한다.

※ 모든 주소 입력이 끝난 후 각 라우터에 설정을 꼭 확인하고 미 입력 된 것을 설정해야 한다!

1 주소 계산

① 패킷트레이서 프로그램을 실행한 후 [File]-[Open] 메뉴를 클릭하여 '기출 유형 09회.pka' 파일을 불러온다.

② R1 [Se0/0/0] 172.30.0.10

③ ISP [Se0/0/0] 172.30.0.9

2 PC 및 서버에 주소 입력

① PC0을 클릭하고 [Desktop]-[IP Configuration] 클릭한다.

② PC0을 열면 게이트웨이 주소가 없다.

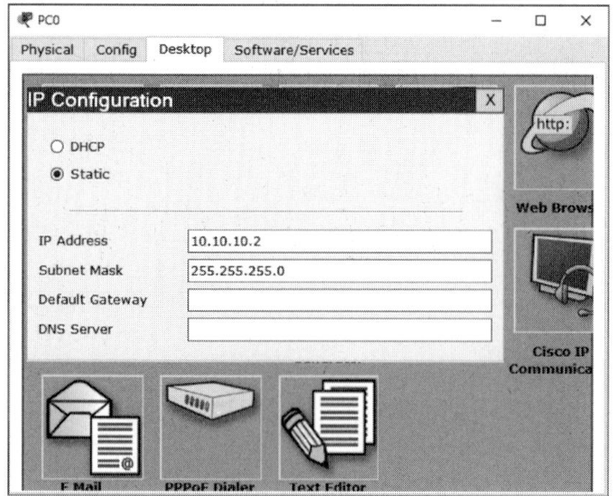

③ Gateway 주소를 표에서 확인한 '10.10.10.1'을 입력한다.

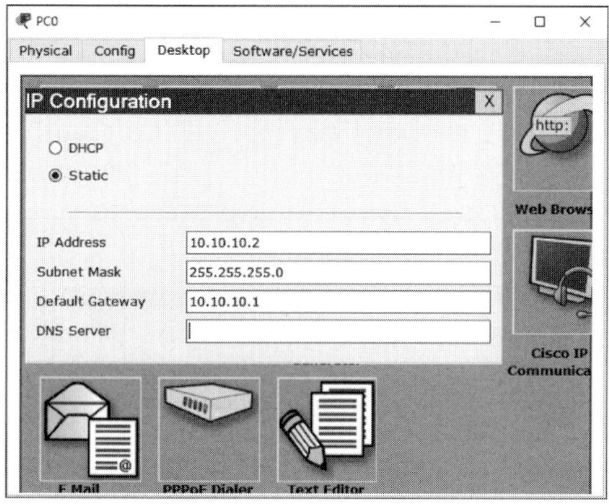

④ PC1을 클릭하고 [Desktop]-[IP Configuration] 클릭한다.

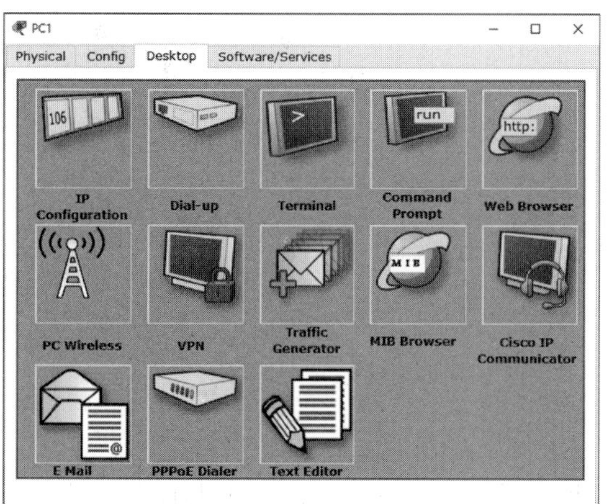

⑤ PC1을 열면 게이트웨이 주소가 없다. 표에서 확인한 '10.10.10.1'을 입력한다.

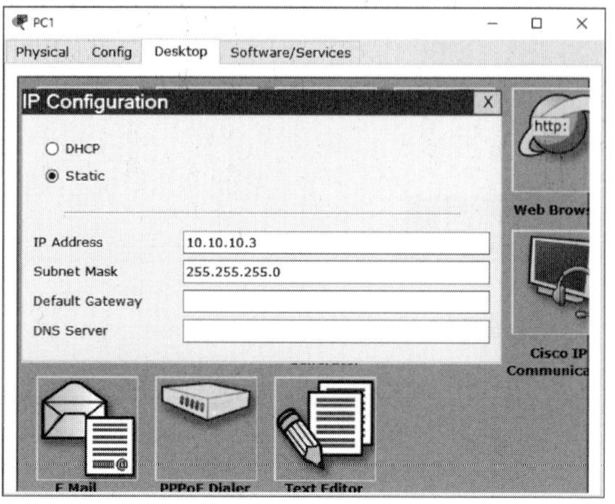

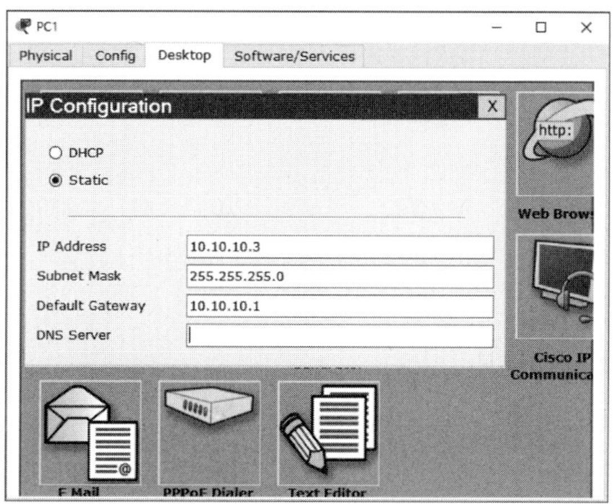

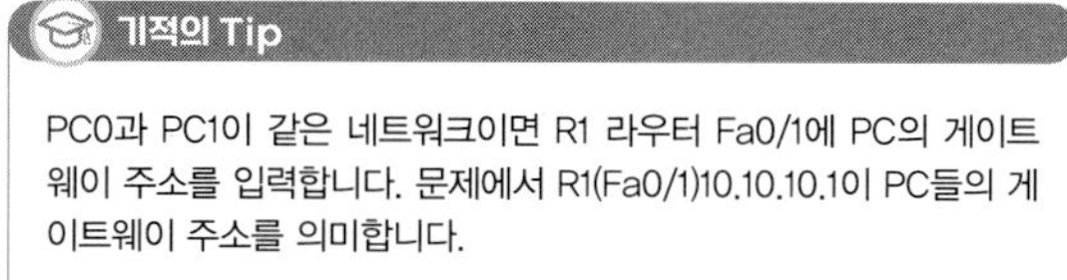

기적의 Tip

PC0과 PC1이 같은 네트워크이면 R1 라우터 Fa0/1에 PC의 게이트웨이 주소를 입력합니다. 문제에서 R1(Fa0/1)10.10.10.1이 PC들의 게이트웨이 주소를 의미합니다.

⑥ 서버를 클릭하고 [Desktop]-[IP Configuration] 클릭한다.

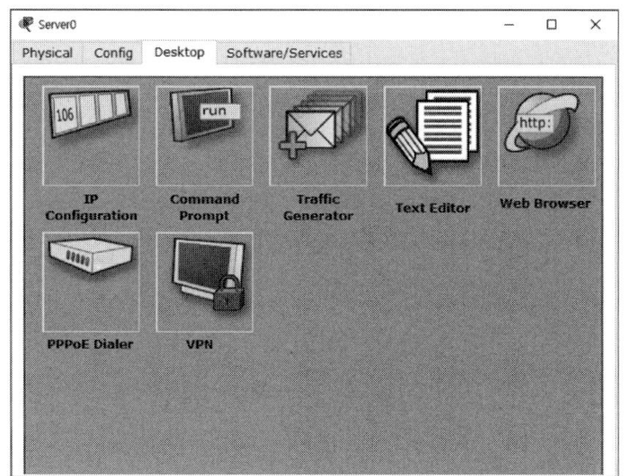

⑦ 서버를 열면 게이트웨이 주소가 없다. 표에서 확인한 '20.20.20.1'을 입력한다.

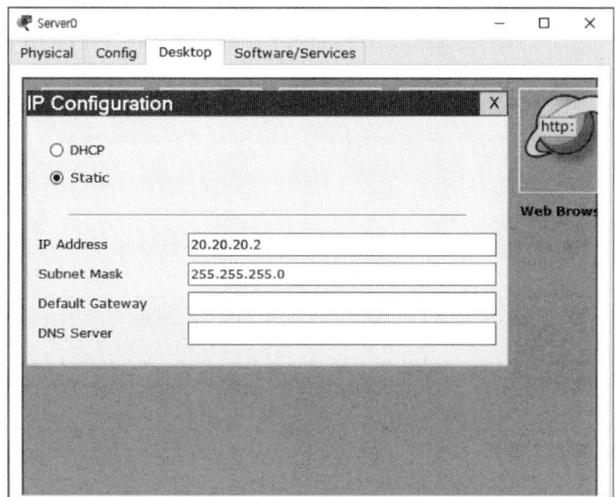

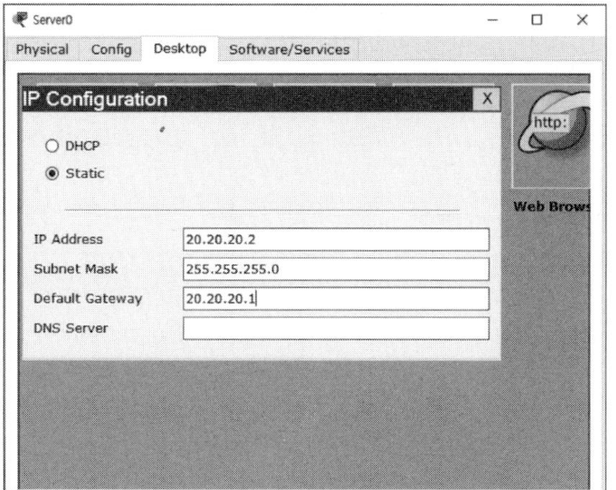

ISP 라우터와 서버가 통신이 되기 위하여 ISP 라우터 Fa0/0에 서버의 게이트웨이 주소를 입력해야 합니다. 표에서 ISP(Fa0/0)20.20.20.1이 서버의 게이트웨이 주소입니다.

❸ 라우터 R1 이름 변경, 주소 입력 및 라우팅

① R1 이름 변경, 주소 입력

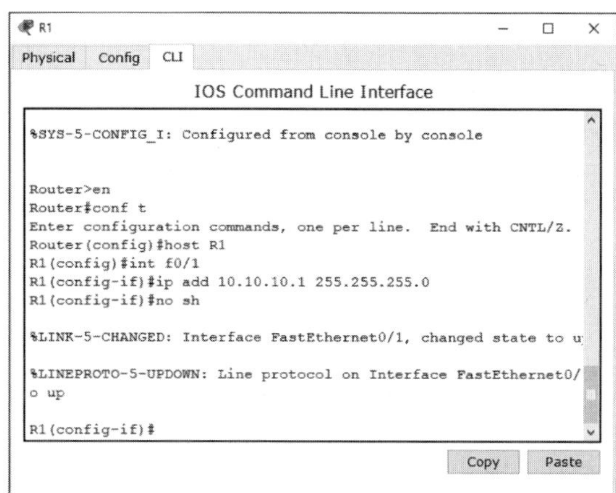

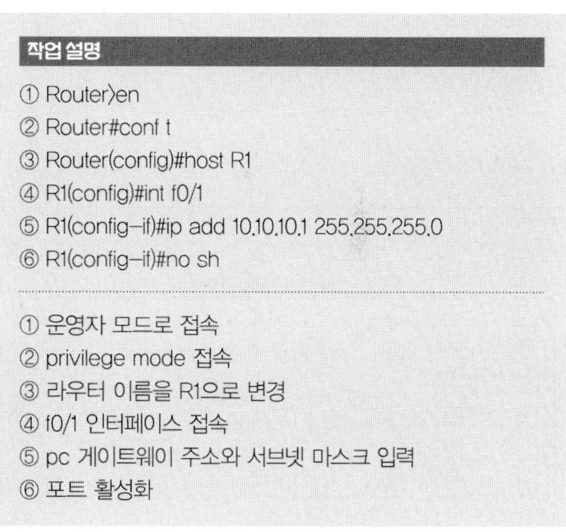

작업 설명

① Router>en
② Router#conf t
③ Router(config)#host R1
④ R1(config)#int f0/1
⑤ R1(config-if)#ip add 10.10.10.1 255.255.255.0
⑥ R1(config-if)#no sh

① 운영자 모드로 접속
② privilege mode 접속
③ 라우터 이름을 R1으로 변경
④ f0/1 인터페이스 접속
⑤ pc 게이트웨이 주소와 서브넷 마스크 입력
⑥ 포트 활성화

② 시리얼포트 설정

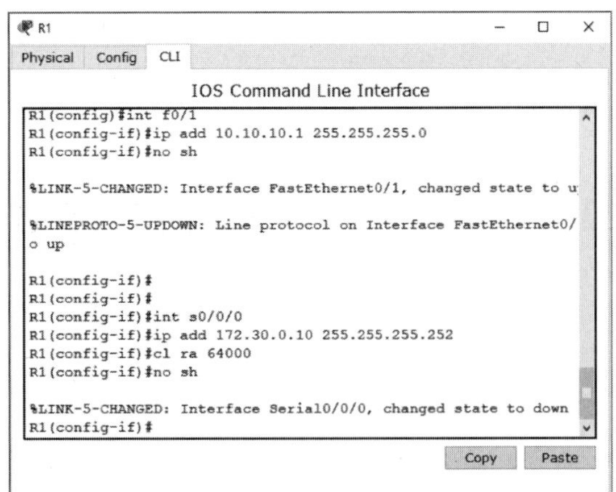

작업 설명

① R1(config–if)#int s0/0/0
② R1(config–if)#ip add 172.30.0.10 255.255.255.252
③ R1(config–if)#cl ra 64000
④ R1(config–if)#no sh

① s0/0/0 시리얼 포트로 접속
② 주소와 서브넷마스크 입력
③ DCE 클럭 비율을 64000으로 입력
④ 시리얼 포트 활성화

③ 라우팅 설정

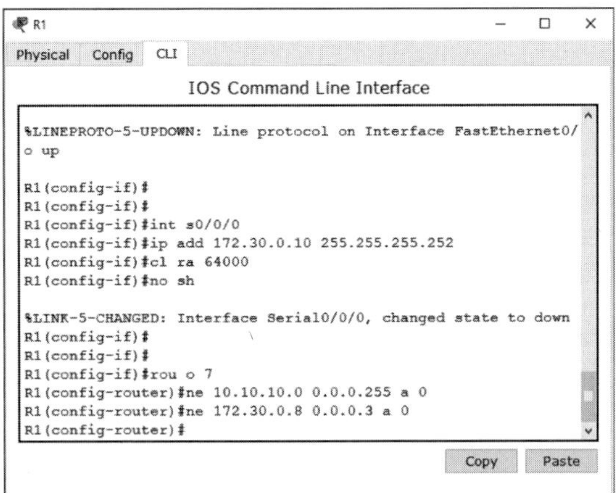

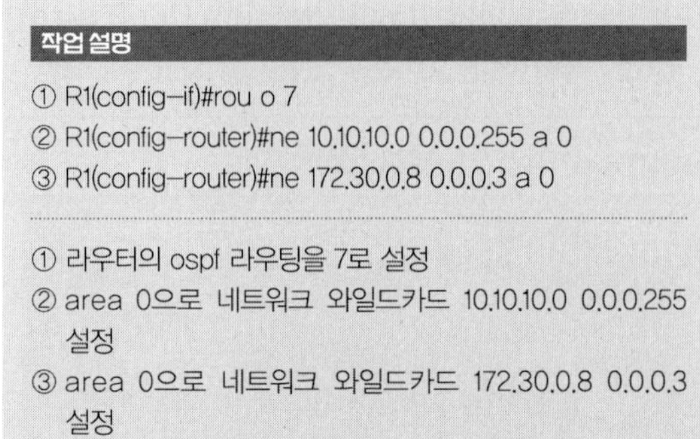

작업 설명

① R1(config–if)#rou o 7
② R1(config–router)#ne 10.10.10.0 0.0.0.255 a 0
③ R1(config–router)#ne 172.30.0.8 0.0.0.3 a 0

① 라우터의 ospf 라우팅을 7로 설정
② area 0으로 네트워크 와일드카드 10.10.10.0 0.0.0.255 설정
③ area 0으로 네트워크 와일드카드 172.30.0.8 0.0.0.3 설정

4 라우터 ISP 이름 변경, 주소 입력 및 라우팅

① 라우터 ISP를 클릭하고 IOS 모드를 실행한다.

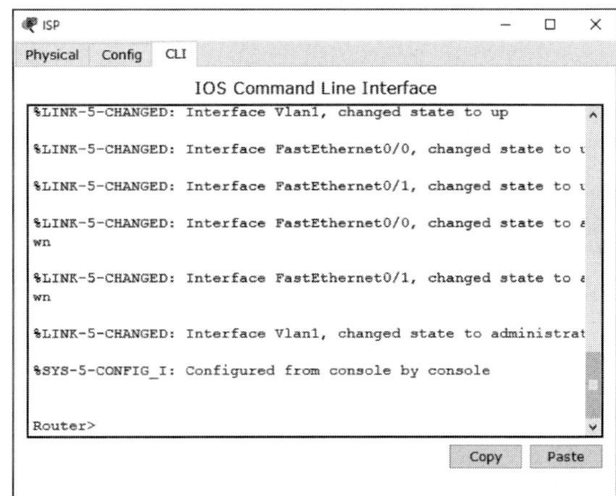

② ISP 이름을 변경하고 주소를 입력한다.

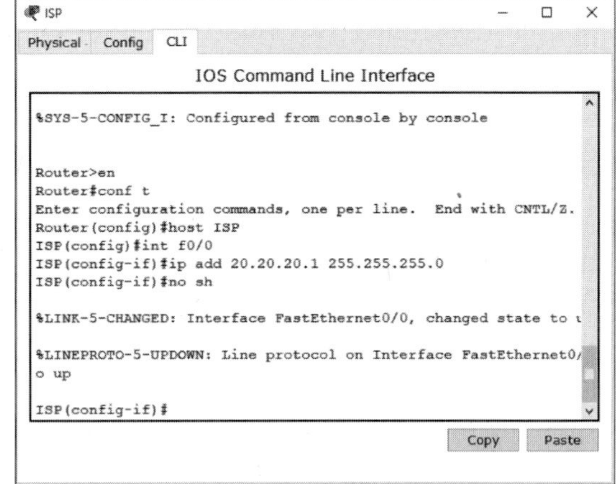

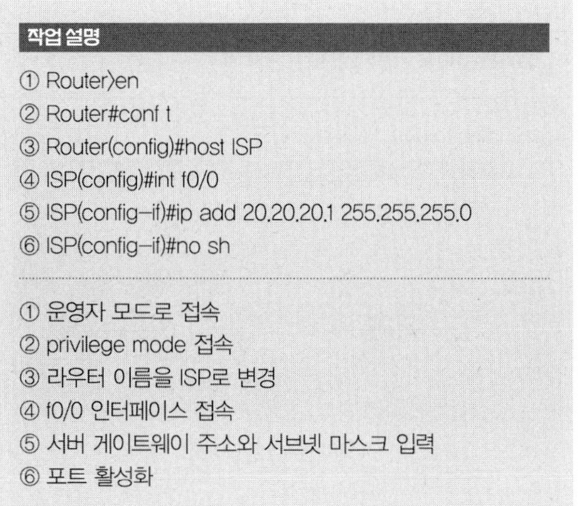

작업 설명

① Router>en
② Router#conf t
③ Router(config)#host ISP
④ ISP(config)#int f0/0
⑤ ISP(config-if)#ip add 20.20.20.1 255.255.255.0
⑥ ISP(config-if)#no sh

① 운영자 모드로 접속
② privilege mode 접속
③ 라우터 이름을 ISP로 변경
④ f0/0 인터페이스 접속
⑤ 서버 게이트웨이 주소와 서브넷 마스크 입력
⑥ 포트 활성화

③ 시리얼포트 설정

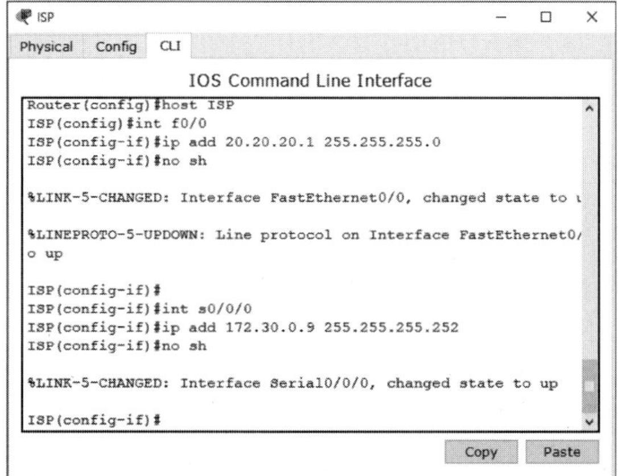

작업 설명

① ISP(config-if)#int s0/0/0
② ISP(config-if)#ip add 172.30.0.9 255.255.255.252
③ ISP(config-if)#no sh

① s0/0/0 시리얼 포트로 진입
② 주소와 서브넷마스크 입력
③ 시리얼 포트 활성화

④ 라우팅 설정

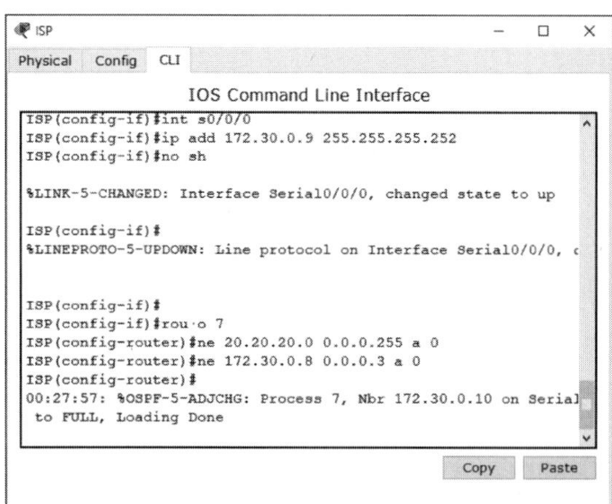

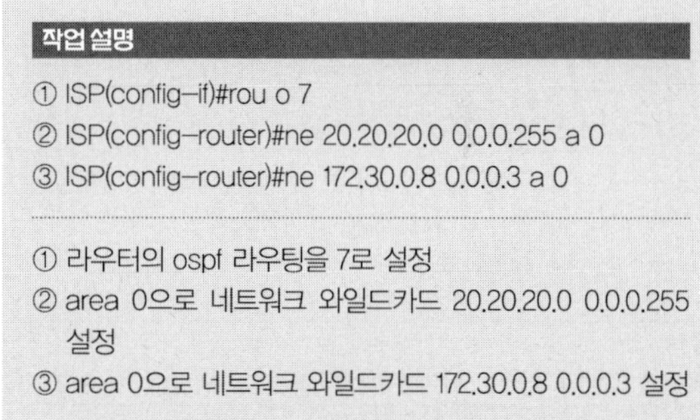

작업 설명

① ISP(config-if)#rou o 7
② ISP(config-router)#ne 20.20.20.0 0.0.0.255 a 0
③ ISP(config-router)#ne 172.30.0.8 0.0.0.3 a 0

① 라우터의 ospf 라우팅을 7로 설정
② area 0으로 네트워크 와일드카드 20.20.20.0 0.0.0.255 설정
③ area 0으로 네트워크 와일드카드 172.30.0.8 0.0.0.3 설정

기적의 Tip

라우팅 명령어 입력 후 라우팅 종류에 따라 메시지 글이 뜹니다. 그것은 라우팅 설정에 관한 것으로 무시하고 계속 입력하시면 됩니다.

5 테스트

(1) PC0에서 서버로 핑 테스트

① PC0를 클릭하고 [Desktop]-[Command Prompt]를 선택한다.

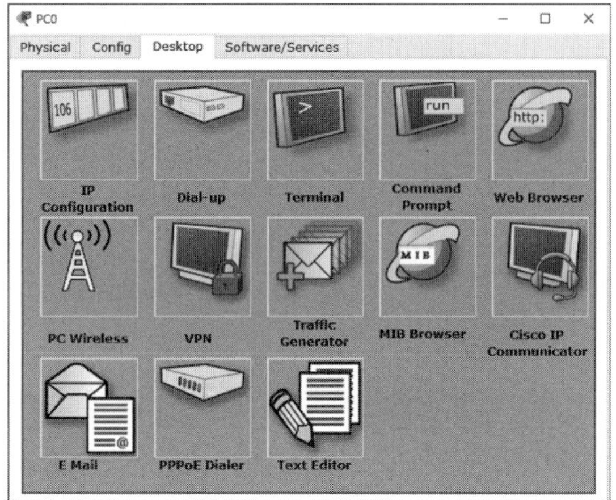

② 아래와 같이 "PC>ping 20.20.20.2"를 입력하고 결과를 확인한다.

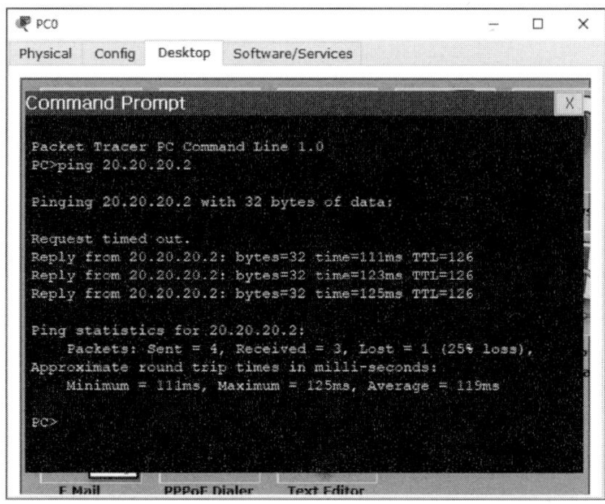
```
Packet Tracer PC Command Line 1.0
PC>ping 20.20.20.2

Pinging 20.20.20.2 with 32 bytes of data:

Request timed out.
Reply from 20.20.20.2: bytes=32 time=111ms TTL=126
Reply from 20.20.20.2: bytes=32 time=123ms TTL=126
Reply from 20.20.20.2: bytes=32 time=125ms TTL=126

Ping statistics for 20.20.20.2:
    Packets: Sent = 4, Received = 3, Lost = 1 (25% loss),
Approximate round trip times in milli-seconds:
    Minimum = 111ms, Maximum = 125ms, Average = 119ms

PC>
```

③ PC1을 클릭하고 [Desktop]-[Command Prompt]를 클릭한다.

④ 아래와 같이 "PC>ping 20.20.20.2"를 입력하고 결과를 확인한다.

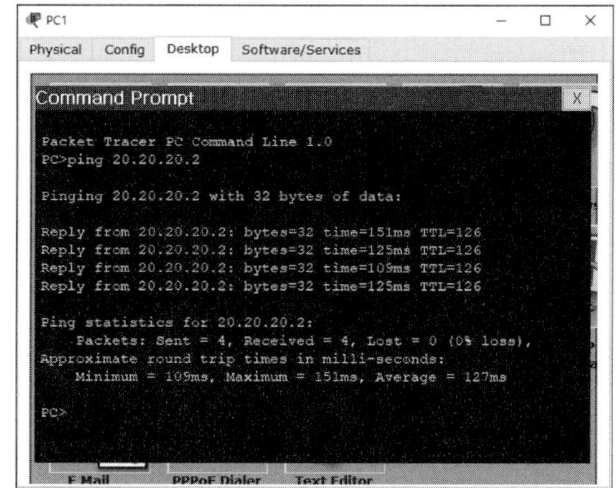
```
Packet Tracer PC Command Line 1.0
PC>ping 20.20.20.2

Pinging 20.20.20.2 with 32 bytes of data:

Reply from 20.20.20.2: bytes=32 time=151ms TTL=126
Reply from 20.20.20.2: bytes=32 time=125ms TTL=126
Reply from 20.20.20.2: bytes=32 time=109ms TTL=126
Reply from 20.20.20.2: bytes=32 time=125ms TTL=126

Ping statistics for 20.20.20.2:
    Packets: Sent = 4, Received = 4, Lost = 0 (0% loss),
Approximate round trip times in milli-seconds:
    Minimum = 109ms, Maximum = 151ms, Average = 127ms

PC>
```

6 라우터 R1 Radius 인증 AAA 설정

(1) 서버 설정

① Server0를 클릭하고 [Desktop]-[Config]를 클릭한다.

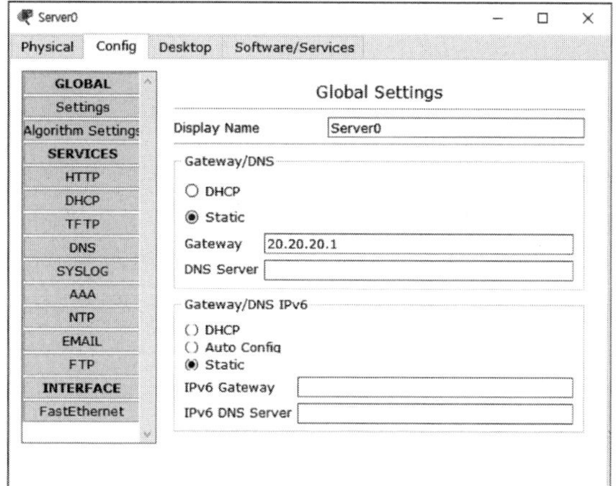

② [Config]를 누른 후 왼쪽 메뉴에서 AAA를 클릭하고 아래와 같이 입력한다.

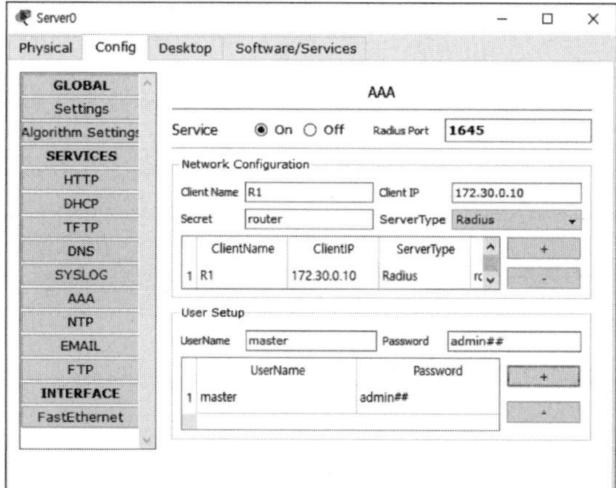

작업 설명

① 반드시 'On'을 체크한다.
② Client Name = R1
③ Client IP = 172.30.0.10(R1의 시리얼포트 주소를 입력한다.)
④ Secret Name = router 입력한 후 우측 '+' 버튼을 클릭한다.
⑤ UserName = master
⑥ Password = admin## 입력한 후 우측 '+' 버튼을 클릭한다.

(2) 라우터 R1 설정

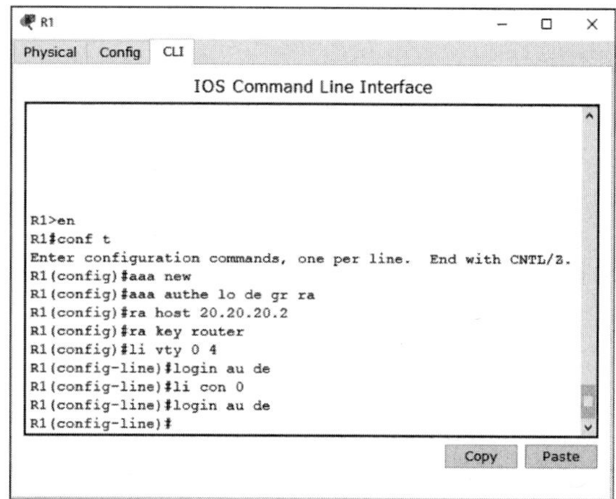

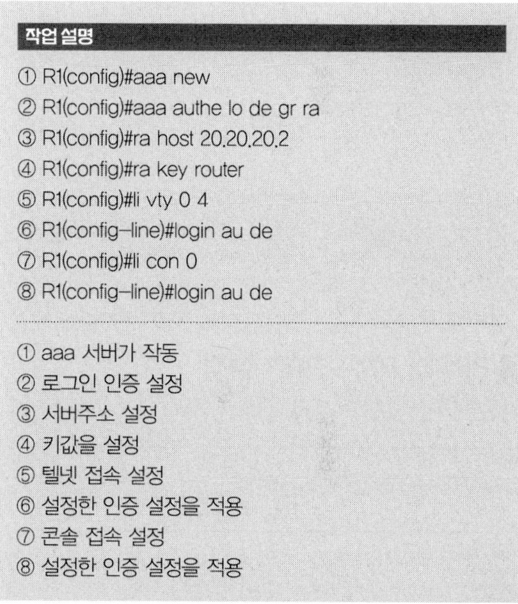

작업 설명

① R1(config)#aaa new
② R1(config)#aaa authe lo de gr ra
③ R1(config)#ra host 20.20.20.2
④ R1(config)#ra key router
⑤ R1(config)#li vty 0 4
⑥ R1(config-line)#login au de
⑦ R1(config)#li con 0
⑧ R1(config-line)#login au de

① aaa 서버가 작동
② 로그인 인증 설정
③ 서버주소 설정
④ 키값을 설정
⑤ 텔넷 접속 설정
⑥ 설정한 인증 설정을 적용
⑦ 콘솔 접속 설정
⑧ 설정한 인증 설정을 적용

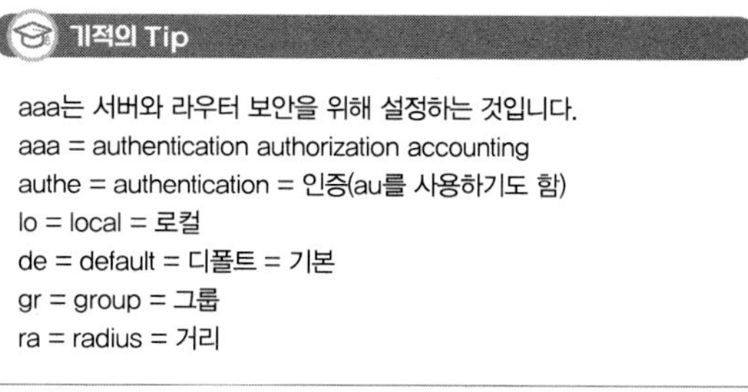

기적의 Tip

aaa는 서버와 라우터 보안을 위해 설정하는 것입니다.
aaa = authentication authorization accounting
authe = authentication = 인증(au를 사용하기도 함)
lo = local = 로컬
de = default = 디폴트 = 기본
gr = group = 그룹
ra = radius = 거리

(3) 테스트

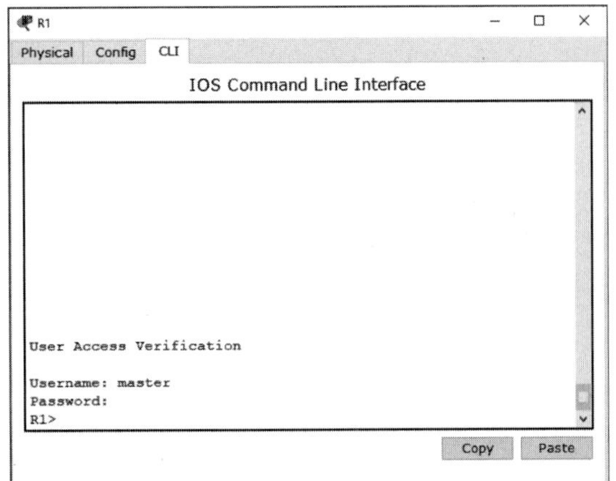

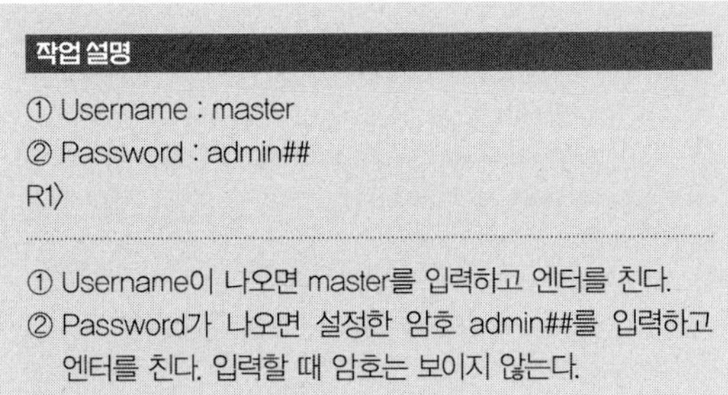

작업 설명

① Username : master
② Password : admin##
R1〉

① Username이 나오면 master를 입력하고 엔터를 친다.
② Password가 나오면 설정한 암호 admin##를 입력하고 엔터를 친다. 입력할 때 암호는 보이지 않는다.

7 라우터 PPP-PAP 설정

① R1 PPP-PAP 설정

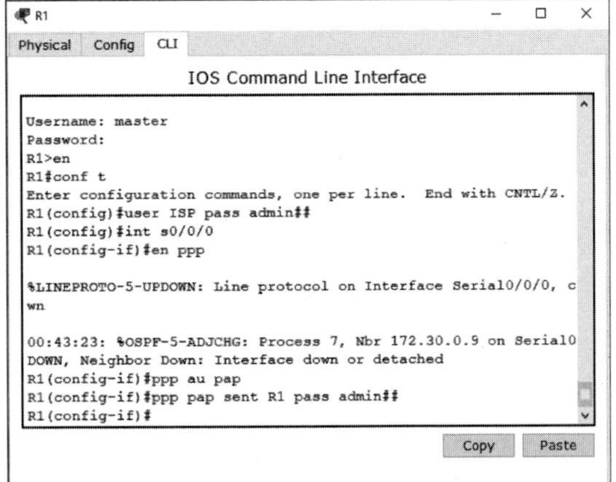

작업 설명

① R1(config)#user ISP pass admin##
② R1(config)#int s0/0/0
③ R1(config-if)#en ppp
④ R1(config-if)#ppp au pap
⑤ R1(config-if)#ppp pap sent R1 pass admin##

① 라우터 접속에서 상대방 아이디와 암호 설정
② s0/0/0 인터페이스 접속
③ ppp 프로토콜 캡슐화 설정
④ ppp 인증 방식을 pap로 설정
⑤ 현재 연결되어 있는 현재 라우터 장비 이름과 암호 설정

② ISP PPP-PAP 설정

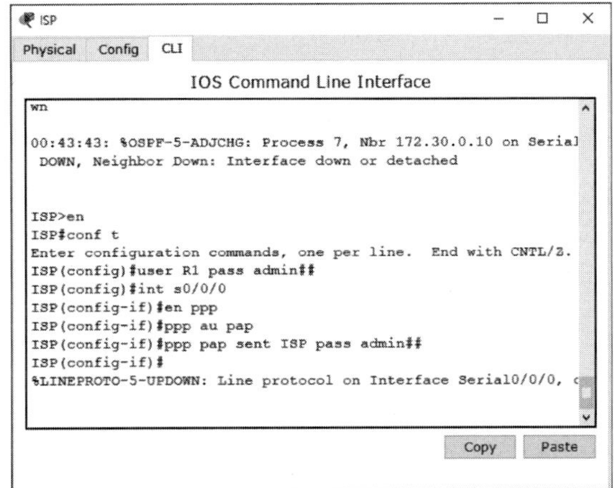

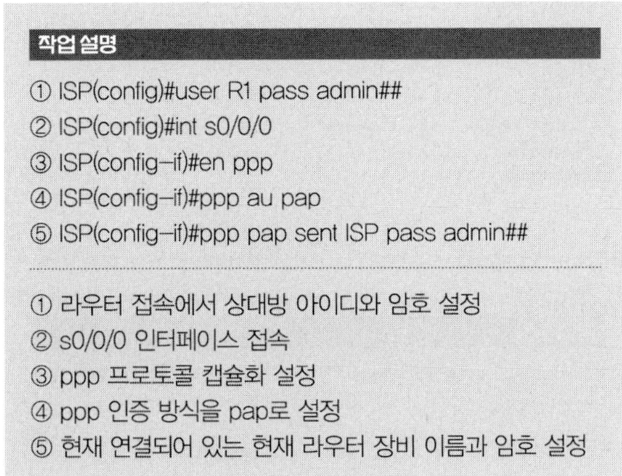

작업 설명

① ISP(config)#user R1 pass admin##
② ISP(config)#int s0/0/0
③ ISP(config-if)#en ppp
④ ISP(config-if)#ppp au pap
⑤ ISP(config-if)#ppp pap sent ISP pass admin##

① 라우터 접속에서 상대방 아이디와 암호 설정
② s0/0/0 인터페이스 접속
③ ppp 프로토콜 캡슐화 설정
④ ppp 인증 방식을 pap로 설정
⑤ 현재 연결되어 있는 현재 라우터 장비 이름과 암호 설정

③ 테스트

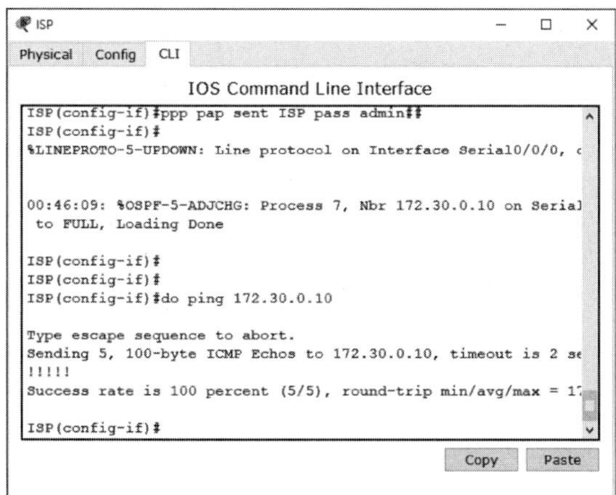

작업 설명

① ISP(config-if)#do ping 172.30.0.10

① R1 시리얼포트 주소 172.30.0.10으로 핑테스트 한다. 결과가 "100percent" 나오면 성공

8 ISP ssh 설정

(1) ssh 설정

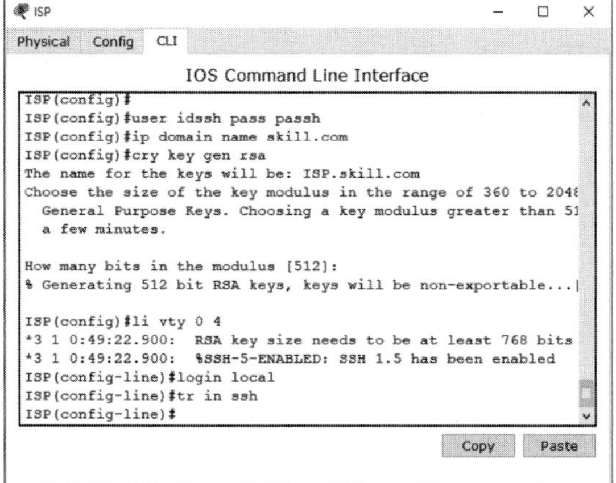

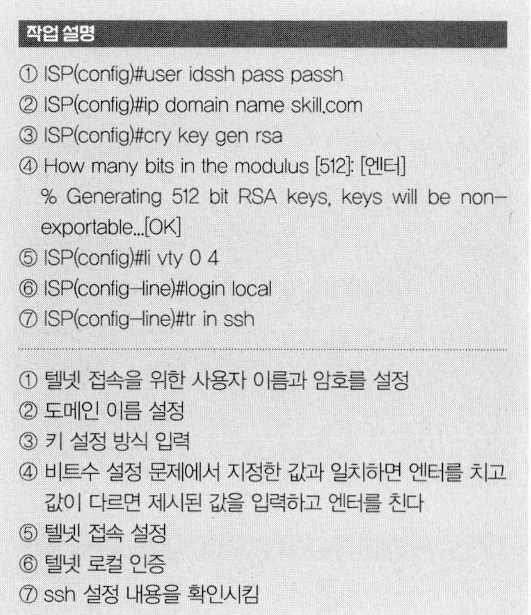

작업 설명

① ISP(config)#user idssh pass passh
② ISP(config)#ip domain name skill.com
③ ISP(config)#cry key gen rsa
④ How many bits in the modulus [512]: [엔터]
% Generating 512 bit RSA keys, keys will be non-exportable...[OK]
⑤ ISP(config)#li vty 0 4
⑥ ISP(config-line)#login local
⑦ ISP(config-line)#tr in ssh

① 텔넷 접속을 위한 사용자 이름과 암호를 설정
② 도메인 이름 설정
③ 키 설정 방식 입력
④ 비트수 설정 문제에서 지정한 값과 일치하면 엔터를 치고 값이 다르면 제시된 값을 입력하고 엔터를 친다
⑤ 텔넷 접속 설정
⑥ 텔넷 로컬 인증
⑦ ssh 설정 내용을 확인시킴

(2) ssh 테스트

① PC1을 클릭하고 [Desktop]-[Command Prompt]를 클릭한다.

② 아래와 같이 입력하고 결과를 확인한다.

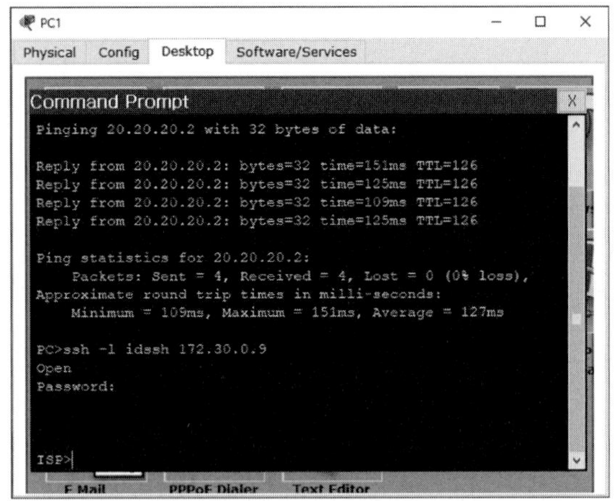

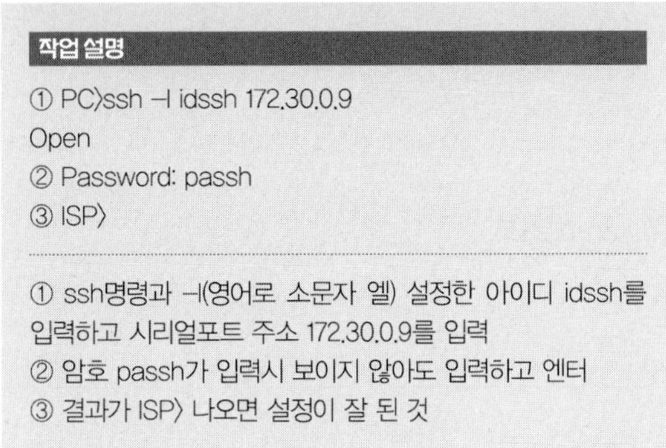

작업 설명

① PC>ssh –l idssh 172.30.0.9
Open
② Password: passh
③ ISP>

① ssh명령과 –l(영어로 소문자 엘) 설정한 아이디 idssh를 입력하고 시리얼포트 주소 172.30.0.9를 입력
② 암호 passh가 입력시 보이지 않아도 입력하고 엔터
③ 결과가 ISP> 나오면 설정이 잘 된 것

9 서버에 DNS 설정

① [Server]를 클릭하고 [Config]–[DNS]를 누르고, 아래와 같이 Name은 "www.skill.com", Address는 "20.20.20.2"입력하고 [Add] 버튼을 누른다.

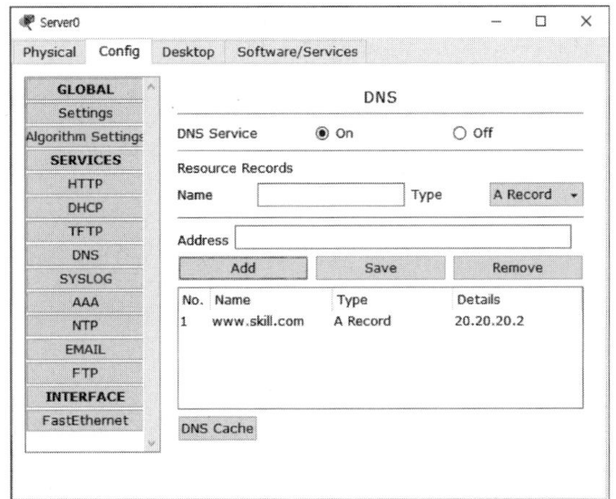

10 PC1 웹서버 접속 불가 설정

① PC0을 클릭하고 [Desktop]–[IP Configuration]를 클릭한다.

② DNS Server에 "20.20.20.2"를 입력한다.

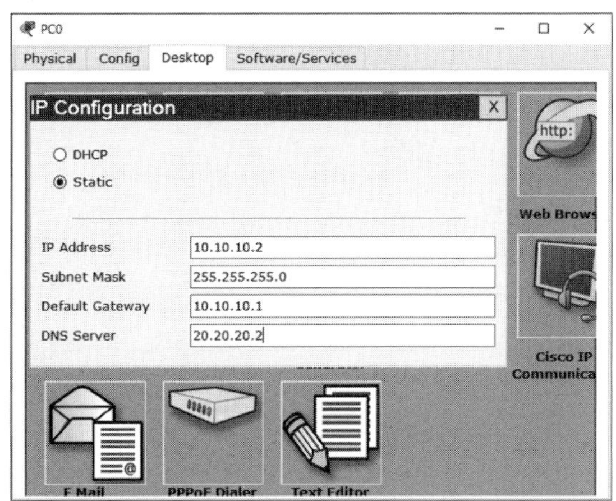

③ PC1을 클릭하고 [Desktop]–[IP Configuration]에서 DNS Server를 비워둔다.

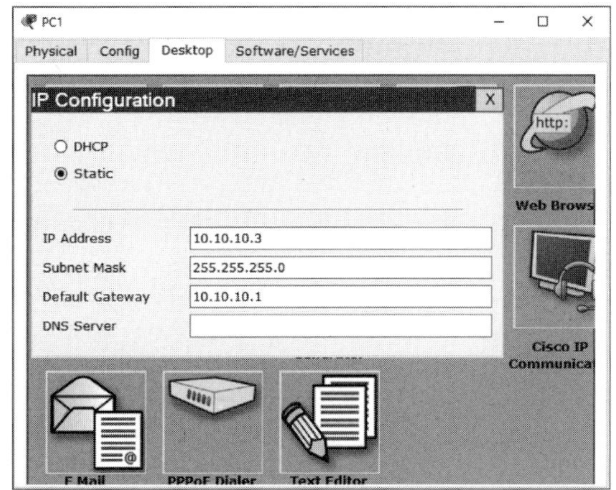

SECTION 10 기출 유형 해설 10회

풀이 방법

◆ 채점기준표

장치명	항목	배점	개수	합계
라우터 R1	라우팅	8	1	8
	NAT	20	1	20
	PPP-PAP	7	1	7
	소계			35
라우터	ISP 라우팅	8	1	8
	텔넷ACL	20	1	20
	PPP-PAP	7	1	7
	소계			35
Email 설정		15	1	15
	소계			15
기본 설정	no 브로드캐스트	3	1	3
	백업	4	1	4
	PC서버주소	4	1	4
	DNS 설정	4	1	4
	소계			15
	합계			100

1 라우터 R1 이름 변경 및 라우팅

① 패킷트레이서 프로그램을 실행한 후 [File]-[Open] 메뉴를 클릭하여 '기출유형 10회.pka' 파일을 불러온다.

② R1 클릭하고 [CLI] 클릭하여 IOS 모드로 설정한다.

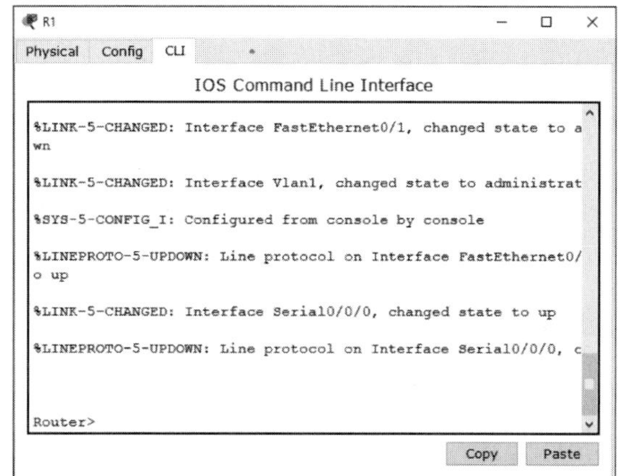

③ 장비 이름을 변경하고 라우팅을 설정한다.

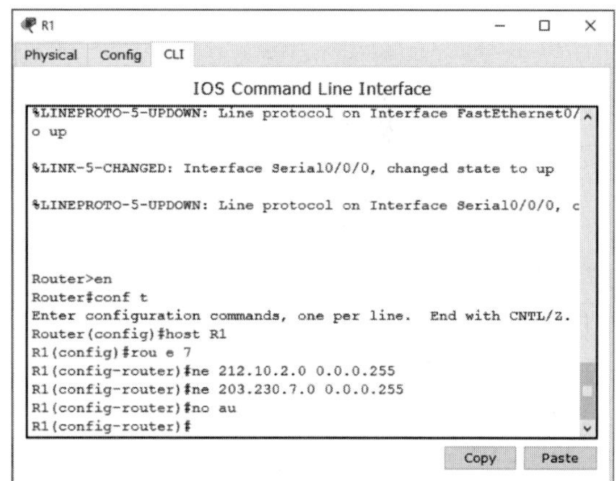

작업 설명

① Router>en
② Router#conf t
③ Router(config)#host R1
④ R1(config)#rou e 7
⑤ R1(config-router)#ne 212.10.2.0 0.0.0.255
⑥ R1(config-router)#ne 203.230.7.0 0.0.0.255
⑦ R1(config-router)#no au

① 운영자 모드로 접속
② privilege mode 접속
③ 라우터 이름을 R1으로 변경
④ 라우터의 eigrp 라우팅을 7로 설정
⑤ 네트워크 와일드카드 212.10.2.0 0.0.0.255 설정
⑥ 네트워크 와일드카드 203.230.7.0 0.0.0.255 설정
⑦ 자동 요약 해제 설정

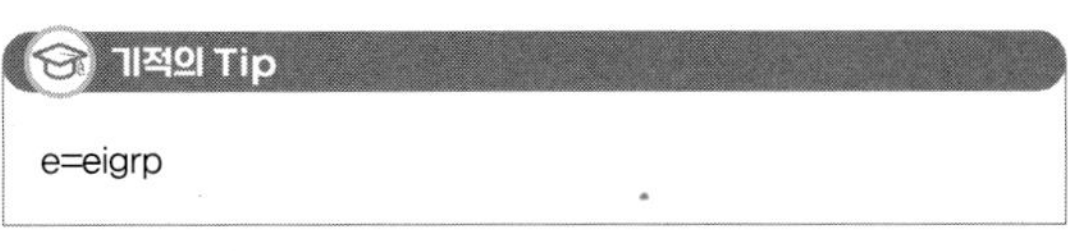
기적의 Tip

e=eigrp

기적의 Tip

라우팅 명령어 입력 후, 라우팅 종류에 따라 메시지 글이 뜹니다. 그것은 라우팅 설정에 관한 것으로 무시하고 계속 입력하시면 됩니다.

2 라우터 ISP 이름 변경 및 라우팅

① ISP 클릭하고 [CLI] 클릭하여 IOS 모드로 설정한다.

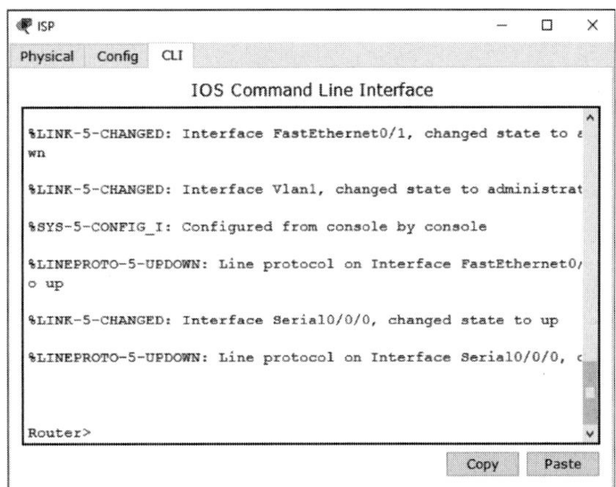

② 장비이름을 변경하고 라우팅을 설정한다.

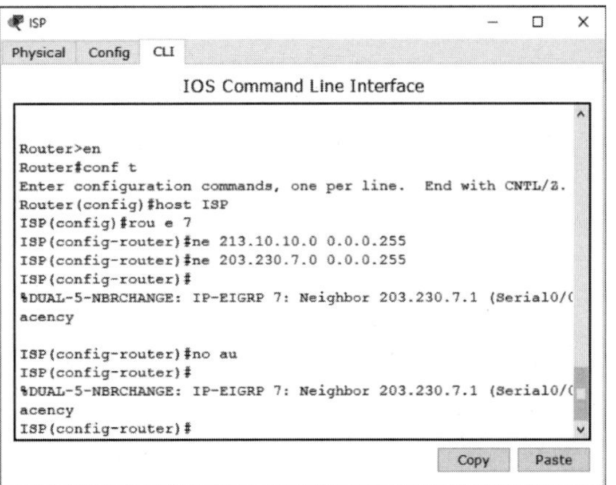

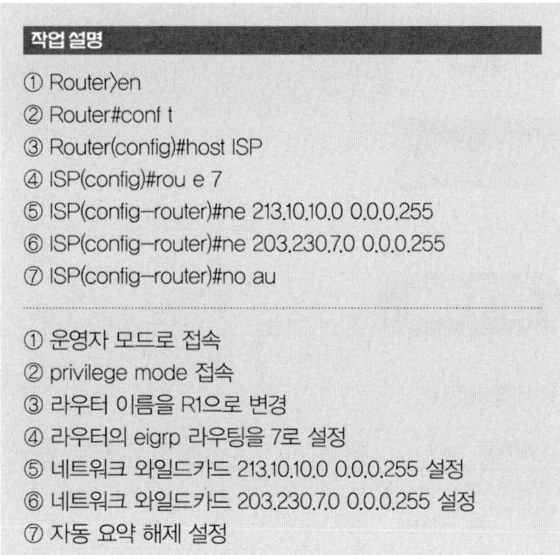
작업 설명

① Router>en
② Router#conf t
③ Router(config)#host ISP
④ ISP(config)#rou e 7
⑤ ISP(config-router)#ne 213.10.10.0 0.0.0.255
⑥ ISP(config-router)#ne 203.230.7.0 0.0.0.255
⑦ ISP(config-router)#no au

① 운영자 모드로 접속
② privilege mode 접속
③ 라우터 이름을 R1으로 변경
④ 라우터의 eigrp 라우팅을 7로 설정
⑤ 네트워크 와일드카드 213.10.10.0 0.0.0.255 설정
⑥ 네트워크 와일드카드 203.230.7.0 0.0.0.255 설정
⑦ 자동 요약 해제 설정

3 라우터 R1 설정

① 외부 네트워크와 통신 할 경우 NAT 설정

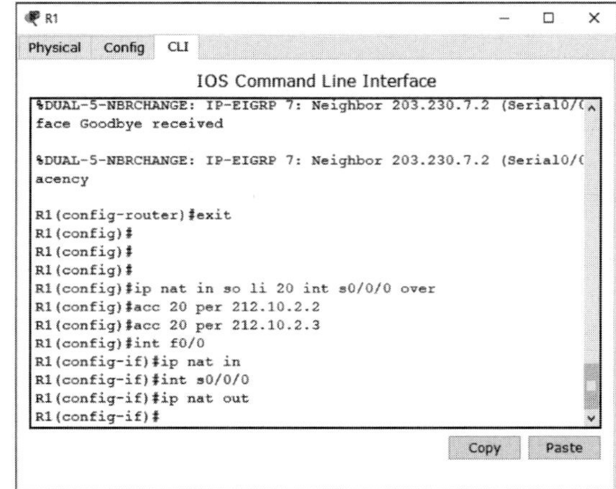

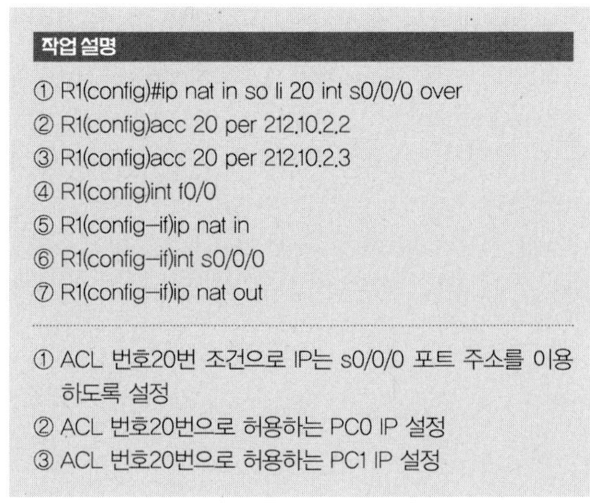
작업 설명

① R1(config)#ip nat in so li 20 int s0/0/0 over
② R1(config)acc 20 per 212.10.2.2
③ R1(config)acc 20 per 212.10.2.3
④ R1(config)int f0/0
⑤ R1(config-if)ip nat in
⑥ R1(config-if)int s0/0/0
⑦ R1(config-if)ip nat out

① ACL 번호20번 조건으로 IP는 s0/0/0 포트 주소를 이용하도록 설정
② ACL 번호20번으로 허용하는 PC0 IP 설정
③ ACL 번호20번으로 허용하는 PC1 IP 설정

④ f0/0 포트 인터페이스 접속
⑤ 내부 인터페이스 설정
⑥ s0/0/0 포트 인터페이스 접속
⑦ 외부 인터페이스 설정

기적의 Tip

NAT = 사설 ip를 공인 ip로 변환시켜 주는 기능. PAT(Port Address Translation)와 같습니다.
NAT=Network Address Translation
in=inside
so=source
li=list
over=overload
out=outside

② 라우터 PPP-PAP 설정

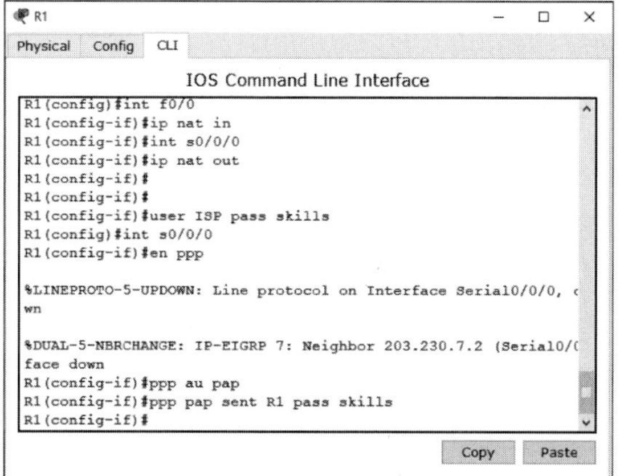

작업 설명

① R1(config-if)#user ISP pass skills
② R1(config)#int s0/0/0
③ R1(config-if)#en ppp
④ R1(config-if)#ppp au pap
⑤ R1(config-if)#ppp pap sent R1 pass skills

① 라우터 접속에서 상대방 아이디와 암호 설정
② s0/0/0 인터페이스 접속
③ ppp 프로토콜 캡슐화 설정
④ ppp 인증 방식을 pap로 설정
⑤ 현재 연결되어 있는 현재 라우터 장비 이름과 암호 설정

기적의 Tip

- PPP-PAP = 라우터와 라우터 사이 보안을 설정하는 것입니다.
- en = encapsulation = 인캡슐레이션 = 정보를 캡슐화하는 것입니다.
- au = authentication = 어센티케이션 = 인증
- sent = sent-username = 사용자 이름 전송

③ 라우터 R1 기본설정

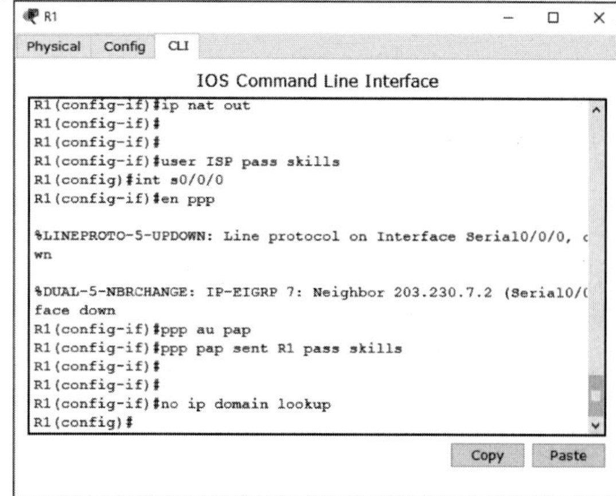

작업 설명

① R1(config-if)#no ip domain lookup

① 잘못 입력된 명령에 대해 라우터가 브로드캐스트 할 수 없도록 설정

4 ISP 라우터 설정

① ISP 원격(텔넷) 표준ACL 설정

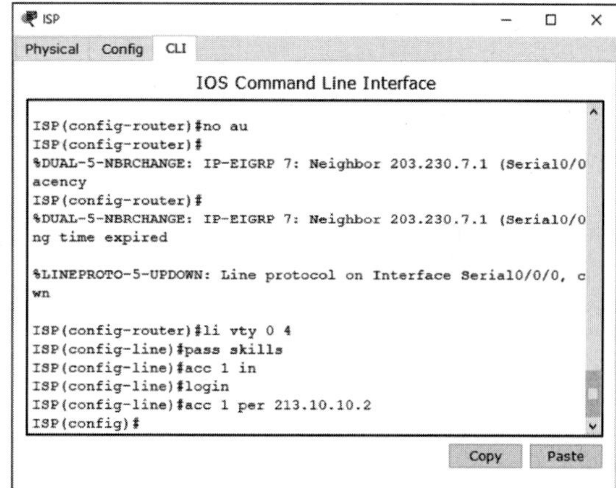

작업 설명

① ISP(config)#li vty 0 4
② ISP(config-line)#pass skills
③ ISP(config-line)#acc 1 in
④ ISP(config-line)#login
⑤ ISP(config-line)#acc 1 per 213.10.10.2

① 텔넷 접속 모드 설정
② 텔넷 암호 설정
③ 텔넷에 표준ACL로 설정한 주소만 접근 가능
④ 텔넷 인증
⑤ 지정된 주소만 접근 가능 설정

② ISP에 PPP-PAP 설정

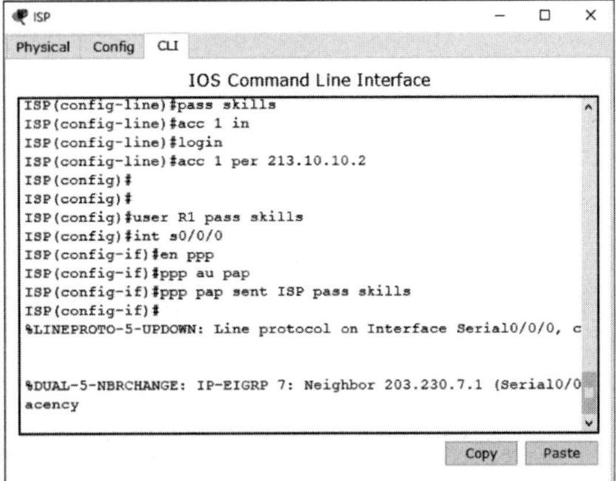

작업 설명

① ISP(config)#user R1 pass skills
② ISP(config)#int s0/0/0
③ ISP(config-if)#en ppp
④ ISP(config-if)#ppp au pap
⑤ ISP(config-if)#ppp pap sent ISP pass skills

① 라우터 접속에서 상대방 아이디와 암호 설정
② s0/0/0 인터페이스 접속
③ ppp 프로토콜 캡슐화 설정
④ ppp 인증 방식을 pap로 설정
⑤ 현재 연결되어 있는 현재 라우터 장비 이름과 암호 설정

기적의 Tip

- PPP는 라우터와 라우터 사이 보안 설정으로 PPP-CHAP 방식과 PPP-PAP 방식이 있습니다.
- en=encapsulation=캡슐화. en ppp를 입력하면 ppp보안이 캡슐 처리됩니다.
- au=authentication=인증

③ Server 설정(백업 설정)

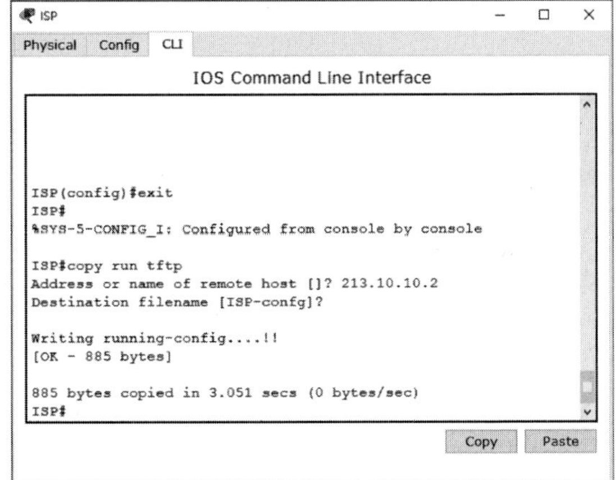

작업 설명

① ISP#copy run tftp
② Address or name of remote host []? 213.10.10.2 → 서버의 ip 주소 입력
③ Destination filename [ISP-confg]? 엔터(파일 이름을 바꾸지 않는 경우)
Writing running-config....!!
④ [OK - 885 bytes] → OK 메시지가 나와야 정상적으로 복사된 것

① tftp 서버로 백업
② 서버주소를 입력
③ 설정된 이름으로 백업하기 위해 엔터
④ OK 표시면 백업 성공(숫자는 다를 수 있음)

④ 서버 DNS 설정 및 PC1 서버 주소 삭제 설정

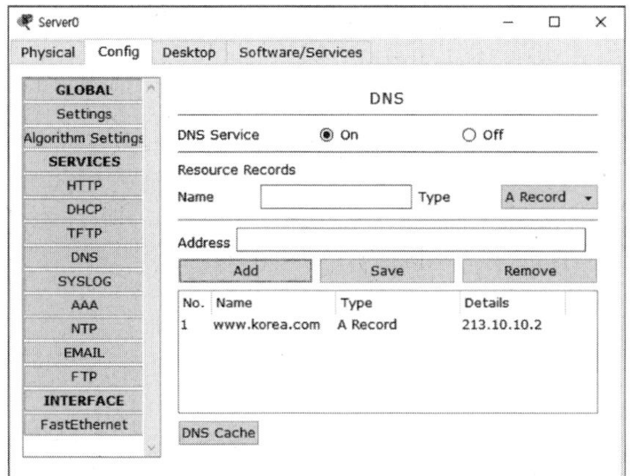

작업 설명

PC1을 클릭하여 [IP Configuration]를 클릭하고 서버 주소를 드래그 한 후 키보드에서 [Space] 키를 눌러 삭제, 경고창이 나타나면 OK를 클릭

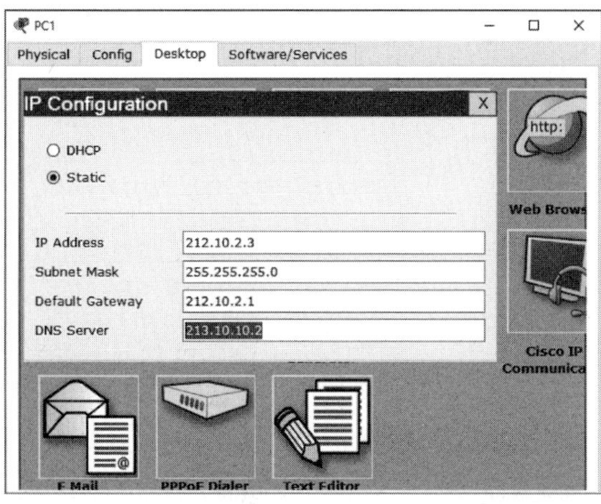

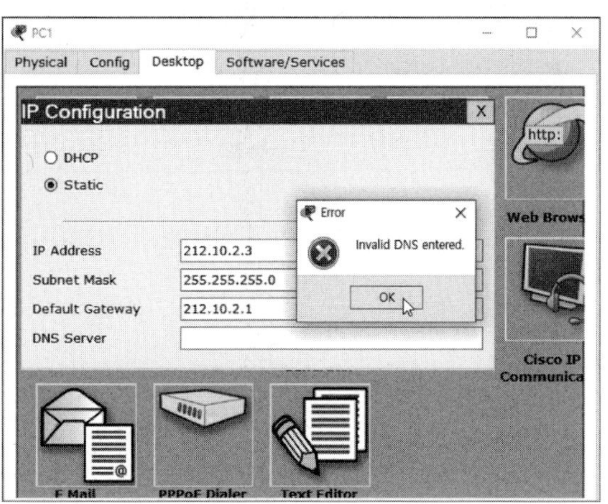

5 E-mai 설정

(1) 서버 설정

① Server를 클릭하고 [Config]-[EMAIL]을 누르고 같이 Domain Name은 "korea.com"으로 입력하고 [Set] 버튼을 누른다.

② User에 메일 admin@koreom에서 "admin" 입력, Password는 "skills123"을 입력하고 [+] 버튼을 클릭한다.

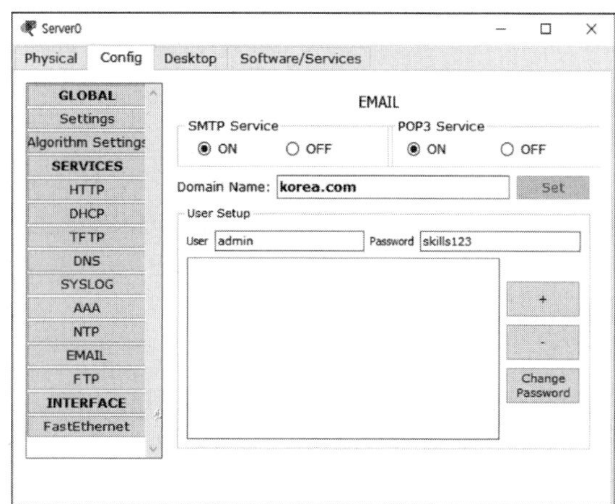

③ User에 메일 manager@korea.com에서 "manager"을 입력, Password는 "skills321"을 입력하고 [+] 버튼을 클릭한다.

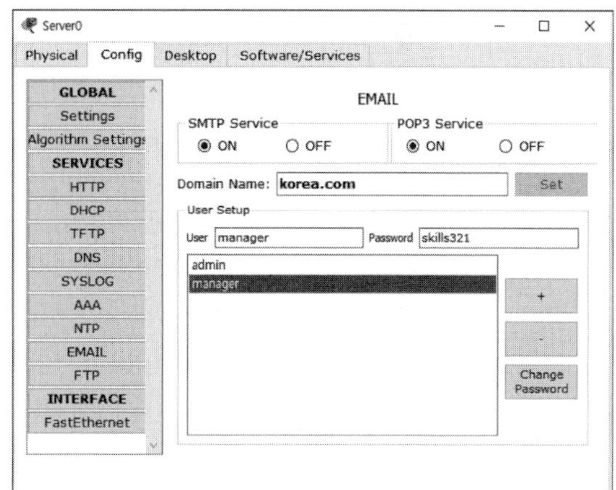

(2) PC0 설정

① PC0을 클릭하고 [Desktop]-[E Mail]를 클릭한다. 아래와 같이 입력하고 [Save]를 클릭한다.

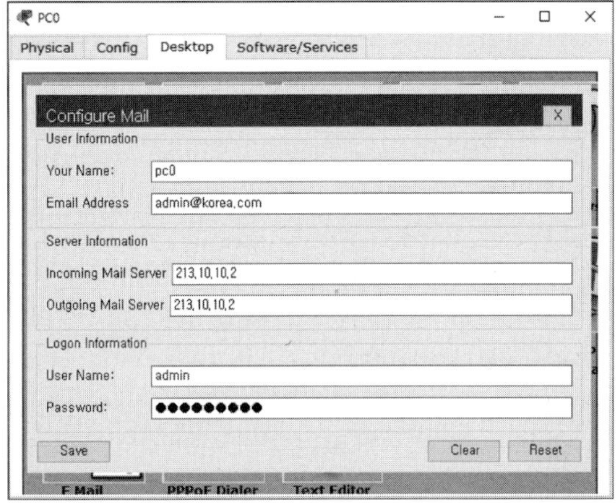

Your Name	pc0
Email Address	admin@korea.com
Incomming Mail Server	213.10.10.2
Outgoing Mail Server	213.10.10.2
User Name :	admin
Password :	skills123

(3) PC1 설정

① PC클릭하고 [Desktop]-[E Mail]를 클릭한다. 아래와 같이 입력하고 [Save]를 클릭한다.

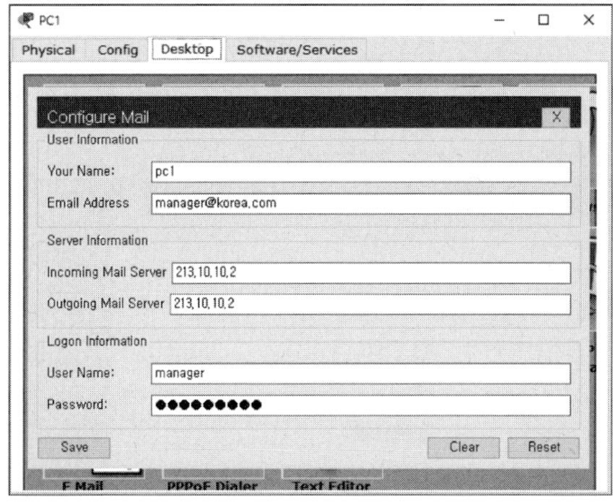

Your Name	pc1
Email Address	manager@korea.com
Incomming Mail Server	213.10.10.2
Outgoing Mail Server	213.10.10.2
User Name :	manager
Password :	skills321

(4) PC1에서 PC0으로 메일 보내는 테스트

① PC1에서 메일 작성을 위해 [Compose]를 클릭한다.

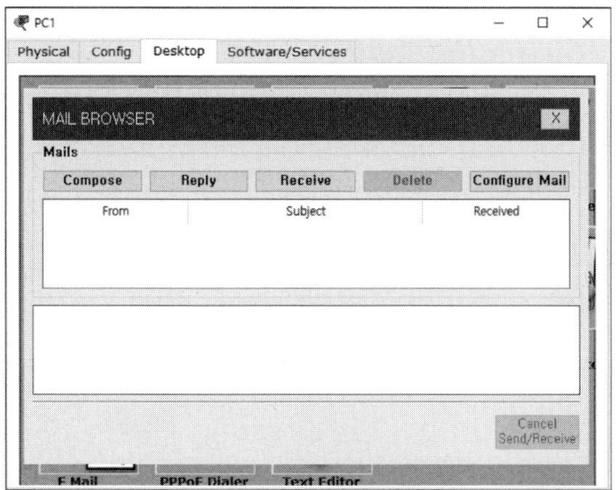

② 아래와 같이 메일을 작성하고 보내기 [Send]를 클릭한다.

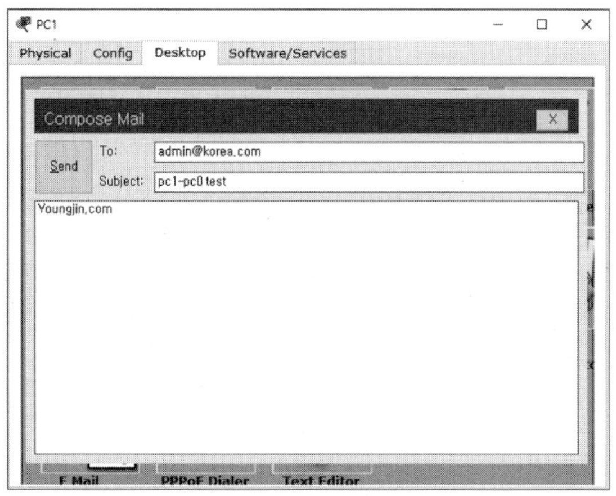

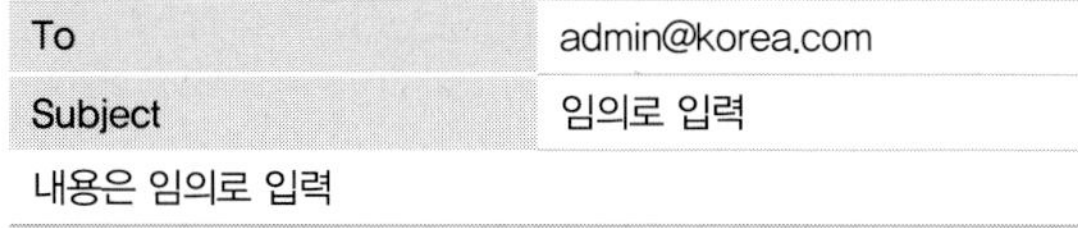

To	admin@korea.com
Subject	임의로 입력
내용은 임의로 입력	

(5) PC 수신 메일 확인하기

① PC0를 클릭하고 [Desktop]–[E Mail]를 클릭한다.

② 수신 확인을 위해 [Receive]를 클릭하고 아래와 같이 수신된 메일을 확인한다.

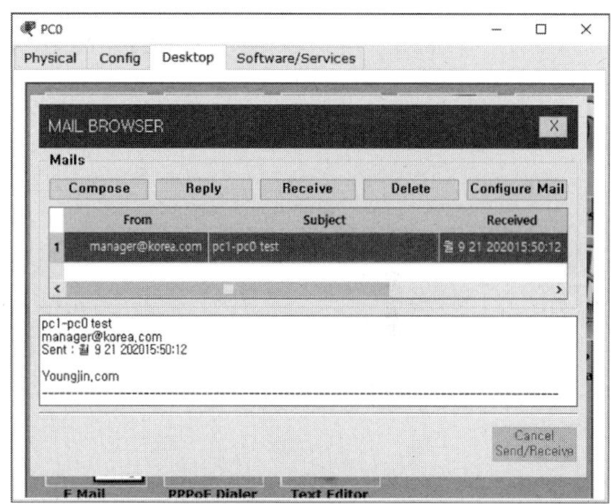

SECTION 11

기출 유형 해설 11회

풀이 방법

◆ 채점기준표

장치명	항목	배점	개수	합계
서브네팅	2개의 서브네팅	10	1	10
	4개의 서브네팅	10	1	10
	소계			20
Switch	vlan번호, 이름	2	4	8
	포트에 할당	2	4	8
	주소 입력	5	2	10
	트렁크	2	2	4
	소계			30
라우터	활성화	2	2	4
	인터브이랜	4	4	16
	ip dhcp pool	5	3	15
	소계			35
기본설정	관리자 암호	5	1	5
	원격 암호	10	1	10
	소계			15
	합계			100

1 라우터 R1 입력된 주소로 2개로 서브네팅

① 패킷트레이서 프로그램을 실행한 후 [File]-[Open] 메뉴를 클릭하여 '기출유형 11회.pka' 파일을 불러온다.

② 설정된 내용 보기

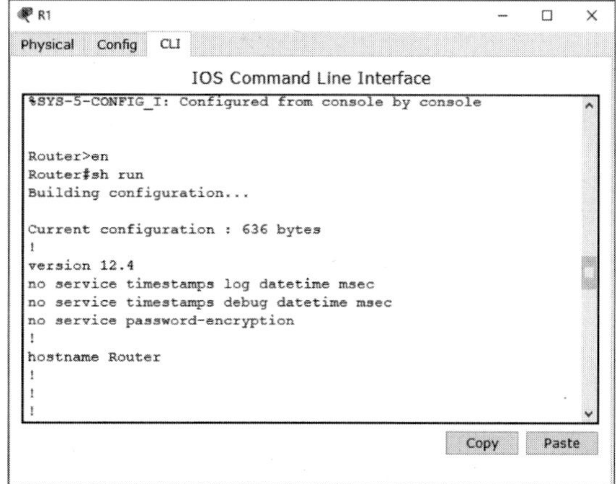

작업 설명

① Router>en
② Router#sh run

① 설정 모드 접속
② 설정된 내용 보여주기(계속 Enter 누름)

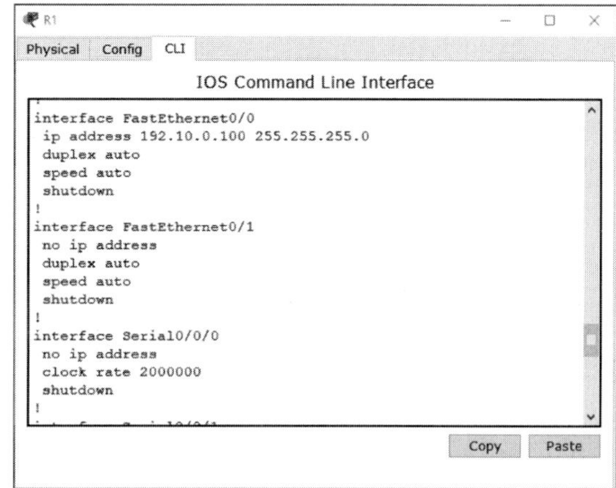

③ 2개의 서브네팅

	PC2	서버
네트워크	192.10.0.0/25	192.10.0.128/25
할당 가능한 첫 번째 주소	192.10.0.1	192.10.0.129
할당 가능한 마지막 주소	192.10.0.126	192.10.0.254
마지막 주소	192.10.0.127/25	192.10.0.255/25

기적의 Tip

*** 주어진(입력되어 있는) 주소를 2개의 네트워크로 나누기 : 2개로 서브네팅 간단히 계산하는 방법**

1) 첫 번째 구간의 네트워크와 마지막 주소 구하기

① 주어진 주소와 서브넷 마스크를 이용하여 네트워크를 구합니다. → 주소와 서브넷마스크의 각 자리를 2진수로 바꿔서 각 자리를 AND 연산(곱한다)하여 구합니다. → 192.10.0.0

192.10.0.100	11000000	00001010	00000000	01100100
/24	11111111	11111111	11111111	00000000
네트워크	11000000	00001010	00000000	00000000
	192	10	0	0

② 네트워크를 2개로 나눌 경우 현재 서브넷마스크가 1증가하여 /25가 됩니다.

③ 따라서 첫 번째 네트워크 구간의 네트워크는 192.10.0.0/25이고 마지막 주소는 네트워크 주소에 /25의 와일드카드마스크 0.0.0.127을 더하여 구합니다. 즉 192.10.0.127

2) 2번째 구간의 네트워크와 마지막 주소 구하기

① 2번째 구간의 네트워크는 첫 번째 구간의 마지막 주소 끝자리에 1을 더하여 구합니다. 즉 192.10.0.128

② 2번째 구단의 마지막 주소는 네트워크 192.10.0.128과 /25의 와일드카드 0.0.0.127을 더하여 합니다. 즉 192.10.0.255

2 스위치 Switch2 입력

① 도면에서 스위치 S2를 클릭하고 창이 뜨면 [CLI] 탭을 클릭하여 IOS Command 모드를 실행한다.

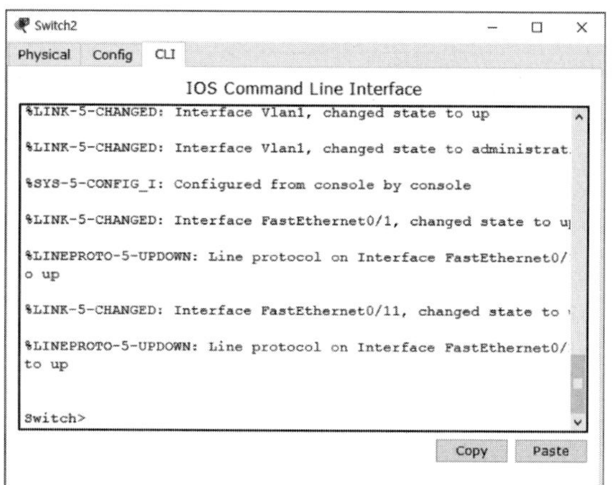

② 스위치 S2에 IOS 명령을 입력하여 설정한다.

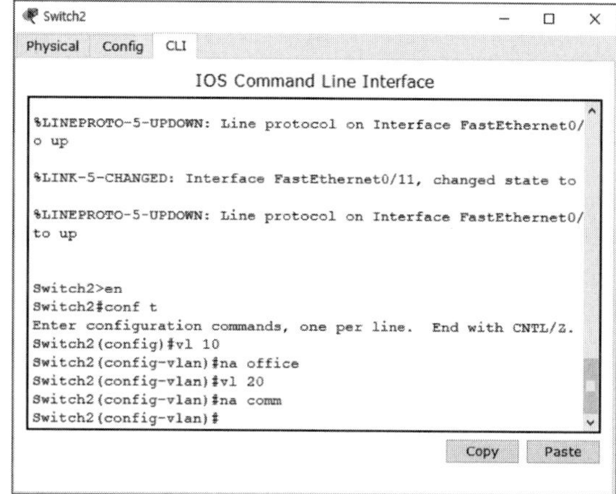

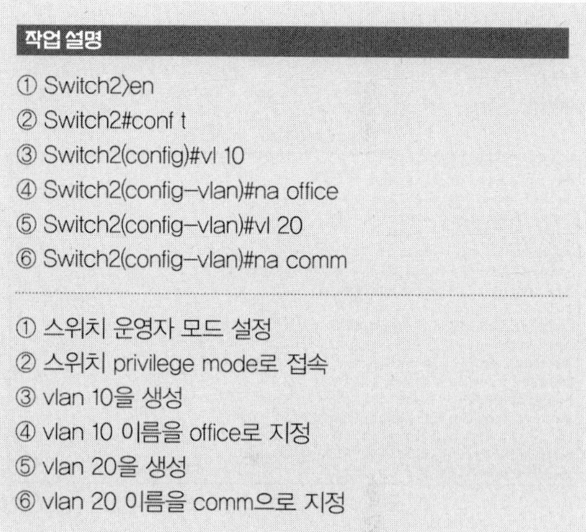

작업 설명

① Switch2>en
② Switch2#conf t
③ Switch2(config)#vl 10
④ Switch2(config-vlan)#na office
⑤ Switch2(config-vlan)#vl 20
⑥ Switch2(config-vlan)#na comm

① 스위치 운영자 모드 설정
② 스위치 privilege mode로 접속
③ vlan 10을 생성
④ vlan 10 이름을 office로 지정
⑤ vlan 20을 생성
⑥ vlan 20 이름을 comm으로 지정

③ 설정한 VLAN에 Port를 할당한다.

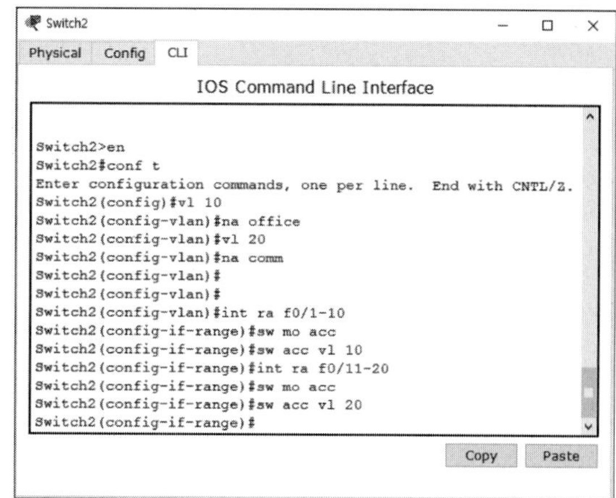

작업 설명

① Switch2(config–vlan)#int ra f0/1–10
② Switch2(config–if–range)#sw mo acc
③ Switch2(config–if–range)#sw acc vl 10
④ Switch2(config–if–range)#int ra f0/11–20
⑤ Switch2(config–if–range)#sw mo acc
⑥ Switch2(config–if–range)#sw acc vl 20

① 인터페이스 f0/1부터 f0/10 포트로 접속
② 포트 모드를 연결 모드로 설정
③ 해당 포트에 VLAN 번호 설정
④ 인터페이스 f0/11부터 f0/20 포트로 접속
⑤ 포트 모드를 연결 모드로 설정
⑥ 해당 포트에 VLAN 번호 설정

④ 스위치 Trunk 설정

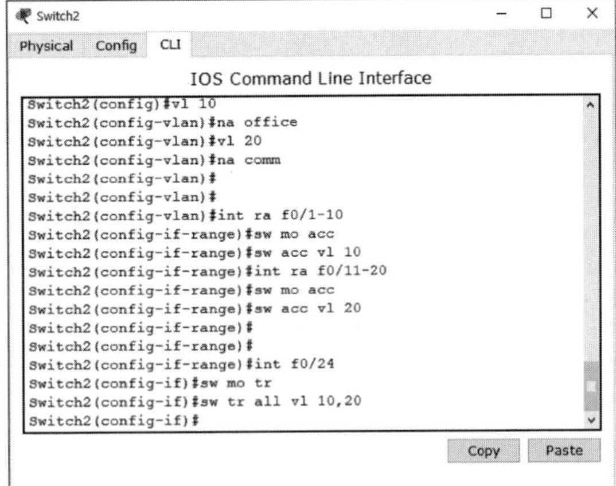

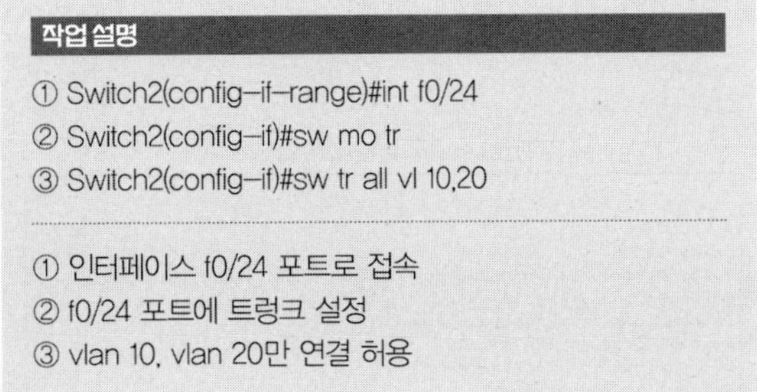
작업 설명

① Switch2(config–if–range)#int f0/24
② Switch2(config–if)#sw mo tr
③ Switch2(config–if)#sw tr all vl 10,20

① 인터페이스 f0/24 포트로 접속
② f0/24 포트에 트렁크 설정
③ vlan 10, vlan 20만 연결 허용

❸ 라우터 R1 설정

① 라우터 주소 삭제 및 이름 바꾸기

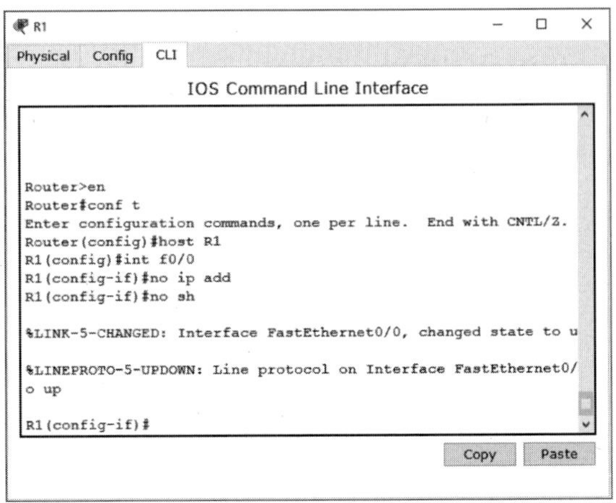

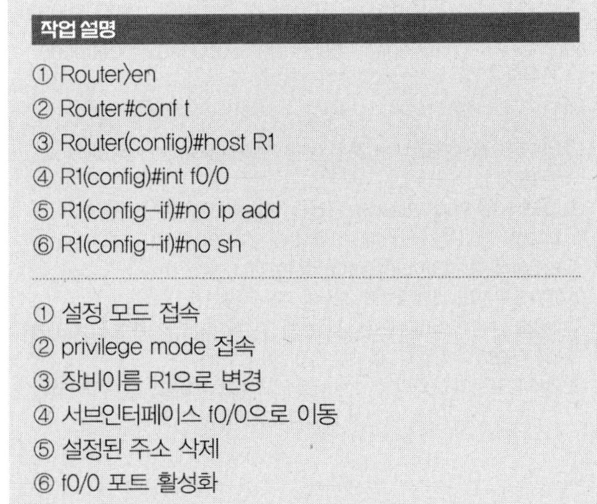
작업 설명

① Router)en
② Router#conf t
③ Router(config)#host R1
④ R1(config)#int f0/0
⑤ R1(config–if)#no ip add
⑥ R1(config–if)#no sh

① 설정 모드 접속
② privilege mode 접속
③ 장비이름 R1으로 변경
④ 서브인터페이스 f0/0으로 이동
⑤ 설정된 주소 삭제
⑥ f0/0 포트 활성화

② 서브인터페이스 구성 및 dhcp 설정

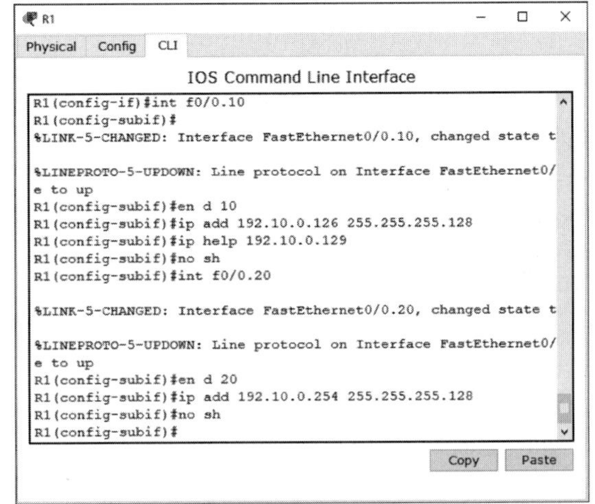

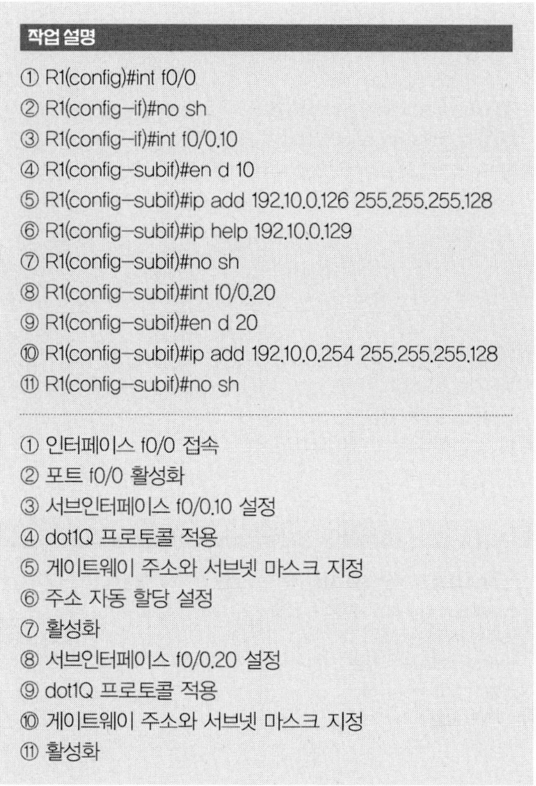

작업 설명

① R1(config)#int f0/0
② R1(config-if)#no sh
③ R1(config-if)#int f0/0.10
④ R1(config-subif)#en d 10
⑤ R1(config-subif)#ip add 192.10.0.126 255.255.255.128
⑥ R1(config-subif)#ip help 192.10.0.129
⑦ R1(config-subif)#no sh
⑧ R1(config-subif)#int f0/0.20
⑨ R1(config-subif)#en d 20
⑩ R1(config-subif)#ip add 192.10.0.254 255.255.255.128
⑪ R1(config-subif)#no sh

① 인터페이스 f0/0 접속
② 포트 f0/0 활성화
③ 서브인터페이스 f0/0.10 설정
④ dot1Q 프로토콜 적용
⑤ 게이트웨이 주소와 서브넷 마스크 지정
⑥ 주소 자동 할당 설정
⑦ 활성화
⑧ 서브인터페이스 f0/0.20 설정
⑨ dot1Q 프로토콜 적용
⑩ 게이트웨이 주소와 서브넷 마스크 지정
⑪ 활성화

③ PC2를 클릭하고 [Desktop]-[IP Configuration]를 클릭한 후 [DHCP]를 체크하고 잠시 기다린 후 할당된 주소를 확인해 본다. 만약 주소가 들어오지 않으면 잠시 기다린 후에 [Static]을 체크한 후 [DHCP]를 체크한다.

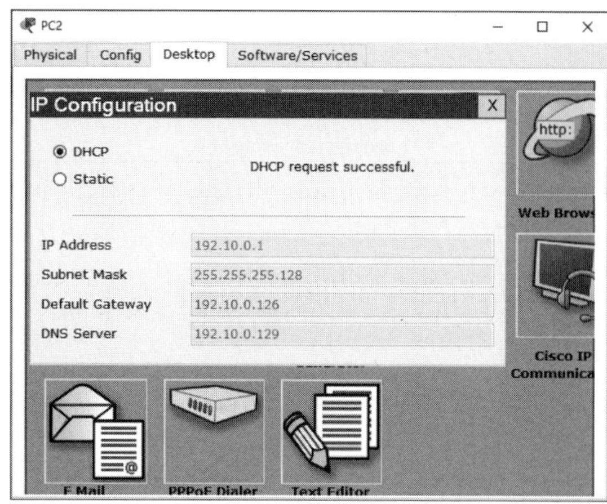

④ 시리얼포트 설정

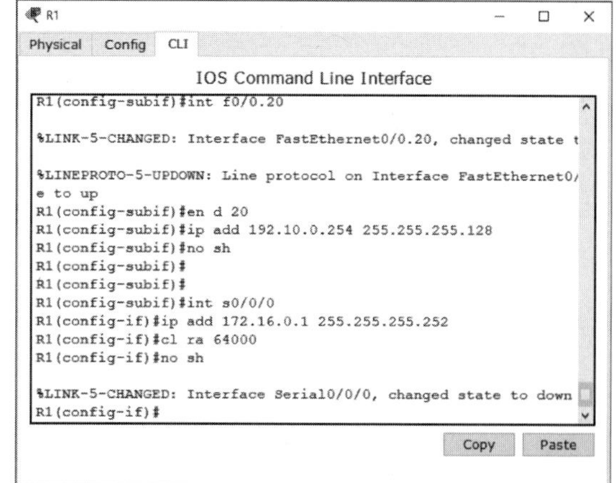

R1 — Physical | Config | CLI

IOS Command Line Interface

```
R1(config-subif)#int f0/0.20

%LINK-5-CHANGED: Interface FastEthernet0/0.20, changed state t

%LINEPROTO-5-UPDOWN: Line protocol on Interface FastEthernet0/
e to up
R1(config-subif)#en d 20
R1(config-subif)#ip add 192.10.0.254 255.255.255.128
R1(config-subif)#no sh
R1(config-subif)#
R1(config-subif)#
R1(config-subif)#int s0/0/0
R1(config-if)#ip add 172.16.0.1 255.255.255.252
R1(config-if)#cl ra 64000
R1(config-if)#no sh

%LINK-5-CHANGED: Interface Serial0/0/0, changed state to down
R1(config-if)#
```

Copy | Paste

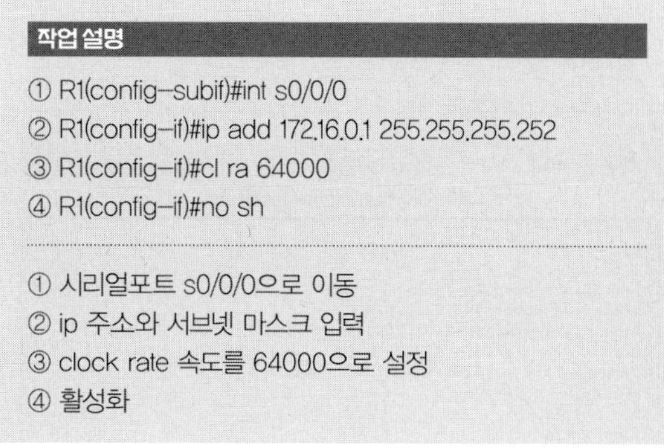

작업 설명

① R1(config-subif)#int s0/0/0
② R1(config-if)#ip add 172.16.0.1 255.255.255.252
③ R1(config-if)#cl ra 64000
④ R1(config-if)#no sh

① 시리얼포트 s0/0/0으로 이동
② ip 주소와 서브넷 마스크 입력
③ clock rate 속도를 64000으로 설정
④ 활성화

⑤ 라우팅 설정

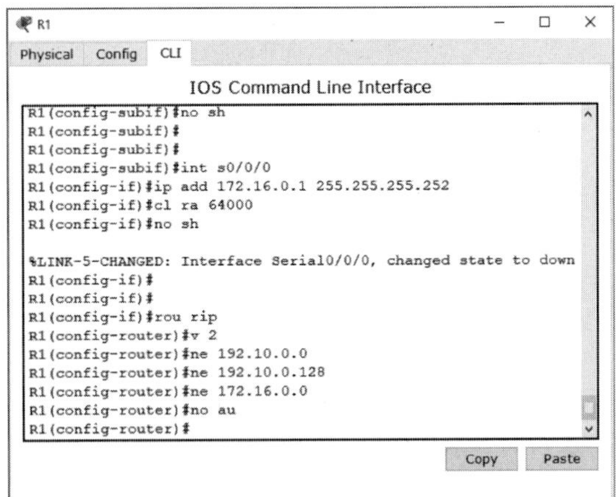

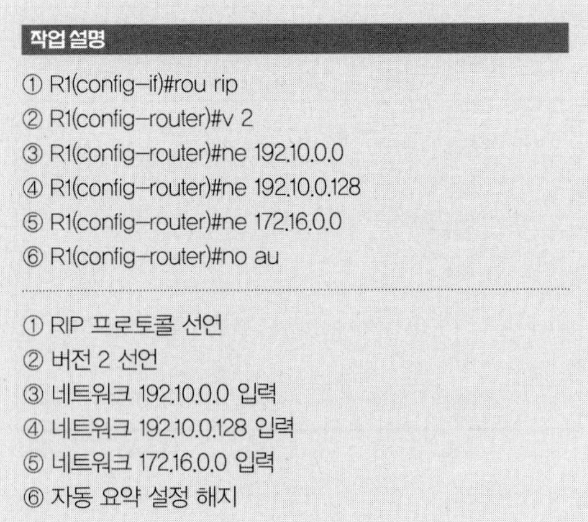
작업 설명

① R1(config-if)#rou rip
② R1(config-router)#v 2
③ R1(config-router)#ne 192.10.0.0
④ R1(config-router)#ne 192.10.0.128
⑤ R1(config-router)#ne 172.16.0.0
⑥ R1(config-router)#no au

① RIP 프로토콜 선언
② 버전 2 선언
③ 네트워크 192.10.0.0 입력
④ 네트워크 192.10.0.128 입력
⑤ 네트워크 172.16.0.0 입력
⑥ 자동 요약 설정 해지

⑥ Radius 인증 AAA 설정

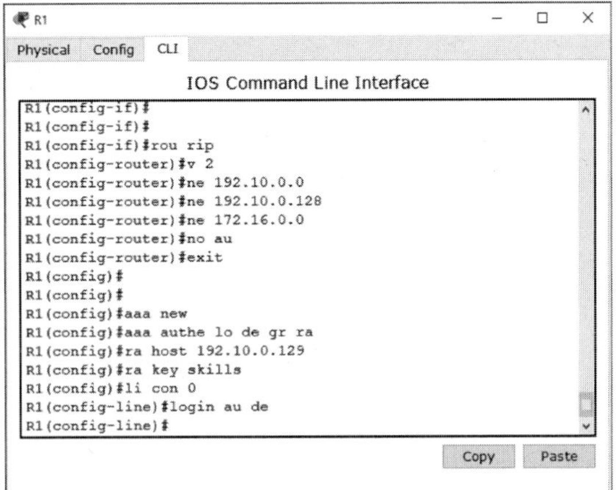

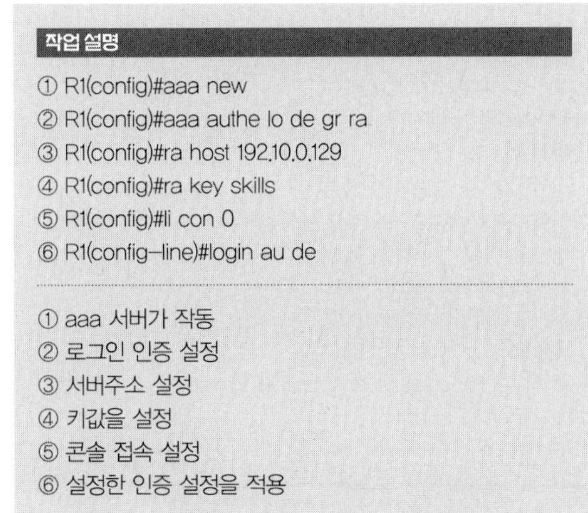
작업 설명

① R1(config)#aaa new
② R1(config)#aaa authe lo de gr ra
③ R1(config)#ra host 192.10.0.129
④ R1(config)#ra key skills
⑤ R1(config)#li con 0
⑥ R1(config-line)#login au de

① aaa 서버가 작동
② 로그인 인증 설정
③ 서버주소 설정
④ 키값을 설정
⑤ 콘솔 접속 설정
⑥ 설정한 인증 설정을 적용

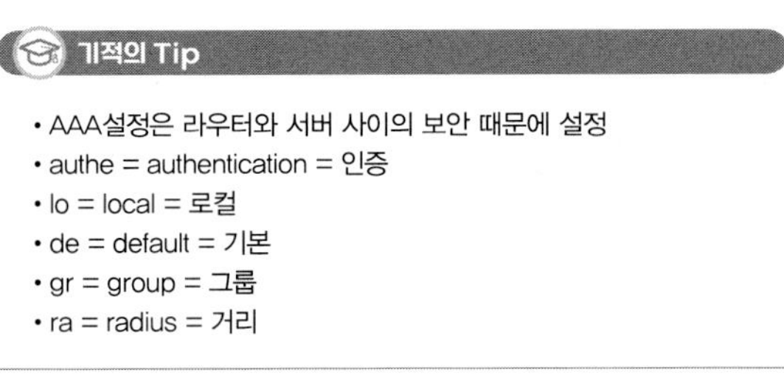
기적의 Tip

- AAA설정은 라우터와 서버 사이의 보안 때문에 설정
- authe = authentication = 인증
- lo = local = 로컬
- de = default = 기본
- gr = group = 그룹
- ra = radius = 거리

⑦ PC2만 라우터 R1에 원격 접속될 수 있도록 설정

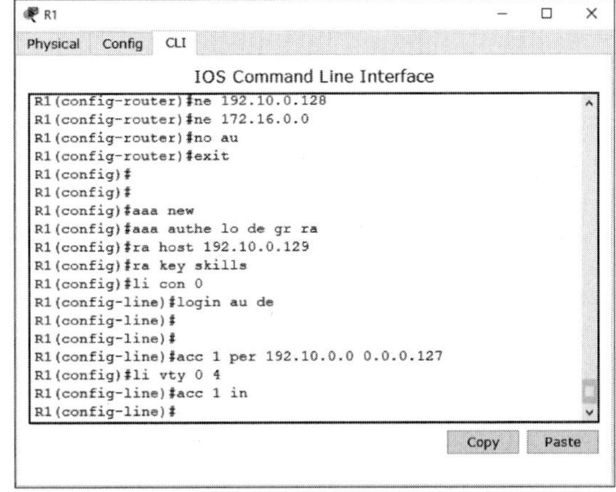

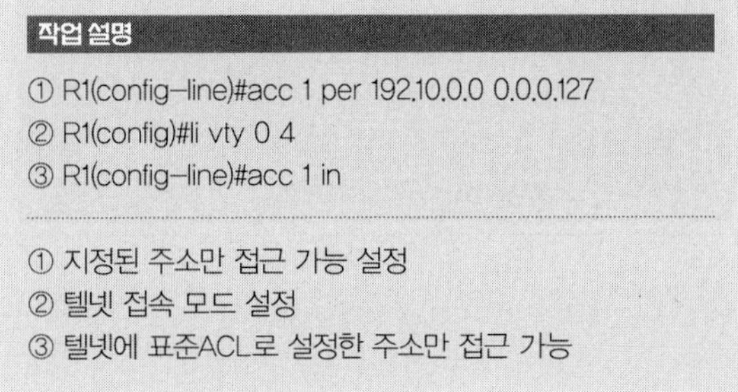
작업 설명

① R1(config-line)#acc 1 per 192.10.0.0 0.0.0.127
② R1(config)#li vty 0 4
③ R1(config-line)#acc 1 in

① 지정된 주소만 접근 가능 설정
② 텔넷 접속 모드 설정
③ 텔넷에 표준ACL로 설정한 주소만 접근 가능

4 라우터 R2 입력된 주소로 4개로 서브네팅

① 설정된 내용 보기

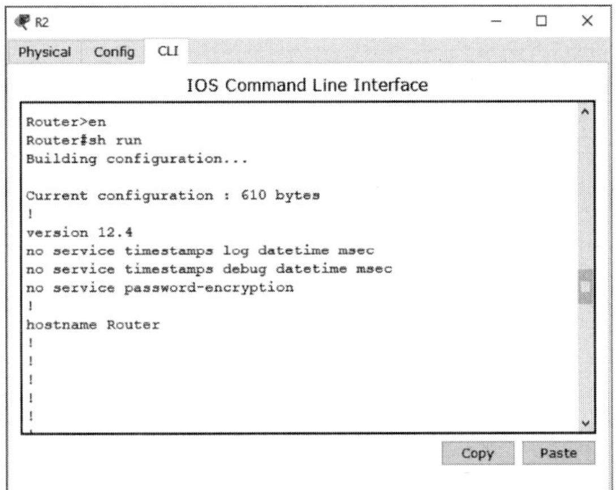

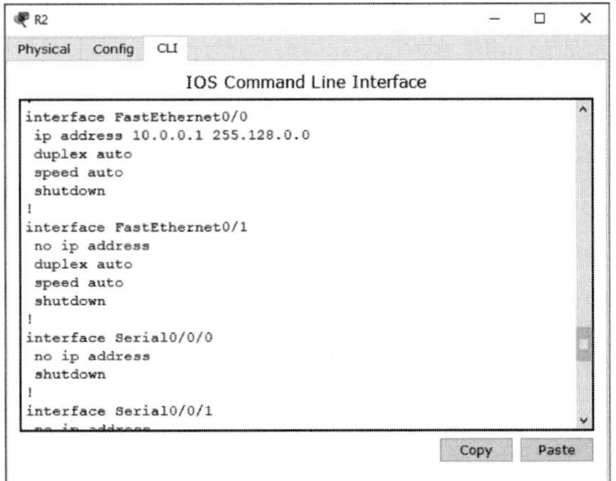

② 2개의 서브네팅

	PC0	PC1
네트워크	10.0.0.0/11	10.32.0.0/11
할당 가능한 첫 번째 주소	10.0.0.1	10.32.0.1
할당 가능한 마지막 주소	10.31.255.254	10.63.255.254
마지막 주소	10.31.255.255/11	10.63.255.255/11

기적의 Tip

① 4개로 네트워크를 나눌 때(4개의 서브네팅) 2개로 네트워크를 나누는 방법과 같습니다.
② 서브넷마스크는 현재 서브넷마스크 /9에서 2 증가한 /11이 됩니다.

5 스위치 Switch0 설정

① 도면에서 스위치 Switch0을 클릭하고 창이 뜨면 [CLI] 탭을 클릭하여 IOS Command 모드를 실행한다.

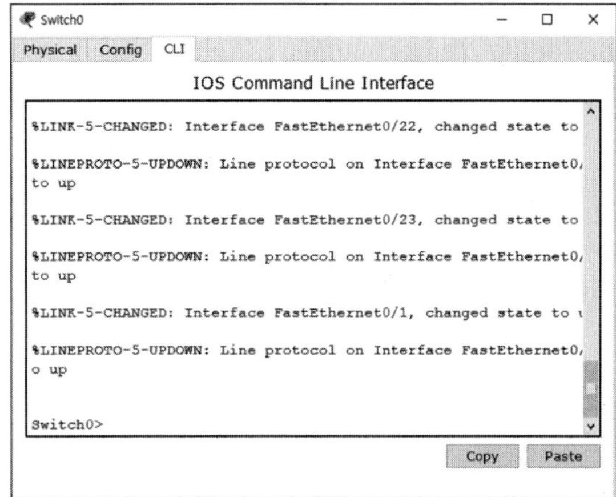

② 스위치 Switch0에 IOS 명령을 입력하여 설정한다.

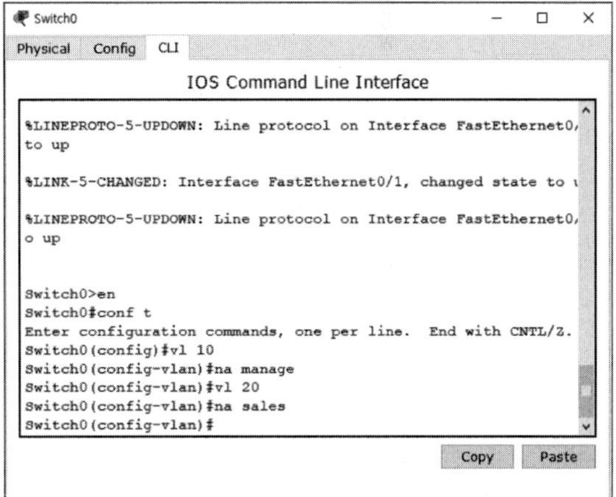

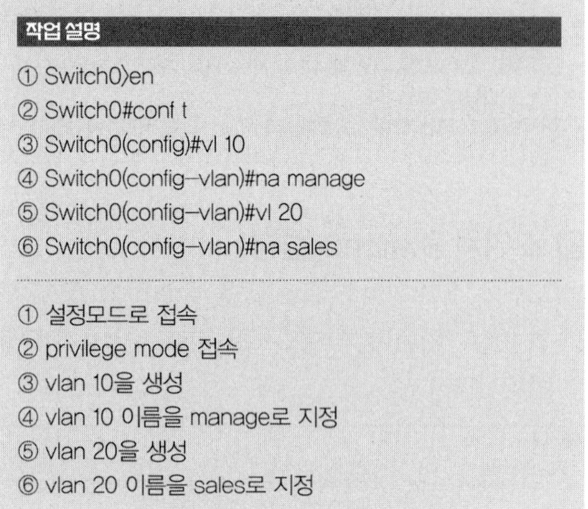

작업 설명

① Switch0>en
② Switch0#conf t
③ Switch0(config)#vl 10
④ Switch0(config-vlan)#na manage
⑤ Switch0(config-vlan)#vl 20
⑥ Switch0(config-vlan)#na sales

① 설정모드로 접속
② privilege mode 접속
③ vlan 10을 생성
④ vlan 10 이름을 manage로 지정
⑤ vlan 20을 생성
⑥ vlan 20 이름을 sales로 지정

③ 설정한 VLAN에 Port를 할당한다.

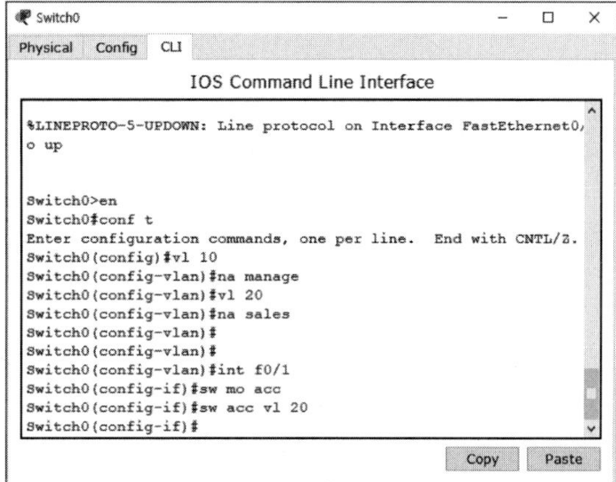

작업 설명

① Switch0(config-vlan)#int f0/1
② Switch0(config-if)#sw mo acc
③ Switch0(config-if)#sw acc vl 20

① 인터페이스 f0/1 포트로 접속
② 포트 모드를 연결 모드로 설정
③ 해당 포트에 VLAN 번호 설정

④ Lacp 설정과 Trunk 설정

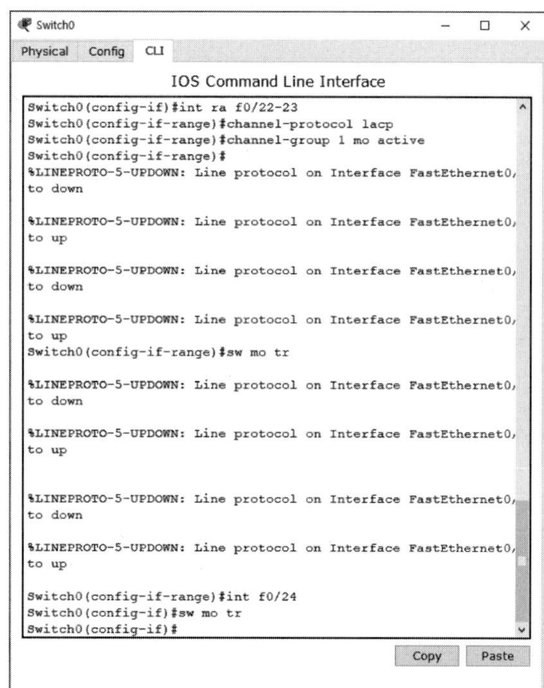

작업 설명

① Switch0(config-if)#int ra f0/22-23
② Switch0(config-if-range)#channel-protocol lacp
③ Switch0(config-if-range)#channel-group 1 mo active
④ Switch0(config-if-range)#sw mo tr
⑤ Switch0(config-if-range)#int f0/24
⑥ Switch0(config-if)#sw mo tr

① 인터페이스 f0/22부터 f0/23 포트로 접속
② lacp 프로토콜 적용
③ 채널 그룹을 1개로 활성화
④ 트렁크 설정
⑤ 인터페이스 f0/24 포트로 접속
⑥ 트렁크 설정

- channel-protocol 명령어는 약자 channel-pro를 사용합니다.
- channel-group 명령어는 약자 channel-g를 사용합니다.
- active 명령어는 약자 ac를 사용합니다.

기적의 Tip

LACP(Link Aggregation Control Protocol) = 두 장치 간에 연결을 원활히 하여 정보를 교환하기 위한 프로토콜입니다. 위쪽 스위치를 서버 기능으로 활용하며 모든 vlan을 위쪽 스위치에서 설정합니다.

❻ 스위치 Switch1 설정

① 도면에서 스위치 Switch1을 클릭하고 창이 뜨면 [CLI] 탭을 클릭하여 IOS Command 모드를 실행한다.

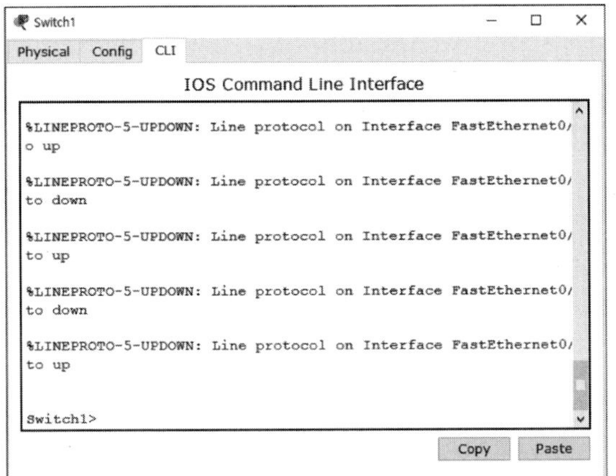

② 스위치 Switch1에 IOS 명령을 입력하여 설정한다.

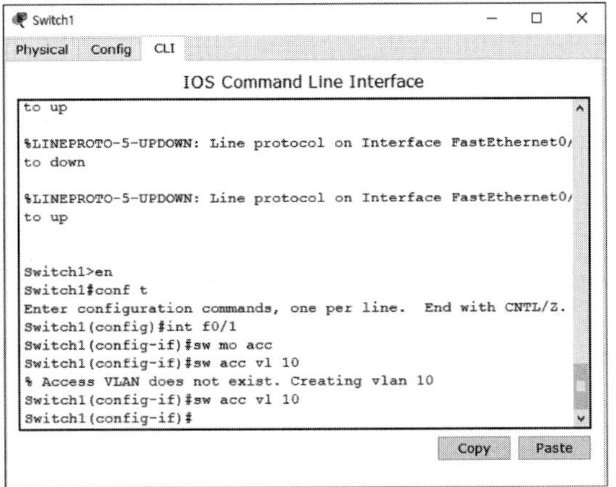

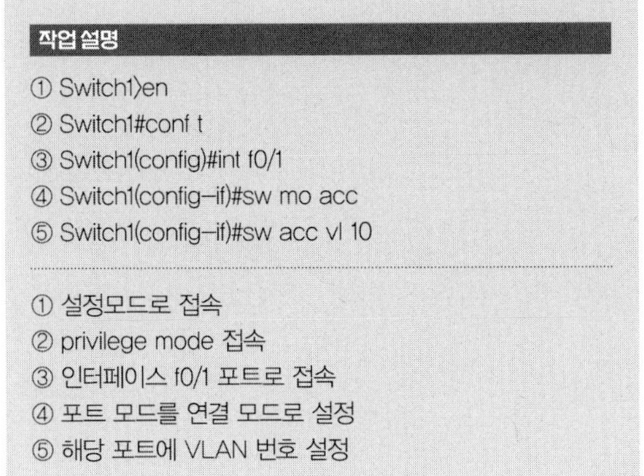

작업 설명

① Switch1〉en
② Switch1#conf t
③ Switch1(config)#int f0/1
④ Switch1(config–if)#sw mo acc
⑤ Switch1(config–if)#sw acc vl 10

① 설정모드로 접속
② privilege mode 접속
③ 인터페이스 f0/1 포트로 접속
④ 포트 모드를 연결 모드로 설정
⑤ 해당 포트에 VLAN 번호 설정

기적의 Tip

"sw acc vl 10" 입력시 "% Access VLAN does not exist.Creating vlan 10"라는 메시지가 나오면 "sw acc vl 10"을 다시 한 번 입력하면 됩니다.

③ Lacp 설정과 Trunk 설정

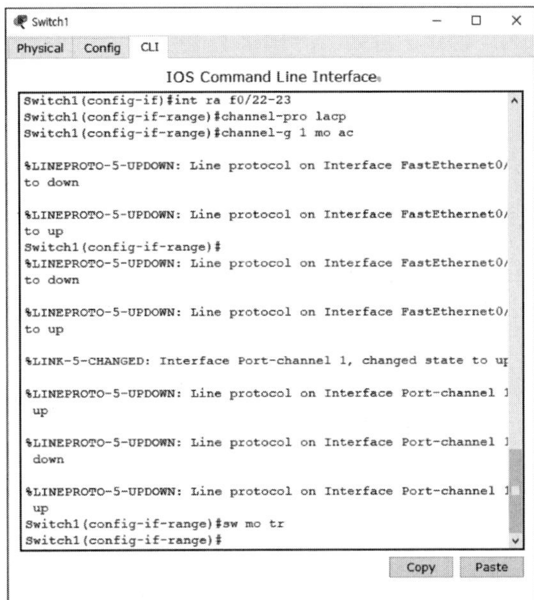

작업 설명

① Switch1(config–if)#int ra f0/22–23
② Switch1(config–if–range)#channel–pro lacp
③ Switch1(config–if–range)#channel–g 1 mo ac
④ Switch1(config–if–range)#sw mo tr

① 인터페이스 f0/22부터 f0/23 포트로 접속
② lacp 프로토콜 적용
③ 채널 그룹을 1개로 활성화
④ 트렁크 설정

7 라우터 R2 설정

① R2를 클릭하고 [CLI] 모드를 눌러 IOS Command 모드로 정한다.

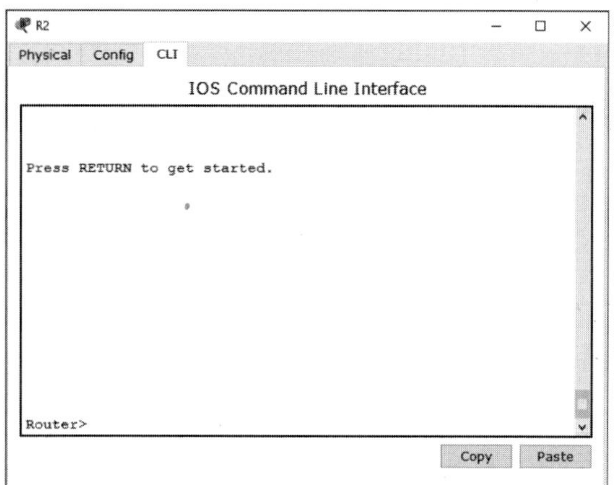

② 라우터 주소 삭제 및 이름 바꾸기

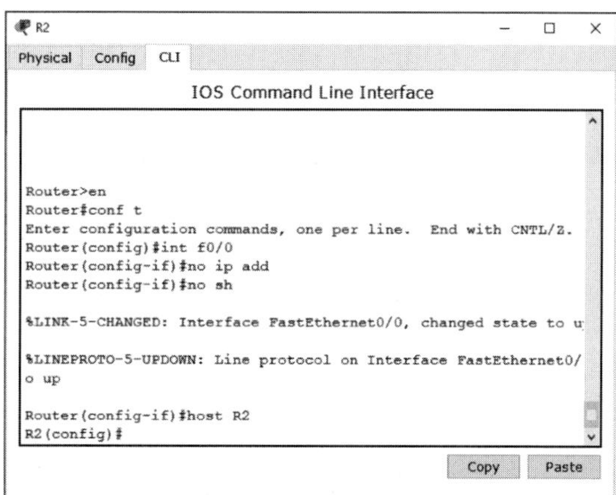

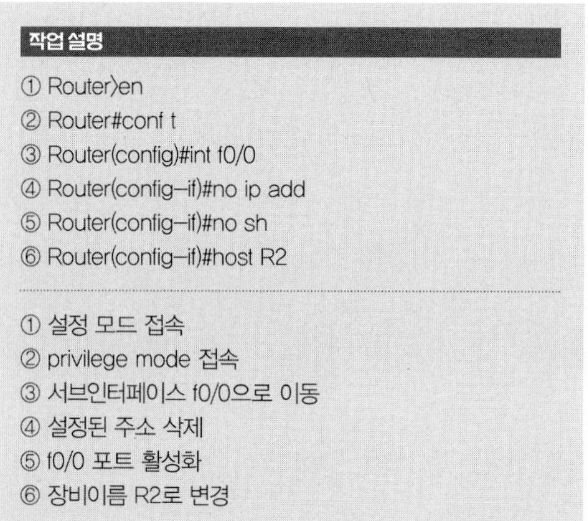

작업 설명

① Router>en
② Router#conf t
③ Router(config)#int f0/0
④ Router(config-if)#no ip add
⑤ Router(config-if)#no sh
⑥ Router(config-if)#host R2

① 설정 모드 접속
② privilege mode 접속
③ 서브인터페이스 f0/0으로 이동
④ 설정된 주소 삭제
⑤ f0/0 포트 활성화
⑥ 장비이름 R2로 변경

③ 서브인터페이스와 dhcp 설정

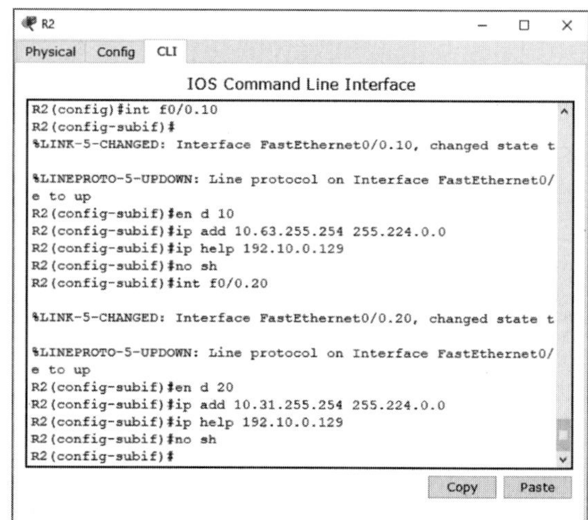

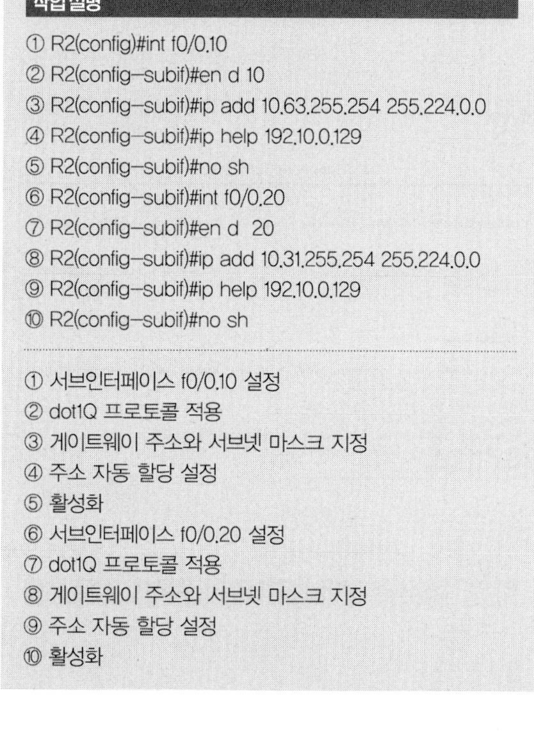

작업 설명

① R2(config)#int f0/0.10
② R2(config-subif)#en d 10
③ R2(config-subif)#ip add 10.63.255.254 255.224.0.0
④ R2(config-subif)#ip help 192.10.0.129
⑤ R2(config-subif)#no sh
⑥ R2(config-subif)#int f0/0.20
⑦ R2(config-subif)#en d 20
⑧ R2(config-subif)#ip add 10.31.255.254 255.224.0.0
⑨ R2(config-subif)#ip help 192.10.0.129
⑩ R2(config-subif)#no sh

① 서브인터페이스 f0/0.10 설정
② dot1Q 프로토콜 적용
③ 게이트웨이 주소와 서브넷 마스크 지정
④ 주소 자동 할당 설정
⑤ 활성화
⑥ 서브인터페이스 f0/0.20 설정
⑦ dot1Q 프로토콜 적용
⑧ 게이트웨이 주소와 서브넷 마스크 지정
⑨ 주소 자동 할당 설정
⑩ 활성화

④ 시리얼포트 설정

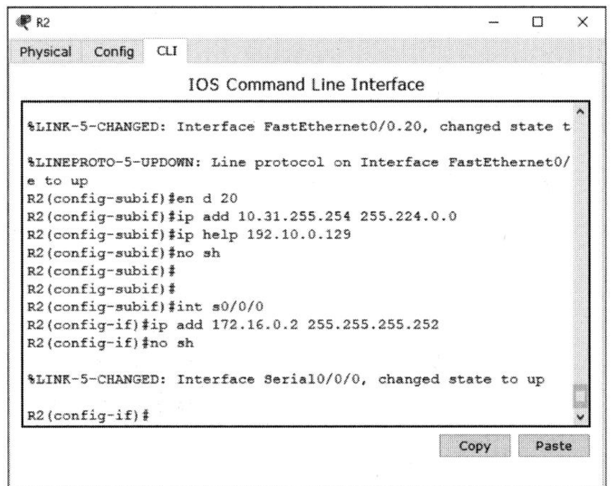

작업 설명

① R2(config–subif)#int s0/0/0
② R2(config–if)#ip add 172.16.0.2 255.255.255.252
③ R2(config–if)#no sh

① 시리얼포트 s0/0/0으로 이동
② ip 주소와 서브넷 마스크 입력
③ 활성화

⑤ 라우팅

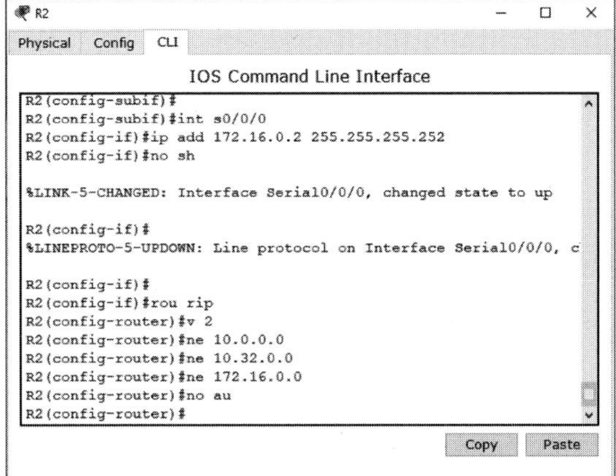

작업 설명

① R2(config–if)#rou rip
② R2(config–router)#v 2
③ R2(config–router)#ne 10.0.0.0
④ R2(config–router)#ne 10.32.0.0
⑤ R2(config–router)#ne 172.16.0.0
⑥ R2(config–router)#no au

① RIP 프로토콜 선언
② 버전 2 선언
③ 네트워크 10.0.0.0 입력
④ 네트워크 10.30.0.0 입력
⑤ 네트워크 172.16.0.0 입력
⑥ 자동 요약 설정 해지

⑥ Radius 인증 AAA

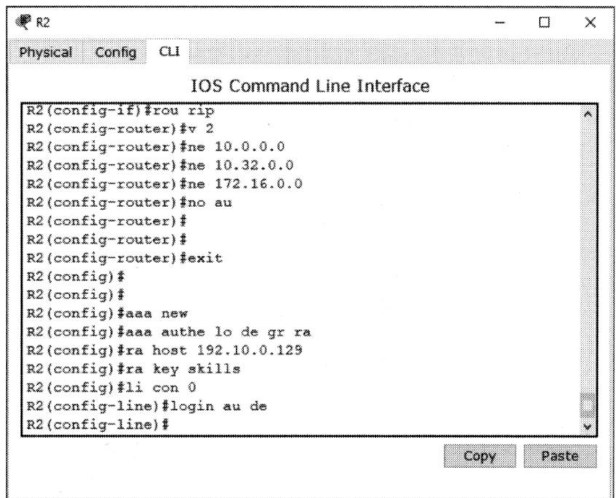

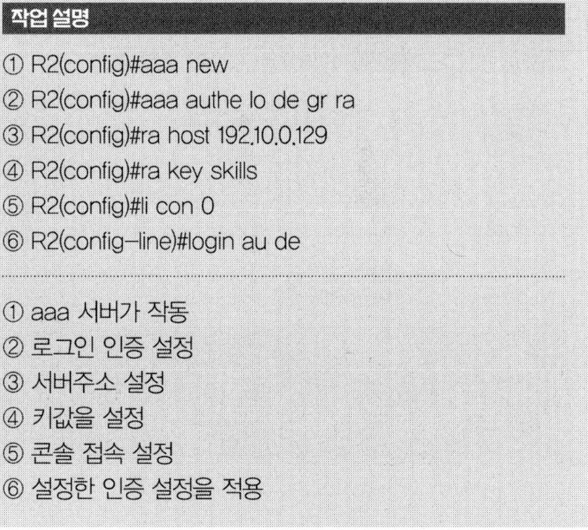

작업 설명

① R2(config)#aaa new
② R2(config)#aaa authe lo de gr ra
③ R2(config)#ra host 192.10.0.129
④ R2(config)#ra key skills
⑤ R2(config)#li con 0
⑥ R2(config–line)#login au de

① aaa 서버가 작동
② 로그인 인증 설정
③ 서버주소 설정
④ 키값을 설정
⑤ 콘솔 접속 설정
⑥ 설정한 인증 설정을 적용

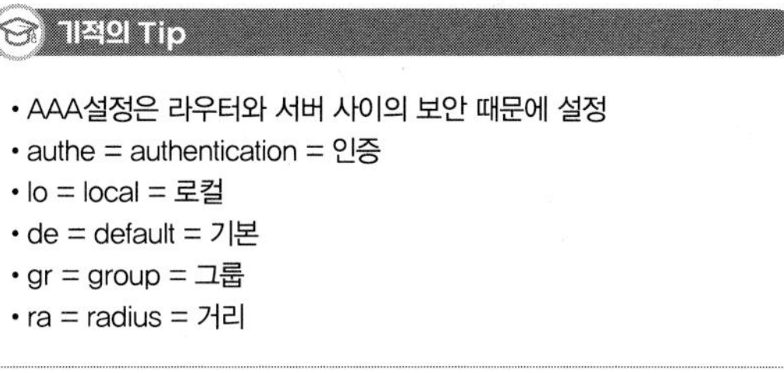

기적의 Tip

• AAA설정은 라우터와 서버 사이의 보안 때문에 설정
• authe = authentication = 인증
• lo = local = 로컬
• de = default = 기본
• gr = group = 그룹
• ra = radius = 거리

8 테스트

(1) PC 할당된 주소 확인

① PC0과 PC1을 각각 클릭하고 [Desktop]-[IP Configuration]를 클릭한 후 [DHCP]를 체크하고 잠시 기다린 후 할당된 주소를 확인해 본다. 만약 주소가 들어오지 않으면 잠시 기다린 후에 [Static]을 체크한 후 [DHCP]를 체크한다.

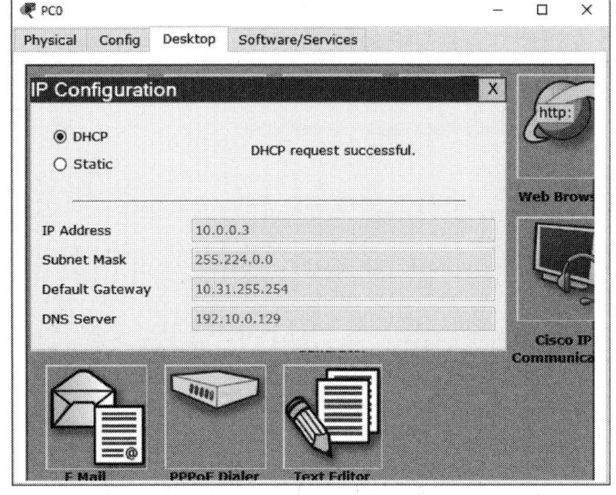

· SECTION ·

12 기출 유형 해설 12회

풀이 방법

◆ 채점기준표

장치명	항목	배점	개수	합계
PC	서브네팅	10	3	30
	PC 입력	3	3	9
	소계			39
Switch	vlan번호, 이름	2	3	6
	포트에 할당	4	3	12
	트렁크	2	1	2
	소계			20
라우터	활성화	2	1	2
	인터브이랜	6	3	18
	시리얼포트 설정	5	1	5
	라우팅	16	1	16
	소계			41
	합계			100

● PC0 주소 30개

IP 범위	200.180.30.0/27 ~ 200.180.30.31/27
가용 IP 범위	200.180.30.1/27 ~ 200.180.30.30/27
PC 주소	200.180.30.1
게이트웨이	200.180.30.30
서브넷 마스크	255.255.255.224

● PC1 주소 12개

IP 범위	200.180.30.32/28 ~ 200.180.30.47/28
가용 IP 범위	200.180.30.33/28 ~ 200.180.30.46/28
PC 주소	200.180.30.33
게이트웨이	200.180.30.46
서브넷 마스크	255.255.255.240

● PC2 주소 5개

IP 범위	200.180.30.48/29 ~ 200.180.30.55/29
가용 IP 범위	200.180.30.49/29 ~ 200.180.30.54/29
PC 주소	200.180.30.49
게이트웨이	200.180.30.54
서브넷 마스크	255.255.255.248

1 PC 설정

① 패킷트레이서 프로그램을 실행한 후 [File]-[Open] 메뉴를 클릭하여 '기출유형 12회.pka' 파일을 불러온다.

② 'PC0'을 선택한 후 [Desktop] 탭의 [IP Configuration]을 클릭하여 주어진 IP 주소를 입력한다.

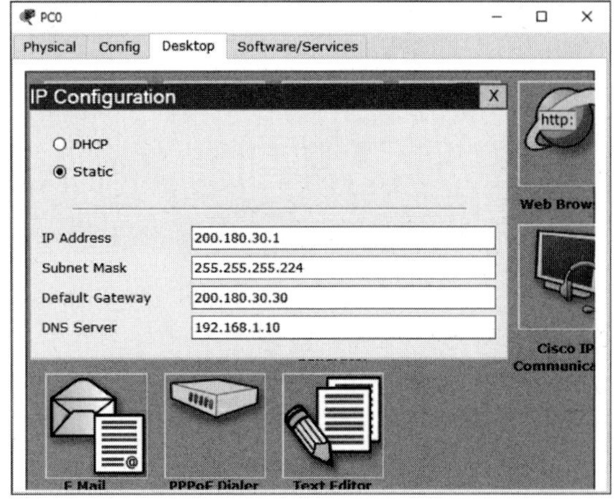

③ 'PC1'을 선택한 후 [Desktop] 탭의 [IP Configuration]을 클릭하여 주어진 IP 주소를 입력한다.

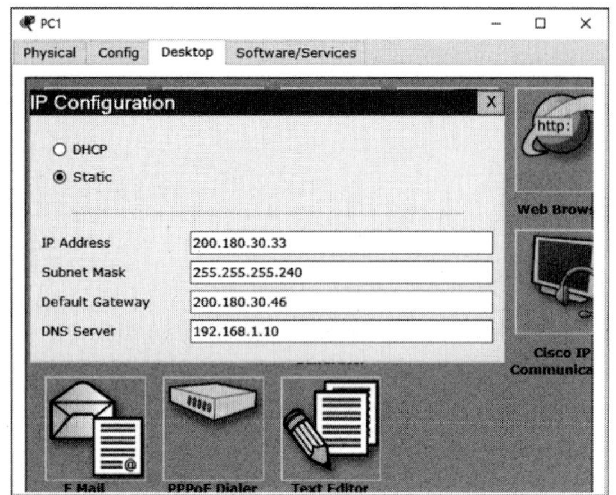

④ 'PC2'를 선택한 후 [Desktop] 탭의 [IP Configuration]을 클릭하여 주어진 IP 주소를 입력한다.

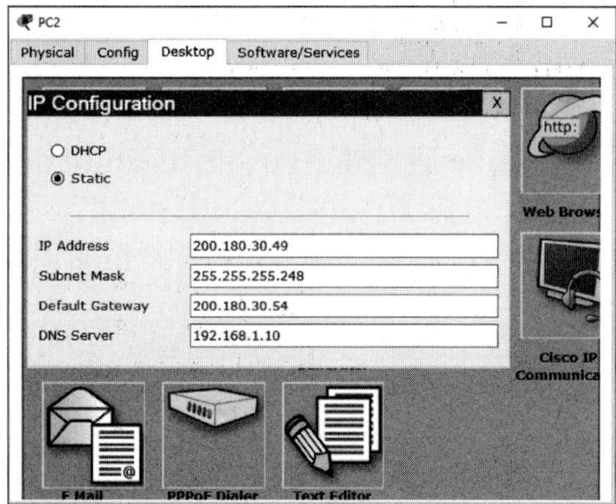

2 스위치 S1 VLAN 설정

① 도면에서 스위치 S1을 클릭하고 창이 뜨면 [CLI] 탭을 클릭하여 IOS Command 모드를 실행한다.

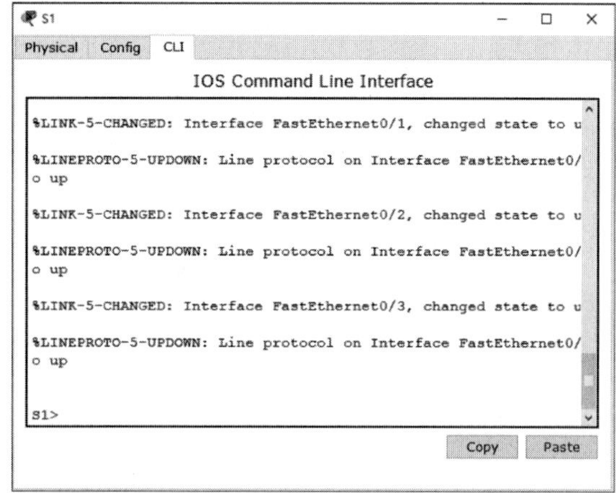

② 스위치에 IOS 명령을 입력하여 설정한다.

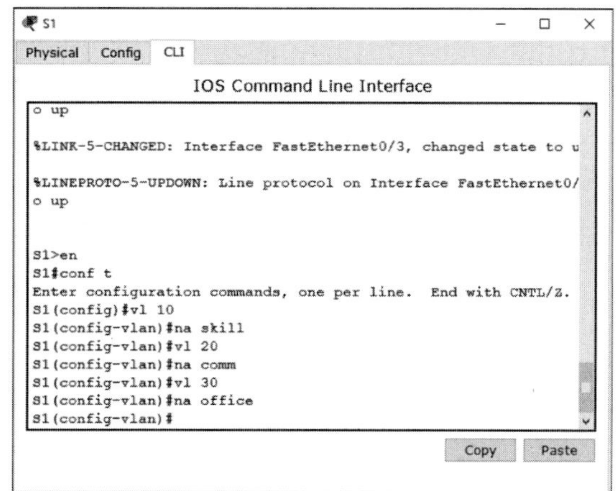

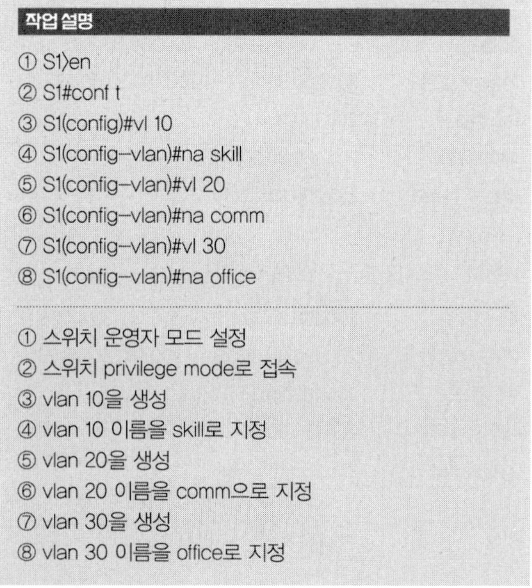

작업 설명

① S1>en
② S1#conf t
③ S1(config)#vl 10
④ S1(config-vlan)#na skill
⑤ S1(config-vlan)#vl 20
⑥ S1(config-vlan)#na comm
⑦ S1(config-vlan)#vl 30
⑧ S1(config-vlan)#na office

① 스위치 운영자 모드 설정
② 스위치 privilege mode로 접속
③ vlan 10을 생성
④ vlan 10 이름을 skill로 지정
⑤ vlan 20을 생성
⑥ vlan 20 이름을 comm으로 지정
⑦ vlan 30을 생성
⑧ vlan 30 이름을 office로 지정

③ 설정한 VLAN에 Port를 할당한다.

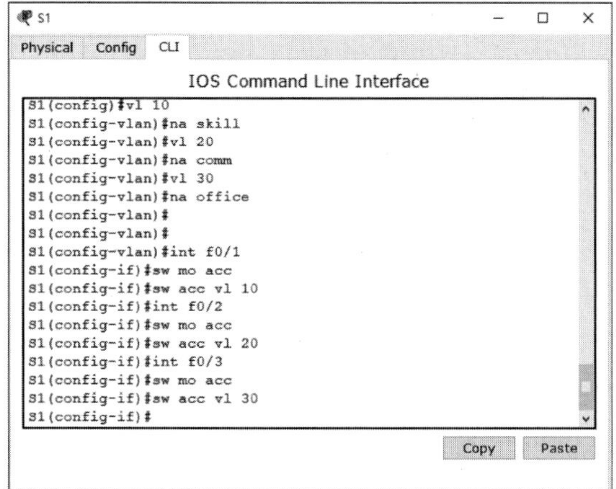

- Fastethernet 0/1 → vlan 10
- Fastethernet 0/2 → vlan 20
- Fastethernet 0/3 → vlan 30

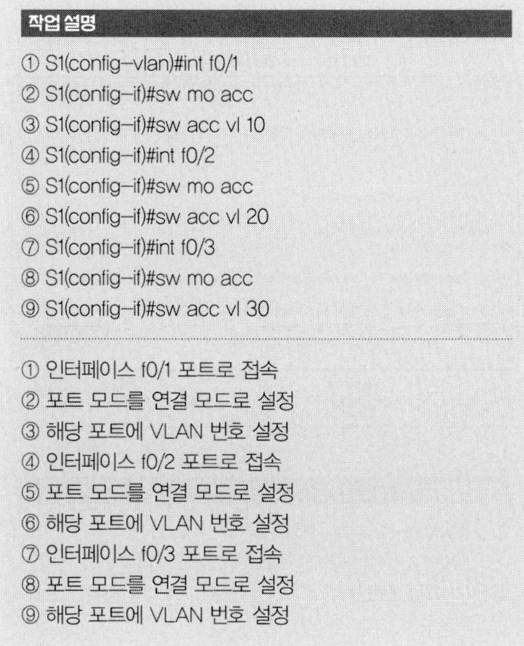

작업 설명

① S1(config–vlan)#int f0/1
② S1(config–if)#sw mo acc
③ S1(config–if)#sw acc vl 10
④ S1(config–if)#int f0/2
⑤ S1(config–if)#sw mo acc
⑥ S1(config–if)#sw acc vl 20
⑦ S1(config–if)#int f0/3
⑧ S1(config–if)#sw mo acc
⑨ S1(config–if)#sw acc vl 30

① 인터페이스 f0/1 포트로 접속
② 포트 모드를 연결 모드로 설정
③ 해당 포트에 VLAN 번호 설정
④ 인터페이스 f0/2 포트로 접속
⑤ 포트 모드를 연결 모드로 설정
⑥ 해당 포트에 VLAN 번호 설정
⑦ 인터페이스 f0/3 포트로 접속
⑧ 포트 모드를 연결 모드로 설정
⑨ 해당 포트에 VLAN 번호 설정

3 스위치 Trunk 설정

① 스위치 Fa0/24에 트렁크 설정한다.

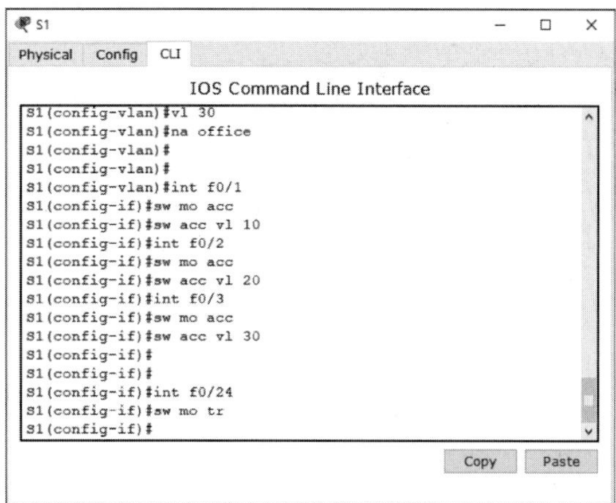

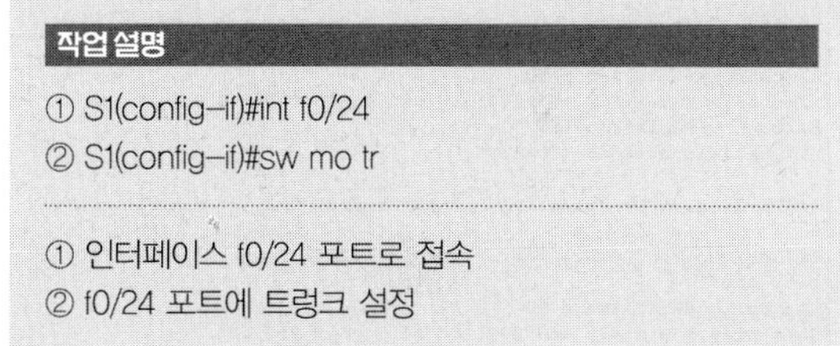

작업 설명

① S1(config–if)#int f0/24
② S1(config–if)#sw mo tr

① 인터페이스 f0/24 포트로 접속
② f0/24 포트에 트렁크 설정

4 라우터 동작 설정

① 도면에서 라우터 R1을 클릭하고 창이 뜨면 [CLI] 탭을 클릭하여 IOS Command 모드를 실행한다.

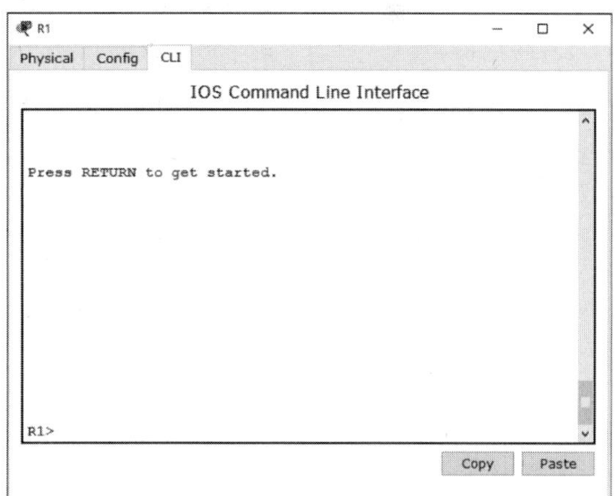

② 포트 활성화 및 서브인터페이스 구성(Inter-VLAN)

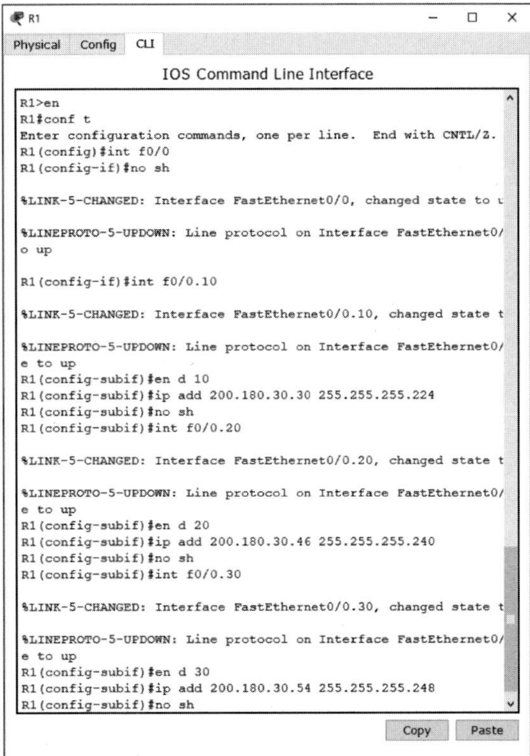

작업 설명

① R1>en
② R1#conf t
③ R1(config)#int f0/0
④ R1(config-if)#no sh
⑤ R1(config-if)#int f0/0.10
⑥ R1(config-subif)#en d 10
⑦ R1(config-subif)#ip add 200.180.30.30 255.255.255.224
⑧ R1(config-subif)#no sh
⑨ R1(config-subif)#int f0/0.20
⑩ R1(config-subif)#en d 20
⑪ R1(config-subif)#ip add 200.180.30.46 255.255.255.240
⑫ R1(config-subif)#no sh
⑬ R1(config-subif)#int f0/0.30
⑭ R1(config-subif)#en d 30
⑮ R1(config-subif)#ip add 200.180.30.54 255.255.255.248
⑯ R1(config-subif)#no sh

① 라우터 운영자 모드 설정
② 라우터 privilege mode로 접속
③ 인터페이스 f0/0 포트로 이동
④ 인터페이스 f0/0 포트 활성화
⑤ vlan 10 서브인터페이스 생성
⑥ encapsulation dot1Q 10으로 설정
⑦ vlan 10에 속하는 장비들의 게이트웨이 주소와 서브넷 마스크 지정
⑧ f0/0.10 포트 활성화
⑨ vlan 20 서브인터페이스 생성
⑩ encapsulation dot1Q 20으로 설정
⑪ vlan 20에 속하는 장비들의 게이트웨이 주소와 서브넷 마스크 지정
⑫ f0/0.20 포트 활성화
⑬ vlan 30 서브인터페이스 생성
⑭ encapsulation dot1Q 30으로 설정
⑮ vlan 30에 속하는 장비들의 게이트웨이 주소와 서브넷 마스크 지정
⑯ f0/0.30 포트 활성화

5 라우터 시리얼 포트 설정

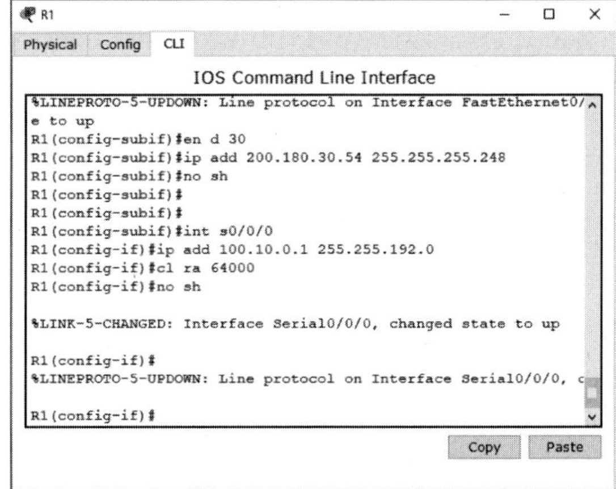

작업 설명

① R1(config-subif)#int s0/0/0
② R1(config-if)#ip add 100.10.0.1 255.255.192.0
③ R1(config-if)#cl ra 64000
④ R1(config-if)#no sh

① 시리얼포트 s0/0/0으로 이동
② ip 주소와 서브넷 마스크 입력
③ clock rate 속도를 64000으로 설정
④ 활성화

6 라우터 R1 RIPv2, 라우팅 설정

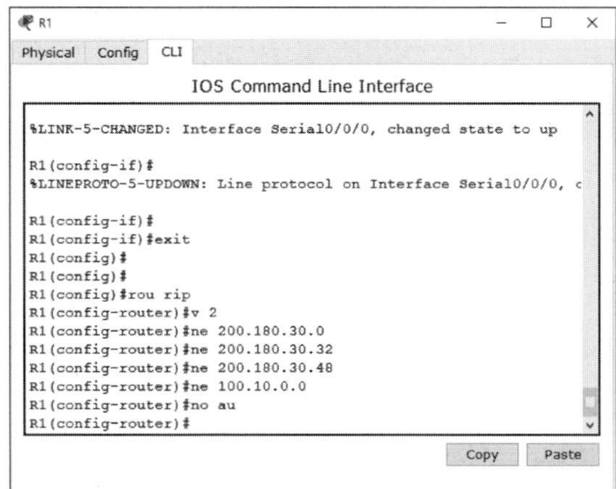

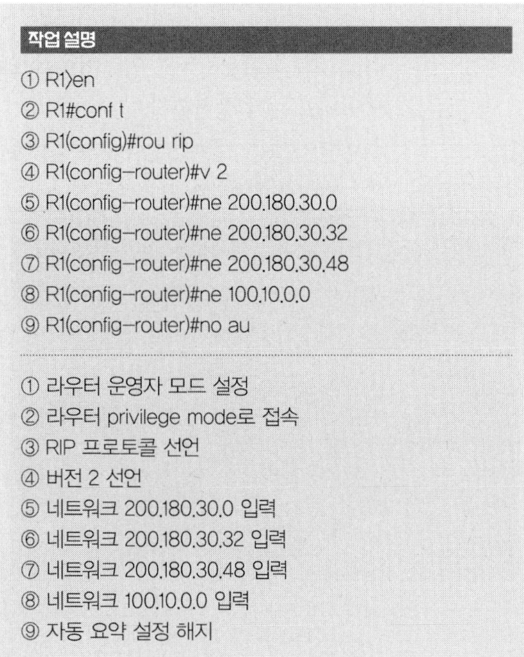

작업 설명

① R1>en
② R1#conf t
③ R1(config)#rou rip
④ R1(config-router)#v 2
⑤ R1(config-router)#ne 200.180.30.0
⑥ R1(config-router)#ne 200.180.30.32
⑦ R1(config-router)#ne 200.180.30.48
⑧ R1(config-router)#ne 100.10.0.0
⑨ R1(config-router)#no au

① 라우터 운영자 모드 설정
② 라우터 privilege mode로 접속
③ RIP 프로토콜 선언
④ 버전 2 선언
⑤ 네트워크 200.180.30.0 입력
⑥ 네트워크 200.180.30.32 입력
⑦ 네트워크 200.180.30.48 입력
⑧ 네트워크 100.10.0.0 입력
⑨ 자동 요약 설정 해지

7 테스트

(1) 핑 테스트(연결 확인 테스트)

① PC0을 클릭하고 [Desktop]-[Command Prompt]를 누른다.

② "PC>"에 "ping 192.168.1.10"을 입력하여 아래와 같은 결과가 나오는지 확인한다.

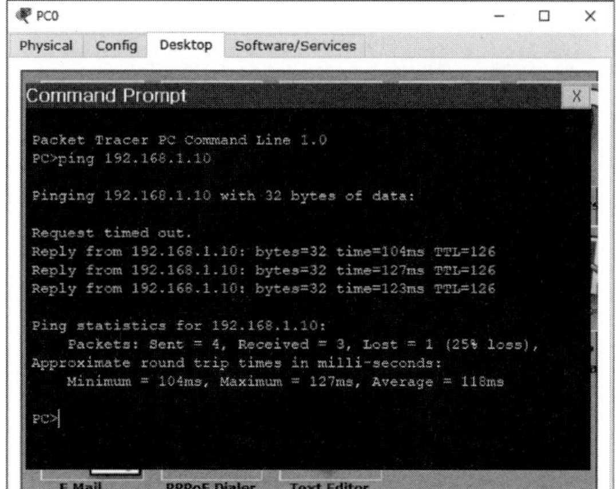

기적의 Tip

결과로 나타난 숫자가 크면 속도가 느린 것이고 숫자가 작으면 좀 더 빨리 통신이 된다는 뜻입니다. 따라서 핑 테스트 결과의 숫자가 나오기만 하면 통신은 잘 되는 것입니다.

③ PC1을 클릭하고 [Desktop]-[Command Prompt]를 누른다.

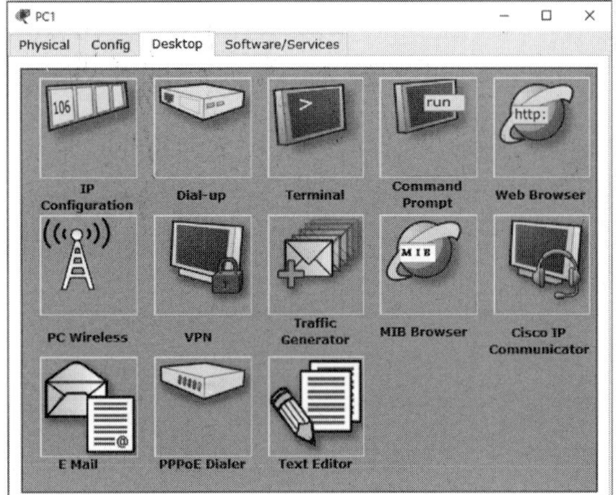

④ "PC>"에 "ping 192.168.1.10"을 입력하여 아래와 같은 결과가 나오는지 확인한다.

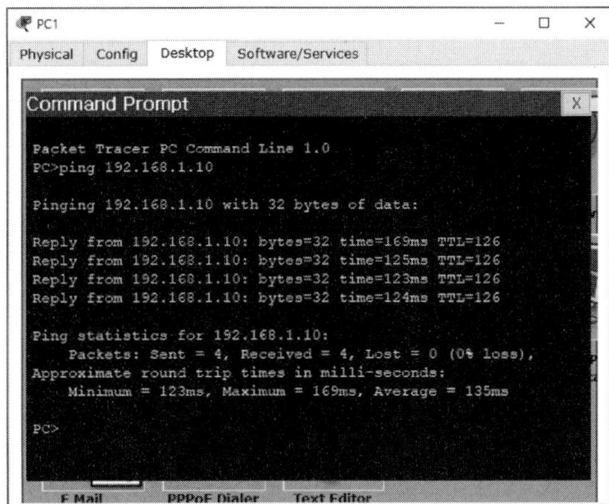

⑤ PC2를 클릭하고 [Desktop]-[Command Prompt]를 누른다.

⑥ "PC>"에 "ping 192.168.1.10"을 입력하여 아래와 같은 결과가 나오는지 확인한다.

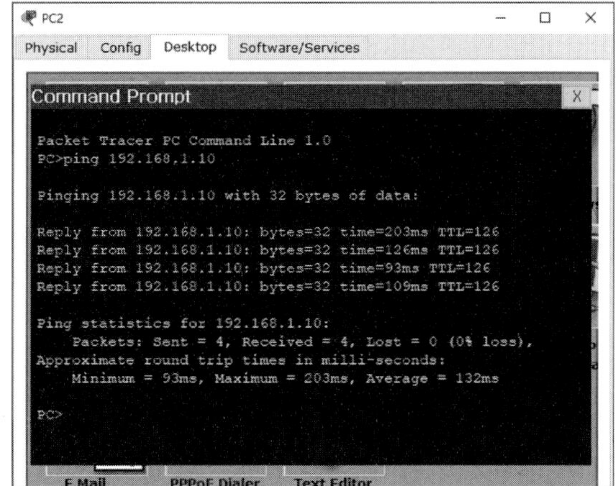

PART 05

모의고사 해설

차례

SECTION 01

모의고사 해설 01회

풀이 방법

◆ 채점기준표

장치명	항목	배점	개수	합계
PC	ip	1	2	2
	서브넷마스크	1	2	2
	게이트웨이	1	2	2
	서버주소	2	2	4
	소계			10
Switch	vlan번호, 이름	2	2	4
	포트에 할당	2	2	4
	주소 입력	1	10	10
	트렁크	1	2	2
	소계			20
라우터	활성화	4	1	4
	인터브이랜	8	2	16
	시리얼포트	5	1	5
	라우팅	15	1	15
	소계			40
기본설정	콘솔 메시지	10	1	10
	텔넷 로그인	15	1	15
	관리자 로그인	5	1	5
	소계			30
	합계			100

1 IP 설정

① 패킷트레이서 프로그램을 실행한 후 [File]-[Open] 메뉴를 클릭하여 '모의01.pka' 파일을 불러온다.

② 'Sales_PC'를 선택한 후 [Desktop] 탭의 [IP Configuration]을 클릭하여 주어진 IP 주소를 입력한다.

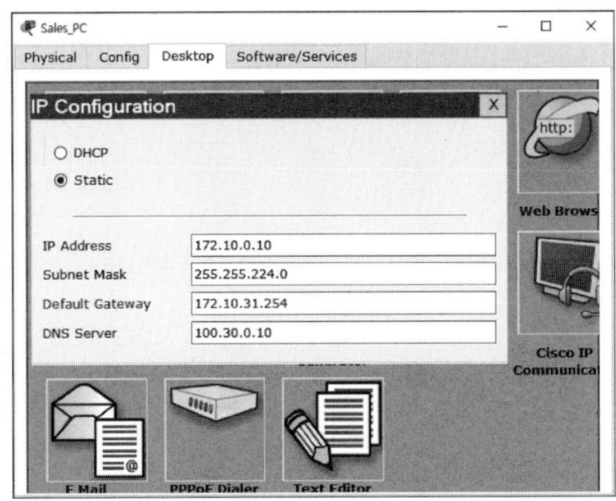

IP Address	172.10.0.10
Subnet Mask	255.255.224.0
Default Gateway	172.10.31.254
DNS Server	100.30.0.10

③ 'Manage_PC'을 선택한 후 [Desktop] 탭의 [IP Configuration]을 클릭하여 주어진 IP 주소를 입력한다.

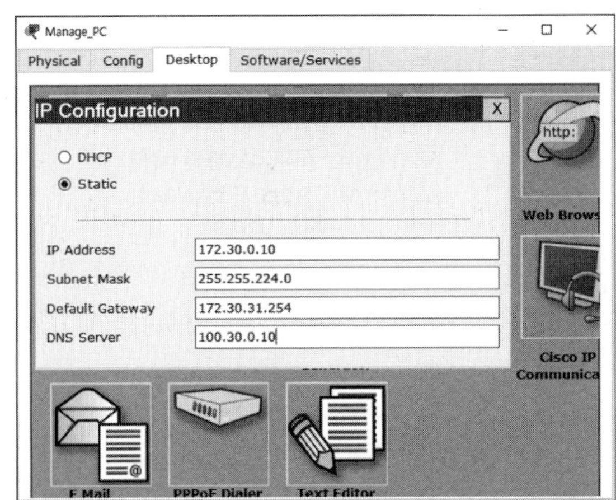

IP Address	172.30.0.10
Subnet Mask	255.255.224.0
Default Gateway	172.30.31.254
DNS Server	100.30.0.10

2 스위치 S1 VLAN 설정

① 도면에서 스위치 S1을 클릭하고 창이 뜨면 [CLI] 탭을 클릭하여 IOS Command 모드를 실행한다.

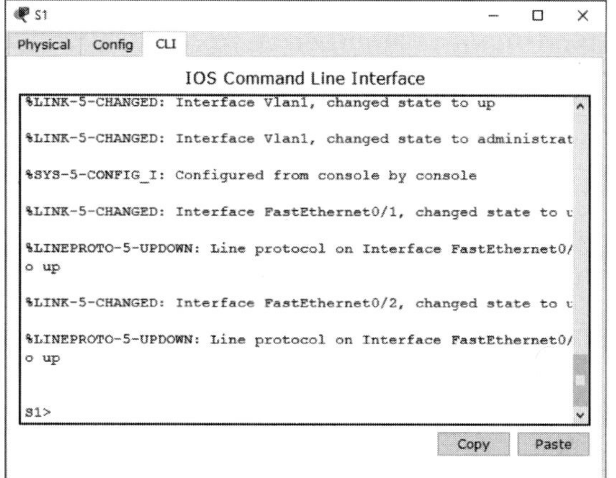

```
%LINK-5-CHANGED: Interface Vlan1, changed state to up

%LINK-5-CHANGED: Interface Vlan1, changed state to administrat

%SYS-5-CONFIG_I: Configured from console by console

%LINK-5-CHANGED: Interface FastEthernet0/1, changed state to u

%LINEPROTO-5-UPDOWN: Line protocol on Interface FastEthernet0/
o up

%LINK-5-CHANGED: Interface FastEthernet0/2, changed state to u

%LINEPROTO-5-UPDOWN: Line protocol on Interface FastEthernet0/
o up


S1>
```

② 스위치에 IOS 명령을 입력하여 설정한다.

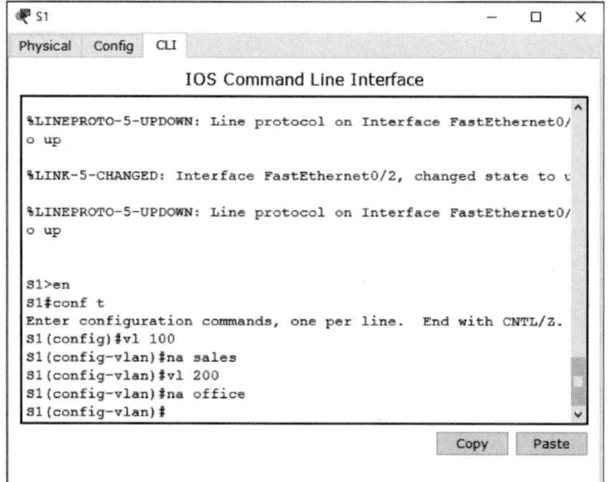

```
%LINEPROTO-5-UPDOWN: Line protocol on Interface FastEthernet0/
o up

%LINK-5-CHANGED: Interface FastEthernet0/2, changed state to u

%LINEPROTO-5-UPDOWN: Line protocol on Interface FastEthernet0/
o up


S1>en
S1#conf t
Enter configuration commands, one per line.  End with CNTL/Z.
S1(config)#vl 100
S1(config-vlan)#na sales
S1(config-vlan)#vl 200
S1(config-vlan)#na office
S1(config-vlan)#
```

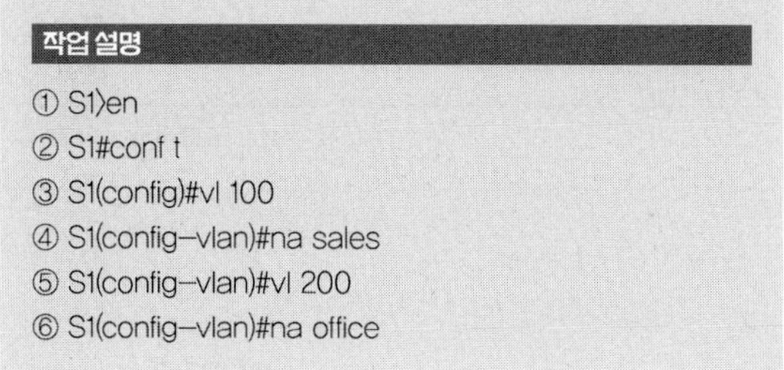

작업 설명

① S1>en
② S1#conf t
③ S1(config)#vl 100
④ S1(config-vlan)#na sales
⑤ S1(config-vlan)#vl 200
⑥ S1(config-vlan)#na office

① 스위치 운영자 모드 설정
② 스위치 privilege mode로 접속
③ vlan 100을 생성
④ vlan 100 이름을 sales로 지정
⑤ vlan 200을 생성
⑥ vlan 200 이름을 office로 지정

③ 설정한 VLAN에 Port를 할당한다.

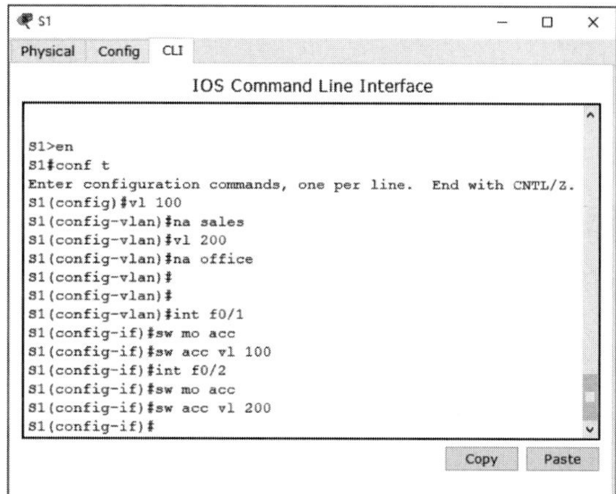

```
S1>en
S1#conf t
Enter configuration commands, one per line.  End with CNTL/Z.
S1(config)#vl 100
S1(config-vlan)#na sales
S1(config-vlan)#vl 200
S1(config-vlan)#na office
S1(config-vlan)#
S1(config-vlan)#
S1(config-vlan)#int f0/1
S1(config-if)#sw mo acc
S1(config-if)#sw acc vl 100
S1(config-if)#int f0/2
S1(config-if)#sw mo acc
S1(config-if)#sw acc vl 200
S1(config-if)#
```

• Fastethernet 0/1 → vlan 100
• Fastethernet 0/2 → vlan 200

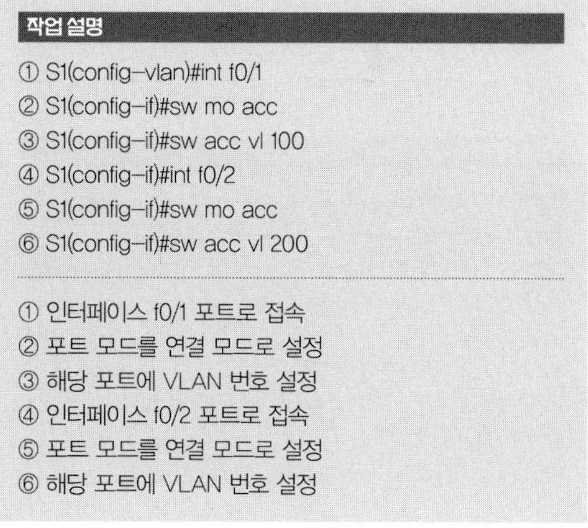

작업 설명

① S1(config-vlan)#int f0/1
② S1(config-if)#sw mo acc
③ S1(config-if)#sw acc vl 100
④ S1(config-if)#int f0/2
⑤ S1(config-if)#sw mo acc
⑥ S1(config-if)#sw acc vl 200

① 인터페이스 f0/1 포트로 접속
② 포트 모드를 연결 모드로 설정
③ 해당 포트에 VLAN 번호 설정
④ 인터페이스 f0/2 포트로 접속
⑤ 포트 모드를 연결 모드로 설정
⑥ 해당 포트에 VLAN 번호 설정

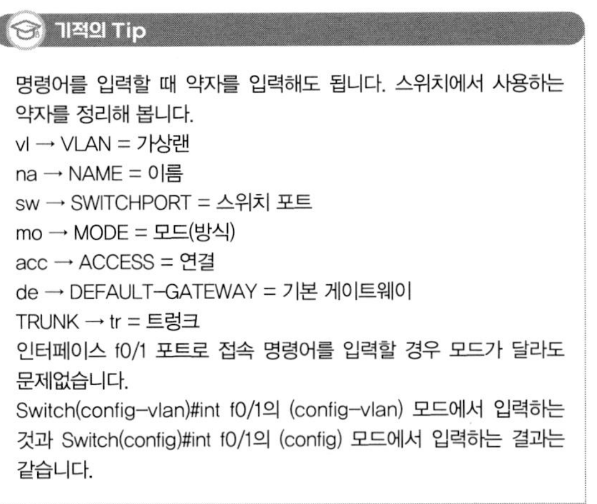

기적의 Tip

명령어를 입력할 때 약자를 입력해도 됩니다. 스위치에서 사용하는 약자를 정리해 봅니다.
vl → VLAN = 가상랜
na → NAME = 이름
sw → SWITCHPORT = 스위치 포트
mo → MODE = 모드(방식)
acc → ACCESS = 연결
de → DEFAULT-GATEWAY = 기본 게이트웨이
TRUNK → tr = 트렁크
인터페이스 f0/1 포트로 접속 명령어를 입력할 경우 모드가 달라도 문제없습니다.
Switch(config-vlan)#int f0/1의 (config-vlan) 모드에서 입력하는 것과 Switch(config)#int f0/1의 (config) 모드에서 입력하는 결과는 같습니다.

❸ 스위치 주소 입력

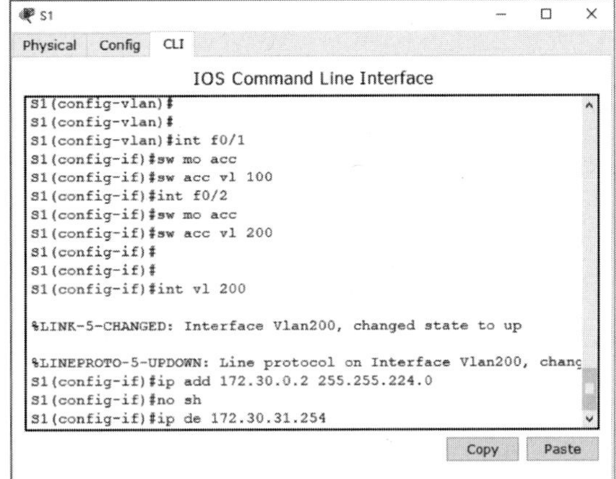

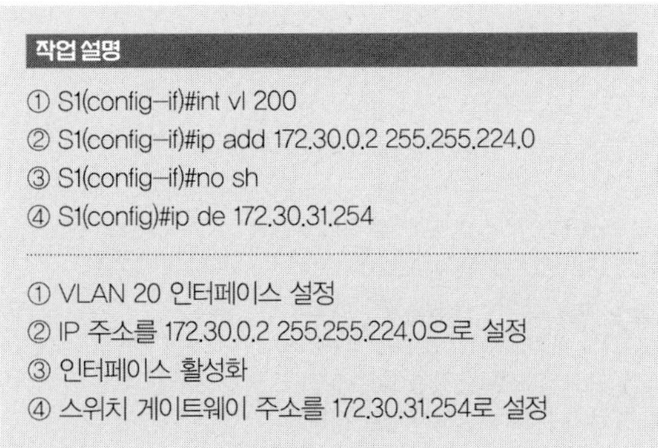

작업 설명

① S1(config-if)#int vl 200
② S1(config-if)#ip add 172.30.0.2 255.255.224.0
③ S1(config-if)#no sh
④ S1(config)#ip de 172.30.31.254

① VLAN 20 인터페이스 설정
② IP 주소를 172.30.0.2 255.255.224.0으로 설정
③ 인터페이스 활성화
④ 스위치 게이트웨이 주소를 172.30.31.254로 설정

❹ 스위치 Trunk 설정

① 스위치 Fa0/24에 트렁크 설정한다.

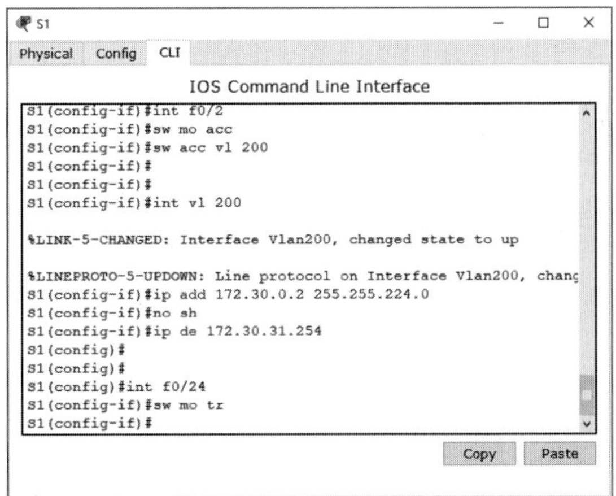

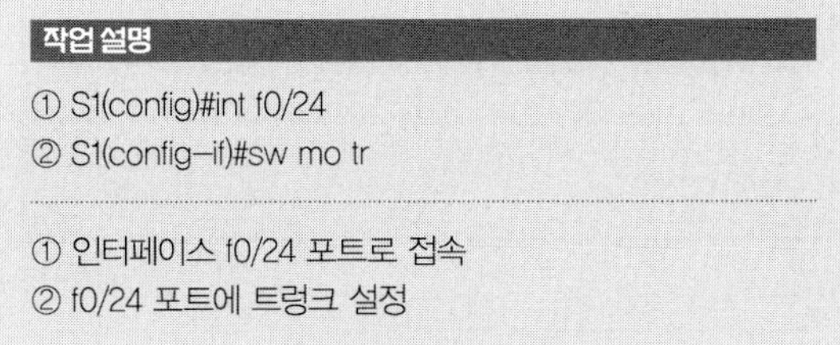

작업 설명

① S1(config)#int f0/24
② S1(config-if)#sw mo tr

① 인터페이스 f0/24 포트로 접속
② f0/24 포트에 트렁크 설정

❺ 라우터 R1 기본설정

① 도면에서 라우터 R1을 클릭하고 창이 뜨면 [CLI] 탭을 클릭하여 [IOS Command] 모드를 실행한다.
② 라우터에 IOS 명령을 입력하여 설정한다.

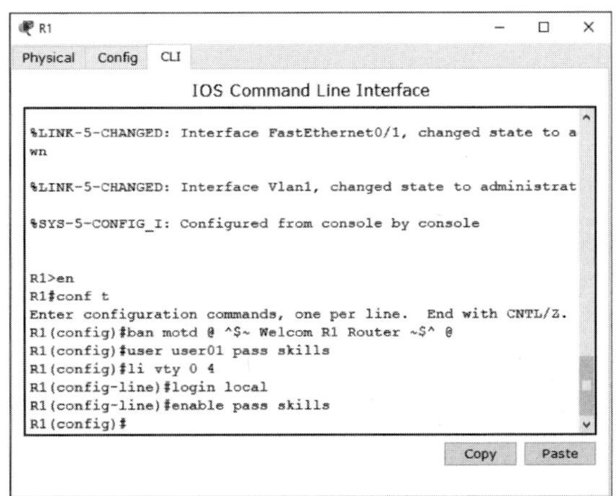

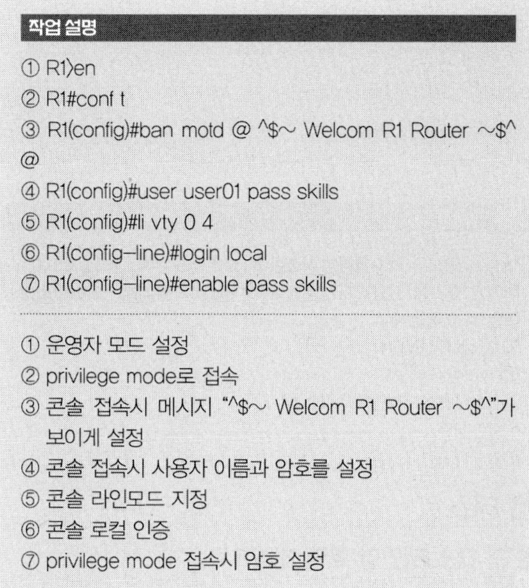

작업 설명

① R1>en
② R1#conf t
③ R1(config)#ban motd @ ^$~ Welcom R1 Router ~$^ @
④ R1(config)#user user01 pass skills
⑤ R1(config)#li vty 0 4
⑥ R1(config-line)#login local
⑦ R1(config-line)#enable pass skills

① 운영자 모드 설정
② privilege mode로 접속
③ 콘솔 접속시 메시지 "^$~ Welcom R1 Router ~$^"가 보이게 설정
④ 콘솔 접속시 사용자 이름과 암호를 설정
⑤ 콘솔 라인모드 지정
⑥ 콘솔 로컬 인증
⑦ privilege mode 접속시 암호 설정

6 라우터 동작 설정

① 포트활성화 및 서브인터페이스 구성(Inter-Vlan)

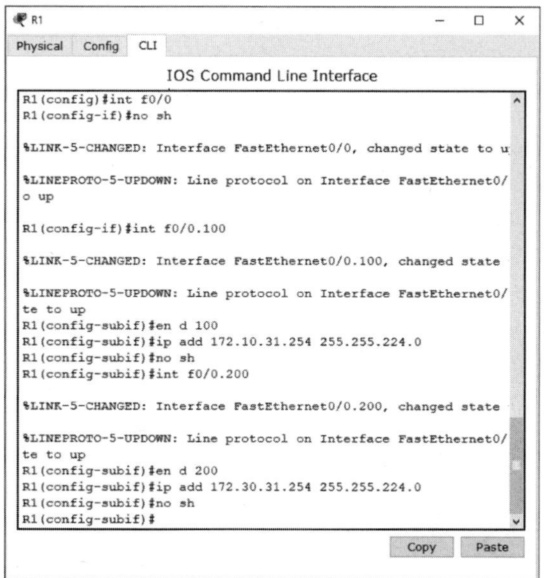

```
R1
Physical  Config  CLI
IOS Command Line Interface
R1(config)#int f0/0
R1(config-if)#no sh

%LINK-5-CHANGED: Interface FastEthernet0/0, changed state to u

%LINEPROTO-5-UPDOWN: Line protocol on Interface FastEthernet0/
o up

R1(config-if)#int f0/0.100

%LINK-5-CHANGED: Interface FastEthernet0/0.100, changed state

%LINEPROTO-5-UPDOWN: Line protocol on Interface FastEthernet0/
te to up
R1(config-subif)#en d 100
R1(config-subif)#ip add 172.10.31.254 255.255.224.0
R1(config-subif)#no sh
R1(config-subif)#int f0/0.200

%LINK-5-CHANGED: Interface FastEthernet0/0.200, changed state

%LINEPROTO-5-UPDOWN: Line protocol on Interface FastEthernet0/
te to up
R1(config-subif)#en d 200
R1(config-subif)#ip add 172.30.31.254 255.255.224.0
R1(config-subif)#no sh
R1(config-subif)#
Copy  Paste
```

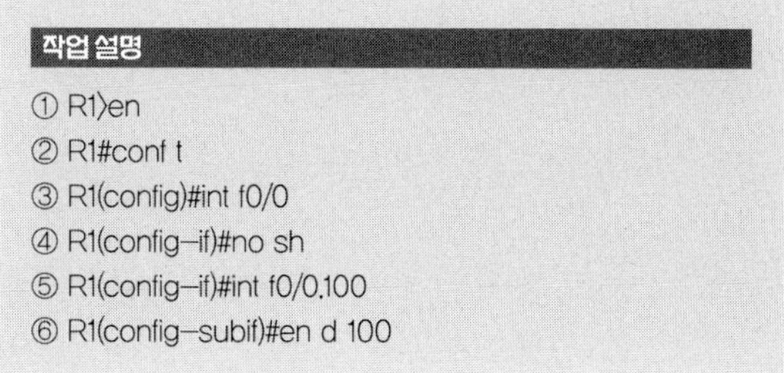

작업 설명

① R1>en
② R1#conf t
③ R1(config)#int f0/0
④ R1(config-if)#no sh
⑤ R1(config-if)#int f0/0.100
⑥ R1(config-subif)#en d 100
⑦ R1(config-subif)#ip add 172.10.31.254 255.255.224.0
⑧ R1(config-subif)#no sh
⑨ R1(config-subif)#int f0/0.200
⑩ R1(config-subif)#en d 200
⑪ R1(config-subif)#ip add 172.30.31.254 255.255.224.0
⑫ R1(config-subif)#no sh

① 라우터 운영자 모드 설정
② 라우터 privilege mode로 접속
③ 인터페이스 f0/0 포트로 이동
④ 인터페이스 f0/0 포트 활성화
⑤ vlan 100 서브인터페이스 생성
⑥ encapsulation dot1Q 100으로 설정
⑦ vlan 100에 속하는 장비들의 게이트웨이 주소와 서브넷 마스크 지정
⑧ f0/0.100 포트 활성화
⑨ vlan 200 서브인터페이스 생성
⑩ encapsulation dot1Q 200으로 설정
⑪ vlan 200에 속하는 장비들의 게이트웨이 주소와 서브넷 마스크 지정
⑫ f0/0.200 포트 활성화

7 라우터 시리얼 포트 설정

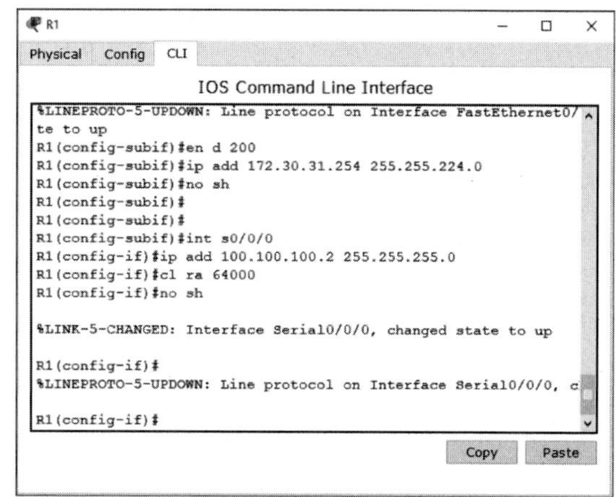

```
R1
Physical  Config  CLI
IOS Command Line Interface
%LINEPROTO-5-UPDOWN: Line protocol on Interface FastEthernet0/
te to up
R1(config-subif)#en d 200
R1(config-subif)#ip add 172.30.31.254 255.255.224.0
R1(config-subif)#no sh
R1(config-subif)#
R1(config-subif)#
R1(config-subif)#int s0/0/0
R1(config-if)#ip add 100.100.100.2 255.255.255.0
R1(config-if)#cl ra 64000
R1(config-if)#no sh

%LINK-5-CHANGED: Interface Serial0/0/0, changed state to up

R1(config-if)#
%LINEPROTO-5-UPDOWN: Line protocol on Interface Serial0/0/0, c

R1(config-if)#
Copy  Paste
```

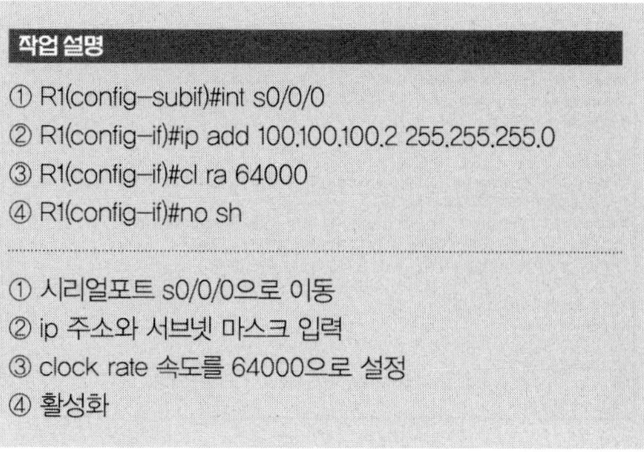

작업 설명

① R1(config-subif)#int s0/0/0
② R1(config-if)#ip add 100.100.100.2 255.255.255.0
③ R1(config-if)#cl ra 64000
④ R1(config-if)#no sh

① 시리얼포트 s0/0/0으로 이동
② ip 주소와 서브넷 마스크 입력
③ clock rate 속도를 64000으로 설정
④ 활성화

8 라우터 R1 기본 라우팅 설정

① cdp 실행

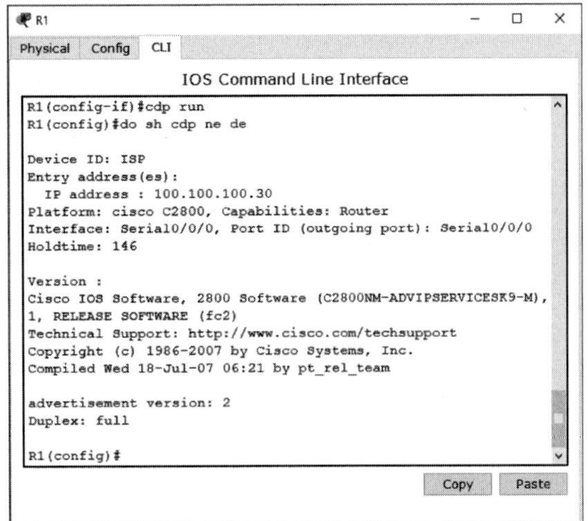

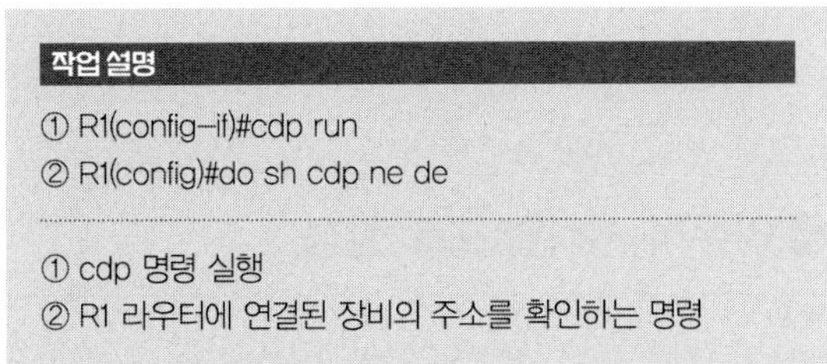

작업 설명

① R1(config-if)#cdp run
② R1(config)#do sh cdp ne de

① cdp 명령 실행
② R1 라우터에 연결된 장비의 주소를 확인하는 명령

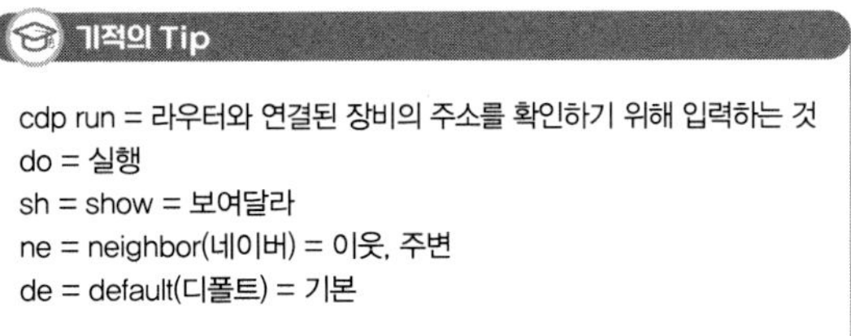

기적의 Tip

cdp run = 라우터와 연결된 장비의 주소를 확인하기 위해 입력하는 것
do = 실행
sh = show = 보여달라
ne = neighbor(네이버) = 이웃, 주변
de = default(디폴트) = 기본

② cdp 명령을 입력하고 ISP 시리얼포트 주소를 확인한다.

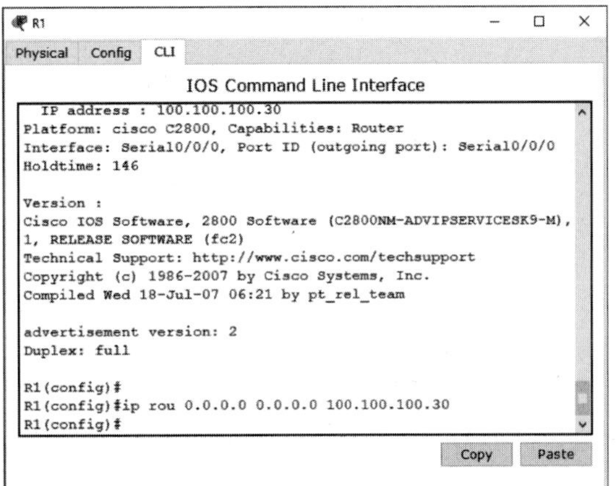

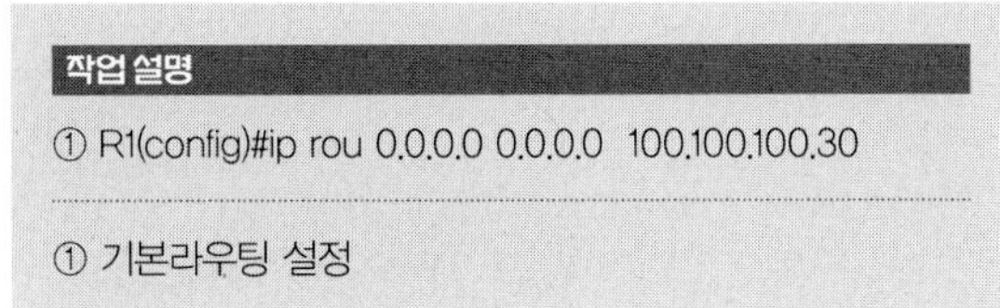

작업 설명

① R1(config)#ip rou 0.0.0.0 0.0.0.0 100.100.100.30

① 기본라우팅 설정

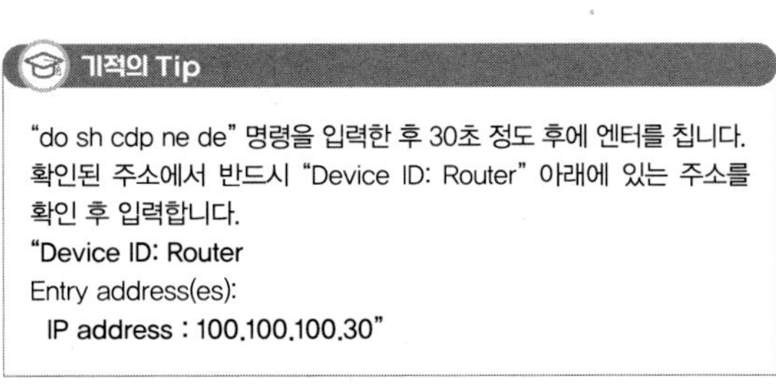

기적의 Tip

"do sh cdp ne de" 명령을 입력한 후 30초 정도 후에 엔터를 칩니다. 확인된 주소에서 반드시 "Device ID: Router" 아래에 있는 주소를 확인 후 입력합니다.

"Device ID: Router
Entry address(es):
IP address : 100.100.100.30"

9 테스트

(1) 핑 테스트(연결 확인 테스트)

① 작업창의 도면에서 Sales_PC를 클릭하고 [Desktop]–[Command Prompt]를 누른다.

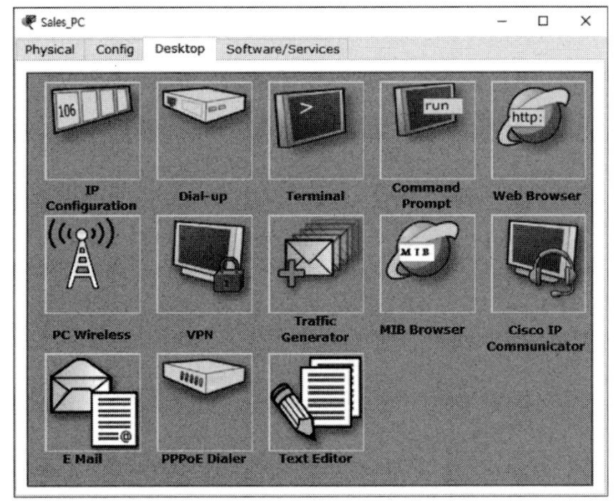

② "PC>"에 "ping 100.30.0.10"을 입력하여 아래와 같은 결과가 나오는지 확인한다.

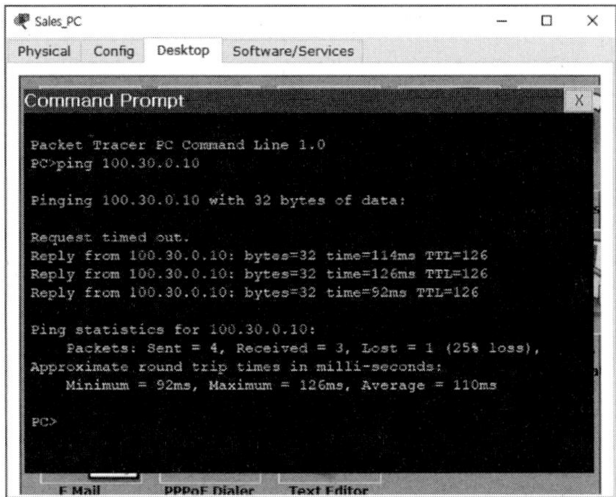

③ 작업창의 도면에서 Manage_PC를 클릭하고 [Desktop]-[Command Prompt]를 누른다.

④ "PC>"에 "ping 100.30.0.10"을 입력하여 아래와 같은 결과가 나오는지 확인한다.

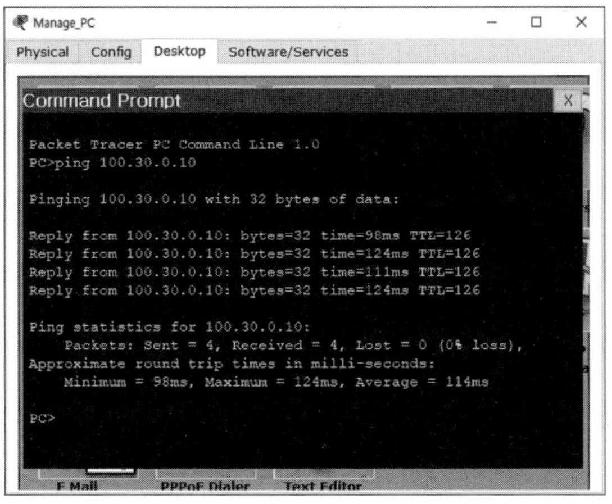

(2) 웹 접속 테스트(인터넷 연결 테스트)

① 작업창의 도면에서 Sales_PC를 클릭하고 [Desktop]-[Web Browser]를 누른다.

② URL 창에 "www.skills.com" 입력한 후 아래와 같은 결과가 나오는지 확인한다.

③ 작업창의 Manage_PC도 같은 방법으로 진행한다.

SECTION 02

모의고사 해설 02회

풀이 방법

◆ 채점기준표

장치명	항목	배점	개수	합계
PC	ip	1	2	2
	서브넷마스크	1	2	2
	게이트웨이	1	2	2
	서버주소	2	2	4
	소계			10
Switch	vlan번호, 이름	2	2	4
	포트에 할당	2	2	4
	주소 입력	1	8	8
	트렁크	1	4	4
	소계			20
라우터	활성화	4	1	4
	인터브이랜	8	2	16
	시리얼포트	5	1	5
	라우팅	15	1	15
	소계			40
기본설정	콘솔, 텔넷 메시지	10	1	10
	원격 로그인	10	1	10
	관리자 로그인	5	1	5
	모든 암호 암호화	5	1	5
	소계			30
	합계			100

1 IP 설정

① 패킷트레이서 프로그램을 실행한 후 [File]-[Open] 메뉴를 클릭하여 '모의02.pka' 파일을 불러온다.

② 'PC0'을 선택한 후 [Desktop] 탭의 [IP Configuration]을 클릭하여 주어진 IP 주소를 입력한다.

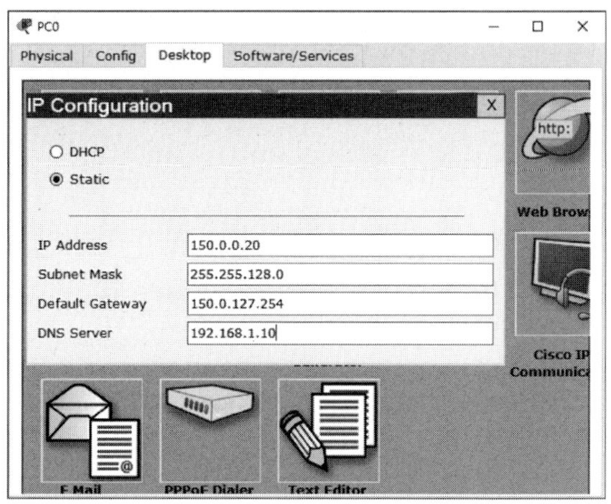

IP Address	150.0.0.20
Subnet Mask	255.255.128.0
Default Gateway	150.0.127.254
DNS Server	192.168.1.10

③ 'PC1'을 선택한 후 [Desktop] 탭의 [IP Configuration]을 클릭하여 주어진 IP 주소를 입력한다.

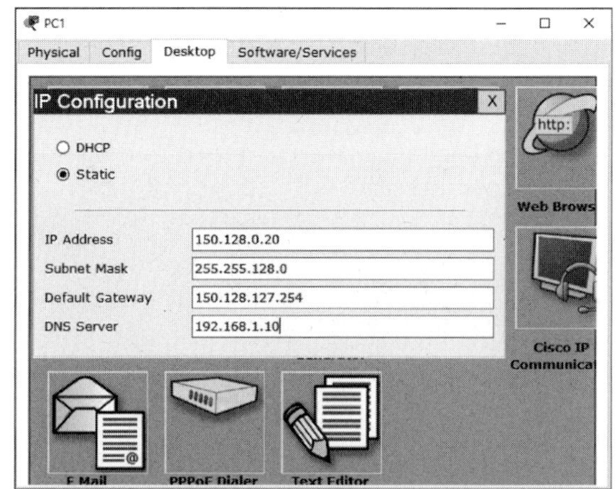

IP Address	150.128.0.20
Subnet Mask	255.255.128.0
Default Gateway	150.128.127.254
DNS Server	192.168.1.10

2 스위치 Switch VLAN 설정

① 도면에서 스위치 Switch를 클릭하고 창이 뜨면 [CLI] 탭을 클릭하여 IOS Command 모드를 실행한다.

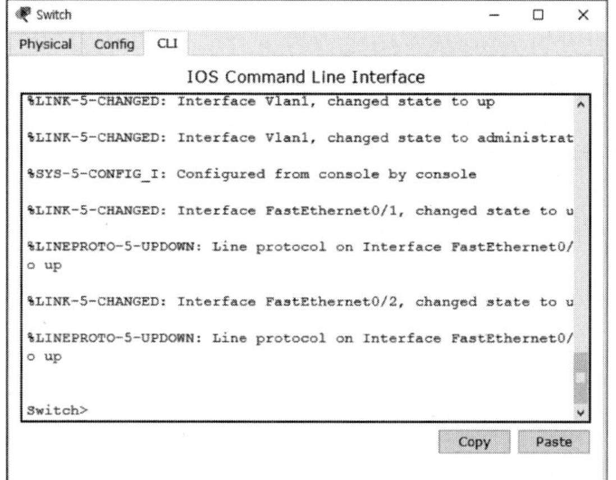

② 스위치에 IOS 명령을 입력하여 설정한다.

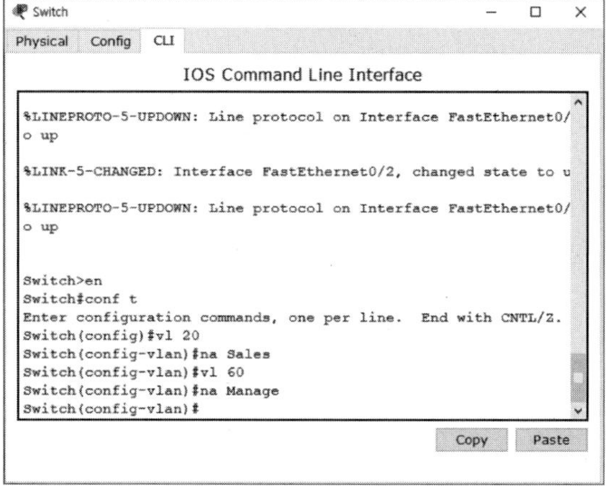

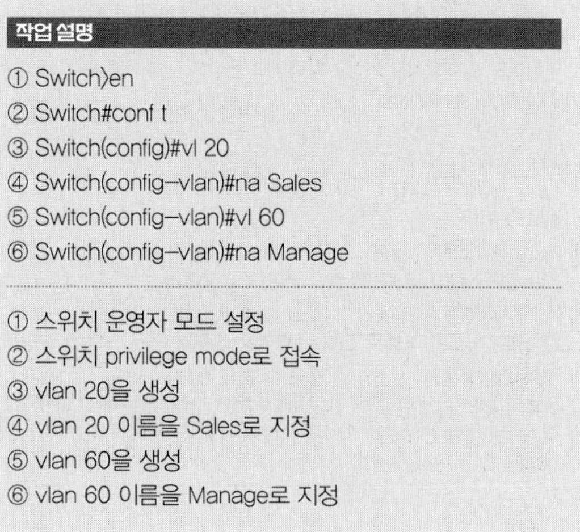

작업 설명

① Switch>en
② Switch#conf t
③ Switch(config)#vl 20
④ Switch(config-vlan)#na Sales
⑤ Switch(config-vlan)#vl 60
⑥ Switch(config-vlan)#na Manage

① 스위치 운영자 모드 설정
② 스위치 privilege mode로 접속
③ vlan 20을 생성
④ vlan 20 이름을 Sales로 지정
⑤ vlan 60을 생성
⑥ vlan 60 이름을 Manage로 지정

③ 설정한 VLAN에 Port를 할당한다.

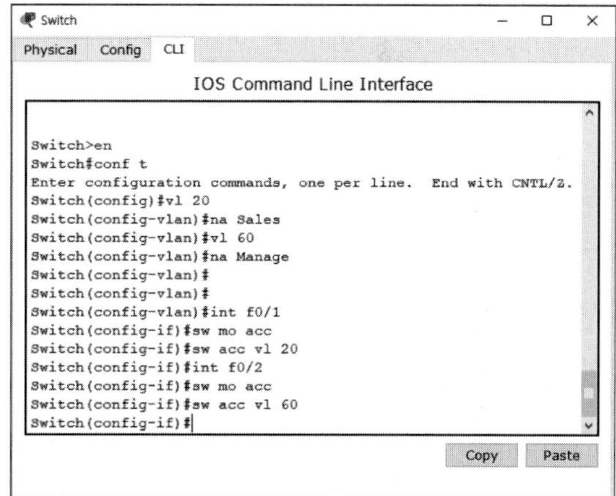

- Fastethernet 0/1 → vlan 20
- Fastethernet 0/2 → vlan 60

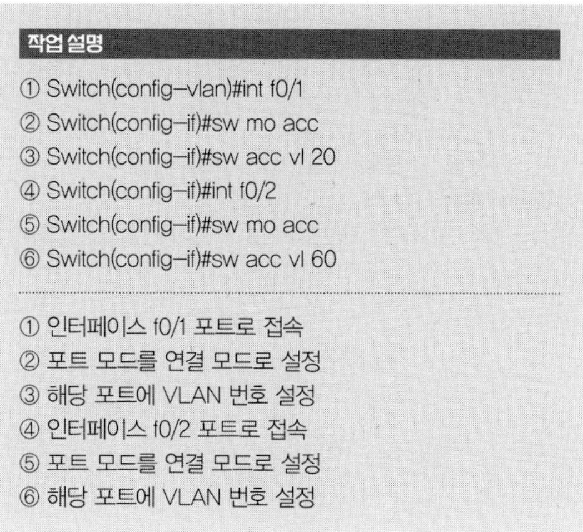

작업 설명

① Switch(config-vlan)#int f0/1
② Switch(config-if)#sw mo acc
③ Switch(config-if)#sw acc vl 20
④ Switch(config-if)#int f0/2
⑤ Switch(config-if)#sw mo acc
⑥ Switch(config-if)#sw acc vl 60

① 인터페이스 f0/1 포트로 접속
② 포트 모드를 연결 모드로 설정
③ 해당 포트에 VLAN 번호 설정
④ 인터페이스 f0/2 포트로 접속
⑤ 포트 모드를 연결 모드로 설정
⑥ 해당 포트에 VLAN 번호 설정

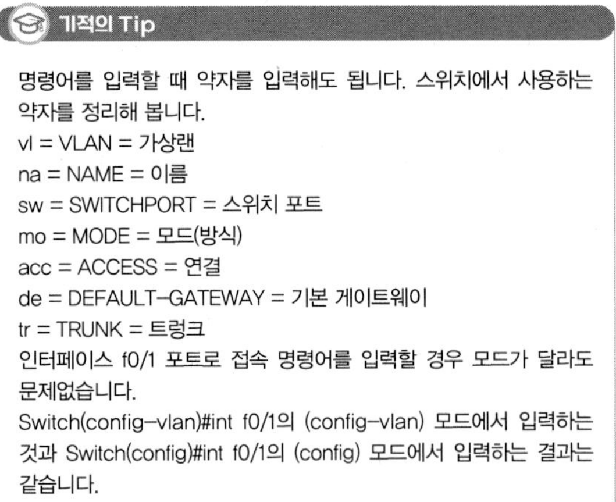

기적의 Tip

명령어를 입력할 때 약자를 입력해도 됩니다. 스위치에서 사용하는 약자를 정리해 봅니다.
vl = VLAN = 가상랜
na = NAME = 이름
sw = SWITCHPORT = 스위치 포트
mo = MODE = 모드(방식)
acc = ACCESS = 연결
de = DEFAULT-GATEWAY = 기본 게이트웨이
tr = TRUNK = 트렁크
인터페이스 f0/1 포트로 접속 명령어를 입력할 경우 모드가 달라도 문제없습니다.
Switch(config-vlan)#int f0/1의 (config-vlan) 모드에서 입력하는 것과 Switch(config)#int f0/1의 (config) 모드에서 입력하는 결과는 같습니다.

❸ 스위치 주소 입력

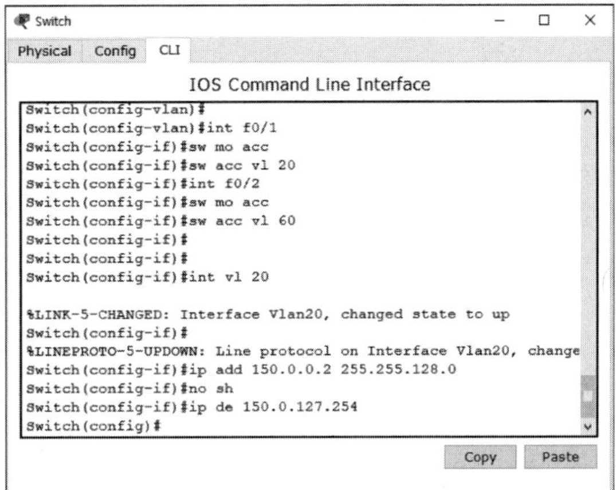

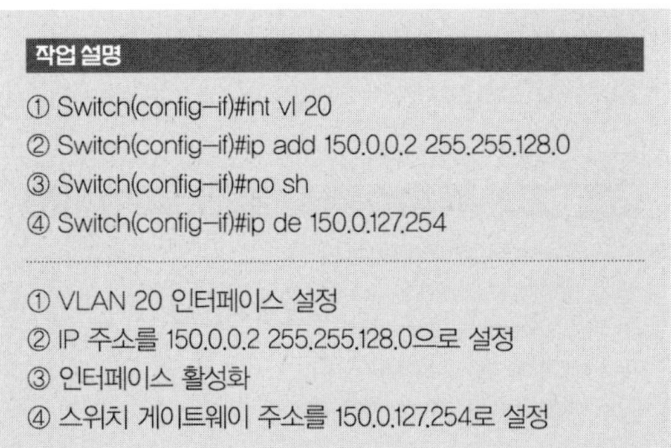

작업 설명

① Switch(config-if)#int vl 20
② Switch(config-if)#ip add 150.0.0.2 255.255.128.0
③ Switch(config-if)#no sh
④ Switch(config-if)#ip de 150.0.127.254

① VLAN 20 인터페이스 설정
② IP 주소를 150.0.0.2 255.255.128.0으로 설정
③ 인터페이스 활성화
④ 스위치 게이트웨이 주소를 150.0.127.254로 설정

❹ 스위치 Trunk 설정

① 스위치 Fa0/24에 트렁크 설정한다.

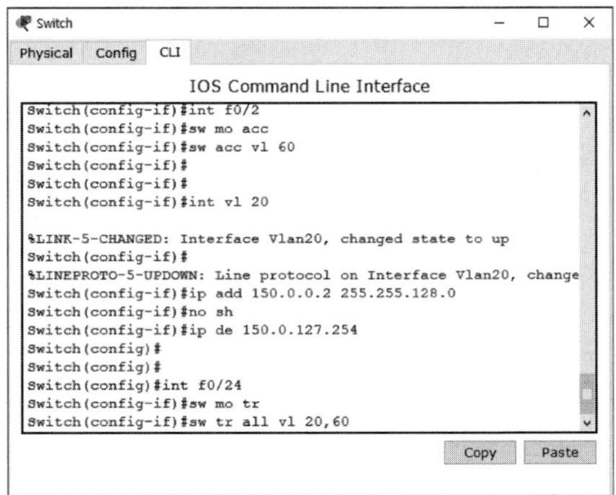

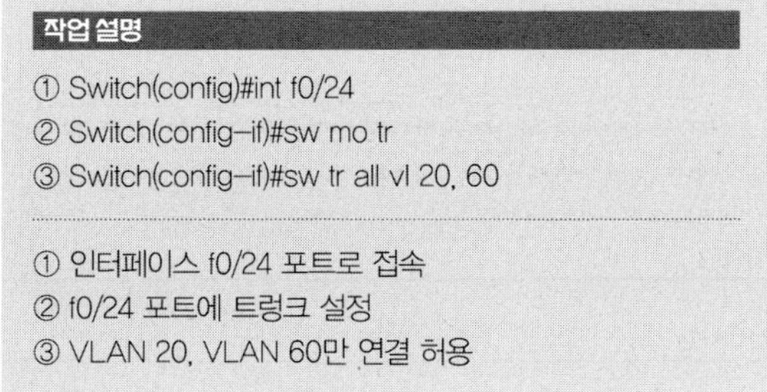

작업 설명

① Switch(config)#int f0/24
② Switch(config-if)#sw mo tr
③ Switch(config-if)#sw tr all vl 20, 60

① 인터페이스 f0/24 포트로 접속
② f0/24 포트에 트렁크 설정
③ VLAN 20, VLAN 60만 연결 허용

❺ 라우터 R1 기본설정

① 도면에서 라우터 R1을 클릭하고 창이 뜨면 [CLI] 탭을 클릭하여 IOS Command 모드를 실행한다.

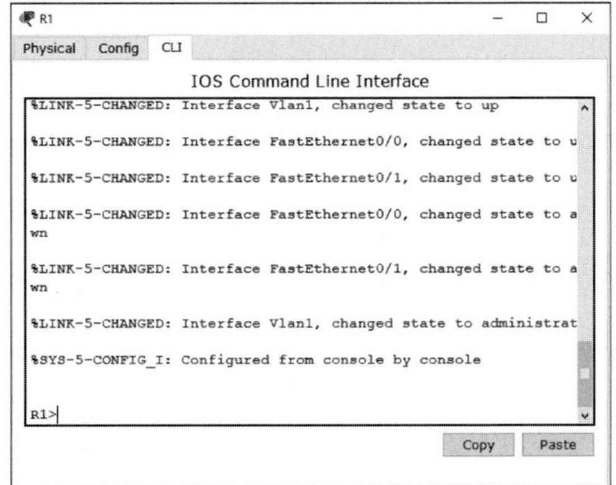

② 라우터에 IOS 명령을 입력하여 설정한다.

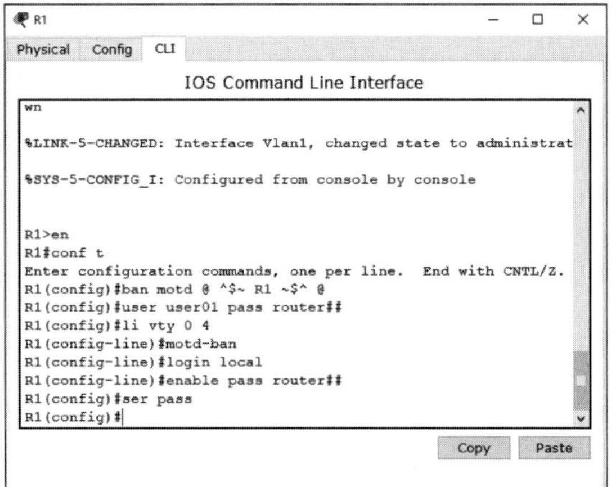

작업 설명

① R1>en
② R1#conf t
③ R1(config)#ban motd @ ^$~ R1 ~$^ @
④ R1(config)#user user01 pass router##
⑤ R1(config)#li vty 0 4
⑥ R1(config-line)#motd-ban
⑦ R1(config-line)#login local
⑧ R1(config-line)#enable pass router##
⑨ R1(config)#ser pass

① 운영자 모드 설정
② privilege mode로 접속
③ 콘솔 접속시 메시지 "^$~ R1 ~$^"가 보이게 설정
④ 콘솔 접속시 사용자 이름과 암호를 설정
⑤ 텔넷 라인모드 지정
⑥ 텔넷에 메시지 보이게 설정
⑦ 텔넷 로컬 인증
⑧ privilege mode 접속시 암호 설정
⑨ 모든 암호를 암호화 설정

기적의 Tip

ser pass = service password-encription = 설정한 모든 암호를 암호화 하는 명령어입니다.

6 라우터 동작 설정

① 포트활성화 및 서브인터페이스 구성(Inter-Vlan)

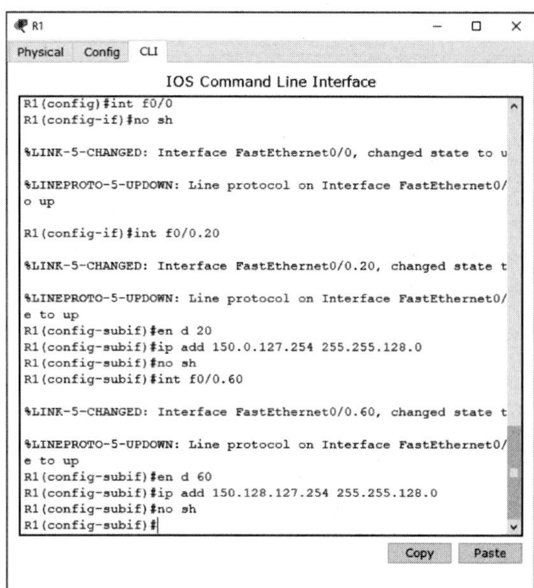

작업 설명

① R1>en
② R1#conf t
③ R1(config)#int f0/0
④ R1(config-if)#no sh
⑤ R1(config-if)#int f0/0.20
⑥ R1(config-subif)#en d 20
⑦ R1(config-subif)#ip add 150.0.127.254 255.255.128.0
⑧ R1(config-subif)#no sh
⑨ R1(config-subif)#int f0/0.60
⑩ R1(config-subif)#en d 60
⑪ R1(config-subif)#ip add 150.128.127.254 255.255.128.0
⑫ R1(config-subif)#no sh

① 라우터 운영자 모드 설정
② 라우터 privilege mode로 접속
③ 인터페이스 f0/0 포트로 이동
④ 인터페이스 f0/0 포트 활성화
⑤ vlan 10 서브인터페이스 생성
⑥ encapsulation dot1Q 10으로 설정
⑦ vlan 10에 속하는 장비들의 게이트웨이 주소와 서브넷 마스크 지정
⑧ f0/0.10 포트 활성화
⑨ vlan 20 서브인터페이스 생성
⑩ encapsulation dot1Q 20으로 설정
⑪ vlan 20에 속하는 장비들의 게이트웨이 주소와 서브넷 마스크 지정
⑫ f0/0.20 포트 활성화

7 라우터 시리얼 포트 설정

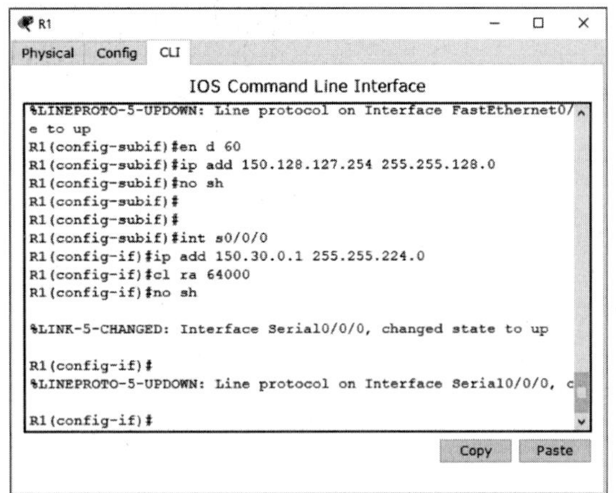

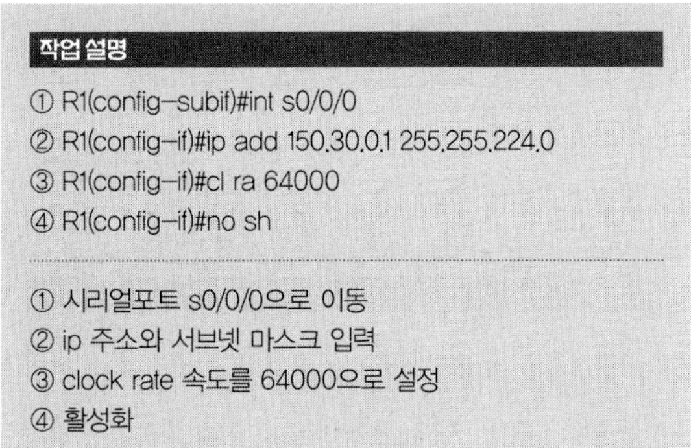

작업 설명

① R1(config–subif)#int s0/0/0
② R1(config–if)#ip add 150.30.0.1 255.255.224.0
③ R1(config–if)#cl ra 64000
④ R1(config–if)#no sh

① 시리얼포트 s0/0/0으로 이동
② ip 주소와 서브넷 마스크 입력
③ clock rate 속도를 64000으로 설정
④ 활성화

기적의 Tip

시리얼포트 주소 입력시 서브넷마스크는 네트워크의 /30을 적용합니다.

8 라우터 R1 정적 라우팅 설정

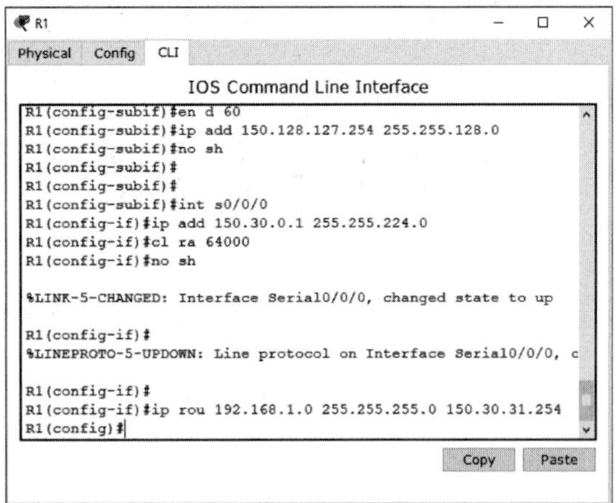

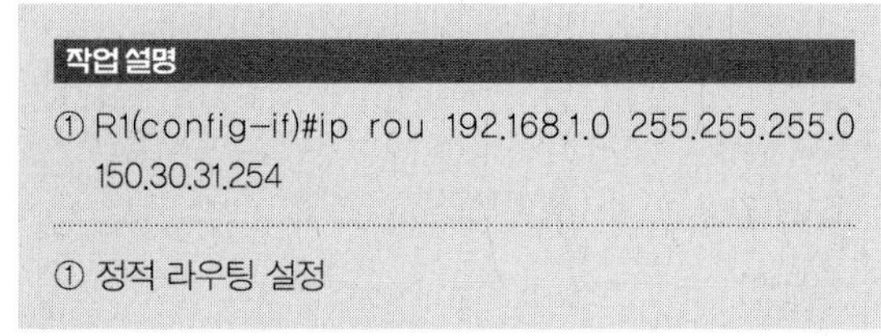

작업 설명

① R1(config–if)#ip rou 192.168.1.0 255.255.255.0 150.30.31.254

① 정적 라우팅 설정

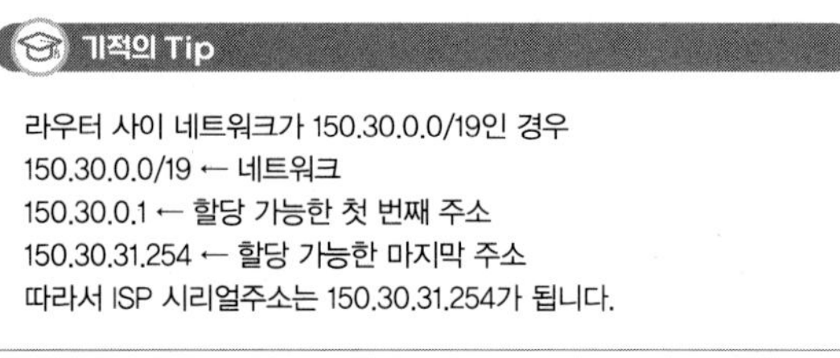

기적의 Tip

라우터 사이 네트워크가 150.30.0.0/19인 경우
150.30.0.0/19 ← 네트워크
150.30.0.1 ← 할당 가능한 첫 번째 주소
150.30.31.254 ← 할당 가능한 마지막 주소
따라서 ISP 시리얼주소는 150.30.31.254가 됩니다.

9 테스트

(1) 핑 테스트(연결 확인 테스트)

① 작업창의 도면에서 PC0을 클릭하고 [Desktop]–[Command Prompt]를 누른다.

② "PC>"에 "ping 192.168.1.10"을 입력하여 아래와 같은 결과가 나오는지 확인한다.

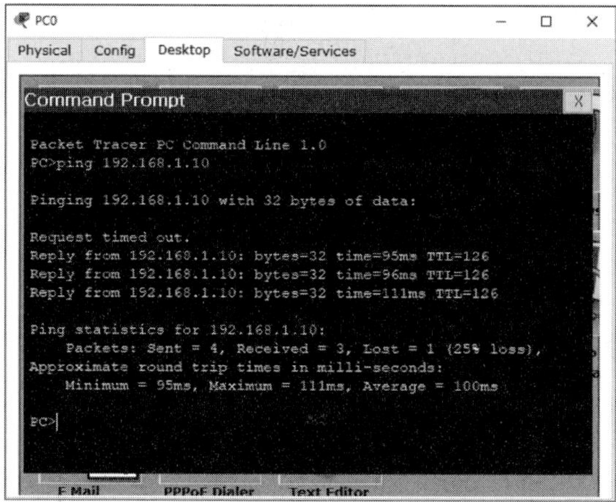

③ 작업창의 도면에서 PC1을 클릭하고 [Desktop]–[Command Prompt]를 누른다.

④ "PC>"에 "ping 192.168.1.10"을 입력하여 아래와 같은 결과가 나오는지 확인한다.

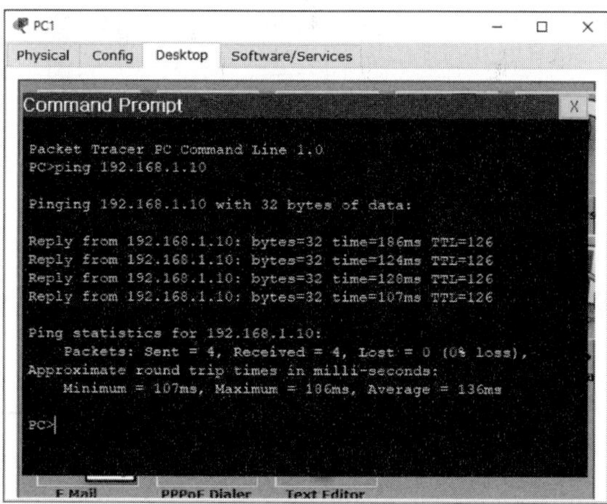

(2) 웹 접속 테스트(인터넷 연결 테스트)

① 작업창의 도면에서 각 PC를 클릭하고 [Desktop]–[Web Browser]를 누른다.

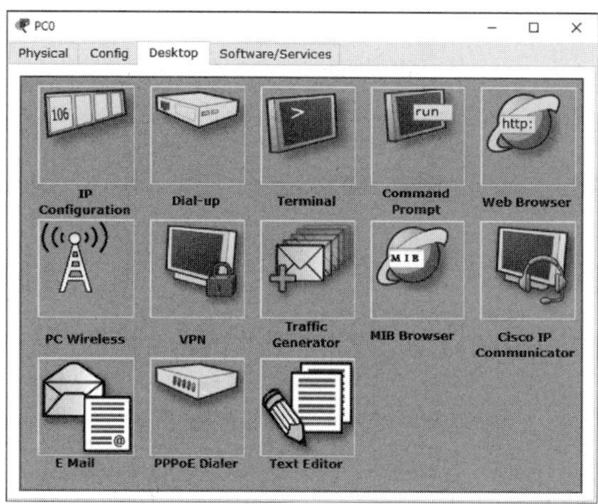

② URL 창에 "www.skills.com" 입력한 후 아래와 같은 결과가 나오는지 확인한다.

SECTION 03

모의고사 해설 03회

풀이 방법

◆ 채점기준표

장치명	항목	배점	개수	합계
PC	ip	1	4	4
	서브넷마스크	1	4	4
	게이트웨이	2	4	8
	소계			16
Switch	vlan번호, 이름	2	2	4
	포트에 할당	2	2	4
	주소 입력	6	2	12
	트렁크	2	3	6
	Port-Security	10	1	10
	소계			36
라우터	활성화	4	1	4
	인터브이랜	8	4	32
	소계			36
기본설정	콘솔로그인	9	1	9
	DNS 질의	3	1	3
	소계			12
	합계			100

1 IP 설정

① 패킷트레이서 프로그램을 실행한 후 [File]-[Open] 메뉴를 클릭하여 '모의03.pka' 파일을 불러온다.

② 'PC0'을 선택한 후 [Desktop] 탭의 [IP Configuration]을 클릭하여 주어진 IP 주소를 입력한다.

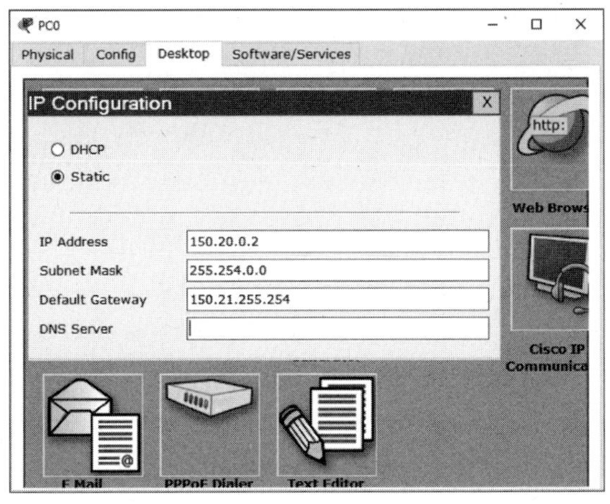

IP Address	150.20.0.2
Subnet Mask	255.254.0.0
Default Gateway	150.21.255.254

③ 'PC1'을 선택한 후 [Desktop] 탭의 [IP Configuration]을 클릭하여 주어진 IP 주소를 입력한다.

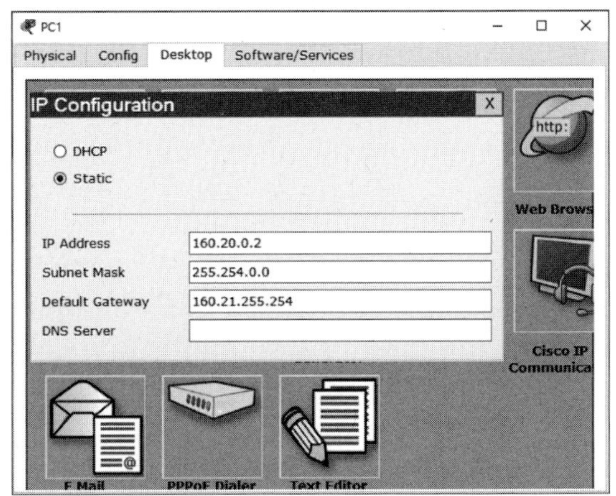

IP Address	160.20.0.2
Subnet Mask	255.254.0.0
Default Gateway	160.21.255.254

④ 'PC2'을 선택한 후 [Desktop] 탭의 [IP Configuration]을 클릭하여 주어진 IP 주소를 입력한다.

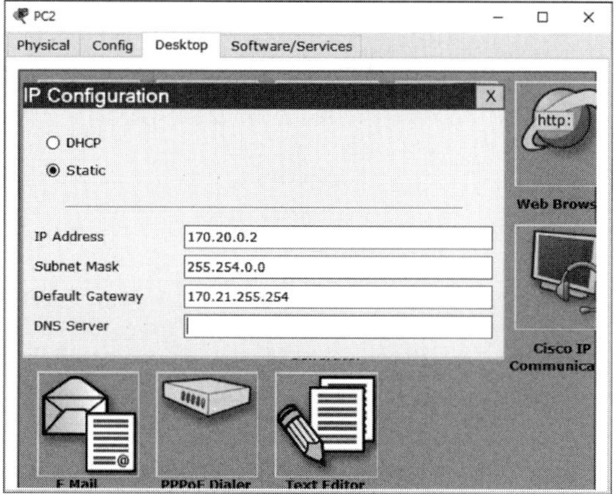

IP Address	170.20.0.2
Subnet Mask	255.254.0.0
Default Gateway	170.21.255.254

⑤ 'PC3'을 선택한 후 [Desktop] 탭의 [IP Configuration]을 클릭하여 주어진 IP 주소를 입력한다.

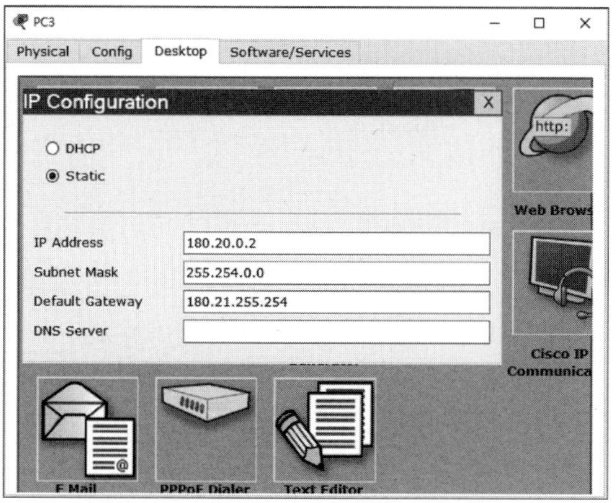

IP Address	180.20.0.2
Subnet Mask	255.254.0.0
Default Gateway	180.21.255.254

기적의 Tip

할당 가능한 마지막 주소는 네트워크 주소와 와일드카드마스크의 각 자리를 더한 후 마지막 숫자에서 1을 빼서 구합니다.

2 스위치 S1 설정

① 도면에서 스위치 S1을 클릭하고 창이 뜨면 [CLI] 탭을 클릭하여 IOS Command 모드를 실행한다.

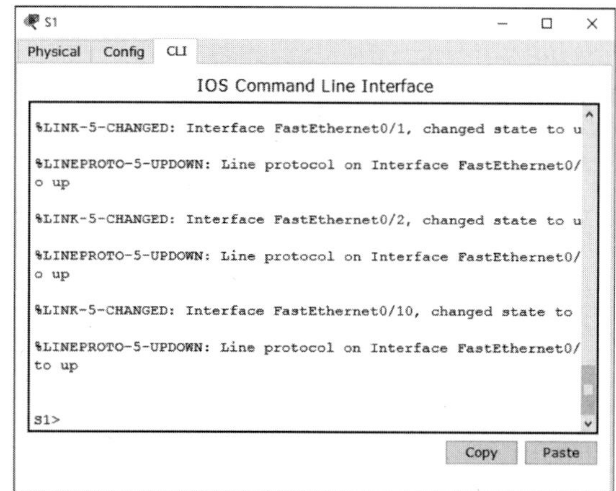

② 스위치에 IOS 명령을 입력하여 설정한다.

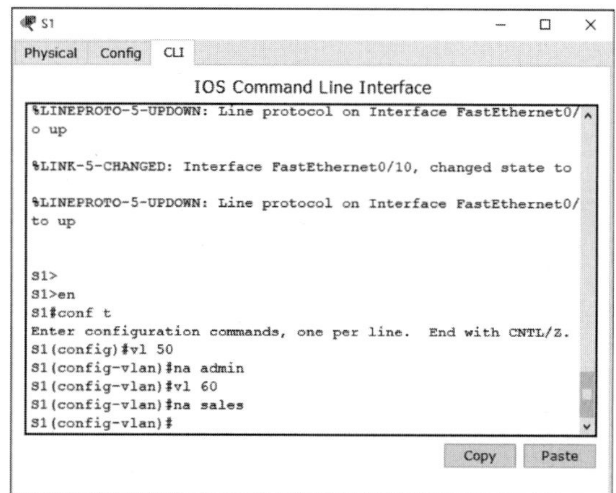

작업 설명

① S1>en
② S1#conf t
③ S1(config)#vl 50
④ S1(config-vlan)#na admin
⑤ S1(config-vlan)#vl 60
⑥ S1(config-vlan)#na sales

① 스위치 운영자 모드 설정
② 스위치 privilege mode로 접속
③ vlan 50을 생성
④ vlan 50 이름을 admin으로 지정
⑤ vlan 60을 생성
⑥ vlan 60 이름을 sales로 지정

③ 설정한 VLAN에 Port를 할당한다.

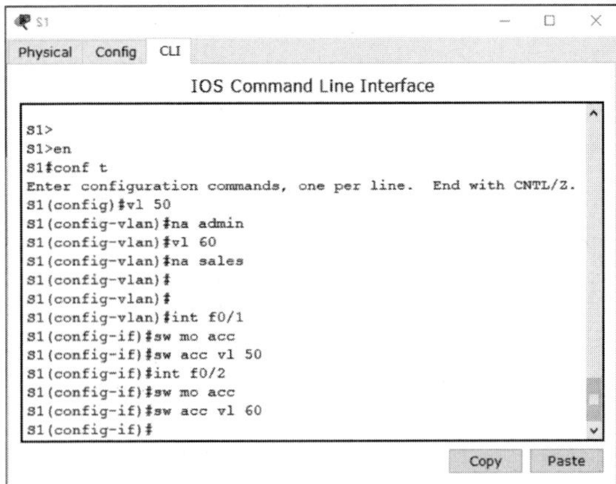

- Fastethernet 0/1 → vlan 50
- Fastethernet 0/2 → vlan 60

작업 설명

① S1(config-vlan)#int f0/1
② S1(config-if)#sw mo acc
③ S1(config-if)#sw acc vl 50
④ S1(config-if)#int f0/2
⑤ S1(config-if)#sw mo acc
⑥ S1(config-if)#sw acc vl 60

① 인터페이스 f0/1 포트로 접속
② 포트 모드를 연결 모드로 설정
③ 해당 포트에 VLAN 번호 설정
④ 인터페이스 f0/2 포트로 접속
⑤ 포트 모드를 연결 모드로 설정
⑥ 해당 포트에 VLAN 번호 설정

기적의 Tip

- 명령어를 입력할 때 약자를 입력해도 됩니다. 스위치에서 사용하는 약자를 정리해 봅니다.
  vl → VLAN = 가상랜
  na → NAME = 이름
  sw → SWITCHPORT = 스위치 포트
  mo → MODE = 모드(방식)
  acc → ACCESS = 연결
  de → DEFAULT-GATEWAY = 기본 게이트웨이
  trt → = 트렁크
- 인터페이스 f0/1 포트로 접속 명령어를 입력할 경우 모드가 달라도 문제 없습니다.
- Switch(config-vlan)#int f0/1의 (config-vlan) 모드에서 입력하는 것과 Switch(config)#int f0/1의 (config) 모드에서 입력하는 결과는 같습니다.

④ 스위치 S1에 주소를 입력한다.

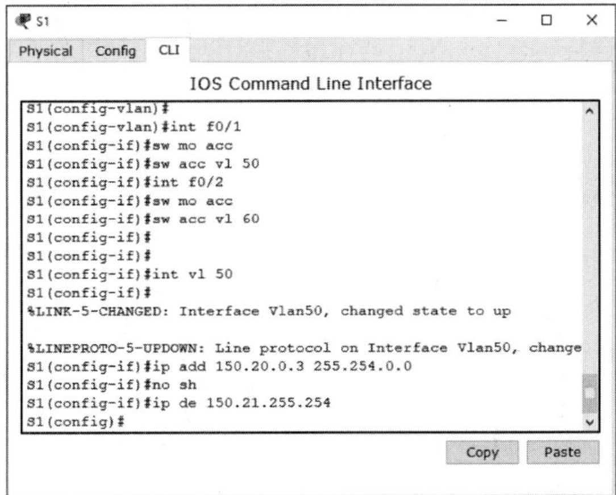

작업 설명

① S1(config-if)#int vl 50
② S1(config-if)#ip add 150.20.0.3 255.254.0.0
③ S1(config-if)#no sh
④ S1(config)#ip de 150.21.255.254

① VLAN 50 인터페이스 설정
② IP 주소를 150.20.0.3 255.254.0.0
③ 인터페이스 활성화
④ 스위치 게이트웨이 주소를 150.21.255.254로 설정

⑤ 스위치 S1에 Trunk 설정

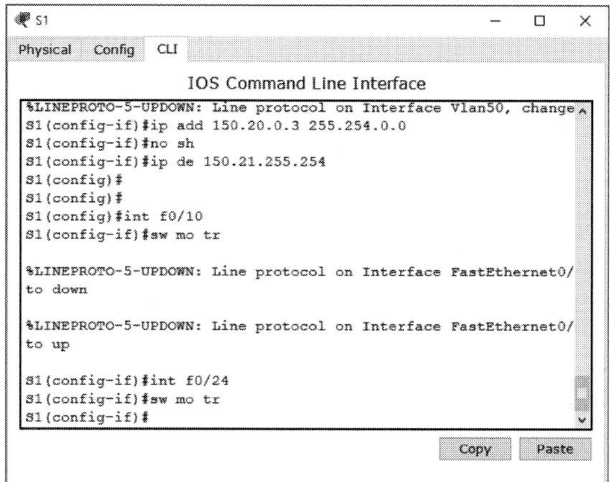

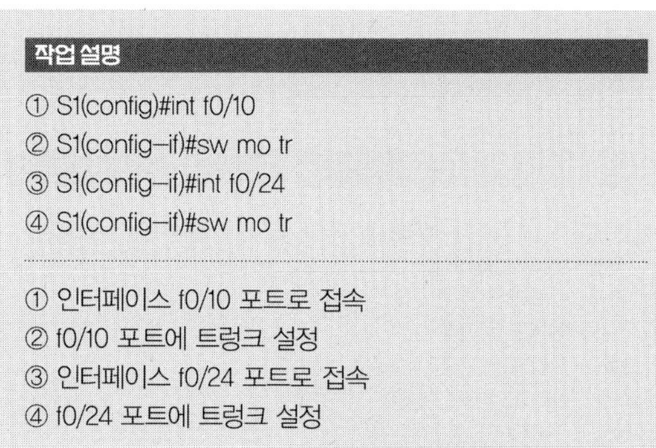

작업 설명

① S1(config)#int f0/10
② S1(config–if)#sw mo tr
③ S1(config–if)#int f0/24
④ S1(config–if)#sw mo tr

① 인터페이스 f0/10 포트로 접속
② f0/10 포트에 트렁크 설정
③ 인터페이스 f0/24 포트로 접속
④ f0/24 포트에 트렁크 설정

기적의 Tip

S1에서 라우터와 스위치로 나가는 포트가 f0/24와 f0/10 2군데입니다. 따라서 이 2개의 포트에 트렁크를 설정해야 합니다.

⑥ 스위치 S1에 Port–security(보안) 설정

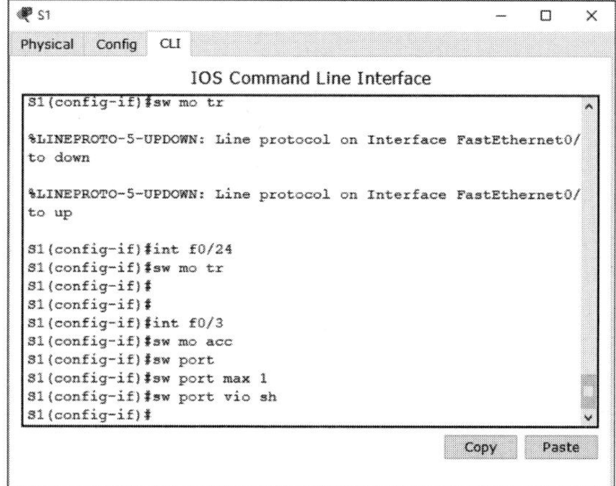

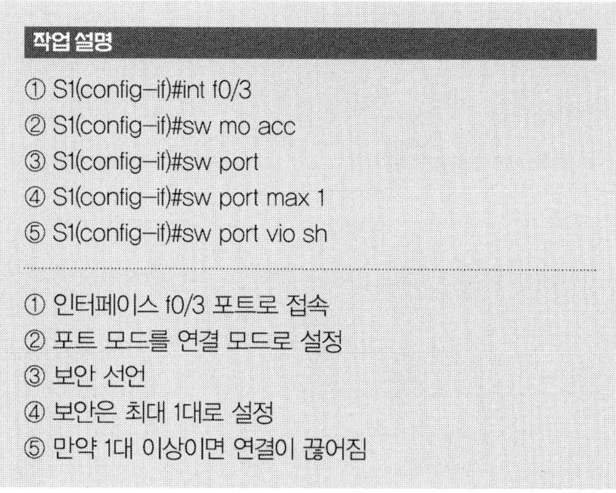

작업 설명

① S1(config–if)#int f0/3
② S1(config–if)#sw mo acc
③ S1(config–if)#sw port
④ S1(config–if)#sw port max 1
⑤ S1(config–if)#sw port vio sh

① 인터페이스 f0/3 포트로 접속
② 포트 모드를 연결 모드로 설정
③ 보안 선언
④ 보안은 최대 1대로 설정
⑤ 만약 1대 이상이면 연결이 끊어짐

기적의 Tip

- port = port–security = 포트 보안
- max = maximum = 최대
- vio = violation = 변화
- sh = shutdown = 끊어짐

3 스위치 S2 설정

① 도면에서 스위치 S2을 클릭하고 창이 뜨면 [CLI] 탭을 클릭하여 IOS Command 모드를 실행한다.

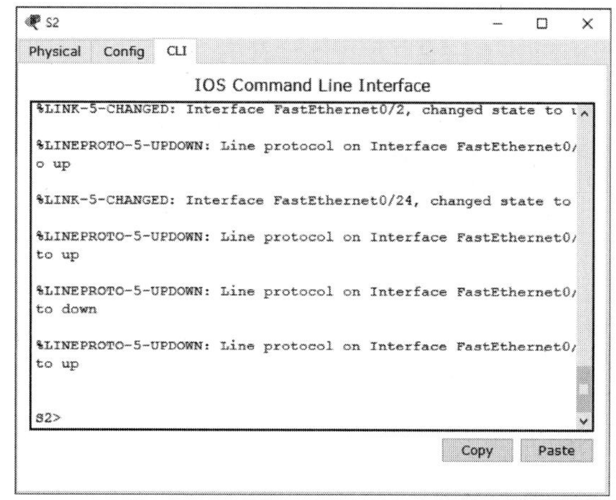

② 스위치에 IOS 명령을 입력하여 설정한다.

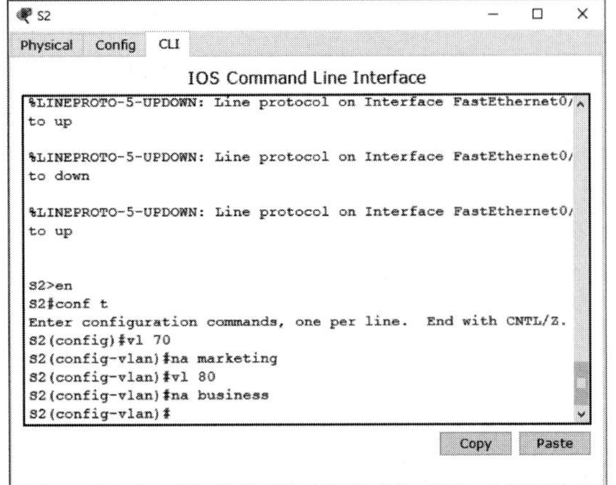

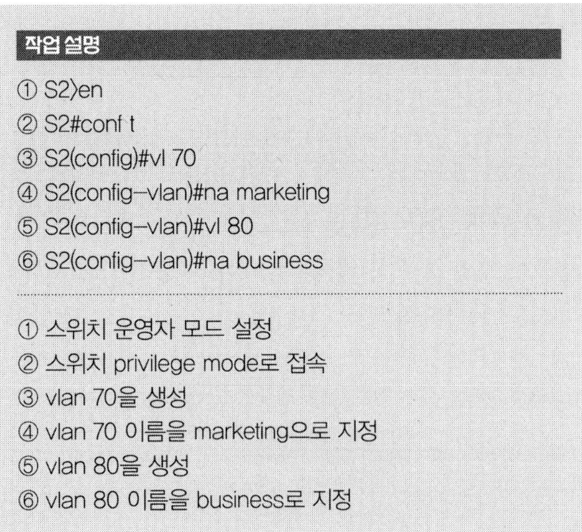

작업 설명

① S2>en
② S2#conf t
③ S2(config)#vl 70
④ S2(config–vlan)#na marketing
⑤ S2(config–vlan)#vl 80
⑥ S2(config–vlan)#na business

① 스위치 운영자 모드 설정
② 스위치 privilege mode로 접속
③ vlan 70을 생성
④ vlan 70 이름을 marketing으로 지정
⑤ vlan 80을 생성
⑥ vlan 80 이름을 business로 지정

③ 설정한 VLAN에 Port를 할당한다.

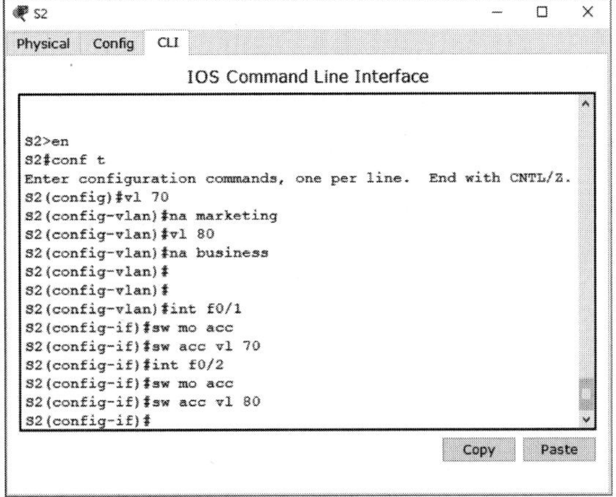

- Fastethernet 0/1 → vlan 70
- Fastethernet 0/2 → vlan 80

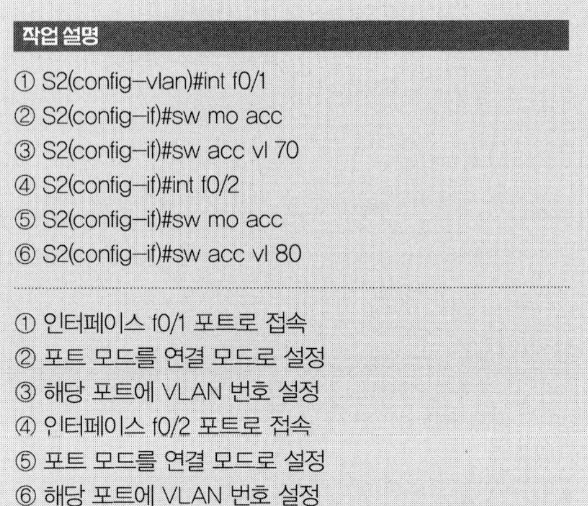

작업 설명

① S2(config–vlan)#int f0/1
② S2(config–if)#sw mo acc
③ S2(config–if)#sw acc vl 70
④ S2(config–if)#int f0/2
⑤ S2(config–if)#sw mo acc
⑥ S2(config–if)#sw acc vl 80

① 인터페이스 f0/1 포트로 접속
② 포트 모드를 연결 모드로 설정
③ 해당 포트에 VLAN 번호 설정
④ 인터페이스 f0/2 포트로 접속
⑤ 포트 모드를 연결 모드로 설정
⑥ 해당 포트에 VLAN 번호 설정

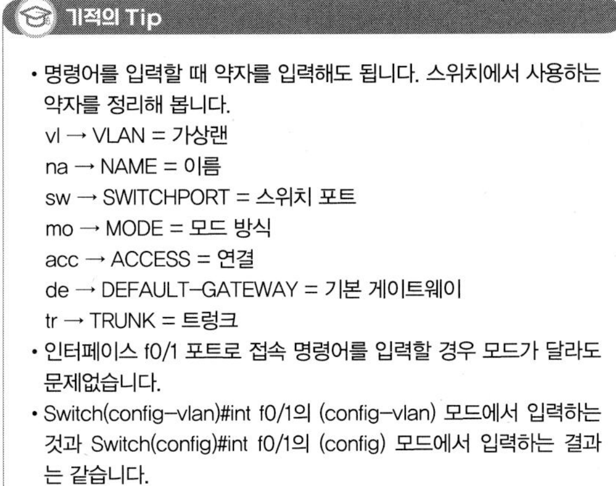

기적의 Tip

- 명령어를 입력할 때 약자를 입력해도 됩니다. 스위치에서 사용하는 약자를 정리해 봅니다.
  vl → VLAN = 가상랜
  na → NAME = 이름
  sw → SWITCHPORT = 스위치 포트
  mo → MODE = 모드 방식
  acc → ACCESS = 연결
  de → DEFAULT–GATEWAY = 기본 게이트웨이
  tr → TRUNK = 트렁크
- 인터페이스 f0/1 포트로 접속 명령어를 입력할 경우 모드가 달라도 문제없습니다.
- Switch(config–vlan)#int f0/1의 (config–vlan) 모드에서 입력하는 것과 Switch(config)#int f0/1의 (config) 모드에서 입력하는 결과는 같습니다.

④ 스위치 S2에 주소를 입력한다.

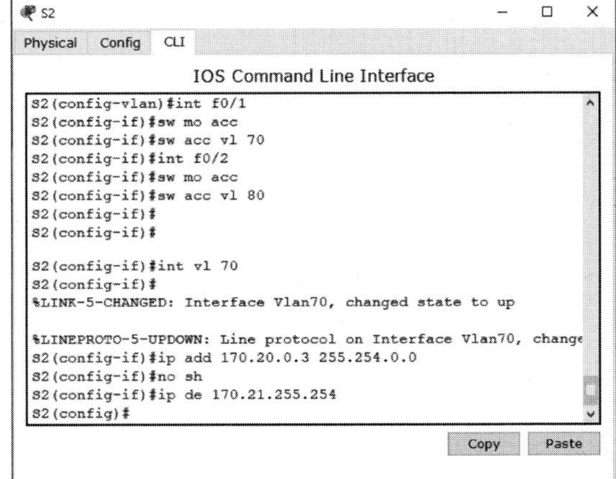

작업 설명

① S2(config-if)#int vl 70
② S2(config-if)#ip add 170.20.0.3 255.254.0.0
③ S2(config-if)#no sh
④ S2(config)#ip de 170.21.255.254

① VLAN 50 인터페이스 설정
② IP 주소를 170.20.0.3 255.254.0.0
③ 인터페이스 활성화
④ 스위치 게이트웨이 주소를 170.21.255.254로 설정

⑤ 스위치 S2에 Trunk를 설정한다.

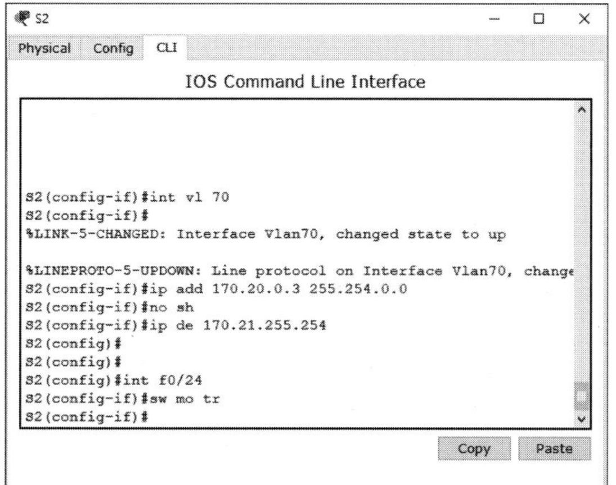

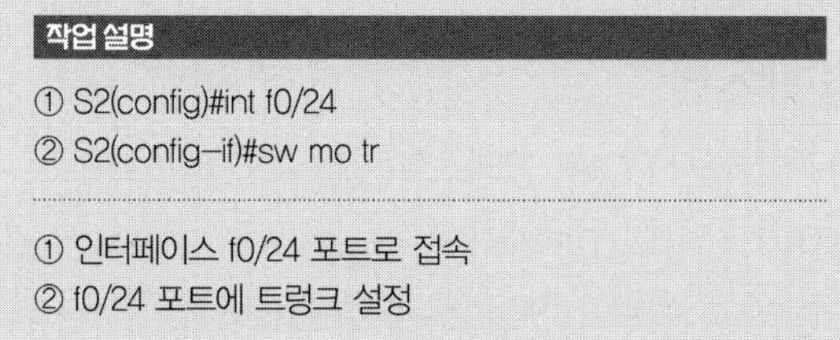

작업 설명

① S2(config)#int f0/24
② S2(config-if)#sw mo tr

① 인터페이스 f0/24 포트로 접속
② f0/24 포트에 트렁크 설정

4 라우터 R1 기본설정

① 도면에서 라우터 R1을 클릭하고 창이 뜨면 [CLI] 탭을 클릭하여 IOS Command 모드를 실행한다.

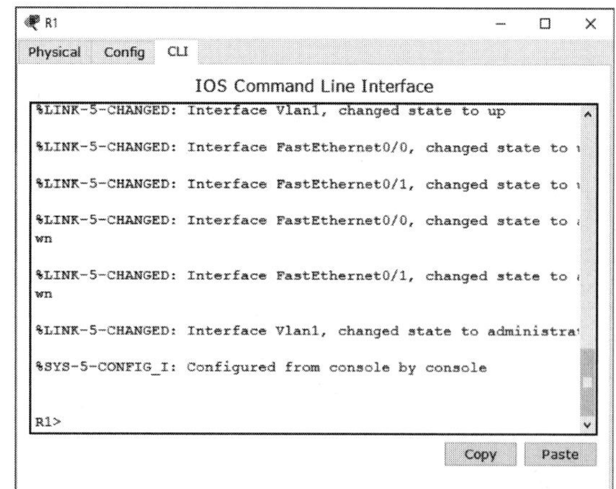

② 라우터에 기본 설정을 입력한다.

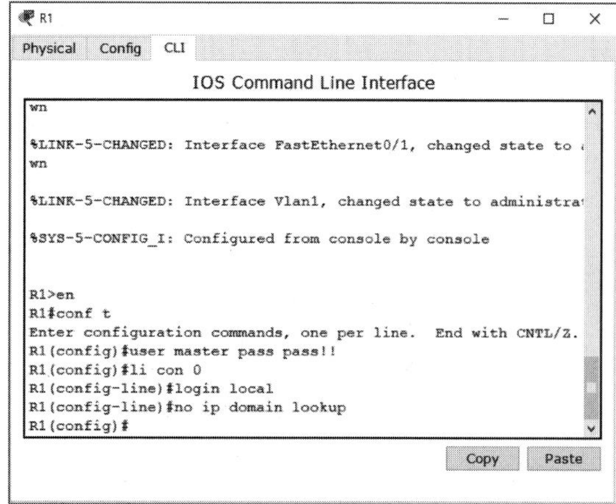

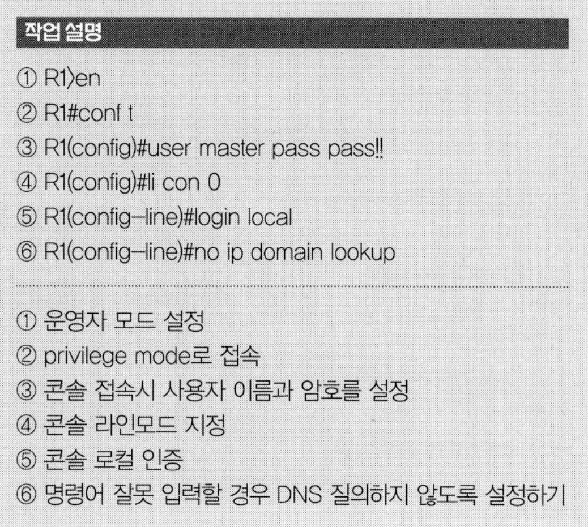

작업 설명

① R1>en
② R1#conf t
③ R1(config)#user master pass pass!!
④ R1(config)#li con 0
⑤ R1(config-line)#login local
⑥ R1(config-line)#no ip domain lookup

① 운영자 모드 설정
② privilege mode로 접속
③ 콘솔 접속시 사용자 이름과 암호를 설정
④ 콘솔 라인모드 지정
⑤ 콘솔 로컬 인증
⑥ 명령어 잘못 입력할 경우 DNS 질의하지 않도록 설정하기

5 라우터 R1 설정

① 포트활성화 및 서브인터페이스 구성(Inter-Vlan)

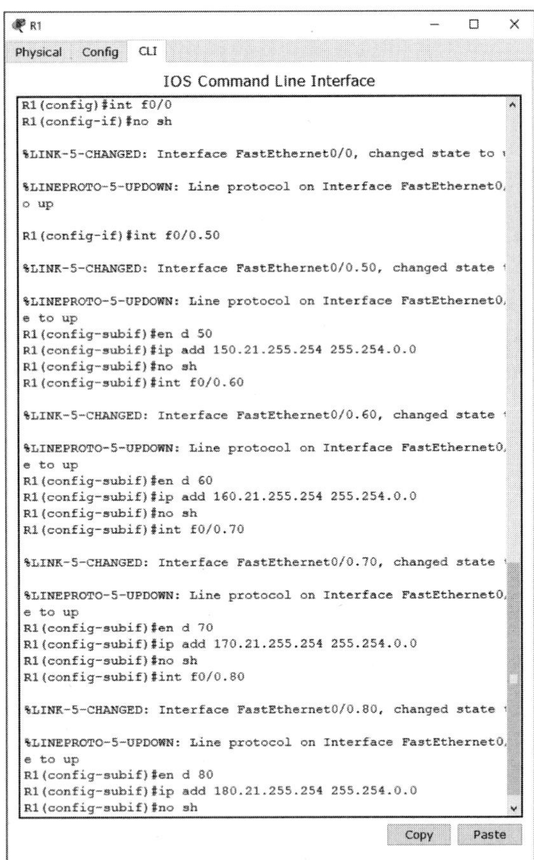

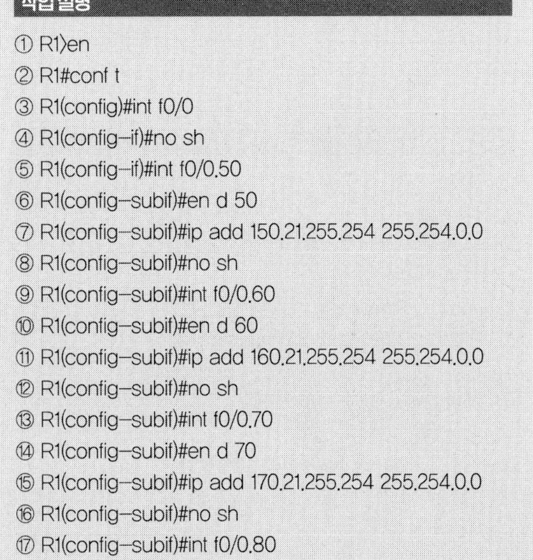

작업설명

① R1>en
② R1#conf t
③ R1(config)#int f0/0
④ R1(config-if)#no sh
⑤ R1(config-if)#int f0/0.50
⑥ R1(config-subif)#en d 50
⑦ R1(config-subif)#ip add 150.21.255.254 255.254.0.0
⑧ R1(config-subif)#no sh
⑨ R1(config-subif)#int f0/0.60
⑩ R1(config-subif)#en d 60
⑪ R1(config-subif)#ip add 160.21.255.254 255.254.0.0
⑫ R1(config-subif)#no sh
⑬ R1(config-subif)#int f0/0.70
⑭ R1(config-subif)#en d 70
⑮ R1(config-subif)#ip add 170.21.255.254 255.254.0.0
⑯ R1(config-subif)#no sh
⑰ R1(config-subif)#int f0/0.80
⑱ R1(config-subif)#en d 80
⑲ R1(config-subif)#ip add 180.21.255.254 255.254.0.0
⑳ R1(config-subif)#no sh

① 라우터 운영자 모드 설정
② 라우터 privilege mode로 접속
③ 인터페이스 f0/0 포트로 이동
④ 인터페이스 f0/0 포트 활성화
⑤ vlan 50 서브인터페이스 생성
⑥ encapsulation dot1Q 50으로 설정
⑦ vlan 50에 속하는 장비들의 게이트웨이 주소와 서브넷 마스크 지정
⑧ f0/0.50 포트 활성화
⑨ vlan 60 서브인터페이스 생성
⑩ encapsulation dot1Q 60으로 설정
⑪ vlan 60에 속하는 장비들의 게이트웨이 주소와 서브넷 마스크 지정
⑫ f0/0.60 포트 활성화
⑬ vlan 70 서브인터페이스 생성
⑭ encapsulation dot1Q 70으로 설정
⑮ vlan 70에 속하는 장비들의 게이트웨이 주소와 서브넷 마스크 지정
⑯ f0/0.70 포트 활성화
⑰ vlan 80 서브인터페이스 생성
⑱ encapsulation dot1Q 80으로 설정
⑲ vlan 80에 속하는 장비들의 게이트웨이 주소와 서브넷 마스크 지정
⑳ f0/0.80 포트 활성화

6 테스트

(1) PC0에서 PC1로 핑테스트(연결 확인 테스트)

① 작업창의 도면에서 PC0을 클릭하고 [Desktop]-[Command Prompt]를 누른다.

② "PC>"에 "ping 160.20.0.2"을 입력하여 아래와 같은 결과가 나오는지 확인한다.

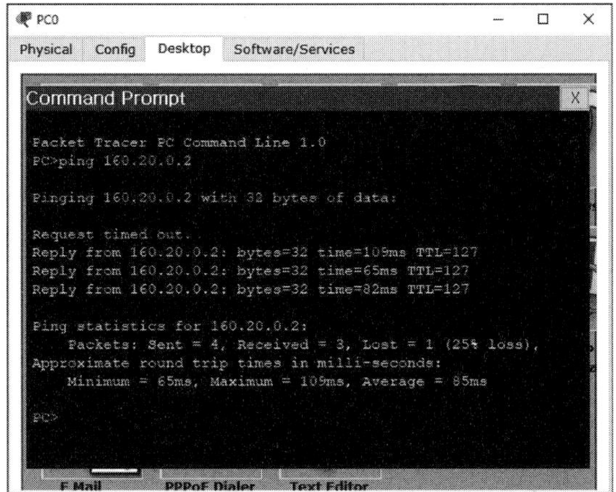

(2) PC2에서 PC3로 핑테스트(연결 확인 테스트)

① 작업창의 도면에서 PC2을 클릭하고 [Desktop]–[Command Prompt]를 누른다.

② "PC>"에 "ping 180.20.0.2"을 입력하여 아래와 결과가 나오는지 확인한다.

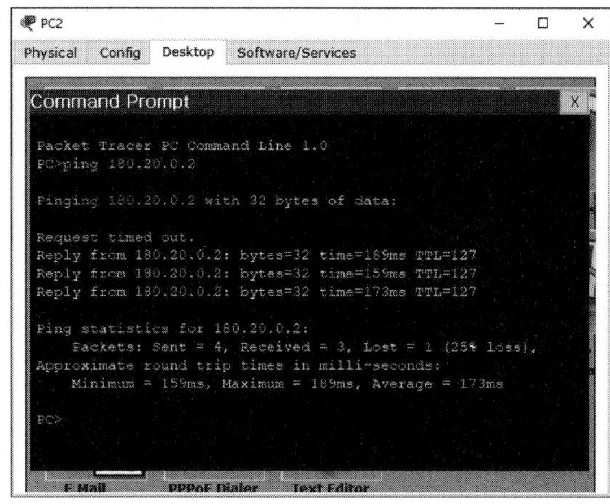

(3) PC1에서 PC2로 핑테스트(연결 확인 테스트)

① 작업창의 도면에서 PC1을 클릭하고 [Desktop]–[Command Prompt]를 누른다.

② "PC>"에 "ping 170.20.0.2"을 입력하여 아래와 같은 결과가 나오는지 확인한다.

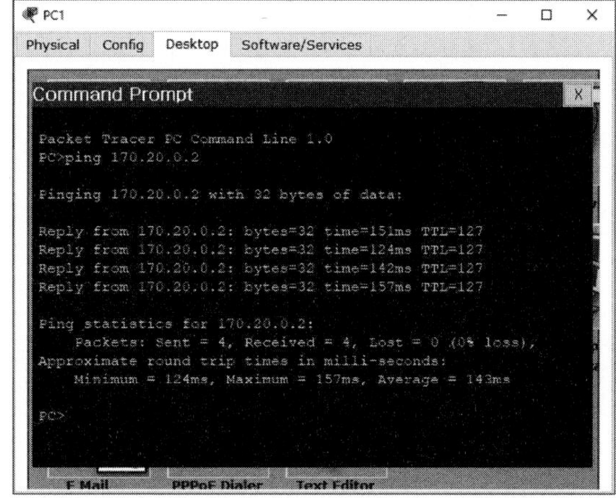

. SECTION .
04
모의고사 해설 04회

풀이 방법

◆ 채점기준표

장치명	항목	배점	개수	합계
PC	ip	1	4	4
	서브넷마스크	1	4	4
	게이트웨이	2	4	8
	소계			16
Switch	vlan번호, 이름	2	2	4
	포트에 할당	2	2	4
	주소 입력	1	10	10
	트렁크	2	3	6
	소계			24
라우터	활성화	2	1	2
	활성화+주소	4	1	4
	인터브이랜	8	2	16
	시리얼포트	4	2	8
	라우팅	8	2	16
	소계			46
기본설정	콘솔 로그인	10	1	10
	관리자 암호	4	1	4
	소계			14
	합계			100

1 IP 설정

① 패킷트레이서 프로그램을 실행한 후 [File]-[Open] 메뉴를 클릭하여 '모의04.pka' 파일을 불러온다.

② 'PC0'을 선택한 후 [Desktop] 탭의 [IP Configuration]을 클릭하여 주어진 IP 주소를 입력한다.

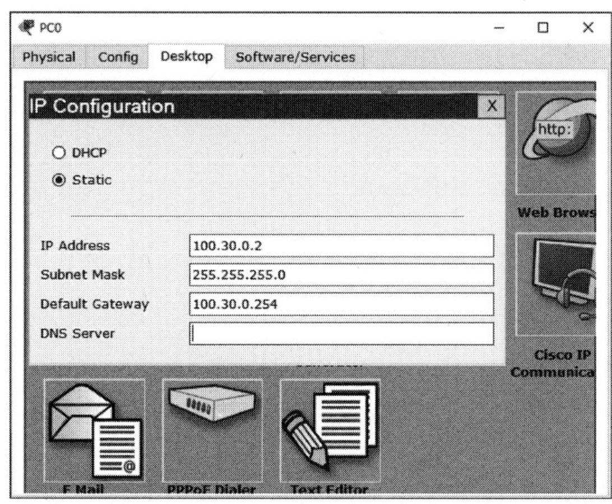

IP Address	100.30.0.2
Subnet Mask	255.255.255.0
Default Gateway	100.30.0.254

③ 'PC1'을 선택한 후 [Desktop] 탭의 [IP Configuration]을 클릭하여 주어진 IP 주소를 입력한다.

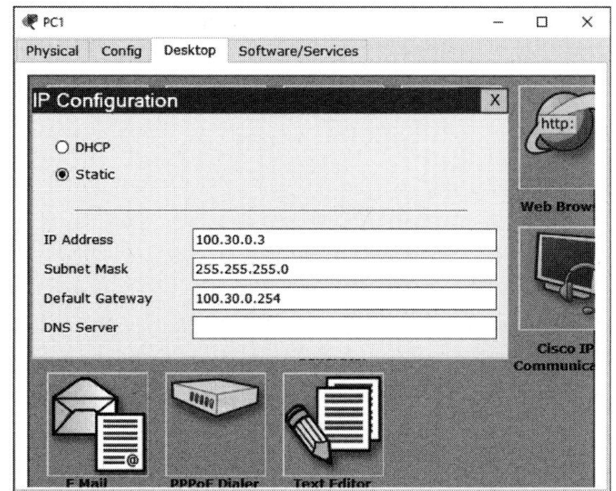

IP Address	100.30.0.3
Subnet Mask	255.255.255.0
Default Gateway	100.30.0.254

④ 'PC2'을 선택한 후 [Desktop] 탭의 [IP Configuration]을 클릭하여 주어진 IP 주소를 입력한다.

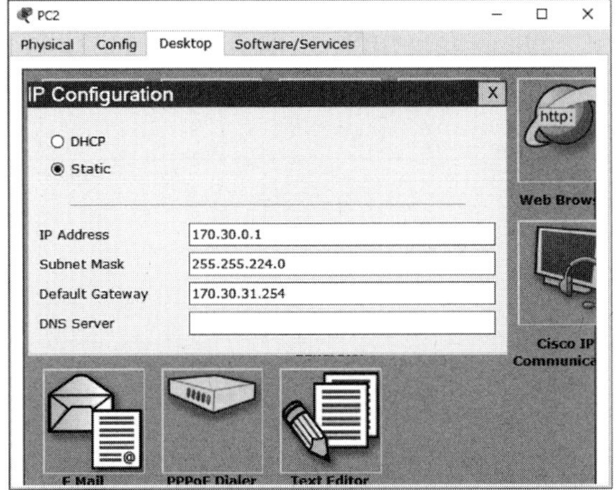

IP Address	170.30.0.1
Subnet Mask	255.255.224.0
Default Gateway	170.30.31.254

⑤ 'PC3'을 선택한 후 [Desktop] 탭의 [IP Configuration]을 클릭하여 주어진 IP 주소를 입력한다.

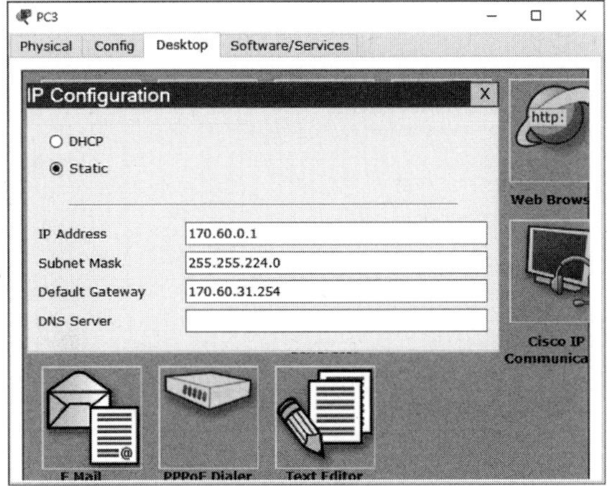

IP Address	170.60.0.1
Subnet Mask	255.255.224.0
Default Gateway	170.60.31.254

2 스위치 Switch0 주소 입력

① 도면에서 스위치 Switch0을 클릭하고 창이 뜨면 [CLI] 탭을 클릭하여 IOS Command 모드를 실행한다.

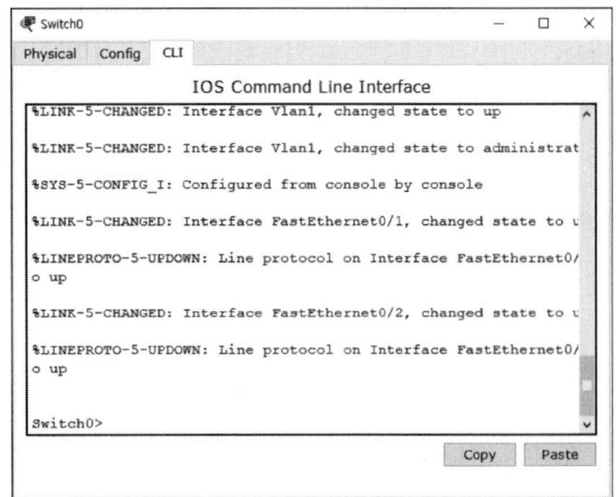

② 스위치에 주소를 입력한다.

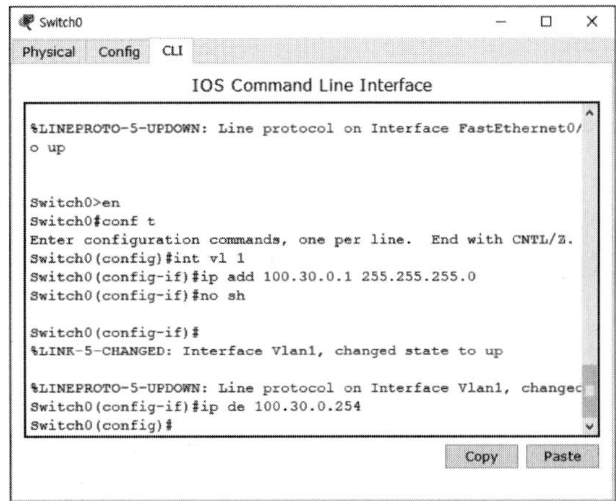

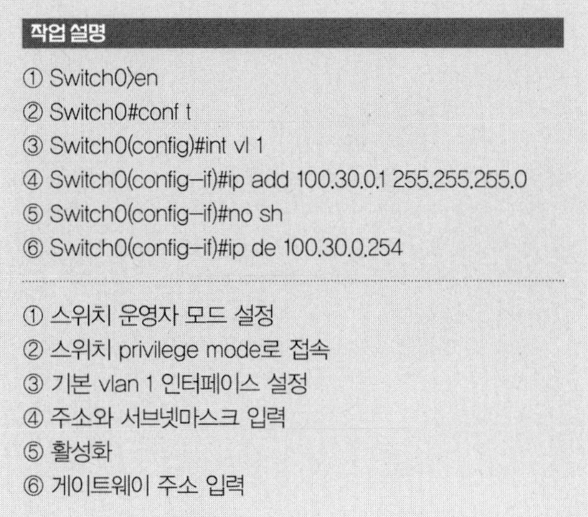

작업설명

① Switch0>en
② Switch0#conf t
③ Switch0(config)#int vl 1
④ Switch0(config-if)#ip add 100.30.0.1 255.255.255.0
⑤ Switch0(config-if)#no sh
⑥ Switch0(config-if)#ip de 100.30.0.254

① 스위치 운영자 모드 설정
② 스위치 privilege mode로 접속
③ 기본 vlan 1 인터페이스 설정
④ 주소와 서브넷마스크 입력
⑤ 활성화
⑥ 게이트웨이 주소 입력

3 Switch1 설정

① 도면에서 스위치 Switch1을 클릭하고 창이 뜨면 [CLI] 탭을 클릭하여 IOS Command 모드를 실행한다.

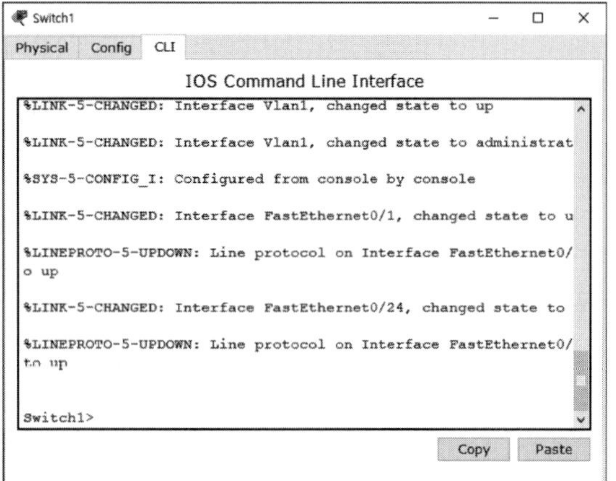

② Switch1에 IOS 명령을 입력하여 설정한다.

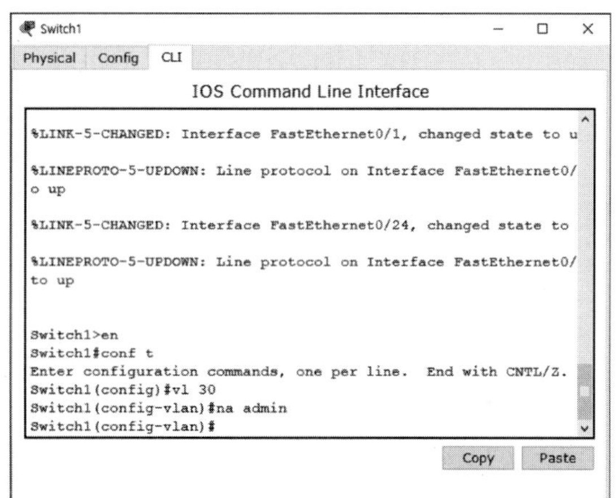

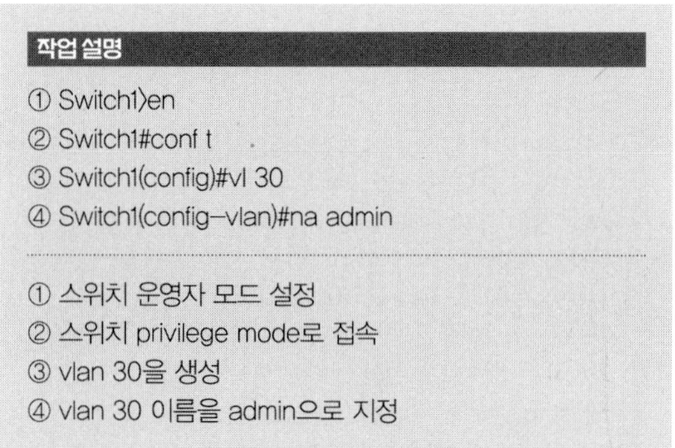

작업 설명

① Switch1>en
② Switch1#conf t
③ Switch1(config)#vl 30
④ Switch1(config-vlan)#na admin

① 스위치 운영자 모드 설정
② 스위치 privilege mode로 접속
③ vlan 30을 생성
④ vlan 30 이름을 admin으로 지정

② 설정한 VLAN에 Port를 할당한다.

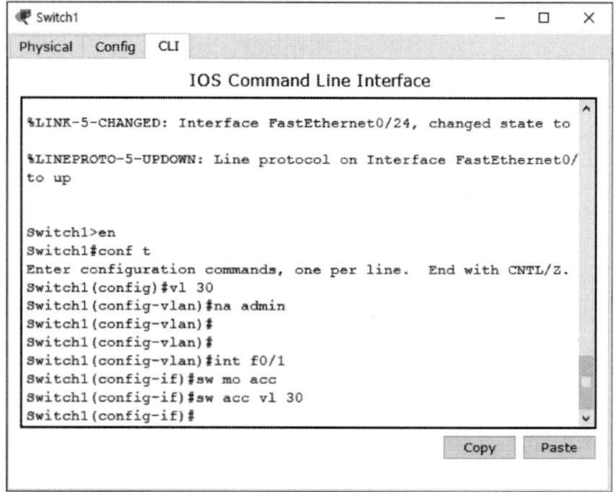

- Fastethernet 0/1 → vlan 30

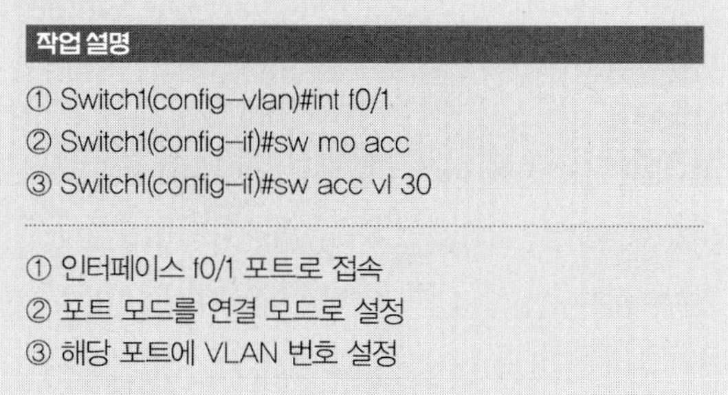

작업 설명

① Switch1(config-vlan)#int f0/1
② Switch1(config-if)#sw mo acc
③ Switch1(config-if)#sw acc vl 30

① 인터페이스 f0/1 포트로 접속
② 포트 모드를 연결 모드로 설정
③ 해당 포트에 VLAN 번호 설정

③ 스위치 Switch1의 Fa0/23과 Fa0/24에 트렁크 설정한다.

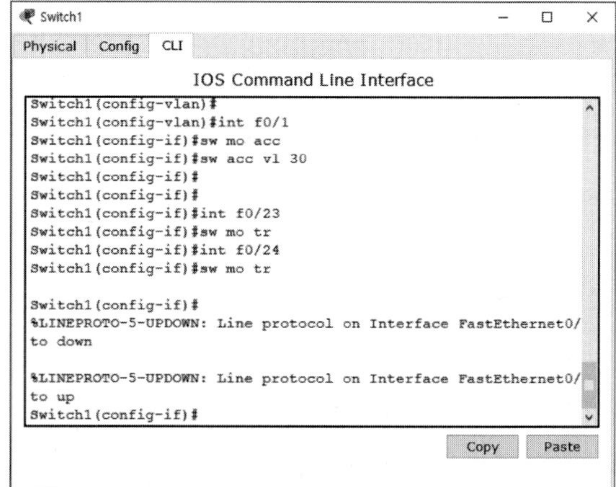

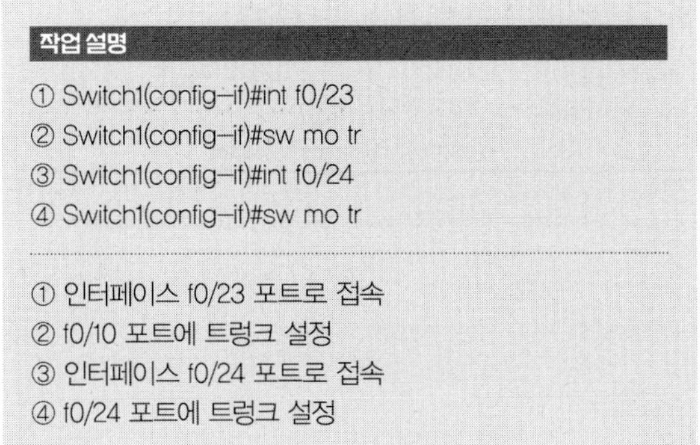

작업 설명

① Switch1(config-if)#int f0/23
② Switch1(config-if)#sw mo tr
③ Switch1(config-if)#int f0/24
④ Switch1(config-if)#sw mo tr

① 인터페이스 f0/23 포트로 접속
② f0/10 포트에 트렁크 설정
③ 인터페이스 f0/24 포트로 접속
④ f0/24 포트에 트렁크 설정

4 Switch2 설정

① 도면에서 스위치 Switch2을 클릭하고 창이 뜨면 [CLI] 탭을 클릭하여 IOS Command 모드를 실행한다.

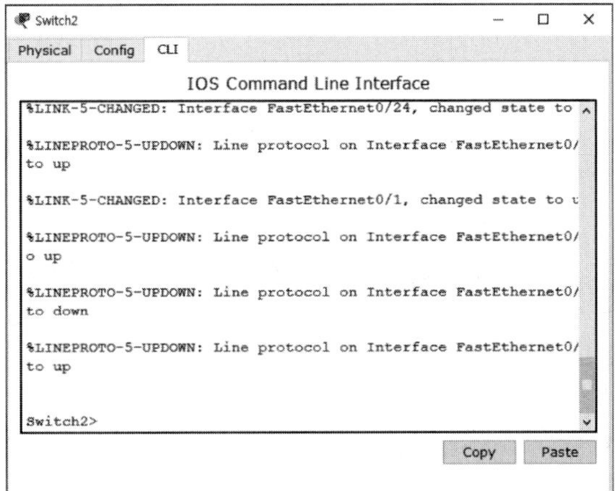

② 스위치 Switch2에 IOS 명령을 입력하여 설정한다.

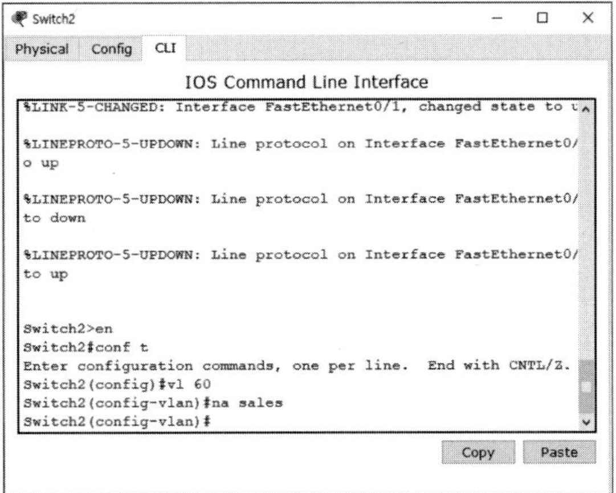

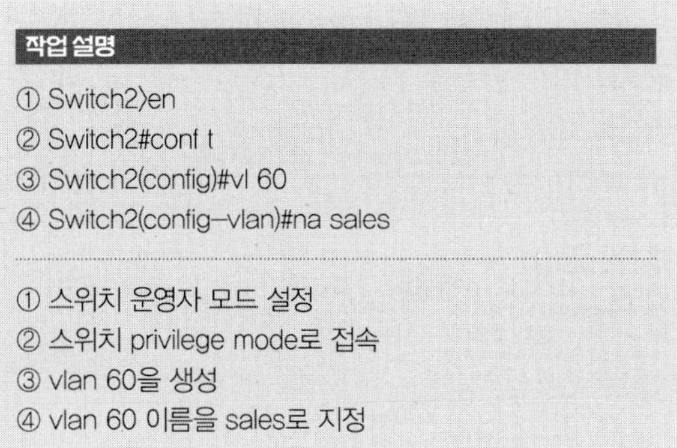

작업 설명

① Switch2>en
② Switch2#conf t
③ Switch2(config)#vl 60
④ Switch2(config-vlan)#na sales

① 스위치 운영자 모드 설정
② 스위치 privilege mode로 접속
③ vlan 60을 생성
④ vlan 60 이름을 sales로 지정

③ 설정한 VLAN에 Port를 할당한다.

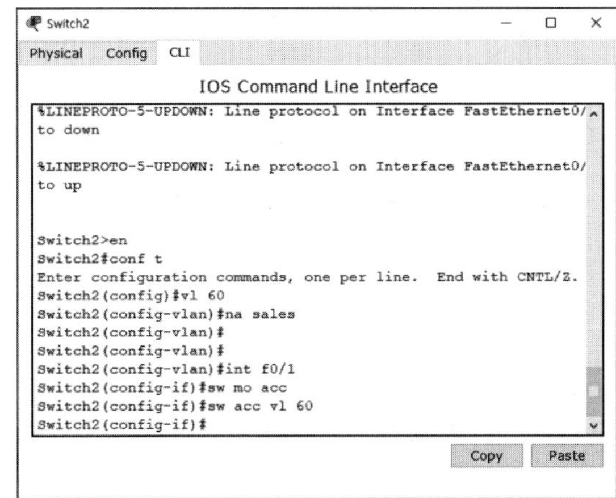

• Fastethernet 0/1 → vlan 60

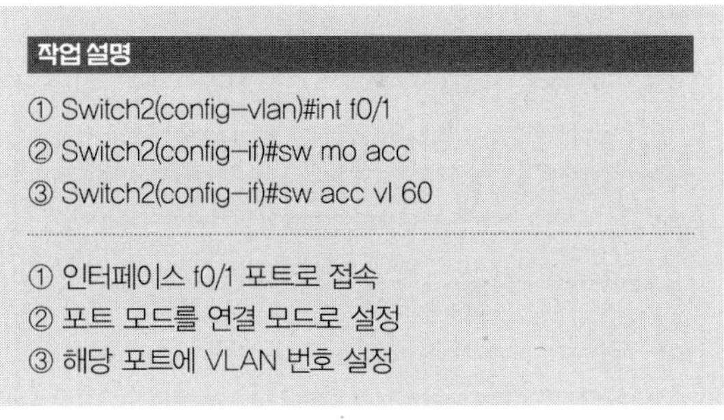

작업 설명

① Switch2(config-vlan)#int f0/1
② Switch2(config-if)#sw mo acc
③ Switch2(config-if)#sw acc vl 60

① 인터페이스 f0/1 포트로 접속
② 포트 모드를 연결 모드로 설정
③ 해당 포트에 VLAN 번호 설정

④ 스위치 Switch2의 Fa0/24에 트렁크 설정한다.

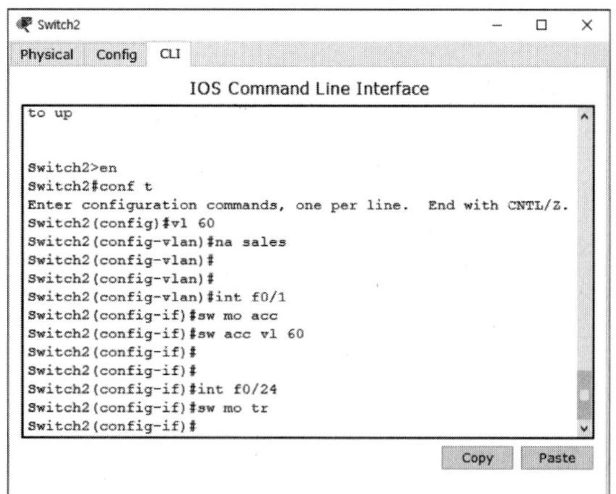

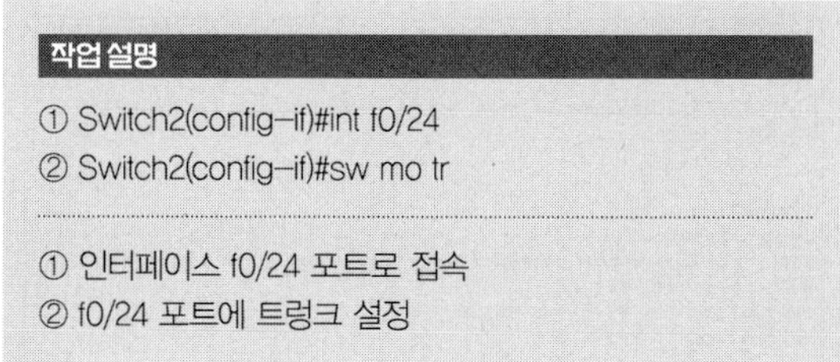

작업설명

① Switch2(config-if)#int f0/24
② Switch2(config-if)#sw mo tr

① 인터페이스 f0/24 포트로 접속
② f0/24 포트에 트렁크 설정

5 라우터 R1 설정

① 도면에서 라우터 R1을 클릭하고 창이 뜨면 [CLI] 탭을 클릭하여 IOS Command 모드를 실행한다.

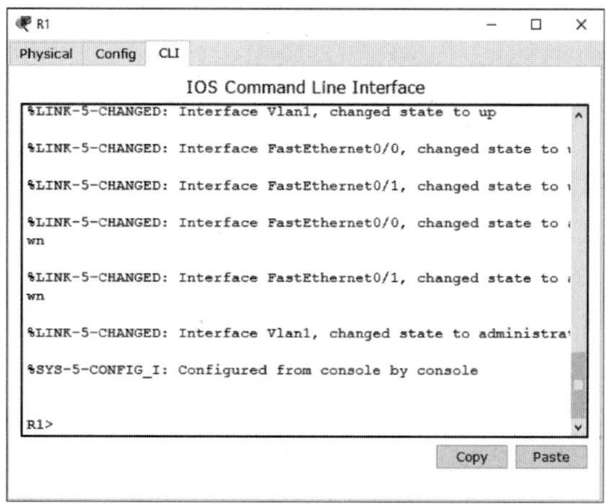

② 라우터에 기본 설정을 입력한다.

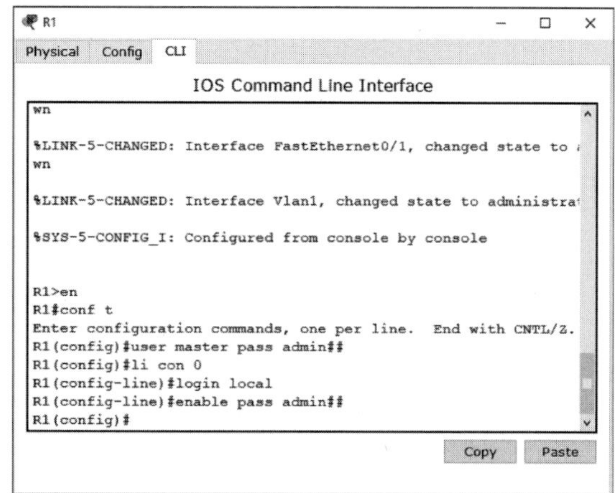

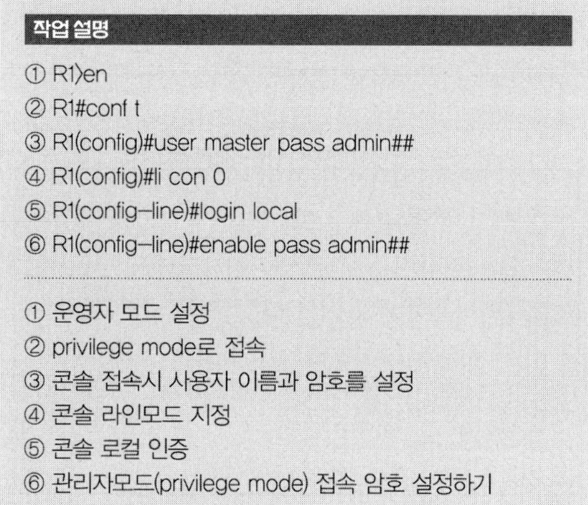

작업설명

① R1>en
② R1#conf t
③ R1(config)#user master pass admin##
④ R1(config)#li con 0
⑤ R1(config-line)#login local
⑥ R1(config-line)#enable pass admin##

① 운영자 모드 설정
② privilege mode로 접속
③ 콘솔 접속시 사용자 이름과 암호를 설정
④ 콘솔 라인모드 지정
⑤ 콘솔 로컬 인증
⑥ 관리자모드(privilege mode) 접속 암호 설정하기

③ 라우터 R1에 설정 입력

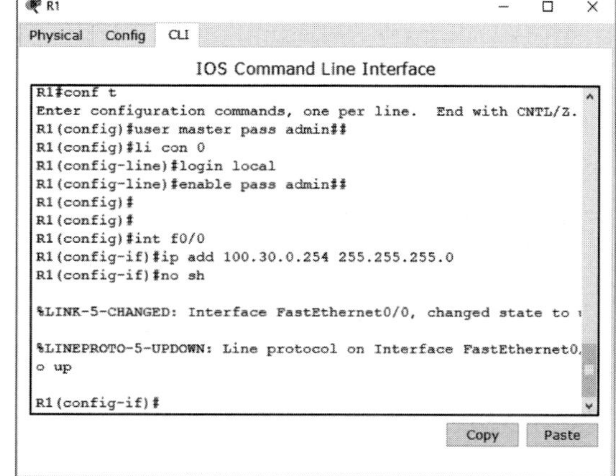

작업 설명

① R1(config)#int f0/0
② R1(config-if)#ip add 100.30.0.254 255.255.255.0
③ R1(config-if)#no sh

① f0/0 포트로 접속
② pc 게이트웨이 주소와 서브넷마스크 입력
③ f0/0 포트 활성화

④ 시리얼포트 설정

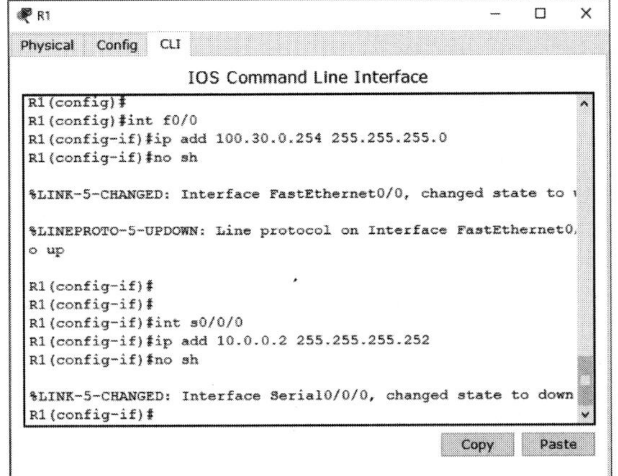

작업 설명

① R1(config-if)#int s0/0/0
② R1(config-if)#ip add 10.0.0.2 255.255.255.252
③ R1(config-if)#no sh

① 시리얼포트 s0/0/0으로 이동
② ip 주소와 서브넷 마스크 입력
③ 활성화

⑤ 라우팅 입력

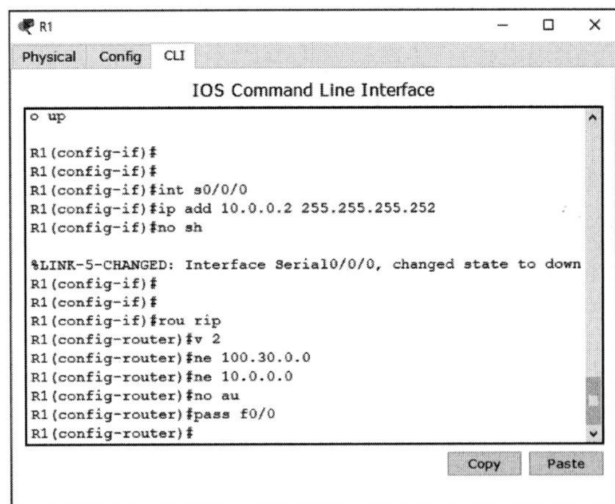

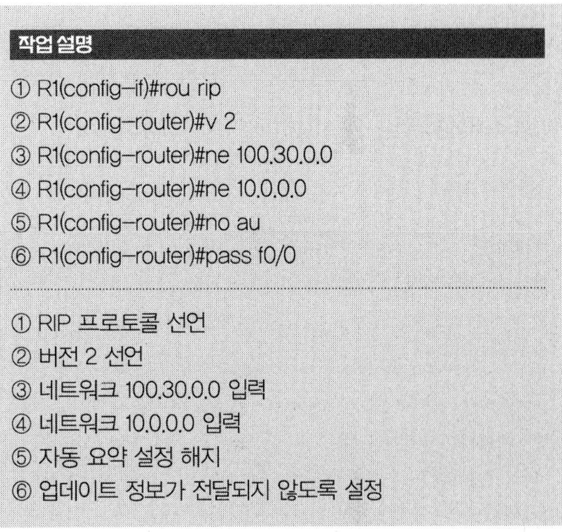

작업 설명

① R1(config-if)#rou rip
② R1(config-router)#v 2
③ R1(config-router)#ne 100.30.0.0
④ R1(config-router)#ne 10.0.0.0
⑤ R1(config-router)#no au
⑥ R1(config-router)#pass f0/0

① RIP 프로토콜 선언
② 버전 2 선언
③ 네트워크 100.30.0.0 입력
④ 네트워크 10.0.0.0 입력
⑤ 자동 요약 설정 해지
⑥ 업데이트 정보가 전달되지 않도록 설정

기적의 Tip

- 라우터 시리얼 포트 주소가 10.0.0.1/30인 경우 구간 네트워크는 10.0.0.0입니다.
- pass = passive-interface = 라우터에서 업데이트 정보가 자동으로 되지 않도록 설정하는 것, 이것은 속도에 영향을 줍니다.

6 라우터 R2 설정

① 도면에서 라우터 R2를 클릭하고 창이 뜨면 [CLI] 탭을 클릭하여 IOS Command 모드를 실행한다.

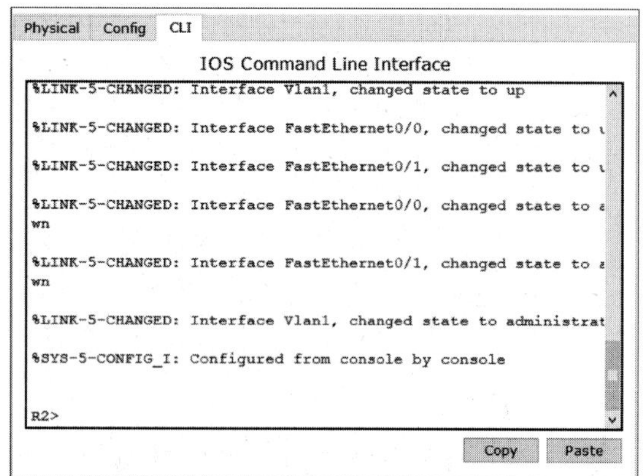

② 포트활성화 및 서브인터페이스 구성(Inter-Vlan)

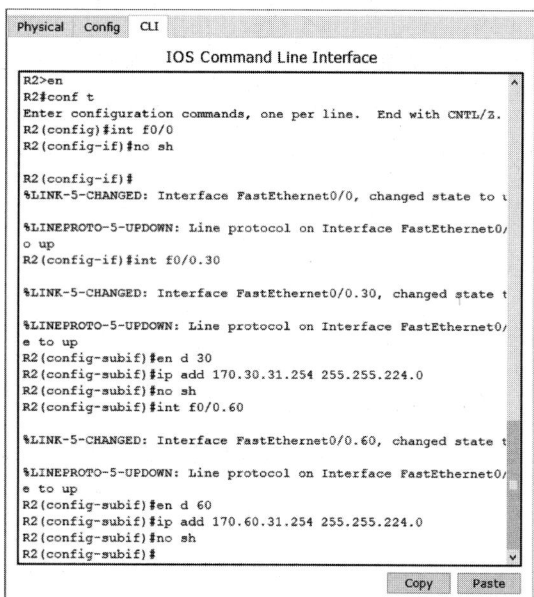

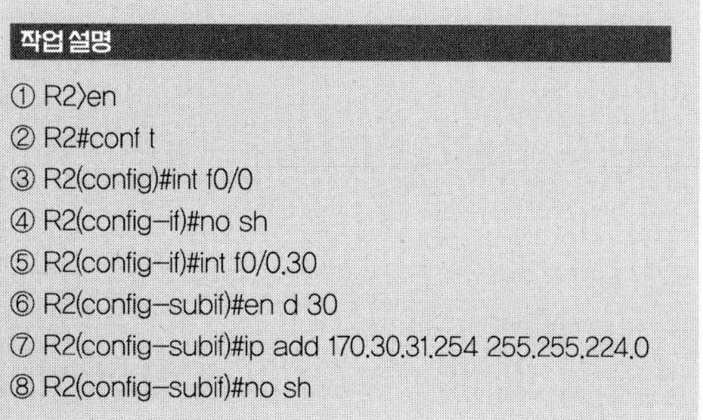

작업 설명

① R2>en
② R2#conf t
③ R2(config)#int f0/0
④ R2(config-if)#no sh
⑤ R2(config-if)#int f0/0.30
⑥ R2(config-subif)#en d 30
⑦ R2(config-subif)#ip add 170.30.31.254 255.255.224.0
⑧ R2(config-subif)#no sh
⑨ R2(config-subif)#int f0/0.60
⑩ R2(config-subif)#en d 60
⑪ R2(config-subif)#ip add 170.60.31.254 255.255.224.0
⑫ R2(config-subif)#no sh

① 라우터 운영자 모드 설정
② 라우터 privilege mode로 접속
③ 인터페이스 f0/0 포트로 이동
④ 인터페이스 f0/0 포트 활성화
⑤ vlan 30 브인터페이스 생성
⑥ encapsulation dot1Q 30로 설정
⑦ vlan 10에 속하는 장비들의 게이트웨이 주소와 서브넷 마스크 지정
⑧ f0/0.30 포트 활성화
⑨ vlan 60 브인터페이스 생성
⑩ encapsulation dot1Q 60로 설정
⑪ vlan 60 속하는 장비들의 게이트웨이 주소와 서브넷 마스크 지정
⑫ f0/0.60 포트 활성화

③ 시리얼포트 설정

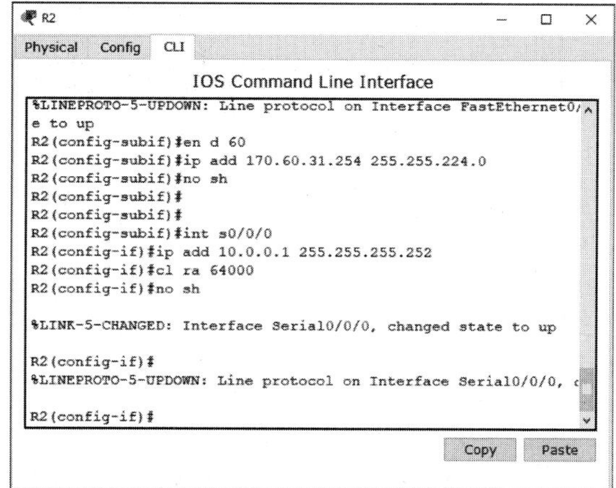

작업 설명

① R2(config-subif)#int s0/0/0
② R2(config-if)#ip add 10.0.0.1 255.255.255.252
③ R2(config-if)#cl ra 64000
④ R2(config-if)#no sh

① 시리얼포트 s0/0/0으로 이동
② ip 주소와 서브넷 마스크 입력
③ clock rate 속도를 64000으로 설정
④ 활성화

④ 라우팅 설정

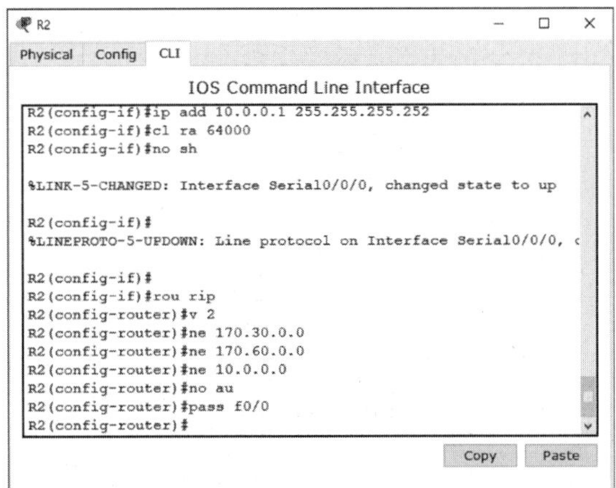

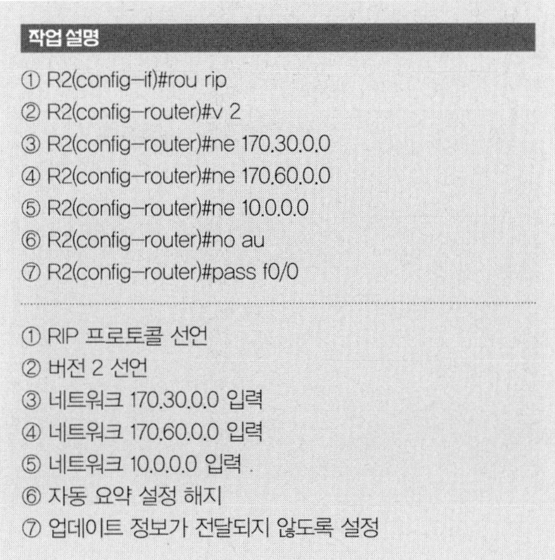

작업 설명

① R2(config–if)#rou rip
② R2(config–router)#v 2
③ R2(config–router)#ne 170.30.0.0
④ R2(config–router)#ne 170.60.0.0
⑤ R2(config–router)#ne 10.0.0.0
⑥ R2(config–router)#no au
⑦ R2(config–router)#pass f0/0

① RIP 프로토콜 선언
② 버전 2 선언
③ 네트워크 170.30.0.0 입력
④ 네트워크 170.60.0.0 입력
⑤ 네트워크 10.0.0.0 입력
⑥ 자동 요약 설정 해지
⑦ 업데이트 정보가 전달되지 않도록 설정

기적의 Tip

- 라우터 시리얼 포트 주소가 10.0.0.2/30인 경우 구간 네트워크는 10.0.0.0입니다.
- pass = passive–interface = 라우터에서 업데이트 정보가 자동으로 되지 않도록 설정하는 것. 이것은 속도에 영향을 줍니다.

7 테스트

(1) PC0에서 PC2,PC3로 핑 테스트(연결 확인 테스트)

① PC0를 클릭하고 [Desktop]–[Command Prompt]를 클릭한다.

② 아래와 같이 각각 “PC〉ping 170.30.0.1”, “PC〉170.60.0.1”을 입력하고 결과를 확인한다.

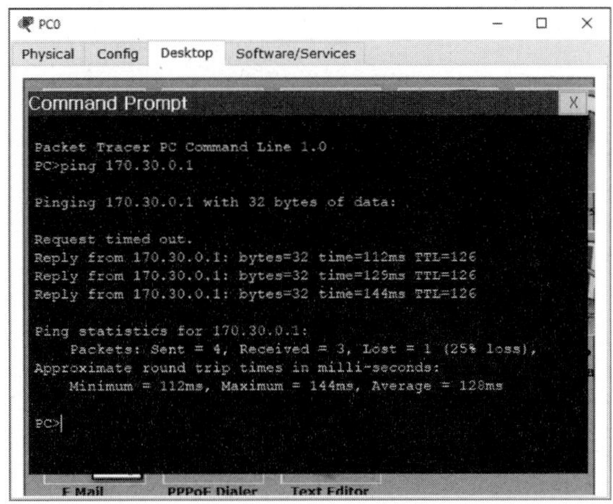

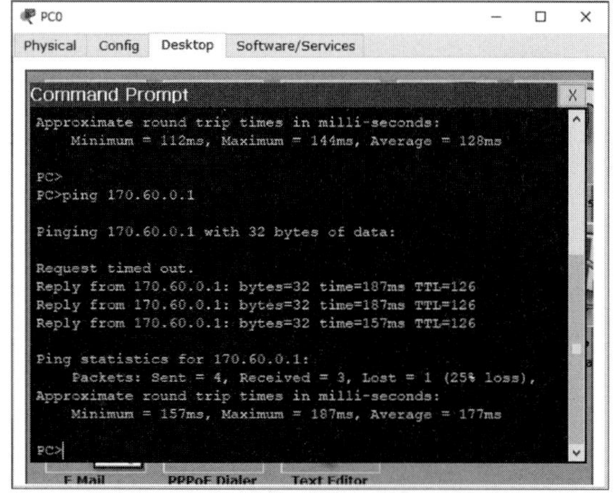

(2) PC1에서 PC2,PC3로 핑 테스트(연결 확인 테스트)

① PC1을 클릭하고 [Desktop]-[Command Prompt] 를 클릭하고 아래와 같이 입력한다.

② 아래와 같이 각각 “PC〉ping 170.30.0.1”, “PC〉170.60.0.1”을 입력하고 결과를 확인한다.

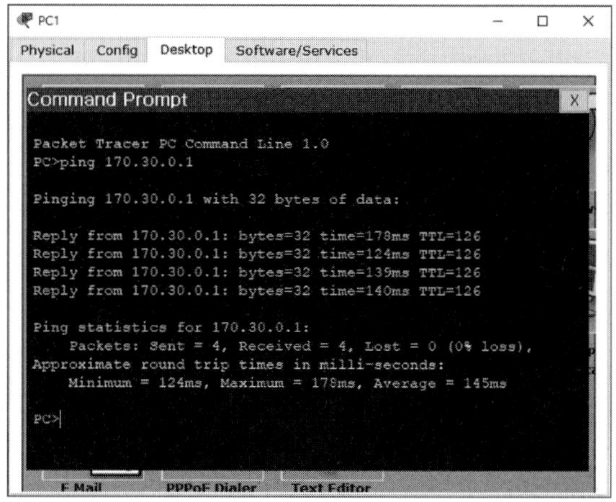

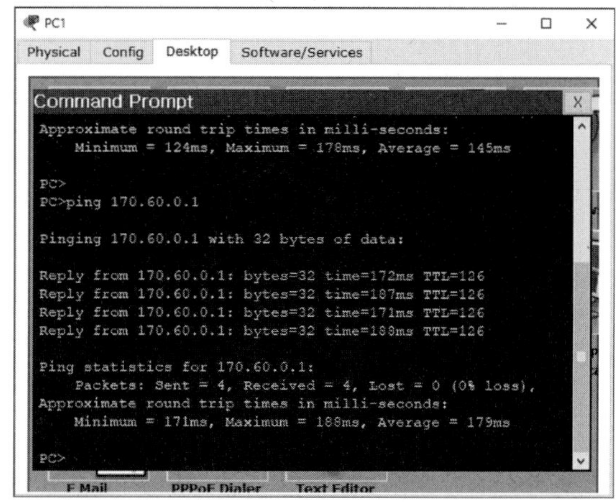

SECTION 05

모의고사 해설 05회

풀이 방법

◆ 채점기준표

장치명	항목	배점	개수	합계
Switch	vlan번호, 이름	2	4	8
	포트에 할당	2	4	8
	주소 입력	10	2	20
	트렁크	2	2	4
	소계			40
라우터	활성화	2	2	4
	인터브이랜	4	4	16
	ip dhcp pool	5	3	15
	소계			35
기본설정	관리자 암호	5	1	5
	원격 ACL 및 암호	20	1	20
	소계			25
	합계			100

1 스위치 S1 설정

① 패킷트레이서 프로그램을 실행한 후 [File]-[Open] 메뉴를 클릭하여 '모의05.pka' 파일을 불러온다.

② 도면에서 스위치 S1을 클릭하고 창이 뜨면 [CLI] 탭을 클릭하여 IOS Command 모드를 실행한다.

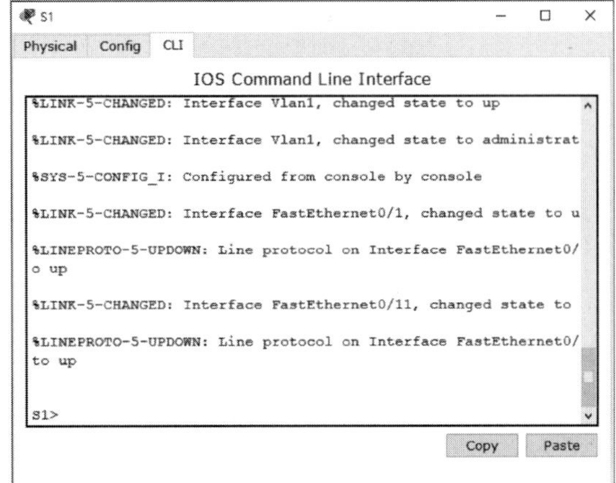

③ 스위치 S1에 vlan 번호와 이름 입력하여 설정한다.

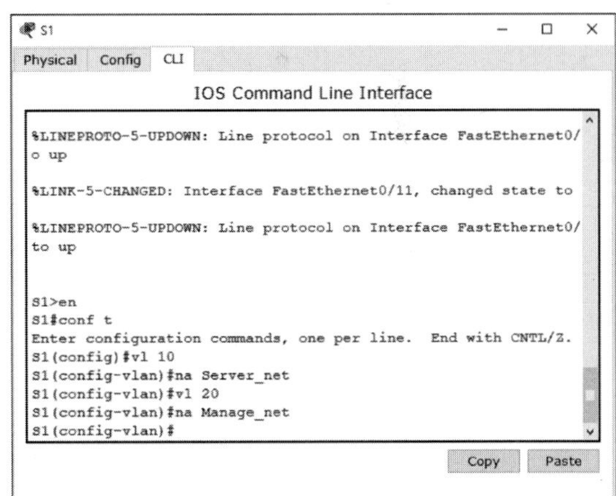

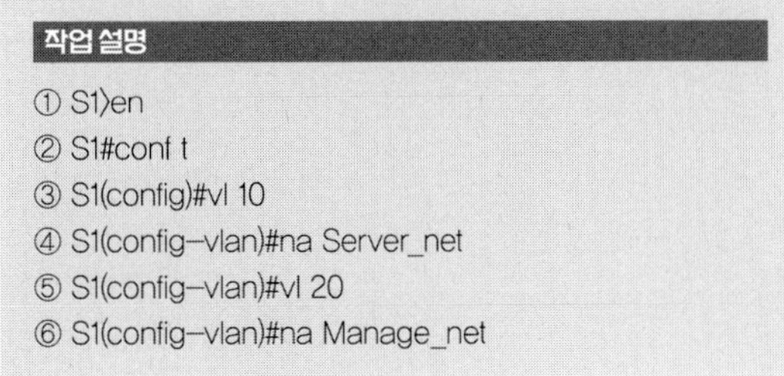
작업설명

① S1>en
② S1#conf t
③ S1(config)#vl 10
④ S1(config-vlan)#na Server_net
⑤ S1(config-vlan)#vl 20
⑥ S1(config-vlan)#na Manage_net

① 스위치 운영자 모드 설정
② 스위치 privilege mode로 접속
③ vlan 10을 생성
④ vlan 10 이름을 Server_net으로 지정
⑤ vlan 20을 생성
⑥ vlan 20 이름을 Manage_net으로 지정

④ 설정한 VLAN에 Port를 할당한다.

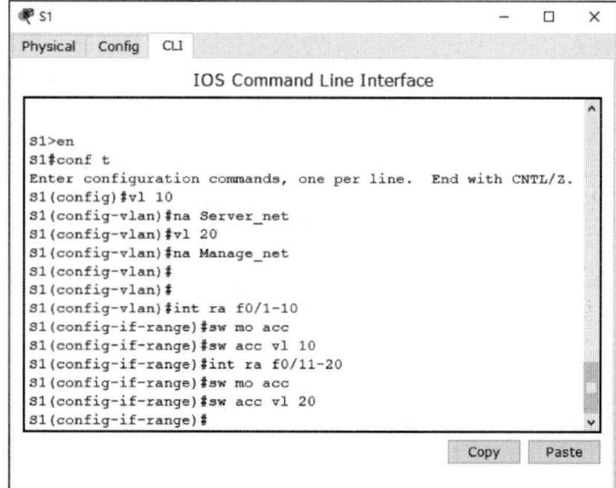

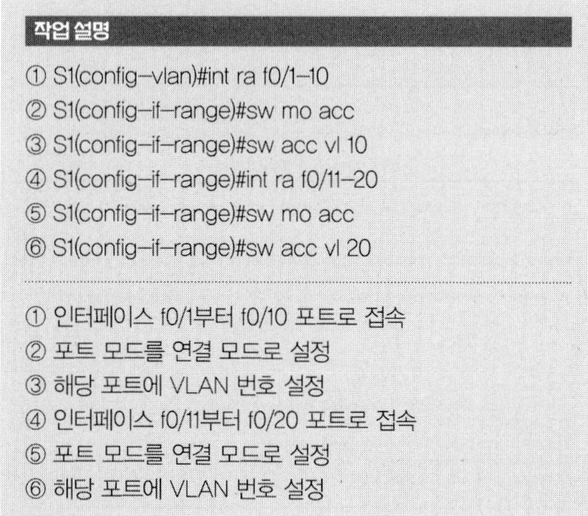

작업 설명

① S1(config-vlan)#int ra f0/1-10
② S1(config-if-range)#sw mo acc
③ S1(config-if-range)#sw acc vl 10
④ S1(config-if-range)#int ra f0/11-20
⑤ S1(config-if-range)#sw mo acc
⑥ S1(config-if-range)#sw acc vl 20

① 인터페이스 f0/1부터 f0/10 포트로 접속
② 포트 모드를 연결 모드로 설정
③ 해당 포트에 VLAN 번호 설정
④ 인터페이스 f0/11부터 f0/20 포트로 접속
⑤ 포트 모드를 연결 모드로 설정
⑥ 해당 포트에 VLAN 번호 설정

⑤ 스위치 S1에 주소를 입력한다.

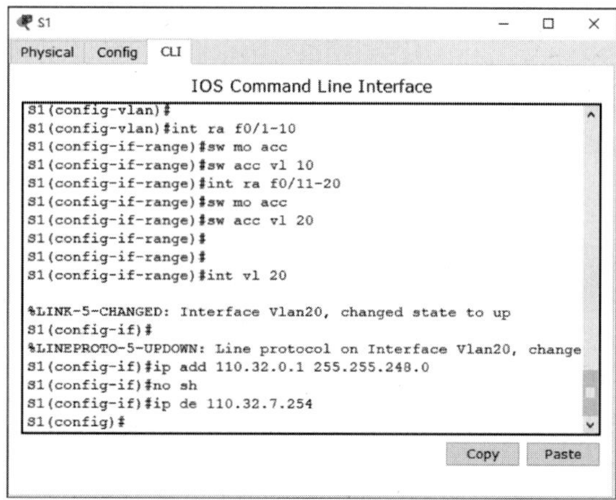

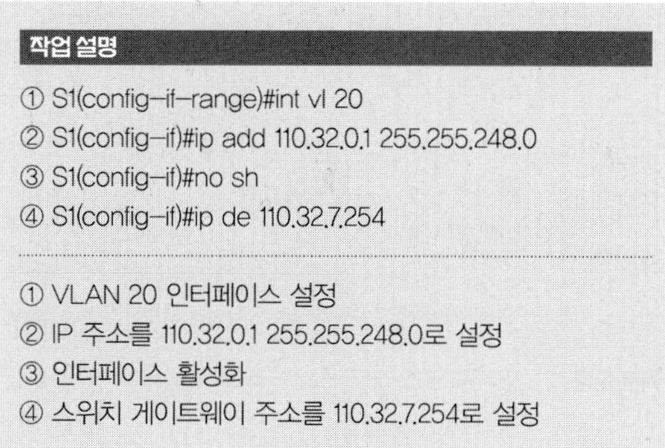

작업 설명

① S1(config-if-range)#int vl 20
② S1(config-if)#ip add 110.32.0.1 255.255.248.0
③ S1(config-if)#no sh
④ S1(config-if)#ip de 110.32.7.254

① VLAN 20 인터페이스 설정
② IP 주소를 110.32.0.1 255.255.248.0로 설정
③ 인터페이스 활성화
④ 스위치 게이트웨이 주소를 110.32.7.254로 설정

⑥ 스위치 S1에 Trunk를 설정한다.

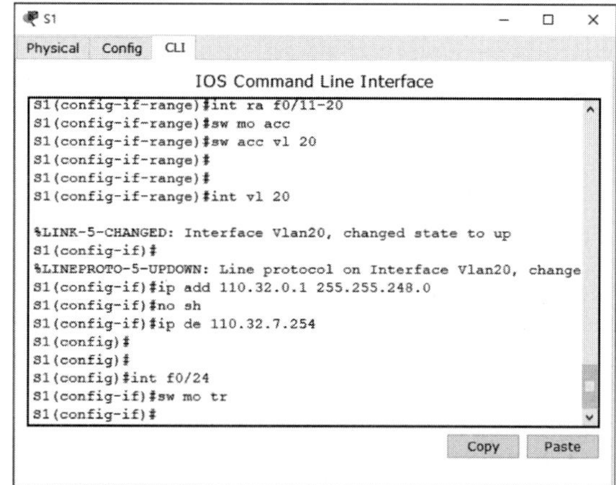

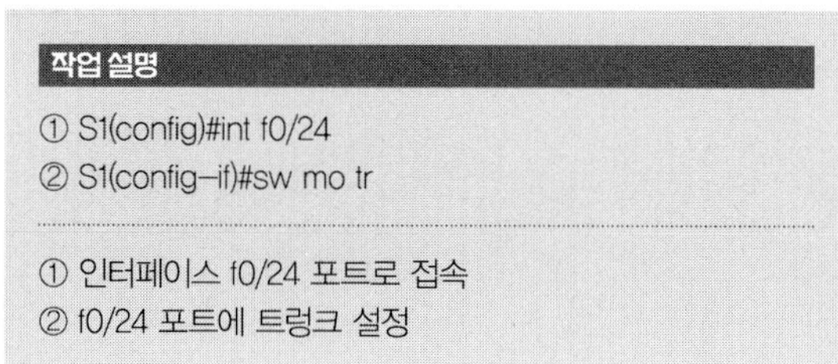

작업 설명

① S1(config)#int f0/24
② S1(config-if)#sw mo tr

① 인터페이스 f0/24 포트로 접속
② f0/24 포트에 트렁크 설정

❷ 스위치 S2 설정

① 도면에서 스위치 S2을 클릭하고 창이 뜨면 [CLI] 클릭하여 IOS Command 모드를 실행한다.

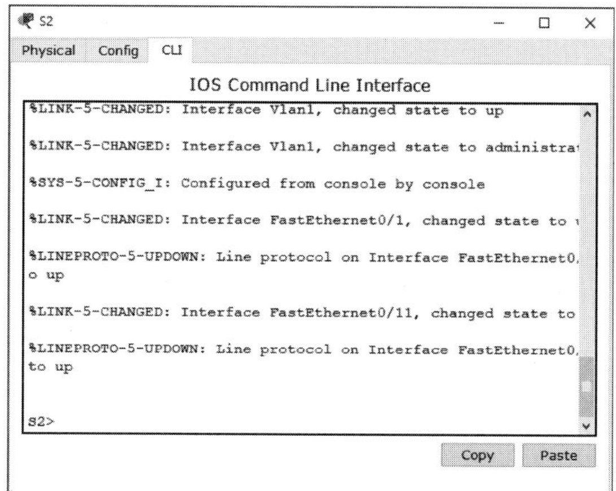

② 스위치 S2에 vlan 번호와 이름을 입력하여 설정한다.

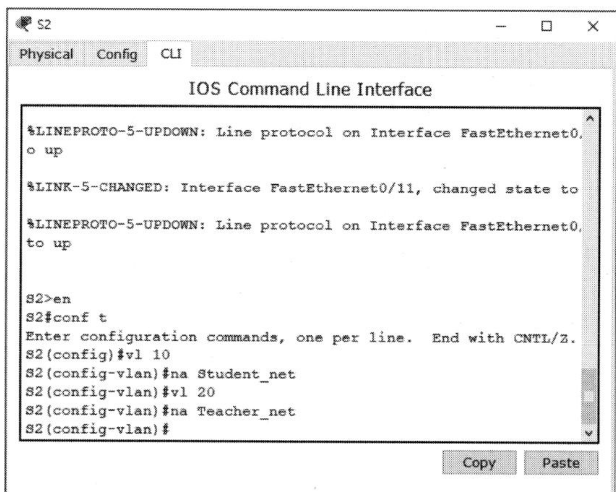

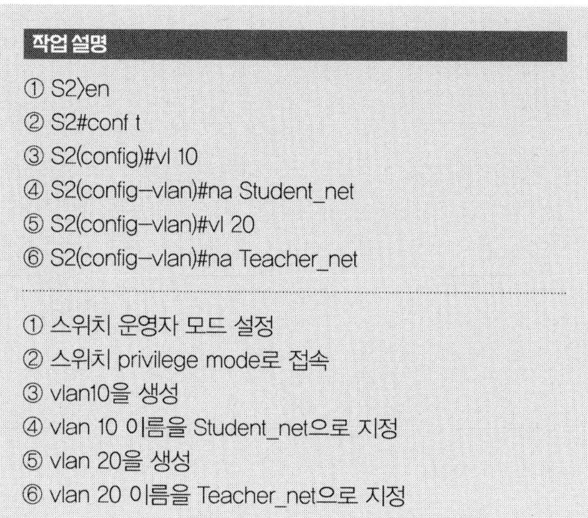

작업 설명

① S2>en
② S2#conf t
③ S2(config)#vl 10
④ S2(config-vlan)#na Student_net
⑤ S2(config-vlan)#vl 20
⑥ S2(config-vlan)#na Teacher_net

① 스위치 운영자 모드 설정
② 스위치 privilege mode로 접속
③ vlan10을 생성
④ vlan 10 이름을 Student_net으로 지정
⑤ vlan 20을 생성
⑥ vlan 20 이름을 Teacher_net으로 지정

③ 설정한 VLAN에 Port를 할당한다.

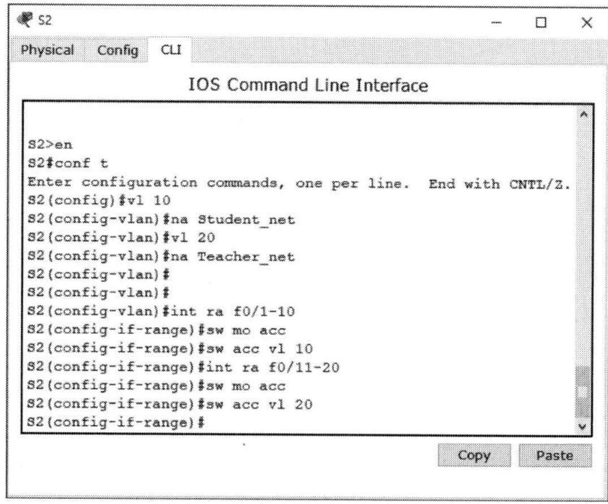

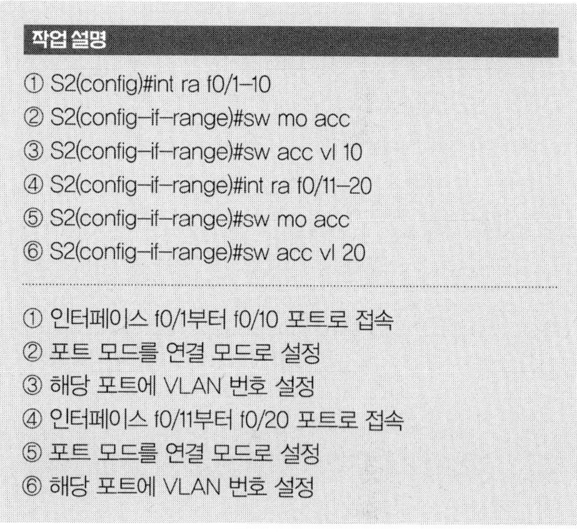

작업 설명

① S2(config)#int ra f0/1-10
② S2(config-if-range)#sw mo acc
③ S2(config-if-range)#sw acc vl 10
④ S2(config-if-range)#int ra f0/11-20
⑤ S2(config-if-range)#sw mo acc
⑥ S2(config-if-range)#sw acc vl 20

① 인터페이스 f0/1부터 f0/10 포트로 접속
② 포트 모드를 연결 모드로 설정
③ 해당 포트에 VLAN 번호 설정
④ 인터페이스 f0/11부터 f0/20 포트로 접속
⑤ 포트 모드를 연결 모드로 설정
⑥ 해당 포트에 VLAN 번호 설정

④ 스위치 S2에 주소를 입력한다.

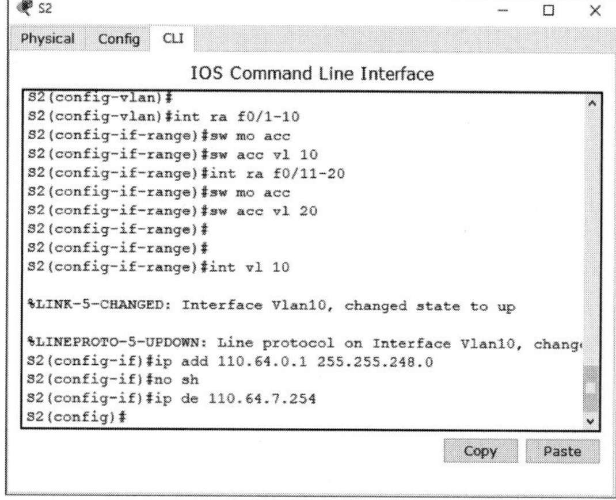

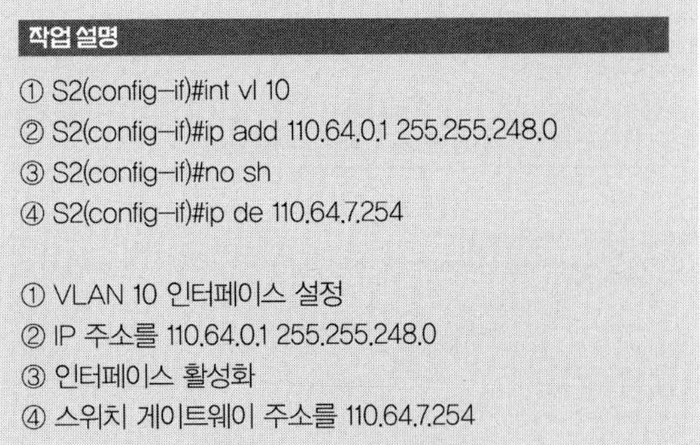

작업 설명

① S2(config-if)#int vl 10
② S2(config-if)#ip add 110.64.0.1 255.255.248.0
③ S2(config-if)#no sh
④ S2(config-if)#ip de 110.64.7.254

① VLAN 10 인터페이스 설정
② IP 주소를 110.64.0.1 255.255.248.0
③ 인터페이스 활성화
④ 스위치 게이트웨이 주소를 110.64.7.254

⑤ 스위치 S2에 Trunk를 설정한다.

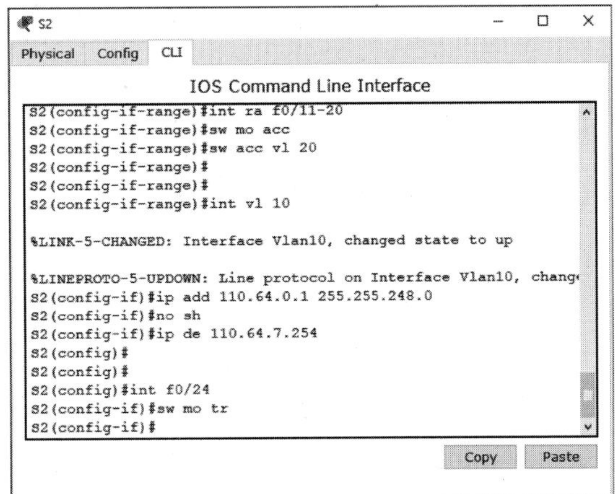

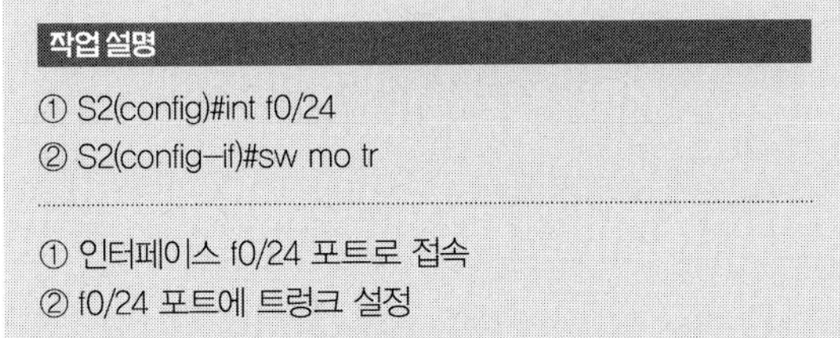

작업 설명

① S2(config)#int f0/24
② S2(config-if)#sw mo tr

① 인터페이스 f0/24 포트로 접속
② f0/24 포트에 트렁크 설정

3 라우터 R1 기본설정

① 도면에서 라우터 R1을 클릭하고 창이 뜨면 [CLI] 탭을 클릭하여 [IOS Command] 모드를 실행한다.

② 라우터에 기본설정을 입력한다.

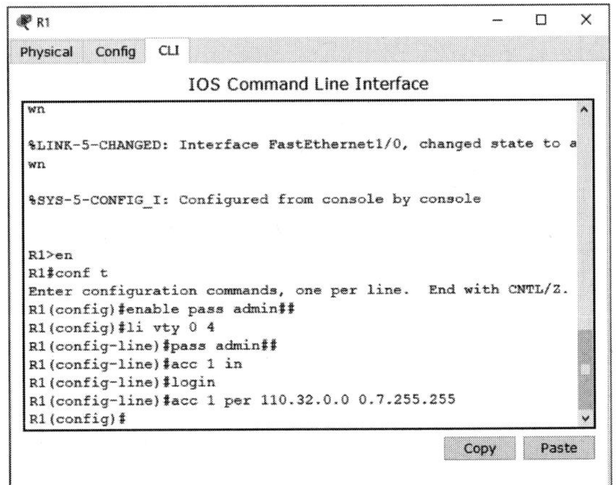

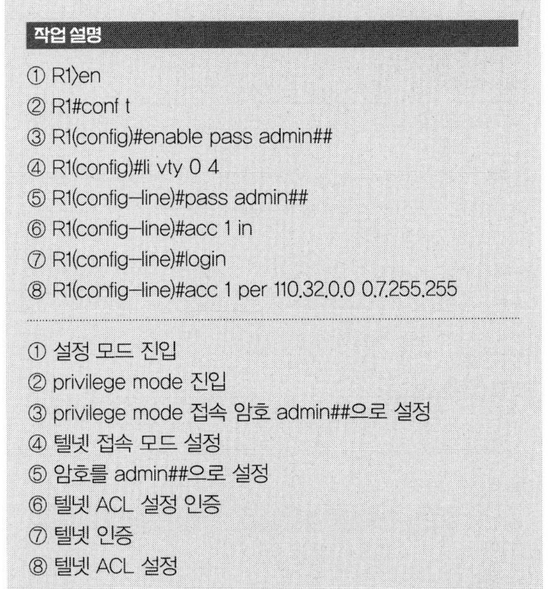

작업 설명

① R1>en
② R1#conf t
③ R1(config)#enable pass admin##
④ R1(config)#li vty 0 4
⑤ R1(config-line)#pass admin##
⑥ R1(config-line)#acc 1 in
⑦ R1(config-line)#login
⑧ R1(config-line)#acc 1 per 110.32.0.0 0.7.255.255

① 설정 모드 진입
② privilege mode 진입
③ privilege mode 접속 암호 admin##으로 설정
④ 텔넷 접속 모드 설정
⑤ 암호를 admin##으로 설정
⑥ 텔넷 ACL 설정 인증
⑦ 텔넷 인증
⑧ 텔넷 ACL 설정

4 라우터 R1 서브인터페이스 설정

① Fa0/0에 서브인터페이스를 설정

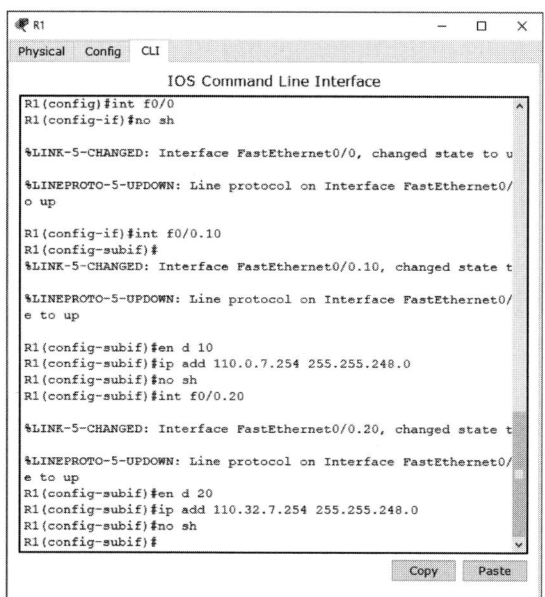

작업 설명

① R1(config)#int f0/0
② R1(config–if)#no sh
③ R1(config–if)#int f0/0.10
④ R1(config–subif)#en d 10
⑤ R1(config–subif)#ip add 110.0.7.254 255.255.248.0
⑥ R1(config–subif)#no sh
⑦ R1(config–subif)#int f0/0.20
⑧ R1(config–subif)#en d 20
⑨ R1(config–subif)#ip add 110.32.7.254 255.255.248.0
⑩ R1(config–subif)#no sh

① 인터페이스 f0/0 접속
② 포트 f0/0 활성화
③ 서브인터페이스 f0/0.10 설정
④ dot1Q 프로토콜 적용
⑤ 게이트웨이 주소와 서브넷 마스크 지정
⑥ 활성화
⑦ 서브인터페이스 f0/0.20 설정
⑧ dot1Q 프로토콜 적용
⑨ 게이트웨이 주소와 서브넷 마스크 지정
⑩ 활성화

② Fa1/0에 서브인터페이스를 설정한다.

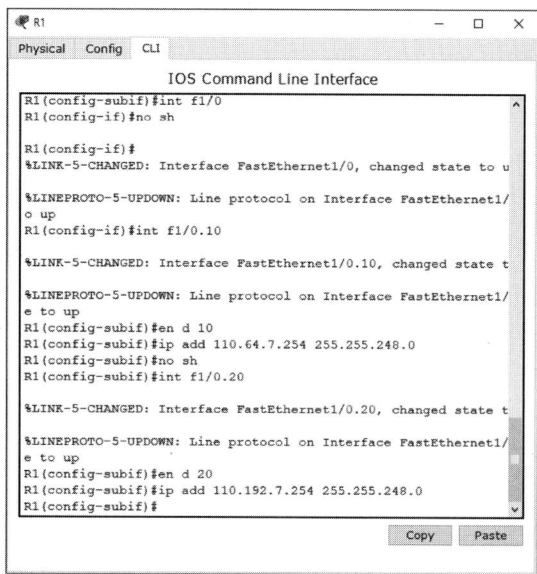

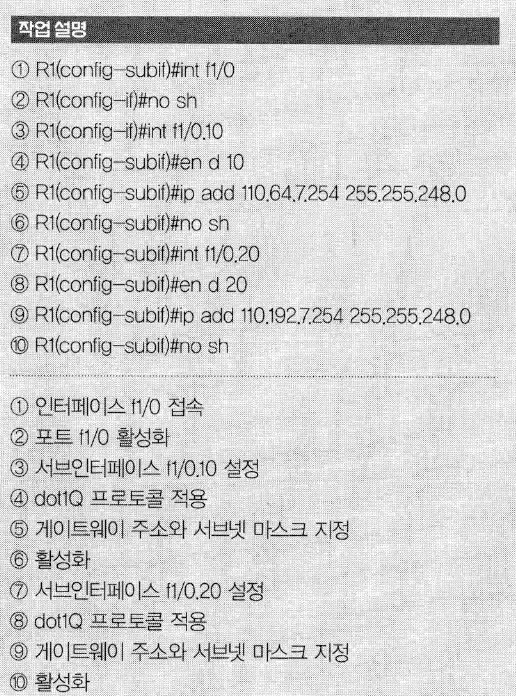

작업 설명

① R1(config–subif)#int f1/0
② R1(config–if)#no sh
③ R1(config–if)#int f1/0.10
④ R1(config–subif)#en d 10
⑤ R1(config–subif)#ip add 110.64.7.254 255.255.248.0
⑥ R1(config–subif)#no sh
⑦ R1(config–subif)#int f1/0.20
⑧ R1(config–subif)#en d 20
⑨ R1(config–subif)#ip add 110.192.7.254 255.255.248.0
⑩ R1(config–subif)#no sh

① 인터페이스 f1/0 접속
② 포트 f1/0 활성화
③ 서브인터페이스 f1/0.10 설정
④ dot1Q 프로토콜 적용
⑤ 게이트웨이 주소와 서브넷 마스크 지정
⑥ 활성화
⑦ 서브인터페이스 f1/0.20 설정
⑧ dot1Q 프로토콜 적용
⑨ 게이트웨이 주소와 서브넷 마스크 지정
⑩ 활성화

5 라우터 R1에 DHCP 설정

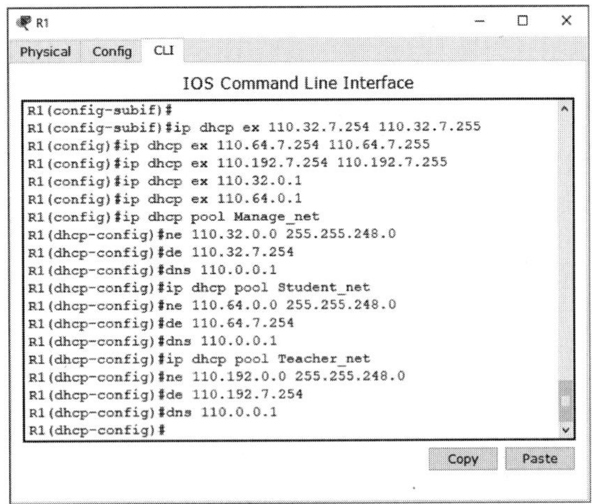

작업 설명

① R1(config-subif)#ip dhcp ex 110.32.7.254 110.32.7.255
② R1(config)#ip dhcp ex 110.64.7.254 110.64.7.255
③ R1(config)#ip dhcp ex 110.192.7.254 110.192.7.255
④ R1(config)#ip dhcp ex 110.32.0.1
⑤ R1(config)#ip dhcp ex 110.64.0.1
⑥ R1(config)#ip dhcp pool Manage_net
⑦ R1(dhcp-config)#ne 110.32.0.0 255.255.248.0
⑧ R1(dhcp-config)#de 110.32.7.254
⑨ R1(dhcp-config)#dns 110.0.0.1
⑩ R1(dhcp-config)#ip dhcp pool Student_net
⑪ R1(dhcp-config)#ne 110.64.0.0 255.255.248.0
⑫ R1(dhcp-config)#de 110.64.7.254
⑬ R1(dhcp-config)#dns 110.0.0.1
⑭ R1(dhcp-config)#ip dhcp pool Teacher_net
⑮ R1(dhcp-config)#ne 110.192.0.0 255.255.248.0
⑯ R1(dhcp-config)#de 110.192.7.254
⑰ R1(dhcp-config)#dns 110.0.0.1

① PC0 ip 주소로 할당되면 안 되는 주소 제외(게이트웨이 주소와 마지막 주소)
② PC1 ip 주소로 할당되면 안 되는 주소 제외(게이트웨이 주소와 마지막 주소)
③ PC2 ip 주소로 할당되면 안 되는 주소 제외(게이트웨이 주소와 마지막 주소)
④ 스위치 S1 주소 제외
⑤ 스위치 S2 주소 제외
⑥ 라우터에 PC0 주소 할당을 위한 DHCP 설정
⑦ 할당 될 네트워크 주소를 110.32.0.0 255.255.248로 설정
⑧ 할당 될 게이트웨이 주소를 110.32.7.254로 설정
⑨ 할당 될 서버 주소를 110.0.0.1로 설정
⑩ 라우터에 PC1 주소 할당을 위한 DHCP 설정
⑪ 할당 될 네트워크 주소를 110.64.0.0 255.255.248.0로 설정
⑫ 할당 될 게이트웨이 주소를 110.64.7.254로 설정
⑬ 할당 될 서버 주소를 110.0.0.1로 설정
⑭ 라우터에 PC2 주소 할당을 위한 DHCP 설정
⑮ 할당 될 네트워크 주소를 110.192.0.0 255.255.248.0로 설정
⑯ 할당 될 게이트웨이 주소를 110.192.7.254로 설정
⑰ 할당 될 서버 주소를 110.0.0.1로 설정

6 테스트

(1) PC 할당된 주소 확인

① PC0을 클릭하고 [Desktop]-[IP Configuration] 를 클릭한 후 [DHCP]를 체크하고 잠시 기다린 후 할당된 주소를 확인해 본다. 만약 주소가 들어오지 않으면 잠시 기다린 후 [Static]를 체크한 후 [DHCP]를 체크한다.

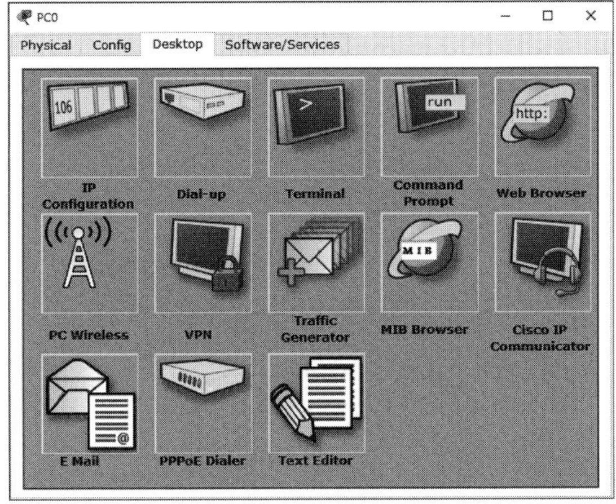

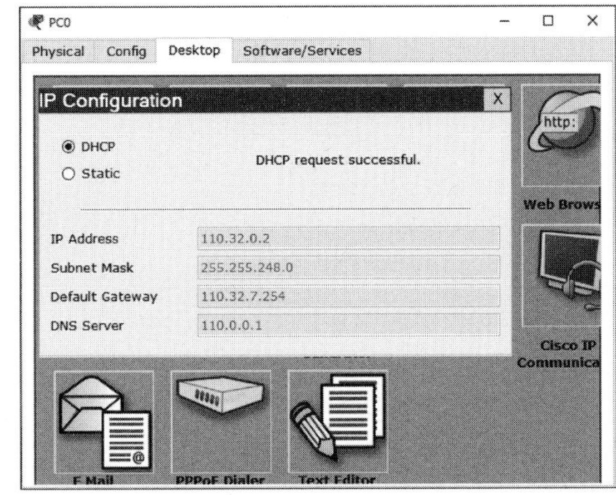

② PC1을 클릭하고 [Desktop]-[IP Configuration] 를 클릭한 후 [DHCP]를 체크하고 잠시 기다린 후 할당된 주소를 확인해야 한다. 만약 주소가 들어오지 않으면 잠시 기다린 후 [Static]를 체크한 후 [DHCP]를 체크한다.

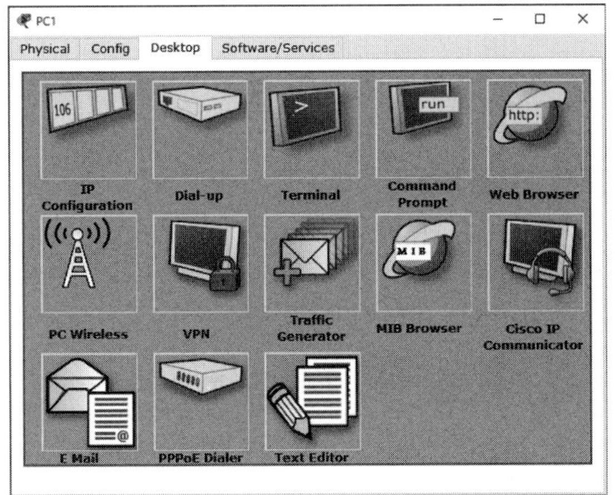

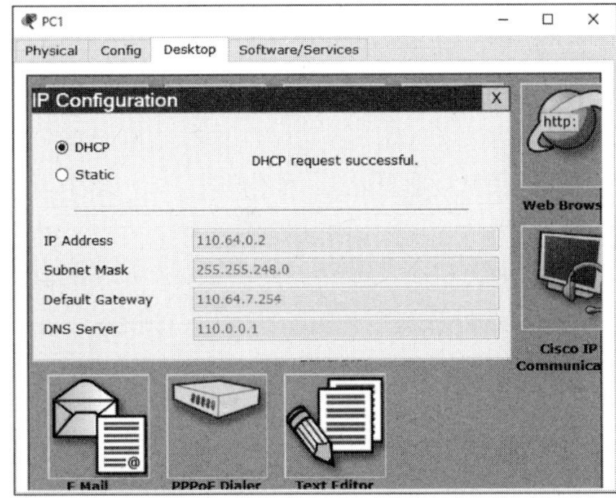

③ PC2을 클릭하고 [Desktop]-[IP Configuration] 를 클릭한 후 [DHCP]를 체크하고 잠시 기다린 후 할당된 주소를 확인해 본다. 만약 주소가 들어오지 않으면 잠시 기다린 후 [Static]를 체크한 후 [DHCP]를 체크한다.

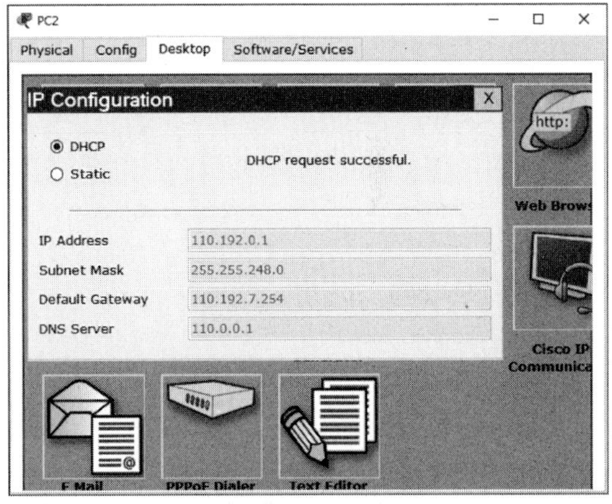

(2) 웹 접속 테스트(인터넷 연결 테스트)

① 각 PC를 클릭하고 [Desktop]-[Web Browser] 클릭한 후 [URL] 박스에 'www.skills.com' 입력하고 'GO'를 클릭하여 아래와 같은 내용이 나오는지 확인한다.

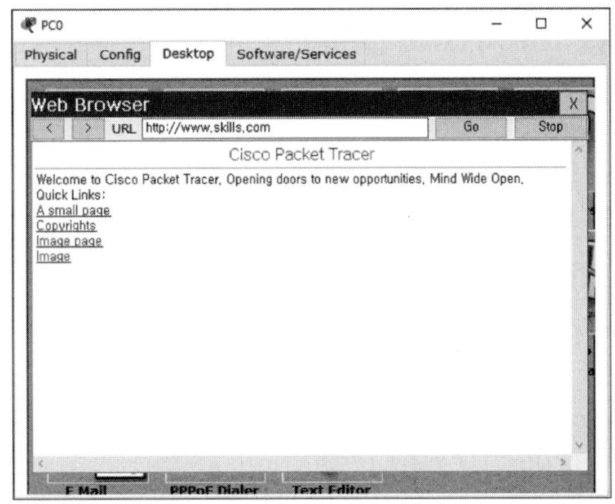

SECTION 06

모의고사 해설 06회

풀이 방법

◆ 채점기준표

장치명	항목	배점	개수	합계
Switch	vlan번호, 이름	1	2	2
	포트에 할당	1	2	2
	dhcp설정	4	1	4
	트렁크	1	2	2
	소계			10
라우터	활성화	2	2	4
	활성화+ip 주소	3	1	3
	인터브이랜	3	2	6
	ip dhcp pool	5	1	5
	라우팅	8	2	16
	소계			34
기본설정	확장ACL	15	1	15
	PPP-Chap	10	1	10
	NAT	15	1	15
	Port-Security	10	1	10
	Root-Bridge	6	1	6
	소계			56
	합계			100

1 스위치 SW0 설정

① 패킷트레이서 프로그램을 실행한 후 [File]-[Open] 메뉴를 클릭하여 '모의06.pka' 파일을 불러온다.

② 도면에서 스위치 SW0을 클릭하고 창이 뜨면 [CLI] 탭을 클릭하여 IOS Command 모드를 실행한다.

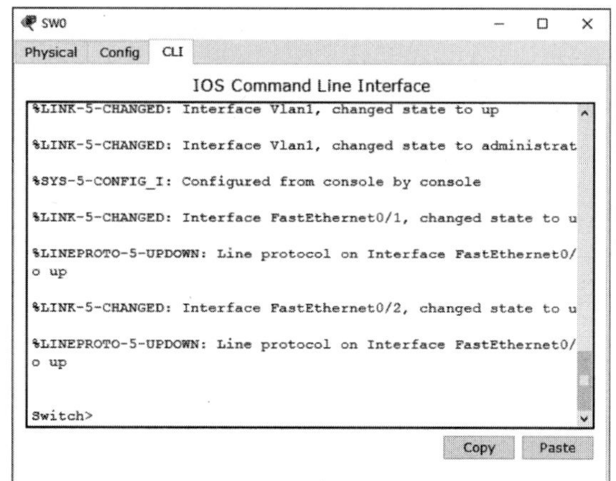

③ 스위치 SW0에 dhcp를 설정한다.

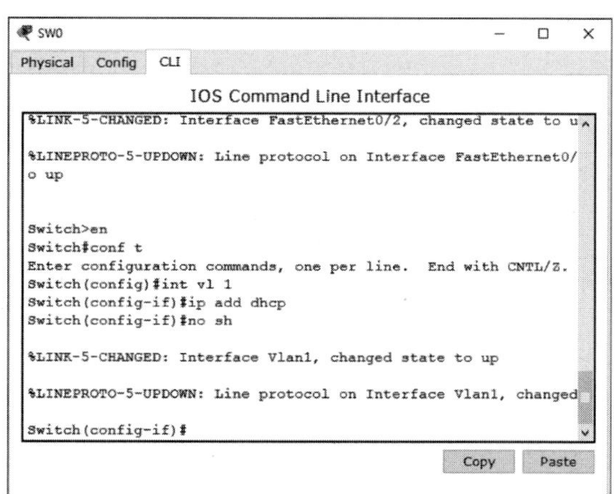

작업설명

① Switch>en
② Switch#conf t
③ Switch(config)#int vl 1
④ Switch(config-if)#ip add dhcp
⑤ Switch(config-if)#no sh

① 스위치 운영자 모드 설정
② 스위치 privilege mode로 접속
③ vlan 1을 생성
④ vlan 1에 dhcp 설정
⑤ vlan 1 활성화

❷ 라우터 R1 설정

① 도면에서 라우터 R1을 클릭하고 창이 뜨면 [CLI] 탭을 클릭하여 IOS Command 모드를 실행한다.

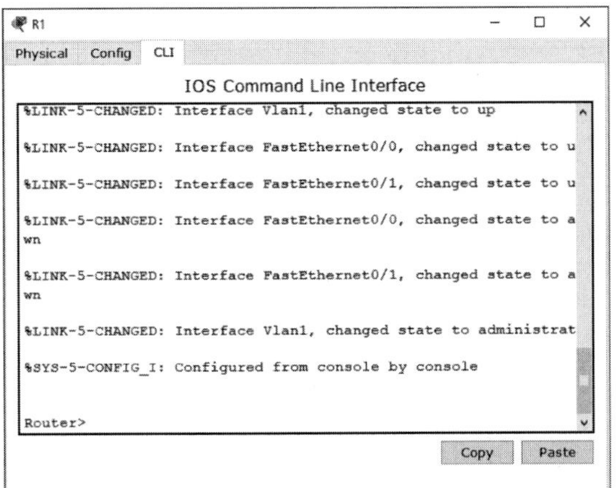

② 라우터 이름을 변경하고 f0/1에 주소를 입력한다.

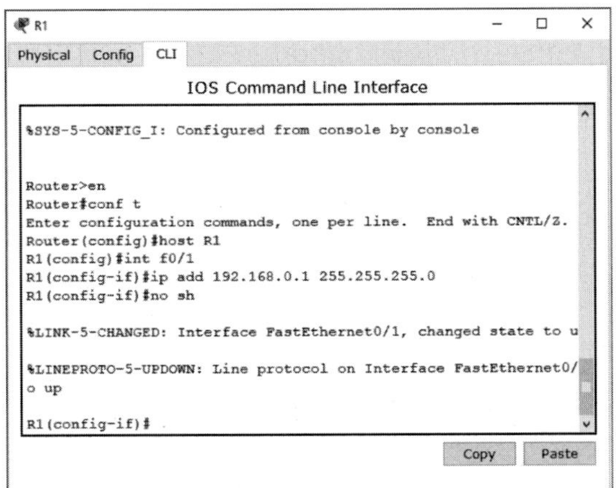

작업 설명

① Router>en
② Router#conf t
③ Router(config)#host R1
④ R1(config)#int f0/1
⑤ R1(config-if)#ip add 192.168.0.1 255.255.255.0
⑥ R1(config-if)#no sh

① 운영자 모드 설정
② privilege mode로 접속
③ 장비 이름을 R1으로 변경
④ 인터페이스 f0/1 접속
⑤ 게이트웨이 주소와 서브넷마스크 입력
⑥ 활성화

③ 라우터 R1에 DHCP를 설정한다.

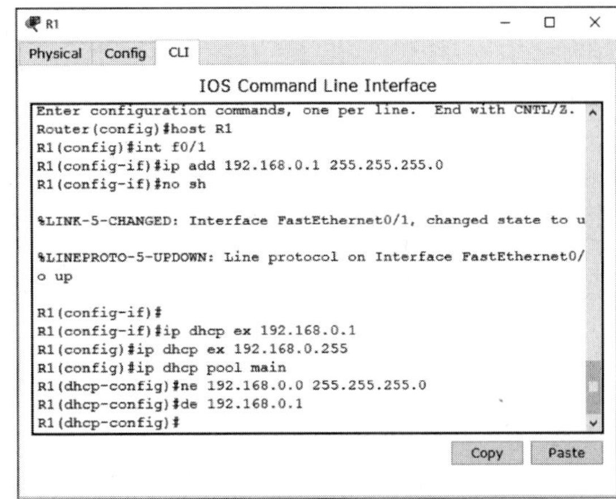

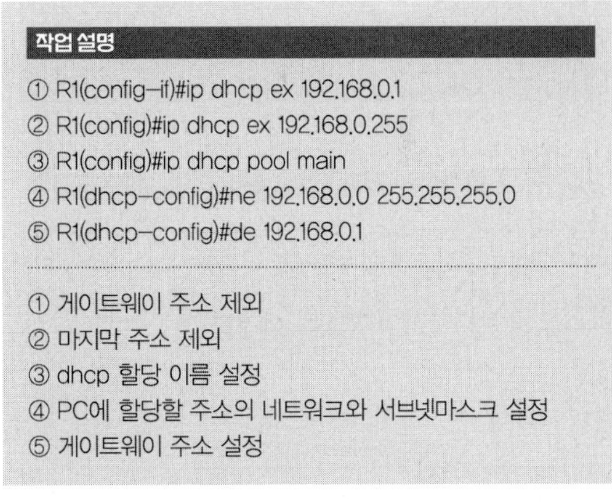

작업 설명

① R1(config-if)#ip dhcp ex 192.168.0.1
② R1(config)#ip dhcp ex 192.168.0.255
③ R1(config)#ip dhcp pool main
④ R1(dhcp-config)#ne 192.168.0.0 255.255.255.0
⑤ R1(dhcp-config)#de 192.168.0.1

① 게이트웨이 주소 제외
② 마지막 주소 제외
③ dhcp 할당 이름 설정
④ PC에 할당할 주소의 네트워크와 서브넷마스크 설정
⑤ 게이트웨이 주소 설정

기적의 Tip

라우터로부터 PC에 주소를 할당하기 위해, 먼저 PC에 할당되면 안 되는 주소를 제외해야 합니다. 주소 제외는 'ip dhcp excluded 제외주소' 약자를 사용하여 'ip dhcp ex 제외주소' 형식을 사용합니다.

④ PC 주소를 확인한다.

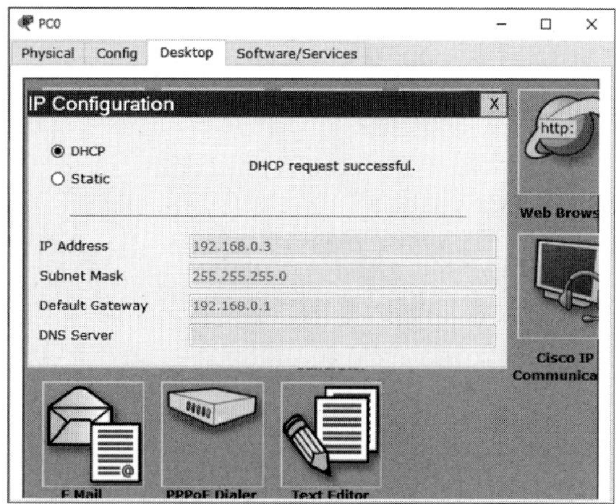

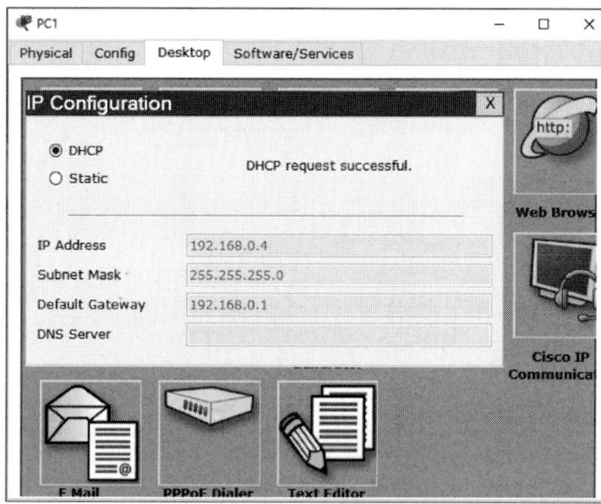

작업 설명

'DHCP' 체크 했을 때 주소 확인만 하면 된다.

⑤ 라우터 R1 시리얼포트를 설정한다.

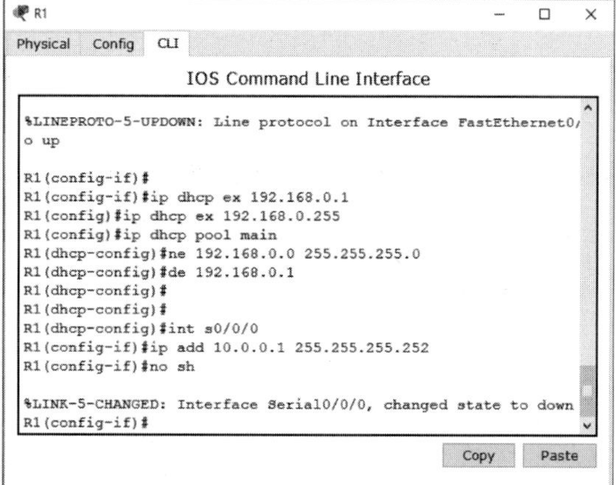

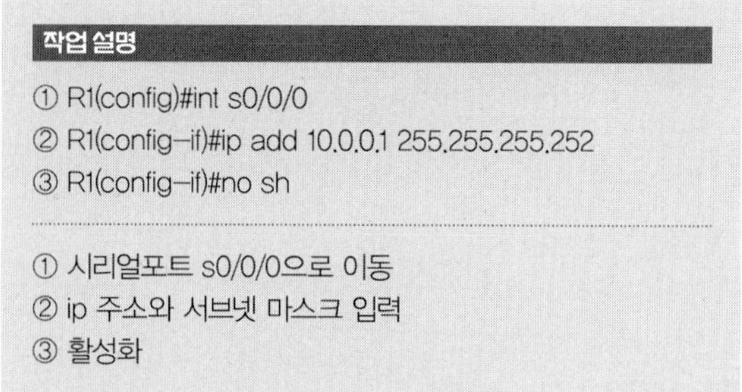

작업 설명

① R1(config)#int s0/0/0
② R1(config-if)#ip add 10.0.0.1 255.255.255.252
③ R1(config-if)#no sh

① 시리얼포트 s0/0/0으로 이동
② ip 주소와 서브넷 마스크 입력
③ 활성화

3 라우팅 설정

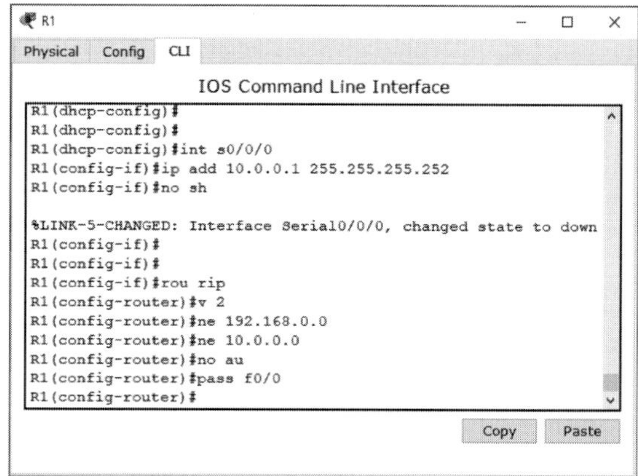

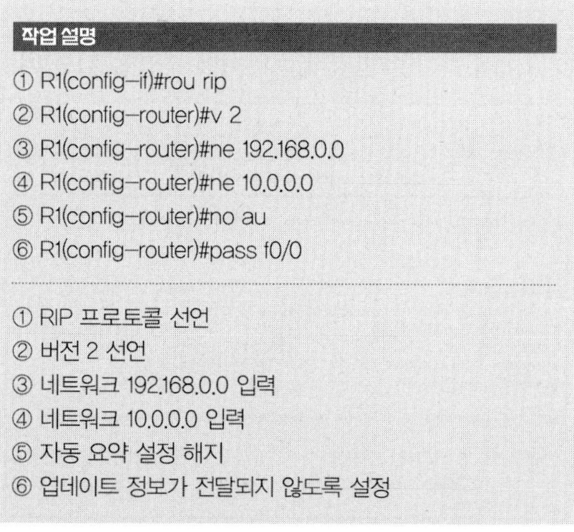

작업 설명

① R1(config-if)#rou rip
② R1(config-router)#v 2
③ R1(config-router)#ne 192.168.0.0
④ R1(config-router)#ne 10.0.0.0
⑤ R1(config-router)#no au
⑥ R1(config-router)#pass f0/0

① RIP 프로토콜 선언
② 버전 2 선언
③ 네트워크 192.168.0.0 입력
④ 네트워크 10.0.0.0 입력
⑤ 자동 요약 설정 해지
⑥ 업데이트 정보가 전달되지 않도록 설정

기적의 Tip

- 라우터 시리얼 포트 주소가 10.0.0.2/30인 경우 구간 네트워크는 10.0.0.0입니다.
- pass = passive-interface = 라우터에서 업데이트 정보가 자동으로 되지 않도록 설정하는 것. 이것은 속도에 영향을 줍니다.

4 PC2, PC3 주소 입력

① 'PC2'를 선택한 후 [Desktop] 탭의 [IP Configuration]을 클릭하여 주어진 IP 주소를 입력한다.

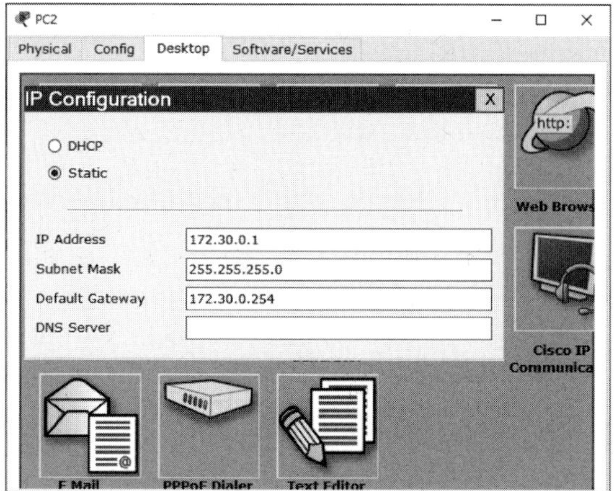

② 'PC3'을 선택한 후 [Desktop] 탭의 [IP Configuration]을 클릭하여 주어진 IP 주소를 입력한다.

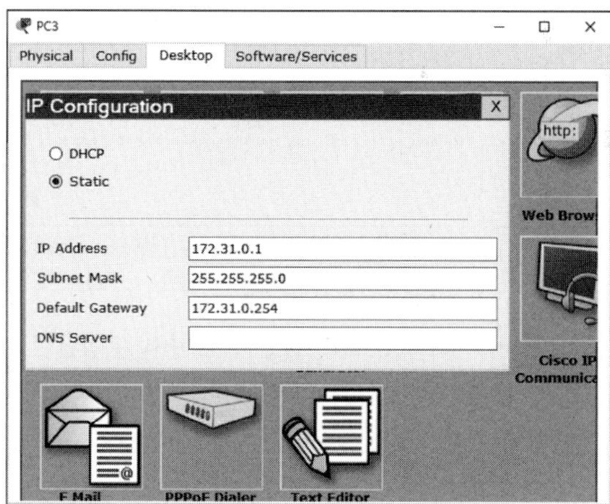

5 스위치 SW1 설정

① 도면에서 스위치 SW1을 클릭하고 창이 뜨면 [CLI] 탭을 클릭하여 IOS Command 모드를 실행한다.

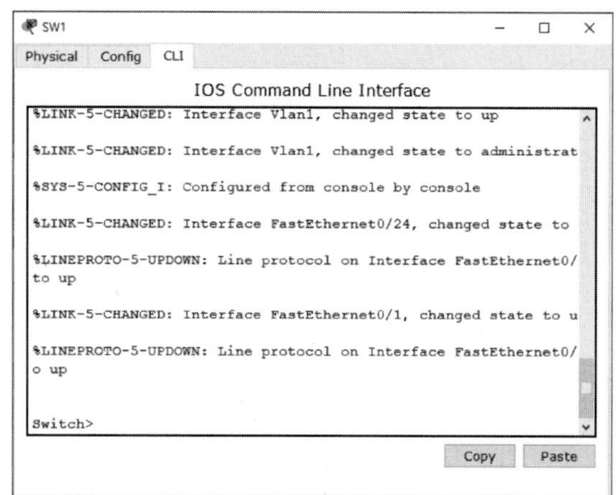

② 스위치 SW1에 IOS 명령을 입력하여 설정한다.

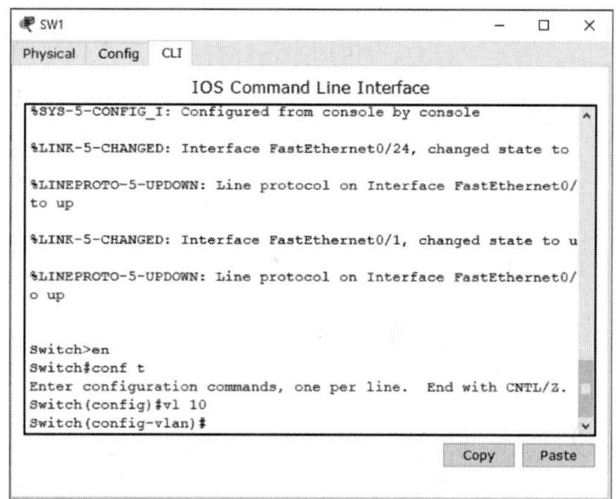

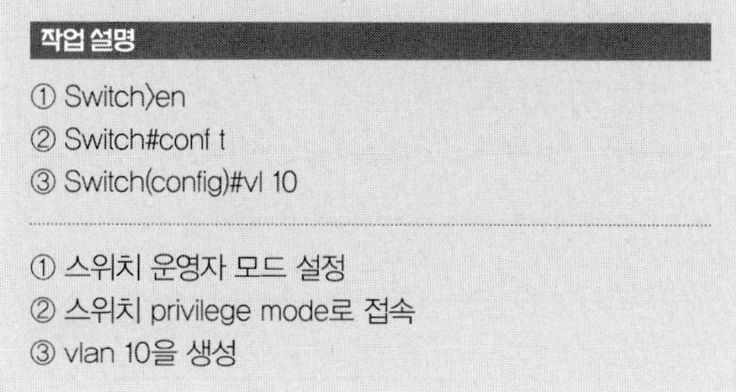

작업 설명

① Switch〉en
② Switch#conf t
③ Switch(config)#vl 10

① 스위치 운영자 모드 설정
② 스위치 privilege mode로 접속
③ vlan 10을 생성

③ 설정한 VLAN에 Port를 할당한다.

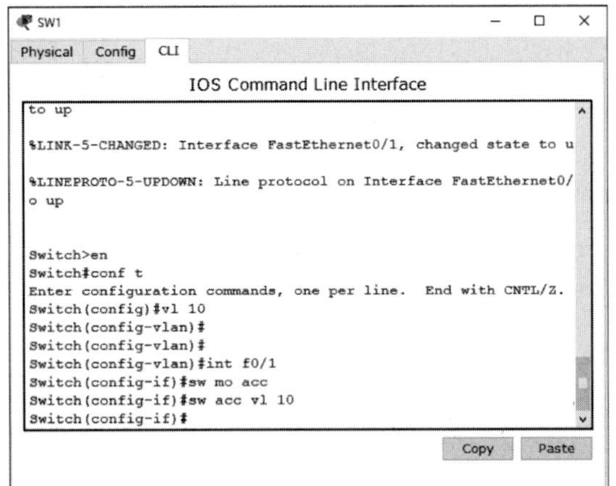

• Fastethernet 0/1 → vlan 10

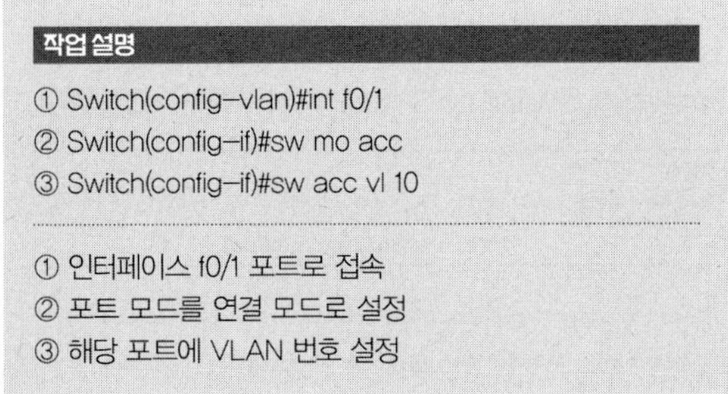
작업설명

① Switch(config-vlan)#int f0/1
② Switch(config-if)#sw mo acc
③ Switch(config-if)#sw acc vl 10

① 인터페이스 f0/1 포트로 접속
② 포트 모드를 연결 모드로 설정
③ 해당 포트에 VLAN 번호 설정

④ 스위치 SW1의 Fa0/23과 Fa0/24에 트렁크 설정한다.

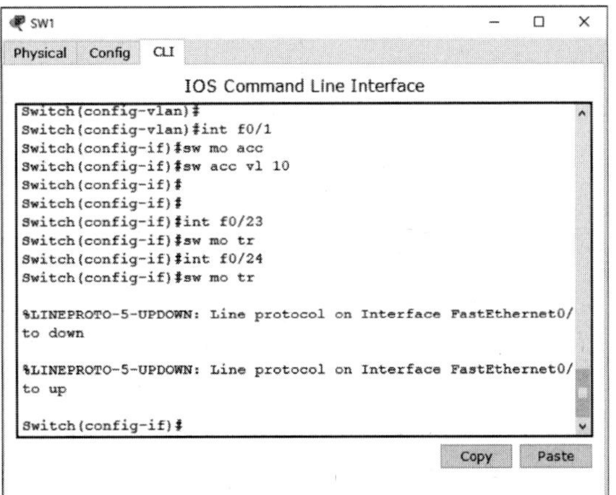

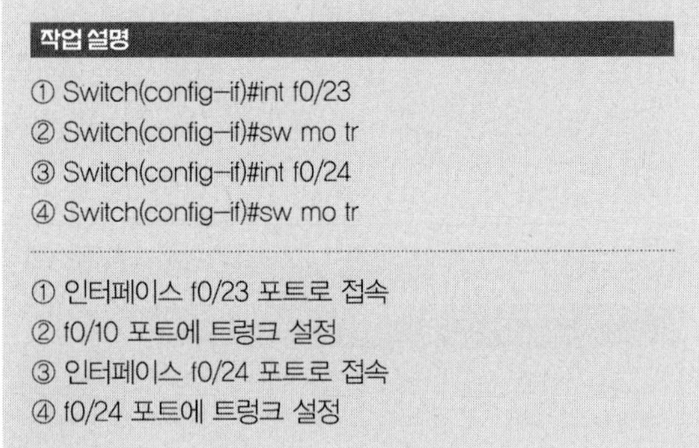
작업설명

① Switch(config-if)#int f0/23
② Switch(config-if)#sw mo tr
③ Switch(config-if)#int f0/24
④ Switch(config-if)#sw mo tr

① 인터페이스 f0/23 포트로 접속
② f0/10 포트에 트렁크 설정
③ 인터페이스 f0/24 포트로 접속
④ f0/24 포트에 트렁크 설정

6 스위치 SW2 설정

① 도면에서 스위치 SW2을 클릭하고 창이 뜨면 [CLI] 클릭하여 IOS Command 모드를 실행한다.

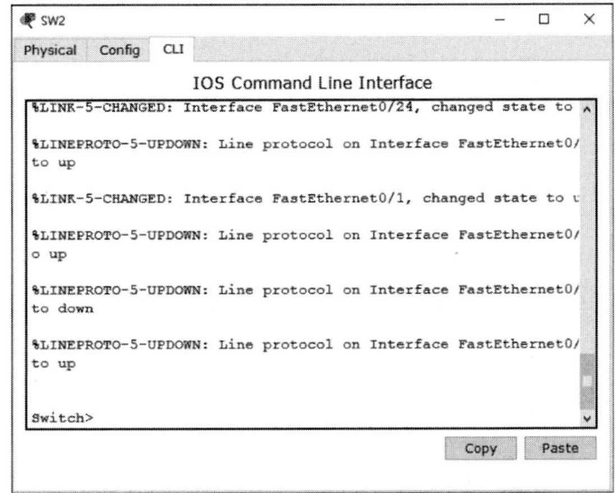

② 스위치 SW2에 IOS 명령을 입력하여 설정한다.

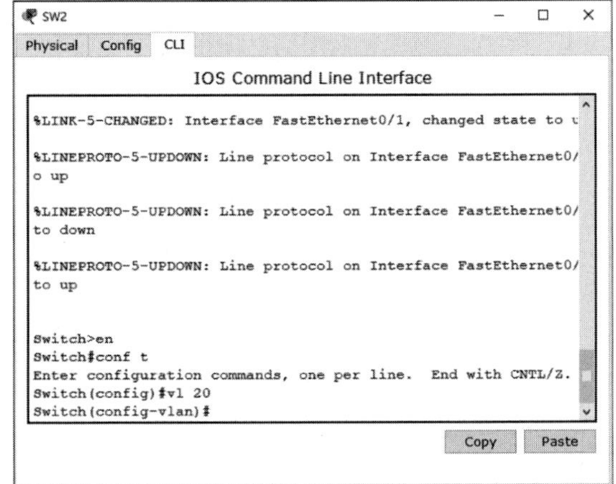

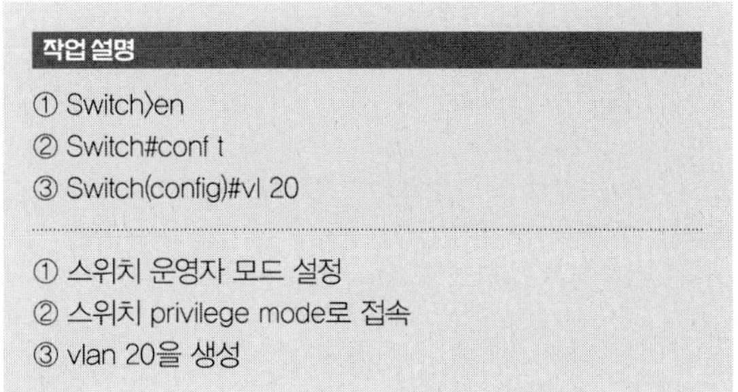
작업 설명

① Switch〉en
② Switch#conf t
③ Switch(config)#vl 20

① 스위치 운영자 모드 설정
② 스위치 privilege mode로 접속
③ vlan 20을 생성

③ 설정한 VLAN에 Port에 할당한다.

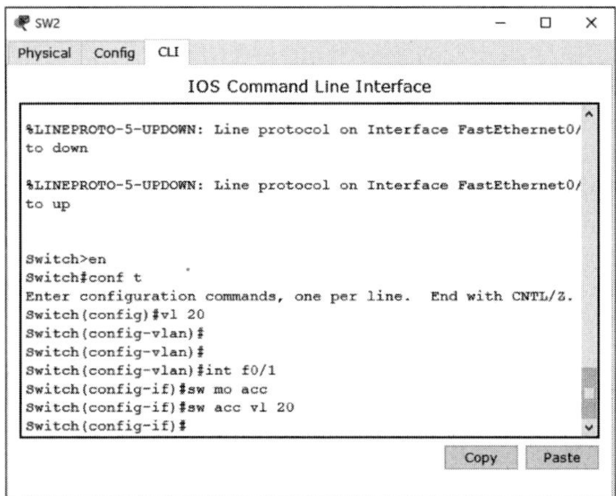

- Fastethernet 0/1 → vlan 20

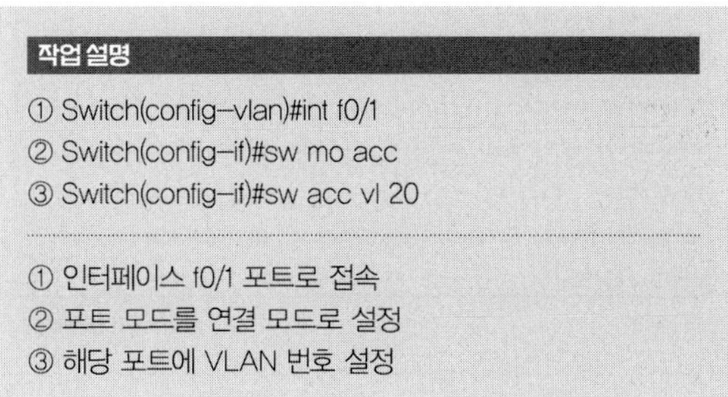
작업 설명

① Switch(config–vlan)#int f0/1
② Switch(config–if)#sw mo acc
③ Switch(config–if)#sw acc vl 20

① 인터페이스 f0/1 포트로 접속
② 포트 모드를 연결 모드로 설정
③ 해당 포트에 VLAN 번호 설정

④ 스위치 SW2에 트렁크를 설정한다.

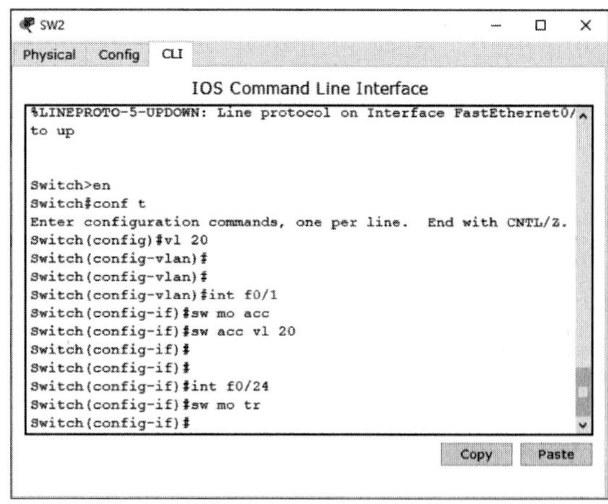

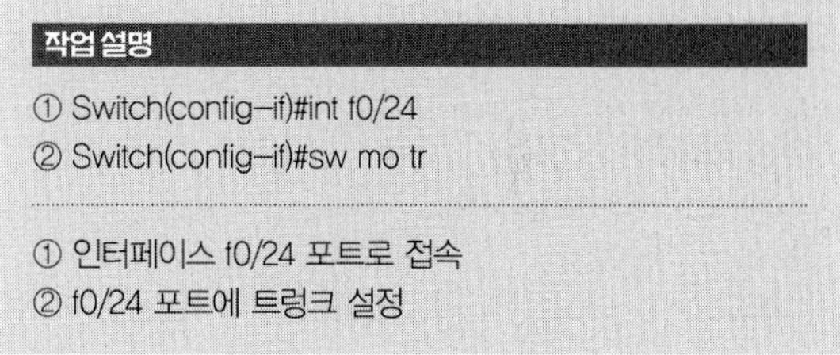
작업 설명

① Switch(config–if)#int f0/24
② Switch(config–if)#sw mo tr

① 인터페이스 f0/24 포트로 접속
② f0/24 포트에 트렁크 설정

7 라우터 R2 설정

① 도면에서 라우터 R2를 클릭하고 창이 뜨면 [CLI] 탭을 클릭하여 IOS Command 모드를 실행한다.

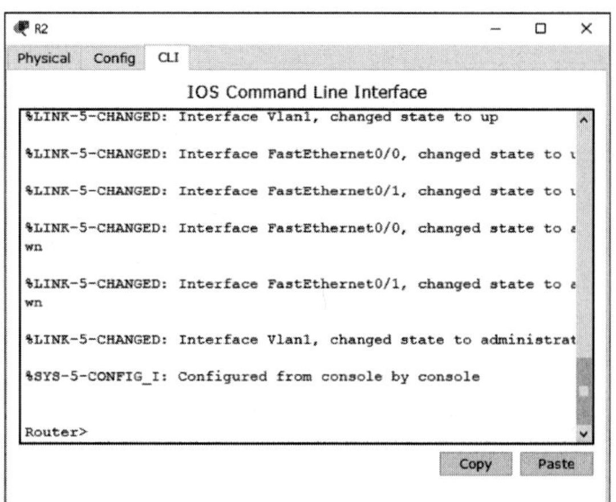

② 활성화 및 장비 이름을 변경한다.

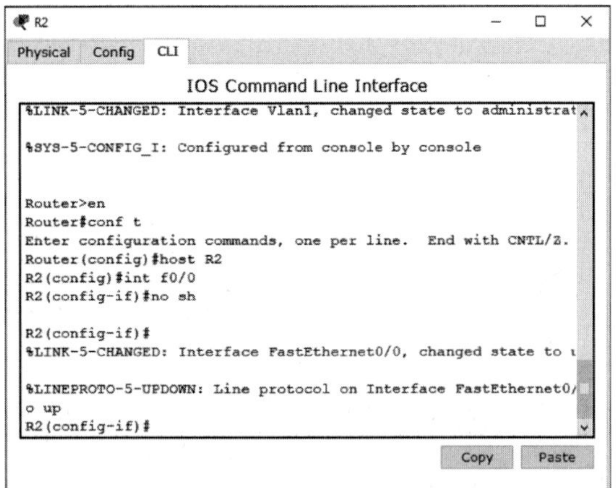

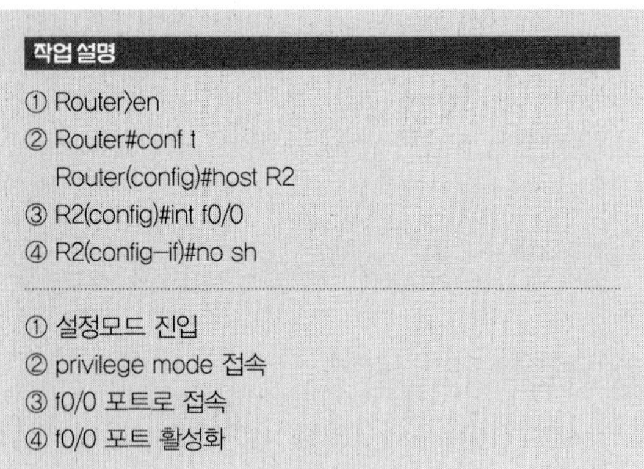

작업 설명

① Router〉en
② Router#conf t
Router(config)#host R2
③ R2(config)#int f0/0
④ R2(config-if)#no sh

① 설정모드 진입
② privilege mode 접속
③ f0/0 포트로 접속
④ f0/0 포트 활성화

③ 포트활성화 및 서브인터페이스를 구성한다. (Inter-Vlan)

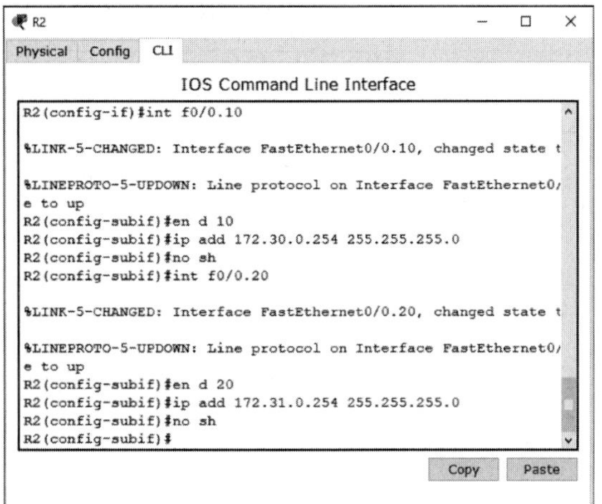

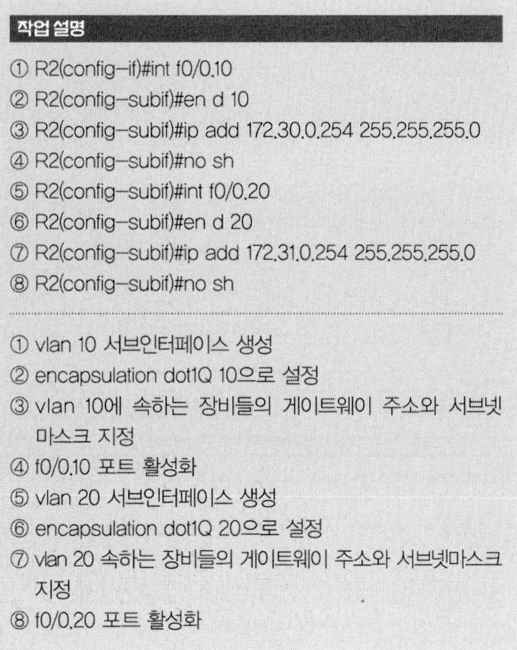

작업 설명

① R2(config-if)#int f0/0.10
② R2(config-subif)#en d 10
③ R2(config-subif)#ip add 172.30.0.254 255.255.255.0
④ R2(config-subif)#no sh
⑤ R2(config-subif)#int f0/0.20
⑥ R2(config-subif)#en d 20
⑦ R2(config-subif)#ip add 172.31.0.254 255.255.255.0
⑧ R2(config-subif)#no sh

① vlan 10 서브인터페이스 생성
② encapsulation dot1Q 10으로 설정
③ vlan 10에 속하는 장비들의 게이트웨이 주소와 서브넷 마스크 지정
④ f0/0.10 포트 활성화
⑤ vlan 20 서브인터페이스 생성
⑥ encapsulation dot1Q 20으로 설정
⑦ vlan 20 속하는 장비들의 게이트웨이 주소와 서브넷마스크 지정
⑧ f0/0.20 포트 활성화

④ 시리얼포트를 설정한다.

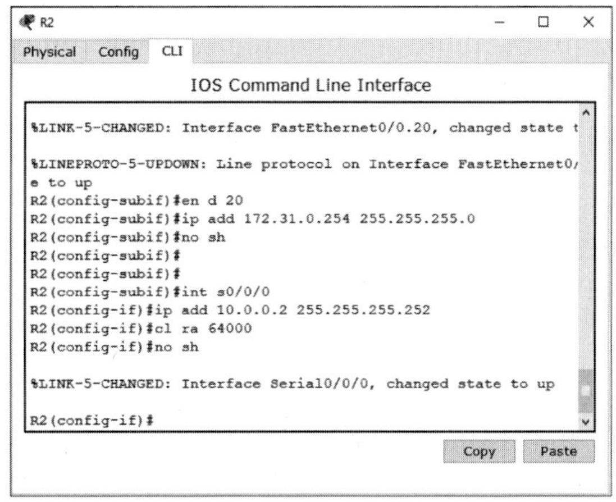

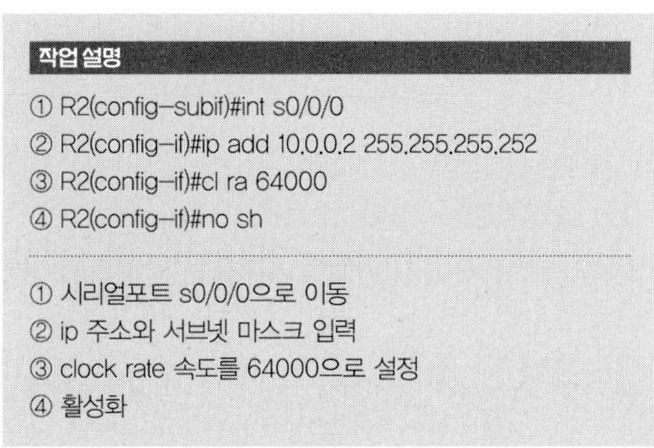

작업 설명

① R2(config-subif)#int s0/0/0
② R2(config-if)#ip add 10.0.0.2 255.255.255.252
③ R2(config-if)#cl ra 64000
④ R2(config-if)#no sh

① 시리얼포트 s0/0/0으로 이동
② ip 주소와 서브넷 마스크 입력
③ clock rate 속도를 64000으로 설정
④ 활성화

8 라우팅 설정

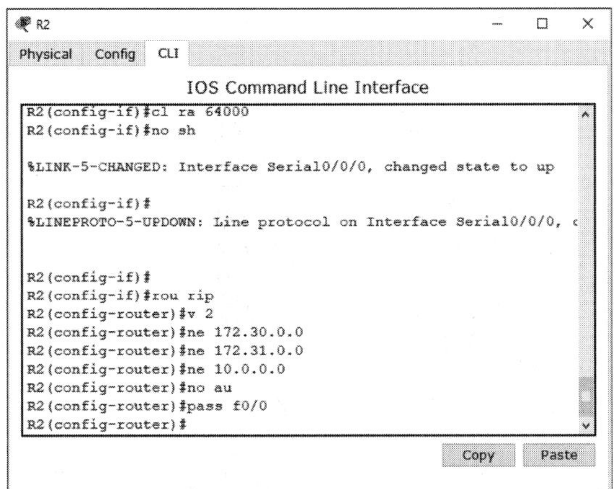

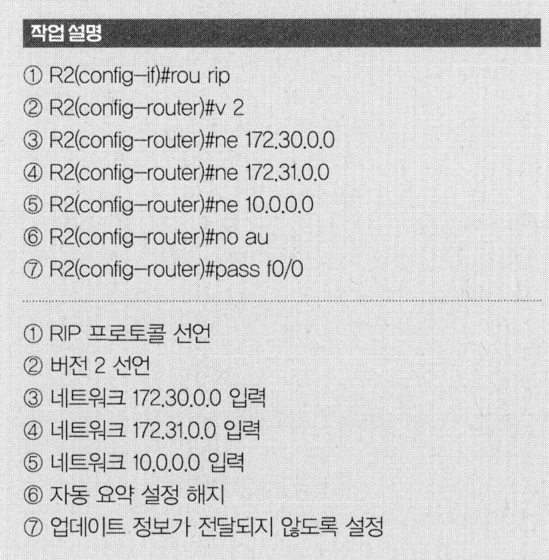

작업 설명

① R2(config-if)#rou rip
② R2(config-router)#v 2
③ R2(config-router)#ne 172.30.0.0
④ R2(config-router)#ne 172.31.0.0
⑤ R2(config-router)#ne 10.0.0.0
⑥ R2(config-router)#no au
⑦ R2(config-router)#pass f0/0

① RIP 프로토콜 선언
② 버전 2 선언
③ 네트워크 172.30.0.0 입력
④ 네트워크 172.31.0.0 입력
⑤ 네트워크 10.0.0.0 입력
⑥ 자동 요약 설정 해지
⑦ 업데이트 정보가 전달되지 않도록 설정

기적의 Tip

- 라우터 시리얼 포트 주소가 10.0.0.2/30인 경우 구간 네트워크는 10.0.0.0입니다.
- pass = passive-interface = 라우터에서 업데이트 정보가 자동으로 되지 않도록 설정하는 것, 이것은 속도에 영향을 줍니다.

9 테스트

(1) PC0에서 PC2, PC3로 핑 테스트(연결 확인 테스트)

① PC0를 클릭하고 [Desktop]-[Command Prompt]를 클릭하고 아래와 같이 입력한다.

② 아래와 같이 각각 "PC>ping 172.30.0.1", "PC>ping 172.31.0.1"을 입력하고 결과를 확인한다.

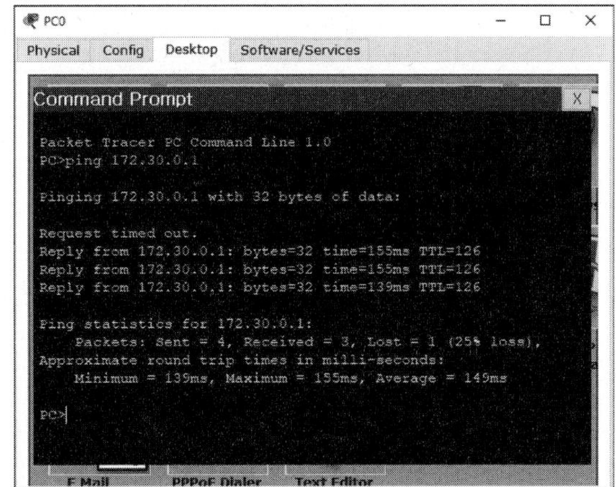

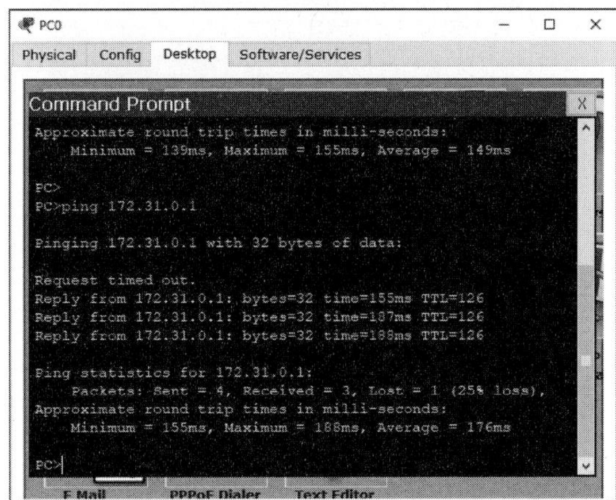

(2) PC1에서 PC2, PC3로 핑 테스트(연결 확인 테스트)

① PC1를 클릭하고 [Desktop]-[Command Prompt] 를 클릭하고 아래와 같이 입력한다.

② 아래와 같이 각각 "PC>ping 172.30.0.1", "PC>ping 172.31.0.1"을 입력하고 결과를 확인한다.

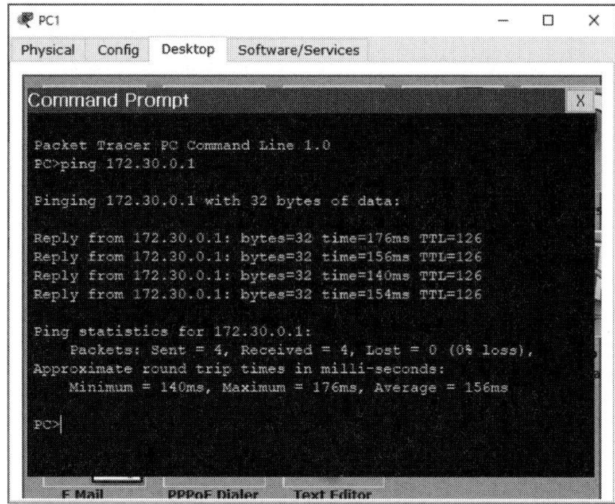

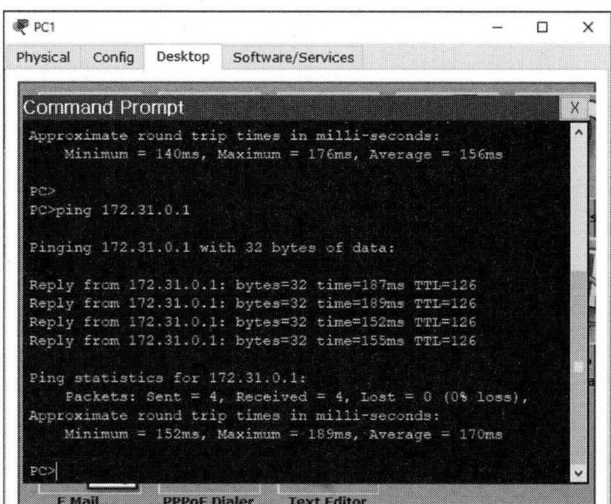

⑩ PC0만 외부로 데이터를 보낼 수 없도록 설정

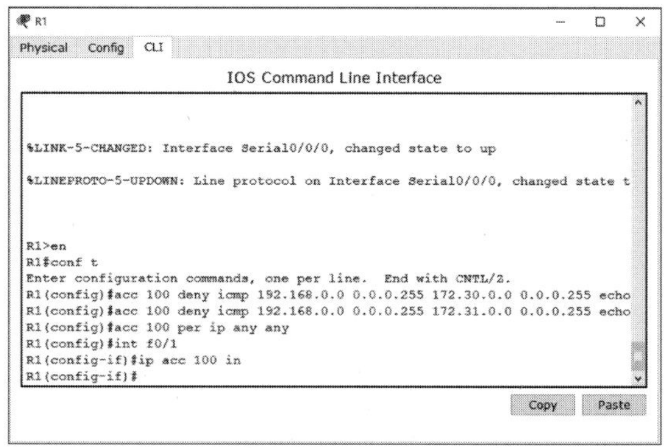

작업 설명

① R1>en
② R1#conf t
③ R1(config)#acc 100 deny icmp 192.168.0.0 0.0.0.255 172.30.0.0 0.0.0.255 echo
④ R1(config)#acc 100 deny icmp 192.168.0.0 0.0.0.255 172.31.0.0 0.0.0.255 echo
⑤ R1(config)#acc 100 per ip any any
⑥ R1(config)#int f0/1
⑦ R1(config-if)#ip acc 100 in

① 설정 모드 접속
② privilege mode 접속
③ PC0, PC1의 네트워크 해당 주소가 PC2로 데이터 전송 불가능하게 설정
④ PC0, PC1의 네트워크 해당 주소가 PC3로 데이터 전송 불가능하게 설정
⑤ 데이터 전송(핑) 이외의 나머지 기능은 허용 설정
⑥ f0/1 인터페이스 접속
⑦ 확장 ACL 인증 설정

기적의 Tip

- PC2와 PC3의 주소 입력 시 주소가 있음에도 네트워크 주소와 와일드카드마스크를 입력한 이유는 PC0과 PC1 주소 입력과의 균형 때문입니다. 주소만 입력해도 결과는 마찬가지입니다.

③ R1(config)#acc 100 deny icmp 192.168.0.0 0.0.0.255 172.30.0.1 echo
④ R1(config)#acc 100 deny icmp 192.168.0.0 0.0.0.255 172.31.0.1 echo

11 테스트

① PC0 클릭하고 [Desktop]-[Command Prompt]를 누른다.

② "PC>ping 172.30.0.1", "PC>ping 172.31.0.1" 주소로 핑 테스트 실패

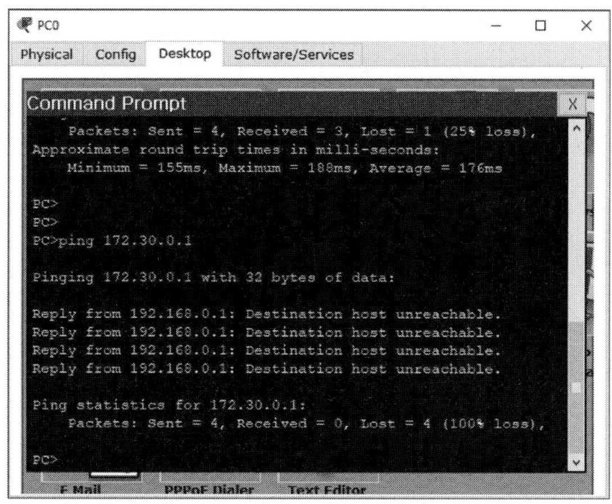

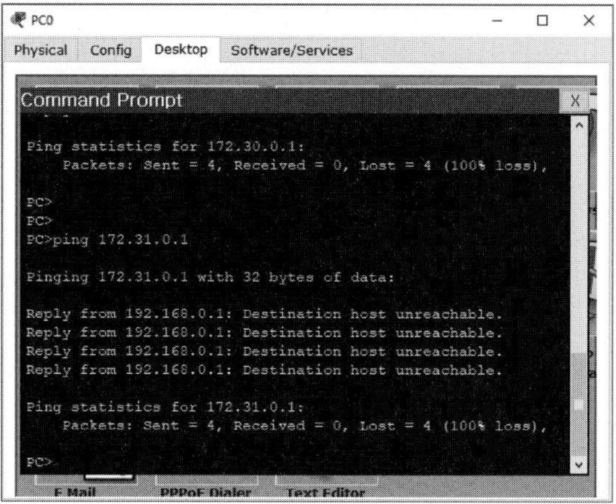

③ "PC>ping 192.168.0.3", "PC>ping 192.168.0.4" 주소로 핑 테스트 성공

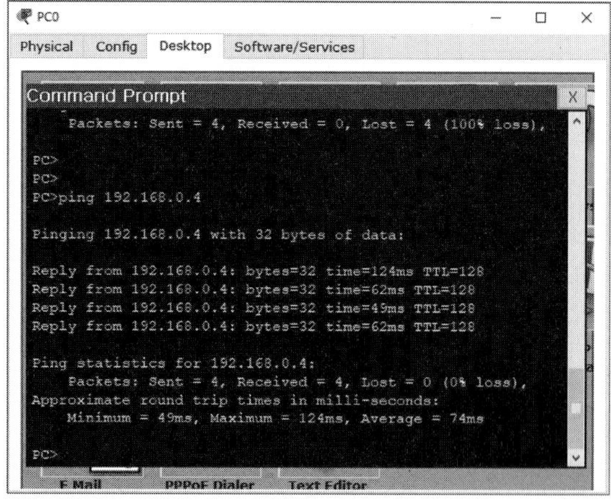

④ PC2와 PC3는 PC0,PC1들과 핑 테스트 성공

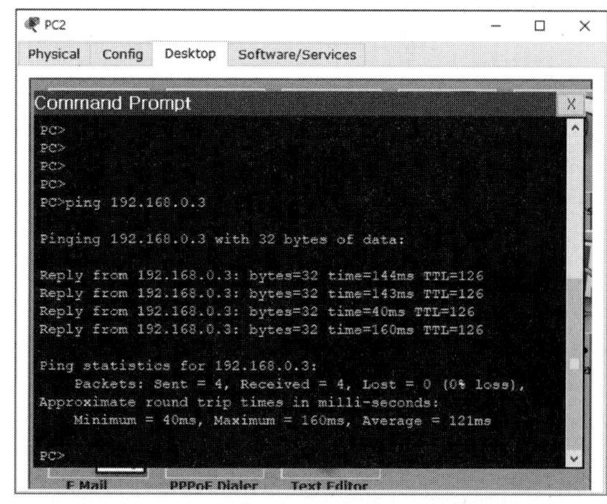

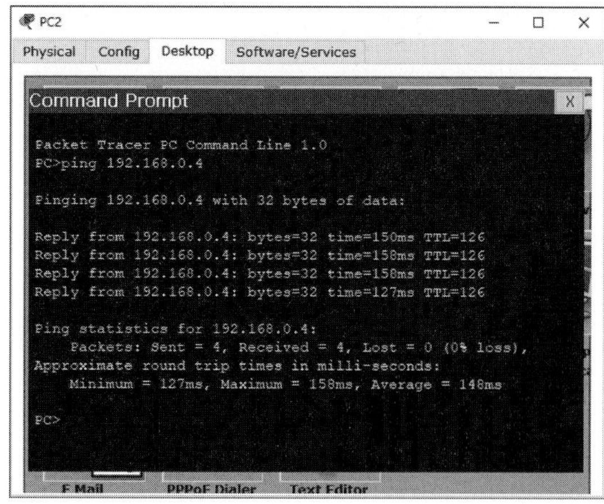

기적의 Tip

- 핑 테스트는 반드시 PC0과 PC1이 dhcp 주소를 할당 받은 후 진행해야 합니다.
- 본 문제에서 PC0과 PC1의 주소가 DHCP로 할당 받기 때문에 주소 설정 시 네트워크와 와일드카드를 사용합니다.
- ACL의 대상은 핑, 텔넷, 웹 접속 등이므로 핑(데이터 전송)을 막은(deny) 후 나머지 기능은 허용(permit)해야 합니다. 설정이 끝나면 라우터 입구에 설정 내용을 인증시킵니다.

⑫ PPP–Chap 설정

① R1에 PPP–Chap 설정

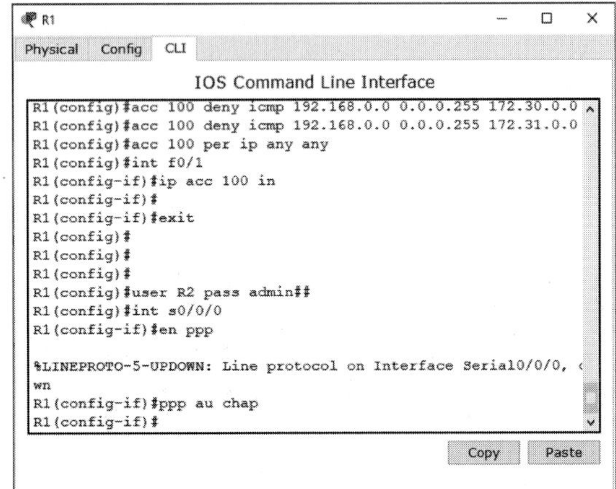

작업 설명

① R1(config)#user R2 pass admin##
② R1(config)#int s0/0/0
③ R1(config–if)#en ppp
④ R1(config–if)#ppp au chap

① 라우터 접속 아이디와 암호 인증 설정
② s0/0/0 인터페이스 접속
③ ppp 프로토콜로 캡슐화(요약화) 설정
④ ppp 인증 방식을 Chap로 설정

② R2에 PPP–Chap 설정

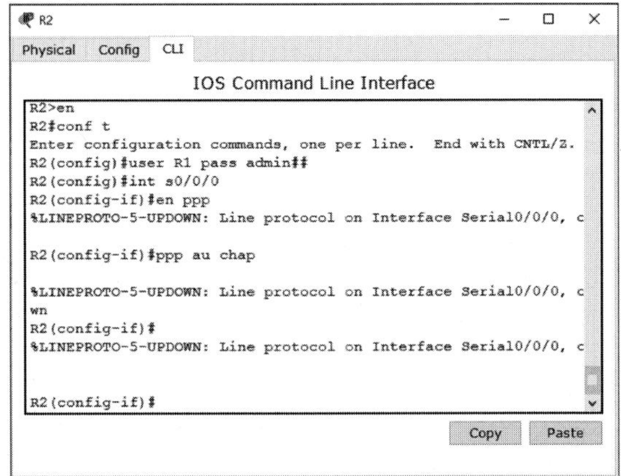

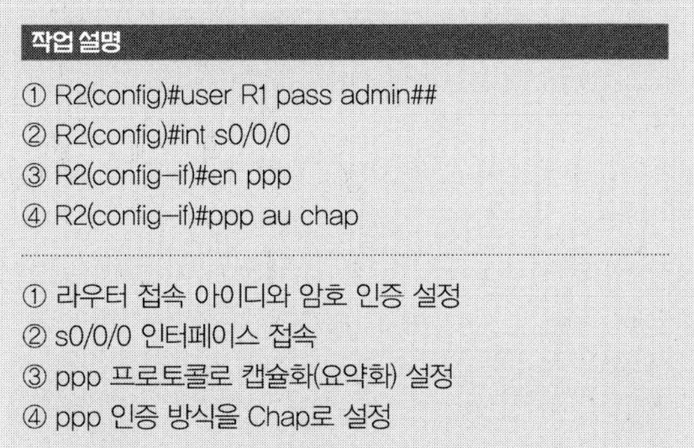
작업 설명

① R2(config)#user R1 pass admin##
② R2(config)#int s0/0/0
③ R2(config–if)#en ppp
④ R2(config–if)#ppp au chap

① 라우터 접속 아이디와 암호 인증 설정
② s0/0/0 인터페이스 접속
③ ppp 프로토콜로 캡슐화(요약화) 설정
④ ppp 인증 방식을 Chap로 설정

⑬ 테스트

① R2에서 입력이 끝나면 바로 'do ping R1 라우터 시리얼 주소' 입력 후 엔터를 친다. 결과는 '100 percent' 메시지가 나온다.

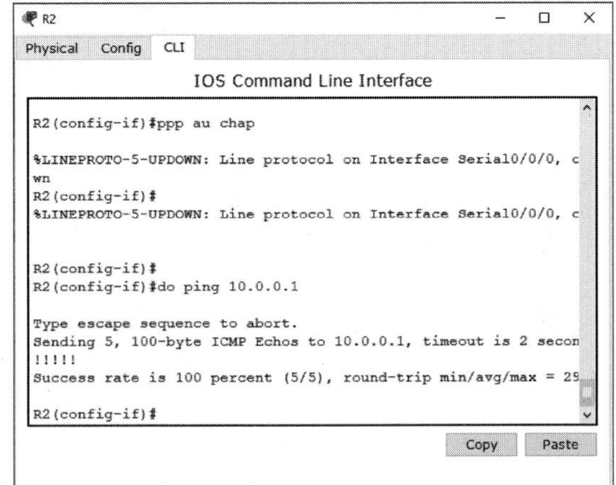

기적의 Tip

ppp는 라우터와 라우터 사이의 보안 설정입니다. 특징은 사용자 이름을 입력할 경우 상대방 라우터 이름을 입력하여 설정합니다.

14 NAT 설정

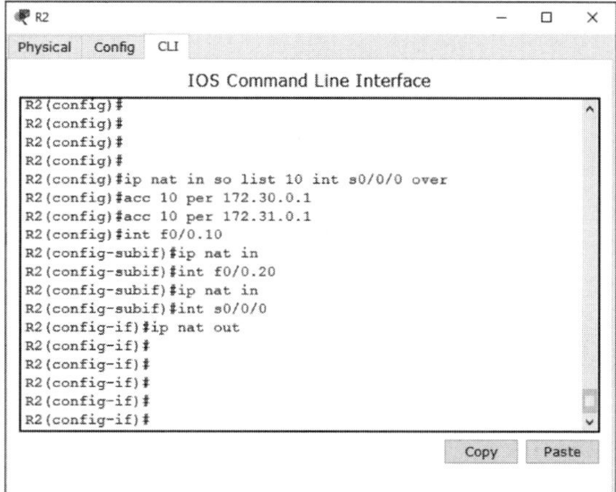

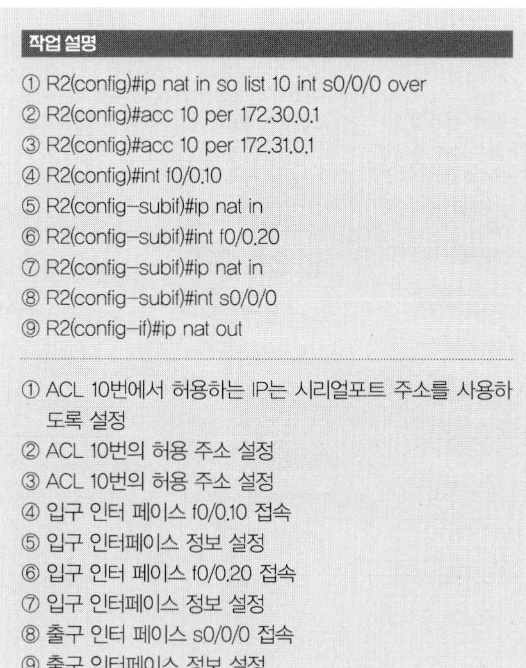

작업 설명

① R2(config)#ip nat in so list 10 int s0/0/0 over
② R2(config)#acc 10 per 172.30.0.1
③ R2(config)#acc 10 per 172.31.0.1
④ R2(config)#int f0/0.10
⑤ R2(config-subif)#ip nat in
⑥ R2(config-subif)#int f0/0.20
⑦ R2(config-subif)#ip nat in
⑧ R2(config-subif)#int s0/0/0
⑨ R2(config-if)#ip nat out

① ACL 10번에서 허용하는 IP는 시리얼포트 주소를 사용하도록 설정
② ACL 10번의 허용 주소 설정
③ ACL 10번의 허용 주소 설정
④ 입구 인터 페이스 f0/0.10 접속
⑤ 입구 인터페이스 정보 설정
⑥ 입구 인터 페이스 f0/0.20 접속
⑦ 입구 인터페이스 정보 설정
⑧ 출구 인터 페이스 s0/0/0 접속
⑨ 출구 인터페이스 정보 설정

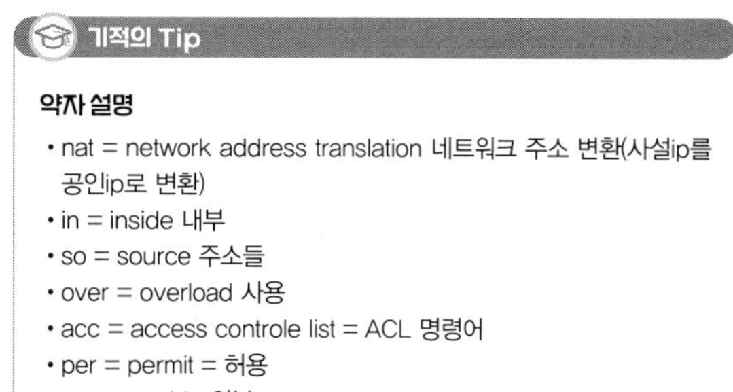

기적의 Tip

약자 설명

- nat = network address translation 네트워크 주소 변환(사설ip를 공인ip로 변환)
- in = inside 내부
- so = source 주소들
- over = overload 사용
- acc = access controle list = ACL 명령어
- per = permit = 허용
- out = outside 외부

15 Port-Security

① PC2를 클릭하고 [Desktop]-[Command Prompt]를 누른다.

② "PC>ipconfig /all"을 입력하고 엔터를 친 후 PC Mac Address 확인(Physical Address= MacAddress)

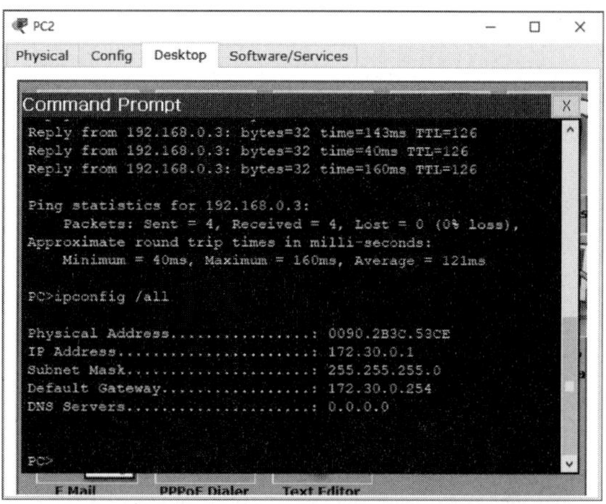

작업 설명

PC의 Command Prompt에서 ipconfig /all 입력
Physical Address가 보임

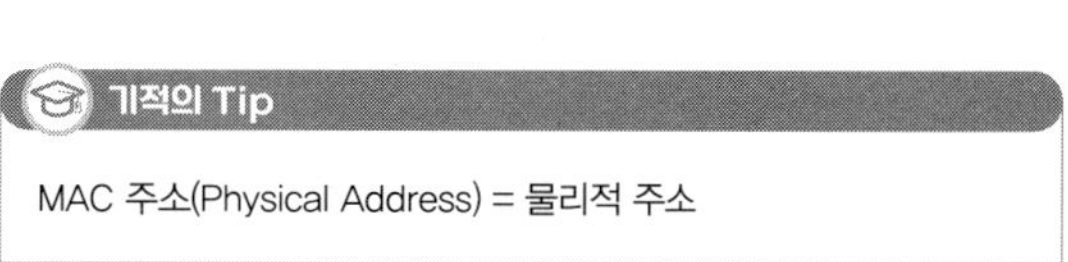

기적의 Tip

MAC 주소(Physical Address) = 물리적 주소

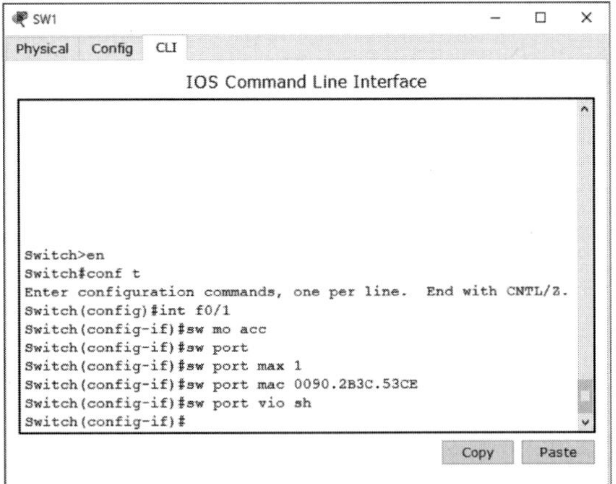

작업 설명

① Switch(config)#int f0/1
② Switch(config–if)#sw mo acc
③ Switch(config–if)#sw port
④ Switch(config–if)#sw port max 1
⑤ Switch(config–if)#sw port mac 0090.2B3C.53CE
⑥ Switch(config–if)#sw port vio sh

① f0/1 서브인터페이스 접속
② 스위치 연결 설정
③ 스위치 보안 선언
④ 스위치에 접근할 수 있는 주소 개수를 1로 제한
⑤ f0/1에 연결된 PC MAC 주소 입력
⑥ 다른 장치가 연결되면 끊어지게 설정

기적의 Tip

poer = port–security = 보안
max = maximum = 최대
vio = violation = 변화
sh = shutdown = 끊어짐

16 Root–Bridge

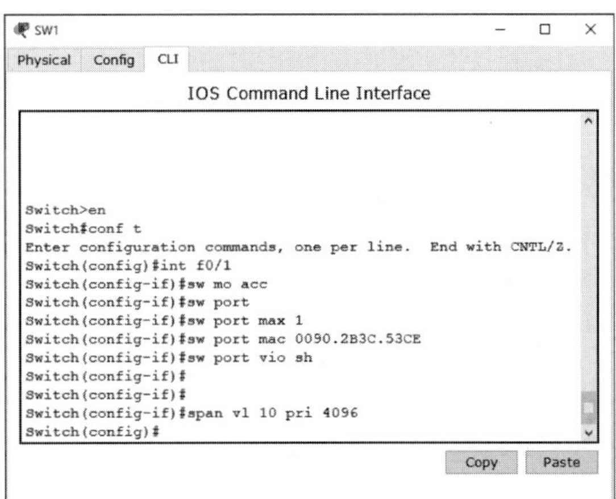

작업 설명

① Switch(config–if)#span vl 10 pri 4096

① vlan 10에 루트브리지 설정

기적의 Tip

- span = spanning–tree 링크 관리 프로토콜로 다중 경로에서 불필요한 경로 발생 시 가장 효율적인 경로를 사용하도록 하게 합니다.
- vl = vlan 가상랜
- Root–Bridge(루트 브릿지) = 스패밍 트리를 이용해 패킷이 자신으로 되돌아오는 루핑을 막아주는 역할
- pri = priority 우선권
- 4096의 배수를 입력, 제일 작은 4096 입력

SECTION 07

모의고사 해설 07회

풀이 방법

◆ **채점기준표**

장치명	항목	배점	개수	합계
PC	IP Address	2	2	4
	Subnet Mask	1	2	2
	Default Gateway	2	2	4
	Server	1	2	2
	소계			12
라우터 R1	라우팅	8	1	8
	NAT	15	1	15
	PPP-CHAP	7	1	7
	소계			30
라우터 ISP	라우팅	8	1	8
	SSH	15	1	15
	PPP-CHAP	7	1	7
	소계			30
Email설정		15	1	15
	소계	15		52
기본설정	백업	6	1	6
	PC서버주소	3	1	3
	DNS 설정	4	1	4
	소계			13
	합계			100

1 IP 설정

① 패킷트레이서 프로그램을 실행한 후 [File]-[Open] 메뉴를 클릭하여 '모의07.pka' 파일을 불러온다.

② 'PC0'을 선택한 후 [Desktop] 탭의 [IP Configuration]을 클릭하여 주어진 IP 주소를 입력한다.

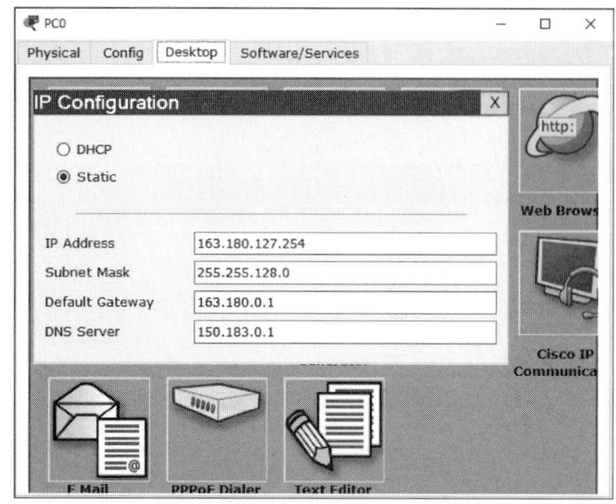

IP Address	163.180.127.254
Subnet Mask	255.255.128.0
Default Gateway	163.180.0.1
Server0	150.183.0.1

③ 'PC1'을 선택한 후 [Desktop] 탭의 [IP Configuration]을 클릭하여 주어진 IP 주소를 입력한다.

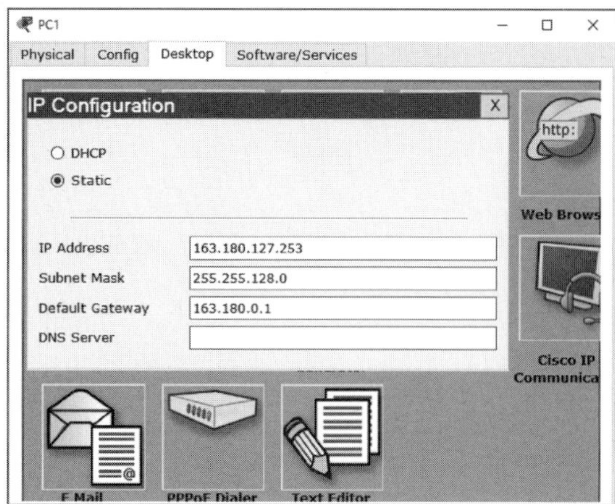

IP Address	163.180.127.253
Subnet Mask	255.255.128.0
Default Gateway	163.180.0.1

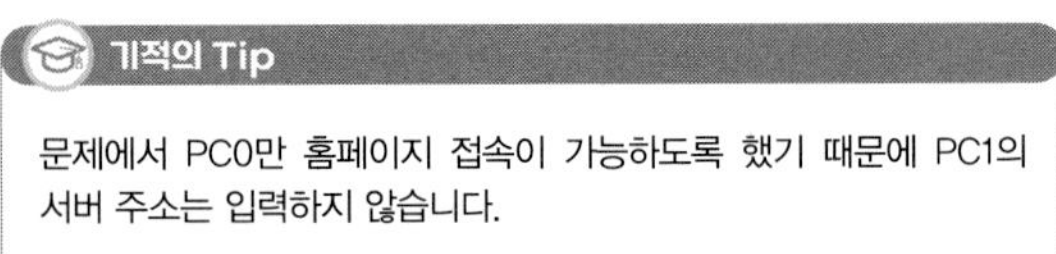
기적의 Tip

문제에서 PC0만 홈페이지 접속이 가능하도록 했기 때문에 PC1의 서버 주소는 입력하지 않습니다.

④ 서버를 선택한 후 [Desktop] 탭의 [IP Configuration]을 클릭하여 주어진 IP 주소를 입력한다.

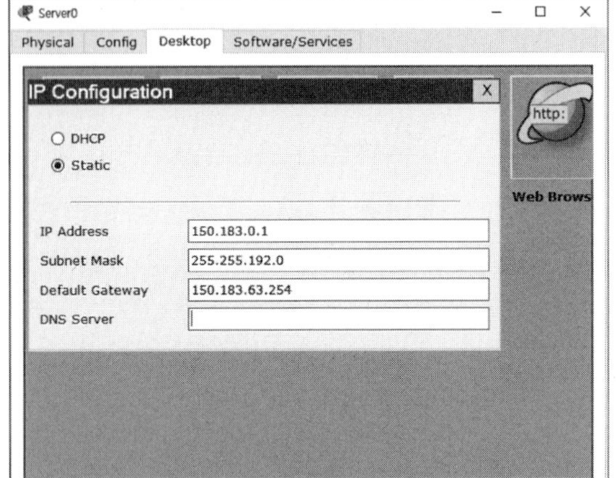

IP Address	150.183.0.1
Subnet Mask	255.255.192.0
Default Gateway	150.183.63.254

2 라우터 R1 이름 변경, f0/0 포트 활성화

① 라우터 R1을 클릭하고 창이 뜨면 [CLI] 탭을 클릭하여 [IOS Command] 모드를 실행한다.

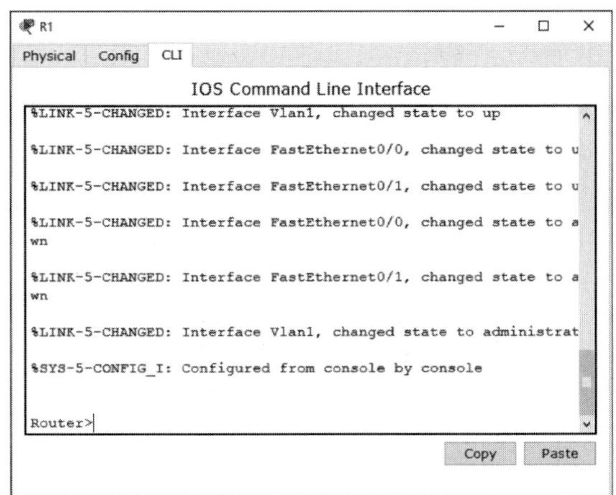

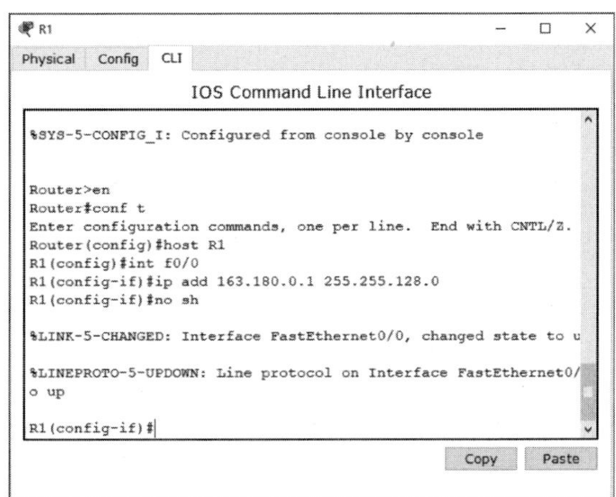

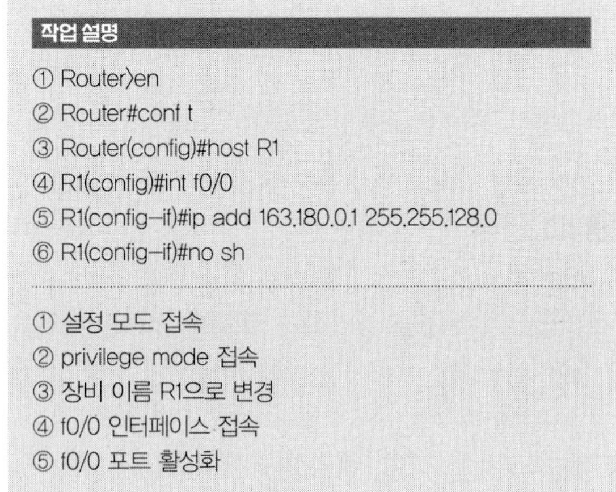
작업 설명

① Router>en
② Router#conf t
③ Router(config)#host R1
④ R1(config)#int f0/0
⑤ R1(config-if)#ip add 163.180.0.1 255.255.128.0
⑥ R1(config-if)#no sh

① 설정 모드 접속
② privilege mode 접속
③ 장비 이름 R1으로 변경
④ f0/0 인터페이스 접속
⑤ f0/0 포트 활성화

❸ R1 라우터 시리얼포트 설정

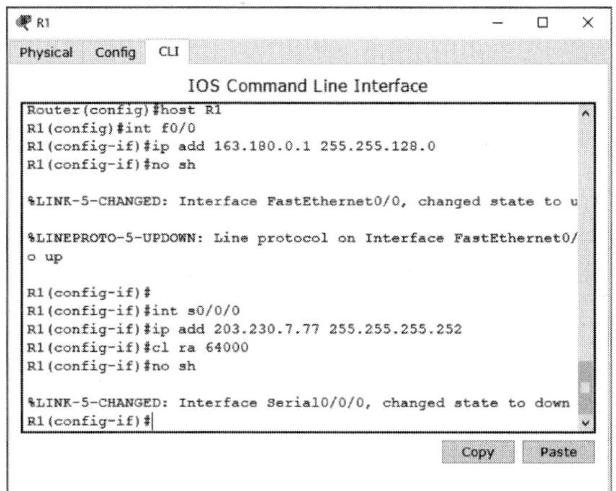

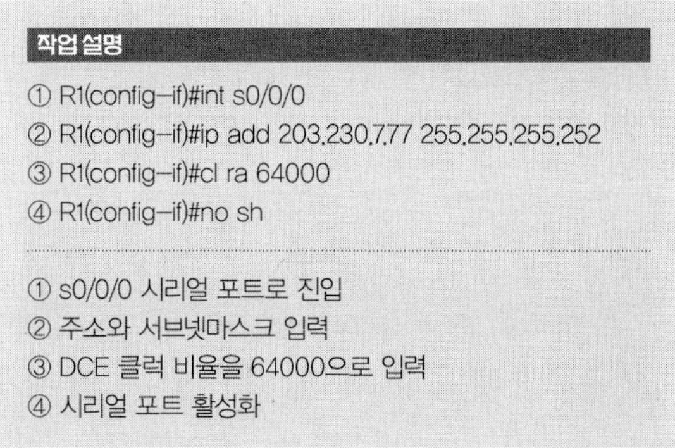

작업 설명

① R1(config-if)#int s0/0/0
② R1(config-if)#ip add 203.230.7.77 255.255.255.252
③ R1(config-if)#cl ra 64000
④ R1(config-if)#no sh

① s0/0/0 시리얼 포트로 진입
② 주소와 서브넷마스크 입력
③ DCE 클럭 비율을 64000으로 입력
④ 시리얼 포트 활성화

❹ R1 라우팅

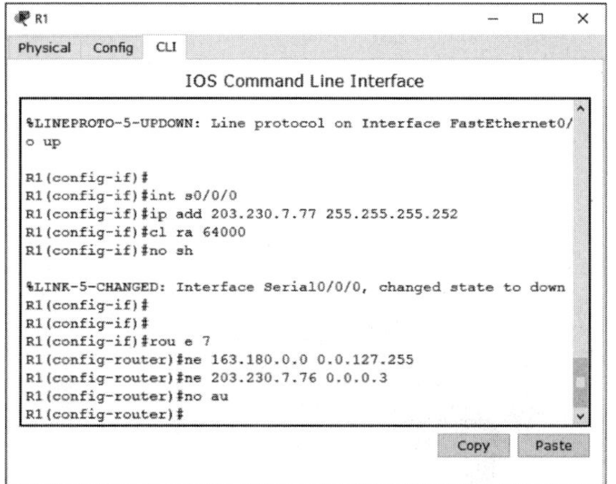

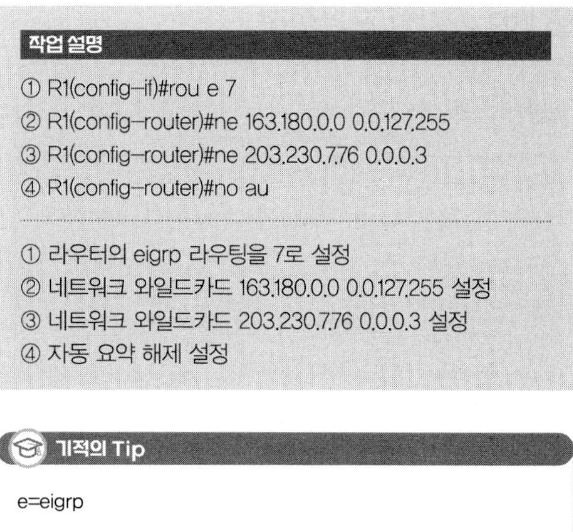

작업 설명

① R1(config-if)#rou e 7
② R1(config-router)#ne 163.180.0.0 0.0.127.255
③ R1(config-router)#ne 203.230.7.76 0.0.0.3
④ R1(config-router)#no au

① 라우터의 eigrp 라우팅을 7로 설정
② 네트워크 와일드카드 163.180.0.0 0.0.127.255 설정
③ 네트워크 와일드카드 203.230.7.76 0.0.0.3 설정
④ 자동 요약 해제 설정

기적의 Tip

e=eigrp

❺ 라우터 ISP 이름 변경, f0/0 포트 주소 입력, 활성화

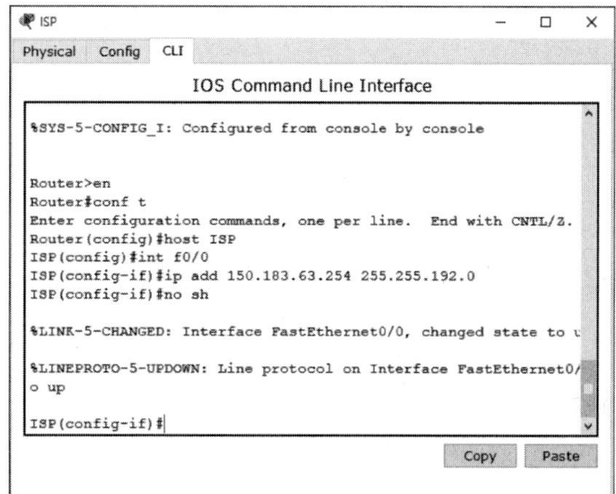

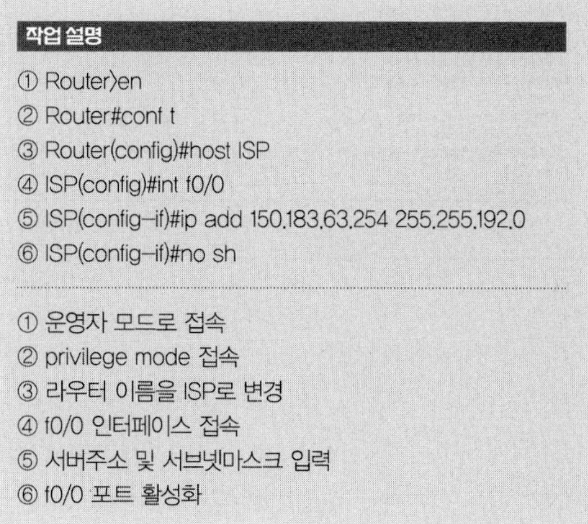

작업 설명

① Router>en
② Router#conf t
③ Router(config)#host ISP
④ ISP(config)#int f0/0
⑤ ISP(config-if)#ip add 150.183.63.254 255.255.192.0
⑥ ISP(config-if)#no sh

① 운영자 모드로 접속
② privilege mode 접속
③ 라우터 이름을 ISP로 변경
④ f0/0 인터페이스 접속
⑤ 서버주소 및 서브넷마스크 입력
⑥ f0/0 포트 활성화

6 ISP 시리얼 포트설정

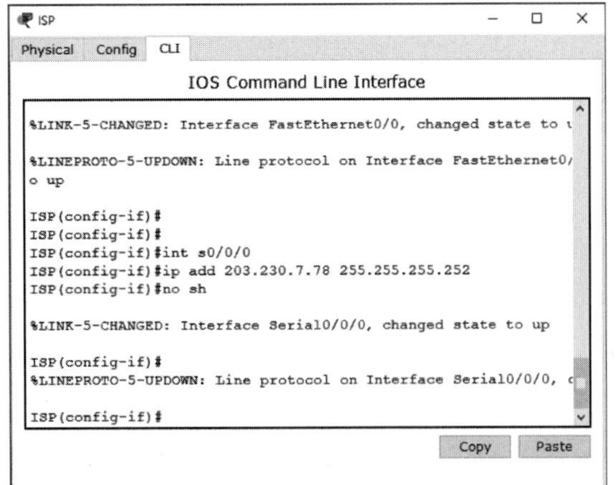

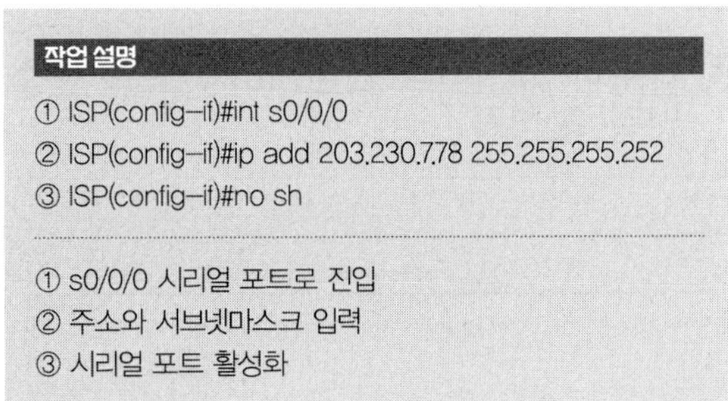

작업 설명

① ISP(config-if)#int s0/0/0
② ISP(config-if)#ip add 203.230.7.78 255.255.255.252
③ ISP(config-if)#no sh

① s0/0/0 시리얼 포트로 진입
② 주소와 서브넷마스크 입력
③ 시리얼 포트 활성화

7 ISP 라우팅

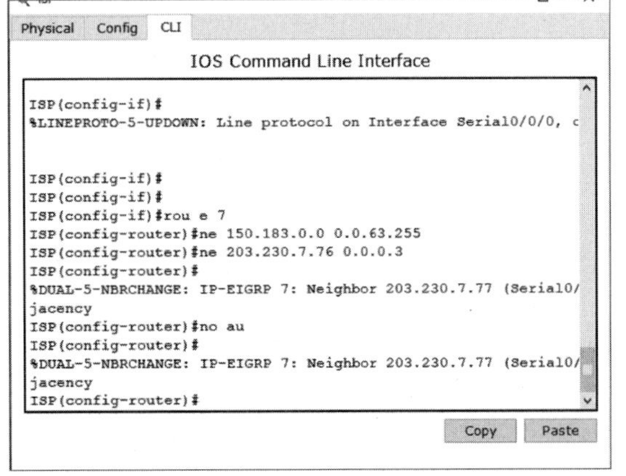

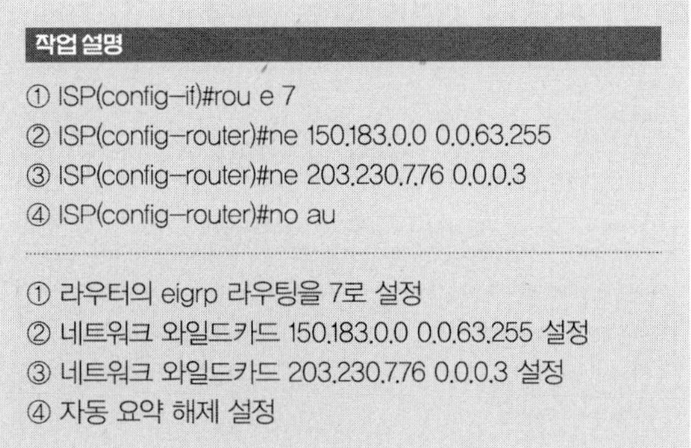

작업 설명

① ISP(config-if)#rou e 7
② ISP(config-router)#ne 150.183.0.0 0.0.63.255
③ ISP(config-router)#ne 203.230.7.76 0.0.0.3
④ ISP(config-router)#no au

① 라우터의 eigrp 라우팅을 7로 설정
② 네트워크 와일드카드 150.183.0.0 0.0.63.255 설정
③ 네트워크 와일드카드 203.230.7.76 0.0.0.3 설정
④ 자동 요약 해제 설정

8 테스트

(1) 핑 테스트(연결 확인 테스트)

① PC0를 클릭하고 [Desktop]-[Command Prompt]를 클릭한다.

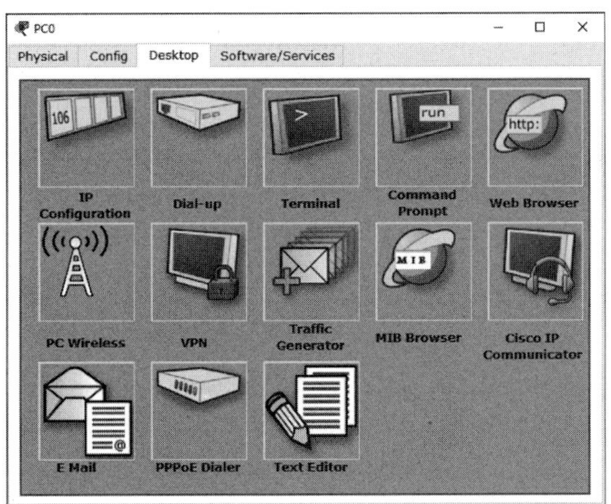

② 아래와 같이 "PC>ping 150.183.0.1을 입력하고 결과를 확인한다.

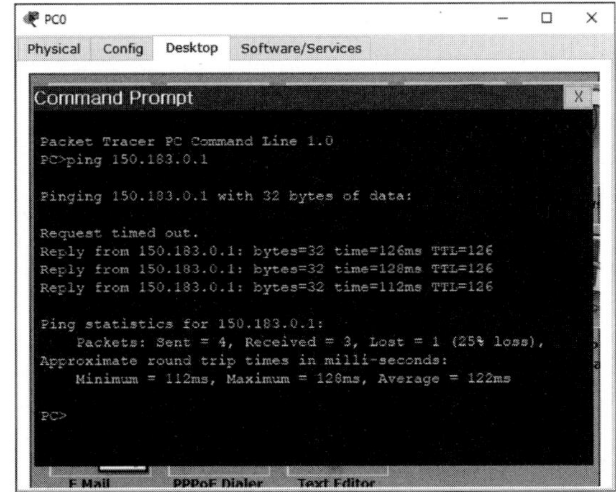

③ PC1를 클릭하고 [Desktop]-[Command Prompt] 를 클릭한다.

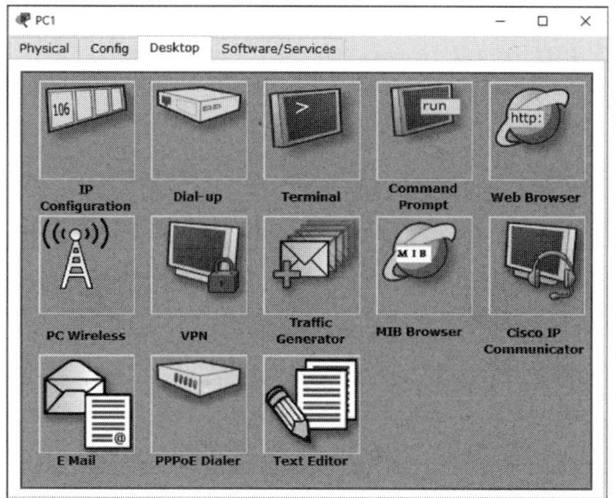

④ 아래와 같이 "PC>ping 150.183.0.1"을 입력하고 결과를 확인한다.

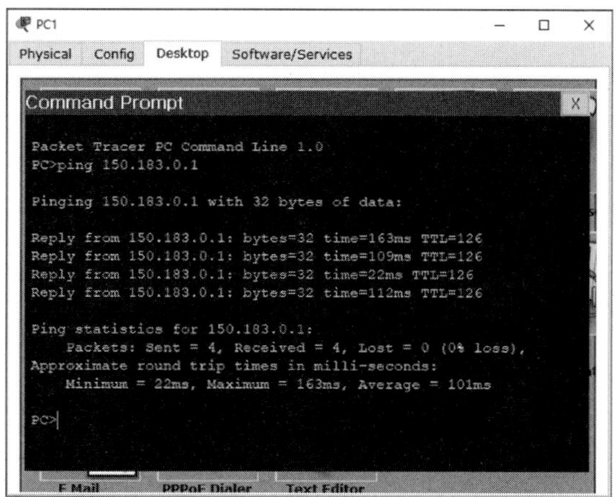

9 R1 라우터 설정

① 라우터 PPP-CHAP 설정

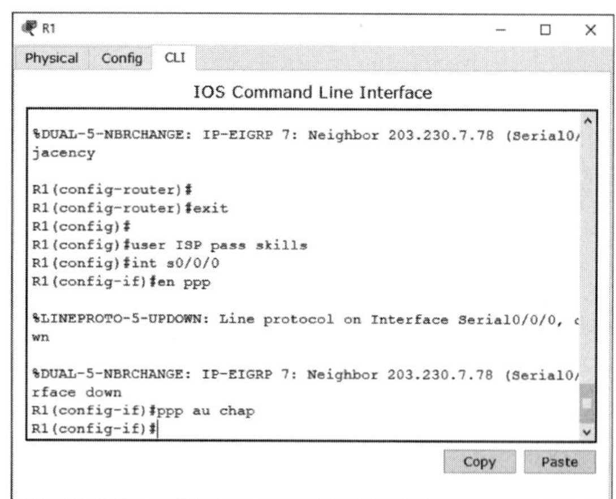

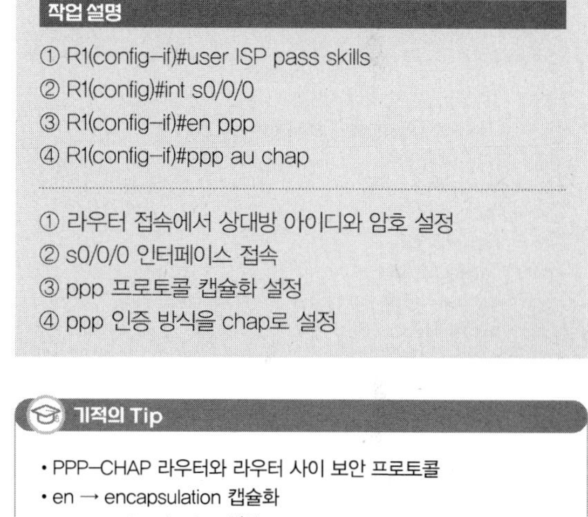

작업설명

① R1(config-if)#user ISP pass skills
② R1(config)#int s0/0/0
③ R1(config-if)#en ppp
④ R1(config-if)#ppp au chap

① 라우터 접속에서 상대방 아이디와 암호 설정
② s0/0/0 인터페이스 접속
③ ppp 프로토콜 캡슐화 설정
④ ppp 인증 방식을 chap로 설정

기적의 Tip

- PPP-CHAP 라우터와 라우터 사이 보안 프로토콜
- en → encapsulation 캡슐화
- au → authentication 인증

② 외부 네트워크와 통신 할 경우 NAT 설정

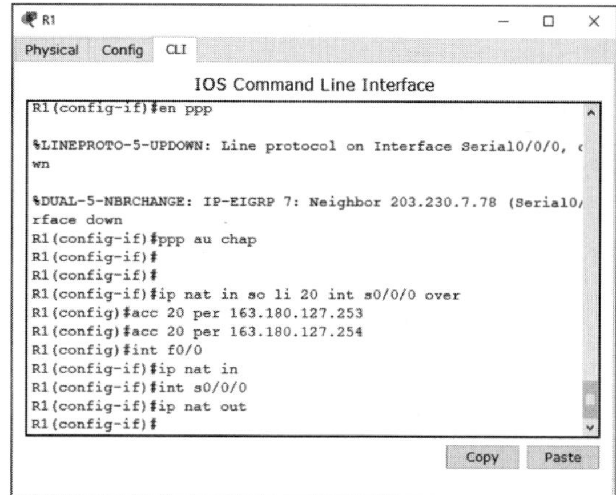

작업 설명

① R1(config)#ip nat in so li 20 int s0/0/0 over
② R1(config)#acc 20 per 163.180.127.253
③ R1(config)#acc 20 per 163.180.127.254
④ R1(config)#int f0/0
⑤ R1(config-if)#ip nat in
⑥ R1(config-if)#int s0/0/0
⑦ R1(config-if)#ip nat out

① ACL 번호20번 조건으로 IP는 s0/0/0 포트 주소를 이용하도록 설정
② ACL 번호20번으로 허용하는 PC0 IP 설정
③ ACL 번호20번으로 허용하는 PC1 IP 설정
④ f0/0 포트 인터페이스 접속
⑤ 내부 인터페이스 설정
⑥ s0/0/0 포트 인터페이스 접속
⑦ 외부 인터페이스 설정

기적의 Tip

- NAT = 사설 ip를 공인 ip로 변환시켜 주는 기능입니다.
- NAT = Network Address Translation
- in = inside 내부
- so = source 주소
- li = list ACL 번호
- int = interface 접속
- over = overload 사용
- acc = access 약자로 acl 명령을 시작할 때 입력합니다.
- per = permit 허용
- out = outside 외부

10 ISP 라우터 설정

(1) ISP에 PPP-CHAP

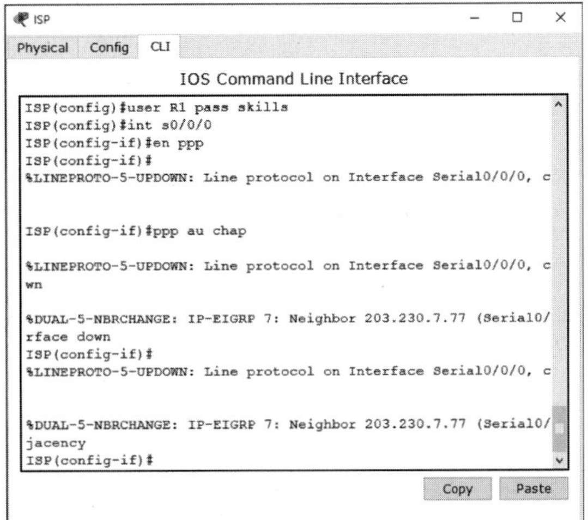

작업 설명

① ISP(config)#user R1 pass skills
② ISP(config)#int s0/0/0
③ ISP(config-if)#en ppp
④ ISP(config-if)#ppp au chap

① 라우터 접속에서 상대방 아이디와 암호 설정
② s0/0/0 인터페이스 접속
③ ppp 프로토콜 캡슐화 설정
④ ppp 인증 방식을 chap로 설정

(2) 테스트 결과

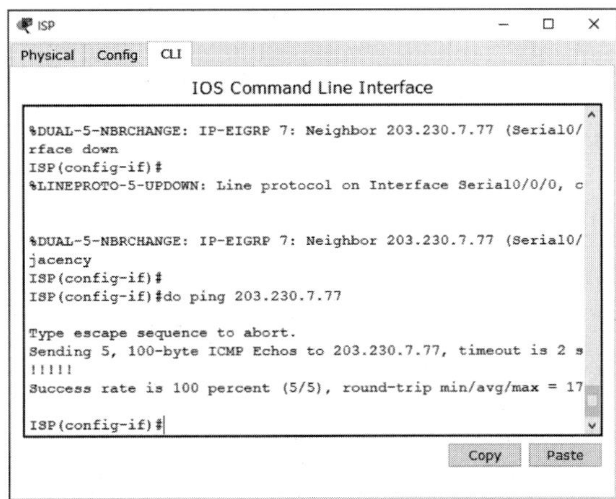

작업 설명

① ISP(config-if)#do ping 203.230.7.77
Type escape sequence to abort.
Sending 5, 100-byte ICMP Echos to 203.230.7.77, timeout is 2 seconds:
② !!!!!
③ Success rate is 100 percent (5/5), round-trip min/avg/max = 1/2/5 ms

① R1 라우터로 핑 신호 보내기
② 느낌표가 여러개 나옴
③ 100 percent 나오면 성공

(3) ssh 설정

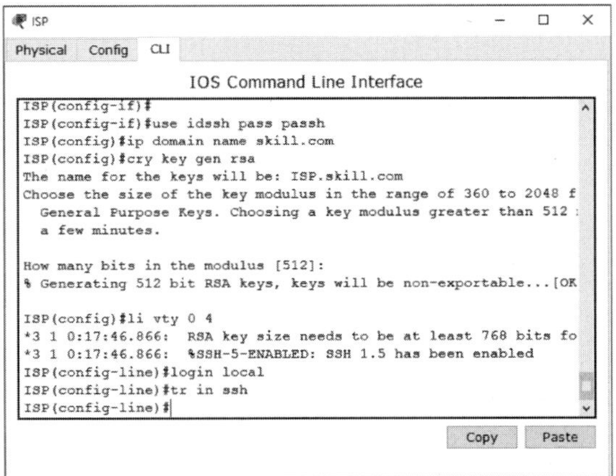

작업 설명

① ISP(config)#user idssh pass passh
② ISP(config)#ip domain name skill.com
③ ISP(config)#cry key gen rsa
④ How many bits in the modulus [512]: [엔터]
% Generating 512 bit RSA keys, keys will be non-exportable...[OK]
⑤ ISP(config)#li vty 0 4
⑥ ISP(config-line)#login local
⑦ ISP(config-line)#tr in ssh

① 텔넷 접속을 위한 사용자 이름과 암호를 설정
② 도메인 이름 설정
③ 키 설정 방식 입력
④ 비트수 설정
⑤ 텔넷 접속 설정
⑥ 텔넷 로컬 인증
⑦ ssh 설정 내용을 확인시킴

(4) ssh 테스트

① PC1를 클릭하고 [Desktop]-[Command Prompt]를 클릭하고 아래와 같이 입력한다.

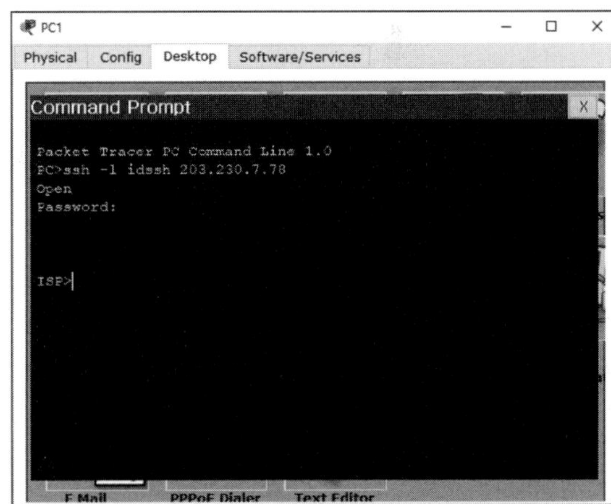

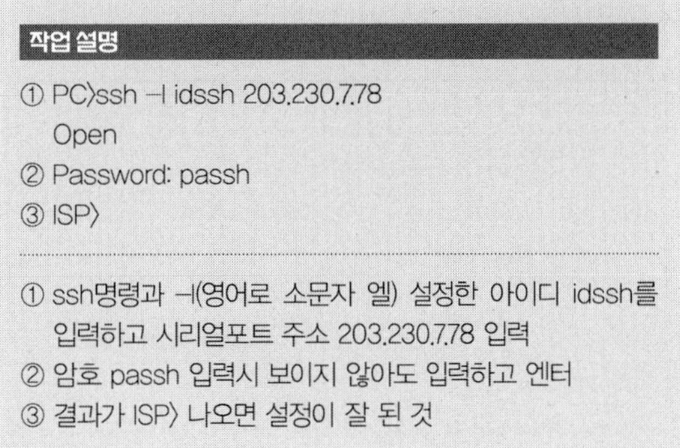

작업 설명

① PC>ssh -l idssh 203.230.7.78
Open
② Password: passh
③ ISP>

① ssh명령과 -l(영어로 소문자 엘) 설정한 아이디 idssh를 입력하고 시리얼포트 주소 203.230.7.78 입력
② 암호 passh 입력시 보이지 않아도 입력하고 엔터
③ 결과가 ISP> 나오면 설정이 잘 된 것

11 PC 및 Server 설정

(1) 백업 설정

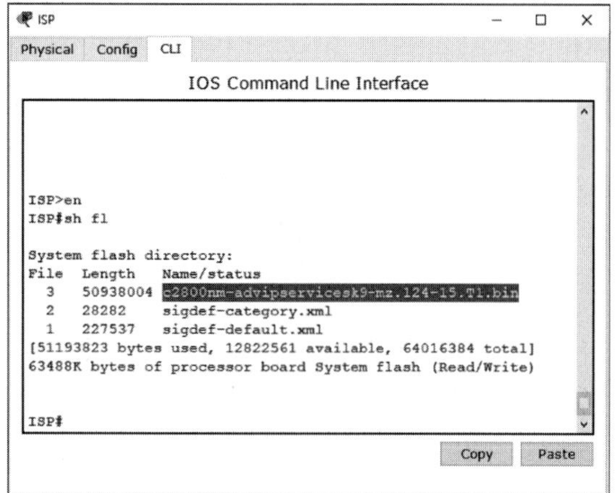

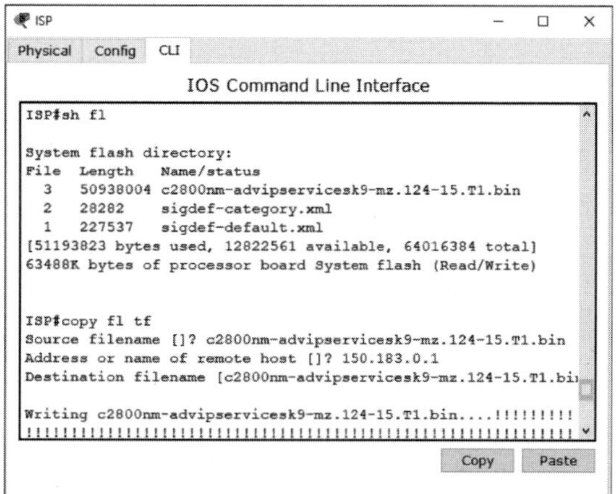

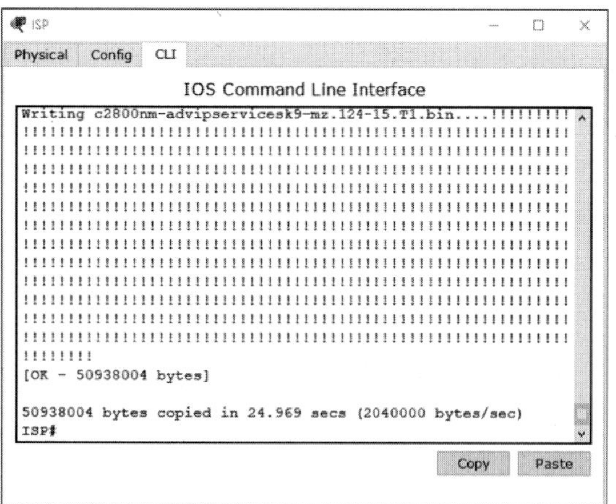

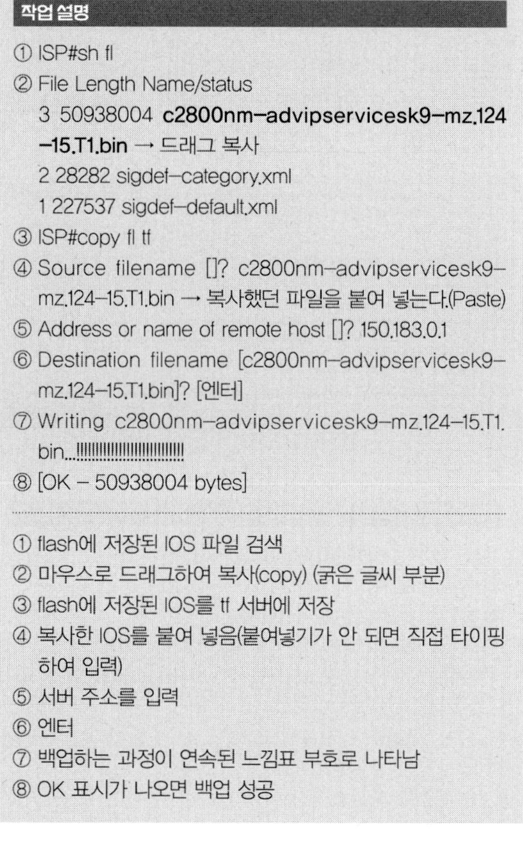

작업 설명

① ISP#sh fl
② File Length Name/status
3 50938004 **c2800nm-advipservicesk9-mz.124-15.T1.bin** → 드래그 복사
2 28282 sigdef-category.xml
1 227537 sigdef-default.xml
③ ISP#copy fl tf
④ Source filename []? c2800nm-advipservicesk9-mz.124-15.T1.bin → 복사했던 파일을 붙여 넣는다.(Paste)
⑤ Address or name of remote host []? 150.183.0.1
⑥ Destination filename [c2800nm-advipservicesk9-mz.124-15.T1.bin]? [엔터]
⑦ Writing c2800nm-advipservicesk9-mz.124-15.T1.bin...!!!!!!!!!!!!!!!!!!!!!!!!
⑧ [OK – 50938004 bytes]

① flash에 저장된 IOS 파일 검색
② 마우스로 드래그하여 복사(copy) (굵은 글씨 부분)
③ flash에 저장된 IOS를 tf 서버에 저장
④ 복사한 IOS를 붙여 넣음(붙여넣기가 안 되면 직접 타이핑하여 입력)
⑤ 서버 주소를 입력
⑥ 엔터
⑦ 백업하는 과정이 연속된 느낌표 부호로 나타남
⑧ OK 표시가 나오면 백업 성공

(2) 서버 DNS 설정

① 서버를 클릭하고 [Config]의 DNS 항목을 클릭한다.

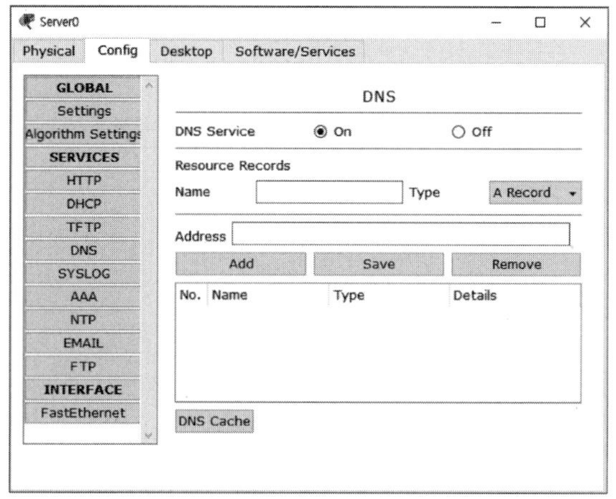

② Name에 "www.korea.com", Address에 "150.183.0.1" 입력하고 [Add]를 클릭한다.

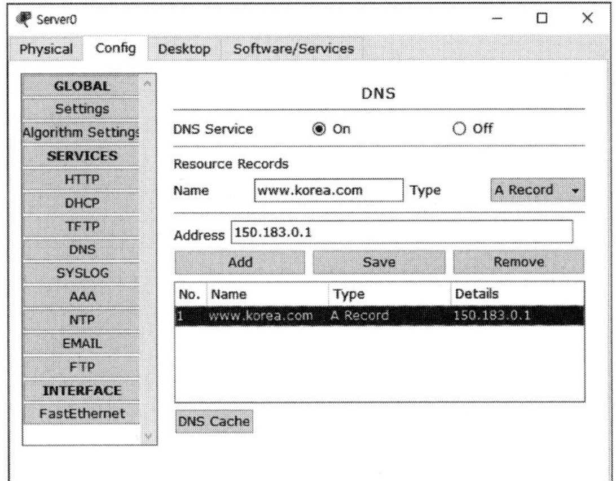

⑫ E-mail 설정

(1) 서버에 설정

① 서버를 클릭하고 [Config] 탭을 누른뒤 [Email]을 클릭하고 Domain Name에 "korea.com"을 입력 후 [Set]을 클릭한다.

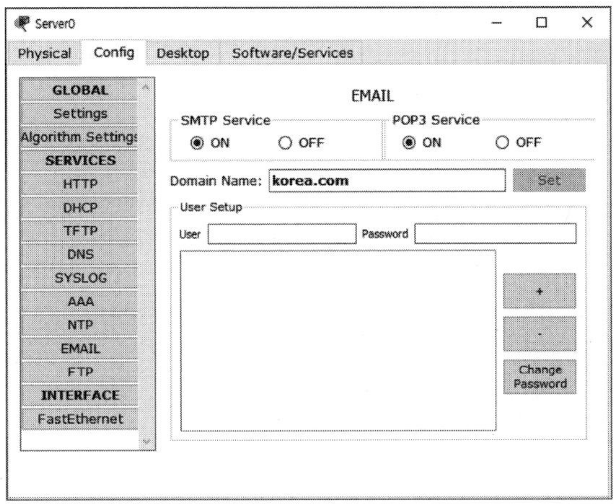

② User에 "admin", Password에 "skills123"을 입력하고 [+] 버튼을 누른다.

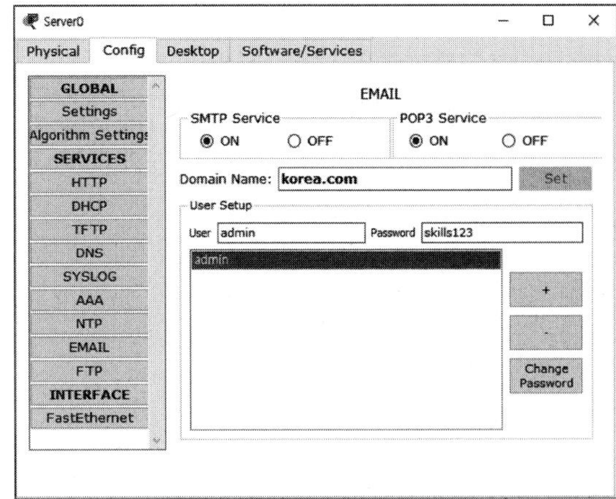

③ User에 "manager", Password에 "skills321"로 입력하고 [+] 버튼을 누른다.

(2) PC0과 PC1 설정

① PC0를 클릭하고 [Desktop]-[E Mail]를 클릭하여 아래와 같이 입력한 후 [Save]를 클릭한다.

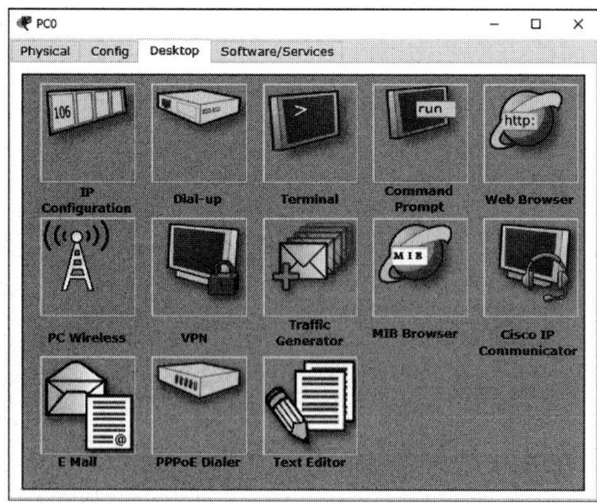

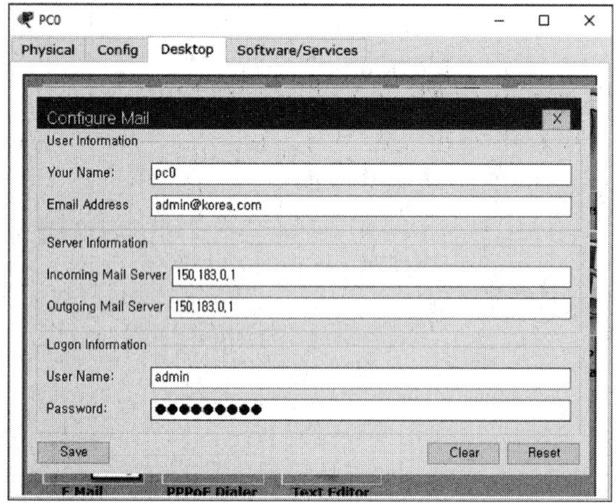

Your Name	pc0
Email Address	admin@korea.com
Incomming Mail Server	150.183.0.1
Outgoing Mail Server	150.183.0.1
User Name :	admin
Password :	skills123

② PC1를 클릭하고 [Desktop]-[E Mail]을 클릭하고 아래와 같이 입력하고 [Save]를 클릭한다.

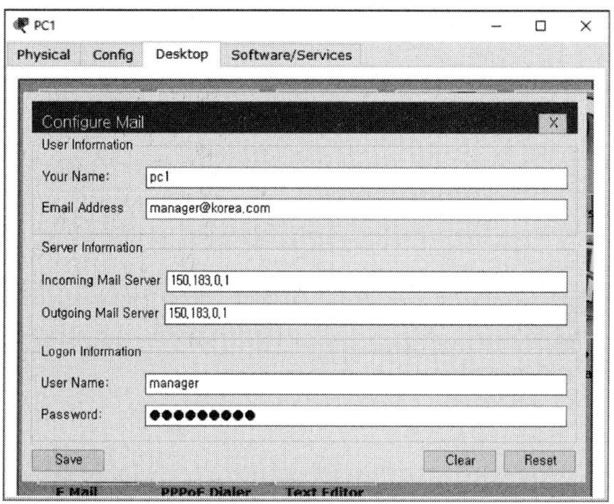

Your Name	pc1
Email Address	manager@korea.com
Incomming Mail Server	150.183.0.1
Outgoing Mail Server	150.183.0.1
User Name :	manager
Password :	skills321

(3) PC1에서 PC0으로 메일 보내는 테스트

① PC1을 클릭하고 [Desktop]-[E Mail]을 누른 후 [Compose]를 클릭한다.

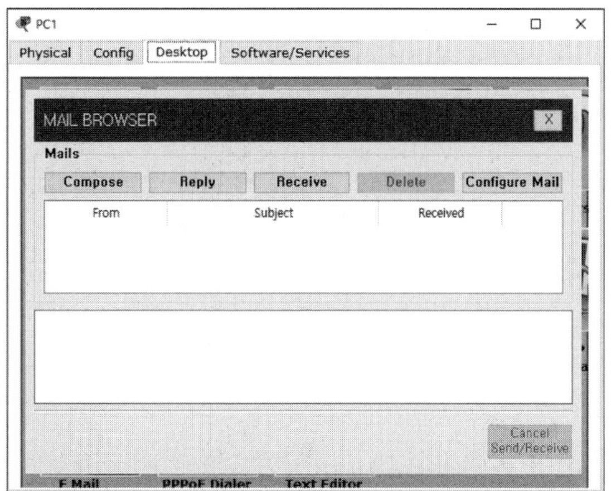

② To에 PC0 메일 주소를 입력하고 Subject와 아래 박스에는 임의의 문자 입력 후 [Send]를 클릭한다.

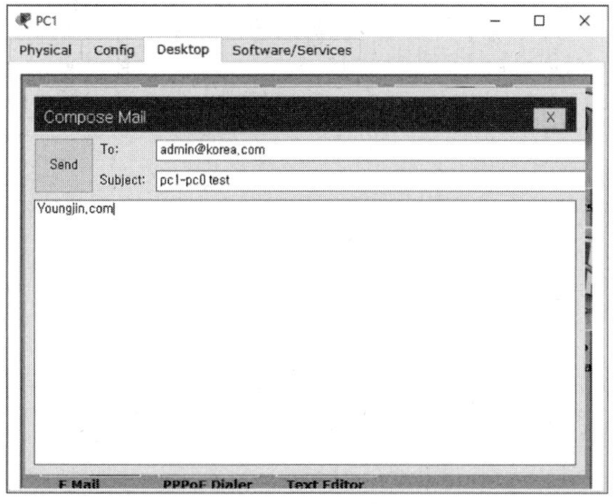

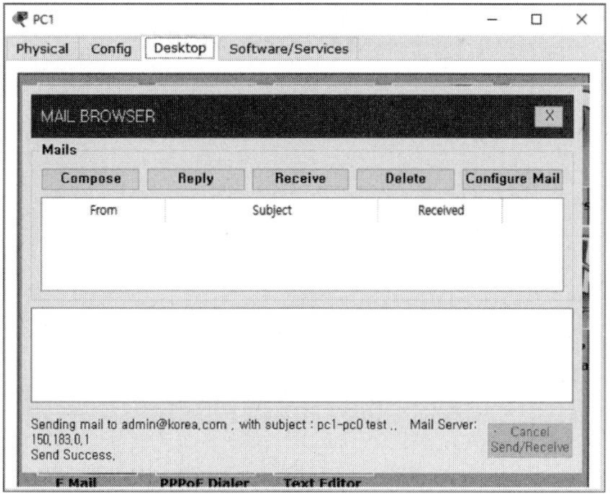

③ PC0을 클릭하고 [Desktop]-[E Mail]을 누른 후 [Receive]를 눌러 메일이 수신됐는지 확인한다.

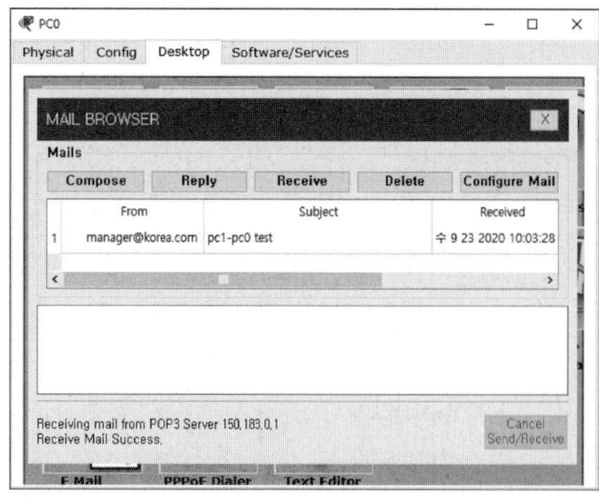

. SECTION .

08 모의고사 해설 08회

풀이 방법

◆ 채점기준표

장치명	항목	배점	개수	합계
PC	ip	1	2	2
	서브넷마스크	1	2	2
	게이트웨이	1	2	2
	서버주소	2	2	4
	소계			10
Switch	vlan번호, 이름	2	2	4
	포트에 할당	2	2	4
	주소 입력	1	8	8
	트렁크	1	4	4
	소계			20
라우터	활성화	4	1	4
	인터브이랜	8	2	16
	시리얼포트	5	1	5
	라우팅	15	1	15
	소계			40
기본설정	콘솔, 텔넷 메시지	10	1	10
	원격 로그인	17	1	17
	관리자 로그인	3	1	3
	소계			30
	합계			100

1 IP 설정

① 패킷트레이서 프로그램을 실행한 후 [File]-[Open] 메뉴를 클릭하여 '모의08.pka' 파일을 불러온다.

② 'Sales_PC'을 선택한 후 [Desktop] 탭의 [IP Configuration]을 클릭하여 주어진 IP 주소를 입력한다.

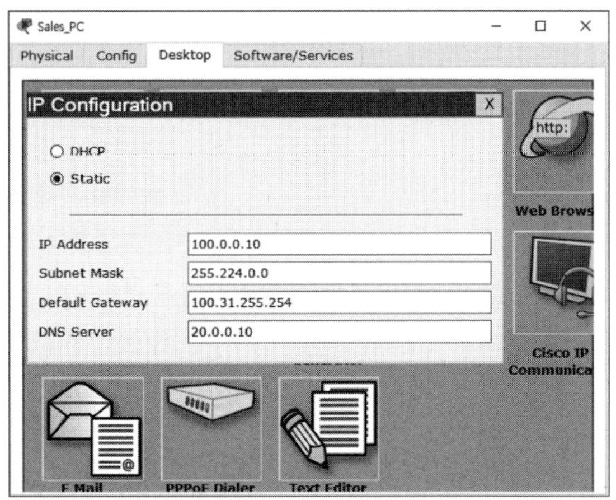

IP Address	100.0.0.10
Subnet Mask	255.224.0.0
Default Gateway	100.31.255.254
DNS Server	20.0.0.10

③ 'Manage_PC'을 선택한 후 [Desktop] 탭의 [IP Configuration]을 클릭하여 주어진 IP 주소를 입력한다.

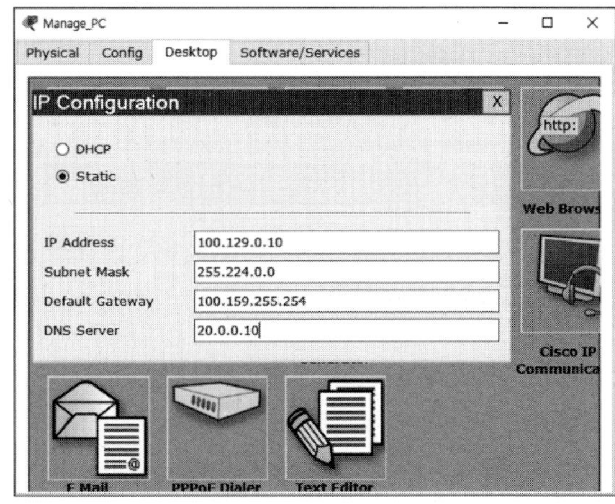

IP Address	100.129.0.10
Subnet Mask	255.224.0.0
Default Gateway	100.159.255.254
DNS Server	20.0.0.10

❷ 스위치 S1 VLAN 설정

① 도면에서 스위치 S1을 클릭하고 창이 뜨면 [CLI] 탭을 클릭하여 IOS Command 모드를 실행한다.

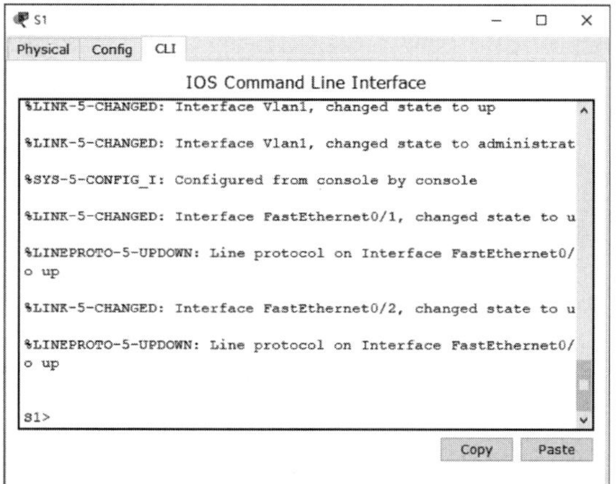

② 스위치에 IOS 명령을 입력하여 설정한다.

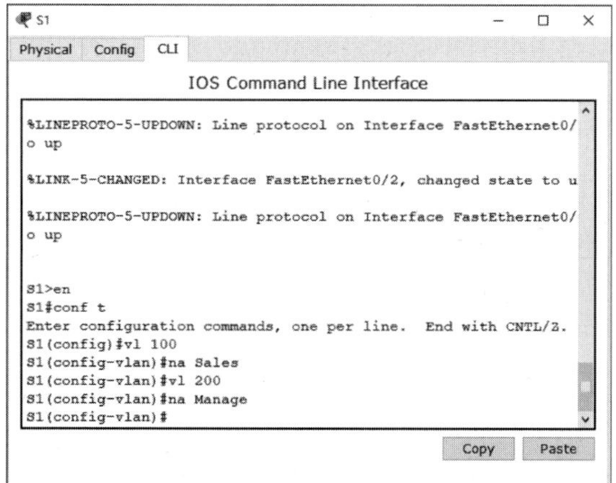

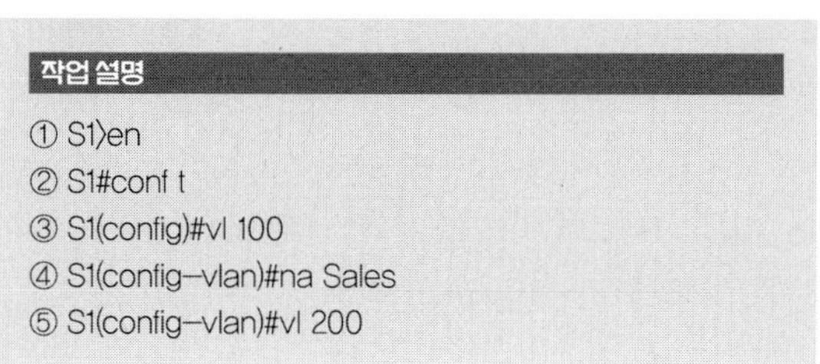

작업 설명

① S1>en
② S1#conf t
③ S1(config)#vl 100
④ S1(config-vlan)#na Sales
⑤ S1(config-vlan)#vl 200
⑥ S1(config-vlan)#na Manage

① 스위치 운영자 모드 설정
② 스위치 privilege mode로 접속
③ vlan 100을 생성
④ vlan 100 이름을 Sales로 지정
⑤ vlan 200을 생성
⑥ vlan 200 이름을 Manage로 지정

③ 설정한 VLAN에 Port를 할당한다.

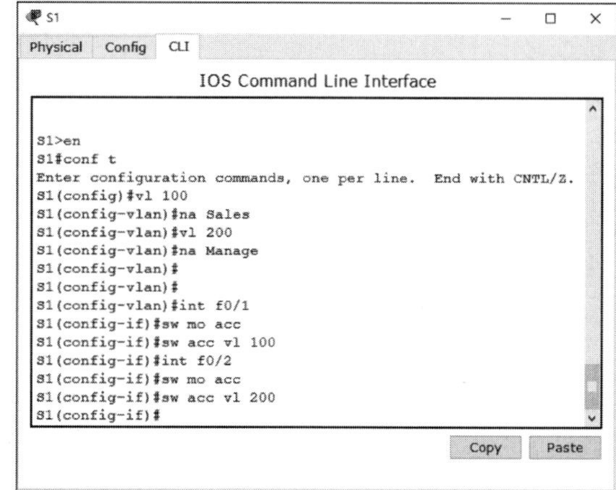

- Fastethernet 0/1 → vlan 100
- Fastethernet 0/2 → vlan 200

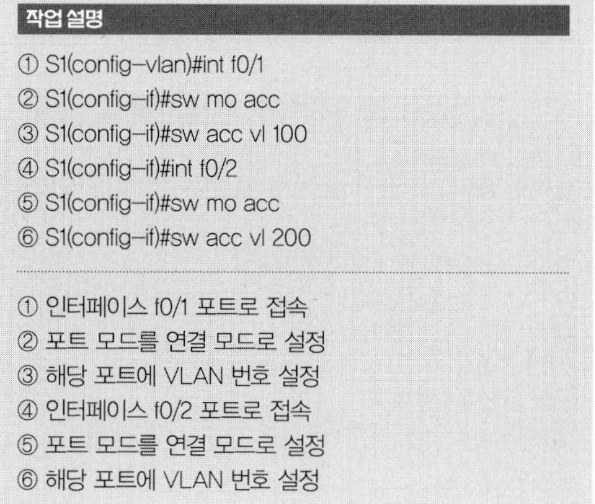

작업 설명

① S1(config-vlan)#int f0/1
② S1(config-if)#sw mo acc
③ S1(config-if)#sw acc vl 100
④ S1(config-if)#int f0/2
⑤ S1(config-if)#sw mo acc
⑥ S1(config-if)#sw acc vl 200

① 인터페이스 f0/1 포트로 접속
② 포트 모드를 연결 모드로 설정
③ 해당 포트에 VLAN 번호 설정
④ 인터페이스 f0/2 포트로 접속
⑤ 포트 모드를 연결 모드로 설정
⑥ 해당 포트에 VLAN 번호 설정

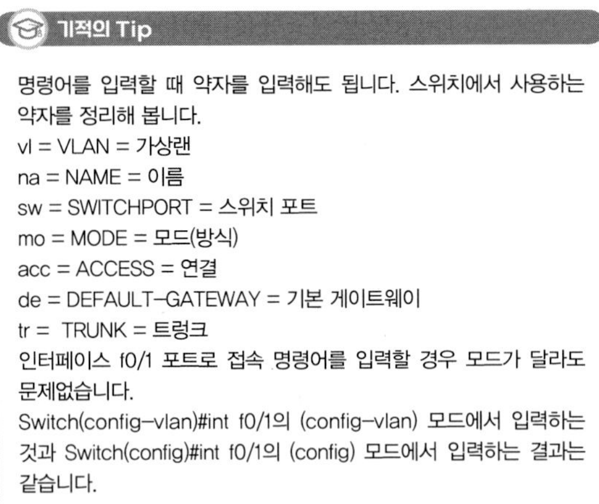

기적의 Tip

명령어를 입력할 때 약자를 입력해도 됩니다. 스위치에서 사용하는 약자를 정리해 봅니다.
vl = VLAN = 가상랜
na = NAME = 이름
sw = SWITCHPORT = 스위치 포트
mo = MODE = 모드(방식)
acc = ACCESS = 연결
de = DEFAULT-GATEWAY = 기본 게이트웨이
tr = TRUNK = 트렁크
인터페이스 f0/1 포트로 접속 명령어를 입력할 경우 모드가 달라도 문제없습니다.
Switch(config-vlan)#int f0/1의 (config-vlan) 모드에서 입력하는 것과 Switch(config)#int f0/1의 (config) 모드에서 입력하는 결과는 같습니다.

3 스위치 주소 입력

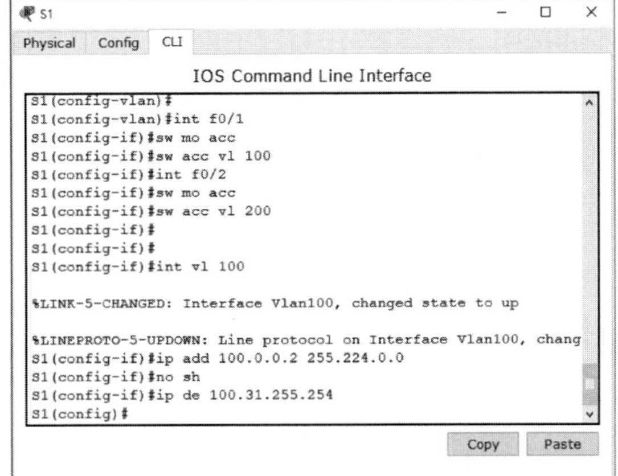

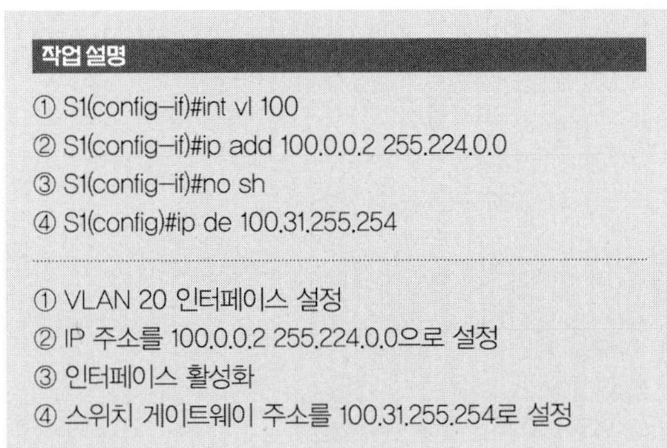

작업 설명

① S1(config-if)#int vl 100
② S1(config-if)#ip add 100.0.0.2 255.224.0.0
③ S1(config-if)#no sh
④ S1(config)#ip de 100.31.255.254

① VLAN 20 인터페이스 설정
② IP 주소를 100.0.0.2 255.224.0.0으로 설정
③ 인터페이스 활성화
④ 스위치 게이트웨이 주소를 100.31.255.254로 설정

4 스위치 Trunk 설정

① 스위치 Fa0/24에 트렁크 설정한다.

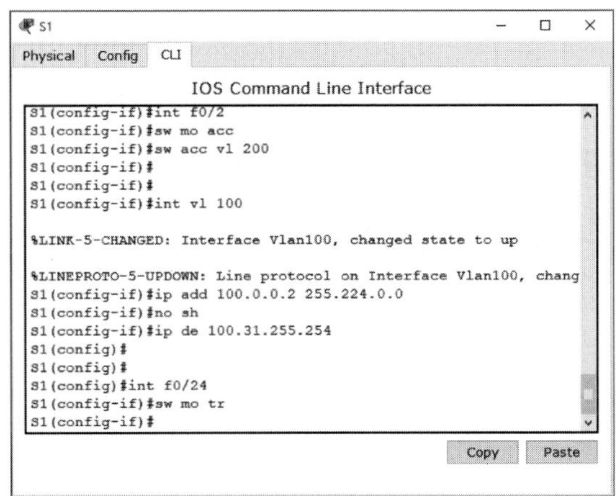

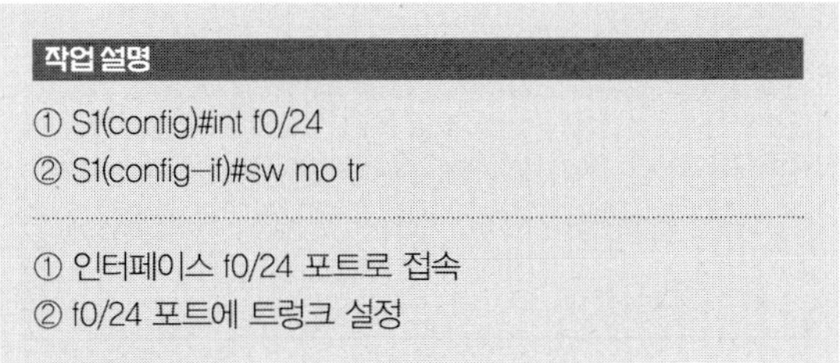

작업 설명

① S1(config)#int f0/24
② S1(config-if)#sw mo tr

① 인터페이스 f0/24 포트로 접속
② f0/24 포트에 트렁크 설정

5 라우터 R1 기본설정

① 도면에서 라우터 R1을 클릭하고 창이 뜨면 [CLI] 탭을 클릭하여 IOS Command 모드를 실행한다.

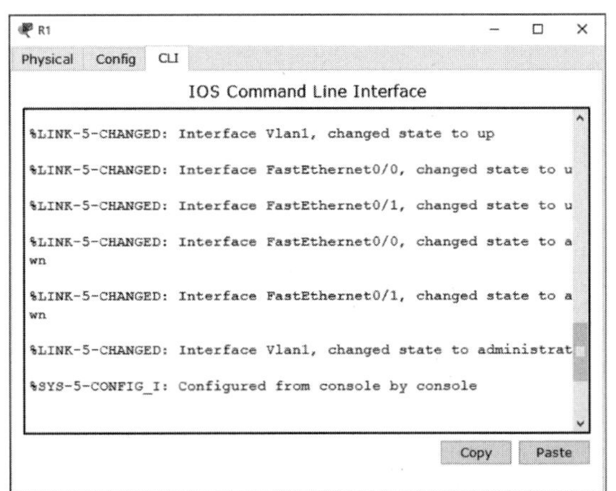

② 라우터에 IOS 명령을 입력하여 설정한다.

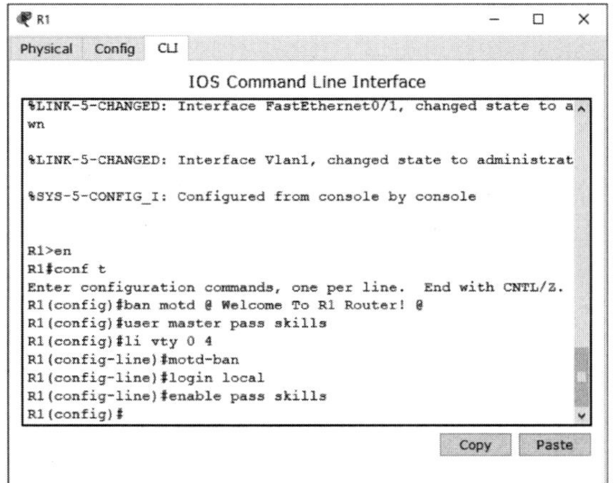

작업 설명

① R1>en
② R1#conf t
③ R1(config)#ban motd @ Welcome To R1 Router! @
④ R1(config)#user master pass skills
⑤ R1(config)#li vty 0 4
⑥ R1(config-line)#motd-ban
⑦ R1(config-line)#login local
⑧ R1(config-line)#enable pass skills

① 운영자 모드 설정
② privilege mode로 접속
③ 콘솔 접속시 메시지 "Welcome To R1 Router!"가 보이게 설정
④ 콘솔 접속시 사용자 이름과 암호를 설정
⑤ 텔넷 라인모드 지정
⑥ 텔넷에 메시지 보이게 설정
⑦ 텔넷 로컬 인증
⑧ privilege mode 접속시 암호 설정

6 라우터 동작 설정

① 포트활성화 및 서브인터페이스 구성(Inter-Vlan)

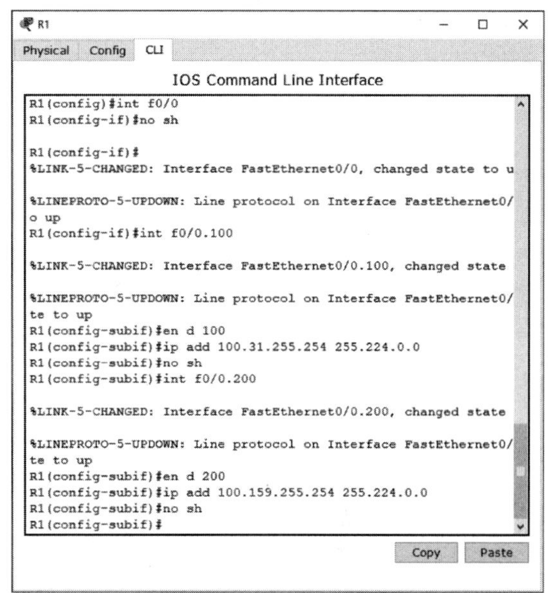

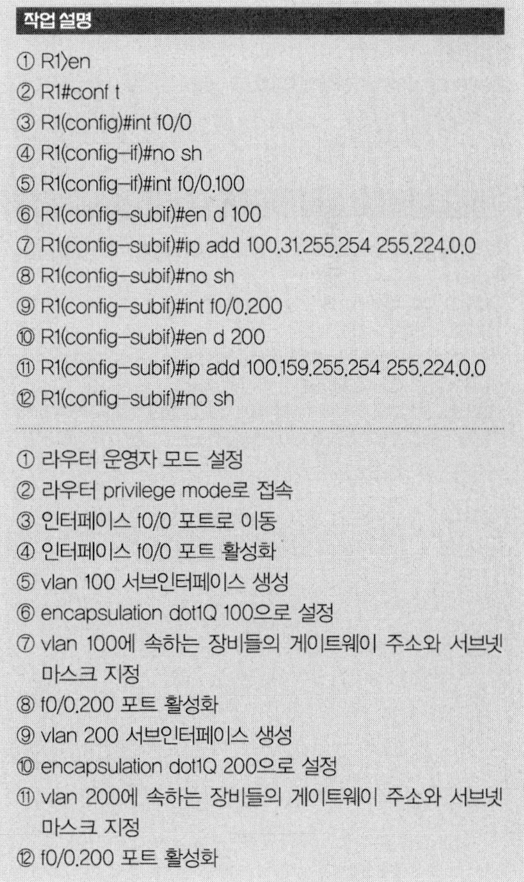

작업 설명

① R1>en
② R1#conf t
③ R1(config)#int f0/0
④ R1(config-if)#no sh
⑤ R1(config-if)#int f0/0.100
⑥ R1(config-subif)#en d 100
⑦ R1(config-subif)#ip add 100.31.255.254 255.224.0.0
⑧ R1(config-subif)#no sh
⑨ R1(config-subif)#int f0/0.200
⑩ R1(config-subif)#en d 200
⑪ R1(config-subif)#ip add 100.159.255.254 255.224.0.0
⑫ R1(config-subif)#no sh

① 라우터 운영자 모드 설정
② 라우터 privilege mode로 접속
③ 인터페이스 f0/0 포트로 이동
④ 인터페이스 f0/0 포트 활성화
⑤ vlan 100 서브인터페이스 생성
⑥ encapsulation dot1Q 100으로 설정
⑦ vlan 100에 속하는 장비들의 게이트웨이 주소와 서브넷 마스크 지정
⑧ f0/0.200 포트 활성화
⑨ vlan 200 서브인터페이스 생성
⑩ encapsulation dot1Q 200으로 설정
⑪ vlan 200에 속하는 장비들의 게이트웨이 주소와 서브넷 마스크 지정
⑫ f0/0.200 포트 활성화

7 라우터 시리얼 포트 설정

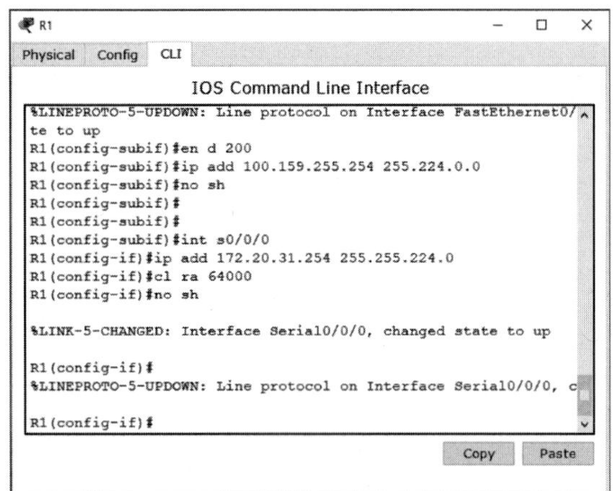

작업 설명

① R1(config–subif)#int s0/0/0
② R1(config–if)#ip add 172.20.31.254 255.255.224.0
③ R1(config–if)#cl ra 64000
④ R1(config–if)#no sh

① 시리얼포트 s0/0/0으로 이동
② ip 주소와 서브넷 마스크 입력
③ clock rate 속도를 64000으로 설정
④ 활성화

기적의 Tip

- 시리얼포트 주소 입력 시 서브넷마스크는 네트워크의 /19를 적용합니다.
- 라우터 사이 네트워크가 172.20.0.0/19인 경우
  172.20.0.0/19 ← 네트워크
  172.20.0.1 ← 할당 가능한 첫 번째 주소
  172.20.31.254 ← 할당 가능한 마지막 주소
  ISP 시리얼 주소 조건이 "해당 네트워크 구간에서 할당 가능한 첫 번째 주소"입니다. 따라서 ISP 시리얼주소는 172.20.0.1이 됩니다.

8 라우터 R1 정적 라우팅 설정

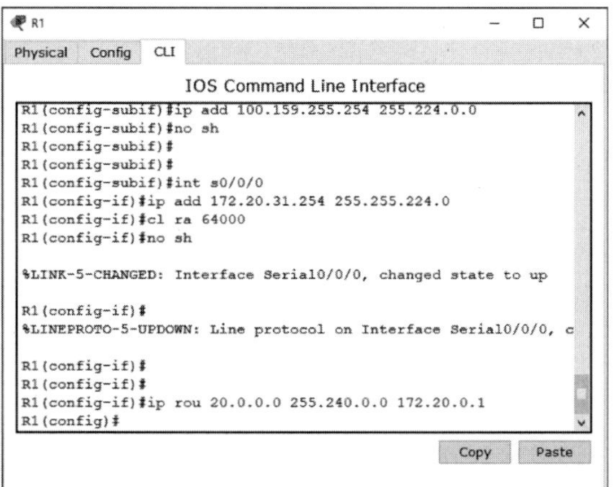

작업 설명

① R1(config–if)#ip rou 20.0.0.0 255.240.0.0 172.20.0.1

① 정적 라우팅 설정

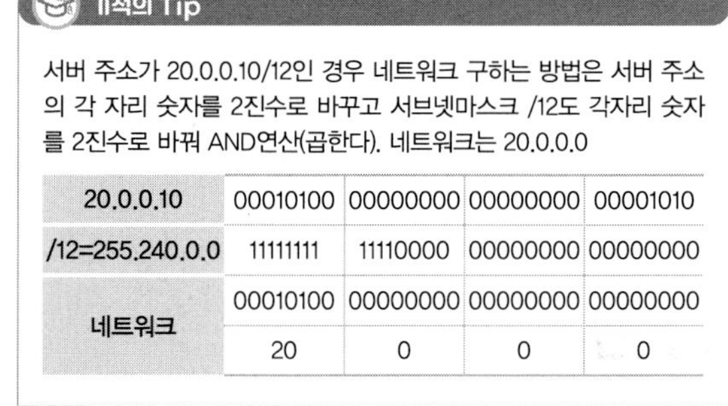

기적의 Tip

서버 주소가 20.0.0.10/12인 경우 네트워크 구하는 방법은 서버 주소의 각 자리 숫자를 2진수로 바꾸고 서브넷마스크 /12도 각자리 숫자를 2진수로 바꿔 AND연산(곱한다). 네트워크는 20.0.0.0

20.0.0.10	00010100	00000000	00000000	00001010
/12=255.240.0.0	11111111	11110000	00000000	00000000
네트워크	00010100	00000000	00000000	00000000
	20	0	0	0

9 테스트

(1) 핑 테스트(연결 확인 테스트)

① 작업창의 도면에서 Sales_PC를 클릭하고 [Desktop]–[Command Prompt]를 누른다.

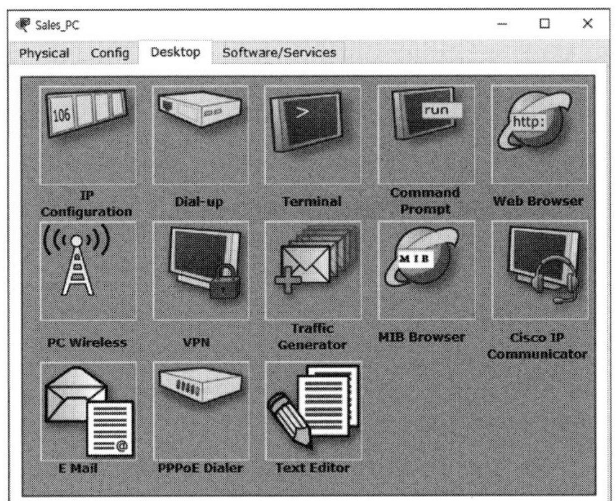

② "PC>"에 "ping 20.0.0.10"을 입력하여 아래와 같은 결과가 나오는지 확인한다.

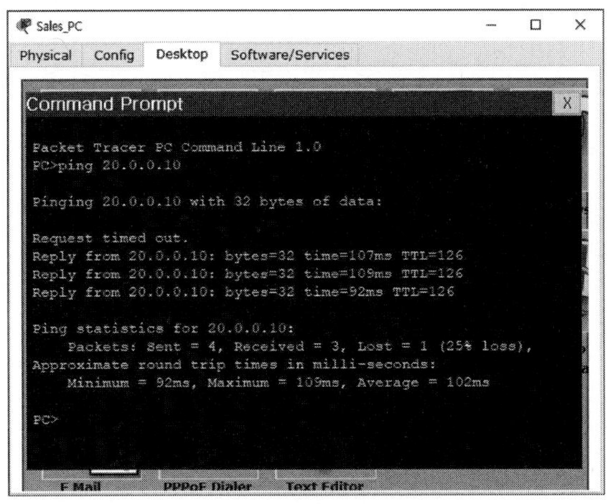

③ 작업창의 도면에서 Manage_PC를 클릭하고 [Desktop]–[Command Prompt]를 누른다.

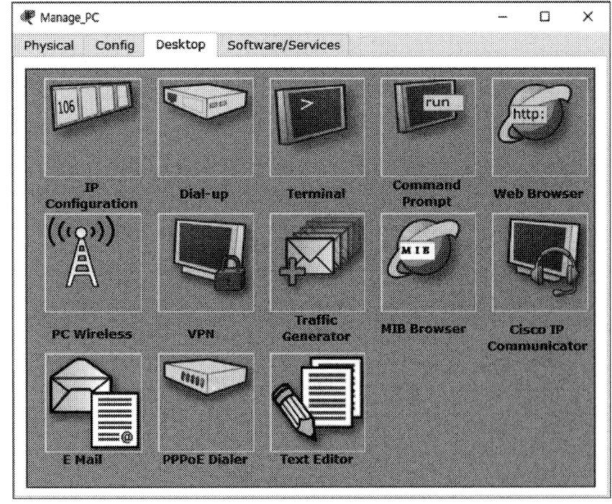

④ "PC>"에 "ping 20.0.0.10"을 입력하여 아래와 같은 결과가 나오는지 확인한다.

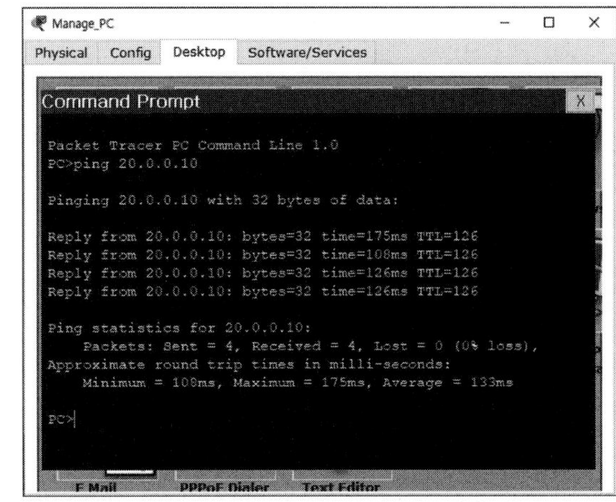

(2) 웹 접속 테스트(인터넷 연결 테스트)

① 작업창의 도면에서 Sales_PC를 클릭하고 [Desktop]-[Web Browser]를 누른다.

② URL 창에 "skill.com" 입력한 후 아래와 같은 결과가 나오는지 확인한다.

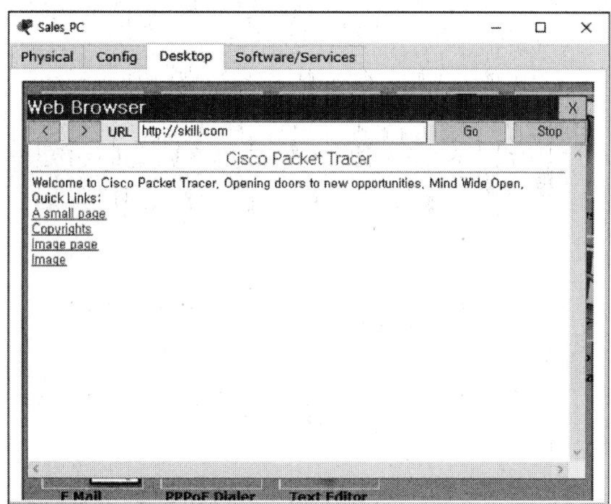

③ Manage_PC도 같은 방법으로 웹접속 테스트를 한다.